探索世界　|　发现自己

VICTORY AT SEA

海权的胜利

第二次世界大战中
海军与全球秩序的转变

Naval Power
and the Transformation
of the Global Order
in
WORLD WAR II

PAUL KENNEDY [英]保罗·肯尼迪 著
马百亮 王一鸣 译

中信出版集团 | 北京

图书在版编目（CIP）数据

海权的胜利：第二次世界大战中海军与全球秩序的转变 /（英）保罗·肯尼迪著；马百亮，王一鸣译. -- 北京：中信出版社，2025. 4. -- ISBN 978-7-5217-6970-8

Ⅰ．E195.2

中国国家版本馆 CIP 数据核字第 2024EM0828 号

VICTORY AT SEA: Naval Power and the Transformation of the Global Order in World War II
© 2020 by Paul Kennedy. Original Paintings © by the Estate of Ian Marshall
Originally published by Yale University Press
Simplified Chinese translation copyright ©2025 by CITIC Press Corporation
ALL RIGHTS RESERVED
本书仅限中国大陆地区发行销售
本书插附地图系原书插附地图

海权的胜利——第二次世界大战中海军与全球秩序的转变
著者：[英]保罗·肯尼迪
译者：马百亮 王一鸣
插画：[英]伊恩·马歇尔
出版发行：中信出版集团股份有限公司
（北京市朝阳区东三环北路 27 号嘉铭中心 邮编 100020）
承印者： 河北鹏润印刷有限公司

开本：880mm×1230mm 1/32　印张：17
插页：48　字数：490 千字
版次：2025 年 4 月第 1 版　印次：2025 年 4 月第 1 次印刷
京权图字：01-2024-4946　书号：ISBN 978-7-5217-6970-8
审图号：GS（2024）5130 号　定价：108.00 元

版权所有·侵权必究
如有印刷、装订问题，本公司负责调换。
服务热线：400-600-8099
投稿邮箱：author@citicpub.com

目录

推荐序：二战中的同盟国海权是如何胜利的？ i

前　言 vii

第一部分
布置舞台

第一章　序幕：海权与历史进程 3
第二章　1939年以前的军舰和海军 16
　　　　受海军条约限制时代的海军 18
　　　　当时的战舰 26
　　　　1939年的六大海军 43
第三章　地理、经济和地缘政治 64
　　　　地理因素对六国冲突的影响 65
　　　　经济上的变量：科技和生产力 91
　　　　战略思想家和海战的胜利 101

第二部分
大海战纪实，1939—1942 年

第四章　二战初期的海上战争（1939 年 9 月—1940 年 7 月）　111
　　"施佩伯爵号"的史诗　115
　　挪威沦陷　121
　　1940 年 4 月至 6 月西线的灾难　129
　　"向西看，大地一片光明！"　141

第五章　欧洲战场的海战（1940 年 7 月—1941 年 12 月）　148
　　大西洋斗争加剧（1940—1941）　149
　　地中海的复杂形势　175
　　战争蔓延到太平洋和东南亚　192

第六章　全面海战（1942 年）　205
　　大西洋、北极和加勒比海域　206
　　马耳他及其内海　221
　　日本的猛攻、决战中途岛和海战的转型　232

第三部分
关键之年，1943 年

第七章　盟国控制海洋（1943 年）　249
　　地中海战场的胜利　251
　　北大西洋战场的胜利　263

	美军在太平洋缓慢推进	285
第八章	全球力量平衡的转移（1943—1944年）	306
	美国新海军	308
	美国空中力量的爆炸式增长	325
	资源和军工实力的比较	330
	资助战争	333
	长期历史趋势的自然结果？	343

第四部分
大海战纪实，1944—1945年

第九章	盟军在海上的绝对优势（1944年）	353
	1944年的太平洋巨浪	354
	侧翼包抄：北极和地中海	384
第十章	盟军在海上的胜利（1945年）	391
	U艇回光返照的有限威胁	392
	日本被击溃（1945年1月至7月）	400
	冲绳岛战役	410

第五部分
影响与反思

第十一章	二战中的海军和海权：一次盘点	427

结　语	历史的洪流	462
附　录	从三个角度看二战中关键的1943年	468
	附录一　1943年5月6日，在黑暗中击沉U艇	468
	附录二　假设的因果链：从苏里南的铝土矿山到1943—1944年西太平洋的海空胜利	472
	附录三　美国排名第一：1930—1960年各大国战舰总吨位	476

| 致　谢 | 478 |
| 注　释 | 481 |

推荐序：二战中的同盟国海权是如何胜利的？

第一次世界大战结束到第二次世界大战爆发的前夕，全球海上战略格局是一个短暂多极的状态。如本书指出的那样，"在 1939 年之前，世界上有六个主要的或者说相当强大的海军强国，分别是英国、美国、日本、法国、意大利和德国。皇家海军仍然是世界上最强大的海军"。[①] 而随着大战的爆发，特别是太平洋战争的开启，全球海上格局迅速发生重大变化，到 1945 年，美国已经成为无可争议的海上霸权，日本、德国、意大利和法国的海军已经被彻底摧毁或大规模削弱，英国皇家海军的实力已难望美国海军项背。这究竟是如何发生的？

在本书问世之前的既往研究主要集中于两大路径：一是国家实力和生产力决定论，认为，因为美国超强的国力和生产力，盟军的胜利只是时间问题；二是放大偶然因素及关键战役的影响，如希特勒如果向 U 艇部队给予更多的资源，南云在偷袭珍珠港时

---
① 《海权的胜利》，第 xi 页。

若再增加一轮对美军航母的攻击，山本五十六在中途岛战役前假如不向阿留申群岛方向分兵，或南云在指挥时倘若不那么犹豫不决，战争的进程甚至是结果就会有大的变数。这些研究要么过于宏大叙事，要么过于微观，使得研究的解释力和说服力大打折扣。

而本书的分析层次，是两大路径相结合的，即叙述分析关键战役的进程，搞清楚具体的情况，同时又结合海战分析战争背后的时代变革。这是典型的保罗·肯尼迪写史或阐释大战略的方式，在其近40年前的《大国的兴衰》中已体现得淋漓尽致。本书依然维系着夹叙夹议、抽象与具体结合的行文风格。在篇章结构方面，与同类著作相比，本书也是独树一帜。

全书共五个部分十一章。第一部分重点介绍了1939年以前的海权以及地理、经济和思想等影响因素，作者强调和感叹风暴到来及体系变革前的平静和人们对此的后知后觉。第二部分介绍1939—1942年的大海战以及各大战场陷入胶着的态势。第三部分集中阐述1943年对于两大阵营海上力量此消彼长的转折意义及发生转折的原因。第四部分介绍1944—1945年大海战中盟军对轴心国的各种碾轧式战斗和胜利。在第五部分中，作者纵论了六大国海军在战争中的得失及经验教训。其中，对日本海军的论述非常精彩且发人深思。作者感叹，"日本海军在太平洋战争中几乎一败涂地的表现十分离奇……在前五个月里，日本海军的表现几乎是完美的"，这在今天"仍然是一个谜"。[1] 作者认为除了技术方面的原因，如缺乏雷达、通信密码被破获、整体实力远落后于美国等之外，日本海军优秀将领的缺失和管理的落后也是重要原因。在

---

[1] 《海权的胜利》，第447页。

人工智能蓬勃发展的今天，我们更需要警惕"技术决定论"，不能忽视人才队伍、管理和海军传统等人为因素的作用。

全书事实上紧紧围绕两大关键问题展开。盟国的海军和海权是如何胜利的，如何影响战争进程的？海权的胜利指的是盟国特别是美国海权的胜利。作者认为，除了战争指挥等不确定性因素，随着战争的展开，科技与实力对比的影响开始显现，盟军拿出了敌人无法比拟的新武器、火力平台和探测设备，同时美国为盟军提供了巨大的战争工厂。第二次世界大战又是如何影响海权和海上格局的？大战显然加速了美国以外力量的衰落，并激发了美国强大的生产能力。本书在该问题上的贡献在于，作者用翔实的数据和细腻的叙事，告诉大家这个过程是如何进行的。

这是一本海军史的书，也是一本分析海上战略的著作，作者使用了短短十年的压缩时间框架，讲述了战前和战后各国海军力量的对比以及战争过程，试图通过这部作品来提供一种新颖的尝试，从美国在战争结束时迅速获得制海权这一角度出发，来追踪和衡量美国到战后成为世界头号强国的动态发展过程。在汗牛充栋的解释20世纪美国海上崛起的著作中，本书堪称上乘，它兼顾了宏观、中观和微观视角，透析海权发展与战争进程间的相互关系，治史与战略研究相结合，或叙或议信手拈来，语言严谨生动，译文准确，值得一读。本书受众应相当广泛，它不仅能为历史、军事和国际关系等领域的学者乃至社会大众就二战前、中、后的海军和海权提供更全面系统准确的分析和新颖的解释视角，还能为政治家、战略家和军事家等的现实工作提供借鉴启示。

本书阐述的历史已经过去了80余年，第二次世界大战结束以来，科技与国际规范都发生了翻天覆地的变化，这些变化深深地影响着海军、海权及海上格局。与1939年前类似，我们正不自觉地进入一个新的海上时代。当然，历史不是简单地重复，经验教训需要汲取，读者在跟随作者进入这段历史时也要避免陷入历史而刻舟求剑。虽然海权的核心要义得到了延续，但与历史相比，今天的海权有了诸多的不同。

首先，海权的内涵发生了很大变化。随着技术的进步，以及自主平台和智能武器的发展，海权逐渐从20世纪以前一维（水面）的权力，发展到两次世界大战时期的二维和三维（水面、水下及空中）的权力，再到今天五维（水面、空中、太空、水下及电磁）的权力。随着国际体系和国际规则的发展，外交、国际法和海洋规则在海权中的地位显著上升。控制海洋一方面是对某海域现场现地的控制，另一方面也意味着对海洋规则，特别是海洋军事安全规则的话语权或影响。

其次，获取和维系海权的方式也发生了重大变化。核武器及核威慑的存在、经济的相互依存和全球社会力量的发展，使得战争的效率和适用性大幅下降，一个渐进的和平转变过程而非战争，或许可以作为当代世界政治的特征。[①] 未来，大国间的海上战略竞争、长期的战略相持和战略消耗将代替决战决胜成为海上权力转移的主要形式。大国会在大规模战争的门槛之下，不断试探或测试彼此的底线，这又使得局势变得动荡不定。

其三，海上格局也发生了范式变革。由于军事技术和国际规范等方面的变化，海上格局将迎来一次重要的变革。总体和平的

---

① 罗伯特·吉尔平:《世界政治中的战争与变革》，宋新宁、杜建平译，上海：上海人民出版社，2007年，第216—225页。

态势限制了各主要海洋强国的战略选择，海上博弈很难短期内分胜负；而反介入与区域拒止平台和技术的广泛应用，以及新的科技革命带来的分布式力量的发展，则限制了大国海上力量的投送及行动自由。在这种背景下，海上单极格局已再难延续，长期的多极格局将成为现实。与历史上长期的"单极主导"相比，多极将是未来海上格局的常态，而和平变革将代替大规模战争成为格局及体系转换的主要形式。形势的发展使得掌握绝对制海权变得越来越困难，海洋强国在实践中将逐渐接受相对制海权的理念。多极制衡的海上战略格局给当前所有国家的海权追求都既带来了机遇，也带来了挑战。它使得次等海权或次等海军存在的可行性和必要性都大幅增强，同时也框定了所有大国海权的权力边界和限度。[1]

最后，想再次提醒读者的是，美国海权不可能复制。因为，海权的概念不是一成不变的，从来未有固定的范式，因为军事技术、时代条件和国际政治环境总是在不断发生大的变化。任何海权的追求都是针对某个时代、特定技术条件和自身禀赋做出的选择，历史上从未出现过两个雷同的海权。

无论历史写得多么好，读史都要"能进能出"。

胡波

"南海战略态势感知计划"主任、

北京大学海洋战略研究中心主任

---

[1] 胡波：《从霸权更替到"多极制衡"——16世纪以来的海上格局演变》，载《中国社会科学》，2023年第2期，第94页。

前　言

　　本书首先是一本介绍海军史的书，它讲述了第二次世界大战期间的海上战争和战役、艰苦的护航、两栖登陆和海上打击的故事，以及战前和战后各国海军力量的对比。但是，它不仅研究了这十年（1936—1946）的海洋事务，而且还探讨了近代大国兴衰这一更宏大的故事。当然，本书讲述的是海军的故事，但除此之外，它还分析了历史上最大的霸权战争时期国际体系的力量转移。这是一项对历史变化原因的研究，使用了短短十年的压缩时间框架，但这一短暂的时期非常特殊，历史上没有任何一个时期各国海军力量的对比发生了如此巨大的变化。

　　更具体地说，作者的深层意图是通过这部作品来提供一种新颖的尝试，从美国在战争结束时迅速获得制海权这一角度出发，来追踪和衡量美利坚合众国到1945年成为世界头号强国的动态发展过程。因此，书中详细描述的护航运输队和战列舰的斗争，不过是一场更大的争夺世界霸权的斗争的表面事件，在这些海军战役的背后，世界主要国家的国际排名正在发生巨大的变化。也许当时只有少数有洞察力的观察者看到了这一点，但正在发生的是世界秩序翻天覆地的转变。本书从头到尾都在讲述战舰和海军的故事，但它也与大国历史上的非凡转变有关。

几年前，我真的没想过我会再写一部关于二战的作品，尤其是关于海军的。我当时正在为我上一本书《大国的兴衰》（*The Rise and Fall of the Great Powers*）的 25 周年纪念版撰写新的序言和结论，同时也在为研究吉卜林的帝国思想收集资料。这些已经够我忙的了。但计划赶不上变化，首先是各种手术，让我无法离开家太远，也就无法去我一直想要去的英国图书馆从事写作。正是在那没有旅行的几个月里，我主动提出为我的朋友伊恩·马歇尔（Ian Marshall）计划出版的新画册《第二次世界大战中的战舰》写作前言，后来又答应为其写作与图画配套的文字。有那么一段时间，我可以既不看吉卜林，也不去思考自《大国的兴衰》第一版问世以来各大国发生了什么。简要叙述 1939 年至 1945 年海洋上的大事件还是很容易的。此外，能够和一位著名的海洋艺术家合作也是很有趣的。伊恩刚刚被选为美国海洋艺术家协会（American Society of Marine Artists）的会长。在耶鲁大学出版社的支持下，我开始了写作。这家出版社尊重将伊恩的画作整合到这本书的具体章节和叙述中的需要。

又过了一年左右，当我回到耶鲁教书时，又有变化发生了。首先是 2016 年圣诞节前夕伊恩在家中猝然辞世。他是一位才华横溢的艺术家，那些拥有他精美作品的人都知道，其中包括《装甲舰》（*Armored Ships*）、《水上飞机》（*Flying Boats*）、《巡洋舰和海上破交战》（*Cruisers and La Guerre de Course*）和《东方之行》（*Passage East*）等。[1] 几乎一直到生命的最后一刻，他也没有停下画笔。在去世之前，他还从他的画室寄给我最新的海军画像，以及对所有已经完成的作品的详细描述，这些描述建立在充分研究的基础之上。似乎只有完成并出版我们的合作项目才是正确的——事实上，我义不容辞。我非常怀念他那文雅有礼的举止、令人敬佩的专业精神，以及他在海事历史和军舰设计领域的非凡学识。每幅画都不仅是一件精美的艺术品，而且低调地展示了伊恩令人印象深刻的地形学和历史学知识。

与原计划相比，另一个主要的变化是思想上的，在我思考和初步撰写本书中间几章的时候，这个变化慢慢发生了。从早期轴心国海军对英美海军的接连打击（挪威战役、法国沦陷、克里特岛战役、珍珠港事件、马尼拉战役以及新加坡战役）到这场巨大冲突中命运发生的惊人转变，随着故事逐渐在眼前展开，我越发想去探究这种转变的更深层次的原因。在我考虑应该把伊恩的画作插入什么位置的时候，这些画作本身就已经在告诉我一些东西了。一幅画描绘的是 1940 年灾难性的敦刻尔克战役之后，英国士兵从一艘破旧的驱逐舰上下来的场面（绘画 17）。另一幅描绘的是 1941 年底"威尔士亲王号"（Prince of Wales）战列舰和"反击号"（Repulse）战列舰在新加坡港被日本海军空中力量摧毁的几天前的情景（绘画 26）。然而，关于战争末段的画作却呈现出一些截然不同的东西，比如美国舰队航母在乌利西环礁（Ulithi Atoll）的锚地排成一排，展现出无限的海军力量（绘画 41）。在仅仅两年左右的时间里，世界的面貌就发生了变化。

一些事情的发生导致了海上力量平衡的巨大变化，仅仅说美国海军此时正在向太平洋派遣越来越多的新航母因此实力能够不断扩大是不够的。大约在这场海上大战的中期，更确切地说是

前　言

1943年的关键时期，全球力量平衡发生了巨大的变化，这种变化既反映在海军力量平衡的改变上，也受到了这种改变的推动。显然，这不是历史上第一次发生这种史诗般的、相互作用的转变。一个又一个世纪以来，大国之间的巨大冲突确实改变了国家的相对地位，就像它们改变了这些国家本身一样。著名的社会学家查尔斯·蒂利（Charles Tilly）在描述近代早期欧洲的崛起时，不是提出了"战争造就了国家，国家造就了战争"这样一个说法吗？[2]而我们也可以说：海军事件导致了盟军的胜利和国际力量分布的变化。然而，正是这种内在的、不断展开的力量分配决定了海军事件的结果。

在努力撰写一本既属于叙事史，又研究了随着时间推移而发生的深刻结构变化的著作时，另一项关于近代早期欧洲的研究对我产生了影响，这就是著名的法国学者费尔南·布罗代尔（Fernand Braudel）的作品《菲利普二世时代的地中海和地中海世界》（*The Mediterranean and the Mediterranean World in the Age of Philip II*）。[3]这也是一个史诗般的斗争时代，出现了勒班陀战役、西班牙无敌舰队和尼德兰革命——他将其称为"事件史"（history of events，或 events-history，法文原文为 l'histoire evenementielle）。但在海上和陆上的冲突之下，是更深层次的历史结构，包括不可改变的地理、气候、距离和面积，以及经济实力、生产力、技术的稳步发展与不可逆转的转变。布罗代尔提醒读者，到16世纪地中海世界即将落幕时，生产的中心和大事件的发生地都在向西北欧和大西洋转移。可以说，以类似的方式，在20世纪期间，主要以欧洲为中心的国际秩序开始向美洲和亚洲的新兴大国转移，而这场全球性变化的主要参与者和受益者是美国。

在这里我无意将本书与布罗代尔毕生的杰作相提并论，事实上，本书描写海军行动和战役的篇幅比《菲利普二世时代的地中海和地中海世界》多得多。本书主要叙述和说明了第二次世界大战全面爆发后的6年间各国舰队的情况及其在全球水域内发生的海上冲突。与布罗代尔这部著作进行比较，只是为了让人们更好地思考本书的最初形态和目的，而在这方面，这种比较可以发挥恰当的作用。本书的分析有两个层面，这两个层面并不是分开的，而是内在相关的：如果不了解海洋方面的情况，就无法理解第二次世界大战的霸权争夺是如何决出胜负的；如果不认识到这个时代发生的深层巨变，就不能理解盟军海军所取得的巨大成就。

本书的基本叙事还是比较容易总结的。正如第二章所述，在1939年之前，世界上有六个主要的或者说相当强大的海军强国，分别是英国、美国、日本、法国、意大利和德国。皇家海军仍然是世界上最强大的海军，虽然仅仅领先于美国海军一点点。日本、意大利和德国这三个轴心国正在为未来对海军现状的挑战做准备。1939年9月爆发的欧洲战争显然是一场有限的战争（第四章），因为英国和法国海军对德国海军有着巨大的优势。但是，随着希特勒征服挪威和西北欧其他地区、法国沦陷以及意大利参战，海上均势发生了巨大的变化。在漫长而充满戏剧性的一年半时间里（第五章），英国皇家海军在海上奋力抵挡意大利和德国的联合进攻。随着日本袭击了美国和英国在太平洋的基地，真正的世界大战爆发了，海上力量的对比发生了更为剧烈的变化。

在接下来两年多的时间里，在地球上所有主要的海洋中，在水面，在空中，在水下，争夺制海权的斗争都激烈地进行着。在本书重要的第六章和第七章中，我将力图向读者再现那些史诗般的竞争。这是世界上有史以来最大规模的海战，1942年被称为整个海军历史上"战斗最多的一年"。虽然在地中海取得了一些胜利，但盟军的海军总体形势并不乐观。1943年初，美国海军在太平洋战争中打得只剩屈指可数的航母，德国潜艇准备对关键的大西洋运输航线发起有史以来最大规模的进攻。盟军如果想要获胜，就必须做出改变。

1943年，改变发生了。第二次世界大战不容易总结，但最终盟军胜利的关键，本质上是将越来越多的美国和大英帝国的战斗人员和弹药跨越两大洋投送，使联合起来（连同苏联）的军队可以粉碎轴心国意大利、德国和日本。这涉及两个因素，即海权和生产力革命。在1943年5月和6月争夺北大西洋控制权的斗争（第七章）中，防御方取得了戏剧性的胜利，德国潜艇损失惨重。北非得到巩固，马耳他之围被解除，意大利战败。太平洋战场的进展比较缓慢，但在吉尔伯特群岛、所罗门群岛和新几内亚北部的胜利巩固了美军一往无前的势头。然而，1943年所发生的传奇故事并非仅仅意味着又一场艰苦的护航战、地中海和太平洋的两栖登陆，以及在挪威近海击沉一艘德国战列巡洋舰。正如在关键的第八章所表明的那样，在这一年里，美国在许多方面都以潜在的形式存在的强大生产实力，终于在世界大战的所有战场上得到了充分施展。从6月开始，新的强大航母开始在太平洋上川流不息，一改昔日航母捉襟见肘的景象。在大西洋上空，成千上万架美国飞机飞向英格兰南部为它们新设的轰炸机和战斗机基地，而补给舰和运兵船的护航舰队也已经安全就位。美国各大造船厂接连不断地生产了大量登陆艇和"自由轮"。如果没有美国的强大生产力带来的B-24超远程海上巡逻机、护航航母、大规模生产的微型雷达装置、自导鱼雷以及根据《租借法案》为加拿大和英国生产护航舰艇所提供的物资，就连1943年英国皇家海军在艰苦战斗中击败德国潜艇也是无法想象的。在接下来的一年里，大批军火被源源不断地运送到前线，促成了盟军在莱特湾战役和诺曼底战役中的胜利（第九章）。所有这些军事装备和生产力的背后，是比历史上任何时候都要强大的财政和税收实力。由于美国经济的迅猛发展使所有竞争对手相形见绌，盟军的海军优势得到了保证。这不仅仅是军舰越来越多的故事，也是一个新的国际秩序正在形成的故事。海上战争的结果已经确定，美国成为不容置疑的获胜者。

1945年之后，和区区10年前相比，海军力量的对比已经发生了天翻地覆的变化。日本、德国、意大利和法国的海军要么被彻底摧毁，要么被大规模削弱。只有两个国家拥有庞大的舰队，而其中的英国皇家海军发现自己迅速被美国庞大的海军力量超过。许多学者认为，这种情况与1815年拿破仑战争后的情况非常类似。当时，英国舰队已经成为世界第一，遥遥领先于其他国家；而这一次，美国的领先优势比当时的英国要大得多。在这种新的叙事中，政治学家认为第二次世界大战是过去五个世纪里发生的六场（或更多）"霸权战争"中最新的一场，[4]只不过这一次，新霸主的首都不在欧洲，而在3000英里①之外的美洲。新世界不仅如丘吉尔所希望的那样拯救了旧大陆，它实际上已经取而代之。

在给本书布局谋篇时，我试图去调和长度（故事的展开）和深度（事件的解释和分析）两者之间的自然张力。本书的结构可

---

① 1英里约合1.6千米。——编者注

以概述如下。前三章是预备性的章节。第二章对"1939年以前的军舰和海军"的详细描述是专门为普通读者而写的，同时也是为后面的叙事做铺垫。第三章论述了地理与经济的要素，介绍了关于海权的一些经典理论。第四章到第六章讲述了二战中的海战，一直到接近战争的转折点；这就是这本书的"事件史"。虽然这种战争叙事一直延续到冗长的第七章（关于1943年），但这一章与第八章中至关重要的深层结构分析之间存在联系。然后，本书回到了1944年和1945年的海上战争，详细介绍了英美海上力量的优势。最后的第十一章对全书的内容进行了总结与反思。

  从方法上讲，这是一种对相互作用的基础研究，即海权如何影响了第二次世界大战，以及第二次世界大战如何影响了海权。这显然不是我第一次努力回答海军军事行动与更大的历史力量之间的关系这个非常大的问题。几十年前，在《英国海上霸权的兴衰》（*The Rise and Fall of British Naval Mastery*，1976年）一书中，我试图按照时间顺序来分析英国海权与其在世界上相对经济实力之间的关系。在另一部早期作品《英德对抗的兴起，1860—1914》（*The Rise of the Anglo-German Antagonism 1860–1914*，1980年）中，我在研究一战前外交史上最大的问题之一时，首次尝试将叙事和深层结构分析相互穿插。[5]虽然在那本书中我没有涉及海军，但我在磨炼自己理解和解释随着时间的推移而发生的变化的能力。在关于错综复杂的大国历史、全球趋势和联合国历史的研究之后，[6]绕了一个大圈子，我再次回到了对历史中因果联系的分析——在《二战解密》（*Engineers of Victory*，2013年）一书中，我探讨了二战的一些关键问题是如何解决的。

  那本书的副标题很清楚地表明了它的重点：在第二次世界大

战中扭转局势的问题解决者。[7]该书也是对不同层次因果关系的探索，展示了盟军的规划者、科学家和工程师如何通过开发新的武器和作战方法，克服了在海上、空中和陆地上取得胜利的战术障碍和作战障碍。该书也特别关注1943年这一关键年份，因为正是在这一年，海军护航部队终于拥有了雷达，超远程飞机补上了大西洋中部的空防缺口，舰队航母涌入珍珠港，护航航母进入利物浦，终于有了大量登陆艇可用。当然，现在摆在读者面前的《海权的胜利》有它自己的目的，那就是要讲述1939—1945年海上交锋的故事，但它也对一个"如何"的问题感兴趣，那就是从1943年开始，大量的"解放者"远程海上巡逻机、护航航母、登陆艇、舰队航母及其战斗机、雷达装置和自导鱼雷加入了盟军的海军和空军，这是如何成为可能的呢？答案再次将我们带回二战中期美国工业和技术能力的大幅提升。到了1943年底，英国和美国海军以前的诸多弱点都已经不复存在。例如，英国皇家海军"石竹号"（Pink，绘画8）这样的轻型护卫舰（corvette）应对U艇的能力有限；战列舰很容易遭受轴心国的空中攻击和潜艇攻击；海军将领威廉·哈尔西（William Halsey）的舰队只有美国的"萨拉托加号"（Saratoga）航母和英国的"胜利号"（Victorious）航母（绘画39）时，进攻力量有限；前往马耳他的商船队经常遭受重大损失。正如第九章和第十章所讲的那样，对于盟军来说，在那之后的问题不是能否赢得海上胜利，而是何时会赢得海上胜利。

对时间的关注也解释了这项研究的起点和终点，大约是1936年到1946年，跨度十年。1936年，传统的海军力量正常运作，以战列舰为中心的传统舰队似乎没有受到挑战。在外交事务方面，这也是一个重要的时间。地中海的阿比西尼亚（埃塞俄比亚）危机、日本在东亚的不断扩张、国际联盟的实际崩溃、华盛顿和伦敦海军限制条约期满后所有大国对舰队的重新打造,所有这些都为这个故事提供了精彩的开头。在15年的和平与裁军之后,海权再次引起人们的关注,战列舰仍然被认为是海军实力和影响力的最佳指示器。伊恩·马歇尔为阿比西尼亚危机后期停泊在历史悠久的马耳他大港的英国主力舰"胡德号"(Hood)和"巴勒姆号"(Barham)绘制的图像很好地表明了这一点(绘画1)。

仅仅十年之后,海军和海军事务的总体战略格局发生了至少四个显著的变化。首先,20世纪30年代的多极海上力量平衡已经不复存在,意大利、德国和日本的整个舰队,以及几乎所有早期的法国舰船都被消灭了;其次,战列舰和重型巡洋舰等大型水面舰艇的时代结束了,其中的大多数都被拖进了报废场;再次,原子弹的出现挑战了包括海军、陆军和正规空军在内的所有传统武装力量的效用和地位;最后,出现了一个新的世界海洋秩序,由世界上前所未有的经济和军事大国美国主导。无论战后时代可能带来什么新的挑战,有一个大国都拥有应对这些挑战的资源,并热衷于证明这一点。在我们的叙述结束时,在1945年的整个8月和9月,就有这样一种象征性的展示:每天傍晚,太阳在富士山后面落下,余晖照耀着停泊于东京湾的庞大的美国太平洋舰队(绘画49)。这场海战已经结束,一个新的世界已经到来。

第一部分

布置舞台

第一章

序幕：海权与历史进程

1938年夏天，在马耳他历史悠久的大港，地中海柔和温暖的海水轻轻拍打着两艘相对停泊的大战舰的两侧。在这些战舰的后方，矗立着15世纪圣约翰骑士团（Knights of St. John）建造的柱廊。一艘海军部拖船在附近移动，小船偶尔往返于登陆点，但几乎没有其他活动。那时的世界似乎很平静，虽然并不是完全静止。敏锐的观察者可能会注意到，在"胡德号"和"巴勒姆号"的巨型炮塔顶部，有几道鲜艳的条纹。在此时仍在进行的西班牙内战中，这些条纹向上空飞过的飞机表明，这两艘军舰和地中海战区的所有其他英国军舰是中立的。那时，国际舞台上还没有完全消除战争的阴云。西班牙的战争仍在继续，虽然只是在陆地和空中。意大利对阿比西尼亚的战争最近刚刚结束。1938年3月，希特勒的第三帝国通过"德奥合并"兵不血刃地进入了奥地利。在远东，日军正在中国的大片地区推进。此时，每一个大国都在重新武装，虽然有些国家的速度比其他国家慢得多。尽管如此，当时可能只有少数外交事务专家认为，他们正处于一场比第一次世界大战规模更大的战争的边缘。他们谁也没有想到，几年之后，他们就会迎来一个分水岭，整个国际体系几乎完全崩溃。考虑到每周发生的事件通常都很不明朗，猜测接下来会发生什么是十分困难的。

正是像马耳他大港那样的场景，让英国和整个西方普遍感到稳定和安全，虽然有西班牙和遥远的中国的战事，虽然有希特勒令人不安的讲话。事实上，有一长串的理由可以让人相信情况不太可能很快发生变化。我们不妨把这些理由逐条列举如下，哪怕只是为了凸显即将到来的转变的严酷性。

- 除了西半球之外，以欧洲为中心的世界秩序仍然稳固。
- 大英帝国在1938年似乎仍然是世界头号强国。
- 马耳他只是帝国全球网络中非常重要的舰队基地之一。
- 海权仍然是衡量世界影响力的主要标准，也是最简单的标准。
- 战列舰和舰队仍然是衡量影响力的方式。
- 英国皇家海军仍然是世界领先的海军。
- 飞机的航程和破坏力还不足以使其占据主导地位。
- 苏联距离遥远，只有柏林和东京才会真正担心它。
- 美国的兴趣也很遥远，主要转向了太平洋。
- 日本是一个威胁，但只是在其所在地区，对西方的生存并不构成威胁。
- 国际联盟虽已名存实亡，但欧洲国家的外交可以解决问题。

换句话说，在当时的世界里，如果一个英国的军官、教师、传教士或橡胶种植园主乘坐英属印度的客轮，从南安普敦到孟买（途经直布罗陀海峡、马耳他、苏伊士运河和亚丁湾），一路上只会看到英国的港口、英国的船只和英国的势力。这是一个迪斯累里可能很熟悉的世界。仅仅20年后,到了1958年,这个世界开始消失;而30年后,也就是1968年,它将不复存在。然而,在人类历史的长河中,30年只是弹指一挥间。

这些场景之所以会看起来如此令人安心,局势之所以会看起来如此安定,主要原因是,在大港,之前的几代人都能看到类似的画面,从维多利亚时代中期地中海舰队为王室访问而精心打扮的黑白照片,可以一直追溯到更早时候展示纳尔逊停泊在港外泊地的舰队的凹版蚀刻画。在某种程度上,马耳他周围的水域总是反映着力量的变迁。从诺曼人开始,西欧各个王国一直在争夺对地中海中部的控制权,这种争夺不仅发生在这些王国之间,也发生在它们与东方的阿拉伯和奥斯曼帝国之间。当然,这里也有布罗代尔笔下的地中海自然季节,从一代人到另一代人,四季的节奏保持不变,从一个地区到另一个地区,人们的生活模式看起来很相似。[1]但是,这片海域所发生的历史事件也很重要。在现代,战争、外交和王国的故事所表明的首先是欧洲之外的世界在1800年左右之后的逐渐衰落。欧洲国家之间争夺霸权的持续斗争已经蔓延到世界其他大部分地区,这种斗争现在正在北非海岸及更远的地区上演。从阿尔及尔到牙买加,从开普敦到雅加达,都落入了欧洲人的控制之下。地球(或者至少是那些容易受到海权影响的地区)正在落入大西洋主要海洋国家的统治之下,而且几乎没有什么办法可以阻止这一趋势。商人、资本家、传教士、工程师甚至学校教师可以从英国本土涌向开罗和加尔各答,但走在他们前面的是英国士兵,跟在他们后面的是令人生畏的坚船利炮。马耳他大港的景象之所以是宁静的,这不过是因为西方赢了。[2]

当然，这就是美国作家阿尔弗雷德·塞耶·马汉（Alfred Thayer Mahan）反复灌输给其读者的历史信息。毫无疑问，他过分强调了海军事务的普遍性和重要性，没有认识到欧洲海权的影响有特定的时间和空间背景，因此并不是普遍的。[3] 然而，事实是，从16世纪到20世纪，从加勒比海到亚丁湾，在这个特定的时间和空间里，欧洲的海上强国占据了世界上越来越多的地区，显示出另一位学者所说的"西方人的影响"[4]。虽然历史学家们仍在热烈讨论欧洲与世界其他地区之间经济差异的程度，但是毫无疑问，随着19世纪工业化的发展，由于海上强国的强力手段，世界的平衡已经发生了变化，而且还在继续发生变化。[5] 在这几十年里，是西方的炮艇沿着长江和尼日尔河航行，而不是东方的帆船沿着泰晤士河或哈得孙河航行。据说在1600年之后，欧洲经历了许多"革命"，如商业革命和科学革命，其中肯定还有"海上军事革命"，而这场革命可以解释欧洲人是如何成功的，那就是通过有组织的国家资助和国家建造的军舰舰队，争取国际贸易和市场的控制权，并通过夺取沿海地区，最终占领内陆地区。[6]

从1789年到1919年，"漫长的19世纪"似乎证实了欧洲在经济、技术和海上的主导地位正在加强。工业革命在拿破仑战争时刚刚开始在英国兴起，一百年后已经广泛传播到整个欧洲大陆。铁的时代已经让位于钢的时代：炼钢厂、钢铁战舰、钢铁机车和巨大的钢铁炮弹。[7] 随着生产力和工业实力的扩张，从西北欧到地中海沿岸，欧洲的政治势力也在扩张，越过北非，通过黎凡特，进入近东。在20世纪20年代和30年代，随着法国、意大利和英国通过条约确认了对殖民地的占领，殖民国家得以进一步推进，利用同样优越的建造能力，在欧洲和非洲沿海兴修新的大型商业港口、海军基地和码头设施。法国人在凯比尔港（Mers-el-Kébir）一个古老的阿拉伯定居点建造了巨大的海军基地。港口城市贝鲁特在商业和文化上蓬勃发展，被称为黎凡特的巴黎。敬业的法西斯规划者彻底改变了老班加西港口的面貌，而与此同时，他们也正在对意大利较大的母港进行现代化改造。马赛和热那亚发展迅速，相互之间展开了激烈的竞争。

这个故事中甚至还有人口统计学方面的因素，而研究海军和世界强国的历史学家很少考虑到这一点。虽然欧洲在第一次世界大战和1918年流感大流行的双重打击下损失了大量人口，但总体人口数量仍在稳步上升，因此有了这样一个奇怪的事实：欧洲人口占世界总人口的比例直到1928年才达到最高点（22%），然后在随后的几十年里迅速下降。[8]这也意味着，欧洲大陆的主要国家仍在向其殖民地输出人口、资本、商品、基础设施，延续着殖民统治。在两次世界大战期间，英国移民主要去了澳大利亚、南非和美国，法国人和意大利人则大量移民到阿尔及尔、奥兰、的黎波里、班加西和周边地区，除了建造林荫大道、民用房屋和火车站之外，还建造了供客轮和货船停靠的新港口。这些港口、舰队基地和其中的战舰既象征着20世纪20年代和30年代欧洲主导下的世界秩序，也是这一世界秩序得以实现的手段。在20世纪30年代末的"地中海世界"，甚至连自然景观也在发生变化，三支庞大的海军（即法国、意大利和英国的海军）从北到南，从西到东，在各个港口之间穿梭。以几乎同样的方式，至少有四支海军（日本、英国、法国和美国的海军）穿梭于中国和更南方的港口。与此同时，荷兰的军舰正在东印度群岛游弋，炮艇在非洲的河流上往返。世界上的大部分地区似乎仍是欧洲的天下，纳粹抱怨的只是没有能够分一杯羹。这也是日本人的立场，虽然他们正在采取措施来改变远东的格局。当时的美国人可以在新加坡和雅加达开展贸易和金融业务，美国炮艇可以在香港加油和补给。既然可以享受帝国的好处，而不需要为之付出代价，美国何必去打乱殖民秩序呢？毕竟，美国已经获得了一些殖民地（菲律宾、关岛、萨摩亚和波多黎各），这些几乎都可以提供海外海军基地。[9]在1938年，美国根本没有必要获得更多的殖民地。

因此，高大雄伟的军舰停泊在受到良好保护的港口，这不仅是英国的现象，而且是更广泛的现象。对于狂热的民族主义者来说，没有什么比看到自己国家的军舰更令人兴奋的了，无论是在本国港口还是在国外旅行时。因此，英国爱国者如果在英吉利海峡或亚丁湾近海看到一艘皇家海军战列舰，可能会激动不已，而意大利人则会为停泊在塔兰托、那不勒斯、的里雅斯特和其他地方的墨索里尼的新海军舰队而感到自豪。例如，在任何驶近那不勒斯的火车上，透过车窗，游客不仅可以看到这个快速发展的港口的起重机、造船厂、海关和移民大厅，还可以看到意大利皇家海军许多令人印象深刻的战舰。[10]还有什么比这更能证明海权的重要性呢？

无论这些西方战舰的形象多么引人注目，多么漂亮，它们的战斗力和政治领导人在必要时部署武力的决心都是实实在在的。在西班牙内战的后期，"扎拉号"（Zara）重型巡洋舰已经介入。1939年4月，当墨索里尼进攻阿尔巴尼亚时，它再次被部署。英国在马耳他停泊的战列舰及其部署背后的威慑目的也是实实在在的。它们的15英寸①火炮是真实的、致命的，具有巨大的破坏力，

---

① 1英寸约合2.54厘米。——编者注

而且这样的火炮有很多。成千上万的英国水手涌入瓦莱塔和斯利马港口附近的英国酒吧和茶馆，成千上万的马耳他人在大型修理厂工作，他们并不会想到，区区一代人之后，这个由皇家海军主导的世界就结束了。他们怎么会想到呢？毕竟，那么多年来，一切都没有改变。唯一可能的挑战者也许是另一个欧洲海军强国意大利，意大利的军舰和港口也确实离得不太远。但这样的挑战即便真的发生了，肯定也将是有限的、区域性的，既不会颠覆传统的海军形式，也不会颠覆以欧洲为中心的世界秩序。

总之，在1936年或1938年，有什么证据能够证明上文列举的任何一个地缘政治和军事假设可能是错误的吗？欧洲仍然是世界上最重要的地区，与遥远的东京、自我孤立的莫斯科、默默无闻的北京（北平）和看起来仍然带着乡土气的华盛顿特区相比，伦敦、巴黎、柏林和日内瓦是世界上最重要的首都，欧洲仍然是世界上最重要的部分，这样的观点会受到质疑吗？虽然华尔街拥有巨大的金融影响力，但大英帝国仍然是世界第一强国，拥有大量海军基地，英国皇家海军仍然是世界领先的海军，拥有占据这些基地的舰队，这样的观点会受到质疑吗？战列舰仍然是任何海军中最重要的舰船类型，因此战列舰数量仍然是衡量相对实力的适当标准，这样的观点会受到质疑吗？至少在可预见的未来，前文所描述的马耳他大港的景象不会改变，这样的观点会受到质疑吗？的确，在历史上，帝国的兴衰时有发生，但没有迹象表明这种情况很快就会发生。

那么，是什么可能导致这种政治格局的改变，而且是剧烈的改变呢？事实证明，20世纪20年代是大国复苏和军事稳定的十年，而不是第一次世界大战后动荡的十年。无论是沙皇当权还是布尔什维克当权,"来自俄国的危险"[11]都被逼到了墙角。到了1917年前后,几乎被摧毁的法兰西第三共和国得到了加强,或者说它加强了自己。在大规模战争的压力下,大英帝国虽然被削弱,但并未被摧毁;而且它在和平协议中发现自己的领土得到了扩张,奇怪的是它感觉自己没有看上去那样强大。[12]意大利保住了它在大国俱乐部的一席之地,墨索里尼想要的只是一个更好的位置。在1917年之前,日本海军曾经在地中海执行反潜巡逻任务,现在只能在远东的海域看到其身影。在1918年,美国巨头似乎准备成为"欧洲霸主"斗争[13]的唯一仲裁者,但现在却暴躁地开始真的退出国际事务:退出国联,退出为法国提供安全保障的机制,除了敦促同盟国偿还战争债务之外,在其他很多方面也都选择了退出。20世纪30年代初,各个大国竭力稳定其股票市场和货币,斯坦利·鲍德温(Stanley Baldwin)领导下的英国、安德烈·塔迪厄(André Tardieu)领导下的法国和胡佛领导下的美国潜藏的对政治保守主义的广泛渴望有所增长,很难被谨慎的、孤立主义的罗斯福所取代。在1930年伦敦海军会议(London Naval Conference)上,列强同意进一步冻结海军军备,这明确表明,这一时期似乎没有什么波涛汹涌的历史浪潮。如果说第一次世界大战把许多妖怪从瓶子里放了出来,那么战后几年人们的意图就是把尽可能多的怪物塞回瓶子里。

此外,虽然到20世纪30年代末,军事技术领域确实出现了一些转变的迹象,但它们的影响很容易被夸大。问题是在1919年后的海军和陆军中,出现了与政治和外交领域类似的普遍的保守主义回归。这样说可能听起来很奇怪,但讽刺的是,第一次世界大战的持续时间和战斗强度,尚不足以让真正突破性的技术和结构占上风。在20世纪的头十年，一些更新的、具有颠覆性的系统（潜艇、鱼雷和飞机）迅速发展起来，但是，在战争发生之前，它们还没来得及充分发展。奇怪的是，第一次世界大战的战斗是如此之"大"，这反而容易使一切慢下来，在空中力量真正发挥出来之前，陆地和海上的军事斗争甚至陷入了停滞。西部战线很快就变得过于漫长，并且陷入堑壕战，在那里作战的军队也变得过于庞大，以至于闪电战无法取得成功。革命性的高爆炮弹火力足以消灭几个营，却无法在层层战壕和缠绕的铁丝网上炸出缺口，机枪成了防御战争的最佳武器。坦克的数量太少，而且姗姗来迟。内燃机（以军用卡车的形式）几乎没有出现。远程重型轰炸机即将投入广泛使用，但是当时还没有实现。航空母舰刚出现不久，速度和长度还不够，也缺乏适合它的更强大的飞机。两栖作战失败得一塌糊涂，前途并不乐观。英国大舰队（Grand Fleet）和公海舰队（High Seas Fleet）的大量战列舰挤在北海狭窄的水域，导致了谨慎的战术和保守的结果。作为唯一真正具有革命性的海军作战工具，U艇因为盟军采取的护航行动而失去了用武之地。由于潜艇探测器（ASDIC，即声呐）的发明，潜艇被认为在未来的战争中不会构成威胁。1919年后，当英国和德国的海军将领回国竞相写作回忆录时，他们更加相信大型战斗舰队仍然是关键，而他们的大多数美国和日本同行对此表示赞同。保守派主要占据了陆军和海军的高层，赫伯特·里士满爵士（Sir Herbert Richmond）、巴兹尔·利德尔·哈特爵士（Sir Basil Liddell Hart）、J. F. C. 富勒（J. F. C. Fuller）和比利·米切尔（Billy Mitchell）等激进的战争理论家对此深恶痛绝。

然而，海上力量的形象，无论是停泊在马耳他的"胡德号"

和"巴勒姆号"的雄伟外观，还是1938年停泊在母港的意大利重型巡洋舰的优雅形状，都绝不是不合时宜的。例如，"巴勒姆号"的舷侧全重1.5万磅[1]，它的高爆炮弹可以击中20多英里之外的目标。只要其他国家的海军坚持拥有大量装备重炮的主力舰（1936年之后实际上建造了更多更大更快的主力舰），那么自己国家的海军就应该这样做。驱逐舰舰队可以阻止潜艇接近战列舰，而那个时代的轰炸机似乎也没有那么大的威力，破坏性不是特别强。还有其他武器可以挑战这种全副武装的战舰吗？

也许有一个。在20世纪30年代末，在英国往东6500英里的地方，一艘完全不同的主力舰正在其本土水域和邻近洋面游弋。日本"加贺号"航母不像那些意大利重型巡洋舰那么优雅，它的"拳头"也不像"胡德号"和"巴勒姆号"的15英寸炮弹那么厉害，然而，它确实是一艘非常致命的战舰，以自己的方式，拥有巨大的破坏力。"加贺号"最初是1920年（几乎与"胡德号"同时代）为日本帝国海军建造的战列舰，在《华盛顿海军条约》（Washington Naval Treaty，即《五国海军条约》）签订后的几年里被彻底改造，成为日本海军的大型航母之一，排水量约3.3万吨，主飞行甲板长度超过800英尺[2]。在20世纪30年代，它再次被改装，配备了更新的推进系统，使其成为一艘更加令人印象深刻的战舰。

换句话说，日本海军是如此彻底地重建了其略显陈旧的航母，以至于在第二次世界大战临近时，它们在速度和威力方面可以与现代英国或美国任何一艘航母相媲美，可以搭载至少同样多的鱼

---

[1] 1磅约合0.45千克。——编者注
[2] 1英尺约合0.3米。——编者注

雷轰炸机和俯冲轰炸机,如果不是更多的话。考虑一下就会发现,这样一艘舰队航母上大约70架轰炸机携带的500磅炸弹、1000磅炸弹和1200磅鱼雷的总威力是惊人的。更重要的是,这些日本航母并没有避开外国人的目光。甚至在第二次改装之前,在1932年"一·二八事变"时,"加贺号"就已经在中国海域行动了。在1937年日本发动全面侵华战争后,它攻击了许多目标,仅在1937年就航行了大约33 000英里。[14]在1938年和1939年及以后,当欧洲国家的海军在海上活动的时间大大减少时,日本海军命令所有6艘航空母舰反复进行集体演习,以提高同时放飞多架飞机打击遥远目标的能力,无论是陆地还是海上目标。就在那些高大的老式战列舰正在地中海港口停泊的时候,或者偶尔出海进行射击练习的时候,一种新型的远程海战正在逼近。然而,在这个特殊的历史时刻,谁又能知道这些战舰的命运会如何呢?[15]

到了1938年前后,航母特遣舰队开始在太平洋两岸集结和训练;尽管欧洲还无法形成这种舰队,或者说它们还不存在。此时,每支海军都在努力建造更强大的潜艇。然而,在第二次世界大战前夕,还很难想象这些破坏性的武器系统将在海上事务中发挥更大的作用,此时所有海军的最大支出都用于建造全新的战列舰和重型巡洋舰。然而,如果发生另一场"全面战争",三个修正主义国家①投入巨大的海空资源来打破西方的束缚;如果纳粹德国不仅动用了大型水面舰艇,还动用了数百艘U艇,准备再次发动大西

---

① 德国、日本、意大利都对一战后的国际秩序不满,认为自己遭到了"不公"对待,在帝国主义势力范围重新划分的过程中没有得到"应有"份额,所以需要军事扩张来"修正"这种局面,这成为它们发动战争的重要动机与借口。西方二战史学界由此称之为"修正主义国家"(revisionist power)。——编者注

洋之战；如果日本为了控制西太平洋而攻击美国的主力舰队；如果意大利和德国决定封锁英国的地中海输油管道——情况也许就会发生彻底的变化。当然，如果这一切都发生了，如果出现了一次疯狂的、大规模的改变世界秩序的尝试，如果发生一场比第一次世界大战规模大得多的海上战争，那么在新的霸权冲突中，原有的战略格局瓦解的可能性就要大得多。这样一来，各方的军舰都可能会遭受巨大损失，其规模虽然比不上一战期间的海上战争，但是堪比法国大革命和拿破仑战争，[16]到那时，许多在20世纪30年代和平时期出现在各国舰队港口的熟悉名字将不复存在。它们会随着前面大港场景中所暗示的安逸的海上世界一起消失。[17]

可以说，敏锐的观察者可以从这一时期的军舰场景了解很多关于这些国家的情况，因为它们透露了海军的优先事项和开支分配，也因为20世纪30年代末的舰队部署告诉我们，各个政府所认为的这个时代最能体现力量和影响力的因素是什么。然而，如果这些舰队被用于一场重大而持久的斗争，我们能够从中得出的关于这些国家相对经济实力的信息就相对较少了。当然，如果为了这样一场全面战争而大规模动员国家力量，那么世界上的海军——连同空军和陆军——将不得不彻底改变。列宁所说的作为事物的推动者和破坏者的战争"火车头"将以更大的力量再次到来。历史的滚滚车轮将会压倒那个时代的海上力量。

著名的剑桥大学外交历史学家扎拉·斯坦纳（Zara Steiner）在研究两次世界大战之间岁月的两卷本著作中提出了一个著名的问题：一个人怎么知道什么时候一个时代结束了，一个新的时代正在慢慢开始呢？[18]在一个相对平静的时代，人们如何意识到自己正在跨越或至少接近世界历史的一个分水岭呢？她的回答是：个体是不可能做到这一点的。那么,一艘来访的法国或意大利海军舰艇的舰长,在1936年甚至1938年对马耳他大港进行礼节性访问时,看到海湾对面的"胡德号"和"巴勒姆号",怎么能够料到,在十年内,所有这些舰船都将消失,以欧洲为中心的世界秩序也将结束呢?怎么能够料到,大型舰炮除了作为博物馆藏品或封存在美国几个遥远港口的船只上,就不会再有了呢?怎么能够料到,欧洲列强所拥有的庞大海军基地网络,如达喀尔、亚历山大、新加坡、西贡(今胡志明市)和马耳他本身,距离消失只有十年左右的时间呢?要知道,自罗伯特·布莱克(Robert Blake)和拿破仑时代以来,它们一直是各国海军珍贵的战略棋子。他是不可能料到的。事实上,换作我们,同样也无法料到。

第二章

1939 年以前的军舰和海军

20 世纪 30 年代，世界各大国的海军政策是由极少数人制定和执行的，这些人都在各自的首都或本国水域附近的主要舰队基地。每个国家的海军都有一个最高军事首长——在不同的国家有不同的头衔，有的国家是海军部长，有的国家是海军大臣——这位首长名义上是海军的最高指挥，是海军与中央政府之间的桥梁，不管后者是内阁还是国家元首。每个国家的海军都有一名首席海军军官，同样有不同的头衔，比如第一海务大臣、海军参谋长、海军作战部长或海军总司令，可能还有某种正式的海军委员会，但是无论如何，都要有负责采购、岸上设施、人事、预算、通信、情报等工作的高级海军军官。当然，根据海军的总体规模，还要有其他的高级军官负责指挥国内和海外舰队，有的会负责管理更大的海军港口。海军就像大型商业机构，有着极其复杂的网络。因此，像圣迭戈、达喀尔或香港这样的大型海军基地可能离本土海军很远，但实际上它们是全球网络的一部分。提出并实施本国海军战略的少数高层人士对此了如指掌，因为他们在从少尉晋升为海军将领的过程中，在岸上和海上跟海军不断接触。即使是最大的海军，像英国和美国的海军，其高级军官团也人数很少，成员之间彼此熟悉，或者至少是相互知晓。当首相、总理或总统要挑选下一任高级指挥官时，人选其实非常有限，但是这确实是计划的一部分。

当海军最高指挥官和他的同僚们努力执行本国的海军政策时，他们心里非常清楚，要在一个特定的背景下行动，要受到物质和政治上的限制。每个人都在为自己的军种争取最好的结果，每个人都知道要完全或部分地得到他们想要的东西有多难。每个海军部都对自己的军种有完全的控制权，对建造何种战舰也有主要发言权，但是超出这些特定的领域越多，海军部能控制的就越少。因此，不妨把各国的海军政策和立场看作一组同心圆，海军将领及其军舰和舰队处于中心，但始终无法摆脱与周围事物之间的关联，其中包括整个海军本身，以及其地理位置、经济和技术基础。在这些第一海务大臣或海军将领中，很少有人能一字不差地援引阿尔弗雷德·塞耶·马汉的经典著作《海权对历史的影响》(The Influence of Sea Power upon History 1660–1783)，但每个人都能理解他的论点，即一个国家的海上力量比战舰和舰队要复杂得多，一些"影响海上力量的一般条件"[1]即使到了现代工业时代也仍然至关重要。

虽然只探讨两次世界大战之间军舰的特征和海军的规模太过狭隘，但是在本章开始这样的探讨，然后在第三章中进一步探讨更大的地理、经济和战略背景，这样做可能是有道理的。

受海军条约限制时代的海军

在20世纪30年代,世界上有6个国家拥有大型舰队,但是在规模上有很大的差异。根据1921—1922年的《华盛顿海军条约》,海军总吨位前两名分别是美国和英国。到了20世纪20年代末,日本海军已经取得了显著的进步,试图缩小这一差距。其他三个国家是法国、意大利和后来的纳粹德国。到了1939年,它们也都拥有了现代化的战争舰队,虽然其总吨位——更重要的是主力舰数量——远远落后于英美两国。粗略地说,"华盛顿体系"使英国皇家海军和美国海军各占世界战列舰(以及大型火炮火力)的30%,日本约占20%,法国和意大利海军各占10%。这在很大程度上是一个"多极海军世界"[2],因此与20世纪初或18世纪的情况没有太大区别。这种全球海洋力量的分布与大英治下的和平时期(Pax Britannica),比如1860年左右,是非常不同的,与1945年之后的情况也大不相同,因为那时又一个海军实力一骑绝尘的国家,也就是美国,将脱颖而出。但是在20世纪30年代,6支实力不等的国家海军仍在跃跃欲试地争夺权力。难怪所有这些国家的海军将领都觉得长期的战略规划和军舰采购极为艰难。

仅从舰队和舰艇的总量来看,1939年英国皇家海军的地位非常突出。如果包括所有的小型战舰,其总吨位约为218.5万吨,高于美国的177.8万吨和日本迅速增长到的166.1万吨,也远远超过意大利和法国各自约85万吨的吨位。[3]

包括日本在内的所有这些大国都是第一次世界大战的交战国,当时仍在努力应付这场战争所造成的巨大冲击,但这些国家作为主权民族国家存在的时间都比这长得多,因此它们的基本战略地

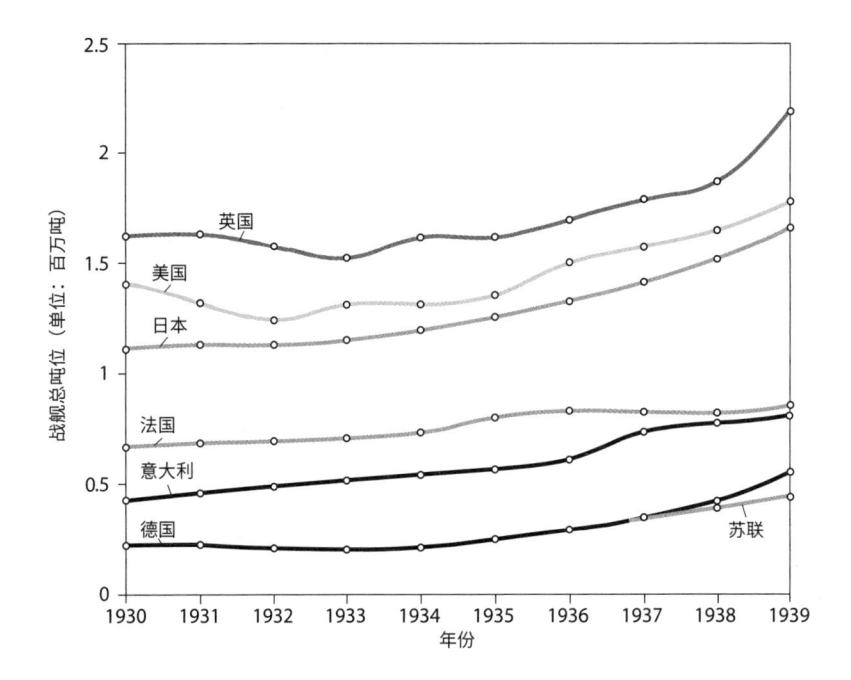

图表1 1930—1939年大国战舰总吨位

数据来自 Crisher and Souva, *Power at Sea: A Naval Dataset, 1865–2011*, 由阿伦·道森（Arun Dawson）整理, 2020年2月13日访问, https://qualitativedatarepository.github.io/dataverse-previewers/previewers/SpreadsheetPreview.html?fileid=2453823&siteUr1l=https://dataverse.harvard.edu&datasetid=66002&datasetversion=1.0。

第二章 1939年以前的军舰和海军　　19

位也更为持久。英国和日本都是绝对依赖海外食品和补给的岛屿帝国，都认为海上安全至关重要，并且在1919年之后依然这样认为。正在进行海上扩张的美国也声称有类似的需求，虽然这不怎么可信，但在20世纪30年代，它还没有完全达到它应有的总吨位配额。在这方面，法国、意大利和德国是"混合大国"，它们希望拥有自己应得的海军配额，但迫于地理因素，它们更关心各自的陆战能力和空中战斗力。1919年《凡尔赛和约》签订后，德国全面裁军，这也限制了德国海军的发展。在很大程度上，《华盛顿海军条约》和《伦敦海军条约》中确定的舰队配额反映了这样一种总体格局：两支非常大的、自私的、势均力敌的海军位于顶端；第三支海军正在奋力向上，紧跟其后；还有两支是中型海军；最后是被严重削弱的第六名。刚成立不久的苏俄先是陷入内战，然后又忙于内部重建，对此并不感兴趣，这里就不赘述了。

虽然由五六个你争我夺的大国组成的国际体系预示着1919年后世界历史上又一个竞争激烈的多极时代的到来，但这一次并没有发生肆无忌惮的海军军备竞赛。事实上，还存在着一种新的重大政治因素，限制着各地的海军至上主义者，那就是大规模裁军的要求。在第一次世界大战之前，公众和政治家对军舰充满狂热，但是随着一战带来巨大人员伤亡和财产损失，这种狂热被击得粉碎。取而代之的是一种同样强烈的反感，人们反对一切形式的军国主义、民族主义、银行家和武器制造商的不当影响，尤其是反对军备竞赛。一个被普遍认可的说法是，敌对国家之间在陆地和海上的昂贵军备计划是引发这场战争的主要原因，那么防止未来再次发生战争的最好办法肯定是严格限制国防开支。这样节省下来的钱既可以用来支付急需的社会项目、战争抚恤金等，也可以用来偿还十分令人担忧的国家债务。

但是，对于20世纪20年代的节约主义者来说，仅仅迫使三军将领们同意削减国防开支是不够的，因为狡猾的武器设计师可能会想方设法绕过纯粹的财政上的限制。在考虑海军限制时，仅仅按照1914年之前失败的英德"海军假日"①谈判的思路，只是规定比方说各国主力舰之间的某种数量比例也是不够的。军舰成为第一个目标，因为人们认为限制海军比限制陆军和空军更容易，毕竟战列舰体积庞大，很容易看到。因此，已有的各类军舰将在质和量两个方面被无情地削弱。这将是历史上最有针对性的武器削减协议，它的倡导者对此感到非常自豪。

1922年在华盛顿签订的海军协定是与其他关于舰队基地和维持太平洋/远东现状的国际条约一起通过的，其内容可以概述如下。五国海军的将领都强烈地感到被自己狡猾的政治领导人背叛了，这一事实表明，他们做出了巨大的牺牲，而且这种削弱确实是独一无二的，也是普遍的。首先，各国主力舰的总吨位都受到限制：英国和美国的战列舰最多可达52.5万吨，航母最多可达13.5万吨；日本分别为31.5万吨和8.1万吨；法国和意大利分别为17.5万吨和6万吨。然后是质的限制。除了少数明确的例外，任何战列舰的排水量都不应超过3.5万吨，主炮的口径不应超过16英寸，每艘航母的排水量不应超过2.7万吨。虽然到了20世纪30年代，国际条约对重型和轻型巡洋舰、驱逐舰甚至潜艇都有了限制，但并不是所有的小型战舰都立即受到了具体的限制。[4]

从战舰的数量很容易看出这背后的逻辑。如果主力舰的排水

---

① 指通过条约的安排，各方在一段时间内不再建造新舰。——编者注

量不超过3.5万吨,那么52.5万吨的战列舰总体限制意味着英国和美国各自只能拥有15艘大型战列舰,而日本31.5万吨的总量意味着它只能拥有9艘这样的战舰。因此,为了符合配额的要求,英国皇家海军和美国海军都不得不报废大量老旧的无畏舰和前无畏舰,取消计划中雄心勃勃的建造项目,缩短了某些战列舰的长度,如"纳尔逊"级战列舰,并将其他大型船只改装成航母,如英国的"勇敢号"(Courageous)和美国的"萨拉托加号"。出于同样的原因,13.5万吨航母的上限实际上意味着,英国和美国海军只能有6艘这样的航母,日本只能有4艘,意大利和法国各有3艘。

签署《华盛顿海军条约》的政客们还对各国的战斗舰队施加了另一项令人吃惊的限制:除了让某些舰艇报废或大幅改装外,条约还规定10年内禁止建造任何新的战列舰。后来,在1930年的伦敦海军会议上,这种"冻结"又延长了5年。在大型军舰建造方面,各国不得不接受这长达15年的暂停,这一定会让今天的海军将领们大吃一惊,更不用说那些严重依赖政府订单的军事工业集团了。但是无法否认的是,被称为"死亡贩子"(merchant of death)的军火公司在政治上很不受欢迎,并且人们对于让军队再次卷入战争充满恐惧。毕竟,英国陆军和美国海军陆战队都沦为了规模较小的殖民地警察部队,所以海军相对幸运,而且其中许多海军(日本除外)甚至没有达到条约规定的全部配额。尽管如此,这次"海军假日"的总体结果还是令人震惊的,与1914年之前疯狂的海军竞赛形成了鲜明的对比,下面的关于各国战舰建造的散点图就很好地体现了这一点(见图表2)。

并不是所有这些限制都得到了严格的遵守,虽然违规行为直

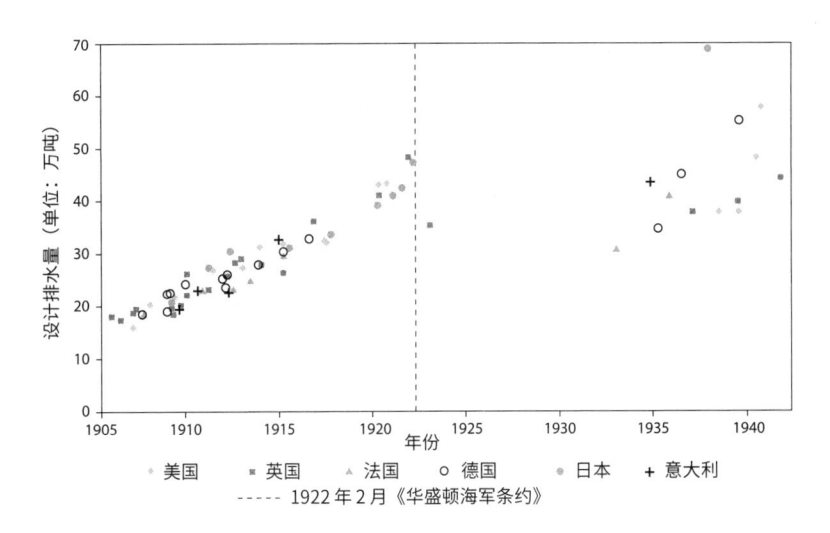

图表2　20世纪20年代和30年代初的战列舰建造"缺口"

摘自 Keating, "File: Battleship Building Scatter Graph 1905 Onwards.png"，维基媒体，最后一次修改于 2011 年 12 月 29 日，https://commons.wikimedia.org/wiki/File:Battleship_building_scatter_graph_1905_onwards.png。

到很久以后才变得清晰。总的说来，美国、英国和法国海军将新建造的替代舰艇保持在条约限制之内或略高于条约限制，而修正主义国家德国、意大利和日本的舰艇几乎总是远远超过条约规定的吨位限制，日本的重型巡洋舰更是如此。虽然这似乎使它们在一对一的水面战斗中拥有明显的优势，但是在第二次世界大战中，它们对条约的违反给它们带来的好处比想象的要少得多——因为事实证明鱼雷、水雷、潜艇和飞机比水面舰艇的杀伤力要大得多，并且对于这些武器来说，作为其攻击目标的巡洋舰的吨位大小根本无关紧要。[5]

1930年的伦敦海军会议解决了一些遗留问题，对英、美、日

第二章　1939 年以前的军舰和海军　　　23

三国重型巡洋舰的比例进行了微调，将其确定为5∶5∶3，这更加有利于日本。英美之间就轻型巡洋舰的最大尺寸进行了长期争论，巡洋舰配额总量的最终结果对美国有利。此外，条约对驱逐舰和潜艇的单舰艇排水量、火炮口径和总吨位也进行了限制，但是由于法国和意大利反对，也有一些例外。这两个国家都反对潜艇和驱逐舰的总吨位限制，因为它们认为只有拥有大量这种舰艇才能与处于领先地位的海军相抗衡。总的来说，法国和意大利也选择了更大的驱逐舰（2000吨以上），后来纳粹德国也是如此。这样导致的结果是，这些驱逐舰在参战时如果遇到波涛汹涌的海面就会东摇西晃。

还有一些重要的问题是海军参谋部无法忽视但难以处理的。正如前面所解释的那样，每个国家的舰队都是由历史和传统塑造的，但是也受到当前关切的影响，例如谁是可能的敌人，如何为某一场特定的战争做好准备。即使对敌人有一定的了解，你打算怎样打败他们，或者至少避免失败？你是打算防守，还是主动出击？你有没有盟友？你的主要敌人会有盟友，从而迫使你的海军兵力分散吗？即使你已经建造了战舰，你将如何部署它们，在哪里部署它们？

正如我们在后文将看到的那样，这些交战国的海军在二战期间所经历的许多挫折和损失都是由两次世界大战期间的误判造成的。意大利海军急切希望只与法国海军交战，而不必在地中海与英国皇家海军交战。而德国海军元帅埃里希·雷德尔（Erich Raeder）寄希望于希特勒遵守不会在1939年发动战争的承诺，结果开战时舰队只建成了一半。英国皇家海军的计划当然没有预见到法国的突然沦陷。更糟糕的是，它低估了德国潜艇的威胁，也大大低估了日本海军。美日两国的战列舰指挥官都期待着重现日德兰海战的辉煌，只不过这次是在太平洋水域，但是谁也没有预料到舰载机会打破这些想法。

要知道，所有这些考虑都必须与军舰设计师面对的永恒挑战相结合，这些挑战涉及海军期望具备的四个特性，即快速、耐久、高攻击力和高防御力。设计师在设计每一艘军舰时，都会努力使其拥有所有这四个特性，但是从逻辑上讲，军舰不可能以同样令人满意的方式具备每一种特性。这和历史上的情况有什么不同吗？多层的西班牙大帆船拥有强大的火力，但它在大西洋的狂风中却无能为力。地中海桨帆船也许速度很快，人员配备也很强大，但是它抵挡不住炮弹的齐射。在20世纪20年代，这种设计上的权衡取舍依然存在。

现在，除了所有这些对海军工程和设计的正常挑战之外，还要受到两个海军条约所规定的数字和尺寸限制的严格束缚。

此外，船舶设计者还必须对新技术做出反应，特别是飞机不断增长的动力、速度和航程。在1890年至1918年的这段时间里，水面战舰的安全性已经遇到了许多挑战，最明显的是水雷（达达尼尔海峡战役）和潜艇发射的鱼雷（大西洋之战），现在各国的海军部也不能忽视来自空中的新威胁，虽然海军将领非常保守。是否应该用新的多管的博福斯（Bofors）和厄利康（Oerlikon）高射炮替换辅助的五英寸炮？航母是否需要具备足够的动力和射程，以跟上主力舰队，并拥有足够长的甲板来容纳越来越快的飞机类型？如果是这样，它们是应该从头开始建造，还是从现有的战列巡洋舰改装而来？既然航母本身已经成为敌人的航母和陆基飞机的巨大目标，因此需要自备昂贵的防御系统，它们是否应该配备战斗机中队以及鱼雷机和轰炸机？最后，没有护卫队，它们怎么能避开德国潜艇的攻击呢？所有这些思考的结果是具有讽刺意味的：战列舰和航空母舰都是庞大而昂贵的海军资产，反过来又需要一系列昂贵的小型军舰和飞机来为它们提供防护。[6]

海军部的政策制定者们还面临着一个问题，那就是为了遵守条约的规定，以后扩大海军规模的时机。拆除12艘战舰可能不会花太多时间，但重建一支舰队则是另一回事。正如英国海军元帅约翰·费舍尔（John Fisher）在1914年之前曾哀叹的那样，你不可能仅仅通过一份补充预算就拥有一个新的战斗中队。大型战舰的设计和建造需要很长的时间，政府不得不订购需要五六年才能完全进入公海服役的武器系统，这就是为什么当时的观察家和后来的学者认为《伦敦海军条约》规定的额外5年限制是一场灾难。在等待条约到期的过程中，设计者们不断修改火炮口径、排水量大小和发动机类型。对每个国家的海军来说，20世纪30年代末的重整军备计划都是一种疯狂的弥补和追赶。因此，许多在接下来的章节中扮演重要角色的战舰直到战争爆发后才加入舰队，例如"埃塞克斯"级航母和"乔治五世"级战列舰，虽然它们是在20世纪30年代后期获批的。

当时的战舰

虽然每个舰队都有一两种混合型或奇怪的战舰，但到20世纪20年代，主要的战舰类型有五种，即战列舰、航母、巡洋舰、驱逐舰和潜艇，因此一个国家的相对海军实力很容易理解（见表格1）。

表格 1　1939 年主要海军军舰统计

类型	英国	美国	日本	法国	意大利	德国
主力舰	15	15	9	7	4	5
航空母舰	6	5	5	1	—	—
重型巡洋舰	15	18	12	7	7	2
其他巡洋舰	49	17	27	12	14	6
驱逐舰	179	215	112	59	61	22
潜艇	57	87	59	78	106	65

摘自 "Naval Strength of the Leading Powers, September 1939 (Completed Ships Only)," in *Jane's Fighting Ships 1939*, xiii.

战列舰是纳尔逊时代的风帆战列舰在工业时代的直接后代，在两次世界大战之间的时期，仍然占据所有海军的核心位置。虽然受到两个海军条约限制的严重影响，但它的实际设计基本保持不变，与其他战舰类型相比，它较少受到新技术的影响。到第一次世界大战前夕，无畏舰的基本特征已经具备：口径统一的重型武器（12~16 英寸），在统一的方向控制下，并配备用于近距离射击的较小火炮；环绕的装甲带，特别用于防护弹药库和其他重要部分；通常使用涡轮机推进系统，可以产生巨大的马力；还有就是以燃料作为能源。有了这种大致的统一性，就有可能把军舰按等级排列，这样就可以组成有层次的中队。[7]

因此，战列舰设计师追求的目标是为他们的舰艇提供必要的火力、防护、速度和续航力，有时会在听到其他海军正在开发最新型号的消息后，马上做出调整。1906 年无畏舰的到来确立了一个新的标准之后，在第一次世界大战之前和期间的几年里，战列舰只是发生了一些量变，而不是质变。更大的火炮口径、更高的速度和更大的排水量显然导致了更大的支出。一些传统的造船厂显得太小了，无法建造新的 700~800 英尺长的舰船。各地海军力量成倍增长。所有这些都与大国之间的政治竞争和领土竞争相互作用，形成了 1914 年以前著名的"海军竞赛"。虽然美国和日本的战斗舰队在 1914 年之前也迅速扩张，但海洋事务的重心仍然在欧洲。这无意中导致了一个十分重要的后果：人们预计未来的战斗将发生在距离欧洲海岸或海军基地几百英里左右的地方，所以欧洲几乎所有重型战舰的续航能力都相对较弱，这种情况一直持续到第二次世界大战。1941 年追逐并击沉"俾斯麦号"的过程，以及后来英法战列舰在太平洋长途作战时遇到的困难都表明了这一点。

更大的火炮导致更大的长度和宽度，从而导致更大的排水量，进而导致战舰的体积持续上升；但是随着前文详细介绍的《华盛顿海军条约》严厉规定的出台，这种情况结束了。很多战列舰的建造计划被放弃了，而某些战列舰的最终尺寸和速度与最初的设计大相径庭。"纳尔逊号"（Nelson）和"罗德尼号"（Rodney）是这一时期英国仅有的两艘 16 英寸火炮战列舰，它们可能是最著名的重型战舰因条约而改变设计的例子。

从绘画 5 中可以观察到这两艘战列舰为了适应《华盛顿海军条约》的条款所做的调整：三个主要的 16 英寸炮塔前移，节省了大量的重量。但这些设计上的调整花了很长时间才完成，导致"罗德尼号"直到 1927 年才完工，这是一个罕见的重型战舰在"海军假日"期间下水的例子。在很多年里，它一直是英国本土舰队的中流砥柱；战争爆发后，它的作战生涯也非常出色，包括参与了挪威战役、对"俾斯麦号"的追击、马耳他岛保卫战、西西里岛战役和意大利战役，以及诺曼底登陆日炮击。它在战争期间航行了16万海里——这也许是一项重型战舰的纪录——它所创造的价值肯定是最初成本760万英镑的许多倍。但是，在20世纪20年代，这似乎是一艘非常昂贵的军舰。

第一次世界大战时期和20世纪20年代初完工的战列舰还有一个显著的特点：大多数战列舰速度较慢，最高航速在20节到25节之间。高速涡轮机在任何情况下都非常昂贵，当然，沉重的防护装甲也大大增加了船的重量。以"纳尔逊"级战列舰为例，英国海军部为了火力和防护而牺牲了速度。如果"俾斯麦号"没有被鱼雷重创，它是不可能追上的，而且它总是被速度更快的意大利战列舰甩在后面。在对日战争的最后一年，当皇家海军派遣一支快速战列舰和航母部队前往太平洋时，它就像其他比较旧的英国主力舰一样，留在了本土。

虽然在海军条约规定的15年期间不允许建造新的战列舰，但是大多数海军都能够保留其最好的一战主力舰，并对它们进行大规模的现代化改造，同时避免使船只的总排水量超过条约限制。美国海军的大部分战列舰都是这样做的，意大利海军四艘较小的"加富尔"级战列舰和法国海军的"布列塔尼"级战列舰也是这样做的，日本海军则是所有战列舰都是这样做的。[8] 如绘画4所示，在1925—1926年，曾经参加一战的"得克萨斯号"战列舰进行了大规模改造，配备了新的锅炉、新的桅杆和更好的二级火炮，它在二战期间也有出色的作战记录。这方面最成功的例子也许是英国海军部在1913—1915年改造的5艘15英寸火炮的"伊丽莎白女王"级"快速战列舰"，它们变成了现代外观的舰艇（绘画6），虽然它们的速度（约23节）并没有那么快。

第二章 1939年以前的军舰和海军

与许多其他战列舰一样，这里的重炮被布置成8门15英寸主炮，安装在两两叠架的4个中线炮塔上。这提供了极好的射程，机械层面的难度也比联装炮架低一些。"俾斯麦号"和"提尔皮茨号"（Tirpitz）战列舰有类似的布局，日本的"长门"级战列舰和经典的美国"科罗拉多"级战列舰也有类似的布局（虽然配备的是8门16英寸火炮）。另一种主要的火炮布局是为战列舰配备9门重炮，排列在三个三重炮塔上，两个在前面，一个在后面。在机动性和威慑力方面，真的没有什么能比得上这些无畏舰。一艘战列舰发射的炮弹比一个炮兵师还要多，而且是在以15节或20节的速度移动时这样做！"罗德尼号"战列舰的一次齐射就击飞了已经丧失机动能力的"俾斯麦号"的前炮塔；三年后，在诺曼底海滩附近，它的另一次齐射将陆地上十多英里之外的德国坦克炸向空中。一个月后，"得克萨斯号"战列舰在诺曼底登陆日进行了同样的炮击，摧毁了德军在瑟堡的防御工事；第二年春天，它又炮击了硫黄岛和冲绳的日军阵地。有趣的是，所有美国和英国的老战列舰都轻松地发挥了支持部队登陆的作用，它们的射击精度被认为比速度更快的现代战列舰要高得多，后者在奔赴另一项任务之前会偶尔加入炮击。

在《华盛顿海军条约》和《伦敦海军条约》有效期间，这些国家海军的各种战列巡洋舰也进行了类似的"升级"。例如，日本的四艘"金刚"级战列巡洋舰（讽刺的是，这种巡洋舰是1913年在英国建造的）在20世纪30年代进行了两次重大升级，并在整个太平洋战争中证明了自己的强大。然而，它们并不是大型舰艇，虽然配备了14英寸火炮，排水量却只有2.3万~2.6万吨。类似大小并经历多次重新设计的法国战列巡洋舰（配备13英寸火炮的"敦刻尔克号"),德国配备11英寸火炮的战列巡洋舰"沙恩霍斯特号"(Scharnhorst)和"德意志"级袖珍战列舰,意大利的"安德烈亚·多里亚"级(Andrea Doria,12英寸火炮,航速21节,排水量为2.6万吨)战列舰,所有这些都远不如日本的战舰那样令人印象深刻。毫无例外,在充足的火力、防护、速度和耐力方面,它们至少有一项无法达到必要的要求。[9] 1943年12月,英国皇家海军的"约克公爵号"(Duke of York)战列舰迅速摧毁了"沙恩霍斯特号",这是一个很好的例子,可以表明这些"半"战列舰所付出的代价。面对由雷达控制的14英寸火炮,德国配备11英寸火炮的战列舰毫无胜算。事实证明,在"俾斯麦号"猛烈的炮火面前,即使是配备15英寸火炮的英国战列巡洋舰"胡德号"的装甲也显得不堪一击。

事实上,每个国家的海军将领都在等待条约限制被废除。为了开发更强大的重型战舰,在1936年《伦敦海军条约》到期后,日本和法国肯定不会再忍受这些束缚。然而,事实是很少有国家拥有充足的资源,包括足够大的船坞,来建造海军至上主义者梦想中的超级战列舰。的确,对于海军指挥官们来说,相对于条约有效期内的战列舰,二战打响后才加入战斗的新型、快速、现代化战列舰无疑更让人满意,其中包括英国五艘"乔治五世"级战列舰(排水量在3.5万吨以上)、德国的"俾斯麦号"战列舰(排水量至少4万吨)和"提尔皮茨号"战列舰,以及意大利的四艘"利托里奥"级战列舰(排水量为4万吨)。但是,要想见证这些神圣舰艇的巅峰之作,还要等到二战后期日本与美国的超级战列舰登场。[10] 本书第八章中所描述的"大和号"和"武藏号"是十足的庞然大物,是大约40年前英国海军元帅约翰·费舍尔一手掀

第二章 1939年以前的军舰和海军

起的"无畏舰赌博"的登峰造极之作。然而,面对大规模的空中攻击,就连这两艘巨舰也毫无胜算。

在1922年的华盛顿海军会议和1930年的伦敦海军会议上,威力仅次于战列舰的火炮装甲战舰巡洋舰也受到了条约的限制。这种军舰是纳尔逊时期的巡航舰(frigate)的后代,其设计路线多种多样。虽然不足以与战列舰并肩作战,但它速度更快,是侦察、炮舰外交、保护己方商船并袭扰敌方商船的理想选择。巡洋舰分为不同等级,地理和历史条件再一次决定了海军部的选择。英国拥有分布广泛的跨洋贸易航线和世界一半的商船,需要大量的轻型巡洋舰,为了持久性而牺牲了防护性。大多数其他国家的海军希望在离本土更近的地方作战,并且巡洋舰可能会与其战斗舰队联合作战,所以更喜欢装备更强、防护更强、航程更短的重型巡洋舰。在华盛顿海军会议上,虽然英国、美国和日本的代表没能就巡洋舰的总吨位和数量达成一致,但他们一致同意重型巡洋舰的最大排水量为1万吨,主炮最大口径为8英寸。谈判代表还同意,轻型巡洋舰上配备的火炮口径不应超过6.1英寸,但在实践中,许多海军选择较小口径(5英寸、5.5英寸或6英寸)的舰炮,并且火炮的数量和炮塔布局也有不同。[11]

我们难免会对这个时期各国的军舰设计师产生某种同情,因为他们在设计最佳的巡洋舰的过程中,要充分考虑所有这些相互矛盾的因素。它们的基本武装包括8英寸火炮、其他较小的武器、火控塔、船员空间和存储空间,以及锅炉和引擎室。这些已经确保了一艘巡洋舰的排水量达到1万吨,其重量分布在大约600英尺长、55英尺宽的船体上。但还有更困难的决定需要做出。应该用涡轮机来提高速度,还是用柴油发动机来增加航程?应该为

4000英里的续航（以稳定的速度）设计燃料箱，还是为12 000英里的航程创造更多空间？是否应该保护上层免受水平火力的攻击，保护甲板和炮塔顶部免受垂直火力的攻击，虽然这样会增加上层建筑的重量，导致其在北大西洋的风暴中头重脚轻？每一个选择都带来了希望中的好处，但也带来了缺点。

因此，英国皇家海军对耐用性和经济性的追求在其经典的"郡"级巡洋舰的设计中得到了很好的体现，这种8英寸火炮的战舰配有四个双联装炮塔，拥有巨大的巡航范围。像"多塞特郡号"（Dorsetshire）这样的巡洋舰拥有长而平齐的船边和低矮的上层建筑，将简洁发挥到了极致。

由于英国的政策制定者主要关心的是确保以后帝国全球航线的安全，不受敌人的劫掠，因此其20世纪20年代的建造计划包括15艘这样的大型巡洋舰。在侦察方面，它们携带有水上飞机，可以扩大侦察范围。在作战方面，它们的主炮口径为8英寸，与可能出现的最大敌军巡洋舰火力相当。最重要的考虑因素是速度、耐力、适航性和长期在海上的宜居性。此外，高出水线的船体使得"郡"级巡洋舰具有良好的结构刚度，即使在恶劣海况下也可以作为稳定的炮台。这种优势在1941年5月得到了很好的体现，当时"多塞特郡号"巡洋舰离开中大西洋的一支护航运输队，有足够的航程和"诺福克号"（Norfolk）巡洋舰一起追踪"俾斯麦号"，共同对已经丧失机动能力的"俾斯麦号"发动攻击，发射鱼雷将其击毁。然而，"郡"级巡洋舰的轻装甲防护（只有弹药库周围有实心"盒子"装甲）意味着它们很容易受到空中攻击的威胁。1942年初，"多塞特郡号"离开西蒙斯敦港（绘画7），要去加入东方舰队。在锡兰（今斯里兰卡）南部海域，它和姐妹舰"康沃尔号"（Cornwall）遭到了来自日本航母的俯冲轰炸机的反复攻击。两艘巡洋舰很快被击沉，造成大量人员伤亡，它们试图驶离攻击范围，却未能成功。如果没有足够的空中掩护，军舰注定要失败，这是挪威战役和克里特岛战役给人的教训，在这里再次得到了印证。

"郡"级巡洋舰的船体低矮而纤细，与其形成鲜明对比的是德国10年后建造的重型巡洋舰，如"欧根亲王号"（Prinz Eugen），还有日本的"最上"级重型巡洋舰，后两者因上层建筑庞大而比前者高出不少。因此，它们满载排水量为1.5万吨，远远超过按条约规定建造的巡洋舰，这也就不足为奇了。在风平浪静时，"郡"级巡洋舰可能不是它们的对手，但是在海况不好时，重心过高可能会对它们产生不利的影响。墨索里尼海军的重型巡洋舰也是如此，像"阜姆号"（Fiume）这样漂亮的"扎拉"级重型巡洋舰的排水量也远远超过条约规定的上限。

受到地理因素的影响，意大利设计师不得不考虑其他因素。由于意大利国土的两边都有漫长的海岸线，还有通往非洲殖民地的贸易线路，所以意大利皇家海军肩负着保卫这一切的艰巨任务。由于担心与训练有素的英国皇家海军直接交火，意大利海军的目标是只在对己方有利的情况下采取行动。这就解释了意大利巡洋舰的关键性能特征，比如更快的航速和修改后的8英寸火炮，其射程比"郡"级巡洋舰更远，而如果敌人向它们逼近，它们就可以快速逃离。这些舰艇还拥有更多的防护措施，包括6英寸的装甲带和3英寸的甲板，因此，当这些拥有漂亮上层建筑的巡洋舰从20世纪30年代初开始出现时，它们收到了非常好的评价。但是德国驻意大利的海军代表私下里认为这些巡洋舰只"适合好天气"。[12]这些巡洋舰和墨索里尼的其他海军一样，很少进行射击训练，夜间训练更是没有过。

总的来说，这些事实都证明：各国的巡洋舰在第二次世界大战期间的表现参差不齐。在二战期间，德国的大型巡洋舰被逐一击沉。其中，"布吕歇尔号"（Blücher）在1940年4月入侵挪威时被奥斯陆沿海的挪威海岸炮和鱼雷炮击沉，其余的巡洋舰则在之后的时间里驻扎在挪威或德国本土水域，逐渐被英国皇家空军所消灭。换句话说，没有德国巡洋舰被其他巡洋舰或任何敌军舰艇摧毁。如上文所述，意大利巡洋舰在空间和心理上都受到了限制，许多巡洋舰在夜间与英国皇家海军的战斗中被击沉。日本和美国的巡洋舰在单独的交战中表现出色（日本人占上风），这种情况一直延续到1944年混乱的莱特湾战役，但除此类情况之外，这种军舰并不太适合太平洋战争。由于没有护航路线需要抽调巡洋舰，美国的巡洋舰和老式战列舰一起，逐渐被用作登陆之前的炮击舰或美国航母的防空舰。似乎只有英国的重型巡洋舰和轻型巡洋舰完成了所有设想的角色，从协助主要的水面战斗（追击"施佩伯爵号"、追击"俾斯麦号"、追击"沙恩霍斯特号"、马塔潘角海战），到持续保护从直布罗陀航线到北极船队的贸易。这些重型巡洋舰的损失相应较大，包括"埃克塞特号"（Exeter）、"约克号"、"堪培拉号"、"多塞特郡号"和"康沃尔号"，而轻型巡洋舰的损失则更大。

在华盛顿海军会议十年后，武器谈判代表试图限制在武器装备或排水量上比轻型巡洋舰更小的军舰。代表们一致认为无关紧要的舰艇太多了，其数量可能成千上万，其中包括小型护卫舰、轻型护卫舰、巡逻艇、登陆艇、监视舰、扫雷舰和鱼雷艇等等，根本无法有效管理。另一方面,第一次世界大战已经表明,驱逐舰太重要了,太致命了,不能不考虑限制它们的数量、大小和打击能力。驱逐舰的角色最初是保护自己的战列舰免受敌人鱼雷艇的攻击,但其中较大的后来装备了自己的鱼雷来攻击水面战舰,前后有火炮作为标准武器,最后又配备了攻击U艇的深水炸弹。因此,到了1919年,驱逐舰已经成为一种小型的通用战斗舰,较大的驱逐舰(舰队驱逐舰)被赋予了很快的速度,以便能够跟上战列舰和航母。随着第二次世界大战的临近,驱逐舰的体积、功率和费用都将大幅增加,这预示了更新的快速战列舰和航母的出现。但是大多数海军参战时使用的驱逐舰的建造年代都较早。

《华盛顿海军条约》和《伦敦海军条约》对驱逐舰的限制表明了大国的不同立场。只有英国、美国和日本的海军对驱逐舰的总吨位有限制(法国和意大利拒绝加入)。而且,除了伦敦海军会议上的一些例外,驱逐舰的排水量被限制在1850吨以下,舰炮的口径被限制在5.1英寸以下,但这也只适用于三支最大的海军。到了20世纪30年代末,日本、法国、意大利和德国等许多国家建造了几乎和轻型巡洋舰一样大的超级驱逐舰,这样的限制将被抛到一边,但是人们一次又一次地感觉到,其中一些驱逐舰变得过于庞大和强大。英国的驱逐舰比较低矮,而且排水量较小,例如著名的"部族"级约为1800吨,出色的美国"弗莱彻"级则约为2100吨,原因是英国海军和美国海军的设计师想要设计一种在各种海况中都能适航的军舰,这样就可以在最恶劣的海况中追击敌方战列舰。[13]德国那些装备有5.9英寸炮的驱逐舰看起来很威风,但是在北大西洋的水域中,它们很有可能会颠簸不定。[14]

如表格1所示,所有国家最终都拥有了相当多的驱逐舰,截至1939年，美国海军有215艘，英国皇家海军有179艘，日本有112艘，法国有59艘，意大利有61艘，德国有22艘——在埃里希·雷德尔看来，这还远远不够。每个国家的海军部都在不停地抱怨驱逐舰的数量不够，考虑到对"舰队老黄牛"（the workhorses of the fleet）提出的所有要求，其抱怨是可以理解的。正如纳尔逊在另一个时代所说的那样，在进行一场大规模战争时，护卫舰的数量永远是不够的。

在狂热追求可以跟上战斗舰队并对敌方战列舰发起大规模鱼雷攻击的大型快速驱逐舰的过程中，各国大都忽视了建造可以用于护送商船和搜索敌方潜艇的较小、较慢的驱逐舰。后者被美国海军称为护航驱逐舰（destroyer escort），被英国皇家海军称为护卫舰（frigate）或小型护卫舰（sloop）。英国海军部再次成了一个例外，倾向于建造小型驱逐舰。不过，优先建造大型舰艇也有其合理性。由于建造一艘新型快速战列舰需要五六年的时间，而建造一艘重型巡洋舰可能需要两年的时间，因此在《华盛顿海军条约》和《伦敦海军条约》的限制于1936年结束，各国终于能够以井喷之势建造军舰之后，将一个国家的资源（例如钢铁、电线、枪械厂和造船厂工人）投入包括舰队驱逐舰在内的更大项目上就显得更加合理了。较小的舰艇则可以在短时间内建造出来，例如，英国海军部在1939年7月启动紧急战时建造项目时，开始订购几十艘，然后是数百艘著名的"花"级轻型护卫舰，在不到一年的时间里，第一批"花"级轻型护卫舰就出海了。它们虽然装备不足，动力不足，却起到了关键的临时作用。[15]

两次世界大战之间潜艇的发展和有关政策又是另外一种情况。这是另一种破坏性的、令人担忧的武器，它会造成一种"不对称战争",这种体积较小的装备可以摧毁一艘巨大的战列舰,是中型海军争夺海上交通线的理想工具,正如U艇在1917年所表明的那样。因此,毫不奇怪,在华盛顿会议上,英国政府会欢迎完全废除潜艇——会上已经成功地迫使战败的德国放弃潜艇——但法国和意大利坚决拒绝接受限制潜艇数量的建议,这两个国家希望通过潜艇来弥补它们在大型战舰上的劣势。然而,在伦敦海军会议上,潜艇的最大排水量被限制在2000吨,火炮最大为5.1英寸,潜艇舰队的最大吨位限制首次出现。尽管如此,在和平年代,海军情报部门很难推测其他国家潜艇舰队的战斗力。许多国家的海军都少量地建造了一批又一批不同型号的潜艇,就像在试验设计方案一样——根据《简氏战舰年鉴》(*Jane's Fighting Ships*)的数据,意大利在1939年总共建造了104艘潜艇,令人印象深刻,其中包括至少19种(!)型号,还有6种正在建造中。据报苏联有"大约130艘"潜艇,但没有人知道其具体细节。在德国的所有潜艇中,实际上有32艘是排水量300吨、航程很短的"沿海型"。到了1939年,海军少将卡尔·邓尼茨(Karl Dönitz)只有很少的VII型潜艇。法国海军拥有整整30艘令人印象深刻的"可畏"级潜艇,这种潜艇体积大、速度快、航程长,但功能不太确定——可能是用来侦察水面舰队的。日本拥有大量潜艇(59艘),但并不认为潜艇要去攻击商船。美国甚至拥有更多的潜艇(87艘),但事实证明,它们的鱼雷性能很差,甚至比德国的还要糟糕。似乎没有人知道日本23英寸"长枪"鱼雷[1]的非凡射程和威力,这种鱼雷也被装备在日本帝国海军的潜艇上。没有人知道,随着海

---

[1] 即九三式鱼雷。——编者注

军空中巡逻和海岸司令部空中力量的发展，潜艇在海面上的表现会如何。一个奇怪的事实是，英国皇家海军拥有最小的潜艇舰队（57艘），但实际上可能拥有最有用的一批潜艇。[16]

一想到海军历史上军舰的设计相对稳定和一致的那些漫长时期，比如整个18世纪，你就难免会对20世纪动荡不安的前40年的海军设计师产生一些同情。这个时代开始于英国皇家海军惊人的无畏舰的下水，巨大的排水量、全火炮武器装备、钢铁装甲和涡轮推进似乎使这些新型战列舰在可预见的未来成为海上力量的巅峰。因此，在这个时期，一国海军的相对实力总是根据拥有多少无畏舰和前无畏舰来衡量的，发展出"伊丽莎白女王"级这样的高级无畏舰是顺理成章的。就在费舍尔元帅卓越的战列舰设计脱颖而出的同时，大量体积小得多、建造成本更低但可能威胁主力舰安全的真正革命性装备也出现了，例如鱼雷、潜艇、水雷，以及后来的轰炸机，这确实是一个残酷的历史讽刺。[17]

此外，还有另一种潜在的变革性武器系统——航空母舰。第一架飞机在1903年才试飞成功，第一批用于海军任务的非常原始的航母在第一次世界大战的最后一年才出现。那个阶段的航母还很小，远远低于1921—1922年实施的吨位限制。这些航母是真正意义上的平顶船，例如英国皇家海军的"百眼巨人号"（Argus）航母和绘画9中美国的"兰利号"（Langley）航母。这种航母搭载的飞机有一个固定的起落架，可以在甲板上起降，这使它们完全不同于水上飞机供应舰的在水面起降的浮筒式水上飞机。此外，这也是有史以来第一次飞机可以借助升降机存放在下甲板上。此时军方还没有为这种航母想好独立的用场，由于飞机可以用于远程侦察，因此航母被视为战斗舰队的辅助。

正如绘画 9 所示,"兰利号"航母是由一艘非常大的运煤船改建而来的,而英国皇家海军的"百眼巨人号"是由一艘小型远洋客轮改建而来的。因此,这些早期的航母看起来摇摇欲坠,显然只是试验品。一战结束后,美国航母的主要任务是协助训练第一代和第二代美国海军飞行员,主要是侦察飞行员,虽然早期有一些投掷小型炸弹的练习。它们也被用作试验台,用于改进航母设计和解决阻拦索和弹射器的复杂问题。最早的弹射起飞就是在"兰利号"的甲板上进行的。到了 20 世纪 30 年代末,"兰利号"加入了太平洋舰队,但被重新改造为飞机供应舰。当二战爆发时,它被美英荷澳司令部用来运送增援飞机。1942 年 2 月,在执行这些任务时,它被高效的日本海军航空队的俯冲轰炸机发现并击沉。这个海军航空史上的先驱竟然会遭受如此的命运,这实在是一个残酷的讽刺。[18]

　　航空母舰发展的下一个阶段是彻底改造英国、日本和美国的某些战列巡洋舰,使其具备可供飞机起降的更长甲板。根据新的《华盛顿海军条约》削减主力舰数量的要求,这些战列巡洋舰原本需要报废。英国皇家海军改造了"勇敢号"、"光荣号"(Glorious)和"暴怒号"(Furious),日本改造了"赤城号",美国改造了"列克星敦号"和"萨拉托加号"。

　　"列克星敦号"和"萨拉托加号"是两艘巨舰,长 880 英尺,航速能达到 33 节,航程高达 1 万英里,而且都保留了 8 英寸火炮! 雄心勃勃的美国政策制定者希望它们能够成为世界上有史以来最大的战列巡洋舰,速度比任何海上战舰都快(也许除了"胡德号"之外),但它们最终成了那个时代的超级航母。它们可以搭载 80 多架飞机,这是一个惊人的数字。这两艘航母的职业生涯几乎全部是在太平洋度过的，在战前的演习中，它们在提高美国海军空中作战的整体技术方面发挥了主导作用。众所周知，在日本偷袭珍珠港时，它们幸运地不在珍珠港，并因此创造了历史。

这是早期航母战斗群概念的一个例子，它们的飞机联合起来将具有强大的打击力量，因此相当具有决定性。事实上，早在二战爆发之前的十年，这就已经成为美国和日本航母舰队的信条。航母在没有战列舰的情况下作战，从而自己成为打击力量，这种想法当然遭到了所有海军中更传统的海军将领的反对，虽然航母部队的规模正在稳步增长。[19]

由于日本海军即使是在20世纪30年代的新航母编队中，也保留了完全平顶的设计，直到1938年美国航母"约克城号"（Yorktown）和"企业号"（Enterprise）以及英国航母"皇家方舟号"（Ark Royal）完工，航母的经典形态才出现。在不到20年的时间里，一种全新的、完全改变游戏规则的大型船只出现了。在整个船型的进化史上，这是一个惊人的快速转变。

虽然只有一艘，但"皇家方舟号"成为英国皇家海军六艘"光辉"（Illustrious）级航母的原型，这些航母在战前就已经开始建造，但直到1940—1943年才完工。"皇家方舟号"不是一艘全装甲航母，但是它的飞行甲板用的是1英寸厚的钢板。这个飞行甲板构成了船体上部的强度部件，此外还有下部装甲甲板、紧贴船体关键部位的装甲带和针对水雷攻击的水下隔舱措施。英国航母的设计牺牲攻击性换取更强的防护性，其装甲板比日本和美国的航母多得多，但舰载机的数量相对较少："皇家方舟号"只搭载了大约60架飞机，而美国的"约克城号"搭载了约90架飞机，"赤城号"搭载了66架飞机，此外还有备用的。另一个重要的区别是，美国和日本海军都可以独立采购自己的飞机，而英国海军航空兵却不能。[20]

虽然那些更传统的军官对此不屑一顾，但在20世纪30年代末，各国政府和海军部都将航母及其打击能力视为具有威慑作用的重要战略棋子，这一点变得越来越明显。因此，正如绘画11中马耳他大港的背景所暗示的那样，伦敦将这艘航母和其他航母部署在这里，是在传达一个信息，表明英帝国海上航道出现了新型的保卫者，这是对墨索里尼海军的警告。美国决定将相当一部分航母舰队从西海岸转移到珍珠港，也传达了同样的信息。

但是，如果说航空母舰构成了新的威胁，那么也可以说它们和所有的水面战舰确实受到了陆基空中力量迅速发展的威胁。大约从1930年到1940年的十年间，所有飞机的发动机功率、速度、运载能力和航程都大大增加了，包括现代双发和四发轰炸机。因此，虽然日本、美国和英国的新航母的打击能力和范围确实大大提高了，但飞机（从"斯图卡"俯冲轰炸机到后来的先进的B-17轰炸机）对整个海军的威胁也大大增加了，这代表了一个全新的因素，其结果是削弱了更强大的海军力量的优势。因此，即使1939年英法联合水面舰队在欧洲水域对可能的敌人有极大优势，但如果敌方距离海岸100英里以上的陆基空中力量可以威胁到舰队的安全和海上战斗力，这又意味着什么呢？谁能真正控制地中海或北海呢？如果大量的日本陆基航空队威胁到盟军对菲律宾、香港和新加坡的海上控制，这对太平洋和东南亚意味着什么呢？海军的力量还够吗？

1939年的六大海军

这六个国家在努力确保海上安全方面的表现如何？这六个国家为保障自己的海上安全都做了什么呢？很明显，在努力创造最合适的战舰类型组合来实现这一目标时，法国的海军将领发现自己受到的限制比美国、日本和英国的海军将领要大得多。第一次世界大战造成了资本、物质和生命的巨大损失，大规模投资于越来越昂贵的舰艇似乎是不可能的。事实上，在20世纪30年代中期，正当其他大国的经济开始好转之际，疲软的法国经济却再次陷入低迷。前十年的外交协议（《凡尔赛和约》、《华盛顿和约》、《洛迦诺公约》、道威斯计划和杨计划）使世界进入了不稳定的休战状态，使军备开支变得既不可能，也不恰当。然而，当这个国际纸牌屋在接下来的几年里迅速崩溃时，随着疯狂的、军事化的德国独裁政权噩梦般地崛起，法国不得不将本来就不足的国防开支中的很大一部分用于陆军和空军，剩下的海军开支必须分配给战舰、人员和现代化基地，以满足国家最紧迫的战略需求。因此，庞大的战列舰建造计划是不可能的，但法国确实试图升级其旧的条约主力舰，并建造了两艘现代战列巡洋舰。很多资金被分配给了快速巡洋舰（19艘）、大型驱逐舰（78艘）和许多潜艇（86艘），而不是航空母舰（只有1艘）。

1935年之后欧洲外交格局的具体形态也决定了法国海军的发展。在20世纪30年代后期，海上力量的对比越来越多地发生在法国、德国、意大利和英国之间，这在某种程度上是"多极世界中的海军"[21]的经典例子。如前所述，德国的问题比其他任何问题都要突出，因为日益增长的纳粹威胁是关乎生死存亡的，德国被认为很可能会再次发起一场灾难性的陆地袭击（就像1870年和1914年那样），何况现在还会加上德国空军的猛烈空袭。希特勒的崛起的海军确实引起了法国海军政策制定者的关注，特别是航程很远、用来截击商船的"舍尔海军上将"级（Admiral Scheer）袖珍战列舰，以及后来的"沙恩霍斯特"级战列巡洋舰。因此，法国建造了属于自己的更大的"敦刻尔克"级战列巡洋舰。然而，法国海军的大部分注意力都集中于南方更大的危险上，这种危险来自意大利海军配备8英寸火炮的巡洋舰、驱逐舰舰队、数十艘潜艇以及更新的战列舰。因此，法国和意大利之间卷入了一场海军竞赛。如果1939年它们真的在地中海打了一场一对一的战争，结果会如何让人很感兴趣。毕竟，《华盛顿海军条约》赋予了它们同等的主力舰吨位；它们都大致建成并升级了其军舰；两者都没有特殊作战优势（例如雷达、航空母舰、夜战能力和"超级机密"）；每一方都能得到位于地中海两侧的空军和空军基地的零星支援；在1939年，双方也都没有造出更新的战列舰。虽然法国海军认为自己更有优势，而且很可能确实如此，但在较弱的意大利经济崩溃之前，法国和意大利海军的斗争很可能在很长一段时间内都不会有结果。

当然，如果法国也不得不同时与德国作战，意大利的机会就会大得多，而这正是罗马-柏林轴心的主要意义所在。然而，随着1939年战争的临近，法国和意大利单独作战或者法国独自对抗意大利和德国的可能性（如果这曾经是一个担忧的话）已经消失了。英国和法国将并肩作战。因此，英国（更具体地说是皇家海军）构成了法国海军的强大后援，无论是对德国海军，还是在必要时对意大利海军。在这种情况下，德国的水面部队不可能沿着英吉利海峡进攻法国海岸,而德国在大西洋及其他地方对盟国商船的劫掠可能造成的威胁只能是偶然的,因为会受到英法巡逻艇的反击。另一方面,墨索里尼的海军如果加入战争,则很容易受到地中海西部的法国舰队和地中海东部(以及马耳他)的英国舰队的牵制。

因此,1939年的意大利海军虽然很强大,但还不够强大。它只有四艘现代化的战列舰("利托里奥"级战列舰1940年才开始服役),并且从未获准拥有航母。像法国一样,它在其他方面更令人印象深刻,拥有大约20艘重型和轻型巡洋舰,近60艘驱逐舰,大约60艘非常危险的大型鱼雷艇,以及由106艘潜艇组成的庞大舰队,在意大利本土海岸线、撒丁岛和北非都设有海军基地和空军基地。然而,这显然还不够,意大利的劣势还不止于此。它可能的对手,尤其是地中海的英国海军,享受着技术和训练上的优势,这些优势可以弥补任何数量上的劣势。到了1940年,英国人拥有了舰载雷达,它所带来的优势不可估量。布莱切利园(Bletchley Park)的密码破译人员经常可以让英国海军将领知道意大利舰队的动向。英国海军有一艘航空母舰常驻于此,有时是两艘;甚至在战争爆发之前,双方就都知道这将是一个巨大的优势。英国军舰会进行夜战训练,而这是意大利军舰所缺乏的。此外,总体而言,英国的军舰有更多的实战演习经历。如果意大利像日本一样拥有一支庞大而现代化的海军航空兵队伍,情况可能会大不相同,但事实并非如此。如果这106艘潜艇在操作上真的是一流的,那也可能会扭转局势,但事实同样并非如此。意大利海军确实非常重视反潜战,英国潜艇在地中海海战中的损失可以证明这一点,但这还不够。[22]

第二章 1939年以前的军舰和海军

每个国家的海军部（除了日本）都诅咒这样一个事实：在其新设计的后"华盛顿海军假日"战列舰（如"利托里奥"级、"黎塞留"级、"乔治五世"级和"北卡罗来纳"级）建成之前，战争就爆发了。这些海军部忘记了一个事实，那就是其他国家的海军也处于同样不利的地位。每个国家的海军都遭遇了一个尴尬的事实：这些比第一次世界大战时期的舰艇更大、更复杂的新一级主力舰需要数年时间才能建成，而建造这些舰艇的造船厂本身通常也需要更新换代。讽刺的是，当希特勒在1939年9月进攻波兰时，准备最不充分的海军正是德国海军，它由足智多谋却生性悲观的海军元帅埃里希·雷德尔指挥。当时德国的快速战列舰还没有诞生，"俾斯麦号"要到1941年中期才能建成，但2艘新的"沙恩霍斯特"级战列巡洋舰几乎已经准备就绪，3艘设计巧妙的"德意志"级袖珍战列舰正准备驶向大西洋。德国的2艘新的重型巡洋舰、6艘轻型巡洋舰和22艘大型快速驱逐舰都很威武，但奈何数量太少。扬言建立一支真正的北大西洋舰队（10艘战列舰、6艘航母等等）的Z计划在数年之后才开始实施，而且由于战争的提前到来而变得不可能实现。邓尼茨的舰队大约有25艘U艇，规模虽小，却很有前途。但同样，它因规模太小而不具有真正的战略重要性，仅仅是具有危险性而已。

事后回顾，人们可能会想知道，德国海军如果将用于战列舰、战列巡洋舰和重型巡洋舰的物质和人力资源分配给建造大量的驱逐舰、鱼雷快艇（E-boat），特别是U艇（包括加快生产更具革命性的型号），是否会取得更好的结果。[23]当然，这将对其水面舰艇军官团的士气造成巨大打击，但事实是，德国海军在二战中唯一接近于发挥战略作用的时间是在1942年和1943年，当时它的U艇足够多，足以摧毁大西洋的护航运输队。但是，就像邓尼茨承认的那样，三年前，德国潜艇部队的规模太小，潜艇太小，再加上地理上的限制——只能从北海出航——使得在不列颠群岛以西持续行动异常艰难。英国皇家海军本身就非常强大，随着法国海军的加入和意大利宣布中立，德国几乎没有任何胜算。远东方面也没有提供任何帮助。在1939年得知英法宣战的消息后，雷德尔在官方的作战日志中指出，他们至少知道"如何英勇牺牲"。[24]

与这三个欧洲国家的海军相比，20世纪30年代末的日本海军规模庞大，非常成功，在许多方面都很强大，似乎为现代海上战争做好了充分的准备。它是仅有的三支拥有航母的海军之一，也是其中组织最好的一个，其航母聚集在一起，组成了一支航母特遣舰队。这支舰队正在接受训练，不仅能够对舰队基地等敌方目标发动紧密协调的攻击，而且可能更了不起的是，还能在远海执行远程的任务。在"大和"级战列舰加入之前，日本海军还拥有大量现代化的战列舰和巡洋舰。它的重型巡洋舰比其他任何巡洋舰都更重，舷侧更大，像其他日本战舰一样，也有很好的夜视系统。其快速的大型驱逐舰都配备了强大的远程"长枪"鱼雷，事实上，所有的日本重型巡洋舰、轻型巡洋舰、驱逐舰和潜艇都装备了这些鱼雷（甚至有点太多了），目的是在任何水面战斗中先下手为强。[25]

日本海军由于拥有一支完全独立于陆军的航空部队，并且没有英国的海军航空兵与皇家空军之间的那种尴尬关系，所以能够招募、训练和管理自己的航空兵。日军大部分俯冲轰炸机和鱼雷轰炸机中队都是一流的，而零式战斗机比西方在太平洋战场上使

第二章 1939年以前的军舰和海军　　47

用的任何战斗机都要好。除了大量的舰载机外，还有为数不少的类似中队驻扎于日本本土、日本在东南亚的简易机场和太平洋岛屿基地。根据战术时机，这些中队可以从海上作战切换到陆地作战。日本海军航空队也有一个相当大的海岸指挥侦察部门，在当时的世界，无出其右者。[26]

到日本在整个远东发动战争时，日本海军的现役战舰包括10艘战列舰，6艘舰队航母和4艘轻型航母，18艘重型巡洋舰和18艘轻型巡洋舰，113艘驱逐舰和63艘潜艇。总而言之，日本海军的战斗力大约是英国和美国海军的70%~80%，但日本的决策者认为，日本海军更加训练有素，战斗力更强，能够在军舰一对一的对决中取胜，而其他两国的海军是无法将整个舰队都集中在西太平洋的。这些假设在当时并非没有道理。

然而，日本的海军确实有一些非常严重的劣势。虽然日本和英国同样是岛国，同样依赖大量物资的安全进口，但它在发展反潜战能力方面做得特别少。此外，虽然日本的潜艇舰队规模相当大，但训练这些潜艇所依据的原则相当可疑：追击敌人难以捕捉的主力舰队，而不是去伏击商船。在舰载雷达的发展方面，日本远远落后于西方，在夜间战斗时以及在确定战斗位置时，这将是一个很大的劣势。盟军拥有信号情报，而日本却没有，美国便享有解码敌方外交和军事情报的优势。虽然日本海军无疑是东亚水域最强大的水面海军，但当它面对太平洋对岸一个更强大的海洋国家时，这些就成了它致命的弱点。

此外，正如海军大将山本五十六等更精明的日本海军高级军官所深知的那样，日本海军的真正能力受到某些不受海军控制的客观条件制约。第一个也是完全不可改变的问题在于日本作为欧亚大陆最东端一个森林覆盖的多山群岛的特殊地理形势。它所面临的难题是，虽然它与任何其他大型海军相距都很远，享有行动自由，但同样，它与希望征服并占领的地方也相距很远。它即使一举成功，要控制从缅甸、新加坡到所罗门群岛再到阿拉斯加的巨大弧形区域，也可能会对自己形成持久的压力。

第二个问题是原材料的不足，而原材料是一个国家军事力量的基础。当然，它如果拥有现代工业社会所需的自然资源，就没必要侵略其他国家了。日本之所以会成为一个修正主义国家，正是因为其弱小，而不是因为其强大。它的石油完全依赖进口，正是西方对日本的石油禁运（1941年7月）导致了日本冒险扩大战争。它也缺乏橡胶、木材、小麦、锡、铜和许多其他矿石资源，虽然它在吞并中国东北后获得了一些煤和铁资源。一旦战争打响，这些关键材料的储备不会维持很长时间，而激烈的战斗状态自然会很快破坏其在某些地区的战时产出。虽然它有能力生产高效的现代舰船和飞机，但这一切都是在勉强的和平条件下，在国民经济承受巨大压力的情况下实现的。如果随着战争的推进，它开始失去大量的海军和空军资产，那么其应对突发状况的能力将丧失殆尽。

最后一点是，日本海军与它的姊妹军种陆军之间存在严重的问题，而在全国范围内，后者显然是一支更强大的政治力量。这不仅意味着日本陆军（和陆军航空队）自然消耗了国防预算的很大一部分，就像法国、德国、苏联和意大利的情况一样；也意味着决定了日本对外侵略时间和方向的不是海军将领，而是陆军将领。事实上，帝国大本营更喜欢的方向是向西侵占亚洲大陆的领土，而不是向南进攻马来亚或南海。虽然东条英机和日本军方逐渐接受了海军的观点，认为与英美之间的战争可能是必要的，但这种想法的改变只是因为他们在中国的大规模军事行动要求从南方获得安全的石油和金属供应，而西方很可能会进行阻挠。[27]然而，如果日本向南发动一场全面战争，其战略缺陷将是惊人的——一个资源有限的国家将发动一场大规模的海上征服战争，而此时它的许多军事力量却正陷入一场大陆战争之中。

当然，如果日本拥有能够帮助它甚至与其并肩作战的海军盟友，情况会更好。在这方面，地理位置再次成为一个劣势，因为它欧洲的轴心国盟友远在6000多英里之外。如果一起开战，无论是日本还是其他两个法西斯国家都没有任何基地可以将三个国家的海军连接起来。诚然，意大利和德国海军构成的威胁促使英国皇家海军将大部分兵力留在了欧洲水域，但这并不会阻止快速扩大的美国海军在太平洋集结一支庞大的海上力量。在西方人看来，日本的地缘政治地位令人羡慕。在日本更为悲观的政策制定者看来，这个国家似乎注定要在对抗两个陆地强国（中国和更远的苏联）的同时，还要与两个更强大的海上强国（英国和美国）斗争。令人欣慰的是，它的海军此时已经很强大，具有进攻性，愿意（也能够）承受伤亡，而且很难被击败。不过这是否已经足够，还有待观察。

海军大将山本五十六最担心的海上敌人是美国。显然，他最忌惮的是美国长远的军事潜力。他曾在20世纪20年代担任日本驻美国海军武官，并走遍了整个国家，他很清楚这个国家是多么富有和资源丰富。在20世纪30年代末，比如1938年，美国海军实力呈现出一幅相当不确定的图景，反映出那个时代海上力量分布的复杂和混乱。正如美国的经济优势在大萧条时期的关税大战中受到的打击最大一样，美国海军至上主义者庞大的战舰建造计划无疑也受到了《华盛顿海军条约》限制和所谓的"海军假日"的最大损害。虽然这个国家拥有更强大的生产实力，但它的海军在当时并不处于领先地位。英国皇家海军规模更大，在世界水道上占据了更好的位置。若论装备和准备，日本海军可能比美国海军更占优势，至少就单个军舰而言是如此。

美国仍处于起步阶段的海上地位主要是由其国内政治决定的。一战结束后，美国退出协约国集团，国内舆论也更加坚定地偏向孤立主义，而20世纪30年代中期美国的各种"中立法案"更加强调了这个事实。罗斯福偶尔试图改变现状，但是通常会招来一片批评之声，并让他不得不否认自己要做任何改变。对罗斯福政府来说，幸运的是可以把加强美国海军仅仅作为一种防御措施提出，并因此得到了国会许多人的支持。然而，除了内部原因之外，还有一个简单的事实，即英国皇家海军通常被视为欧洲入侵西半球的障碍。到了20世纪30年代，在人们对纳粹德国野心的担忧日益加剧之际，这种地缘政治考量依然存在。因此，即使是那些同情英法的美国人也认为他们的国家没有理由走上前线。当然，一支规模可观的战斗舰队是可以建立起来的，但直到30年代末，国会才批准适度增加海军规模。[28]

即使在这种情况下，美国建造的第一批新型战列舰（"北卡罗来纳号"和"华盛顿号"）也不完全是后《华盛顿海军条约》时代的战舰。和英国皇家海军的"乔治五世"级一样，它们的排水量和重型武器一直困在上一个时代的限制中。美国的设计局花了数年时间才最终决定为它们和后来所有的美国主力舰配备更大的16英寸舰炮。1939年版的《简氏战舰年鉴》努力更新许多关于这些舰船的公告，其中有这样的语句："这些舰艇建造过程中的延误是由于设计变化、材料延迟交付以及需要延长和加固船台滑道……在建造过程中很有可能会进一步修改。"[29]事实上，"北卡罗来纳号"将于1941年4月服役并加入舰队。在同一版《简氏战舰年鉴》中，后面的另一条内容指出，国会已进一步授权建造两艘排水量和速度都大幅增加的"艾奥瓦"级战列舰，其成本将达到闻所未闻的"每艘1亿美元左右"。[30]这两艘战列舰于1943年2月开始服役。可见，美国所面临的是同样的问题。在那个时代的国际紧张局势爆发为全面战争之前，美国海军不太可能拥有大量新型舰艇。为什么修正主义的日本要等那么久呢？

1939年，美国的战斗舰队就像其他几个海军强国的战斗舰队一样，是由一批至少20年前建造的老旧战舰组成的，这些战舰主炮的口径不同，在12英寸到16英寸之间，排水量也很有限，一般在3.1万吨左右。总之，在决定不拥有战列巡洋舰的情况下，美国海军有15艘速度相对较慢的战列舰，其中一些得到了显著的加强，另一些正在进行长时间的改装（因此无法使用），还有一些没有接受现代化的改造。因此，此时的美国海军是典型的二战之前实力较弱的海军。相比之下，如果要在太平洋上与日本作战，或者在大西洋上与新组建的德国海军的军舰交火，美国海军至少还有18艘8英寸炮的重型巡洋舰。这确实令人欣慰，因为这批巡洋舰不仅数量可观，而且航程足够远，可以进行远距离侦察，速度也足够快，如果遇到更强大的对手，可以快速逃跑，同时又可以为美国航母护航。由于这些巡洋舰仍然没有配备舰对舰雷达，如果遇到更强大的、配备更好的光学侦察设备的日本重型巡洋舰，胜算似乎很渺茫。美国舰队拥有的轻型巡洋舰明显较少，没有英国皇家海军对这一级别的需求那么大。美国海军的小型军舰也反映了该国独特的战略地位。作为一个横跨整个大陆的国家，食品和大多数种类的原材料（橡胶除外）完全可以实现自给自足，所以美国海军很少考虑对商船的保护，对组建护卫舰队的想法持抵触态度。因此，其众多的舰队驱逐舰（超过200艘）就反映了这种观念：其中最好的是速度快、装备重炮的军舰，旨在与战列舰并肩作战，保护航母；其余则是大批价值低得多的老式四烟囱驱逐舰。此时的美国海军几乎没有护航驱逐舰，也没有后来战争中出现的护卫舰、轻型护卫舰或小型护卫舰。20世纪30年代的美国海军是一支火力强大的海军，是马汉所呼吁的那种海军，而不是朱利安·科贝特（Julian Corbett）所呼吁的那种海军（见第三章）。考虑到日本海军的情况和德国新的重型舰艇的威胁，美国海军有充分的理由这样做。在大西洋海战爆发之前，反潜战一直是一个被忽视的领域。虽然一些军舰有扫雷装置，但美国海军没有专门的扫雷舰，而英国皇家海军拥有44艘扫雷舰，意大利和德国所拥有的数量也超过了20艘。出于同样的原因，这一时期的美国潜艇部队（大约65艘）是为与日本主力舰队作战而设计的，很多潜艇比德国海军的更大。攻击日本商船的想法是在1942年之后才出现的。

除非你是一个忠实的航母战爱好者，否则很难看出美国海军的航母是1939年舰队中最强大的打击力量。从外表和战术上看，它似乎都不是这样的。美国海军的每个人都设想将战列舰作为核心部署一个舰队，航母则被单独用作侦察舰或为战列舰上空的空中巡逻提供飞机。即使两艘航母同时在一片海域，一般的想法也是，让它们分开行动以迷惑可能的敌人才是更明智的战术。"战列舰将军"对那些想要改变作战方式的航母舰长下级不以为然。因此,虽然一些忠诚而敬业的航母军官——威廉·哈尔西、马克·米彻尔(Marc Mitscher)和约翰·托尔(John Tower)——正在被提拔到将官级职位,但他们还没有在战争期间才出现的那种航母特遣舰队。[31]虽然如此,单纯从物质角度来看,就像日本海军一样,美国海军可能确实拥有一种全新的海上力量。1939年时,美国海军拥有五艘航母,包括两艘改装的战列巡洋舰,即"列克星敦号"和"萨拉托加号",还有后期设计的三艘,即"企业号"、"大黄蜂号"(Hornet)和"约克城号"。这些航母不仅速度很快,而且每艘都能搭载80多架飞机。然而,它们不可能成为一支强大的海军力量,因为它们被用于侦察任务,而且还分别部署在大西洋和太平洋。[32]然而,美国的海军确实有权自行采购飞机,这使得它比英国海军航空兵要好得多。这一切都意味着,如果说当时日本海军的航母舰队是世界上最好的,那么美国海军的航母部队也不会落后太多,而英国则毫无疑问地滑落到了第三位。

受到束缚的美国海军竟然发展得如此之快,回顾起来,还是很令人惊讶的。事实是,在1939年夏天,美国海军再过一年就能通过立法获得巨大的长期支持,最终不但不再受任何条约的限制,而且在世界局势的威胁下加快了发展速度,并得到非常忧虑的国会的同意。美国海军的时机已经到来,但是当希特勒的军队开始进攻波兰时,它肯定还没有做好充分的准备。

与上文所描述的所有其他海军相比,甚至与美国海军相比,在20世纪30年代末,英国海军的情况一定令人羡慕。这是唯一在全球范围活动的海军,正如1919年后的大英帝国是世界上唯一的帝国体系一样。第一次世界大战摧毁了国家的繁荣,造成了巨大的生命损失，并使全球金融中心从伦敦转移到了纽约，但是在接管了奥斯曼帝国和德国的许多殖民地之后，大英帝国的领土变得更加广阔了。[33] 即使在新的宪法关系中，自治领仍然是大英帝国的一部分，这意味着埃斯奎莫尔特、哈利法克斯、圣约翰斯、西蒙斯敦、德班、珀斯、悉尼、达尔文、奥克兰和许多较小的港口或多或少都算是皇家海军的港口。英国对印度的统治依然坚不可摧，其安全比以往任何时候都更成为英国战略关注的焦点；因此，从西边的阿巴斯港经过孟买、科伦坡和加尔各答到东边的仰光，所有这些港口都在这个帝国的范围之内。此外，还有海军元帅费舍尔曾经夸耀过的无与伦比、数不胜数的港口，其中包括百慕大、牙买加、直布罗陀、弗里敦、拉各斯、阿森松、蒙巴萨、马耳他、亚历山大、亚丁、新加坡、香港和斐济。这些港口多数是英国在18世纪对法国的战争中获得的，少数是在维多利亚时代早期获得的。20世纪初铺设的安全的"全红线"（All Red Line）海底电缆网络将所有这些港口连接起来。若从地理条件方面来衡量海上力量的话——如第三章会进一步探讨的那样——英国似乎的确拥有巨大的优势。

至于实际的军舰类型，1939年的海军部已经建成一支由15艘后无畏主力舰（12艘战列舰和3艘战列巡洋舰）、7艘航空母舰（有3艘相当小）、15艘重型巡洋舰，41艘轻型巡洋舰和8艘防空巡洋舰组成的海军。根据不同的计算方法，驱逐舰的总数相差很大：如果只算"现代"或"舰队"驱逐舰，大约有113艘；如果算上许多老旧的驱逐舰，大约有175艘。除了美国之外，英国拥有的这类驱逐舰比其他任何国家都多。此外，英国还有55艘现代化潜艇和大量的舰队辅助舰船。英国总共有20万海军人员，包括军官、普通士兵和预备役官兵。此外，一旦需要，英国海军还可以从商船队和退役水手中招募大量人手。

就吨位而言，英国海军部订购的军舰是最大的，包括5艘"乔治五世"级战列舰，6艘"光辉"级航空母舰，以及20多艘巡洋舰。当这些"乔治五世"级战列舰抵达时，它们将加强已有的15艘主力舰组成的舰队，即2艘16英寸炮的"纳尔逊号"和"罗德尼号"战列舰，5艘现代化的、配备8门15英寸炮的"伊丽莎白女王"级无畏舰，3艘快速的轻型装甲巡洋舰，分别是"胡德号"、"反击号"和"声望号"，同样配备8门15英寸舰炮，以及5艘还没有进行现代化改造的"皇家主权"级战舰。[34]这似乎是一支火力强大的战斗舰队，可以完全控制欧洲水域，并能在需要时向新加坡派遣大量部队。至少，这是海军部的希望。

海军部的规划者们认为，与其他任何级别的军舰相比，不同级别的巡洋舰就像是一种黏合剂，将大英帝国的网络连接在一起，所以他们在巡洋舰的设计上投入了大量精力。如前文所述，与其竞争对手高大威猛的巡洋舰相比，1939年之前英国海军的重型巡洋舰（"郡"级巡洋舰）看起来有点羸弱。但是，这种巡洋舰的低矮设计使它们很适宜在暴风雨天气中航行。此外，它们航程很长，并且配备了8门8英寸炮和鱼雷发射管。加上浮筒式水上飞机和不久后问世的雷达，它们的装备相当完善，可以执行大部分作战任务。后来加入它们的是其最终继承者、十多艘配备6英寸火炮的"城"级巡洋舰。不久之后，又有一批所谓的"皇家殖民地"级巡洋舰加入其中。此外，还有一大批较小的老式巡洋舰，可以用来执行有限的贸易保护任务或为驱逐舰领航。[35]

无论拥有多少艘驱逐舰，海军部的规划者们仍然很担心，如果在多个地方爆发战争，这些驱逐舰是否足以保卫一个全球范围的帝国。这种忧虑激发了他们对整体数量的思考，他们每年都在努力让许多第一次世界大战时期的老旧小型驱逐舰报废，并设计出又快又强大的驱逐舰，以跟上并保护海军的战列舰和航母。即使在经济大萧条时期，英国政府每年也至少新建一支区舰队（8艘同级驱逐舰加上一艘领航的驱逐舰），每支舰队的规模通常比上一支更大。再说一遍，到了1939年，这些驱逐舰的总数已经相当可观。然而，海军部依然怀疑它们是否足够。此外，具有讽刺意味的是，新型驱逐舰越强大，就越不适合执行缓慢的远程护航任务，这一点很快就会暴露出来。不过，总的来说，毋庸置疑的是，英国皇家海军对巡洋舰和驱逐舰投入了大量的精力。

然而，当涉及航空母舰时，却完全是另外一种情况，英国海军早期的物质优势和技术优势在慢慢丧失。《华盛顿海军条约》的吨位限制并不能解释这一点，毕竟，美国海军也受到了同样的限制，而其他三个国家的海军则受到了更严格的吨位限制。一个重要的原因是1919年后严重的经济不景气。日本虽然也受到了同样严重的打击，但最终还是设法建成了一支更好的航母舰队。显然，这一定程度上是因为英国海军优柔寡断，不愿建造一艘大型航母。因此，虽然1939年英国拥有七艘航母，但其中六艘要么太小，要么太慢，要么太老，或者以上所有问题都存在。这一点从这些航母的建成日期就可以看出端倪："暴怒号"建成于1917年，"百眼巨人号"建成于1918年，"竞技神号"建成于1919年，"鹰号"建成于1921年，"光荣号"和"勇敢号"建成于1925年，只有"皇家方舟号"是现代化的。它们大多数只搭载了少量的飞机，而这些飞机本身种类混乱，数量不足，动力不足，配备的炸弹和鱼雷的威力都比较小。海军与空军之间围绕飞机设计而产生的争吵以及为保护本土水域而争取资源的斗争是一个可怕的障碍,这一状况一直持续到二战的后期。海军航空兵和海岸司令部能够做到它们所做到的一切,已经难能可贵。历史学家描述这段混乱的故事时,有的态度客气,有的痛苦万分,有的则充满讽刺。[36]

与两次世界大战之间在航母方面的表现不同,皇家海军确实非常认真地对待潜艇和反潜战。在潜艇的开发和设计以及鱼雷技术方面,皇家海军是早期的先驱,这在一定程度上是因为费舍尔元帅的兴趣,虽然这种兴趣在海军中是更普遍的。在一战期间,英国海军曾经成功地派遣自己的潜艇在波罗的海对抗德国战舰和商船,在亚得里亚海对抗奥匈帝国海军。潜艇部队尽管在1919年后必须保持较小规模,但并没有被忽视。到了1939年,英国海军拥有不少于53艘现代化潜艇,另外还有24艘正在建造中。由于其潜艇数量比其他国家的海军都要少,英国海军的潜艇部队在文献中得到的关注较少;但是其标准的S级潜艇非常适合北海和地中海的水域,并搭载了大量的鱼雷,这些鱼雷比美国和德国的鱼雷要有效得多。[37]

同样,在第一次世界大战的第一个月,无畏舰"大胆号"(Audacious)被击沉后,英国皇家海军即高度重视U艇和水雷对其战斗舰队的潜在威胁。1917—1918年大西洋之战中英国商船的惨重损失让海军受到了极大的震动,在接下来的几年里,它一直在努力确保这样的损失不再发生。禁止德国海军拥有潜艇的限制在第三帝国建立后被突破,此后威胁再次出现了。英国皇家海军的反潜战规划者认为,新的潜艇探测器已经解决了水下探测问题,带来了安全保障,这种看法固然过于天真了,但他们至少总是非常重视对商船的保护。由此带来的结果是，除了许多可以被用于商船护航的驱逐舰编队之外，海军部还控制了各种各样的小型水面护航舰艇，如小型护卫舰、巡逻艇、鱼雷艇，甚至还有武装拖网渔船。它还拥有不少于44艘扫雷舰以维持海上畅通，远远超过其他任何一支海军。

当时皇家海军的整体状况如何呢？总体而言，虽然皇家海军存在一些重要的弱点（尤其是航空母舰方面），但这是一支相当平衡的舰队，既有数量众多的主力舰，又在巡洋舰方面无与伦比，同时也没有忽视重要的小型舰艇，如驱逐舰、潜艇，甚至是扫雷舰。与其他任何一个国家的海军相比，皇家海军看起来更加强大，而且实力上也更胜一筹。虽然其实力比美国海军强不了太多，但后者的作战范围只限于百慕大和马尼拉之间，而日本海军的作战范围则不会超过上海以南的地方。法国和意大利的海军明显远远落后于英国，而希特勒的帝国海军则远远排在第六位。英国海军的辐射范围从朴次茅斯开始，一直延伸到好望角，再从好望角延伸到香港和悉尼。

然而，这并不等同于20世纪30年代末英国海军在世界范围内的有效性。这主要有三个因素，而这些因素让来自海军部和帝国防务委员会（Committee of Imperial Defence）的规划者们非常担心。[38] 第一个担忧可能不如其他担忧那样强烈，是敌对空军对皇家海军战舰的威胁。虽然比以往任何时候都更难判断陆基飞机对大型战舰的威胁有多严重——西方海军有关日本这方面能力的情报严重不足——但海军部在1937年已经足够担心，开始建造一种新型的"狄多"级防空巡洋舰，为其配备了口径为5.25英寸的双重用途武器，还开始在每艘新建或改装的舰船上增加更多的防空武器（如4英寸速射炮，厄利康重机枪以及后来的博福斯高射炮）。英国在这方面可能存在的弱点显然没有逃过德国、意大利和日本的军事规划者的眼睛。如果皇家海军受到能够打击150~200英里外海上目标的现代轰炸机的威胁，那么英国海军的巨大吨位优势可能会大大降低，甚至完全被抵消。不同于水雷和鱼雷这些不对称战斗中的威胁性武器，这种武器只能由英国强大的空中力量来对抗，而不是更多的军舰。

第二个担忧与英国的整体安全有关，不仅来自德国空军对海军舰艇的威胁，更来自一个更为根本的威胁：在未来的冲突中，一旦纳粹德国控制了其所有欧洲邻国，盟军就不可能获胜。第一次世界大战的历史已经表明，皇家海军无论在海上多么强大，都无法凭借自己的力量击败庞大的德国陆上力量。自1919年以来的二十年里，白厅的规划者一直避免面对这个尴尬的大战略问题，但从1939年初开始，他们再次开始认真思考这个核心问题：为了获胜，英国一方必须同时战胜德国的陆军和空军。但要怎么做呢？当然，这不是通过增加几艘新战舰就能解决的问题。事实上，英国政府在战争前夕就承认了这一点，当时英国政府正准备再次将几个师和一些皇家空军中队运往法国。在又一场争夺欧洲控制权的全面战争中，海军能做的也仅此而已。[39]

第三个削弱英国海军优势的因素是，至少从1936年起，大英帝国必须为与三个敌对国交战的可能性做准备。虽然伦敦一直希望通过外交手段降低这种可能性，但是它面临着自18世纪70年代末以来从未遇到过的战略挑战。如果你不得不将舰队兵分三路，那么即使拥有世界上规模最大的海军也无法保证安全。英国的外部局势陡转直下，令人震惊。在1930年，它与日本关系尚可，意大利是《洛迦诺公约》的友好执行者，德国则是忍气吞声的魏玛共和国。仅仅五年之后，日本对远东秩序构成了威胁，希特勒的纳粹德国开始蠢蠢欲动，而由于阿比西尼亚危机，意大利也从友好国家变成了潜在的敌人。1935—1936年，忧心忡忡的英国海军部在给内阁的备忘录中警告称，若皇家海军陷入地中海战争，日本和德国都可能会趁火打劫，在其他地方制造麻烦。这清楚地表明了在全球不同地区面临太多潜在敌人的窘境。[40]英国数量有限的主力舰（其中一些正在漫长的改装中）有多少应该留在本土舰队，又有多少应该部署在马耳他和远东的水域？宝贵的少数几艘航空母舰应该部署在哪里？海岸司令部为数不多的可操作的飞机中队又应该部署在哪里？

因此，在20世纪30年代剩下的时间里，英国海军部别无选择，只能不断对这个新的多极海军世界进行重新评估。就像支撑大英帝国的全球金融和信贷体系一样，一个地区的危机会给整个帝国造成冲击。由于显而易见的事实是，皇家海军不可能在任何地方都保持强大的存在，英国政府最终在1939年夏天得出结论：必须在地中海与意大利保持一支庞大的舰队，而这样做的代价是默认放弃远东。从这个时候起，英国海军的重要性排序是本土水域排在第一位，地中海排在第二位，包括新加坡基地在内的远东地区则远远排在第三位。[41]如果意大利的威胁迫使地中海舰队离开马耳他，它只会去亚历山大。所有这些都是艰难但必要的决定。

第二次世界大战爆发时，英国皇家海军的准备情况如何？在苏伊士运河事件和大英帝国在亚洲终结之后，像柯瑞里·巴尼特（Correlli Barnett）这样的反传统学者只看到了许多弱点、落后和帝国的过度扩张。[42]研究两次世界大战之间时期的近代海军历史学家的评价更为温和，有些人甚至认为，在1939年，英国仍是世界上最强大的海洋国家。埃文·莫兹利（Evan Mawdsley）教授的结论[43]是"不列颠统治着海洋"，因为在总吨位、舰队人员、造船厂和基地、海上舰艇和在建舰艇方面，皇家海军领先于其他任何一个国家的海军，甚至领先于美国的海军。由于美国故意把自己边缘化，德国和日本只是地区性的角色，大英帝国仍然是唯一可以被称为"超级大国"[44]的国家。然而，从严格的战舰总吨位这一衡量标准来看（如图表1所示），这种说法似乎有些言过其实。皇家海军确实很强大，但是还没有完全准备好。前方的考验比它之前遇到的任何考验都要严峻。

最后，值得一提的是，这些国家的海军并不是仅有的必须应对20世纪30年代末的政治、经济和技术动荡形势的机构，当然也不是唯一这样的军种。战争即将来临，因为两个修正主义和威权主义政权不再愿意容忍现有的边界，而第三个（意大利）一旦看到机会就会扩张。一场巨大的经济萧条摧毁了贸易，损害了工业，掏空了国库，压缩了预算。然而，为了生存，各国此时不得不在最后时刻进行大规模的军备重整，它们必须决定哪些军事开支项目值得优先考虑。科技的突飞猛进挑战着所有老式的作战方式，很难看出哪些突破是最关键的。在战略、战役和战术的各个层面上，陆军、海军和空军这三个主要军种都拼命地争取提高效率。[45]每一个军种都急切地强调自身的价值，争取满足自身的重要需求。

1939年对未来感到震惊、沮丧和担忧的人不仅是海军将领。尽管如此，一些国家的海军还是比其他国家的海军更能承受全面战争的压力。随着战斗的展开，特别是在1940年到1941年，随着法国沦陷，珍珠港遭到破坏，还会发生很多出人意料的情况。然而，世界主要海军在这场冲突中的总体表现不应该如此令人惊讶，因为它们各自的优势和弱点在第一枪打响之前就已经很明显了。

第三章

地理、经济和地缘政治

20世纪30年代的海军将领一定没有读过卡尔·马克思的书，但他们之中可能有人知道他的名言："人们自己创造自己的历史，但是他们并不是随心所欲地创造，并不是在他们自己选定的条件下创造，而是在直接碰到的、既定的、从过去承继下来的条件下创造。"[1]无论拥有的战列舰、驱逐舰的数量有多少，质量如何，上述六大海军中的每一个都必须在不是它们创造的环境中运作，不得不受到既有因素的制约；它们只是诸军种中的一个，无法为了自己的利益而自作主张。在所有"既定的条件"中，地理和经济因素的影响最大。毕竟，海上力量深受物质因素的左右。

更具体地说，每一个海军参谋人员都知道他们国家的前景受到地理位置、技术和经济等相互作用的更大力量的重大影响。当然，地理条件是一种既定的存在，它为每一支海军提供了空间上的机会，也带来了物理上的约束，无论这支海军是大是小。的确，现代技术已经能够提供一个重要的变量，因为蒸汽动力消除了船只对风和洋流的依赖，而飞机的出现为武装部队提供了更强的机动性。但是距离——无论是敦刻尔克海岸过于狭窄的距离，还是太平洋中部令人难以置信的遥远距离——仍然是一个非常重要的因素。经济（或者更具体地说是国家的生产能力）是另一个与其他变量相互作用的变量；因为正如第二次世界大战经常表明的那样，战斗的胜利不仅仅是地理优势或一个海军技术创新的结果，巨大的工业规模和由此带来的巨大生产力一直都是必需的。一套雷达是远远不够的，但是配备雷达的驱逐舰舰队就不一样了。成群的重型轰炸机摆脱了大西洋上距离的制约，几十艘新航母在太平洋上破浪前行，所有这些都证实了一个古老的认识：一个国家的海上力量必须建立在强大的生产基础之上。

地理因素对六国冲突的影响

早在几十年前的1902年，著名的海军战略家阿尔弗雷德·塞耶·马汉就在其《关于海军部署的考虑》中讨论过所有这些一般性的观点。这篇文章涵盖的话题非常广泛，甚至谈到了无线电报的影响。当时的政治形势风云变幻——布尔战争刚刚结束，英日同盟刚刚缔结，美国正在向加勒比海扩张势力，战争的阴云笼罩了远东，德国海军的战列舰规模正在翻倍——但马汉更感兴趣的是更大、更长远的方面，即海军力量应该如何部署以及在哪里部署。正如他所解释的那样，"传统和惯例"，更不用说对熟悉的地理位置的偏好，使大多数海军保持在可预测的地方，在那里捍卫国家利益是最容易的。他接着说道，虽然如此，但"随着政治环境的变化，海军的部署也会不时发生变化"。[2]因此，当时世界事务的发展导致俄罗斯帝国在东亚部署了更多的战列舰，而英国皇家海军在美国水域的舰队却少得多，法国则加强了在地中海的存在，等等。然而，在所有这种阶段性的重新分配中，各国海军总部仍然需要考虑一些更宏观的地理事实，比如那条从直布罗陀到苏伊士、亚丁及更远地区的人类活动线的重要性，或是英伦三岛对北欧国家如同一座"巨大的防波堤"的作用，还有跨越太平洋的巨大距离。对马汉来说，地理决定命运。当然，这也是他对美国的未来感到乐观的原因。正是因为马汉所写的更多是泛泛而谈，避免涉及1902年前后世界的具体情况，所以他的言论具有超越时代的价值，同样适用于30年代末期的海军政治环境。

甚至在那个十年到来之前，大国就已经体验了地理因素是如何使一些国家处于不利地位而使另一些国家处于有利地位的。从始至终，第一次世界大战一直是地缘政治强国和弱国之间的斗争。在奥斯曼帝国于1914年11月加入同盟国后，沙皇政权发现自己无法通过黑海和波罗的海获得其同盟的援助，而其军队每年都要受到德国人的攻击。当它在军事上被击溃，革命来临时，遥远的西方真的无能为力。相比之下，没有强大邻国约束的日本则充分利用了远离欧洲战争的优势。奥斯曼帝国加入一战的决定对它自己来说也是致命的，因为它不仅要在俄国和巴尔干前线进行大规模战争，而且还为法国和英国入侵其近东地区的领土敞开了大门。意大利本应置身事外的，它永远无法穿过多洛米蒂山脉和阿尔卑斯山。当这场战争结束时，它只是名义上的胜利者。和1870年一样，法国北部三分之一的领土被德国占领了，但是这次它并没有崩溃，因为它自己格外努力，还得到了大英帝国和美国军队的大力帮助；但在这场战争中，它自己的海军扮演了相对较小的角色。正如马汉所预测的（见下文）那样，德国被困在北海东部，就像奥匈帝国海军被困在亚得里亚海北部一样。只有新式的 U 艇给了柏林打击英美海上优势的机会，但这一努力还不够，并且为时已晚。美国在海上战争中很容易获胜，仅仅因为它与欧洲的距离很远，而且很晚才加入战争。但皇家海军发现，要取得一场全面的海上胜利，比预期的要困难得多。它轻而易举地占领了德国分散的大部分殖民地，并打击了德国为数不多的海外舰队，但它发现两栖作战（加里波利战役）令人失望，并对德国经济如此顺利地经受住海上封锁感到惊讶。令人尴尬的是，英国人民对日德兰海战的结果明显感到不满。随后德国 U 艇在大西洋上对协约国的船只造成了巨大损失，直到大量新的护航舰艇投入战场。这表明，敌人通过最近的技术找到了一种部分摆脱北海封锁的方法。[3] 在这里，英国自身的地理优势被削弱了。

当二十年后各国海军的军官们思考如何应对第二次全球冲突时，他们再次苦恼于理解和利用地理位置和距离的作用。他们比以前更清楚地看到，飞机和潜艇等较新的武器可能会改变水面海战的形势；但是，如果每个参战国都使用同样的新技术，这种情况会在多大程度上发生呢？不管怎样，无论较新的武器系统有什么作用，仍然存在某些基本的地理事实。地球表面的约 70% 被水所覆盖，纽约到格拉斯哥（3200 英里）和圣迭戈到东京（5600 英里）之间的距离十分遥远。不言而喻，在未来的战争中，地理将在两大洋的海军大战略中的很多方面发挥关键作用。英国在斯卡帕湾、多佛尔、直布罗陀、弗里敦和开普敦的基地赋予其战略上的优势，船队从哈利法克斯直接开到英国西北部港口的便利性，在向马耳他供应军需时所面临的军事上的困难，以及在太平洋上使用"跳岛"战术所面临的挑战，所有这些因素都将发挥重要作用。虽然这一切都是显而易见的，但如果任何交战国认为其地理优势是理所当然的，那将是愚蠢的。

如果说在海军实力最弱的三个国家中，地理因素的影响最为明显，那是因为它们在调动海军方面的选择当然是最有限的，或者实际上根本别无选择。那些混合型国家——具有大量陆地边界并因此而面临地理限制的国家——从未真正拥有可以专注于海上的奢侈。即使是荷兰人、葡萄牙人，甚至是威尼斯人，在他们漫长的辉煌时期，有时也不得不关注陆地。[4] 陆地边界几乎总是一个弱点，即使那些疆域辽阔、人口众多的国家也不例外。也许这就是"地理决定命运"——据说这是拿破仑在进军俄国时的自言自语——这句格言的深层含义：陆地国家永远无法摆脱对陆地安全的追求。

对于法兰西第三共和国来说，地理无疑就是命运，这在前一章已经解释过了。法国与扩张的纳粹德国紧密相邻，而后者拥有更多的人口和更大的工业基础。到了20世纪30年代末，法国在其相对现代化的中等规模海军上已投入了尽可能多的资源。如果它能像1914年那样抵挡住德国的陆上进攻，那么即使没有皇家海军的帮助，它当然也能对付规模小得多的德国海军。然而，如果它不能抵抗德国陆军和空军，那么它的海上力量无论如何都会崩溃。法国作为一个大国的生存能力根本不依赖于海洋。相比之下，意大利的侵略，无论采取何种形式，都不可能产生重要影响。

意大利自己的海军也受到地理因素的很大影响，虽然是以不同的方式。意大利的陆地边界上既没有令人生畏的德国，也没有虎视眈眈的苏联，而且它的北部一直被阿尔卑斯山脉很好地保护着。向东与意大利隔着亚得里亚海相望的是一些弱国。其海岸线上有许多优良的港口，除此之外，还要加上撒丁岛和西西里岛这两个大岛，以及其在北非获得的殖民地领土。

尽管如此，意大利在20世纪列强格局中的总体战略地位并不稳固。与任何其他较大帝国的全球布局比起来，它的属地看起来都不大，只是地中海周围的一些土地。事实上，意大利只是一个中等规模的区域性国家，完全被地中海所包围，甚至比德国被北海所封锁的情况还要严重。意大利的民族主义者幻想，要摆脱"地中海囚徒"的命运，唯一的机会就是占领直布罗陀海峡并控制埃及。但这是第二个地缘政治问题，因为从18世纪中叶开始，当意大利还只是一些小王国和城邦时，一个更加统一和工业化的大国（英国）有意识地向地中海推进，到了19世纪晚期，它已经建立了一条横穿地中海的交通和商业路线。虽然这条路线可能看起来非常纤细，甚至可能很脆弱，但这一切都取决于大英帝国打算以多大的力度坚守它。到了1939年，从伦敦向埃及守军派出的空中和陆地增援部队以及马耳他防空部队的加强表明，战斗将是艰难的。无论如何，还要考虑到法国在地中海西部的位置所带来的巨大军事优势。因此，当波兰战争开始时，意大利政府决定保持中立也就不足为奇了。总而言之，如果马汉在他1902年的文章中花点篇幅来描述意大利的困境，他可能会像描述德国时那样说，这是意大利"地理位置上的初始劣势"，而这种劣势需要通过数量上的优势来克服。但是，这种数量的优势并没有出现。

1939年纳粹德国及其海军在地缘战略和政治形势上与此不同，比其他五个《华盛顿海军条约》的签署国家都要窘迫得多。20年前，新成立的魏玛政府不得不忍气吞声地接受《凡尔赛和约》中前所未闻的裁军条款（不能有飞机，不能有潜艇，不能有主力舰，少得可怜的军队，等等），1933年后，纳粹的再军事化优先考虑了空军和陆军。在经济方面，德国拥有世界上第二雄厚的工业基础，因此理论上，它确实可以建造一支非常庞大的舰队。但这是等到20世纪40年代去做的事情，正如希特勒不断地安抚焦虑的海军元帅埃里希·雷德尔时所说的那样。在20世纪30年代末，它的现代战舰确实非常少——由于德国精细的建造标准，单艘军舰威力很大，但总的来说，舰队规模仍然很小，大约是法国的四分之一。

如果说以上是数量上的劣势，那么地理位置只会让情况变得更糟。在1902年的那篇文章中，马汉对德国的地理劣势做出了经典的表述："如果德国与法国或英国发生战争，德国的海上防御意味着至少在北海建立海军优势。但这种海防是不完整的，除非德国的海军优势能从英吉利海峡一直延伸到大西洋，迫使英国向那里投放海军力量。这是德国地理位置上的初始劣势，需要通过足够的数量优势来克服。"[5]因此，德国（甚至是纳粹德国）的海上前景受到了限制。在接下来的十年里，没有人能想象对英法舰队有"足够的数量优势"，而在此之前，地理位置限制了德国海军的活动范围。

果真如此吗？如果德国所面临的问题是地理位置的问题，那么为什么不看看地缘政治位置本身是否可以通过国际协议或（更有可能）通过决定性军事力量来改变呢？这就是德国退役海军少将沃尔夫冈·魏格纳（Wolfgang Wegener）于1929年出版的《世界大战的海军战略》（*Die Seestrategie des Weltkrieges*）一书中提出的论点。[6]魏格纳曾是海军元帅阿尔弗雷德·冯·提尔皮茨（Alfred von Tirpitz）的计划的众多批评者之一，该计划旨在建立一支规模空前的公海舰队，然后在北海中部的一场决定性战役中击败英国皇家海军的大舰队。魏格纳认为，这样的计划是错误的，不仅因为这意味着英国会继续建造更多的军舰，而且因为英国人不需要把他们的舰队派到到处都是水雷和潜艇的水域。1917年之后，以及在未来的任何战争中，皇家海军可能会满足于守住北海的两个出口，继续遏制德国的海外贸易。因此，改变这种劣势的唯一方法是通过占领丹麦和挪威来改变地理位置。这样一来，德国海军就能摆脱北海的限制，并能在挪威的港口驻扎强大的袭击舰和大量的U艇。如果时机合适，也许它也能在北海南部推进，并能够像1918年那样，在泽布吕赫和其他比利时港口驻扎U艇。魏格纳承认，这是一个非常雄心勃勃的"面向大西洋的战略"。实现这一切所需要的是一个大胆的海军领导和一个新的、强势的德国元首，他们愿意以一种与之前截然不同的新方式挑战英国的海上霸主地位。[7]在整个20世纪30年代，尤其是在激进的民族主义者雷德尔将军加强对海军的控制之后，魏格纳这种关于未来德国如何摆脱地理"陷阱"的观点开始在德国海军中渗透。

英国海军部及其情报部门是否意识到这一事实呢？回答是："是的，但是……"历任英国驻外海军武官和伦敦的专业海军杂志都热衷于追踪所有重要的外国舰队的动向，在海军造船限制结束后，他们这方面的兴趣越来越大。然而，这本身就是一个问题：意大利海军有非常重要的变化需要密切注意，日本造船计划的意图也需要评估，法国宣布了新型驱逐舰的建造方案，此外还有美国主力舰队的动向，关于飞机与战列舰的激烈辩论，以及帝国的海军协调计划。在这一切的背景下，必须密切关注魏玛时代结束后的德国正在发生什么，但在德国海军真正拥有更多的大型战舰和更多的潜艇之前（雷德尔抑制了U艇的扩张），很难想象柏林会开展像占领挪威这样的大规模行动，并且几乎就在斯卡帕湾的海岸之外。

英国在斯卡帕湾的舰队基地靠近二战中重要的海军作战区域，这一点值得进一步研究。当然，皇家海军已经在这里严阵以待了，斯卡帕湾是整个大英帝国历史悠久的海军基地之一。但是，在不是一个而是三个修正主义大国开始认真加强海军力量以实现其领土野心的世界上，这既是英国大战略的地理优势，也是令人担忧的地理问题。同以往一样，如何看待20世纪30年代的全球局势，取决于一个国家在国际局势中所处的位置。更具体地说，外人眼中的由帝国疆域和据点组成的非凡网络，在一个过度劳累的英国决策者看来，更像是一堆杂乱无章、未得到充分保护的帝国负担。魏格纳的独特之处在于，他看到，如果英国的海军力量分散在其他地方，德国可以通过在英国海军力量的家门口采取行动来避免其地理位置弱势的影响。毕竟，即使是"世界第一"也无法控制一切。

然而，排名第一几乎总是比排名第三或第五更好。因此，与所有欧洲大国所处的狭窄地理环境相比，英国似乎是非常幸运的。对于像海因里希·冯·特赖奇克（Heinrich von Treitschke）这样的19世纪德国民族主义者来说，当英国在16世纪和17世纪统一成一个政治实体时，它就被赋予了一种内在的、几乎是不公平的地缘战略优势。从此以后，相对其他国家而言，汉诺威王朝和维多利亚时期的英国似乎一切都很顺利：所有的竞争对手都因为持久的陆上战争而削弱了自己；大西洋贸易和其他跨洋贸易的激增促进了英国港口和工业的发展；英国人口的激增与其煤矿业的繁荣、工厂运动以及其城市（尤其是伦敦）的巨大增长相互作用；健康的国家财政使其在战时的支出超过任何对手，甚至超过拿破仑时期的法国。[8]如果说维多利亚时代晚期的人经常为他们国家的有利地理位置及其带来的好处而感到高兴，他们有充分的理由这样做。马汉在《海权对历史的影响》一书的第一部分就强调了地理位置在解释英国崛起时压倒一切的重要性，他的读者可能已经知道了这一点，只是在他之前没有任何作家能如此清晰地展示地理、海军、贸易和经济之间的联系。

事实上，在马汉看来，英国人所享有的巨大地理优势十分明显，因此当他在1902年关于海军部署的文章中回到这个话题时，他几乎没有花太多的篇幅来描述它。反正当时的极端爱国主义、帝国主义和海军主义媒体就可以把这件事给办了，或者也可以把它留给像费舍尔元帅这样爱炫耀又有影响力的宣传者。这位海军元帅曾经向他的记者朋友们夸耀说，[9]"有五个可以锁住世界的战略咽喉"，分别是多佛尔、直布罗陀、亚历山大、好望角和新加坡，而这些地方都掌控在英国手中。再加上任何其他大国都不可能复制的所谓"全红线"水下电缆通信系统，[10]英国似乎掌握着一个看起来无懈可击的全球安全体系。

如地图1所示，英国的全球布局早在1900年就已确定，到了1939年依然存在，这需要我们进一步提出可能显而易见的两点评论。首先，它表明存在一种牢固地以伦敦（或多佛尔）为中心的世界战略秩序，并展现了从格林尼治子午线向西和向东延伸的帝国海军资产的复杂布局。因为这是一幅大英帝国的世界地图，所以同样吸引读者眼球的是一条漫长的大动脉，从直布罗陀到马耳他、亚历山大、苏伊士、亚丁，再到孟买、科伦坡、新加坡和珀斯。这其实就是马汉在他的文章中提请注意的支配海军部署的"重要战略路线"。[11] 读者还会注意到，广袤的太平洋被放在了这样一张地图的两边，因此它被切成了两半，消失于页面的两侧。在某种程度上，这是一幅非常真实的地图，因为大英帝国的势力确实从新加坡向东逐渐消失，也并未绕过拉丁美洲的尖端向西延伸到太平洋［因此，马尔维纳斯群岛（福克兰群岛）是一个分界点］。虽然如此，西边的牙买加（西经77度）和遥远的东边的悉尼（东经151度）之间的任何地方，基本上都在皇家海军的控制范围之内，尽管有一个至关重要的附带条件。无论是在领土方面，还是在贸易方面，这都是一片巨大的区域。一个显而易见的事实是，为了实施有效的全球海军战略，英国必须为所有相关的基地——英吉利海峡基地、直布罗陀基地、地中海基地、南非基地、印度洋基地和澳大利亚基地——提供足够数量的现代化皇家海军军舰。如果没有强大的舰队驻扎在这些港口，后者就会像柯瑞里·巴尼特嘲讽的那样，"像是没有哨兵的哨所"[12]。

英国的许多海军基地"哨所"是否有足够的"哨兵"把守，或者至少能够控制上述最重要的站点呢？表格1列出了1939年英国皇家海军现役军舰的全部名单。从这个总数中，海军部必须扣除大约四分之一，因为有的正在进行大规模改装，有的遭受了碰撞损坏，有的正在安装新设备。此后，英国在很大程度上按照马汉文章中所阐述的一般原则部署其主要舰队，即一方面考虑到传统地区，另一方面又试图考虑到国际体系中的新威胁。实际上，决定哪个巡洋舰中队或潜艇舰队应该部署在哪个基地，或者有多少主力舰应该去地中海舰队，这些都是艰巨的任务，是其他国家的海军不需要做的全球战略权衡。在军舰数量不足的情况下，像

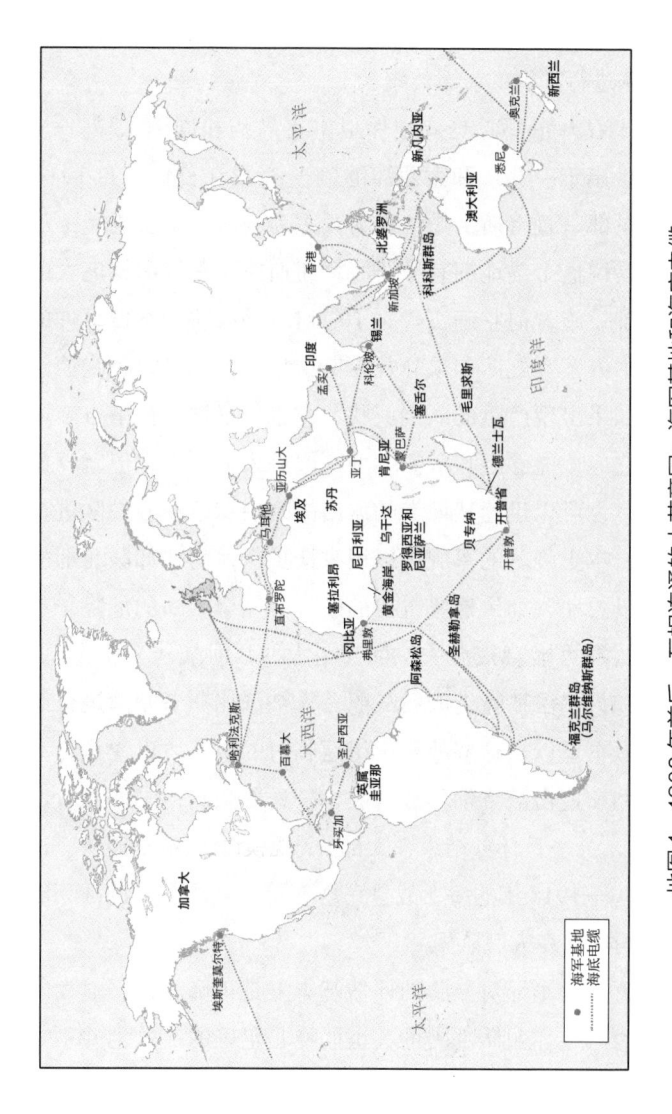

地图1 1900年前后，互相连通的大英帝国：海军基地和海底电缆

腓特烈大帝对他的将军们说的那种警句（避免"处处弱，无处强"）并没有什么真正的用处。真正发挥作用的是严格按照优先级顺序对舰队进行部署的海军传统。

这意味着海军部总是要把保卫本土岛屿和周围水域——英吉利海峡、诺尔、北海和大西洋港口——放在首位。自1914年以来，海军部一直将斯卡帕湾视为其主力舰队（本土舰队）的基地，并不是说这个锚地拥有像纽波特纽斯或克莱德那样庞大的船舶维修基础设施，但它确实代表了应对各种威胁和突发事件的最佳地理折中方案。舰队如果驻扎在斯卡帕湾，就可以免受德国的空袭，而如果出现严重的入侵威胁，它也可以被派往南方。通常情况下，它应该能够阻止敌方大型军舰进入大西洋，但就算没能成功阻止，也可以迅速从斯卡帕派出战列舰和巡洋舰中队进行追击。显然，本土舰队的军舰可以用来掩护任何前往苏联北部的商船队。可以想象，如果这些重要的航线有完全中断的危险，本土舰队的驱逐舰可能会被派去协助参与大西洋海战。来自泰恩河、克莱德河和贝尔法斯特港的新战舰首先被派往斯卡帕湾进行磨合和训练，海军可以从这些战舰中组建临时的舰队，以便执行专门的任务，例如追击敌方袖珍战列舰，护送部队到地中海或者增援直布罗陀。[13]一旦任务结束，大部分战舰会返回本土舰队。这种情况与1914—1918年的海上战争完全不同，当时90%的战列舰在90%的时间都留在大舰队里。

就算英国海军部对威胁的评估基本上是正确的，将强大的本土舰队视为其整体舰队部署的关键同样是正确的，这也并不意味着皇家海军已经考虑到了本土和大西洋水域所有的突发事件，更不用说更远的地方了。上面已经提到的一个严重问题是，这些海军基本上是"近海海军",它们是否准备好应对那些能够将舰队远远赶离欧洲大陆的、高度机动的陆基空军呢?如果它们做不到(至少在早期很可能是这样),结果会是什么呢?一方面,飞机的破坏力给德国(和日本)等早在20世纪30年代末就动员起来的大国带来了优势,但另一方面,英国的岛屿地理位置加上强大的皇家海军意味着它不会轻易被击败,因此,下一次英德战争可能会陷入僵局,不是沿着另一条陆地上的"西线",而是沿着一条距离欧洲海岸100英里的漫长的南北"战线"。

关于战略地理的最后一个问题是,双方是否都准备好重新打一场大西洋之战,在U艇和盟军护航舰之间进行一场类似于1917—1918年的巨大较量(虽然武器比那次更先进)。单纯就地理位置而言,优势总是属于英国,因为海上补给(食品、武器和人员)可以直接运往巨大的西部港口——贝尔法斯特、克莱德和利物浦,这些港口都配备了接收和分配大量物资的能力。即使希特勒占领了魏格纳所主张的那条线上的其他欧洲沿海阵地,要想攻击英国的大西洋航线,德国的袭击舰(无论是大型水面舰艇,如"沙恩霍斯特号"和"俾斯麦号",还是潜艇)仍然要航行很长的距离,从而使自己暴露在英国基地反击的风险之下。即使沉闷且不太乐意合作的埃蒙·德·瓦莱拉(Éamon De Valera)在下一场战争中继续保持爱尔兰的中立,不让盟国的战舰和商船像在一战中那样自由使用贝尔港(Berehaven)和科克(Cork)等港口,依然会是这种情况,因为英国的后勤规划者可以费些力气将所有横渡大西洋的航运改道,绕过爱尔兰北部进入母港。当然,在这个战场上,正如在所有其他战场上一样,阵地优势很可能被新技术或一方的武力优势所抵消;但大西洋之战无论如何重演,总体地理形势都是有利于英国人的。[14]

每一个交战国都明白,这场战斗并不是西线最重要的斗争。双方都建立了反映这一点的组织架构和指挥部,如西部航道司令部(Western Approaches Command)、潜艇司令部(Oberbefehlshaber der U-Boote)和英国皇家空军海岸司令部。双方都利用情报部门、新的密码破译部门、科学实验室和统计团队,试图把事情做好。双方都将参与一场巨大的造船竞赛,生产大量的商船、新型潜艇与数量众多的新型护航舰艇,因为归根结底,这是一场耗时多年的消耗战,而不是一两个作战季节就能结束。如果在未来的战争中,更高层次的政治和外交把美国人拉进来,起初是美国人成为U艇攻击的目标,后来是美国的造船资源投入战争,那么这场战争的规模将变得更加庞大。

虽然盟军大多数用于欧洲战争的舰队都会穿越纽约、哈利法克斯和不列颠群岛西部港口之间的"宽阔的公地",但还有两条重要的支线将把物资运送到更远的地方,第一条到苏联北部,第二条到地中海(马耳他和埃及)。在美国完全卷入战争之前的那段时间里,这两条支线上就航行着来自英国本土的商船队,它们通常从默西河或克莱德河出发,从地理位置上看,北方的支线显然是最容易的。在几代人的时间里,苏格兰和英格兰的商人和渔民一直前往挪威北部和苏联北部的港口。在第一次世界大战期间和1917年革命后,英国通过这条相当不稳定的纽带先后与沙皇俄国和反对布尔什维克的力量相连的。尽管如此,在1939年之前,英国海军部几乎没有为这条航道上的护航运输队制订任何应急计划,而这是有充分理由的。海军部认为,一旦战争爆发,挪威将再次宣布中立(事实上它确实这样做了),因此近海地区不会发生太多

海权的胜利

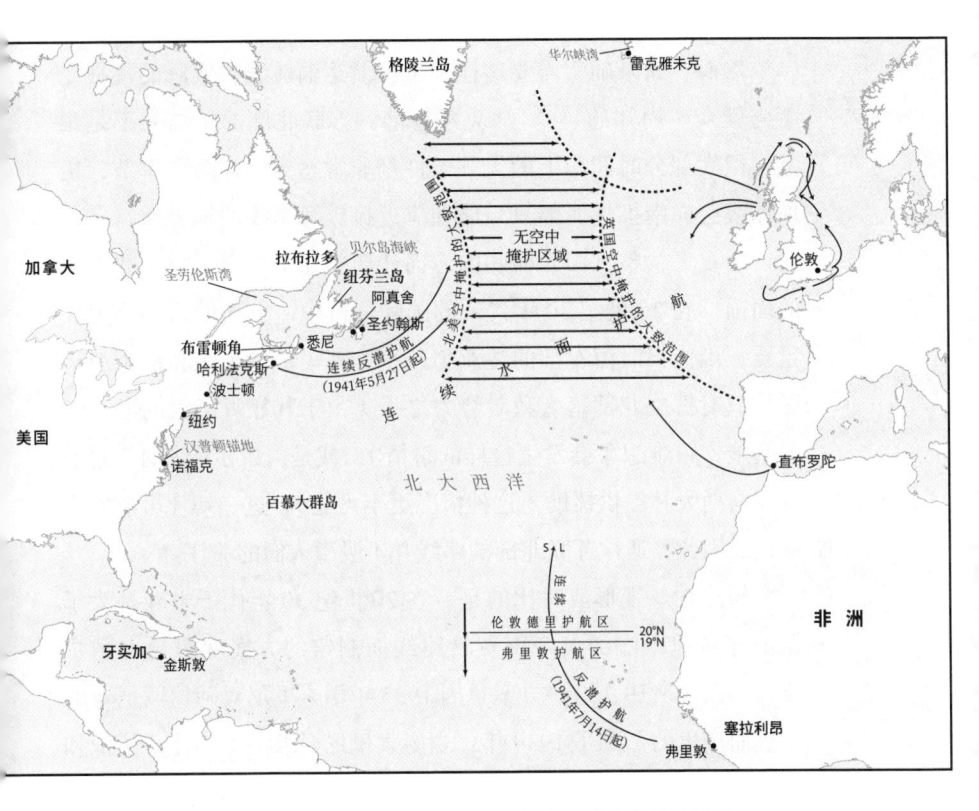

地图2 大西洋之战：1943年中期之前大西洋中部的空防缺口

的战斗，即使有也很少。虽然在20世纪30年代末，英国（和法国）与斯大林治下的苏联之间的外交关系摇摆不定，但很少有人想到有一天英国皇家海军会被要求护送装满物资的商船前往苏联北部，支援一场规模巨大的苏联与纳粹的战争。

然而，如果确实需要这样一条护航运输航线，实际的挑战是事先就众所周知的。[15]从克莱德港到苏联北部的距离并不是很远，但大部分时间海上的天气条件都非常恶劣，在隆冬季节，极地冰线会向南推进，船只只能在靠近挪威海岸线的地方航行。然而，在夏天，整日阳光明媚的海面让商船几乎完全暴露在袭击舰的面前。在20世纪30年代末的国际危机中，上述的这些都无关紧要，因为当时海军部的注意力几乎全部集中在远东和地中海地区。只有挪威北部落入敌对势力之手（由于其靠近巨大的斯卡帕湾基地，很难想象会发生这样的事情），或是内维尔·张伯伦政府希望向斯大林提供援助（这种情况更不可能），这一切才可能发生变化。因此，通往苏联北部的路线并不吸引人们的关注。

与这种忽视形成对比的是，在20世纪30年代下半叶，为了保卫穿越地中海的英帝国贸易路线而制定的方案变得越来越重要。如前文所述，这些方案是因1935年墨索里尼对阿比西尼亚的进攻而产生的。到了1939年，当墨索里尼要求法国割让萨伏依和科西嘉，并于4月入侵阿尔巴尼亚时，这些方案似乎就更有必要了。从地理上看，英国和意大利之间的战争对双方来说可能都会很艰难。皇家海军似乎肩负着更大的任务，要保护地中海"狭窄地带"之间狭长的航线上的商船，因为两边都有敌对的海空军基地。但意大利也面临着从那不勒斯和塔兰托等港口向利比亚驻军运送油轮和军舰的挑战，因为在此过程中不可避免地会受到驻扎在埃及和马耳他的英国皇家空军轰炸机的干扰,更不用说皇家海军了。公平地说,每一个国家都倾向于高估对方的战斗力和战备状态。[16] 不同之处在于,意大利的海军只需要担心地中海海军的空中战斗,但是对于英国海军部来说,这只是1939年之前的许多战略难题之一,尽管是一个重大难题。

保护英国重要的海上交通线受到两个因素的影响,一个是积极的,另一个是非常棘手的。积极的因素是,庞大的法国舰队(加上在突尼斯、科西嘉和法国本土的法国空军)可能会卷入与意大利的冲突,从而成为一个令人生畏的存在。事实上,如果法国也参战了,那么英国在地中海的角色可能更多是提供支持而不是前线作战。但第二个因素确实让海军部的规划者们犹豫了:与1914年不同的是,他们再也不能仅仅根据水面舰队的能力来制定作战方案了。在地中海中部这样狭窄的、能见度通常很好的水域,面对敌人的轰炸机,重型军舰会有多脆弱?英国皇家海军的航空母舰将在多大程度上发挥决定性的作用?此外,意大利在潜艇数量上的巨大领先优势有多重要?双方的战斗舰队会不会像1916年后英国的大舰队和德国的公海舰队被赶出北海中部那样被赶出中央海域呢?显然存在这样一种情况,即新的武器技术可能会对传统的海洋地缘政治和海军力量平衡产生重大影响。

如果战争发生在地中海,双方船只损失惨重的可能性会非常高,因为这些水域是英国人决定坚守的地方。到了20世纪30年代末,之前有关从地中海撤军并在两端"封锁"地中海的想法已经被否决了,这种想法被认为太失败主义,而且太危险。许多商船(尤其是关键的油轮)确实将沿着好望角航线改道,但这不是重点。战略要点是,允许墨索里尼的意大利控制东地中海可能会

第三章 地理、经济和地缘政治

导致英国在巴尔干半岛乃至土耳其的影响力崩溃,并对黎凡特(巴勒斯坦)构成威胁,甚至可能对埃及本身构成威胁。英国决定为马耳他而战,即使法国不能提供帮助,必要时从东方或西方护送船队到该地,这为即将到来的地中海战役做好了铺垫。虽然英国皇家海军的重型舰船由于易受空袭而从马耳他被召回,但一支包括一艘航空母舰在内的庞大战斗舰队将以亚历山大港为基地展开积极行动。所以在战争前夕,英国秘密决定将地中海舰队视为仅次于本土舰队的重要力量。[17]

这当然使得苏伊士以东的水域落到了绝对次要的地位,即使白厅自己永远不会承认这一点,因为这与20年来被接受的、著名的《杰利科报告》(1919年)的建议背道而驰,该报告认为新加坡基地的重要性仅次于本土岛屿。[18]众所周知,在实施其所宣布的将主力舰队转移至新加坡的战略时,英国遇到了很大的困难。从地缘政治角度来看,更有趣的一点是,如果说英国政府发现自己直到二战末期才能够将一流的战斗舰队派往印度洋,那么可能并非只有它是如此。事实上,换成其他任何一个国家,也都会是同样的情况。美国和法国在这片水域都没有重大利益,意大利无法通过苏伊士运河,而德国又太遥远了。日本也是如此,尤其是当它主要要应对美国海军在太平洋的挑战时。印度洋在19世纪几乎被默认成了"英国的内湖",在英国不得不卷入的下一场大冲突中,看起来还会如此。当然,这本身就是一种巨大的战略和商业红利。借助这些印度洋航线,英国在埃及和东地中海的地位可以保持下去,波斯湾的石油出口可以持续进行,印度的军队可以向西运输,澳大利亚的贸易也不会受到威胁。当不断积聚的阴云最终演变成公开战争的狂暴和动荡时,西欧落入德国之手,法国崩溃，意大利加入战争，巴尔干半岛沦陷，大西洋之战愈演愈烈，甚至新加坡和东方帝国都投降了，几乎没有什么事情是有利于大英帝国的大战略的。随着英国在二战中持续战斗，维持着大西洋航线的运行，印度洋的相对平静（除了1942年的一次日本航母袭击）也是巨大的安慰。遥远距离的阻碍，使得英国皇家海军在这一地区的存在远远不如其所希望的那样强大，也使得其他大型海军力量完全远离印度洋。

梳理上述所有的讨论后，可以总结如下。随着1939年战争的临近，皇家海军和皇家空军很有可能在其能力范围内保卫本土岛屿，并在单独对抗德国的战争中守住大西洋。如果需要保护通往苏联北部的路线，它们也是可以做到的。虽然英国在地中海拥有可观的资产，但是面对墨索里尼的海军和空军，维持一条通过地中海的完整交通线的难度要大得多，贸易很可能需要绕过好望角。除非遭遇重大失败，否则英国应该能够保住近东、波斯湾、东非和印度。但是，英国即使没有遭遇欧洲的战争，仅仅是面对日本严重的海上和空中袭击，坚守远东可能也太难了。因此，一旦与轴心国之间的战争打响，如果德国的战争机器被牵制在东线[19]上，如果日本的战争机器不得不在太平洋上与美国人搏斗，这对英帝国的未来真的会很有帮助。地理因素在战争中会发挥很大的作用，而拥有盟友也是如此。

这种关于盟友价值的信念也主导了罗斯福总统和他的大多数重要军事顾问的思想。的确，美国距离旧大陆3000英里，距离东亚整整6000英里，在军事战略方面，这给美国带来了不可思议的好处。虽然那些危言耸听的人对德国和日本在西半球的计划感到不安，但是它在地理上确实是安全的，不受海军封锁或空袭的影响。然而，即使对美国来说，在一个多极海军世界中生存比其他任何国家都要容易，这也并没有阻止华盛顿的某些战略家关心哪个外国威胁最大，以及在他们看来仍然不足的海军资产应该部署在哪里。因此，这些担忧延续了海军应该优先关注大西洋还是太平洋的争论，从1897年到1921年，这种争论一直困扰着决策者。[20] 德国的公海舰队被废除，加上海军条约对日本海军规模的严格限制，这些当然大大减少了这种担忧，在20世纪20年代的一段时间里，最让美国海军部感到不安的似乎是英国巡洋舰的规模和数量。但是，1931—1934年发生了中国东北的危机，加上日本反对在1936年之后延长任何海军限制，而这一切都发生在纳粹上台之际，以前的战略困境再次浮现出来。应该在大西洋舰队和太平洋舰队之间分配战列舰力量吗?（在一些专家看来，这是最大的战略异端邪说。）如果应该的话，按什么比例分配呢？三分之一在东部，三分之二在西部吗？如果不把舰队分开，那么应该把所有的大型战舰部署到哪个大洋呢？要知道，在任何时候，总会有两三艘大型战舰在接受改装。如果大部分战斗舰队被分配到太平洋，英国会不会被征服呢？或者，如果把这些大型军舰派往大西洋，日本会不会在太平洋上横冲直撞呢？在那些年里，改进针对日本的橙色战争计划（War Plan Orange）和针对德国的黑色战争计划（War Plan Black）并没有解决这个问题，而是突出了这个问题。美国人还需要一段时间才能迈出耗资巨大的一步，打造一支强大到足以在两大洋无人能挑战的海军。无论孤立主义者如何主张，合乎逻辑的结论都指向相反的方向，即在两大洋都有潜在的敌人威胁的情况下，寻找一个海军盟友确实很重要，而这个盟友只能是英国。

地理位置本身，以及美国海军历史上早先的一些关键事件，如1812年战争、海上内战和第一次世界大战，让美国海军在整个东部海岸线上拥有了大量舰队基地、维修点和造船厂，其中包括新罕布什尔州的朴次茅斯、波士顿、纽约、费城、巴尔的摩、安纳波利斯、诺福克、纽波特纽斯和查尔斯顿，一直到加勒比海的港口。假定英国是友好的，这条海岸线可以得到充分的保护，北边是哈利法克斯和圣约翰斯基地，南边是百慕大和牙买加基地。很难想象，除了偶然的U艇攻击之外，还有什么能突破这条漫长而坚固的安全线。同样难以想象的是需要为东海岸的护航舰队制订重大计划，更难以想象经过加尔维斯顿、新奥尔良或莫比尔的加勒比海航线未来会需要海军的保护。相比之下，更应该担心的似乎是纳粹在巴西和其他南美国家的政治影响及其可能的海上活动的抬头。[21]但是即便如此，如果不回到基本问题上，仍然很难做任何计划。那问题就是英国的地位将是什么，皇家海军将在哪里。美国为西半球防御所做的大量准备都取决于这个因素。

北大西洋海盆的距离和面积还有另外一个方面。虽然这片海域非常广袤，但是在繁忙的北美东海岸港口和西欧的战略港口、瑟堡和诺曼底海岸、北非、直布罗陀和地中海的入口之间，空空如也，没有危险的暗礁，也没有大块的中立领土。用丘吉尔的话来说，如果有必要呼吁新世界援助旧世界，那么在地理上没有什么可以阻止这种援助。也许美国的政治或德国的U艇会加以阻挠，但似乎大自然已经使美国的港口和制造业都朝这个方向倾斜了。

显然，美国的另一边情况并非如此。太平洋和横跨太平洋的太平洋战争都是独一无二的，不仅从地理上来说是如此。这场以日本偷袭珍珠港开始、以美国投下原子弹结束的巨大战争不同于

第三章 地理、经济和地缘政治

历史上任何一场主要战争,这种不同体现在规模和地形上,体现在决定战争胜负的武器系统和支援系统(如航母的空中力量,登陆艇和舰队后勤船只)上,甚至体现在作战单位(如海军陆战队和海军工程营)上。地理因素决定了,要在这场战争中获胜,一个国家必须成为一种特殊的海上强国。哪个国家更早更好地明白这一点,它就能成为战胜国。

这样一场横跨太平洋的史诗级战争实际上可能是在一场于1937年开始的战争中发生的,那场战争的目标是争夺东亚和东南亚沿海地带的控制权,其范围从朝鲜半岛经由中南半岛和英属马来亚,一直延伸到缅甸,大致沿着一条南北轴线。但是日本为了实现其所谓的"大东亚共荣圈"而发动的这场战争本质上是一场陆战,主要是在丛林和漫长的河谷中进行,与早期的远方帝国列强征服亚洲的战争并没有太大不同。对于当地的爪哇人和越南人来说,如果他们的荷兰和法国统治者离开,由日本人取而代之,当然不会有太大的区别。

然而,横跨太平洋的战争就是另一回事了。地理特征决定了这一点,反过来又促使人们采取措施来应对极端距离和空间的挑战。这片海洋的浩瀚使所有早期的探险者感到震惊。实际上,它的中纬度地带是空空荡荡的,虽然另一些海洋中部也是这样(如印度洋),但从一端到另一端的距离并没有那么遥远。除了赤道以北1400英里处的夏威夷群岛,在大约7000英里宽的大洋上,基本上没有任何较大的陆地。在20世纪30年代,还没有飞机能跨越这么远的距离,除了巡洋舰以外,许多军舰也不能。即使是巡洋舰,也要以经济航速行驶才行,而这在战时是不太可能的。这反过来又使夏威夷的海空基地成为一项极其重要的资产,这也解释了为什么其他一些小岛群（所罗门群岛、吉尔伯特群岛、马里亚纳群岛和冲绳）会具有如此重要的战略意义。然而，"拥有"一个岛屿不再像半个世纪前那样仅仅意味着挂起一面旗子和驻扎一些殖民士兵，现在夺取一个岛屿需要大量的两栖部队，需要建立航空基地和海上拒止能力。美拉尼西亚和密克罗尼西亚的地理位置需要远程战争的力量和技术，而这种力量和技术将反过来征服这片广袤的太平洋。

即使在真正的战争爆发之前，参战国也非常清楚这一切。英国是这一区域三个势力中影响力最小的一个，它在1919年后不久就意识到，英国所能建立并维持的最东面的主力舰队基地是新加坡。以香港为基地的中国舰队发挥了一定的作用，它会前往中国的通商口岸，并遏制了海盗，但永远无法与正在崛起的日本相匹敌。对于焦虑不安的英国海军部而言，真正的问题是，如果欧洲战场的压力使其无法部署一支战斗舰队到新加坡的基地（虽然它一直没有完全建成），那么这个基地本身有多大价值。因此，在20世纪30年代末和40年代初，英国政府热切地渴望美国能够在新加坡驻扎一支海军中队，以便对日本造成一种新的威慑；这并不奇怪，因为英国自己无法提供舰艇。即使是在远程航行的时代，皇家海军依然发现在地球另一端开展海军行动是一个真正的挑战。现在的情况更是难上加难，所以与其让日本的军舰进出新加坡的港口，不如让美国人这样做？

在争夺太平洋控制权的两个主要竞争者中，日本帝国大本营的决策者们也多少有些畏惧这片海洋的巨大面积，至少是从菲律宾群岛、西里伯斯岛（苏拉威西岛）和新几内亚岛等较大的外岛群延伸出来的区域。他们的军队不断向南进攻，已经把日本的控

第三章 地理、经济和地缘政治 87

制范围扩大到了中国南部的大部分沿海地区和法属中南半岛，所以对他们来说，有朝一日集结军队进攻马来亚、新加坡、爪哇和苏门答腊，并不是一件不得了的事情。在1919年的和平协议中，日本确实获得了德意志帝国的岛屿殖民地（加罗林群岛、马绍尔群岛和马里亚纳群岛），但是它实际上并没有在这些岛屿投入太多的驻军。然而，对于一支已经在侵华战争中深入中国中部的军队来说，继续征服更远的地方似乎没有任何意义。法属波利尼西亚没有任何已知的价值，而入侵夏威夷群岛也被认为会消耗太多的兵力，虽然海军中有些人敦促这样做。于是，日本军队自然而然地转向了这样一个战争计划，根据此计划的设想，一旦与英国和美国发生战争，日本应该在前六个月大肆扩张，征服必要的地区，在西太平洋周围建立广阔的边界，然后期待美国来讨论和平条款。这在政治上看起来很有吸引力，而且在地理上看起来也很有吸引力。

日本帝国大本营如果了解美国在20世纪二三十年代权衡地缘战略问题时有多么挣扎，可能会受到更大的鼓舞。在19世纪，美国经历了边疆的终结[①]以及作为一个拥有数千英里太平洋海岸线的国家的崛起，这既是机遇，也是弱点。至少在更大的历史背景下，这一切发生得很快。横贯大陆的铁路系统的铺设，特别是巴拿马运河的完工（1914年），大大减少了从先进的、工业发达的东海岸向仍在发展中的西部各州转移增援部队和舰队所需的时间。虽然海军部竭尽全力在加州、俄勒冈州、华盛顿州以及珍珠港周边

[①] 19世纪末，美国经历西进运动后，原先未开发的西部疆土已普遍有来自东部的居民定居，被称为边疆的终结（the closing of the frontier）。——编者注

地区建立坚固的港口,但事实仍然是,如果美国试图确保其国家利益同时在地球上两个完全不同的海洋中得到保障,那么它将面临一个极其棘手的地缘战略困境。可以肯定的是,美国并不是唯一面临这种困境的国家(俄罗斯帝国也面临同样的两难处境,一方面要保卫其欧洲的海岸线,一方面要保护其远东的领地,而大英帝国在保卫印度和维护欧洲均势方面也面临着类似的挑战)。然而,这项任务并没有仅仅因为其他大国也面临着类似的挑战就在后勤方面变得轻松。

如前文所述,第一次世界大战的成功结束和《华盛顿海军条约》的条款似乎解决了1922年后美国的安全困境,但这种安全感只持续了不到十年。经过多年的进一步思考,罗斯福总统最终下令将美国战斗舰队的绝大部分部署在太平洋。虽然这个决定很重要,但它并没有解决海军的下一个问题,即应该部署在太平洋的什么地方。是应该部署在从圣迭戈到皮吉特湾之间相对安全的西海岸港口,还是应该把太平洋舰队的全部或部分驻扎在珍珠港?珍珠港在美国本土以西2500英里处,这样做显然更多是对日本人的警告。或者,是否应该部署在更远的东南亚(马尼拉),夏威夷以西约3500英里的地方?虽然华盛顿的高层达成广泛共识,认为最后一种选择风险太大(这就是为什么美国的决策者后来拒绝了英国让美国在新加坡部署军舰的建议);但太平洋的广袤无垠依然使美国海军陷入了第二个困境,不确定应该驻扎在圣迭戈,还是珍珠港。两种选择中比较大胆的当然是将美国的主要战斗舰队驻扎在夏威夷水域;但即使这样,如果日本人真的横扫菲律宾和香港,美国海军也需要几天的时间才能赶到战斗现场。事实上,这个距离是如此遥远,以至于领导层中没有人能想象珍珠港本身会成为日本的第一个攻击目标![22]

假设一场美日冲突即将在太平洋爆发,关于这片广袤区域的地理因素,双方的规划者还会考虑到另外两点。第一点是整个北太平洋令人震惊的、几乎持续不断的暴风雨天气,这不仅使主要舰队的行动变得困难,而且使海上战争变得不可能。第二,对日本帝国大本营来说,从法属波利尼西亚向东一直到南美洲西海岸的整个太平洋东南象限都超出了攻击范围,并且也无足轻重。因此,美军在太平洋的作战范围介于从夏威夷一直向西的一条线和向西南通过萨摩亚群岛到澳大利亚和新西兰的另一条线之间。从战略规划的角度来说,这广阔的扇形区域的北面或南面没有什么重要的;当战争来临时,除了法属波利尼西亚明智地选择站在戴高乐一边,以及1943年短暂的阿留申群岛战役之外,这些地方什么也没有发生。

理解了这一战区在地理方面的限制和机会,也可以得出一些关于作战方式的结论。由于太平洋中部的陆地非常少,它们之间的距离也非常远,未来的太平洋之争很大程度上将是一场阵地战,交战各方都会竭力控制这些陆地区域。因此,日本的决策者打算夺取菲律宾、新加坡/马来亚、荷属东印度群岛和新几内亚,以确保一个大型的防御区,然后可能也会夺取中途岛和所罗门群岛。因此,美国不得不考虑通过吉尔伯特群岛、马绍尔群岛等岛屿群在太平洋中部进行阵地战。从1919年开始,美国海军陆战队中以厄尔·H.埃利斯(Earl H. Ellis)为代表的一些思想家开始倡导在密克罗尼西亚进行前进基地作战的必要后勤规划,包括准备"跳岛"计划和必要的两栖作战武器和船只。不久后,海军部门的采购人员开始意识到,为太平洋舰队的远程巡航提供燃料和给养可能需要现代形式的补给船,也就是早期的舰队后勤船队。[23]

然而,美军对其他类型战争的考虑却少得多。很少有人关注保护海上航道的可行办法,如商船护航系统,部分原因是当时直接穿越太平洋的商船相对较少,部分原因是日本海军并不认为截击商船很重要,还有部分原因是美国海军学说总体上不太关注护航行动。美国西海岸的航线距离日本太远,澳大利亚和新西兰的出口贸易航线向西绕过开普敦到达英国,距离日本也很遥远。相比之下,日本确实拥有一支需要被保护的宝贵的海外商船队,可能受到攻击。如果真的发生攻击,预计攻击者将是在苏比克湾外活动的美国潜艇,当然前提是菲律宾不会沦陷。

在太平洋战场上,人们所预期和计划的典型海战是两国海军强大舰队之间的海战。直到20世纪30年代末期,日本和美国的海军都在很大程度上由"战列舰派将军"主导,他们总是鼓励自己的继任者效仿这一做法。即使航母军官晋升到将级军衔,他们仍然是明显的少数。在和平年代的大部分时间里,航空母舰自己单独出航和进行飞行训练,而不是组成特遣舰队行动。按照美国海军反复演练的所谓"橙色战争计划",双方的战斗舰队将发生一场大规模交战,即在西太平洋某个地方爆发一场类似日德兰战役但更具决定性的海战。他们认为,如果通过压倒性的大炮优势获得胜利,败方会让步。毕竟,这是马汉的思想,而日本的海军将领与美国的同行一样,都是马汉的拥趸。[24]

经济上的变量:科技和生产力

像距离和大小这样的地理变量是不可改变的、不可避免的。

一个简单的事实是,它们使意大利、法国和德国处于不利地位,而使日本、英国,尤其是美国处于有利地位。然而,自从工业革命以来,人类不断发明创造——大卫·兰德斯(David Landes)教授的《解除束缚的普罗米修斯》(*Unbound Prometheus*)就讨论了这一点[25]——已经大大减少了人类跨越陆地和海洋的长途旅行所花费的时间,当然,也包括用于战争目的的远行。在很短的时间内,蒸汽机、铁路、电力、内燃机以及飞机先后被发明出来,引发了一场前几代人无法想象的交通革命。由于往复式发动机的出现,船只可以不顾逆风逆潮而前进,海上散货运输出现了爆炸式增长。造船技术的改进带来了越来越大的铸铁和钢制船体,使得海上运输发展更加迅猛。此外,大宗商品本身也从老式商品变成了现代工业化社会所需的商品:钢铁、机械、铝、橡胶、电子产品和石油。一些工业化社会(尤其是英国)还开始大规模进口食品(小麦、牛肉、热带水果和植物油),以至于到20世纪30年代,有的轮船公司专门运输阿根廷冷冻牛肉、新西兰羊肉、西印度香蕉等。这一切的结果是,随着全球经济从大萧条中复苏,一个庞大的贸易网络形成了,[26] 一年中任何一天都有成千上万的商人在海上航行。

这个引人注目的贸易网络表明了人们对英国贸易体系的信心,在1937年11月末,伦敦商会也是以同样的信心来看待世界的。这或许也展示了人们对不受限制的海洋贸易的信心:来自南半球的商船可以独自穿越大西洋中心航行,而不用组成商船队被护送着经由弗里敦向北航行,或者是沿美国东海岸到达哈利法克斯。然而,对于英国海军部那些对U艇在仅仅20年前造成的破坏记忆犹新的规划者来说,这表明了当他们不得不与复兴的德国海军再次打一场海战时，将面临多么巨大的后勤和军事挑战。卡尔·邓尼茨当时已经是德国潜艇部队的指挥官，对于他手下的潜艇兵来说，英国贸易网络中的每一个点都代表着一个潜在的目标，而这样的目标有很多。

事实上，英国虽然在其他某些经济领域已经被超越，但仍然拥有世界上最大的商船队伍。毕竟，到了1918年，德国的商船大多已经毁坏或被没收，法国和意大利都没有大型商船队，而美国商船队既受到运费过高的影响，又受到本国农业和工业游说团体强烈反对进口商品（除非是他们自己不生产的商品）的影响，因此与世界航线相当隔绝。除英国之外，海军强国中只有日本有规模可观的商船队，但是日本的商船队主要从事区域贸易。

表格2　1939年世界主要商船队的规模

海军	总吨位
大英帝国	21 000 000
挪威	4 800 000
法国	2 900 000
希腊	1 800 000
荷兰	3 000 000
美国	9 000 000
意大利	3 400 000
德国	4 500 000
日本	5 600 000

数据引自 Alan Milward, *War, Economy, and Society, 1939–1945*, 146。

第三章　地理、经济和地缘政治

表格 2 值得进一步评论一下。诚然，在 20 世纪 30 年代，英国的商船队仍然是世界上规模最大的，但与 1914 年之前相比，它的地位有所下降，因为当时英国商船队约占全球总数的 60%。在第一次世界大战期间，特别是在战后的和平年代，为了赚取外汇收入，希腊、巴拿马、波兰、荷兰和挪威等几个重要的中等国家也建立了自己的商船队，船员主要由本国水手组成。这些新的商船队带来了意想不到的后果，当纳粹战争机器开始征服德国的许多邻国时，这些船队奉命听从其在伦敦的流亡政府指挥，从而加入英国的海上行动。但这显然是在战争爆发前没有人预见到的。

所有国家的船队都需要大量的造船和修船工厂，无论是商船还是军舰，这方面的情况非常类似。这六个海军强国都有属于自己的造船基地，因为它们都曾参加过第一次世界大战前的各种"海军竞赛"，而且每个国家当时也都在努力建造一支现代商船队，包括远洋班轮。除了极少数例外，造船都是由私人公司完成的，虽然有各种形式的补贴和支持。在大萧条年代，政府还提供了小型军舰订单和维修合同，让它们得以维持下去。因此，1937 年之后，当新的重型军舰订单激增时，这些造船厂已经有了船台和熟练的工人（虽然经常失业）。只要看一眼 1939 年《简氏战舰年鉴》的广告栏目，就可以看出各个国家的大型造船厂有哪些，例如意大利的大型造船厂位于热那亚和的里雅斯特，日本的位于吴市和横须贺，法国的位于布雷斯特、圣纳泽尔和洛里昂，德国的位于北海和波罗的海沿岸。因此，德皇时代位于威廉港的大型造船厂成为纳粹时代的威廉港战争海军造船厂（Kriegsmarinewerft-Wilhelmshaven），生产了许多舰艇，其中包括著名的袖珍战列舰"舍尔海军上将号"和"施佩伯爵号"，"沙恩霍斯特号"战列巡洋舰、"提尔皮茨号"战列舰和数十艘 VII 型潜艇。与此同时，墨索里尼政府在 20 世纪 30 年代末订购的四艘"罗马"级快速战列舰中，有两艘由热那亚的安萨尔多造船厂建造，另外两艘由亚得里亚海的造船厂建造。所有这些大型造船项目的进展都比海军部门希望的要慢，有时是由于缺乏熟练的工匠，有时是由于缺乏优质钢或资金，但每个大国都认为这个产业具有战略意义，值得大力支持。[27]

英国的造船业也是如此，虽然当时克莱德河沿岸、泰恩河沿岸、巴罗河沿岸和其他工业中心似乎普遍面临崩溃。因此，目前尚不清楚，在重建皇家海军时，20 世纪 20 年代的海军裁军是否造成了严重的延误，至少是比其他国家都要严重的延误。总的来说，正如前一章所指出的，从授权到舰队准备就绪，似乎没有一个国家能够在不到五年的时间里生产出一艘随时可以投入使用的战舰，所以根据 1936—1937 年和 1937—1938 年计划授权建造的新战舰通常直到法国沦陷才投入使用。在经济萧条时期，英国海军部所做的是尽可能从战略上分配有限的资金，让较小的沿海造船厂继续生产驱逐舰和轻型巡洋舰，让较大的造船厂进行大型改造工作（比如"伊丽莎白女王"级战列舰的现代化改造）。当《华盛顿海军条约》失效后的重整军备终于开启时，新的"乔治五世"级战列舰和"光辉"级航母的制造合同分配也显示出同样的意图：至少保留 6 家大型造船厂，作为英国全球帝国政策的重要支撑，它们是克莱德河下游的约翰·布朗（John Brown）造船厂和费尔菲尔德（Fairfield）造船厂，泰恩河上的维克斯-阿姆斯特朗（Vickers-Armstrong）、斯旺·亨特（Swan Hunter）造船厂，坎梅尔·莱尔德（Cammell Laird）造船厂和哈兰·沃尔夫（Harland Wolf）造船厂。[28]

所有这些大型造船厂都是私人所有的,虽然它们是英国"战争国家"不可或缺的组成部分。美国的情况与此不同,除了诺福克海军造船厂、费城海军造船厂、纽约海军造船厂等四家大型国有造船厂和许多小型国有造船厂之外,还有许多规模不等的私营造船厂,如此时负责生产大部分航母的纽波特纽斯船厂。虽然这样做可能需要付出额外的代价,例如贸易保护主义立法规定悬挂美国国旗的商船上的船员必须是美国人,而且国有造船厂通常成本更高,但是在竞标造船合同时,它们的存在可以对私营造船厂构成竞争。此外,罗斯福总统支持海军建设,他利用一些新政立法来增加造船厂的就业机会,还有1934年通过的《文森－特拉梅尔法案》①,这些都让美国造船业即使在孤立主义盛行时期依然相当繁忙。[29] 当1939—1940年海军大规模扩张的消息公布时,大部分基础设施(至少是建造新战列舰和航母的基础设施)已经到位,合同被分配给国有和私营造船厂。前四艘"北卡罗来纳"级战列舰的合同分别交给了不同的造船厂,两艘给了国有造船厂,两艘给了私人造船厂,这是有计划的。[30]

在和平时期的最后几年里,随着世界各地的军舰建造厂加快生产,对与海军舰艇相关的每一个关键部件(涡轮机、螺丝和舵、电线、火炮、光学仪器等)的需求都在飙升。最重要的是钢产量的激增,因为军舰的船体、甲板、上层建筑和炮塔都需要钢材。

---

① 《文森－特拉梅尔法案》(Vinson-Trammell Act)是民主党众议员卡尔·文森和民主党参议员帕克·特拉梅尔共同推动通过的法案。该法案授权在《华盛顿海军条约》和《伦敦海军条约》的范围内,通过新建造和逐步增加船只来替换过时的船只。——编者注

从1870年的普法战争开始，钢就一直是衡量强国实力的最佳标准，因为它在铁路、步枪、大炮、发动机、军舰、卡车和坦克等方面都有许多用途。至少在这方面，随着新战争的临近，并没有太大的变化，因为虽然第二次世界大战确实可以被描述为"巫师之战"（例如，雷达、自导鱼雷和近炸引信发挥了重要作用），但20世纪30年代末建造的巨大的新型战列舰每艘都需要数以万吨计的转炉钢。[31] 就像一个国家的总人口一样，钢产量也被视为衡量其军事潜力的重要指标之一（见表格3）。

表格3 1939年各个大国的人口与钢产量

国家	人口	钢产量（单位：万吨）
英国	4800万	1320
英联邦自治领	2000万	260
法国	4200万	620
美国	1.32亿	5140
德国	7600万	2330
意大利	4400万	230
日本	7100万	580
苏联	1.9亿	1880

数据引自W. Braakhuis, "Assault on Europe 1939," 2020年6月12日访问：http://www.euronet.nl/users/wilfried/ww2/1939.htm。这些数据很有用，因为不仅涵盖了各大国，还涵盖了英联邦自治领。

对于任何研究西方工业化的经济史学家来说，德国和美国的钢产量领先于其他所有国家并不奇怪。当铁的时代转向高质量钢的时代时，这两个国家的产量甚至在1913年就远远超过了其他国家，与之相关且绝对关键的工业产品机床的产量也是如此。在这方面，德国的优势非常显著，甚至超过了美国，且远远领先于英国。但这当然是后俾斯麦时代德国成功故事的一部分。在发生第三次工业革命的其他行业（如化学、电子、光学和汽车），这种成功在很大程度上被复制了。1919年所谓的惩罚性和约并没有从战败的德国那里夺走这些固有的优势，所以它们都可以通过纳粹的巨额国防资金来复苏，为首的有法本和克虏伯这样的工业巨头。[32]福克、梅塞施密特、波音、格鲁曼、德哈维兰和三菱航空也是这一时期军事工业的重要角色。在20世纪30年代末，衡量军事工业实力的一个非常重要的指标当然是空中力量，航空部队规模对这六个海军强国也十分重要。就像第一次世界大战之前一样，船队和造船能力仍然是衡量一个大国海军实力的关键指标，但更大、航程更远的轰炸机的迅速发展带来了一个全新的、可能具有变革性的因素。海军水雷、鱼雷艇和沿海潜艇已经使大型军舰接近敌方的海岸变得太危险了，[33]但成群的陆基轰炸机（俯冲轰炸机、高空轰炸机和鱼雷轰炸机）对舰队构成的新威胁更大，虽然一些海军将领继续质疑这一事实。当然，这些轰炸机需要得到本国战斗机部队的保护，以具备局部的空中优势，这就是为什么这些国家的飞机生产会如此重要和引人关注（见表格4）。

表格4 各大国的飞机产量，1932—1939年（精确到百位）

国家	1932	1933	1934	1935	1936	1937	1938	1939
英国	400	600	700	1100	1900	2200	2800	7900
美国	600	500	400	500	1100	900	1800	2200
法国	(600)	(600)	(600)	800	900	700	1400	3200
德国	36	400	2000	3200	5100	5600	5200	8300

续表

国家	1932	1933	1934	1935	1936	1937	1938	1939
意大利	(500)	(500)	(800)	(1000)	(1000)	(1500)	1900	(2000)
日本	700	800	700	1000	1200	1500	3200	4500

数据引自肯尼迪的《大国的兴衰》(New York: Random House, 1987),第324页,该书第590页的脚注139对意大利和法国的数据进行了解释。苏联的数据没有统计在内。

不难看出这些数字是如何转化为当时的强权政治和战略机遇的。到了1938年,也就是签署慕尼黑协定这一年,德国和日本的飞机产量都超过了英国,而意大利的飞机产量也大大超过了法国。当然,飞机的质量另当别论。每个国家公布的总数中其实包含许多速度较慢的飞机型号和教练机等等,但是,毫无疑问,轴心国在这方面已经悄然领先。1939年英国飞机产量的急剧增长表明,张伯伦政府迟来地认识到了这一令人担忧的事实。这些原始数据也掩盖了很多其他的东西,比如英国建立的世界上第一个雷达控制的防空网络,日本海军航空兵的训练有素以及意大利的燃料短缺。美国极其强大的商用飞机制造能力(可以迅速转化为制造轰炸机的能力)在这里几乎看不出来,其军用飞机的产量极低。虽然如此,即便这三个西方民主国家的政治家注意到了这些数字,知道在1938年,轴心国生产的飞机的总数大致相当于他们国家的两倍,他们肯定还会另找一个理由来避免战争。

美国军用飞机的产量非常低,这比其他任何事实都更能反映出,这个国家甚至在20世纪30年代末仍坚持走和平道路,也反映出国会尚未被说服有必要将其国民收入的很大一部分用于国防。这导致了一个奇怪的事实(当时一些人已经指出了这一点),即虽然美国是世界上最大的经济体,无可争议地是大国之一,但它分配给军队的国家总财富的比例比其他任何国家都要小得多（见表格5）。

表格5　1937年，各大国的国民收入和国防支出所占比例

国家	国民收入（单位：亿美元）	国防支出所占比例	国防支出（单位：亿美元）
美国	680	1.5%	10
英国	220	5.7%	13
法国	100	9.1%	9
德国	170	23.5%	40
意大利	60	14.5%	9
日本	40	28.2%	11

数据引自 Quincy Wright, *A Study of War*, 672。

没有什么比这些统计数据更能揭示法西斯国家军事化经济的扭曲本质了，这是可以理解的，因为如果要改变领土现状，首先就必须在武器上大量投资。因此，日本（其中央政府预算几乎全部用于军事）在国防上的支出几乎与富裕得多的美国相当，略高于10亿美元。而希特勒统治下的德国的军费支出大约是张伯伦统治下的英国的三倍，几乎是罗斯福治下的美国的四倍。对于德国和日本来说，这是发动战争的好时机！但从这些数字中也可以清楚地看到一个显而易见的事实：如果大英帝国和美国进入全面战争状态，它们的经济都有非常强的应对突发状况的能力来支付武器成本。假如英国愿意将国民收入的15%用于国防，那么它几乎可以赶上纳粹德国在这一方面的支出。假如美国在国防上的支出也接近这一比例，那么它的支出将超过其他任何国家。

虽然这一点值得在稍后进行更多的分析（见第八章），但这

里有一个最后的验证性统计数据值得一提。就纯粹的工业和技术实力而言，自20世纪初以来，美国就有能力打造世界上最大的海军。1919年之后，美国的相对生产力得到了更大的增长，虽然一度受到大萧条的不利影响。到了1937年，美国拥有所谓"相对战争潜力"的41.7%，而德国为14.4%，苏联为14%，英国为10.2%，日本为3.5%。[34]当然，这些数字（虽然其精确性令人怀疑）是战后的计算结果，在当时并不为人所知。所有人都明白，当时的美国仍然更愿意把钱花在黄油而不是枪支上。

对比分析大国之间的经济和技术力量可发现，西方在这方面的领先优势并不像英国和美国在地理方面的优势那样明显。由于纳粹德国在钢铁生产和滚珠轴承方面（以及"相对战争潜力"的许多其他方面）的庞大资产，以及德国和日本武装部队（特别是航空兵）更充分的战斗准备，情况更加复杂了。虽然修正主义国家已经通过重新武装在一定程度上缩小了差距，但是如果与更富有和生产力更强大的英美发生全面战争，它们是否能够实现其目标仍然是悬而未决的问题。

战略思想家和海战的胜利

上文所描述的一切并不简单。地理、经济和技术的作用，它们之间的相互关系，以及它们各自与海上力量之间的关系，使得任何综合和概括的尝试都很困难。在地理和经济条件方面，这六个海军大国存在许多差异，因此在对海军如何运作或什么是最重要的战略特征进行一般性论述时，都有必要加上更具体的限定。对海上力量的本质进行概括是有风险的，如果哪位作者声称自己发现了适用于所有时代海军的永恒法则,那么他一定十分大胆。然而,这正是马汉在他最著名的作品《海权对历史的影响》一书中所做的。他非常清楚,军舰的尺寸、武器装备和推进力确实会不时发生重大变化。当他在美国海军学院从事写作和授课时,肯定已经意识到,从他窗外经过的美国舰艇在性质上有了巨变。他很快承认,海军的"工具"和武器的变化确实改变了战术。然而,他认为,这些只是短暂的变化,"战略的旧基础仍然存在,坚如磐石",影响各国海上力量增长的主要因素是"亘古不变的"。[35]

马汉对海上力量本质的结论之所以会如此坚定,是因为他生活在19世纪吗?还是因为他受到了实证主义对普遍规律的探寻的影响呢?或者仅仅是因为他的作品所涵盖的一系列历史战争(七年战争和拿破仑战争)表明战争的胜负主要取决于重大海战的胜负呢?不管他的知识来源是什么,马汉清楚地表明,制海权是通过公海上的决定性战斗来实现的,而获胜的海军需要一支庞大的舰队来实施这一战略。他认为法国人所喜欢的那种海上破交战仅是一种破坏行为,无法在战争中带来彻底的胜利。如果英国皇家海军希望在面对所有挑战时保持领先地位,它就需要维持一支最大、最好的战斗舰队。同样,如果美国希望成为海军强国,那么它应当创建一支大型战列舰舰队而不是巡洋舰舰队。[36]

马汉的《海权对历史的影响》在1890年首次出版后对全球海军和海军将领的影响是众所周知的。雄心勃勃的新海上强国——日本、德国和意大利——的海军游说团体满怀感激,如获至宝。在接下来的十年里,美国的扩张主义者因为拥有这位海军和大型舰队的先知而欢欣鼓舞。马汉写了许多关于海洋在世界历史上的重要性的文章,英国海军既是他研究的对象,也是其受益者,因此对这位美国作家赞赏有加，竞相效仿。在当时的国际形势之下，他的这部作品可以说是恰逢其时。随着国际商业和资本流动的繁荣，工业产出和新技术的发展令人眼花缭乱，欧洲主要国家的陆军和海军开支也大幅增长，对非洲、亚洲和太平洋殖民地（包括加煤站和军舰基地）的争夺加剧，美国和日本也加入了进来。[37]在军舰变得更大、更快、装备更重、装甲更厚的同时，海军的总体预算也飙升。到第一次世界大战爆发时，那些"超无畏舰"（例如，"伊丽莎白女王"级和"科罗拉多"级战列舰）比1890年的战列舰强大得多，也昂贵得多。因此，令人满意的是，众多的学术和历史论据表明，所有成功的国家都需要强大的海上力量才能发展壮大，甚至仅仅是生存下去。当德国皇帝威廉二世得知法国在1898年的一场殖民地争端中向海军实力更强大的英国做出让步时，他惊呼道："可怜的法国人！他们没有读过马汉的作品啊！"[38]相比之下，德国应该吸取教训，尽可能建立最强大的海军。当然，日本人、意大利人和美国人也应该这么做。

美西战争（1898年）和日俄战争（1904—1906年）的结果证实了马汉的学说，即胜利属于在重要海上冲突中获胜的国家。第一次世界大战并没有动摇这一点；毕竟，一战的失败者是海上实力不足的同盟国，而胜利者则是英美日等海军强国。如果说胜利者从第一次世界大战的一些未分胜负的海战（如日德兰海战）中吸取了什么教训，那就是如何改善海上通信能力和军舰保护能力，所有这些都将有助于各自舰队之间的未来战斗更能决出胜负。[39]《华盛顿海军条约》关注的是战舰的大小和数量，这一事实再次证实了海上力量对世界政治的重要性，以及通过主力战舰来衡量主要强国的重要性。因此，20世纪30年代的各国海军在创造各自历史的过程中，不仅受到物资和地理条件的限制，而且受到了关于如何打下一场海上战争的公认观念的决定性影响。

显然，日本和美国的海军将领发现学习和运用马汉的海军理论很容易，他们计划在下一场战争中在太平洋取得胜利，而这将确保他们能够获得"海上的绝对优势，可以让敌人的舰队闻风丧胆，落荒而逃"。[40] 法国和意大利这些次要的海洋强国也接受了马汉的理论，在《华盛顿海军条约》到期后建造了自己精良的新主力舰，虽然数量有限。同时，它们也建造了大量较小的舰艇（鱼雷艇、驱逐舰和潜艇），这些武器可以在实际作战中削弱更大的战斗舰队的力量。德国海军将领雷德尔曾设想建造 10 万吨级战列舰，他身上既有马汉的影子，也有提尔皮茨的影子；他虽然相信大型主力舰队的重要性，但是也明白至少在很长一段时间内，建造这样的大型舰队是不现实的。

英国是马汉海权思想的缩影，但讽刺的是，它也是最不适合仅仅拥有一支以战斗舰队为中心的海军的国家。[41] 正如我们所看到的，其他任何一个国家都比它更适合。拥有庞大帝国的英国是一个完全不同的海洋国家，至少在此前一个世纪，其经济就开始从农业保护主义转向工业自由贸易。它无法再依靠国内资源养活自己的人口，而是要依赖海外供应。因此，英国有强大的军舰力量，可以在战争时期保卫海上航道。英国的商品涌向帝国内外的市场，而大量的食品、燃料油和原材料则通过世界上最大的商船队运往英国本土，由巡洋舰和小型皇家海军护航舰队保证这些商船的安全。因此，英国海军战略的真正本质是保护海上交通线，因为按照克劳塞维茨的观点，英国国家大战略的最终目标是确保不列颠群岛本身的安全。如果可以保障进口，这个目标就可以实现，尽管要经过艰苦的斗争。如果不需要斗争就能达成这一目标，那就更好了。只有当胜利者能够切断英国的贸易生命线时，舰队之间的冲突才真正重要。因此，只有当敌人的袖珍战列舰开始向商船开火时，它在公海上游荡才是危险的。人们一直认为，在主力舰数量方面，皇家海军足够强大，可以应对这种危险；但除此之外，它真的需要另外一支海军，包括大量的轻型巡洋舰、护航驱逐舰，以及为保护海上贸易而设计的其他此类舰艇。如果战争爆发，这支海军肯定不会加入战斗舰队。从这个角度来看，海权的意义就是让商船安全进港。

与这种观点联系最密切的海军史作者是英国官方历史学家和战略家朱利安·科贝特爵士。他不像马克思或马汉那样追求宏大的历史"规律"，他只是通过对英国海军历史的深入研究，尤其是对英国在七年战争等冲突中取得的巨大海上成就的研究，来阐述他对同时代英国最佳战略的看法。[42] 在他看来，就像威尼斯或荷兰共和国一样（甚至有过之而无不及），大英帝国的经济生存依赖于对贸易路线的控制。在这种情况下，巴兹尔·利德尔·哈特爵士所谓的真正"英国历史战略"是确保进出本岛的许多海上交通线和本国人口及工业的安全。如果英国海军能够保证这一点，从而使其经济持续繁荣和受到保护，那么这将反过来保护其国家财政，维持其信用，并允许国家召集军队，补贴其盟友，援助其殖民地。这是一个比舰队赢得战斗的简单概念更大的海权概念。因此，在科贝特看来，英国海军在1917—1918年的关键时期在大西洋海战中取得最终胜利，从而维持了海外贸易并在随后使美军能够在英国港口登陆，是帝国大战略中比日德兰海战更重要的部分，而这正是这位学者受到传统主义海军将领怀疑的原因之一。[43]

同样基于他对拿破仑战争中海战的研究，科贝特的另一个思想在军事行动中产生了重要影响，即他并不反对在战时使用护航舰艇来保护英国的商船运输，即使护航运输队组织很困难，会大大降低商船的速度和航运公司的效率。他认为，如果敌人击沉大量民用船只的能力很强，那么皇家海军的首要任务应该是组织护航编队，保护所有的海上运输。此外，把英国的海军力量分散在广袤的大海上寻找袭击舰的做法是愚蠢的，这样的袭击舰会像黄蜂扑向花蜜一样被商船队所吸引，护航舰可以在那个时候与其对抗并将其摧毁。如果它们选择不进攻，或者它们无法靠近，甚至完全避免了护航战，商船可以不受阻碍地返回朴次茅斯和利物浦，那么战略胜利就是属于英国的。

这一切都很有道理，正如我们后文将看到的那样，到了1940年左右，这是英国海军部普遍奉行的政策，虽然一些高级军官和丘吉尔渴望在公海上与敌人的主力舰一决胜负。但大多数其他海军强国的最高指挥官仍然认为，海战的本质是马汉所主张的主力舰队之间的大规模冲突，因此根据这样的认识来组织他们的部队。虽然如此，在一定程度上，德国和意大利也愿意派出沿海护航舰队，而后者也看到了往返北非的护航运输队的必要性。法国一直为其运兵船提供强大的海军护航力量，但对于其他的舰艇并非如此。日本是一个非常奇怪的例子，虽然它的经济与英国一样严重依赖海外贸易，它却没有为保护其商船队做好准备。如果科贝特能活着看到这一幕，他一定会摇头叹息的。

第二次世界大战前夕，六个海军大国的情况很复杂，这打破了这样一种想法，即可能存在一本适用于所有国家的关于海权的权威著作。如果说大多数国家更喜欢马汉对战舰战略的强调，那是因为这似乎最适合它们自身的情况。如果说皇家海军在1939年更多地关注保护商船，这不仅是因为保护商船很重要，还因为此时没有像一战时德国公海舰队那样的大型舰队可以与其重型军舰相抗衡。因此，这样的假设是有道理的，即如果轴心国和同盟国之间真的爆发了全球性的战争，那么海上战役就会因海而异：在大西洋，将主要是围绕贸易路线的战斗；在地中海，前往马耳他和利比亚的护航运输队将遭遇一些激烈的近距离战斗；而在大西洋，最有可能发生的是美日战舰和航母之间的大规模水面交锋。海战的形式可能不止一种，而是很多种，这就导致了一个非常复杂的故事。

除了地理和经济对海上力量都有影响这一不言自明的事实之外，是否有可能从上述许多要点中得出一些一般性的结论呢？答案当然是肯定的。因为，从这里收集的证据来看，似乎很明显，20世纪30年代的三个修正主义国家及其海军在地理位置和相对经济实力方面都处于不利地位。由于严重缺乏现代工业化战争所需的大部分原材料，在世界主要航道上没有任何大型舰队基地，加上海运和造船总量只有英美的三分之一左右，三个轴心国的领导人很可能不敢打破现状。但是心怀不满的落后国家并不总是像理性经济人那样思考。此外，在狭义的军事力量对比中，轴心国也拥有某些优势，似乎可以改变游戏规则：如前所述，1939年的德国空军拥有比任何对手都大得多的打击力量，1941年的日本海军航空兵拥有比其他任何对手都强大的实力。此外，全球力量平衡变化的迹象表明，最好能够在美国放弃孤立主义并在其武装力量上投入更多资金之前，在苏联从自己造成的伤害中恢复之前，尽快采取行动。在对方还没有做好战争准备的时候，野心勃勃的轴心国领导人采取了迅速的侵略性行动，希望借此夺取新的地理位置和经济资产，从而变得更加强大。另一场争夺霸权的战争迫在眉睫，海军将再次发挥关键作用，无论是在大规模舰队行动中战斗的小舰队，还是努力控制贸易路线的 U 艇和护航舰艇。

第二部分

大海战纪实，1939—1942 年

第四章
二战初期的海上战争（1939年9月—1940年7月）

与两年多后爆发的太平洋战争相比，西线的海战在1939年9月开始时很分散，各参战国相当谨慎；这是因为有一半的海上强国（意大利、日本和美国）选择保持中立，而德国不仅有地理上的劣势，舰队规模也很有限。毕竟，第二次世界大战在欧洲是以德国进攻波兰开始的。英法为了履行对波兰的承诺而对德国宣战。美国和日本保持中立，因为这不是它们的战争。意大利保持中立（虽然墨索里尼早先承诺会支持希特勒），因为罗马迫切希望避免在地中海与占压倒性优势的英法海军作战。如前所述，苏联在整个战争期间在公海上是一支无足轻重的力量，况且它刚刚与希特勒达成了保持中立的协议。因此，在1939年，海上战争显然是一场有限的战争。[1]

虽然名义上有三个海军强国（英国、法国和德国）参战，但实际上，在法国于陆地上戏剧性失败和投降之前的9个月里，法国舰队只发挥了相对较小的作用。由于意大利可能会采取敌对行动，法国的大部分战斗舰队和潜艇部队都留在了地中海，而较小的舰队则驻扎在更远的地方，以保护法国在西非和东南亚的殖民地。西线的战争爆发后，法国部署了相当大规模的海军部队来护送从北非到法国本土的增援部队。尽管如此，法国海军部仍然认为，在布雷斯特和瑟堡部署一些快速、现代化的舰队是非常重要的，可以补充皇家海军在大西洋水域的"围剿队"。因此，到了1939年10月，法国部署了两支规模可观的特遣舰队，追捕"施佩伯爵号"和其他的袭击舰。[2]

然而，大海上的主要竞争者是一战时期的宿敌英国和德国的海军。从战略上看，形势似乎没有发生太大的变化。荷兰、丹麦和挪威依然保持中立，能发生什么变化呢？多佛尔司令部的军舰封锁了英吉利海峡。德军的布雷艇在黑尔戈兰（Heligoland）周围和更西面布下了一道巨大的屏障，而英国布雷艇在德国的港口和岛屿附近设下了雷区。由于双方都没有雷达，两军偶尔会在雾中不期而遇，然后就会发生打斗。规模较大的英国皇家海军（现在被命名为本土舰队，而不是大舰队）在斯卡帕湾集结，而较小的船只则在挪威至苏格兰一线巡逻。除了被派出波罗的海的那部分军舰之外，波兰海军被德国空军击溃，英国和法国对此无能为力。就像1914年的情况一样，有几艘德国袭击舰在公海上航行，但希特勒的海军大部分被限制在威廉港和基尔，就像当时德国皇帝的公海舰队一样。最大的不同是，1939年的德国并没有真正的公海舰队，只有6艘战列巡洋舰和袖珍战列舰，外加一些巡洋舰、20艘现代驱逐舰和几支潜艇部队。在战争的早期，由于北海的地理距离、白天大部分时间的云层遮挡和夜间的灯火管制，飞机的革命性作战能力无法充分发挥。所有这些都使得双方空军很难确定目标的位置。英国皇家空军的中型轰炸机曾经在汉堡投下宣传小册子，可是当它们开始被德国的战斗机击落时，轰炸机司令部转而进行夜间突袭。这根本不是一场真正的大国冲突，而且在一方没有派出舰队的情况下，很难将其视为马汉所说的为了控制全球公地而进行的决定性舰队战。

不过，德国拥有足智多谋的潜艇指挥官卡尔·邓尼茨少将和一批U艇艇长，他们渴望抓住英法制海权任何可能的弱点。他们的第一次打击早在1939年9月17日就发生了，U-29潜艇在爱尔兰西南部击沉了大型舰队航母"勇敢号"，讽刺的是，当时这艘航母正在执行反潜巡航任务。这不仅是一场残酷的人类灾难（518名水兵丧生），也是对皇家海军的一次沉重打击和教训。这是一场真正的"不对称战斗"，一艘730吨的潜艇摧毁了一艘22 500吨的军舰，而后者在被鱼雷击中后不到15分钟就沉没了。在日德兰海战之后的几年里，海军上将约翰·杰利科（John Jellicoe）曾经对他在北海的战列舰的安全深感担忧，现在皇家海军必须重新领会他当年得到的教训。从此以后，每一艘珍贵的大型主力舰只应在一群护航舰艇的陪同下才出海——要知道，"勇敢号"在遭到U-29攻击时只有两艘驱逐舰随行。更值得怀疑的一个做法是，组建航母战斗群作为所谓的搜索单位，派它们去寻找行踪不定的敌人潜艇，这主要是时任海军大臣丘吉尔的主意，有点像人们常说的大海捞针。三天前，"皇家方舟号"差点遭受同样的命运，多亏U-39潜艇发射的鱼雷过早爆炸，它才躲过一劫。"勇敢号"被击沉后，海军部放弃了这种愚蠢的搜索并摧毁敌舰的方案，但皇家海军已经损失了宝贵的航母舰队的六分之一。[3]

不到一个月后，足智多谋的潜艇艇长君特·普里恩（Günther Prien）小心翼翼地驾驶U-47穿过位于斯卡帕湾的英国海军基地的水下防线,袭击了停泊在那里的"皇家橡树号"(Royal Oak)战列舰。这次袭击使皇家海军的自尊心受到了更严重的打击,并进一步损失了主力舰的力量。由于鱼雷自身的缺陷,前面几发都没有射中目标,但是普里恩沉着冷静地重新装上鱼雷,再次发射。在短短13分钟内,三枚鱼雷炸毁了这艘装备15英寸炮的无畏舰,给英军造成了巨大的伤亡。最后,这艘潜艇顺利离开斯卡帕湾,安全驶回了威廉港,这让德国上下欢呼雀跃,让希特勒大喜过望。[4]在过去的几十年里,英国军费开支较少。因此,和大英帝国的其他地方一样,主要舰队基地——斯卡帕、直布罗陀、亚历山大、亭可马里和新加坡——的港口防御相当薄弱。

在遭受这两次沉重的打击之后,英国本土舰队一度被迫停泊在苏格兰的各个湖泊,甚至是克莱德河上,如果北海或挪威南部海域需要它们,显然路途太远了。在英国本土战斗舰队遭受这两次早期打击之后,北方水域度过了一段比较平静的时期。11月,"沙恩霍斯特号"和"格奈森瑙号"(Gneisenau)战列巡洋舰在冰岛附近进行了一次快速突袭,成功击沉了皇家海军辅助巡洋舰"拉瓦尔品第号"(Rawalpindi),然后它们谨慎行事,迅速返回了港口。显然,这种快速的短途突袭将成为典型的作战方式,而不是穿越北海的大规模袭击。无论是水面作战,还是潜艇作战,德国对英国制海权的挑战必须出其不意,择机行动,见好就收。双方的舰队为了一决胜负,不得不进行一场更持久的战斗,但这是六个月后的事情了。只有当希特勒的野心转向西方时,德国对英国海军力量的空中威胁才会完全显露出来。至于U艇的威胁,虽然它最终将比1917年的威胁大得多,但德国方面根本没有足够的火力来构成战略威胁。尽管如此,仅仅几个足智多谋的U艇艇长取得的战果就已经够可怕的了,让人更加头疼的是,他们越来越喜欢在夜间对盟军的护航运输队发动水面攻击(因此不会被潜艇探测器探测到)。众所周知,鱼雷的爆炸威力比任何炮弹都大,德国开发的基本型号VII型潜艇似乎是一种非常强大的武器系统,可以搭载的鱼雷的数量是原来的三四倍,这样一来,盟军的处境可能会很糟糕。

对于英国海军部的规划者来说,远离斯卡帕湾和爱尔兰海域的作战也是一个挑战。事实上,第二次世界大战的海上战争在1939年9月3日二战正式爆发之前就已经开始了。几个星期前,由于预料到会遭到英国海军的封锁,德国伪装成商船的水面袭击舰已经占据了贸易路线沿线的阵地。在战争的头几年里,有足够多的这类秘密袭击舰对盟军分布广泛且缺乏保护的远程航线采取行动,这迫使英国海军部武装了几十艘自己的商船,并部署大量巡洋舰来执行护航任务。如果海军元帅埃里希·雷德尔希望这些辅助性的袭击舰能吸引敌人的大量注意力,那么他是对的;但它们毕竟先天不足,一旦遇到英国或法国的正规军舰,就不得不逃跑。显然,更危险的是更大的军舰,比如袖珍战列舰"施佩伯爵号",这艘战列舰早先也被派往南大西洋和印度洋的遥远海域,一收到欧洲战争爆发的信号,它就开始攻击商船。

"施佩伯爵号"的史诗

由于一年中的任何一天都有成千上万的盟国商船在海上航行,其中包括几十艘独立航行在南大西洋和印度洋上的商船,袖珍战列舰"施佩伯爵号"能够在很大的区域内行动,成功地击沉或俘获商船。正如历史学家斯蒂芬·罗斯基尔（Stephen Roskill）所记录的那样："9月30日在伯南布哥沿海击沉'克莱门特号'后，'施佩伯爵号'穿越南大西洋，于10月5日发现了它的第二个受害者，即美国商船'牛顿·比奇号'（Newton Beech）。……在10月5日到10日之间，'施佩伯爵号'在好望角的贸易路线上又击沉或俘获了三艘商船，然后返回位于南大西洋中心的巡航区。15日，它再次从'阿尔特马克号'（Altmark）补给燃料，并将俘获的船员转移到'阿尔特马克号'上。"[5]英国官方海军史更详细地记录了分布在这片广袤海域的英法两国军舰、巡逻船（见表格6），以及它们一周又一周在海上搜寻这艘袭击舰时俘获的敌方商船。皇家海军总共建立了8支强大的围剿队，每支围剿队由战列巡洋舰、航空母舰或巡洋舰组成，这些都是速度相对较快的舰船。皇家海军的战列舰留在北大西洋，掩护从哈利法克斯出发的大型商船队，以防"施佩伯爵号"的姊妹舰"德意志号"攻击。

表格6　1939年10月，英国和法国海军的围剿队

代号	围剿队的构成	行动区域	出发地
F	"贝里克号""约克号"	北美和西印度群岛	哈利法克斯
G	"埃克塞特号""坎伯兰号"（后来还有"埃阿斯号""阿喀琉斯号"）	美洲东南海岸	南大西洋
H	"萨塞克斯号""什罗普郡号"	好望角	地中海
I	"康沃尔号""多塞特郡号""鹰号"	锡兰	中国
K	"皇家方舟号""声望号"	伯南布哥	本土航队

续表

代号	围剿队的构成	行动区域	出发地
L	"敦刻尔克号""贝阿恩号"以及3艘法国6英寸炮巡洋舰	布雷斯特	
M	2艘法国8英寸炮巡洋舰	达喀尔	
N	"斯特拉斯堡号""竞技神号"	西印度群岛	"竞技神号"来自普利茅斯

数据引自 Roskill, *War at Sea*, 1:144。因此,总共有15艘巡洋舰、3艘战列巡洋舰和2艘航空母舰搜寻"施佩伯爵号"。所有的英国战列巡洋舰都配备了15英寸火炮,尽管防护不及战列舰。

这就是这段海军历史的大致轮廓。罗斯基尔认为,对于后来研究海权如何运作的学者来说,追踪这艘袖珍战列舰的"全海战略"[6]的细节应该比拉普拉塔河口海战更重要,虽然有大量关于后者的通俗著作。拉普拉塔河口海战是指1939年12月13日发生的那场史诗级的海战,交战的一方是"施佩伯爵号",另一方是三艘英国巡洋舰:"埃克塞特号"(Exeter)、"阿喀琉斯号"(Achilles)和"埃阿斯号"(Ajax)。受损严重的"施佩伯爵号"逃到蒙得维的亚附近海域,并最终选择自沉。确实,这场海战还是很吸引眼球的。[7]与"施佩伯爵号"交战的是海军准将亨利·哈伍德(Henry Harwood)指挥的一艘重型巡洋舰和两艘轻型巡洋舰,是围剿队中实力较弱的一支,但在对付优柔寡断的"施佩伯爵号"时表现得十分出色,攻击性十足。像1797年尼罗河战役中的纳尔逊一样,哈伍德将他的战舰兵分两路,以分散敌人的火力。虽然"埃克塞特号"在交火中被11英寸的炮弹击中,不得不退出战斗,跌跌撞撞地驶往马尔维纳斯群岛(福克兰群岛)接受维修，但"施佩伯爵号"的重要部位也受到了一些损坏。

大量6英寸和8英寸的炮弹击中了"施佩伯爵号"，击毁了它的主测距仪，摧毁了它的厨房，损坏了水过滤系统，并在船头炸开了一个洞。因此，舰长汉斯·朗斯多夫（Hans Langsdorff）命令前往中立国的港口蒙得维的亚进行维修。在此情况下，英国人想出了一些办法来控制局势，同时召集更多的舰艇进入该地区。当敏感而冷漠的朗斯多夫选择炸沉自己的船，而不是继续战斗并让"施佩伯爵号"被敌人的炮弹摧毁时，皇家海军及时得到了士气鼓舞，极大地弥补了"皇家橡树号"和"勇敢号"的损失。无论是在战争期间，还是战后很长一段时间（例如在1956年描绘这次战役的经典电影里），拉普拉塔河口海战都跻身于现代伟大海战之列。

盟军围剿网络的庞大架构确实非常引人注目。虽然这艘袖珍战列舰在第一次战斗中表现得更强悍，击伤了"埃克塞特号"，然后驶向公海，但仍可以看出它已经时日无多。由于淡水和食物供应系统受损，这艘德国军舰几乎没有什么真正的机会。英法两国海军的大部分兵力被投入南大西洋，而"施佩伯爵号"不像盟军那样拥有加油站（达喀尔、弗里敦、马尔维纳斯群岛和开普敦），又无法使用中立国的加油站，只能像一只没有窝的狐狸一样，在大洋中反复穿梭，直到燃油耗尽，被敌人追上。[8]毕竟，在一战期间，规模更大的德国东亚舰队就是在马尔维纳斯群岛战役中被摧毁的（讽刺的是，东亚舰队的指挥官正是海军中将施佩伯爵）。在帆船时代，以法国巡航舰的袭击为代表的破交战（guerre de course）非常盛行，但是对希特勒的德国海军来说，由于舰艇数量不足、后勤支援不足和地理限制，取得全面成功的机会要小得多。

研究帆船时代大战役的学者还会被另一件事所震撼，那就是现代铁甲舰在战斗中显得十分脆弱。纳尔逊时代的战列舰（甚至是巡航舰）要受到巨大的打击才能被彻底摧毁。通常情况下，即使所有的桅杆都倒了，船员都被歼灭了，它们仍然能漂浮在水面上（并且可以被修复！）。奇怪的是，20世纪的装甲舰艇很容易被击毁。当然，不管是8英寸的炮弹，还是18英寸的鱼雷，TNT（梯恩梯）的巨大破坏力都是罪魁祸首。然而，和以前的美国"宪法号"或英国"胜利号"战舰相比，新的战舰似乎有更多的脆弱部件。一枚鱼雷击中"俾斯麦号"的舵，这艘巨舰就瘫痪了。一枚炮弹就击毁了"施佩伯爵号"的测距仪。一枚鱼雷就足以在"皇家方舟号"的侧面炸出一个130英尺的洞并使其沉没。"胡德号"是被一次猛烈的齐射炸毁的。美国的"黄蜂号"（Wasp）航母在被日本鱼雷击中燃料箱数小时后就沉没了。"罗马号"是被一枚滑翔炸弹击沉的。战时的海洋及其上空都是危险的地方，敌人可能潜伏在那里。因此，当有可能遭遇战斗时，指挥官通常明智地谨慎行事，直到他们摸清前方的情况。

在这个阶段，进入大西洋的德国袭击舰必须考虑到这一事实，因为虽然它们在盟军商船面前令人生畏，但是自身也非常容易受到掠射炮弹、潜艇的鱼雷或英国驱逐舰不顾一切的撞击行动的伤害。正如英国海军部很快发现的那样，即使只有一艘带着护卫舰的老式战列舰出现，速度快得多的德国军舰也会远远躲开（这确实是德国海军对其舰长的坚定指示），因为一次15英寸炮弹的齐射可能会造成严重的伤害。即使只是部分受伤，袭击舰也几乎总是需要维修。事实上，它能顺利返回就算是幸运了。

到了1940年初，双方主要军舰损失的记录并没有发生变化。

"皇家橡树号"的损失无关大局，因为英国在战列舰方面的优势巨大，而且这艘船本身速度很慢，也没有接受现代化的改造。但考虑到"勇敢号"的战略灵活性和它的"剑鱼"鱼雷轰炸机相当强的打击能力，失去这样一艘舰队航母就是另一回事了。"施佩伯爵号"的沉没对德国海军的打击看似并不大，毕竟这是一艘混合战舰，甚至不是一艘真正意义上的战列巡洋舰；但是雷德尔拥有的重型战舰比英国要少得多，无法承受这样的损失。更重要的是，对于"施佩伯爵号"入侵南大西洋、攻击宝贵的帝国航线的行为，英国海军部的反应十分强烈。皇家海军在许多地方——开普敦、弗里敦、拉普拉塔河、伯南布哥、牙买加、珀斯等——建立了强大的围剿小队，这一切都表明，未来德国的任何远程入侵都胜算不大。值得注意的是，后来德国军舰对盟军商船队的袭扰，无论是"吕佐夫号"（Lützow）、"沙恩霍斯特号"、"格奈森瑙号"，甚至是"俾斯麦号"，都没能超出北大西洋的范围。

对于希特勒来说，在海上击败盟军的希望主要寄托于邓尼茨的潜艇部队中断英国在北大西洋的交通线。这里的问题很清楚：如果德国的潜艇能够成功封锁不列颠群岛，德国就可以赢得西线战场的战争。事实上，在1939—1940年的潜艇战期间，这种情况几乎不可能发生。首先，从地理上讲，潜艇到达大西洋中部的唯一途径是通过漫长而危险的航行绕过苏格兰。其次，也是最重要的一点，邓尼茨的潜艇部队舰只太少，根本无法阻止大量进出英国港口的盟军商船，无论是有护航编队的还是单独航行的。而同盟国的防御能力虽然有各种各样的缺陷，依然足以抵消德国造成损失的能力，发展速度也更快。罗斯基尔著作中令人信服的统计表显示，在战争开始的最初几个月里，德国潜艇舰队的规模在缩小。在战争开始时，邓尼茨的舰队中有49艘"作战"潜艇，其中可能只有29艘是真正的远洋潜艇。到了1939年年底，其数量减少到32艘。到了1940年3月，数量略有增加（46艘），但是经过接下来几个月的战斗，到了1940年7月，还剩下28艘。似乎雪上加霜的是，德国鱼雷过于频繁的爆炸失败带来了更大的劣势。所有这些都意味着盟军商船的损失虽然显而易见，但远没有构成战略上的损失。在战争的前7个月，盟军平均每月损失商船约20万吨，这与邓尼茨的希望和意图相去甚远。[9]

挪威沦陷

因此，要决定性地改变德国和盟国之间的海上力量平衡，就只能通过陆地战争的重大改变，或者是通过加大U艇对商船的攻击力度，或者两者兼而有之。但是在1939年年底，这两个改变还需要好几个月的时间才能发生，双方似乎都进入了过冬模式，即所谓的"静坐战争"（Sitzkrieg）或"假战"（Phony War）模式。纳粹安全机构对波兰实行了严格的控制。根据《苏德互不侵犯条约》的秘密条款，苏联和德国稳步瓜分了东欧和中欧其余地区，张伯伦和达拉第的政府对此无能为力。法国预备役部队被派去增援马其诺防线后面的正规军，或者被派去增援法意边境。英国远征军再次越过英吉利海峡，部署到法国北部，但没有进入绝望和惊恐的中立国比利时。丹麦、挪威和荷兰等小国希望其中立宣言能让其继续保持独立，虽然它们看到斯大林试图胁迫芬兰割让领土，在红军进攻的第一阶段（12月至次年3月）冬季战争中受挫。如果说苏联与芬兰的冲突表明了苏联的部队在冰天雪地的战场上是多么无能为力，那么在另一边，英国和法国等西方国家也无力改变欧洲东北部的局势。无论是在行动范围方面，还是在力量方面，它们的空军都无法胜任。一支小型的盟国联合远征军也许能在某个地方登陆，但这可能会侵犯挪威或瑞典的中立，而且很可能会像1918—1919年干预苏俄北部的行动一样无果而终。法国和英国陆军司令部在1940年3月前就已经让远征军做好了打击的准备，但这并没有让胜利的希望变得更大。它们或许真的很幸运，因为芬兰政府请求莫斯科停火，并通过谈判做出让步。此外，斯大林统治下的苏联在经济上自给自足，根本无法被封锁。海上力量对大陆中心地带的事务几乎没有什么影响，而苏联和芬兰的边界无疑就属于这样的地带。此外，所有关于英法计划在斯堪的纳维亚采取行动的新闻报道显然对兴奋的希特勒产生了影响，他决心至少要有所行动。[10]

1940年4月8日至9日，德国对挪威的进攻戏剧性地打破了西线战场平静的冬季。这是一次不同寻常的历史性行动，原因有很多。在第一次世界大战期间，通常是协约国的海上强国通过侧翼作战（如加里波利、萨洛尼卡和巴勒斯坦的战役）来寻求摆脱西线的军事僵局；但是在二战期间，在从挪威到希腊的主要外围战役中，是希特勒主动出击并取得了成功，而英国在经历了战争灾难性的第一年之后，只局限于突击队的袭击。希特勒决定将整个挪威纳入他的征服范围，这表明他大胆到了鲁莽的地步。德国国防军的许多高级军官担心他们野心太大，进度太快。大多数人都同意，征服丹麦将是一场相对容易的小规模陆地战役，而荷兰根本没有足够的领土纵深来对抗入侵，虽然荷兰的守军会奋起反击。但是挪威的情况不同，特别是其大西洋沿岸和北部地区，那些地方几乎是苏格兰的后院，因此位于德国的势力范围之外。在1940年3月9日给希特勒的备忘录中，雷德尔非常坦率地指出了这一点。他承认，面对"优势巨大的英国舰队，如果试图夺取挪威，这本身就违背了海战理论的所有原则"。然而，这位海军元帅接着说，如果先发制人，出其不意，大胆执行，加上一流的组织，还是可以取得胜利的。[11]这其实是德国军事效率的最佳体现，没有受到希特勒后来的妄想的束缚，不仅显示出普鲁士参谋部事先精心计划的传统，而且还展现了不同军种在参谋部层面和在前线的出色合作：在前线，德军尝试在至少五个地点同时登陆。[12]除此之外，德国人还能指望怎样获得胜利呢？特别是在海上，他们要对抗的英法舰队不仅规模是他们的六倍、八倍甚至十倍，而且拥有战列舰和全新的战争武器——舰队航母，而德国只有两艘战列舰，舰队航母的数量为零。

除了表现出大胆和细致的组织外，德国国防军还拥有明显更有效的空中力量的优势。由于纳粹德国早期在空军上的大量投入，德国空军在1939年已经拥有了比英法空军更强大、更有效的轰炸能力。此时英国皇家空军的轰炸机中队仍然没有什么真正的破坏能力，海军航空兵的航母中队虽然有一定的进攻能力，但飞机老旧，数量很少。[13]在接下来的一个月里，法国空军将无法保卫自己的家园。因此，认为它能在远至挪威的北方发挥作用的这种看法是荒谬的。相比之下，德国空军已经从对波兰的空袭中吸取了许多重要的战术教训，计划部署290架轰炸机、40架"斯图卡"俯冲轰炸机、100架现代战斗机、30架海岸巡逻机（与海军合作）和40架宝贵的远程侦察机。它还投入了不少于500架容克斯运输机，用于快速部署陆军突击部队，包括一些伞兵营。[14]在面对

第四章 二战初期的海上战争（1939年9月—1940年7月） 123

空军新技术的变革性影响时,也许雷德尔提到的"海战理论的所有原则"已经不那么重要了。二十多年来,关于飞机是否真的改变了海战的争论一直在持续。现在,真正的考验近在眼前。从历史的角度来看,结果是惊人的。在莱特兄弟首次飞行的不到40年后,德国空军把一支军队空运到数百英里之外,以夺取关键据点,通过击落敌人的飞机和轰炸其空军基地来削弱敌人的反击,攻击并击沉敌人的驱逐舰和补给船,并阻止敌人的大型军舰靠近挪威南部海岸。

尽管如此,对于盟军来说,如果不是在战役层面和战略层面如此优柔寡断,不确定关键的军事目标在哪里,命令远征军从一个地方到另一个地方,下船后没几天又上船,情报错误到惊人的程度,情况可能还不至于如此糟糕。除了这些混乱之外,还有英国海军大臣温斯顿·丘吉尔本人多次反复无常的干预,面对德国令人震惊的闪电战,他试图时刻控制局面。本书无意在此详述英国决策者丘吉尔、张伯伦等人所犯的所有错误,也无意花太多时间讨论英法联军的少数几次正确举动。事实是,德国国防军完全打得他们措手不及,他们再也没有从德军大胆的大规模袭击中恢复过来。在1940年4月和5月那段混乱的时间里,英国本土舰队一直在努力为挪威漫长海岸上三个不同地点的登陆行动提供保护,同时还在努力保护大西洋运输路线免遭德国重型舰艇的袭击。[15]有时,这支舰队也被要求派遣军舰应对可能在北海南部或更远的地中海(如果墨索里尼也发动侵略的话)发生的战斗。海军部偶尔也会做出正确的决策。例如,4月初,著名的英国战列舰"厌战号"(Warspite)返回地中海基地时,被命令掉头驶向纳尔维克峡湾,结果在第二次纳尔维克战役中发挥了十分重要的作用(见

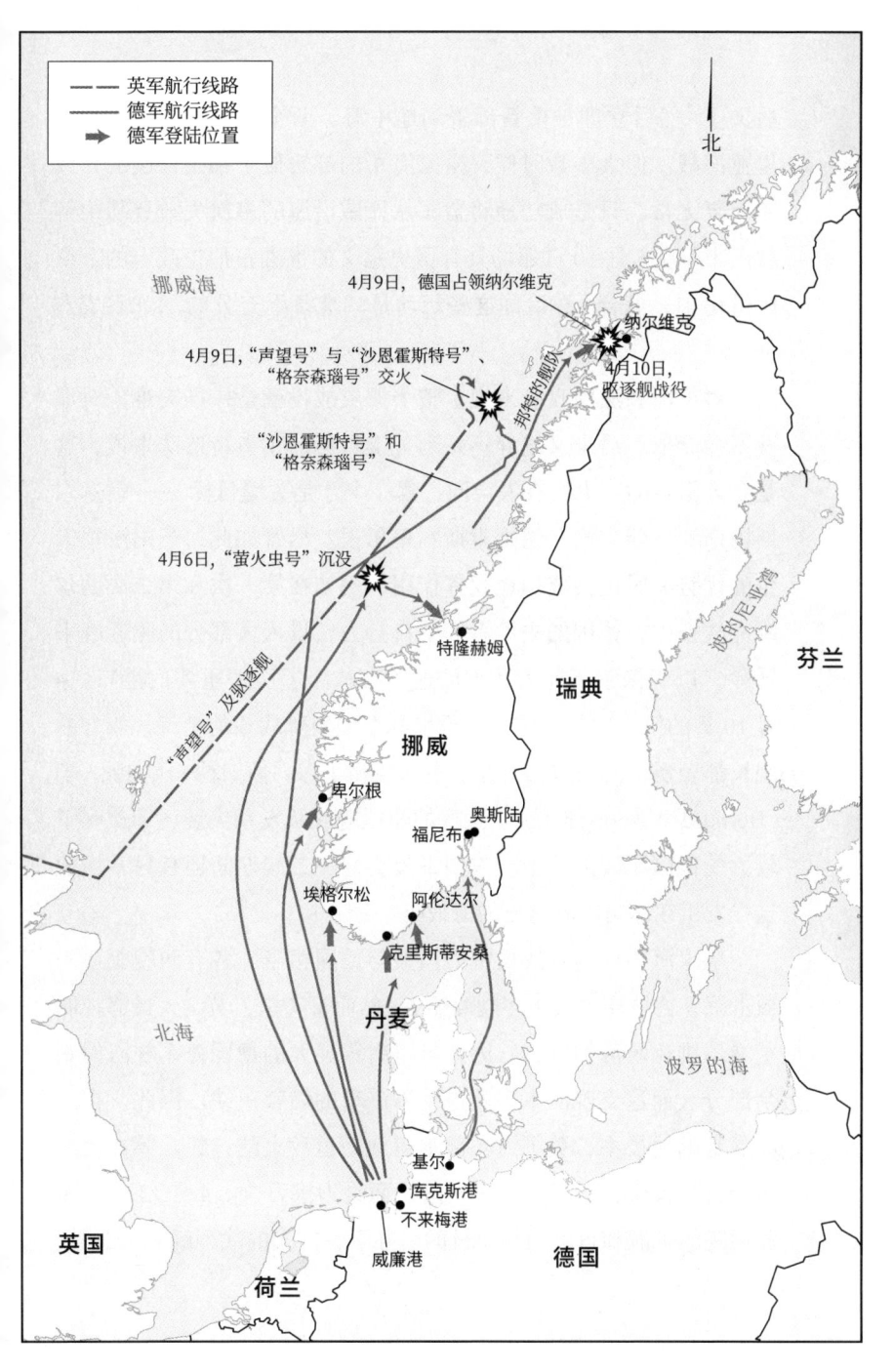

地图3 1940年4月，挪威战役

后文），然后立即被重新部署到地中海，两个月后参加了卡拉布里亚海战。但大多数时候，皇家海军的部署似乎都是错误的，或者反复无常，只是成功地将盟军从挪威沿海的多次失败登陆中解救出来。在5月10日那场具有历史意义的推翻张伯伦政府的下议院辩论中，劳合·乔治称这些行动是"准备不充分的"，"不成熟的"。[16]

对英国和法国政府来说，整个挪威战役就是一场灾难，对那些奉命夺取、后来又放弃一系列关键目标的军事特遣队来说，这是令人沮丧的。也许有人会问，哪一个才是关键目标——翁达尔斯内斯？特隆赫姆？纳姆索斯？卑尔根？尽管如此，英国海军天生的优势有时也会成功地发挥作用，例如在第一次和第二次纳尔维克战役中，德国的决策者们不自量力，投入大部分的驱逐舰来冒险，以确保拿下遥远北方的这个在战略上至关重要的港口。4月10日的第一次纳尔维克战役堪称小型舰艇战斗的史诗，双方的舰长都表现出极强的攻击性、主动性和斗志。伯纳德·沃伯顿-李（Bernard Warburton-Lee）指挥的驱逐舰舰队发动突袭，却遭到了较大的德国军舰的伏击。人们不禁会问，二战期间还有另一场像这样发生在冰封的峡湾里的海战吗？[17]

皇家海军在这场战役中的损失与德国相当（各有两艘驱逐舰被击沉，德国还损失了多艘商船），然而事实是，英国人最终控制了纳尔维克峡湾的入口，因此可以封锁庞大的德国海军舰队的剩余部分，而这支舰队本来就遭受着严重的燃料短缺。因此，在这场混乱的战役中，英国海军部难得地知道敌人的位置。第二次纳尔维克战役中，英国人不再冒险，而是力求万全。4月13日，在驱逐舰的护航和自己的侦察机的引导下，巨大的战列舰"厌战号"

驶入峡湾,在必要的地方减速,向目标开火。随着三艘德国驱逐舰被它的炮火击沉,剩下的五艘驱逐舰选择自沉,并疏散了船员。毕竟,这些船员至少可以与陆地上的远征军会合,继续战斗。但是,作为一场海军赌博,一切都结束了。参加纳尔维克战役的十艘德国舰队驱逐舰没有一艘返回。[18]

然而,德国海军在这次战役中的损失远不止于此。全新的重型巡洋舰"布吕歇尔号"(Blücher)在奥斯陆附近被炮火击沉,轻型巡洋舰"柯尼斯堡号"(Königsberg)被英国皇家空军①的"贼鸥"(Skua)战斗轰炸机击沉(这在历史上是第一次发生),另一艘轻型巡洋舰"卡尔斯鲁厄号"(Karlsruhe)被一艘英国潜艇击沉。袖珍战列舰"吕佐夫号"被另一艘潜艇严重击伤,重型巡洋舰"希佩尔海军上将号"(Hipper)的侧面被皇家海军的驱逐舰"萤火虫号"(Glowworm)撞伤。到这场战役结束时,"沙恩霍斯特号"和"格奈森瑙号"战列巡洋舰也受到了重创。这些并非仅是单纯的物质损失,其对德国海军相对规模的影响要大得多。到了1940年5月中旬,雷德尔的海军仍然拥有许多危险的鱼雷快艇和潜艇,当然还有一直很强大的德国空军,但它失去了水面舰队,至少暂时如此。不过正如他所承诺的那样,他为希特勒赢得了挪威这一关键资产。

在挪威战役之后,分析双方总体的得失比人们想象的要复杂得多。失去对这块离自己海岸比离德国海岸近得多的土地的战略控制,无疑让英国人深感震惊和耻辱。议会对战争失败的不满导致了张伯伦政府在1940年5月下旬的垮台,并导致了丘吉尔的上

---

① 原文有误,"贼鸥"为舰载机,属于英国海军航空兵。——译者注

台。但是，正如上文所述，丘吉尔在整个事件中的建议和干预常常是错误和愚蠢的。这实在是极大的政治讽刺。皇家海军的驱逐舰在几乎每一次与敌人的战斗中都表现得勇敢而出色，但除了在第二次纳尔维克战役中的行动外，它的主力舰队从来没能真正与敌人交战。由于其大型舰艇远离德国空军，皇家海军的绝对损失总体上并不严重，只有航空母舰"光荣号"被德国战列巡洋舰击沉，另外还有两艘巡洋舰和七艘驱逐舰被击沉。但正如我们所看到的那样，规模小得多的德国海军损失了更多的军舰，当战斗结束时，雷德尔的水面舰队实力已经降到了到当时为止的最低点。即将到来的大西洋海战和后来的北极护航战中，德国对挪威港口的控制都发挥了一定的作用。但是，在战争的剩余时间里，对这片广阔、多山的土地的占领也牵制了大量的德国士兵（大约30万人）。值得一提的是，这比埃尔温·隆美尔（Erwin Rommel）在埃及对抗英军的关键战役中所拥有的非洲军团的人数要多得多。

当然，被严重削弱的德国海军并没有停止在欧洲水域的战斗。双方都试图在北海布设水雷和扫雷，并使用潜艇、水面舰艇和飞机攻击对方的舰船。虽然双方海军都不愿意冒险在该地区部署更大的军舰，但水雷给双方造成的损失都急剧上升。德国人称这种战争为"小规模战争"（Kleinkrieg），但是其破坏性已经够大的了。例如，5月9日晚的薄雾中，由路易斯·蒙巴顿勋爵指挥的驱逐舰"凯利号"（Kelly）遭到德国鱼雷快艇的攻击，在斯卡格拉克海峡（Skagerrak）入口附近被一枚鱼雷击中。"凯利号"在当年的2月份刚被水雷严重损坏过，返回舰队没有多久。在巡洋舰和驱逐舰的严密护卫下，这艘受损的战舰先是被另一艘驱逐舰拖着，然后被拖船拖到泰恩河上的造船厂。[19]这是北海海战一个典型的牺牲品。

在挪威被德国征服后,国王哈康七世(Haakon VII)和他的政府来到伦敦,加入了欧洲其他许多国家的流亡政府之列,这些国家的土地已经落入纳粹手中。挪威现在完全成为盟军战争联盟的一部分,其众多的商船航线可以整合到挪威船运和贸易代表团(Nortraship)这一个组织中统一管理,增加了盟军的整体运输能力。事实证明,在未来的海路之战中,这对英国的海上资源是巨大的补充,因为挪威商船队是世界第四大商船队,也是当时最现代化的商船队,拥有许多柴油机驱动的快船和油轮,已经是对英国皇家空军至关重要的航空燃料的主要运送者。[20] 在大西洋之战即将进入更严峻的阶段时,希特勒在欧洲各地的侵略给英国送上了意料之外却又十分急需的救济,这实在是极大的讽刺。不过,如果说有哪个国家在战争的这个阶段需要战略上的安慰的话,那就是饱受打击的英国政府了。

1940年4月至6月西线的灾难

就在"凯利号"遭到攻击的地方以南大约100英里处,仅仅一天之后,技术高超的德国伞兵和滑翔机机组就精确地降落在荷兰防御工事和比利时堡垒的顶部。5月10日上午的这次行动仅仅是德国国防军向低地国家发起的惊人大胆行动的第一步,标志着希特勒侵略邻国的新阶段。拥有压倒性力量的德国空军粉碎了过时的比利时和荷兰空军,就像它在东欧摧毁了波兰人一样。当然,当时英国和法国的海军力量无法阻止这种事情发生。只有庞大的航母特遣舰队能阻止德国人,因为它有足够的空中能力为荷兰、比利时的地面部队和航空基地提供持续的保护，并击落一批又一批飞来的德国空军轰炸机和伞兵。但如此庞大的海军航空兵力量此时还没有出现，要等到1943—1944年的太平洋战争后半段，在马里亚纳和加罗林群岛附近，庞大的美国航母特遣舰队才会到来。当四年前德国入侵低地国家时，盟军当然没有这样的部队，英国和法国的海军也从未认为自己有义务替那些国家思考。毕竟，它们的任务是保护海洋，而不是改变纳粹德国边界周围陆地上的军事力量平衡。

1940年5月14日，德军装甲纵队在色当取得了戏剧性的突破，随后前线部队在短短十天内就一路推进到了英吉利海峡，改变了整个西线的军事局势。大部分法军（其中一些还在顽强战斗）向巴黎撤退，而整个英国远征军和法国第一集团军一起被赶向英吉利海峡沿岸。不到一周以后，英军司令戈特勋爵（Lord Gort）就开始计划通过敦刻尔克港口全面撤军。溃退（本来就是如此）已成定局。[21]对于温斯顿·丘吉尔的新政府来说，这些都是非常特殊的军事形势。

新的形势就这样改变了皇家海军的角色，它从简单的次要角色，即保护来自英国南部港口的陆军补给线的安全，转变为更为关键和迫切的角色，即尽可能多地拯救遭受重创的盟军部队。在更好的军事形势下，1940年规模可观的英国远征军可能会留在欧洲大陆，成为沿比利时海岸布下的巨大"楔子"，并从海上得到稳定的增援，就像1810年拿破仑的军队横扫西班牙后，威灵顿的军队撤退到里斯本周围的防线上一样。但这次没有出现威灵顿那样的人物，何况德国空军还猛烈轰炸和不断骚扰盟军部队，这改变了一切。5月24日，德国最高统帅部命令海因茨·古德里安

（Heinz Guderian）的坦克停止前进几天，虽然如此，德国俯冲轰炸机和中型轰炸机仍在狂轰滥炸，以实现赫尔曼·戈林（Hermann Göring）的大话，即只靠他的空军就可以完成任务。虽然事实证明这不是真的，但德国空军的沉重打击摧毁了整个海岸的所有港口、码头和其他登陆设施。小镇敦刻尔克到处都是倒塌的建筑物，港口到处都是沉没的船只和倒地的起重机。因此，当多佛尔港务司令、海军中将伯特伦·拉姆齐（Bertram Ramsay）在这个时候直接控制海军部队及其行动时，他认为唯一能做的就是尽可能多地从海滩和系泊点撤出盟军士兵。难怪英国的决策者认为，能救出6万名士兵就算很幸运了。[22]

虽然一支由小型船只组成的舰队出动救援，其中包括成百上千的游艇、拖网渔船、拖船、海峡汽船等等，但皇家海军主要是依靠驱逐舰来完成这场名副其实的"发电机行动"（Operation Dynamo）的。由于速度快（可以在一天内往返多佛尔）和吃水相对较浅，这些军舰可以到敦刻尔克海滩和半毁的码头，尽可能多地营救撤退的英法士兵。长期以来，专业人士一直认为，在炮火下将一支军队从陆地转移到海上是最困难、最危险的行动，而德国人使这次撤离变得尤为艰难：远程火炮被调来攻击敦刻尔克；鱼雷快艇被派往南方，在夜间骚扰英国船只；最重要的是，德国空军的轰炸机从空中进行了无情的攻击。拉姆齐的驱逐舰按最初的想法是作为英国战斗舰队的快速护航舰使用的，现在被要求作为一种反向两栖艇，将整个军队从海岸撤回来，并且只有几天几夜的时间，因为德国国防军到时候就会恢复前进。这甚至比挪威战役还要危险得多。

事实证明，对于正在撤离的驱逐舰和筋疲力尽的英国军队来

第四章　二战初期的海上战争（1939年9月—1940年7月）

说，最糟糕的几个小时出现在5月28日与29日之间的午夜，灾难似乎接二连三地发生。这次危险来自德国的鱼雷快艇，它们从黑暗中冲出来，发射鱼雷后又快速消失。午夜刚过，一枚鱼雷就击中了英国皇家海军"清醒号"（Wakeful），随着这艘驱逐舰迅速沉没，沉入海底的不仅有大量船员，还有数百名身心俱疲的士兵，他们在甲板下方的舱室无法逃脱。[23]另一艘驱逐舰"格拉夫顿号"（Grafton）发现了这一令人绝望的情况，当时它正满载士兵撤离敦刻尔克。[24]然而，当"格拉夫顿号"停下来拯救"清醒号"上的幸存者时，潜艇U-62趁火打劫，向静止的"格拉夫顿号"发射了两枚鱼雷，然后就消失在茫茫大海中。第一枚鱼雷没有击中，但击中的那枚鱼雷引起了一系列内部爆炸，给士兵和海军船员进一步造成了重大伤亡。舰桥爆炸了，舰长和其他许多人丧生。不过，"格拉夫顿号"的中部仍处于漂浮状态，当不久之后皇家海军驱逐舰"艾文霍号"（Ivanhoe）抵达现场救援时，船上仍有幸存者。

"艾文霍号"的故事简直是一段史诗。[25]它建造于20世纪30年代中期，是一艘引人注目的I级驱逐舰，排水量为1390吨，配备了4门4.7英寸炮和鱼雷，是皇家海军典型的老黄牛角色。在西班牙内战期间，它进行过海上封锁巡逻。在挪威战役中，它也多次参战。接着，它非常成功地参与了在德国和荷兰海岸布雷的行动，然后被调往敦刻尔克水域帮助撤离。5月29日，它载着930名心怀感激的士兵返回英国，如今又多了"格拉夫顿号"上的幸存者。由于"格拉夫顿号"的情况已经没有希望了，"艾文霍号"在返回多佛尔之前用鱼雷将其击沉。然而，在这个阶段，海军部开始害怕失去更多宝贵的舰队驱逐舰（原计划是让这些航速

36节的驱逐舰与更大的皇家海军军舰并肩作战,以防御对英国的入侵),因此命令"艾文霍号"撤出敦刻尔克战场。然而,一天后,这一决定被推翻,"艾文霍号"再次被派往英吉利海峡对岸,并于5月31日将另外1290名士兵带回多佛尔。第二天,6月1日,当"艾文霍号"载着另一批(主要是法国)士兵驶离敦刻尔克码头时,它遭到了德国空军的连续轰炸。

这个日期有一种苦涩的讽刺意味。对于皇家海军来说,每年的这一天是个辉煌的日子,皇家海军会举行活动,纪念1794年法国大革命中在韦桑岛附近战胜法国舰队。然而,1940年的战斗结果远没有这么辉煌,虽然皇家海军一些驱逐舰和船员的表现非常出色。一枚重型炸弹炸毁了"艾文霍号"的大部分上层甲板,船员和士兵伤亡惨重,两个锅炉房被淹没,但船并没有沉。后面的故事更加惊人。"哈凡特号"(Havant)驱逐舰和"斯比德威尔号"(Speedwell)扫雷舰接走了所有撤退的士兵和许多伤员,但"艾文霍号"的大多数船员都留在船上,因为三号锅炉房还完好无损,所以它可以自行慢慢地返回多佛尔。但是"哈凡特号"就没那么幸运了。它本来载着从敦刻尔克海滩撤退的500名士兵,现在又加上来自"艾文霍号"的伤员和士兵,结果遭到两架"斯图卡"俯冲轰炸机的攻击,受到了无法挽回的伤害,护航舰艇只得将它击沉。在"哈凡特号"上遇难的英国士兵中,有一些人在原来的舰艇上已经被击沉过一次,获救后却在同一天下午再次被击沉!就在同一天,英国皇家海军的另外两艘驱逐舰"基思号"(Keith)和"鼹蜥号"(Basilisk)也在敦刻尔克附近被德国空军击沉,这是到那时为止最严重的战舰损失。[26]附近有一艘装备5英寸炮的法国驱逐舰"闪电号"(Foudroyant),它刚刚从敦刻尔克的码头

第四章 二战初期的海上战争(1939年9月—1940年7月) 133

接了数百名士兵，却遭到了亨克尔和"斯图卡"轰炸机一窝蜂的攻击，随后船只倾覆，沉入浅水区，船体在水面上清晰可见。[27] 在这场混战的上方是另一场混战，英国皇家空军战斗机司令部派出了一个又一个飓风式和喷火式战斗机中队，试图挫败德国空军的攻势。那天，24架德国飞机在敦刻尔克上空被击落，还有许多飞机受损（虽然不是丘吉尔向下议院宣称的数百架）。

并非巧合的是，就在6月1日这个多灾多难的日子，英国通知了极度失望的挪威政府，它将撤出在该国的所有行动，包括向纳尔维克进军的行动。就这样，盟军在比利时的军事灾难结束了其在北方的行动。就连德军将领也很难相信所发生的一切。而且，仿佛英军的悲剧还不够，6月8日，参与从挪威撤离的"光荣号"航母受到"沙恩霍斯特号"和"格奈森瑙号"战列巡洋舰的偷袭并被击沉。当时，"光荣号"的甲板上满载获救的飓风式战斗机。对于元气大伤的德国海军来说，这确实是一记漂亮的回马枪，虽然在此过程中，"沙恩霍斯特号"的侧面也被"阿卡斯塔号"（Acasta）驱逐舰撞伤。[28] 对于英国和德国的海军来说，这都是令人难以置信的戏剧性的日子。

"艾文霍号"的传奇并没有以敦刻尔克的遭遇而告终。疲惫不堪的船员把这艘饱受摧残的船开到多佛尔后，它被送到北方进行漫长的维修，到了8月底，它又在荷兰海岸的泰瑟尔（Texel）附近执行任务。发生在8月28日夜间的这次行动是一个严重的错误，因为英国的驱逐舰中队撞上了德军新设的雷区。"艾文霍号"被一枚水雷击中，前端被炸飞，它试图返航，但是又遭到了多艘鱼雷快艇的攻击，进一步受损。1940年9月1日，在船员撤离后，它最终被己方的"凯尔文号"（Kelvin）击沉。在这种残酷的、近距离的搏斗中，消灭己方已经毫无希望的军舰，这几乎是司空见惯的事。任由一艘空荡荡的军舰在海上漂流被认为是十分不体面的，而且还有一种担心，即一旦它落入敌人手中，军舰上的文件、设备或其他有价值的材料也会落入敌人手中。几个世纪以来，北海一直是许多海战船只的墓地，现在有了更多的牺牲者。涡轮驱动的钢甲驱逐舰和鱼雷快艇一起沉入水底，加入泥浆中铁甲巡洋舰和木结构巡航舰的残骸之列。

"清醒号"、"格拉夫顿号"、"艾文霍号"和"哈凡特号"的经历表明，皇家海军在敦刻尔克附近受到德国空军、潜艇和水面舰艇猛烈而致命的攻击。总之，参加这次战役的39艘英国驱逐舰中，有6艘被击沉，至少19艘受到严重破坏。因此，在整个西欧落入德国人之手，英国本土也面临威胁之际，海军部担心失去如此重要的海军资产也就不足为奇了。然而，过度关注这些惊人的海军战役，可能会错过敦刻尔克故事的另一部分，即同样发生在这几天的近乎奇迹般的疏散。就在"清醒号"被击沉的5月29日那天，在一天一夜的时间里，超过4.7万名英国士兵撤离到英吉利海峡对岸，第二天，又有大约5.4万名英国士兵撤离。5月31日，从法国撤离的英军和法军士兵总人数激增至6.8万人。到了6月1日，也就是"艾文霍号"遭受诸多磨难的那一天，又有6.55万人被撤离。因此，仅在这海上鏖战的四天里，就有超过23万名盟军士兵逃脱被德军俘虏的命运，占整个敦刻尔克大撤退全部获救人数338 226人的近70%。[29]

虽然失去了那么多关键装备，其中包括445辆坦克，2400门火炮，以及数万辆卡车和其他车辆，但是一旦这些士兵从这场磨难中恢复过来，他们就会成为英国本土驻军抵御未来入侵的重要补充力量。1940年底至1941年，随着这些英国军团不再需要承担这样的防御角色，他们被重新装备，并被部署到埃及、伊拉克和印度。事实上，许多在敦刻尔克战役中遭受重创的部队后来都参加了阿拉曼战役和突尼斯战役、诺曼底登陆以及1945年进军德国的战役。[30] 皇家海军在1940年5月下旬那些不寻常的日子里损失惨重，正如丘吉尔本人反复说的那样，"战争不是靠撤退赢得的"；但是对于研究英国欧陆战争的历史学家来说，这当然不是远征军第一次很不优雅地从法国和低地国家撤出，然后在战争局势逆转后再次返回。[31]

在敦刻尔克大撤退的过程中，并没有主要的英国军舰参战，因此皇家海军没有像在挪威战役和希腊战役中那样损失巡洋舰和航空母舰。德国也没有向北海派遣大型军舰，因此皇家海军的大部分军舰被留在英国西部和北部的许多港口。当然，皇家海军在敦刻尔克的驱逐舰损失还是很大的，尤其是加上第一次纳尔维克战役中损失的驱逐舰，但是虽然海军部很担心，实际上它们所占的比例却并不算大，不足以造成重大损失。令人惊讶的是，即使是受损最严重的军舰，英国的修理厂也能快速完成维修，例如"艾文霍号"在三个月内就重新投入战斗，而"凯利号"则是一个极端的例子，于1940年12月重返战场。相比之下，正如我们所看到的那样，雷德尔在挪威战役中损失了德国海军20艘舰队驱逐舰中的一半，剩下的只有很少几艘能在下半年继续作战。他的水面舰队也遭受了其他损失，尤其是在挪威战役的后期，战列巡洋舰"沙恩霍斯特号"和"格奈森瑙号"遭受的损失意味着即使他想在敦刻尔克附近冒险，也没有重型船只可供战斗。

在夏季的这几个月里，英国人对外敌入侵的恐惧达到了顶峰，而此时的天气条件也最适宜发动进攻，可是雷德尔却没有一支可以利用的水面舰队。因此，他不得不等待来年海军战力恢复和一些全新军舰（例如"俾斯麦号"）加入，但在此之前，英国造船厂已经开始生产自己的后伦敦条约战舰。"乔治五世号"战列舰于1940年末加入英国舰队，其后不久，它的姊妹舰"威尔士亲王号"也加入了。新的航空母舰"光辉号"和"不挠号"（Indomitable）也于1940年进入舰队。所有10艘新的"城"级巡洋舰已经加入了海军，一些全新的防空巡洋舰（"狄多"级）即将准备就绪。[32]奇怪的是，虽然西欧和大西洋战场已经发生了那么多灾难，虽然皇家海军在地中海面临着各种各样的挑战，但英德海军在水面舰艇方面的力量平衡比挪威战役和敦刻尔克战役之前更加有利于英国。

如前文所述，邓尼茨雄心勃勃的潜艇部队扭转这种局势的时间还没有到来，虽然它正在挪威和法国获得宝贵的前沿基地。这一次，德国海军依然没有做好充分利用战争新局势的准备。在这个阶段，纳粹的经济还远远没有完全动员起来进行全面战争，生产的优先权给了德国陆军和空军，然后是水面战舰。邓尼茨的潜艇部队很幸运，当时有20多艘潜艇在海上（包括波罗的海）。还有就是敌人行动造成的损失，起初这种损失很小，但是随着挪威和低地国家附近的战斗愈演愈烈，损失越来越大。德国在1939年损失了9艘U艇，1940年上半年又损失了16艘。[33]由于鱼雷的性能普遍存在缺陷，潜艇部队的整体打击能力被进一步削弱。事实证明，普里恩在斯卡帕湾发射许多无用鱼雷的经历并不罕见，在这一阶段，也许有一半的鱼雷会出现这样或那样的故障。[34]对雷德尔来说，德国海军的弱点十分明显：水面舰队几乎不存在，潜艇部队如此之小，这与德国陆军令人印象深刻的实力和成就以及德国空军令人难以置信的强大形成鲜明对比。此时不是期望希特勒在纳粹德国规模不大的海军部队上花更多钱的好时机。

尽管如此，德国海军的这种相对弱小很容易被德国在战争前9个月取得的惊人胜利所掩盖。对于同时代人和后来的历史学家来说，最深刻的印象一定是德国国防军一次又一次地展示了自己是多么高效和危险。虽然在一战中被击败，但是德国像传说中浴火重生的凤凰一样再次崛起。在从波兰到挪威的战役中，德军从坦克到伞兵都势不可当。即使在海上战争中，虽然存在上述许多问题，虽然有地理位置上的不利条件，虽然水面舰艇和潜艇的数量相对较少，但德国海军依然对规模庞大得多的盟国海军构成了真正的挑战。这种挑战包括水面战舰和潜艇对从北大西洋到南方的海上贸易路线进行的危险攻击，包括夺取挪威及其港口的残酷而有效的进攻，也包括至少在一定程度上帮助德国国防军占领从丹麦到西班牙边境的欧洲西海岸。事实证明德国潜艇没有邓尼茨所希望的那么成功，但它们依然对英国皇家海军造成了沉重的打击。现在邓尼茨又有了法国和挪威的基地，虽然潜艇数量有限，但是其威胁似乎只会增加。在1940年中期之前，英国海军部只看到了敌人的聪明才智和威胁，却没有意识到德军的重大弱点，包括鱼雷设计的不可靠性和当时真正做好战斗准备的潜艇比例低得惊人。因此，毫不奇怪，英国政府所有的心思都集中在德国国防军可能会采取的下一个大行动上，即越过北海和英吉利海峡，登上英格兰的海滩。

然而，最令人生畏的是德国空军的威胁，它似乎能够向100英里甚至数百英里外的陆地和海上投射力量。由于这在战争史上是全新的现象，因此其威力还没有被充分了解，人们也不知道如何对付它。半个多世纪以来，马汉学派一直在探讨一种"海权的影响"，这种海权可以战胜所有拥有强大近海海军的国家。与此同时，那些主张两栖作战的人（如海军元帅约翰·费舍尔）大胆地把英国陆军说成是"从海上发射的炮弹"。[35]现在，不再是陆地强国受到海上强国的威胁，而是像德国空军这样一支庞大而有效的空军可能会制约大西洋沿岸国家，也许能永久防止它们侵袭。在快速飞机能够携带250磅和500磅炸弹的时代，军事战略家巴兹尔·利德尔·哈特爵士描述的"英国的历史战略"似乎越来越不适用了。[36]显然，在这场战争此后的任何一个阶段，要想攻击和征服敌人的海岸，首先要掌握制空权。幸运的是，这一真理既适用于德国对不列颠群岛的入侵，也适用于后来盟军重返欧洲的任何尝试。因此，这将是德国空军的下一个考验。

关于德国空军在挪威和法国海岸的早期冲突中对皇家海军军舰的猛烈攻击，还有一个更整体性的想法值得提出。显然，这是历史上第一次在近海作战的军舰遭遇大规模空袭，而且是来自戈林的梅塞施密特战斗机、道尼尔轰炸机、亨克尔战斗机和容克斯轰炸机等现代飞机的成群快速空袭。第一次世界大战期间从未发生过这样的情况，20世纪30年代的阿比西尼亚战争和西班牙内战也不能提供多少经验。对于德国空军的打击，在挪威和法国-比利时海岸作战的盟军既没有充分准备，也没有适当装备。"斯图卡"（容克斯-87）俯冲轰炸机的速度和攻角是一个极大的挑战。皇家海军的大多数火炮仰角只有45度，而且没有一艘军舰拥有足够的现代防空武器。在1940年的各种行动中幸存下来的军舰很快就会在其上层甲板上匆忙地安装博福斯和厄利康的高射炮。当时并没有现成的作战理论教人如何用舰队航母或护航航母给两栖登陆或撤退持续打掩护。英国的短程战斗机（飓风式战斗机和费尔雷轻型战斗轰炸机）携带的燃料太少，无法在敦刻尔克海滩和军舰上方持续巡逻。简而言之，这是一场新式的、一边倒的斗争，不是军舰对抗堡垒（纳尔逊的格言），而是军舰对抗飞机，而当时的军舰根本没有足够的装备来保护自己或正在努力撤离的英法士兵。

德国空军对盟军的攻击造成了多大的伤亡，目前还没有单独的统计数据。这种伤亡要么发生在盟军于敦刻尔克海滩上耐心排队时，要么发生在许多救援船返回英国的途中被击沉或严重受损时。所有这些都是英法军队在5月至6月的"法国战役"中遭受的更大损失的一部分。在6月4日敦刻尔克撤退宣告完成后，法国军队又战斗了几天，整场战役总共造成36万人伤亡，其中多达8.5万人死亡。英国远征军损失了6.8万人（死亡、受伤和被俘者），而且，正如上面提到的，损失了所有的军事装备，其中包括445辆坦克，2700门火炮和2万辆摩托车。除了6艘皇家海军驱逐舰被击沉之外，法国也损失了3艘，全部是毁灭性的空袭造成的。另外大约有200艘较小的盟军舰船被击沉。在整个法国战役中，德国空军可能损失了大约240架飞机，主要是在敦刻尔克前线（156架）。英国皇家空军战斗机司令部在敦刻尔克行动中损失了127架飞机。[37]德国空军第一次遇到了对手，一些比较有想法的战略家得出了一些显而易见的结论，比如阿道夫·加兰（Adolf Galland）。然而，就目前而言，德国人可以宣布在希特勒所吹嘘的"世界历史上最伟大的战役"中获得了一场毫无疑问的胜利，并控制了从挪威的北角到西班牙边境的欧洲西部边境。它能否继续向外扩张，超越英吉利海峡、直布罗陀和北非，则完全是另一回事。

"向西看，大地一片光明！"

当然，在1940年6月和7月，政治格局迅速变化的不仅仅是大西洋的欧洲一侧。法国沦陷和意大利参战的消息令人震惊，这在华盛顿几乎引起恐慌，担心英国很快就会投降，法国和英国的海军可能会落入纳粹手中，德国甚至会向西印度群岛和巴西推进。[38]这进而引发了罗斯福政府和此时已经彻底惊慌失措的美国国会的激烈反应，后者放弃了早先对海军过度开支的所有质疑。这个时机简直再好不过了。1940年6月17日下午，美国海军作战部长哈罗德·斯塔克（Harold Stark）上将计划出席众议院海军事务委员会会议，要求拨款40多亿美元用于军舰、飞机、造船厂和港口设施，这样的年度增幅远远超过以往任何一年。就在同一天早上，国会议员在报纸上读到了法国决定停止战斗并向纳粹德国投降的消息；摇摇欲坠的英国似乎孤立无援，大西洋也从未显得如此狭窄。这一消息让国会感到非常不安，急于接受海军的请求，到下午结束时，该议案在没有任何反对票的情况下获得通过，进入下一阶段。当这些款项被完全计算出来并在接下来的一个月获批拨发时，总数已经增加到惊人的80亿美元。没有其他大国能负担得起这么多钱，而这只是美国武装部队的一个分支而已。海军的采购清单如下：4艘"艾奥瓦"级战列舰、5艘"蒙大拿"级超级战列舰、18艘"埃塞克斯"级舰队航母、27艘巡洋舰（包括14艘"巴尔的摩"级重型巡洋舰）、115艘（最终为175艘）舰队驱逐舰（包括强大的"弗莱彻"级驱逐舰），还有数不清的舰队辅助舰和补给舰，等等。此外，在美国和其他地方，还需要建设兵工厂、海军基地和额外的造船设施。[39]

美国扩张主义者在整个世纪里一直主张的两洋海军终于出现了。就海军总吨位（132.5万吨）而言，仅这一法案授权建造的舰船就几乎相当于整个日本帝国海军，大约是希特勒纳粹海军的八到十倍（取决于如何计算开工日期）。

因此，有必要进一步梳理一下这一扩张行动背后的海军力量和勃勃野心。当然，海军专家对数据很清楚。完工后的"艾奥瓦"级战列舰将会优于"俾斯麦号"和"提尔皮茨号"，它们比德国的巨舰更长、更宽，速度也快了几节，而且装备了更强大的、由雷达控制的主炮（"艾奥瓦"级装备了9门16英寸口径的，而"俾斯麦号"和"提尔皮茨号"装备的是8门15英寸口径的）。它们其实比欧洲任何一支海军的最新战列舰都要强大。然而，紧随其后的5艘"蒙大拿"级超级战列舰还要大得多，排水量超过7万吨，装备了12门巨大的16英寸舰炮。[40]这些超级战列舰主要是为了在太平洋战争中挑战日本的"大和"级战列舰，但是如果与重型巡洋舰和驱逐舰一起部署在大西洋水域，即使只有两艘，也将消除"俾斯麦号"的任何入侵威胁，从而确保美国在东海岸及其他地区的制海权。

虽然增产传统的战列舰似乎已经能起到决定性作用了，但这项国会开支法案最重要的意义在于授权建造至少18艘航空母舰——全部是"埃塞克斯"级快速舰队航母——以及专为美国海军提供的1.5万架新飞机。虽然庞大的新型战列舰对美国的海上力量至关重要，海军上将威廉·普拉特（William Pratt）向听众中的传统主义者保证，他和他的规划者们毫不怀疑，空中力量——及其对海洋的空中优势——是决胜未来的工具。[41] 随着快速舰队加油船和补给舰以及大量"弗莱彻"级驱逐舰获得拨款，新的舰队航母将拥有广泛的打击范围。事实上，可以想象，未来一支由六到八艘这样的航母（无论有没有战列舰）组成的力量，就能够决定北大西洋的海上力量平衡，即使这支海军在太平洋上同时进行其他大量行动也不会改变这一点。它们肯定会使西半球免受任何轴心国海军的渗透，这就是为什么就连美国的孤立主义者也投票支持该法案。唯一的问题是，这一切至少还需要两年的时间。

正是因为这支强大的美国海军未来才能建立起来，所以这一措施对英国在1940年7月左右绝望的战略地位并无帮助，这就是为什么丘吉尔会敦促他的朋友罗斯福采取更直接、更实际的措施，如以驱逐舰换基地，转让陆军装备（机枪和火炮），以及出台《租借法案》。虽然如此，任何善于反思的战略思想家都应该清楚这个新造船计划所传递的信息，因为如此规模的美国海军几乎让德国和意大利所有的海上野心注定失败。讽刺的是，美国巨大的生产力得到释放的种种迹象使希特勒更加坚定了他的信念，即除非他以某种方式很快控制欧亚大陆的所有资源，包括苏联的资源，否则他将永远无法在后来的世界霸权斗争中与美国巨人抗衡。因此，他想早点攻打苏联。[42] 对于日本政府来说，更明显的是，庞大的美国海军最早在1943年就会出现（第一批"艾奥瓦"级战列舰和"埃塞克斯"级舰队航母将在那时投入使用），这似乎只留给日本大约两年在太平洋和远东成功推进的时间。正如海军大将山本五十六向大本营所言，这一结论意味着必须尽快实施一些无情的先发制人打击，削弱英美的战略资产。[43] 在美国通过《两洋海军法案》(Two-Ocean Navy Act)之后，东京和柏林都比以往更加感到时间不多了，必须赶紧采取行动。法国沦陷、《两洋海军法案》通过、不列颠海战、巴巴罗萨行动、正在展开的大西洋海战和珍珠港事件，所有这些都发生在1940年6月至1941年12月的19个月中。这些历史事件在战略上都是相互联系的，都是争夺全球主导权的更大斗争的一部分，而动荡的20世纪30年代只不过是这场斗争的前奏；虽然直到很久以后，这些事件的参与者都可能没有完全理解这一点。或许很少有观察者能够全面把握全球格局的这些变化，但对于美国海军中那些负责建造新型舰队的人说，未来的道路要简单得多：现在真正需要做的，就是让这些战列舰、航空母舰和巡洋舰尽快下水。[44]

在这场全球大戏中，有一个主要角色肯定认识到，法国的崩溃和美国在这场斗争中未来的态度是密切相关的。在丘吉尔看来，前者是一个真正具有历史意义的事件，作为一个坚信法国军队实力的人，他被深深震撼了。因此，在他富有创造力的头脑中，面对德国抵达英吉利海峡和北海另一边的事实，不仅需要立即加强本土防御，还需要在全球范围内做出更大的反应。1940年6月4日，他在下议院发表了一场演讲，这是他最精彩的政治演讲之一。在演讲中，他描述了敦刻尔克大撤退之后局势的严重性，并坚称英国将毫不退缩地战斗到底。他说："我们将在海滩上战斗，我们将在山坡上战斗……直到在上帝认为适当的时候，新世界前来拯救这个旧世界。"[45]他一边敦促法国人继续战斗，在绝望中甚至提出可以建立一个永久的英法联盟，一边将目光投向大西洋对岸。两周后，法国彻底崩溃，保持甚至增强美国的支持成为丘吉尔的战略重点，重要性仅次于让英国生存下去本身（实际上是让它生存下去的一个必要因素）。但是他很清楚，包括美国政府在内的许多美国人都怀疑，遭受重创的英国是否有继续战斗的意志和力量。美国政府敦促英国做出承诺，如果英国沦陷，应该让舰队开到大西洋另一边，摆脱纳粹的控制，这表明了当时的美国政府是多么怀疑。但是，就在美国担心德国可能会控制英国舰队的同时，丘吉尔也在担心纳粹可能会控制法国的舰队，毕竟后者更加迫在眉睫。

此时的维希法国海军仍然是世界第四大海军，根据1940年6月22日在贡比涅森林签署的投降书，被命令"在德国和意大利控制下遣散并解除武装"。在英国新政府为了生存而努力的过程中，在其不顾一切地从海军形势出乎意料的、灾难性的变化中恢复过来的过程中，在其向罗斯福证明这个岛国可以用同样的无情和果断来应对德国威胁的过程中，这支海军的命运变得十分关键。到了7月初，丘吉尔已经说服他的内阁，如果法国的海军将领拒绝共同对抗轴心国，或者拒绝解除武装，就要将其军舰击沉。1804年，纳尔逊曾经先发制人，无情地摧毁了中立的丹麦海军，以阻止其加入拿破仑的联盟。此时的丘吉尔是否在效法纳尔逊，我们不得而知。[46]显而易见的是，为了维护自己受到威胁的海上安全，英国现在准备击沉自己昔日亲密盟友的舰队。正是英国政治家中最亲法的丘吉尔，做出了实施这个"弩炮行动"（Operation Catapult）的决定，这是多么具有讽刺意味呀！

7月3日至6日，法国舰队在凯比尔港和其他北非港口被摧毁，这是二战中最著名，也可能是最悲惨的海军行动之一。[47]当然，在接到伦敦的命令并开始射击后，无论是驻守直布罗陀海峡的海军中将詹姆斯·萨默维尔（James Somerville）和驻守亚历山大港的海军中将安德鲁·坎宁安（Andrew Cunningham），还是其他皇家海军高级军官，都有这样的感受。由于法国舰队沿着外海停泊，它们显然是来自本土舰队的强大战舰的目标，其中包括"胡德号"、"决心号"（Resolution）和"勇士号"（Valiant），它们都配备了15英寸炮，被称为H舰队。两艘较老的法国战列舰"普罗旺斯号"和"布列塔尼号"于7月3日被击沉，后者的爆炸造成了超过1000名官兵的惨重伤亡。现代战列巡洋舰"敦刻尔克号"严重受损，但它的姊妹舰"斯特拉斯堡号"成功逃到了土伦。7月8日，另一支庞大的英国战列舰－航母部队抵达达喀尔附近，由"竞技神号"航空母舰的飞机发起鱼雷攻击，击伤了新战列舰"黎塞留号"。两周后，这艘法国军舰再次遭到炮击。

除了少数几艘较小的军舰要么加入了戴高乐的自由法国一方，要么同意被封存在亚历山大港和法属西印度群岛，其余的法国海军（主要集中在土伦）变得非常愤怒，皇家海军不得不将其视为敌人。虽然在阿尔及利亚和摩洛哥的维希法国政府对英国怀有极大的敌意，但它的舰队现在正停泊在北方，无法对当时刚刚起步的马耳他舰队构成近距离的威胁。虽然意大利参战给欧洲海军力量平衡带来了另一个重大变化（第五章），但英军已经表明，他们将牢牢守住地中海西部，并以最大的决心战斗到底。希特勒对此感到吃惊，墨索里尼和他的海军将领们也非常担心，但最重要的是，这给美国人留下了十分深刻的印象。

到7月的第二周，随着"弩炮行动"的结束，"胡德号"和H舰队的大部分军舰再次从直布罗陀向北驶去，由于内阁担心德国可能会入侵英格兰东部，它们立即被召回本土水域执行任务。海上斗争的第一阶段已经接近尾声，在"假战"的七个月里相对平稳，在接下来的一个季度里（四月初到七月初）却异常动荡和激烈。在北大西洋和北海海域，主要舰队停止了一切行动，就连U艇和护航舰队的战斗也很少。皇家海军的下一次行动是在地中海中部，对抗一个新的参战国。

总的来说，对英国海军力量来说，海上战争的前九个月是糟糕的。"勇敢号"航母被一艘潜艇击沉，"皇家橡树号"战列舰在自己的基地被摧毁，"光荣号"航母被水面突击舰炸成碎片。皇家海军在巡洋舰方面的实力几乎没有受到影响，但在挪威、荷兰海岸和敦刻尔克附近，有许多重要的舰队驱逐舰被击沉或严重受损。到目前为止，所有水域的商船损失都是可以承受的，但是随着形势的发展，这种情况不会持续太久。

失去挪威是严重的挫折。法国的沦陷是巨大的失败。意大利参战将使局势更加紧张。英国遭受了前所未有的重创，失去了唯一的远征野战军，看起来非常虚弱。的确，在遥远的西方，一个军事巨人正在觉醒。但在1940年初夏，对于许多观察家来说，在美国最终成为这场世界大战的交战国之前，英国皇家海军和皇家空军能否牵制住敌人，这似乎是一个悬而未决的问题。

第五章

欧洲战场的海战（1940年7月—1941年12月）

1940年6月，随着法兰西帝国的崩溃和意大利加入地中海战争，英国面临着自1815年拿破仑大军在加来附近扎营以来最严峻的战略形势。丘吉尔强烈反对通过谈判达成和平的想法，他敦促全国人民依靠道义的力量、国内物质资源、防空系统和海军继续战斗。1940年6月18日，就在贝当投降24小时后，漫画家大卫·洛（David Low）著名的漫画《孤军奋战》（"Very Well, Alone"）很好地捕捉了这种毫不退缩、英勇无畏的精神。画面上，一个强壮的英国士兵挎着步枪，站在一块被激流冲刷的岩石上，倔强地挥舞着拳头。[1]当然，英国从来都不是完全孤军奋战。这个庞大的帝国正在为战争而动员起来，其规模是战前的规划者几乎无法想象的。[2]大量悬挂荷兰、挪威、波兰以及（稍晚一些的）南斯拉夫和希腊国旗的船只加入了它庞大的商船队，正如加入皇家空军的不仅有许多英联邦自治领中队，还有匆忙招募的波兰、捷克、自由法国和美国志愿军。在此背景下，正如我们将看到的那样，美国海军巡逻队在大西洋水域的活动不断增加，而且显得越来越不中立。1940年9月，英美之间签订了驱逐舰换基地的协议。1941年3月美国国会通过了《租借法案》，越来越多的物资流向英国。

然而，在德国的驳船聚集在英吉利海峡港口的那几个月里，整个形势非常严峻：从北角到比利牛斯山脉的整个大西洋海岸线都在德国人手中，德国空军对伦敦和英国南部港口的轰炸不断增加；关键的地中海航线受到意大利飞机和庞大舰队的威胁，鲁道夫·格拉齐亚尼（Rodolfo Graziani）将军的意大利军队从利比亚向埃及进军。因此，虽然在总体战略评估中应当考虑到英国本土和帝国拥有可观的资产，但毫无疑问，1940年5月至6月的事件导致了优势从英国向轴心国大幅转移。毫不奇怪，即使是大西洋彼岸的罗斯福政府也开始担心西半球的安全。[3] 在这种紧急的危机情况下，皇家海军的作战能力是绝对至关重要的，无论是在靠近英吉利海峡的水域，还是在大西洋和地中海。总的来说，海军做得非常好，但它本身也付出了沉重的代价。不久，丘吉尔对英国皇家空军战斗机司令部的机组人员在这个国家"最辉煌的时刻"所发挥的英雄作用表示了慷慨和公开的赞扬，但与此同时，海军的作为也同样英勇，而且同样重要。

大西洋斗争加剧（1940—1941）

到了1940年夏，德国在军事和地理上对英国的优势是惊人的。正如第四章所指出的那样，除了欧洲主要国家——挪威、比利时、荷兰，尤其是法国——的武装力量从反德力量的总和中被剔除，纳粹德国现在也获得了巨大的位置优势，打破了德皇威廉时代所受的战略束缚。在整个现代欧洲历史中，很难想到有哪一次地缘政治变化像这次这样大。不到15年前（见第三章），沃尔夫冈·魏格纳在其《世界大战的海军战略》一书中呼吁，在以后与英国的战争中，德国要通过在挪威和法国西部获得海军基地来弥补其地理上的劣势。[4] 在当时看起来纯粹是猜测和不可能的事情，现在奇迹般地发生了，德国空军和海军都迅速进驻了新占领领土上的基地。

因此，在1940年7月之后的关键几个月里，当大多数人的目光都集中在不列颠战役时，大西洋海战也进入了第二阶段，而这一阶段显示了德国的巨大新优势。[5] 显然，最大的收获是卡尔·邓尼茨的潜艇部队现在可以驻扎在北海以外的港口，挪威峡湾的多个停泊处，以及防守严密的法国港口瑟堡、布雷斯特和吉伦特。而且，虽然这是一件小事，但轴心国那些要突破封锁线运送物资的人发现，现在通过法国向德国运输比以前要容易得多，以前他们必须经过苏格兰附近进入北海。与新的潜艇优势几乎同等重要的是，德国空军可以部署在大西洋沿岸；其中包括几个中队的福克－沃尔夫"秃鹰"轰炸机（Fw-200），它们可以在盟军护航运输队还在大西洋深处的时候跟踪、报告，经常还会发动攻击。最常见的危险是中型轰炸机（道尼尔轰炸机和亨克尔轰炸机）对英国沿海运输队和重要的直布罗陀航线的攻击。虽然埃里希·雷德尔此时只有几艘重型战舰可以投入战斗，但"沙恩霍斯特号"和"格奈森瑙号"战列巡洋舰可以对英国的护航运输队发动攻击，然后撤退到法国或挪威北部的港口，而不需要像以前那样穿越北海。当然，如果纳粹德国在这个时候拥有像原来的公海舰队或未来的Z计划中那样的大规模舰队，那么1940年之后的海战很可能会是马汉作品中所描述的那种风格。但是，即将发生的不是英德舰队在西部航道某个地方史诗般的大战，而是一场为控制进出英国的海上交通线而展开的不那么戏剧性、持续时间更长、复杂得多的斗争。

在这场斗争中，虽然挪威和法国都沦陷了，英国及其海军仍然保持着巨大的地理优势和物质优势。首先，英国本土就有多种资源。1940年夏天，越来越多的空袭让英国民众忧心忡忡，从敦刻尔克溃败而回的士兵让他们深感震惊，匆忙建起的防入侵屏障让他们满怀忧虑；在他们看来，这个国家似乎岌岌可危，已经被德国从四面包围。而对于像陆军参谋长[6]弗朗茨·哈尔德（Franz Halder）这样头脑清醒的德国高级将领来说，不列颠群岛像是一只巨大的豪猪，英吉利海峡的许多港口都部署了驱逐舰中队，东海岸布满了雷区和炮台，整个国家都在英国皇家空军的战斗机和轰炸机中队的保护之下，这些中队由一个总部精密地指挥。在经济方面，它也不是那么容易受到德国空中压力的影响。从此以后，英国从世界各地进口的主要货物可以在格拉斯哥和利物浦卸货，而不是南安普敦和伦敦，尽管路线比较曲折。对于纳粹德国来说，击败英国是史无前例的挑战，坦率地说，纳粹政府根本就不知道如何着手。

出于政治上的原因，德国1940年的入侵计划和行动——黄色方案（Fall Gelb）——在最初的准备阶段之后从未真正推进，因为希特勒本人的注意力转移到了他与苏联围绕东欧土地和资源分配而起的日益激烈的争吵上。德国最高统帅部在考虑入侵英国时所面临的各种实际困难很值得一提，因为当盟军考虑大规模登陆北非、意大利和法国时，也必须克服类似的一系列挑战。德国陆军想要在很多地点登陆,但德国海军抗议说它的力量无法为如此大规模的行动提供保护。它的登陆驳船、拖船和其他船只分散在许多英吉利海峡港口,在如此危险的水域集结它们——它们已经受到英国皇家空军的攻击——将是水手长的噩梦。即使德国空军掌握了绝对制空权,很明显,任何入侵英格兰东南部(德国军队不可能再深入)的企图也将是极其困难和残酷的,尤其是在布满障碍物的海滩上。事实是,无论如何,赫尔曼·戈林吹嘘的空中机群都根本无法突破英国在1940年拥有的严密防空系统,从全面的雷达探测网络到数量不断增加的英国皇家空军战斗机司令部中队。再说一遍,纳粹德国现在是第一次与另一个真正的大国作战。

虽然德国陆军那些危险而高效的士兵已经来到大西洋海岸,但他们不会再往西走了。这在地缘政治上意义重大。德国国防军可以将注意力转向南方。1941年春末,它进入地中海战场援助意大利。在希特勒要摧毁布尔什维主义的狂热欲望驱使下,国防军也可以将注意力转向东方,就像当年6月所做的那样。尽管1940年9月之后,德国的空军和海军部队已经肩负起了迫使西方主要敌人英国投降的任务,但实现这一目标的可能性至少可以说是令人怀疑的。空战的形势已经逆转。在漫长的阳光明媚的夏季,德国空军也未能控制英格兰东南部的天空,接下来的几个月经常阴云密布,很难指望通过缺少掩护的轰炸机的夜袭把距离更远和分散的英国工业击垮。

因此,击败英国的主要任务必须由德国海军来完成,它要打破英国海军对纳粹德国的封锁并反过来封锁英国,以扼杀不列颠群岛。为实现这一目标,德国拥有三种重要的作战工具:远程海军航空兵；德国海军自己的水面舰艇，从强大的快速战舰到巧妙伪装成商船的突袭船；还有可能最危险的、不断壮大的U艇部队。

必须马上补充说明的是，德国的海空军力量不足以改变大西洋海战的进程，单凭其自己的力量当然是不够的。这些飞机造成的损失有时是巨大的，它们的另一个角色当然也是重要的，那就是在海上发现盟军护航运输队并引导U艇到达这些目标——但前提是它们要在如此广阔的地区有所发现。[7]人们不禁要问，需要多少个从法国基地远距离飞行的Fw-200"秃鹰"轰炸机中队，才能牢牢掌握北大西洋广阔海域的制空权呢？显然，其数量是永远都不会够的。此外，这种轰炸机很快就受到装备了原始防空系统的护航运输队的挑战，例如由商船专门装备的弹射器发射升空的飓风式战斗机可以驱赶甚至击落"秃鹰"轰炸机。飓风式战斗机随后在靠近船的海面迫降，而飞行员很有希望被救起。到了次年年底，当皇家海军终于得到了期待已久的护航航母时，福克-沃尔夫轰炸机的处境变得更糟了。例如，在1941年12月的一次直布罗陀护航行动中，英国皇家海军名副其实的"大胆号"（Audacity）航母就多次使用其"岩燕"（Martlet）战斗机驱赶并击落了机动速度较慢的"秃鹰"轰炸机。虽然这艘护航航母在后来的护航战中被击沉，但这个新舰种的加入表明，这是一个不祥之兆。事实上，当这支受到严密保护的船队到达英国时，已有两架"秃鹰"轰炸机被击毁，至少五艘U艇被击沉。[8]从那时起，只要一个船队足够重要，需要持续的空中保护，无论是由护航航母还是由越来越多的海岸司令部飞机提供保护，它都将是安全的，不会受到空袭。

这一切都表明，如果不是把大西洋上空的空战留给几个专门的、兵力不足的中队，或者总体上来说，如果德国空军的主要战略目标是让英国屈服，它本来可能造成更大的破坏。然而，在不列颠战役之后，这怎么可能呢？1940年10月之后的短短几个月里，西线似乎出现了一种空中平衡，但到了第二年年初，情况突然发生了变化。从那时起，戈林自吹自擂的空军部队不得不在地中海和巴尔干、西部和苏联前线[9]之间来回穿梭，纳粹德国已经暴露出它在战略优先排序方面的致命弱点。

打败英国的任务被主要交给了德国海军的舰艇，而这是一项远远超出其能力的任务。德国海军的水面突击舰艇——无论是进行偷袭的还是重型战舰——一直数量太少，在横跨北大西洋的战场上，它们遇到了巨大的地理和物理困难。法国的陷落非但没有使德国的对手衰竭，甚至也没有使其元气大伤，相反，他们似乎正在调动横跨大洋的强大纵深力量。

因此，对于德国只有中等程度武装的伪装商船来说，只有在公海上袭击盟军的单艘商船时，才有可能获得成功。显然，它们不可能与有军舰保护的商船队对抗，如果它们无意中遇到了英国武装的辅助巡洋舰，自身也会处于危险之中。它们通常比后者更强大，但是与后者发生交战时受损的风险也很高，与"郡"级巡洋舰的8英寸炮对抗则更是不可想象的。因此，它们必须小心翼翼，就像广阔荒原上的狐狸一样，在敌人令人生畏的海军基地和大洋两岸的护航舰队之间寻找机会。尽管在后来的文学作品中，这些伪装的海上强盗被浪漫化了，但它们击沉的舰船数量从未大到足以影响整个战争进程。只有在1940年末的几个月里，它们才造成了很大的破坏。[10]

德国常规军舰对大西洋上的盟军航运构成的威胁则是另一回

事。它们的速度比商船快得多，所以它们遇到商船队时，可以迅速击沉大量商船，装备11英寸炮的"舍尔海军上将号"的巨大成功就证明了这一点。1940年11月，在抵达大西洋后不久，它在哈利法克斯以南遇到了一支船队，击沉了5艘商船和护航的武装商船巡洋舰"杰维斯湾号"（Jervis Bay）。在之后的几个月里，它在南大西洋和印度洋上横冲直撞，直到次年4月才回到德国，击沉了17艘船，总吨位超过11.3万吨。[11]然而，这是一次非凡的巡航，而且和以前一样，雷德尔指挥的水面舰队远不如纸面实力所显示的那么强大。例如，德国舰队的驱逐舰，或者说那些在挪威战役后留下的驱逐舰，航程都太短了，无法在大西洋中部停留太长时间，而且在遇到海上巨浪时显得过于头重脚轻。德国海军的"希佩尔海军上将"级重型巡洋舰也缺乏远程突袭需要的耐久能力，战列巡洋舰和袖珍战列舰（如"舍尔海军上将号"）在这方面比较合适，但是它们11英寸的武器装备和较薄的装甲意味着，如果遇到执行护航任务的、装备15英寸炮的英国战舰，它们必须快速逃跑。最重要的是，德国海军缓慢的建造和维修进度，加上频繁的轰炸和水雷破坏，意味着雷德尔实际能派出的战舰少于名义上归他指挥的战舰。因此，德国在第二次世界大战中的水面突袭，无非就是一种不定期攻击护航运输队的行动，以单舰出击为主，至多是双舰出击。

1941年1月至3月间，"沙恩霍斯特号"和"格奈森瑙号"快速战列巡洋舰进行了一次大范围的袭击，从基尔开始，在布雷斯特结束，这是在北大西洋袭扰英国商船队的一个非常成功的例子。在纽芬兰东部击沉了许多没有护航舰的盟军商船后，德国军舰向南一路狂奔，试图干扰弗里敦的护航运输队（与U艇一起）。然而，只要看到体形庞大的英国战舰，它们就会迅速逃离这些速度较慢但武装较强的对手。这是不折不扣的打了就跑的战术。虽然它们多次与自己的油轮会合，在大西洋中部又击沉了许多商船，然后回到北大西洋水域，但是它们继续奉行雷德尔下达的命令，绝不冒被15英寸炮弹击中的风险。对于这一过于谨慎的策略，有很多埋怨声：两艘装备9门11英寸炮的现代快速战列巡洋舰，难道不能与一艘像英国皇家海军"拉米利斯号"（Ramillies）这样的一战时期的慢速战列舰一较高下吗？然而，雷德尔的政策也有其逻辑，正如上一章中"施佩伯爵号"的故事所表明的那样。如果上述任何一艘军舰的锅炉房被一枚15英寸的炮弹击中，它们可以去哪里接受维修呢？显然，它们不能去北美或加勒比海，实际上也不可能去拉丁美洲的任何一个港口，因为如果那样的话，它们可能会被扣留。如果它们跌跌撞撞地进入了维希法国的达喀尔港，那么H舰队和皇家海军的舰载机肯定会紧随其后。这成了一种讽刺：虽然德国重型军舰火力强大，结构完美，并配有优秀的指挥官和船员，但是，如同前文所说，它们在公海上不敢冒遭受较大伤害的风险。

1941年3月23日，在"沙恩霍斯特号"和"格奈森瑙号"在布雷斯特停泊之前，它们已经击沉了22艘商船，总吨位高达11.5万吨。这暂时扰乱了英国整个护航系统，暴露了英国海军部允许"分散"的商船在没有护航的情况下航行的愚蠢，无论是在整个航程中都没有护航，还是海军护送一段距离后就折返。[12]对于极度不安的英国海军部和愤怒的丘吉尔来说，唯一的安慰当然是，一旦德国这些军舰回到欧洲港口，它们可能会受到英国皇家空军轰炸机和皇家海军潜艇的袭击。4月，屡遭厄运的"格奈森瑙号"的船尾被英国空军海岸司令部鱼雷轰炸机投下的一枚鱼雷炸毁,但它被转移到干船坞时,又遭到了轰炸机司令部的袭击。"沙恩霍斯特号"的发动机在长期巡航过程中严重磨损,需要认真维修,也不得不留在造船厂。然而,此时德国空军已经失去了对英吉利海峡的空中控制(如果曾经拥有这种控制的话),布雷斯特成为一个可怕的地方,但是德国不得不把军舰驻扎于此。

无论1941年初这些突袭给盟军的商船运输造成了多么严重的破坏,这并没有持续很长时间。在这种袭扰十分严重的时候,附近的船队被命令在北大西洋来回移动,以躲避袭击者;但即使是在这一时期,依然有许多船队缓慢地穿过遥远的水域,从布宜诺斯艾利斯和蒙得维的亚出发,绕过好望角,越过印度洋。例如,在1941年5月下旬,德国海军试图破坏大西洋航线(德国巨大的新战列舰"俾斯麦号"在大西洋航线上最著名的破坏行动)时,海上依然有20多支护航运输队,当然,还有更多没有得到护航的商船驶向英国港口。显然,所有的船队都被海军部下令暂停行动,甚至被命令返回港口,而那些享受战列舰("罗德尼号")或重型巡洋舰("多塞特郡号")护航的船队则会看到它们将袭扰者赶走。但破坏行动结束后,海上交通马上就恢复了。

"俾斯麦号"的冒险是雷德尔海军元帅为破坏这种交通所做的最大努力。在"欧根亲王号"重型巡洋舰的陪同下,这艘巨大的战舰驶过丹麦海峡,进入北大西洋。1941年5月24日,在一场短暂但史诗般的交锋中,这艘德国军舰击沉了英国皇家海军最大的战舰"胡德号",同时也损坏了英国皇家海军最新的战列舰"威尔士亲王号"。在这次交火中,猛烈的炮弹无情地摧毁了英国的"胡德号"战列巡洋舰,就像25年前在日德兰海战中德国海军摧毁了戴维·贝蒂（David Beatty）中将的战列巡洋舰一样。受到这一非凡壮举的鼓舞，德国指挥官冈瑟·吕特晏斯（Günther Lütjens）海军上将选择不返回基地，而是命令"俾斯麦号"深入大西洋，以摧毁商船队。

在随后发生的著名的紧张追击战中，英国人在该地区可谓全军出动；当然，考虑到地中海也在发生战斗，实际上兵力并不是很多，包括本土舰队的两艘主力舰（"乔治五世号"和"罗德尼号"），H舰队在直布罗陀的一艘巡洋舰（"声望号"）和一艘航母（"皇家方舟号"），还有另外一艘航母（"胜利号"），外加随行的巡洋舰、驱逐舰以及其他执行护航任务的军舰。这一次，命运女神眷顾了英国一方，"皇家方舟号"的"剑鱼"鱼雷轰炸机在第二轮鱼雷攻击中成功破坏了"俾斯麦号"的方向舵，导致其转向失灵。由于无法在汹涌的波涛中正常开火，又受到驱逐舰、巡洋舰和本土舰队战列舰的攻击，已经熊熊燃烧的"俾斯麦号"于6月1日自沉，这让丘吉尔松了一口气。[13] 如果这艘巨舰毫发无损地抵达布雷斯特，并与"欧根亲王号"一起，与修复后的战列巡洋舰"沙恩霍斯特号"和"格奈森瑙号"会合，为未来的袭击做好准备，那么英国皇家海军可能真的很难守住北大西洋运输航线。

然而，这种假设的情况永远不会发生，因为就像意大利海军在地中海所发现的那样，德国海军已经意识到，在它要挑战英美制海权的时候，飞机正在世界各地的陆地和海上作战中显示出越来越大的影响力。当然，德国和意大利并不是缺乏空中力量，而是没有足够的或合适的空中力量，而它们的对手却有。总的来说，在战争的前半段，英国拥有的航母太少了，然而，它们的存在仍然经常会打破平衡。就像"俾斯麦号"的经历所表明的那样，在

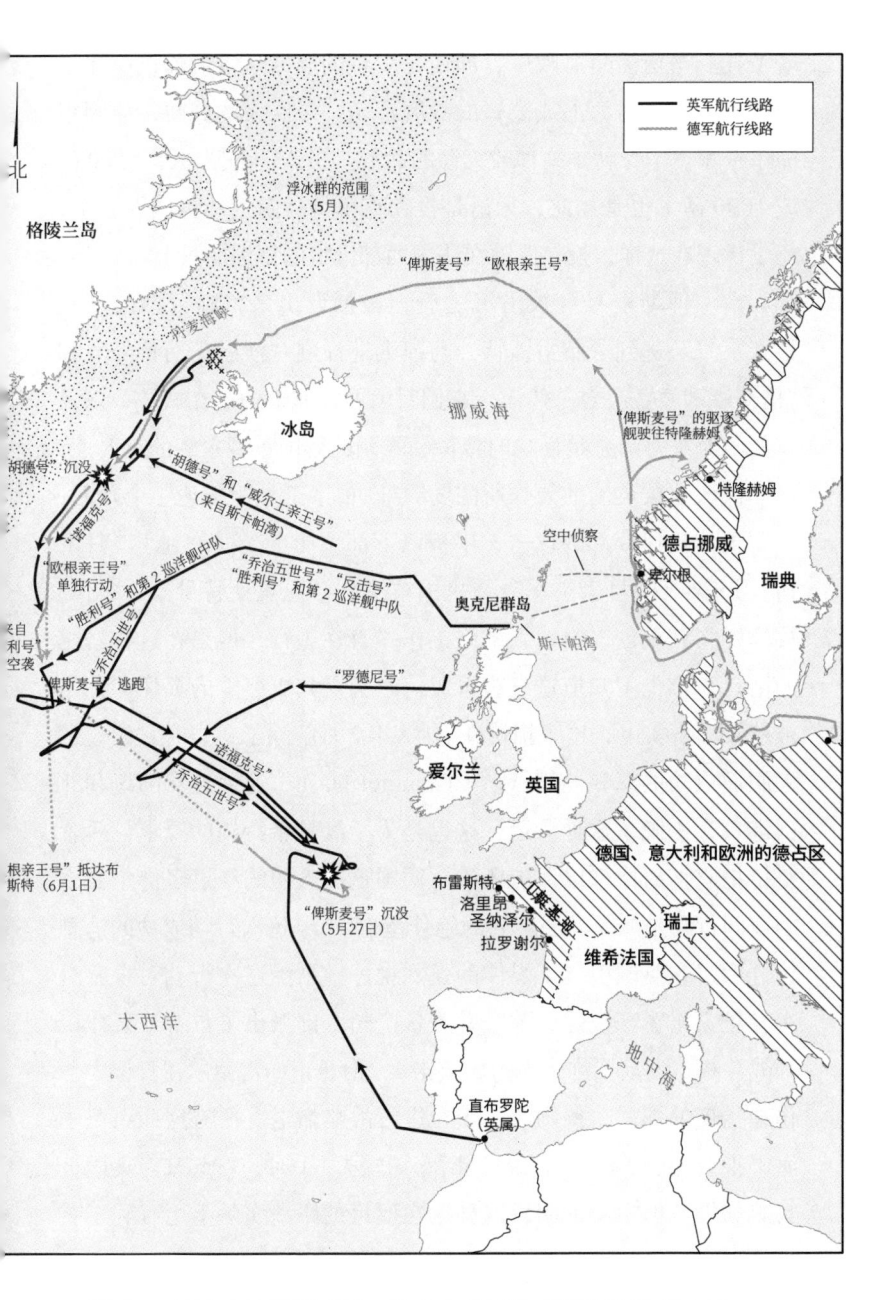

地图 4　德国对大西洋的侵袭：1941 年 5 月的"俾斯麦号"追击战

塔兰托和马塔潘角海战中，即使是少量的舰载鱼雷轰炸机，无论速度有多慢，对海上或港口的敌舰都是一个巨大的威胁，原因很简单：鱼雷本身就是一种毁灭性的武器。当然，重型炸弹（500磅或1000磅）也是如此，无论是投在克里特岛附近的英国军舰上，还是像现在这样，投在停泊在法国西部港口的德国船只上。

在"俾斯麦号"被击沉之后，被抽调出来单独行动的"欧根亲王号"逃到了布雷斯特，与战列巡洋舰"沙恩霍斯特号"和"格奈森瑙号"会合。然而，它们对大西洋航道的潜在威胁，以及雷德尔海军元帅总是喜欢向希特勒强调的德国重型军舰的重要性，却一次次地被英国的轰炸所削弱。"欧根亲王号"抵达一个月后，遭到轰炸机司令部的攻击，甲板以下部位严重受损。到了7月下旬，15架英国皇家空军轰炸机围攻了"沙恩霍斯特号"，并用5枚炸弹将其重创。当然，维修工作一直在进行，但是在这些暴露的港口，谁也不知道这三艘军舰何时会受到更严重的损坏甚至是被摧毁。事实上，这个担忧在1942年2月解除了，当时它们通过大胆而成功的海峡冲刺行动（Channel Dash）返回波罗的海和北部港口，逃脱了这种命运；这也是为了满足希特勒的要求，后者坚持把它们召回来以保护挪威。德国这次大胆的经过多佛尔要塞的夜间行动是海军高层规划的绝佳范例。[14]这次行动成功的消息传开后，在英国引起了媒体的强烈批评。虽然这次行动对皇家海军和皇家空军来说是一种耻辱（各个司令部派出了数百架轰炸机和战斗机，发动了许多无力的攻击），但是正如雷德尔在日记中悲伤地指出的那样，德国海军正在进行战略撤退。所有这些离英国海岸很近的法国港口在1940年落入德国之手时，看起来对英国极具威胁性，但事实证明，这种近在咫尺的距离实际上更有利于英国皇家空军海岸司令部的飞行中队。在猛烈的空袭面前如此脆弱，德国的战列巡洋舰除了回家还能去哪里呢？

德国水面舰队的情况后来变得更糟了。2月12日晚，当"沙恩霍斯特号"沿着荷兰海岸航行时，它撞上了一枚水雷（几小时前由英国皇家空军投下），于是在水中停了一会儿，然后才跌跌撞撞地驶进威廉港进行长时间的维修。更糟糕，也更让雷德尔沮丧的是，"格奈森瑙号"在到达一个据称更安全的港湾后，不到一个月的时间里，就遭到了皇家空军的报复性袭击：其前甲板区域被摧毁，在接下来的战争中，它基本上是一具残骸。不久之后，"欧根亲王号"的尾部被英国潜艇"三叉戟号"的一枚鱼雷严重损坏；尽管得到了修复，但这艘重型巡洋舰的主要工作成了训练学员，后来又用于波罗的海的海岸支援行动。德国试图通过水面战舰来挑战英国海军的统治地位，虽然在1941年曾两次让英国暂时感到威胁，但这种威胁在战争爆发后不到两年就结束了。

在"俾斯麦号"事件之后，德国重型军舰再也没有进入北大西洋，更不用说战争初期"施佩伯爵号"巡航过的南大西洋了。因此，甚至在美国海军介入冲突并将自己的重型军舰投入战争之前，英德海战的这一阶段就结束了。1942年2月之后，德国海军的水面力量被严重削弱，只剩下"提尔皮茨号"和"沙恩霍斯特号"，以及其他几艘大型战舰，这些战舰都在某时被炸弹或鱼雷损坏，经过修复后加入了当时仅存的基本只以波罗的海和挪威为基地的舰队。对后来的北极船队来说，德国的重型军舰仍然足够有威胁，让英国和美国的海军不敢小觑。[15]但是在大西洋，希特勒的水面海军再也无法构成威胁。在这里，能够构成威胁的只有邓尼茨和他的U艇。

第五章 欧洲战场的海战（1940年7月—1941年12月）

从此，又有三个因素开始对英国有利。首先是希特勒从1941年6月对苏联发动的巴巴罗萨行动。虽然这似乎与海战没有直接关系，但实际上意义重大。在与苏联展开生死之战后，德国开始将其陆基军事力量的巨大份额（而且越来越大）投向东方，几乎无暇他顾。当然，这并没有减少邓尼茨现有的潜艇数量，也没有影响德国造船厂在1941年夏天新型潜艇的产量，但事实是，大量的德国空军轰炸机和战斗机中队被从大西洋和地中海抽调出来，派往东方。在对苏联的攻击开始之后，即使是对克里特岛附近皇家海军军舰的猛烈轰炸（见下文）也大大减弱了。因此，从长远来看，德国将如此多的资源投入巴巴罗萨行动，显然影响了海上战争，因为留给其他作战类型的资源相对较少。正如研究德国战略的学者所指出的那样，如果德国此时选择为打击盟军航运的行动分配更多资源，比如，把福克－沃尔夫"秃鹰"远程轰炸机的数量增加两倍，把新型潜艇的数量增加两倍，那么故事的结局可能会完全不同。但是，由于德国的工业产出无法满足每一个需求，与斯大林格勒战役的重要性比起来，邓尼茨的需求相形见绌。在希特勒或阿尔伯特·施佩尔（Albert Speer）的优先事项中，U艇的建造是不是顶多排在第四位或第六位？[16]

这与英国自己对其战略目的的评估形成了巨大的反差。东线战争的规模越大，德国入侵不列颠群岛的威胁就越小，而这种威胁在1940年底就已经不太可能实现了。除其他事项外，英国皇家海军本来用于防御入侵的驱逐舰群现在可以重新部署，而英国皇家空军越来越多的战斗机和轰炸机中队可以被派往地中海。更重要的因素是地缘政治。显然，1941年6月以后，德国发现自己在东面与一个真正的大国作战，而在西面面对另一个大国。虽然它可以选择将其资源大致平分，但希特勒本人显然优先考虑的是与苏联的战斗。另一方面，为了自己的利益，英国从来没有停止过把打败德国作为首要目标。由于意大利的挑战者一直被视为次要敌人，而远东被降低了优先级（无论是否明智），丘吉尔政府总是把在海上、空中和（不太直接的）陆地上与德国战斗视为首要任务，因此将大英帝国绝大部分战斗资源投入其中。这一点在当时对英国飞机生产的巨额投资中得到了最充分的体现，而这也成了对英国有利的第二个重大军事变化。到了1941年中期，皇家空军的发展确实非常迅速。飞机数量上的劣势曾使30年代的英国政府十分胆怯，并在1940年春天和初夏挪威、低地国家和法国沦陷期间削弱了英国皇家空军的战斗力，但这些劣势已逐渐消失。由于不列颠战役削弱了德国空军在西方的实力，在这几个月以及随后的几个月里，随着英国对航空业的长期投资最终获得回报，飞机生产出现了真正的增长，总体数字见表格7。

表格7　英国飞机产量，1939—1942年（精确到百位）

1939	1940	1941	1942
7900	15 000	20 100	23 700

数据出自Overy, *Air War*, 150。

然而，就直接打击U艇而言，这并不完全令人满意，因为在英国皇家空军不断增加的预算中，有很大一部分实际上是用于对抗纳粹德国的极其昂贵的战略轰炸机作战，其次是用于中东的空战。尽管如此，到了1941年夏天，英国皇家空军战斗机司令部拥有比以往更多的飞行中队，并已经准备好从防御姿态转向进攻姿态。因此，它有足够的信心下令在法国上空用著名的喷火式战斗机实施"地毯式轰炸",虽然当时并没有取得对德国空军的巨大成功,但这标志着空中力量平衡的改变。此外,几乎与这些地毯式轰炸同时进行的,是轰炸机司令部针对敌方经济目标日益增多的行动,这些目标包括德国和法国的港口、铁路线和造船厂。随着这些攻击在数量和规模上的增长,像布雷斯特和瑟堡这样的前沿港口,以及躲在其中的德国重型军舰,现在成为英国皇家空军的进一步目标。如前所述,对于英国来说,最薄弱的方面是分配给海岸司令部直接对抗U艇的远程轰炸机和侦察中队仍然少得可怜,然而英德空中力量相对平衡的巨大转变是无可争辩的。

最后,还有美国的因素。如果说美国在战争的前12个月基本上扮演了幕后角色,那么现在它开始稳步而谨慎地走到前台,加入了这场斗争。这是由一位精明的美国总统策划的一系列最不中立的步骤,他将这些步骤解释为捍卫国家安全的措施。这些措施中规模最大的(比如以驱逐舰换基地的交易)是众所周知的;但在这段时间里,也有许多规模较小的措施,包括机构的、地方的和个人的,其中一些措施反映了更大的图景。例如,1941年5月29日,当英国皇家海军"罗德尼号"战列舰离开向西航行的护航运输队,加入寻找"俾斯麦号"的行动时,舰上不仅有要在波士顿海军工厂进行大规模改装的备件,还有美国海军助理武官约瑟夫·韦林斯(Joseph Wellings)少校,[17]他要返回华盛顿汇报他在伦敦的工作。他实际上被视为战斗的参与者,被邀请加入"罗德尼号"的舰长达尔林普-汉密尔顿(Dalrymple-Hamilton)和船上其他几名高级海军军官的"兵棋推演",猜测"俾斯麦号"可能前往的地方,并比本土舰队司令提前很久就猜到它可能要返回布雷斯特避难。1941年5月27日,这位武官在一个令人惊叹的前排位置上，看着"罗德尼号"的 16 英寸大炮和"乔治五世号"的 14 英寸大炮重创"俾斯麦号"。在克莱德加油后，"罗德尼号"（韦林斯仍然是船上的客人）继续前往波士顿船厂，在那里不仅改装了发动机，还大量增加了防空武器。当韦林斯前往华盛顿汇报工作时，他几乎被想要听他的故事的美国海军军官团团包围了！换句话说，虽然罗斯福总统继续宣称，他的主要目标是让美国置身战争之外，但所有大大小小的实际证据都表明，美国的立场明显不中立，显然有利于处境艰难的皇家海军。

早在 1940 年 9 月 2 日，罗斯福就批准了驱逐舰换基地协议：英国允许美国在加勒比海和纽芬兰建立新的航空设施和海军基地，而作为交换，美国将 50 艘老式的驱逐舰移交给英加海军。虽然这些驱逐舰还需要一段时间才能发挥作用，但丘吉尔显然对这一切背后的象征意义感到高兴。更为实际和激进的做法是将美国海军巡逻区域稳步扩展到大西洋，而这几乎总是以德国潜艇侵犯美国中立权利或干扰美国护送的商船为理由。在这方面，1941 年 9 月德国潜艇 U-652 和美国驱逐舰"格里尔号"（Greer）在冰岛南部的交火就是典型的例子。在这一年里，所谓的西半球安全区（Western Hemisphere Security Zone）——在此区域内美国军舰和飞机可以自由攻击任何身份不明的船只（也就是 U 艇）——一直在向东扩大。1941 年 7 月初，美国海军陆战队从英国手中接管了冰岛，并在凯夫拉维克建立了美国航空基地，不久之后，美国在格陵兰岛也建立了一个航空基地。这些是中立国的行为吗？很长一段时间以来，经常是出于希特勒的顾虑，德国海军在这方面谨慎行事，尽量避免攻击悬挂美国国旗的商船和军舰；但到 1941 年秋天，这种顾虑已不复存在。10 月 31 日，U-552 潜艇击沉了美国的"鲁本·詹姆斯号"（Reuben James）驱逐舰，后者被一枚鱼雷击中，造成100名船员死亡，这是最具戏剧性和最致命的证据。值得一提的是，"鲁本·詹姆斯号"和另外四艘美国驱逐舰一直在护送一支从哈利法克斯向东驶往冰岛的商船队。这不再是一场代理战争，一场"假战"，或者是一些早期的美国战略研究中描述的"战争的后门"，这是一场真正的战争，在珍珠港事件之前就已经持续了一段时间。[18]

对于美国支持英国的这些行为，一向咄咄逼人的希特勒竟然克制了这么久，历史学家们对此一直深感惊讶，因为这些行为在意图和结果上都显然并不中立。记录显示，希特勒本人似乎也认识到，在1941年下半年，德国必须同时与大英帝国和苏联作战，已经够忙碌的了。尽管如此，当日本袭击珍珠港和菲律宾的消息传来时，由于美国的大部分战斗可能会在太平洋进行，他当时最愿意向美国宣战（1941年12月10日）以支持他的轴心国盟友，这一点也不奇怪。与华盛顿的暗斗现在终于完全公开化了。

在此之前，罗斯福政府曾以很多方式寻求在不参与战争的情况下向英国提供援助，最明显的非中立措施可能是利用对《租借法案》的解释，支付美国造船厂修理大批受损的皇家海军军舰的费用。1941年3月11日，美国国会通过了这项国防法案，在接下来的几年里，这项法案允许向英国、自由法国、苏联和许多较小的盟国提供巨额援助（武器、弹药、原材料、食品和民用物资），如果没有这些援助，它们几乎无法坚持斗争。[19]然而，军舰维修政策比运送补给物资更进一步，因为这意味着罗斯福政府认为，在战争中受损的英国和英联邦军舰可以在美国船厂修复，并通过《租借法案》的美元来支付。对英美两国来说，这真是一个非同寻常的双赢局面，因为这意味着通过维修皇家海军的战列舰和航空母舰，布雷默顿、费城、布鲁克林和波士顿的大型造船厂可以获得更多的收入和经验。在1941年，这些造船厂满负荷运转，并仍在努力招募越来越多的劳动力。[20]

最后值得一提的是，像布雷默顿的大型维修厂这样的设施完全不会受到炸弹的袭击，就像北美所有的军工复合体都不会受到炸弹的袭击一样。相比之下，从格丁尼亚到热那亚，尤其是法属大西洋港口，这些欧洲参战国的造船厂都位于战争前线。当敌人的轰炸机飞来时，这些城市的空袭警报整夜整夜地鸣响。由于上述种种原因，在1940—1942年，乃至以后的日子，停泊在港口的德国重型军舰都成为特殊的攻击目标，遭受了多次破坏，命运多舛的"格奈森瑙号"就是最好的例子。但是在这个关键时期，英国的战列舰、巡洋舰和航空母舰即使在海上行动中受损，也可以跌跌撞撞地穿过大西洋，来到这些完全安全的美国造船厂接受修理和改装，以更好的状态重新加入战斗。

从英国空中力量的增长，到希特勒把矛头指向苏联，再到美国越来越不中立的行动，这些更大的政治和军事因素都越来越不利于德国。然而，所有这些挫折，加上德国水面海军的削弱，使得针对盟军海上交通线的潜艇战变得更加重要。1940年6月以后，遏制英国的海外贸易，或者至少减少到达英国本土的食物和原材料的数量，迫使丘吉尔政府寻求和平谈判，这应该是德国的头号战略目标。即使一年后巴巴罗萨计划启动，这仍然是与巴巴罗萨计划同样重要的头号目标。因此，德国潜艇部队应该得到反映这一优先次序的资源分配。然而，现实却远非如此。

正如维基百科上关于这个话题的一篇文章所说，大西洋之战是"一场数字游戏",[21]而且是一场多方博弈。表面上看,在大多数标准统计中,每月沉没的商船数量和吨位是至关重要的数据,而另一个同样重要的数据显然是沉没的U艇的数量。于是,商船和U艇构成了复式账的两个部分(见第七章的图表4)。另一个重要的数字是邓尼茨每月可以投入海上作战的U艇的绝对数量。直到1943年4月,在大西洋上作战的U艇的数量一直在大幅增加。因此很难说美国参战时对抗潜艇的战斗已经结束了。还有另外一个因素要考虑,因为后来一些深思熟虑的研究表明,另一个关注的焦点应该是在穿越浩瀚大西洋的过程中,根本没有遇到过任何德国潜艇的船队和商船的绝对数量。这个问题还有一个变体,那就是在战争初期,到达英国的补给品数量是否总是足以维持全国需求(包括战斗机司令部和轰炸机司令部的需求),在1943年之后,是否足以支持一支多达三四百万人的军队。还有就是增加和损失的吨位的问题。如果不考虑西欧沦陷后,盟国(尤其是挪威)早期航运业的迅猛发展和1942年后美国自由轮和油轮的激增,只是统计被击沉商船的吨位有什么意义呢?[22]如果把从法国沦陷到诺曼底登陆这段时间的这些因素按照月份连成一条线,我们就会注意到,即使在一年中,也有诸多因素发生了剧烈的波动。

这种波动之所以会如此之大,也是因为大西洋之战规模巨大,格局错综复杂,节奏多变,重要变量众多。季节性的天气状况也造成了很大的影响:在1月份,由于受到大西洋风浪的影响,并没有发生大规模的护航战。当德国潜艇被派往地中海或佛罗里达海岸时,大西洋中部的商船损失也大幅下降。破译德国无线电密码的能力也对海军部产生了很大的影响,虽然在早先许多著作中英国情报破译小组"超级机密"的重要性被夸大了。为更多的商船提供护航，让"快速"船队走得更快，让护航航母加入护航运输队，在护航军舰上加装雷达（第七章），所有这些都是关键的变量。在所有这些变量中，最重要的是岸基飞机原本无法覆盖的大西洋中部海域得到了覆盖。德国方面也存在各种变量：在战争的头两年里，鱼雷的质量就是一个关键因素。1943—1944年美国大量生产的新军舰可能并不是一个关键因素，因为U艇对大西洋航线的挑战在1943年5月至7月的大规模战斗中就基本宣告失败了。因此，如果读者很难理解这个故事的主线，这是可以原谅的，毕竟，这是整个二战中最复杂的战役。

因此，在1940年春末夏初，很难预料会围绕护航而发生大规模的战斗，毕竟敦刻尔克周围的海战正如火如荼，而邓尼茨本人当时对大西洋之战也不抱太大期望。但到了那年秋天，随着德国潜艇基地在法国西部建立起来，随着潜艇艇长们接受了"狼群"战术的训练，出现了几位二战中最具攻击性、最有能力的海军斗士，这场斗争变得更加激烈了。英国护航舰艇的数量仍然少得可怜，这些军舰往往只能在商船分散开来之前护送一段路程，而且许多护航舰艇的速度还不如U艇在水面航行的速度，这些都是对德国有利的因素。在挪威战役和敦刻尔克战役之后，英国皇家海军的驱逐舰舰队已经消耗殆尽，地中海和英国本土的舰队都急需驱逐舰，而新型的护卫舰、小型护卫舰和护航驱逐舰还没有投入使用。有时，即使从哈利法克斯驶出的大型船队也只配备两三艘军舰护航，只有在船队可能遇袭或袭击已经发生时才会增援。空军海岸司令部本身力量不足，因此空中覆盖很薄弱，并且很不均衡。由于不喜欢护航，成百上千的商船仍然独自航行，虽然它们中有许多速度足够快，可以畅通无阻地驶向格拉斯哥或利物浦，但也有许多商船因为没有护航而付出了代价。因此，德国的潜艇指挥官把从 1940 年底到次年 4 月的几个月称为"第一次快乐时光"也就不足为奇了。[23]

对大西洋船队来说，这几个月的结果是悲惨的，可怕的，也是非常致命的，让英国海军部深感担忧。由此产生的悲剧一次又一次地表明，当德军的潜艇像"狼群"聚集在一起攻击缺乏保护的目标时，会造成多么严重的破坏。1940 年 10 月的上半个月，行进缓慢的 SC-7 船队从新斯科舍驶往利物浦，途中遭受的损失最为惨烈。邓尼茨在克内瓦尔（Kernével，位于布列塔尼的洛里昂）的指挥部接到前线一艘巡逻潜艇的警报后，立即派出一批最优秀的潜艇指挥官发动攻击。在 10 月 17 日至 18 日的黑暗中，德军发起无情的屠杀，U 艇在船队中横冲直撞，具有传奇色彩的奥托·克雷奇默（Otto Kretschmer）在两小时内就击沉了 6 艘商船，其他潜艇也从四面八方发起攻击。35 艘船中有 20 艘没能到达英国港口，那些还剩下几枚鱼雷的 U 艇攻击了几支护航较好的快速船队（比如 HX-79），结果又击沉了 20 艘船。此时的数字看起来简直可怕：在短短三个月里，德军潜艇的"狼群"战术就在西部航道击沉了大约 140 艘盟国商船。

这只是 U 艇造成的损失，如果算上大型水面战舰在此期间造成的沉没（见上文），再算上大约 6 艘伪装成商船的辅助巡洋舰和德国空军的远程飞机所造成的损失，这个数字还会大幅飙升。这些辅助巡洋舰包括"亚特兰蒂斯号"（Atlantis）、"彗星号"（Komet）和"鸬鹚号"（Kormoran）。[24] 就此而言，1941 年 4 月是最可怕的一个月，被击沉商船的总吨位达到 61.6 万吨，仅德国飞机就击沉了 32.3 万吨，德国和意大利潜艇击沉了 24.9 万吨。

然而，事实仍然是，英伦三岛从未被德国海上封锁切断与外界的联系，像1941年4月这样的月份是例外。冬季风暴再次严重影响了U艇的发挥。由于护航运输队的空中防御更加完善，"秃鹰"远程轰炸机的杀伤力很快就被遏制住了。1941年，辅助巡洋舰不断被追杀，水面袭击舰要么在布雷斯特遭到重创，要么已经返回基地。最重要的是，德军潜艇虽偶尔能获胜几次，让希特勒大喜过望，但这完全是少数（十几艘）王牌U艇的功劳。事实上，邓尼茨的好运不久后便消失殆尽了。1941年3月，他的王牌U艇在袭击商船时遭到了英军驱逐舰的强势反击。约阿希姆·施普克（Joachim Schepke）的U-100潜艇令人闻风丧胆；但是3月16日夜里，由于受到深水炸弹的攻击，它被迫浮出水面，随后被英国皇家海军的驱逐舰"瓦诺克号"（Vanoc，哈利法克斯快速船队HX-112的一艘护航舰艇）拦腰撞断。这支由41艘商船组成的船队中有不少油轮，因此受到了严密保护。战斗持续了四天，足智多谋的克雷奇默实实在在地遇到了对手。在不到一个小时的时间里，U-99潜艇就击沉了4艘油轮；但紧接着，来自复仇心切的驱逐舰的深水炸弹炸坏了U-99的引擎和转向舵，因此克雷奇默和船员别无选择，只能弃艇，从而沦为英军的俘虏。更糟糕的是，虽然邓尼茨还没有收到任何前线战报，但很显然，在十天前与护航运输队OB-293的混战中，传奇潜艇U-47（曾击沉"皇家橡树号"战列舰）被击沉了，[25]艇长君特·普里恩和全体艇员一起葬身海底。虽然这些船队受到的保护程度不同寻常，但这并非什么诡异的坏运气使然。护航军舰不是速度慢的老式轻型护卫舰，而是速度快、全副武装的驱逐舰，配备了高频无线电测向仪（HF/DF），甚至还有早期雷达，由唐纳德·麦金太尔（Donald McIntyre）等经验丰富的军官指挥。如果这是未来的征兆，那么邓尼茨就不得不采取对策，拥有更多的潜艇、更好的探测设备，以及更强大的空中支援。此外，他还需要减少一些分心的事情，比如说不要再将那么多装备优良的舰艇派往地中海。

1941年年中，局势动荡不安——当然，这期间也发生了克里特岛战役和"俾斯麦号"战列舰的沉没，每个月都有二十几支船队必须穿越北大西洋和南大西洋前往英国海岸——皇家海军很快就因战事所需而派出前往苏联北部的北极护航运输队。希特勒在6月21日对苏联发动了大规模的陆地进攻，而丘吉尔立即提出要与苏联结盟并提供援助，虽然在很长时间里，苏联一直是英国的意识形态和争夺霸权的对手。英国海军部必须想办法完成这一任务。这是当时大英帝国大战略最清晰的表现。根据克劳塞维茨的理论，英国的最高政治目标当然是用一切可能的手段彻底击败德意这两个轴心国成员；然而，从1941年初的艰难处境来看，要想实现这一目标，显然还有很长的路要走。对丘吉尔来说，一个像苏联这样的大国参战简直是天赐良机。当然，前提是希特勒没有先碾碎他的东方敌人。在这方面，丘吉尔（罗斯福也是如此）本来还是有点担心的。由于没有足够的军队像后来的诺曼底登陆那样直接登陆欧洲大陆，英国只能通过它唯一能做到的方式来提供帮助：加强对纳粹德国的轰炸，同时通过船队向苏联北部运送军事物资。当然，物资数量并不多，但它们都是能够发挥作用的。那些飓风式战斗机、马蒂尔达步兵坦克和火炮本来是要送往中东或马来亚的，现在需要它们帮助阻止德国国防军向莫斯科推进。

前往苏联北部的北极船队很快就遇到了与地中海船队相当的困难：它们必须击退附近的飞机、潜艇群和重型军舰持续不断的攻击。[26]但如上所述，操作上的问题因天气而变得更糟。在夏季，几乎一天24小时都是阳光普照，因此空袭片刻也不会停止。在冬天，冰封迫使船队靠南行驶，而这样就要接近敌人控制的挪威北部。对于商船队来说，没有比这更糟糕的了，所以英国人在早期很幸运，直到1942年德国人才在这个地区部署他们的部队进行攻击。

1941年8月21日，代号奇怪的首支北极护航运输队"苦行僧行动"（Operation Dervish）启程了，这支英国商船队从利物浦出发，经过冰岛，十天后载着橡胶、锡、飓风式战斗机和英国皇家空军人员抵达阿尔汉格尔斯克。德国空军和海军都没有干扰，丘吉尔对这次宣传上的成功大喜过望，而希特勒则大为光火。后来，这些船队获得了著名的代号PQ（从冰岛到苏联北部），尽管在这个阶段规模很小，但在这一年剩下的时间里，直到1942年，这些船队大约每月航行两次。就这样，到达阿尔汉格尔斯克的坦克和飞机的总数逐渐增加。它们被送到南方，许多被部署在那年隆冬莫斯科周围的关键战役中。[27]虽然一些美国商船已经加入了船队，但《租借法案》所规定的大量美国物资还需要过一段时间才开始流向苏联。

结果是，皇家海军肩负着防守三条航线的艰巨任务，分别是北部的北极航线、南部的地中海航线和大西洋航线。难怪英国海军部的决策者们对如此之多的德国水面重型舰艇受损或沉没而感到庆幸，同样也对日本人尚未采取行动而感到庆幸。

总的来说，在1941年下半年，大西洋和海外船队的危机有所缓解（虽然程度有限），不仅来自德国水面舰艇的威胁消失了，而且和"第一次快乐时光"时期相比，U艇的日子显然难过多了。

重要的快速船队（大多数油轮）的航行速度加快，海上的空中巡逻（包括美国的巡逻）普遍增多，船队附近也有了更多的空中掩护。邓尼茨手中的潜艇和经验丰富的艇长仍然太少，无法真正切断海上交通线。虽然从盟军的角度来看，情况也不太好，存在水面护航舰不足、远程飞机太少等问题，但这几个月里德国潜艇击沉商船的数量表明，优势已经回到了防御方的手中。盟军在1941年9月损失了20.2万吨商船，在12月损失了12.4万吨，这与邓尼茨希望的每月击沉90万吨的目标相去甚远。为了解决这个难题，现有的潜艇指挥官们必须更加努力，想尽办法。

到了1941年的最后几个月，德军的进攻模式已经变得很清晰了：U艇的攻击几乎总是在夜间进行，它们会在水面上，以躲避潜艇探测器的侦察。它们会成群结队地发起进攻，让攻击对象应接不暇。针对这种情况，海军部将越来越多的商船编入数量更少但规模更大的船队，这在操作上和统计上都更加合理。当然，策划者会设法安排船队的路线，以完全避开"狼群"（这就是为什么英德双方情报破译部门之间的斗争如此重要）。但如果这是不可能的，船队就只能借助不断更新的武器和技术奋力一搏。虽然有时战斗的节奏有所放缓，但其强度可能会增加，计划中的U艇数量的增加导致了这种情况。虽然盟军商船的整体损失暂时会减少，但这并不意味着未来会很轻松。

邓尼茨是个精明的现实主义者，在1941年年底，他对战争局势也只有些许乐观。如果说在"第一次快乐时光"之后，围绕北大西洋船队的实际战斗变得更加激烈，那么他可能已经开始感觉到，他的潜艇很有可能会对美国东海岸、北极甚至是地中海西部的航线造成严重的破坏。他将获得很多更大、航程更远的潜艇。

配备远程福克-沃尔夫"秃鹰"轰炸机和训练有素的艇员将依然很有价值。在非同寻常的1940年，盟军沉没商船的总吨位是390万吨。虽然活跃于海上的U艇数量相对较少，而且经常要离开北大西洋，但在1941年盟军沉没的商船总吨位达到了430万吨，并有望在下一年进一步增加。对于邓尼茨来说，在损失了那么多王牌潜艇之后，配备优秀艇员的U艇数量太少了。到年底的时候，也就是在大西洋海战开始两年多之后，邓尼茨仍然只有大约40艘到大约45艘可作战的潜艇，虽然他一直在期待着新潜艇的到来。[28] 现在他又有了其他需要担心的因素。美国人终于脱离了半真半假的战争状态，将越来越投入帮助英国人的斗争。在西部航道，加拿大皇家海军正在成为一个日益重要的因素。最后，正如他在作战日志中所反映的那样，他的老对手皇家海军不断地将新的技术、战术和资源带到前线上，显示出一如既往的坚韧和足智多谋。1941年12月之后，整体战略平衡不会出现像法国沦陷那样的戏剧性崩溃，因此，护航运输队会坚持与U艇进行残酷斗争，偶尔会有延误和转移，直到其中一方垮掉。

地中海的复杂形势

相对于对本土的关注，在1939年9月之前的一段时间里，英国海军部对直布罗陀和西地中海没有给予太多关注，这是可以理解的。事实上，在接下来的9个月里，情况依然如此。它的首要任务是在大西洋对付德国的袭击舰，接着，它的注意力将全部集中于挪威正在上演的大溃败。毕竟，直布罗陀东部和西部的水域被认为牢牢掌握在强大的法国海军手中。作为基地，这里堡垒和港口是次要的，被认为远不如马耳他或亚历山大那么重要，海军中将安德鲁·坎宁安强大的地中海舰队就驻扎在那里，防止意大利向埃及殖民地采取任何行动。就像弗里敦或牙买加的基地一样，直布罗陀基地可以为追击"施佩伯爵号"的军舰提供物资，但实际上仅此而已。它在第一次世界大战中也没有发挥多大作用。

1940年6月的戏剧性地缘政治事件以两种历史性的方式改变了这一切。首先，法国的迅速沦陷使墨索里尼最终放弃了意大利的中立，加入对抗英国的战争，他还满怀希望地假定，伦敦很快就会与柏林谈判停火，而已经沦陷的法国会将萨伏依（可能还有几处殖民地）交给意大利。其次，对于英国要求其海军解除武装的要求，法国政府含糊其词。7月初，英国海军部决定向直布罗陀地区派遣一支庞大的海军部队，并从那里对凯比尔港的法国舰队发动毁灭性的攻击。因此，在"胡德号"和其他战舰完成这次行动之后，英国、意大利、新成立的维希法国和纳粹德国都对改变后的战略格局进行了评估，很明显，直布罗陀基地不再是次要的了。随着它在地理上的重要性越来越明显，它离前线越来越近。它将维希法国的南部港口与西部港口分隔开来，既能阻止大西洋上的德国军舰进入地中海，也阻止了意大利军舰进入大西洋（甚至其潜艇在通过这些海峡时也冒着相当大的风险）。直布罗陀是为数不多的战略关键地之一——其余几个分别是斯卡帕湾、多佛尔港和亚历山大港——将轴心国的军事力量限制在欧洲大陆，直到国际形势向大英帝国倾斜。

因此，皇家海军成立了著名的H舰队，不再仅仅是早期8个追击德国袭击舰的围剿队中的一个，而是一支以直布罗陀为基地的舰队——灵活、快速、强大。在需要的时候，这支舰队总能从本土舰队得到大量增援，[29]就像马耳他船队需要大规模掩护时经常发生的那样。但它也可以被紧急召回北大西洋，实际上只需一天就能到达，就像在追击"俾斯麦号"时那样。毕竟，正是H舰队"皇家方舟号"的"剑鱼"鱼雷轰炸机摧毁了"俾斯麦号"战列舰的方向舵，最终导致其被歼灭。然而，就在这场戏剧性的行动之前和之后，这支海军舰队还曾经护送前往马耳他和亚历山大的重要船队。在1940年和1941年，正是H舰队的航母和重型舰艇频繁地向意大利在撒丁岛、热那亚和那不勒斯的阵地发起攻击，以分散其火力。

在法国沦陷后的几个月里，英国显然害怕来自北海的入侵，为什么意大利海军没有趁机在地中海发起战略进攻呢？毕竟，意大利的舰队（详见第二章）不可小觑：它的主力是四艘老式无畏舰，刚刚新添了第一艘全副武装的"维托里奥威尼托"级（Vittorio Veneto）快速战列舰；拥有大量的重型和轻型巡洋舰和驱逐舰，据说还有世界上数量最多的潜艇；拥有一支非常庞大的空军的支援；在整个海岸线和北非都拥有重要的海军基地。从地理上看，意大利横跨地中海的中心，几乎把地中海一分为二。这片海域不就是真正意义上的"我们的海"（mare nostrum）吗？它不是注定要成为墨索里尼野心中的第二罗马帝国吗？[30]

然而，虽然墨索里尼在早期的战争演讲中夸夸其谈，1940年6月战争的到来并不让意大利海军总部感到愉快。当时看上去英国战略地位遭到了可怕打击，在意大利海军将领看来却未必如此。战前那种"地中海囚徒"的情绪仍然盛行，并且意大利海军将领对英国皇家海军也非常尊重。从地理上看，情况似乎令人生畏。从那不勒斯湾向外望去，将军们看到的只有障碍。意大利舰队如

第五章 欧洲战场的海战（1940年7月—1941年12月） 177

果向直布罗陀推进，会遭遇英国空军中队、潜艇中队和H舰队的重型水面战舰，也许还有一半的本土舰队在后面伺机而动，因此似乎是完全不可能突破的。另一方面，舰队如果推进至地中海东部，可能会遭遇坎宁安将军强大的战列舰和危险的航空母舰的空袭。那么，何不把埃及留给意大利陆军去占领呢？在意大利海军眼中，马耳他不是一个四面楚歌、时刻可能被攻克的小岛，而是一个防守严密的堡垒，虽然主要的地中海舰队被迫离开，但仍有庞大的守军、重炮、危险的潜艇、未知的雷区、英国皇家空军战斗机、轻型巡洋舰和驱逐舰舰队进行防御。意大利海军只重视重型战舰，且一直期待其舰队能增加些战列舰，因而大大忽视了其潜艇舰队的实力。虽然潜艇数量可观，但艇上士兵士气、威望和战斗力都较为低下。由于没有自己的航母舰队，意大利的海军将领们不敢与确实拥有航母舰队的敌人作战（这是有道理的）。他们还担心是否能得到意大利空军的支持，因为过去意大利空军很少与他们合作。此外，意大利的舰队也没有接受过任何夜间机动或夜间作战的训练。这些已经是严重的劣势，但如果他们知道英国在雷达和解密方面的优势，他们会更加害怕。意大利海军没打算在马耳他附近巡航。因此，读者可能会感到很奇怪，不理解为什么许多英国海军将领在那么长的时间里对意大利海军的破坏性潜力评价那么高，而与此同时意大利海军将领们的看法却截然相反，认为自己战胜皇家海军的机会十分渺茫。[31]

如果说这一切给英国带来了作战上的优势，那也是因为英国政府已经把大量稀缺的资源投入这个战区，而忽略了其他事情，例如对其远东属地的支持。考虑到法国沦陷后战略形势的变化，英国海军部决定将主力舰（战列舰、巡洋舰和航母）集中在两个战区。首先是本土舰队，这不仅是因为本土舰队一直是英国国土安全的基石，还因为从斯卡帕湾的主要基地出发，舰队可以被派往苏联北部、大西洋、西印度群岛，甚至当德国的袭击舰在南大西洋出现时也可以前去迎战。因此，虽然H舰队在直布罗陀建立了新的基地，但它始终可以被视为本土舰队的一支外围力量。它没有为前往马耳他的舰队提供掩护时，将被撤回北大西洋（就像在追击"俾斯麦号"时那样）。第二强大的英国海军力量是地中海舰队，这符合丘吉尔的信念，即大英帝国必须在整个中东地区展示自己的强大。例如，到了1940年8月，坎宁安指挥着三艘或更多的战列舰、一艘航母以及由巡洋舰和驱逐舰组成的舰队，这支舰队现在以亚历山大为基地，因为马耳他的形势实在太危险了。如果意大利的总司令一想到自己永远被夹在两支英国海军舰队之间就感到害怕，那么他的恐惧是可以理解的。如果他向西进攻H舰队，他就不知道坎宁安的舰队是否正在逼近塔兰托。如果他冒险从克里特岛以南进入地中海东部，那么西面会发生什么呢？也许H舰队的航母会袭击意大利沿海，或者是轰炸热那亚。在1940至1941年之间，这两种情况频繁发生。[32]

英意两国在这片海域第一年的海战表明，在许多方面，意大利海军的担心是完全有道理的。虽然在1940年7月9日混乱无序的卡拉布里亚海战中，它的许多巡洋舰和驱逐舰打得相当不错，但是舰队的重型舰炮普遍表现较差。在这场战役中，"厌战号"对"朱利奥·恺撒号"（Giulio Cesare）战列舰的损坏并不算严重，[33]这已经算是很幸运了。和在其他战役中一样，在这次战役中，多亏意大利的军舰航速很快，又有烟雾的掩护，它们才得以幸存，但是很显然，与整个英国地中海舰队作战是不明智的。英国军舰

15英寸火炮的射程很远,例如"厌战号"在2.6万英尺开外就能击中"朱利奥·恺撒号"的烟囱和弹药舱。另外一个让人头疼的因素是英国的航母,它们所带来的战术灵活性和不可预测性无可匹敌。

事实证明,仅仅担心英国航空母舰可能造成的破坏并不等于准备好了应对实际的打击,比如1940年11月11日晚上突如其来、毫无征兆的突袭。来自坎宁安唯一的航空母舰"光辉号"的22架"剑鱼"轰炸机携带鱼雷和炸弹,飞行了150英里,出色地攻击了停泊在塔兰托南部主要基地的意大利战列舰和巡洋舰。这是海军历史上第一次由航母对停泊在港口的敌方舰队进行远程打击。事实证明,日本海军在计划偷袭珍珠港时,偷偷地认真研究了这次袭击。被派去攻击"俾斯麦号"的飞机也是"剑鱼"轰炸机,这是一种缓慢、易受攻击的开放式驾驶舱双翼机。然而,这并不重要:在整个二战期间,无论是由潜艇还是飞机发射的鱼雷,甚至是这些慢速飞机发射的鱼雷,都能够在即使最大的水面舰艇的侧面炸出一个大洞。在对塔兰托港进行的两小时攻击中,这些轰炸机成功击沉了新式战列舰"利托里奥号"和较老的战列舰"加富尔伯爵号",同时还对"朱利奥·恺撒号"造成了破坏,而另一架"剑鱼"轰炸机对两艘意大利重型巡洋舰造成了破坏。[34]事实上,由于被攻击时停泊在浅水区,两艘意大利战列舰得以被拖出水面,在修复之后重新投入使用(这与珍珠港袭击后美国的许多战列舰的情况非常相似)。然而,更重要的一点在于:从塔兰托战役开始,海军力量的重心从传统的大型战列舰转向了航空母舰。虽然坎宁安本人在职业生涯中是一名"战列舰派",但是他也认识到,海军航空兵现在构成了任何一支海军打击力量的核心。当然,在这场战争中，只有三个国家拥有这种武器。

尽管如此，意大利海军总部仍然在几天后派出两艘战列舰和支援舰艇，试图阻止英国人利用航母为马耳他提供战斗机增援。而意大利海军在11月27日以更大的规模出动，在斯巴提文托角（Cape Spartivento）与H舰队发生了一系列快速而复杂的交锋。[35]因此，虽然塔兰托战役打击了意大利海军的士气，但在地中海中部，两支海军都没有真正占据优势，意大利人向北非输送物资比英国人向马耳他输送物资要容易得多。意大利海军虽然既不会积极向直布罗陀推进，也不会冒险在东方对抗坎宁安的舰队，但至少在地中海中部保持了自己的地位。与此形成对比的是，意大利陆军在1940年末对埃及发起鲁莽进攻时遭受了严重挫败。

在这种情况下，马耳他逐渐成为整个地中海战役的中心点。从远处观察这个战区，很明显，英国人通过紧守直布罗陀、马耳他和埃及，也牵制着轴心国主导的欧洲南部沿海地区。由于佛朗哥顽固地保持中立，对意大利来说，只能从海上进攻直布罗陀，但这是不可能的，因为意大利没有航母，而直布罗陀不仅有兵驻守，还有本土舰队的支援。同样，对驻扎着大量英军的埃及进行两栖攻击也是不可能的。但是，马耳他的情况又如何呢？作为意大利和利比亚之间的一个弹丸之地，它是否像表面上看起来那样脆弱呢？对英国人来说，它的陷落将是一场真正的灾难；然而出于各种原因，虽然意大利和德国都拥有大量的陆海空资源，但是两者都没有进攻该岛。不可否认，这将是一项重大而困难的行动，因为不仅任何两栖登陆都要规模够大，要做好准备在海岸线上面对强大的抵抗，而且还会招致英国从西面和东面进行强大反击。另一方面，意大利军队有能力通过反复轰炸对马耳他的守军和人民造成严重破坏,而意大利的水面战舰、潜艇和空军中队会在看上去值得冒险的时候,切断通向马耳他的商船路线,迫使该岛因缺乏物资而投降。意大利在这方面越是成功,维持北非的供给线就越容易。[36]

1940年和1941年地中海战役最大的不同在于德军的到来。然而,无论是在时间上,还是在规模上,德军都不像墨索里尼所希望的那样,也不像英国人所担心的那样。希特勒经常表示,他认为这个战场基本上应该留给他的盟友,这让雷德尔和隆美尔等人感到非常沮丧。即使希特勒同意向该地区投入兵力,这些部队也经常会被调离。例如,当德国空军被转移到希腊时,马耳他的空中压力就减轻了。同样,当这些德国空军中队被调遣到苏联前线时,英国在地中海东部受到的威胁就减弱了。尽管如此,当德国军队在这个战区作战时,他们总是会在陆海空三方面产生让盟军痛苦而决定性的影响。

1月份,德国第十航空军(Fliegerkorps X)进驻南部空军基地(西西里岛和卡拉布里亚),这是这一趋势的早期迹象,也预示着英国和意大利之间相对势均力敌时期的结束。这支特殊部队由数百架现代中型轰炸机、俯冲轰炸机和战斗机组成,这些都是反舰专家,已经在挪威战役中显示出了它们的威力。希特勒希望它们能够在一段时间里加强意大利对英国的攻击。它们立刻发动了进攻。1941年1月10日,一支前往马耳他的名为"超额行动"(Operation Excess)的大型船队的水手观察到,意大利飞机对英国军舰进行了多次无效的轰炸。接着,新航母"光辉号"的雷达发现两架大型Ju-87"斯图卡"轰炸机正在朝它的方向飞来。由于这艘航母的战斗机防御系统分散了注意力,配置在错误的地方,这艘航母被1000磅和500磅的炸弹直接击中了6次，造成了多处火灾，炸毁了下面的飞机，动力一度中断。很难想象任何美国、日本或更老的英国航母能够在这样的轰炸中幸存下来，但是"光辉"级航母的甲板、舷侧和升降机都是全钢的，因此异常坚固。在击退了进一步的空袭后，这艘航母在两艘驱逐舰的护送下，跌跌撞撞地驶向马耳他，这让第十航空军的飞行员们大吃一惊。第二天，在马耳他以南一点的地方，12架"斯图卡"轰炸机从天而降，炸毁了"南安普敦号"（Southampton）巡洋舰，同时也重创了它的姊妹舰"格罗斯特号"（Gloucester）。在谈到这些德国空军中队时，坎宁安不无遗憾地写道："我们不得不佩服他们的技巧和精确性，毫无疑问，他们是这方面的行家。"[37]

1月16日，当"光辉号"在马耳他造船厂被匆忙地临时修理时，德国空军再次发动了袭击，出动了44架"斯图卡"轰炸机和17架Ju-88中型轰炸机。虽然这次依然多亏了坚固的装甲，这艘航母只受到轻微的打击，但是瓦莱塔大港周围的数百座房屋和教堂被炸毁，这就是所谓的"光辉号闪击"，马耳他人民的苦难就这样开始了。[38]该岛将持续两年遭受空袭，其强度跟德国空军对伦敦的袭击不相上下。至于"光辉号"航母本身，它于1月23日被送往亚历山大港，然后到德班的干船坞接受维修，再前往诺福克海军造船厂接受全面维修和多次改进，而这些也是根据《租借法案》的协议进行的。[39]

德军进驻地中海之后，这里出现了意大利、英国和德国三方共舞的局面，这种局面一直持续到1943年。通常情况下，大英帝国庞大的海军和陆军会对意大利造成严重破坏，但英国人的战线太长，或者需要将兵力转移到其他地方；这样一来，规模相对较小但效率很高的德国部队就会攻击并扰乱英军的阵地，迫使其撤退并休整，在增援部队到达后再进行新一轮战斗。1月第十航空军的到来，隆美尔的非洲军团的到来和3月下旬的早期战役，以及1941年9月之后德国潜艇大举涌入地中海水域，都符合这种模式。

1941年3月下旬，英国人对意大利主力舰队造成了非常严重的破坏，后者被德国的错误情报所误导，以为坎宁安的大部分战列舰已经被德国空军严重破坏。事实远非如此，一系列有利的环境使皇家海军进一步取得了胜利。1941年3月27日至29日，英国取得了马塔潘角海战的胜利，而此时希腊陆地战役刚刚拉开序幕。在意大利巡洋舰、英国巡洋舰先遣舰队、意大利快速战列舰"维托里奥威尼托号"和英国主力战列舰（"厌战号"、"勇士号"和"巴勒姆号"）之间，发生了一场你追我赶的猫鼠游戏，这本来可能会导致混乱的结果，多亏来自新型航母"可畏号"（Formidable）——这艘航母取代"光辉号"航母加入了地中海舰队——的鱼雷轰炸机再次打破了僵局。一架轰炸机破坏了"维托里奥威尼托号"战列舰，使其不得不返回基地。更严重的是，第二批鱼雷轰炸机成功击中了重型巡洋舰"波拉号"（Pola），摧毁了它的动力系统，使其丧失了行动能力。其他的巡洋舰被派去为"波拉号"护航，它们并不知道自己被英国军舰的雷达跟踪了。在一团漆黑之中，它们突然受到装备雷达的英国战舰15英寸火炮的近距离攻击。[40]

在这场战役中，地中海舰队的所有优势都发挥了作用：布莱切利园提前告知的意军海上行踪的情报，配有鱼雷的王牌舰载机，舰载雷达的惊人优势，出其不意的因素，英军所接受的夜战训练，最后是双方在破坏力方面的悬殊差距。意大利的重型巡洋舰"扎拉号"、"阜姆号"和"波拉号"航速很快,配有强大的现代化装备,舰体设计精美,是世界上同类巡洋舰中的佼佼者。但是,那天晚上它们却毫无还手之力,其他的一些战舰则有幸及时逃过了一劫。值得一提的是,马塔潘角海战的胜利和后来击沉"俾斯麦号"和"沙恩霍斯特号"一起,是二战六年期间英国海军战列舰仅有的三次胜利。[41]

虽然马塔潘角海战的失败震慑了意大利的主力舰队并使其留在了港口,但其他地方的战斗却有增无减,因为各方都一如既往地试图切断对方的海上交通。意大利通往北非港口的补给线多次遭到英国潜艇、英国空军轰炸机以及驻扎在马耳他的巡洋舰和驱逐舰的袭击。同样,从直布罗陀或亚历山大港前往马耳他的皇家海军护航运输队总是受到意大利和德国的飞机、水面战舰、机动鱼雷艇和潜艇的猛烈攻击。双方都肆无忌惮地、几乎是不计后果地布设了大片致命的水雷。英国人用潜艇和速度极快的布雷驱逐舰将急需的飞机备件运送到马耳他。像"百眼巨人号"和"暴怒号"这样的旧式航母从直布罗陀出发,被护送几百英里之后,上面搭载的飓风式和喷火式战斗机再从这里飞到马耳他提供支援。同样,意大利的巡洋舰和驱逐舰也在护送油轮和补给船前往北非。没有其他地方发生过如此密集的海上交叉战斗。因此,到1943年年中这场残酷的战役结束后,马耳他东西两边的地中海海底都布满了军舰残骸,有些甚至能透过清澈的海水看到。考虑到意大利在北非的大规模驻军的规模和需求,以及隆美尔非洲军团对汽油和弹药的需求,前往利比亚港口的船队必须比前往马耳他的船队更加频繁地出行。据估算,意军一个师每月能消耗一万吨物资,这就意味着商船的补给几乎不能间断,而这随时都有可能受到敌军水面舰艇、潜艇和轰炸机的袭击。然而,不论多么危险,多么容易遭到袭击,这些补给运输都必须进行下去。毕竟,如果没有了炮弹和燃料,非洲军团又能发挥什么作用呢?如果没有源源不断的食物、天然气和喷火式战斗机的供应,马耳他又能发挥什么作用呢?

从1941年4月起,这种相对平衡的局面再次被严重破坏,起因是巴尔干半岛的戏剧性事件。德军迅速向南推进,穿过南斯拉夫(反轴心国的政府在贝尔格莱德上台后,希特勒下令迅速发动攻击并将其征服),然后进入希腊(已经在西部省份与意大利作战)。丘吉尔果断下令援助希腊,派遣三万士兵增援这位新盟友,而这使得英国第八集团军在北非的攻势戛然而止。不幸的是,无论是希腊军队还是英国、澳大利亚和新西兰的远征军,都无法抵挡实力强大、行动迅速、作战经验极其丰富的德军。最糟糕的是,盟军缺乏空中力量来对抗规模更大也更现代化的德国空军。不论是希腊空军的老式飞机,还是从克里特战场抽调出来或某艘航母上搭载的若干飓风式战斗机中队,都无法与德军500多架轰炸机和战斗机抗衡,其中包括从西西里战场暂时调离的德军第十航空军,它是德国一支专门的反舰部队。[42]

把饱受打击的大英帝国士兵从希腊南部拉到克里特岛仓促建立的据点,然后不久又试图将他们撤回埃及,这使英国皇家海军遭受了至此它所经历过的最猛烈、最持久的空袭,情况比挪威战役和敦刻尔克大撤退时都要糟糕得多。英国军舰遭受猛烈空袭的天数大约是敦刻尔克大撤退时的三倍。在希腊南部和克里特岛之间狭窄的港口和狭长的水域中,英军的机动空间很小。与北海不同,克里特岛上空没有浓厚的云层可以提供保护。德国空军的轰炸机（尤其是那些可怕的"斯图卡"俯冲轰炸机）的数量要多得多，并且德国轰炸机飞行员和机组人员都有非常丰富的作战经验。对于克里特岛上的英国军团和运送他们的英国船只来说，没有英国皇家空军的飞行中队飞越英吉利海峡，与德军争夺制空权。因此，1939—1940年在北方海域艰苦战斗并幸存下来的驱逐舰，在仅仅一年后再次被一个熟悉的对手所重创。1941年5月23日，在克里特岛以南的开阔海面上，被维修好并在地中海舰队服役的驱逐舰"凯利号"遭到了至少24架"斯图卡"轰炸机的攻击。在被第一颗炸弹命中后，其船体倾覆，在水面上躺了30分钟，然后就消失了。就在这附近，另一艘驱逐舰"克什米尔号"（Kashmir）被另一架"斯图卡"轰炸机的1000磅炸弹直接击中，两分钟内就沉入水底。这简直是一场大屠杀。[43]

这次不仅仅是驱逐舰，地中海东部的每一艘英国大型军舰都遭到了德军的空中和水下攻击。因此，虽然坎宁安宣称"海军不会让陆军失望"，但赤裸裸的事实是，地中海舰队巡洋舰和驱逐舰的近岸护航和救援行动，以及主力舰队提供的近海"掩护"，使它们都暴露在反复的空袭之下。此外，德国和意大利的鱼雷艇也发起了多次偷袭。也许英国重型巡洋舰"约克号"的悲惨遭遇最能证明英军在轴心国强大军事实力面前的束手无策。这艘战舰遭意大利鱼雷快艇重创后，在苏达湾（Souda Bay）搁浅数天，舰体一半浸没在水里，一半露出水面，不久后被德国轰炸机彻底摧毁。到6月初最后一批被击溃的英军士兵撤回埃及时，地中海舰队又损失了3艘巡洋舰（"格罗斯特号"、"斐济号"和"加尔各答号"）和7艘驱逐舰，另有7艘巡洋舰和8艘驱逐舰遭到破坏。在稍远一点的地方，航母"可畏号"、战列舰"厌战号"和"巴勒姆号"也

第五章 欧洲战场的海战（1940年7月—1941年12月） 187

遭到严重破坏,不得不跌跌撞撞地退出这场战役。这些重型舰艇在经过临时维修后,全部被送往美国接受全面的维修。有这样一种说法:"对英国人来说,克里特岛战役是整个二战中代价最高的海战。"[44]这场战役之后,坎宁安只剩下2艘战列舰和3艘巡洋舰,而他面对的是意大利由4艘战列舰、11艘巡洋舰和许多驱逐舰组成的主力舰队。"俾斯麦号"沉没的消息从国内传来,才让士气有所提升。

英国在希腊和克里特岛的冒险是一次耻辱性的、极具破坏性的失败,也是对丘吉尔个人声望的打击。当希特勒一怒之下决定将众多一流的陆军师和空军中队调遣至巴尔干半岛,事情或许已成定局,虽然那时德国国防军已整装待发,准备入侵苏联。因此,在希腊战役和克里特战役结束时,英国在地中海地区和北非地区的军事地位在很多方面都被削弱了。第八集团军被迫转移,英军损失了大量士兵和作战装备。皇家海军地中海舰队的实力减少了一半以上。更糟糕的是,就在德国人将大部分兵力投向规模庞大的巴巴罗萨行动时,他们已经在地中海北岸和克里特岛部署了大量兵力,还建立了空军基地,使得英国人在整个地中海东部的航行变得更加危险。当德国的U艇在海上支援意大利作战时,最初在北非增援意大利军队的德军在1941年8月扩大并正式组成隆美尔麾下的非洲军团。在希腊战役中,英国第八集团军已经精疲力竭。因此,非洲军团对第八集团军的进攻给英国对埃及的控制构成了很大的威胁。

从更广阔的视角来看,英国在希腊和克里特岛的失败和德国最大规模的大西洋出击("俾斯麦号"和"欧根亲王号")的失败,不仅仅是时间上的巧合。在这两个规模庞大且组织相对良好的对手之间的斗争中，两场行动都指向某些关于海权与陆权关系这一复杂问题的结论。在英国历史上针对周边的海上战略行动中，没有什么能与纳粹在陆地和空中残酷而完美地结合的闪电战相提并论。事实上，后者在二战期间最令人印象深刻的莫过于1941年初夏，行动迅速的德国陆军和毁灭性的德国空军将南斯拉夫、希腊和大英帝国的军队赶入大海，然后被调遣到北方，加入穿越乌克兰的行动。也许丘吉尔的战略是对的，英国必须将兵力集中在地中海和中东战场，首先消灭意大利，然后为下一阶段的斗争积聚力量，希望到那时美国能够参战。然而事实是，这位首相还没有理解战争的新形势，也许他还停留在萨洛尼卡战役或巴勒斯坦战役的记忆中，毫无必要地使实力不足的英国皇家空军、英国和英联邦的陆军旅以及坎宁安宝贵的战列舰、巡洋舰和驱逐舰遭受损失和失败。他将帝国有限的资源从坚固的埃及要塞转移到希腊南部的狭窄据点，最终却徒劳无功。

然而，与此同时，希特勒重新发动的西线战役的第一轮失利也是事实。英国并没有步法国覆灭之后尘。此时的不列颠群岛坚不可摧，除非U艇找到切断其补给的办法。讽刺的是，希特勒对苏联的猛烈攻击极大地缓解了英国的战略压力。当德国的大部分战争机器都投入东方的战事时，大英帝国越来越多的资源被送往埃及，特别是陆军师和飞机中队。总之，英国将在适当的时候削弱德国在地中海的地位，但那将是一年多以后的事了。当然，到那时，美国已经参战了。借助盟军的海上力量和生产能力，英军将集结大量战机、装甲师和步兵，由伯纳德·蒙哥马利统一指挥。这种集结之所以能够发生，只是因为大西洋上的海上补给线顶住了邓尼茨潜艇部队的攻击。然而，在1941年中期的大约一

第五章 欧洲战场的海战（1940年7月—1941年12月） 189

月里，希腊和克里特岛的战场形势差到了极点，"俾斯麦号"在大西洋上横冲直撞，英国的形势看起来确实很严峻。所以实际上，1941年并非后世一位历史学家所描述的那样，是"德国走向失败的一年"。[45]

此外，在克里特岛沦陷后，双方并没有任何松懈，地中海中部的战斗并未减弱，因为不论其他地方的战况如何，必须维护运输航线的畅通。就这样，一支代号为"物质行动"（Operation Substance）的庞大船队在7月中旬成功抵达马耳他，而皇家海军航母"暴怒号"、"胜利号"和"皇家方舟号"也多次从直布罗陀进入地中海，为马耳他和埃及输送飓风式战斗机。9月，一场更大规模的、代号为"戟行动"（Operation Halberd）的护航运输行动十分成功。力量得到很大加强的H舰队从直布罗陀出发，近距离掩护十来艘快速商船，对意大利海军形成震慑，只损失了一艘商船，运送了八万吨重要物资。和驻扎在马耳他的轻型巡洋舰与驱逐舰部队一起，英国海军的潜艇对意大利通往突尼斯港口宝贵的南北补给线造成了很大的破坏。11月初，在所谓的杜伊斯堡护航战役（Battle of the Duisburg Convoy）中，由七艘德国和意大利大型商船组成的船队，外加一艘驱逐舰，在夜间的战斗中被一支由英国轻型巡洋舰和驱逐舰组成的小分遣队全部击沉。[46]一个月后，在激烈的邦角海战（Battle of Cape Bon）中，两艘载有重要航空燃料的意大利巡洋舰在黑暗中被从两边进攻的英国驱逐舰击沉。[47]

然而，所有这些小规模的胜利，虽然伤害了北非的轴心国军队，并维持了马耳他基地的运转，但并不能抵消德国和意大利所造成的损失。11月下旬，当坎宁安带领的地中海主力舰队在亚历山大港口附近巡航时,德国 U-331 潜艇用三枚鱼雷击沉了"巴勒姆号"战列舰,造成重大的人员伤亡。稍早一点,在 11 月 13 日,在另一次可怕的打击中,具有传奇色彩的"皇家方舟号"航母在直布罗陀附近被德国 U-81 潜艇击沉。一枚鱼雷在这艘航母的侧面炸开了一个大洞,破坏了它的动力,成为致命的一击。12 月中旬,总部位于马耳他的巡洋舰分遣队"K 舰队"与当时另一个小型巡洋舰/驱逐舰编队"B 舰队"一起,误入德国人几个月前布置的一个大雷区,结果被炸得一片狼藉。在此之后,意大利向北非提供的补给激增,英国水面战舰再次从马耳他撤出。这一年的最后一次打击发生在 12 月 19 日,就在皇家海军在马来亚海域失去"威尔士亲王号"和"反击号"之后不久。一支由三艘意大利小型潜艇组成的小舰队成功摧毁了坎宁安剩下的两艘战列舰,即停泊在亚历山大港的"勇士号"和"伊丽莎白女王号"。至少有一段时间,在它们被修复之前,地中海舰队几乎不存在了。[48]在这段历史上最糟糕的时期,在短短两个月里,皇家海军损失了四艘主力舰("巴勒姆号""威尔士亲王号""反击号""皇家方舟号"),此外还有两艘严重受损。此外,仅在 1941 年这一年,皇家海军就损失了九艘宝贵的巡洋舰,其中八艘都是在地中海被击沉的。这样惨重的损失在一战中是从来没有发生过的。

如果不是 1941 年 12 月发生的更严重、更惊人的事件,英国在地中海的损失似乎真的是毁灭性的。这些事件包括美国太平洋舰队的战列舰几乎全部在珍珠港被摧毁,德国国防军已经逼近莫斯科,日本军队涌入马来亚、泰国和菲律宾。实际上,愈演愈烈的争夺地中海控制权的斗争,只是英国皇家海军和它的敌人互相施加的一些沉重打击的一部分。对于这年早些时候已经遭受许多打击的皇家海军来说，这些打击很严重，但它们并没有影响到至关重要的大西洋之战。它们几乎完全独立于苏伊士以东6000英里处正在发生的战事，在那里，一个新的海上挑战者加入了战争。

战争蔓延到太平洋和东南亚

在第二次世界大战在欧洲爆发的前两年，亚洲大部分地区的国际事务一直处于令人不安的平静状态。出于各种原因，所有大国都希望保持现状不变。在1939年9月对德宣战后，法国和英国只是希望它们在东方的殖民帝国不受挑战，而希特勒正忙着征服欧洲，根本无暇他顾。日本领导人对新签订的德苏条约感到不安，而在1938年和1939年伪满洲国与苏联的边境冲突中，苏联红军的强大防御令日军感到震惊。在中国，日军将领还要面临更多艰难的战役。斯大林的注意力主要集中在西方，在巴巴罗萨行动之后，则完全集中在西方。美国没有理由去扰乱亚洲的局势。经过深思熟虑后，美国将其太平洋舰队的主力自圣迭戈推进到珍珠港，但在东亚和东南亚主要港口香港、马尼拉和新加坡，西方国家海军仅限于巡洋舰中队，和1910年的情况几乎一样。

但是在法国沦陷之后，这种相对平静的政治局势发生了一些变化，因为这让东京有机会向软弱的维希政权施压，要求占领法属印度支那的北部（越南北部）。由于谈判时间过长，1940年9月，日军选择了强行进驻，法国守军不得不求和。英美政府当时都没有采取任何行动，而日本自行决定不再进一步推进。希特勒对苏联的进攻改变了这一切。一个月后，1941年7月，日本迈出了到此时为止最大胆的一步，宣布与无助的维希政府在整个法属印度支那南部建立一个所谓的联合保护国,占领的部分中包括金兰湾等海军基地。就这样,日本一举控制了香港和马尼拉外围及以南的战略要地,距离荷属东印度群岛的关键油田也更近了几千英里。现在,它也危险地靠近马来亚北部,而此时,英国人正从克里特岛撤退,德国装甲纵队正穿过乌克兰。[49]

以罗斯福总统为首的西方国家对日本新的侵略行为反应异常强硬:美国、大英帝国和流亡的荷兰政府(仍控制荷属东印度群岛)对日本实施了石油禁运。当然,考虑到日本极度依赖进口燃料的供应,此项经济制裁相当于针对日本的军事行动的最后通牒:要求日本停止侵略,否则在六个月内,其军事行动(包括针对中国的侵略)将因为燃料缺乏而逐步陷入停顿。从日本的角度来看,如果西方可以随心所欲地公然切断其重要的石油供应,那么当务之急就是必须拥有属于自己的油田——东南亚的油田,尤其是荷属东印度群岛的油田——并在六个月左右的时间内将其拿下。现在回顾起来,鉴于当时双方都不肯妥协,实际上这已经为1941年12月左右发生的战争设定了时间表。[50]

然而,如果荷属东印度群岛的关键油田对于日本的基本安全是不可或缺的,那么日本就要确保美国和英国不会从中作梗,而这引发了一系列合乎逻辑的行动,从巨港的炼油厂到马尼拉再到珍珠港。日本不得不假设,如果它强行夺取荷属东印度群岛和北婆罗洲的油田,公然打破罗斯福的封锁,这会引起西方国家进一步的强烈反应,例如封锁其海上交通线。如果这种情况真的发生的话,那么日军就必须摧毁美国在菲律宾的海空基地,占领香港,攻占重要的新加坡基地;于是就有了日本陆军的两栖作战训练,以及1941年秋天大规模的空中轰炸演习。但是,在日本的海军将

第五章 欧洲战场的海战(1940年7月—1941年12月) 193

领们看来，一边是珍珠港的美国舰队，另一边是在新加坡集结的英国皇家海军 K 舰队，在这样的双重威胁之下，怎么能冒险派军南下呢？这种战略上的需要无情地、不可避免地导致了要让美国战列舰队瘫痪的决定，而要想做到这一点，最好的办法是像英国人在塔兰托所做的那样，袭击对方的军舰基地。如果外交官们想要递交一份正式的宣战书，那就请便吧，只要这份宣战书是在袭击发生的时候而不是在袭击发生之前发出的。

1941 年最后一个月，在海军大将、联合舰队司令山本五十六的策划下，日军在东亚海域发动了旋风般的轰炸、两栖登陆和其他行动，确保日本在很大程度上实现了目标。这一切都证明了日本的精心计划和准备，以及其海陆空三军的高效。事实上，日本侵略的步伐势不可当，即使遇到反抗，也不会持续太久，就像在菲律宾那样。日军在这年 12 月 7 日至 8 日发动了一次出色的袭击，这次袭击是现代国际强权政治史上意义最深远的举动之一，比德军击败法国还重要，甚至可能与希特勒大举进攻苏联同等重要。

考虑到 1941 年底的全球局势，美国的战略形势显然是不平衡的，在大西洋非常安全，但在太平洋却令人担忧。随着"俾斯麦号"战列舰被击沉，其他德国重型战舰被轰炸机摧毁，纳粹向西印度群岛或巴西进军的可能性已经不复存在。罗斯福在前几个月采取的所有非中立的海军措施（大西洋巡逻，在冰岛驻军），尤其是宣布设立禁入区，已经把 U 艇推到了大西洋中部，在那里它们得应付英国的空中和海上力量。巴巴罗萨行动将希特勒进一步向东推进，而墨索里尼则被困在地中海。相比之下，在太平洋的西端，安全状况要差得多，在东亚海域更是如此。[51]

和以往一样，超远的距离是主要原因。夏威夷位于美国海军

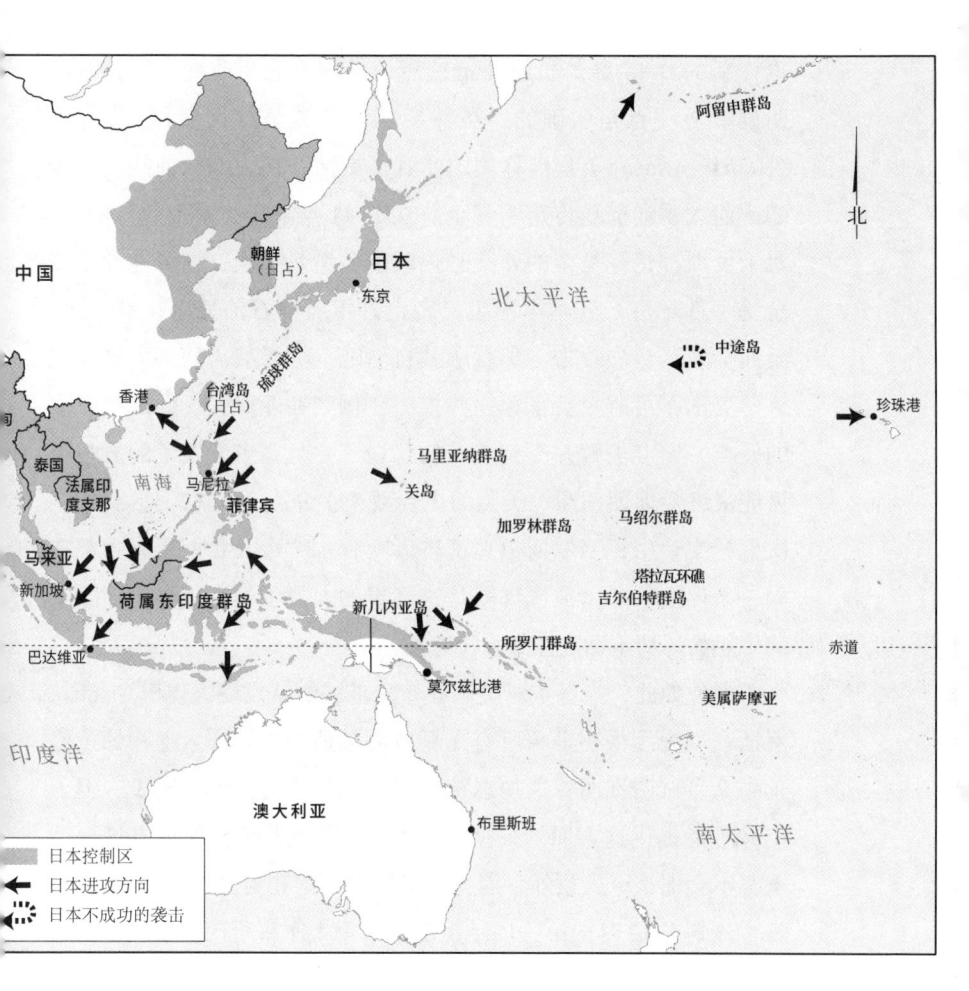

地图5　1941年12月至1942年6月，日军大举进攻

希望部署重型舰艇的范围的最西端,如果日本选择发动袭击,道格拉斯·麦克阿瑟上将在菲律宾的美国驻军处境将会变得危险。也许新的 B-17 轰炸机中队抵达后,情况会有所改变,但这并不明确。有一点是明确的:虽然罗斯福和战争部长亨利·史汀生(Henry Stimson)都声称美国受到了威胁,但大西洋前线是安全的,而太平洋前线肯定不安全。在 1941 年末那些紧张的月份里,对于罗斯福错综复杂的外交和内政事务考量来说,这可能并不完全是一件坏事。日本军国主义者也许不会向石油禁运政策妥协,反而会发动猛烈攻击,那就顺其自然吧。如果战火烧到太平洋地区,美国不可避免会承担一些损失,例如在菲律宾,但最终日本的侵略一定会失败并受到应有的惩罚,并且在东方发生的战争也可能最终会促使德国(美国的主要敌人)介入。在 12 月 8 日的一次电话交谈中,当罗斯福总统告诉丘吉尔"今天我们所有人都在同一条船上"时,他或许就是这么想的。战争的来临终于消除了前三年的一切不确定性和妥协态度。

即便如此,当日本对美国在珍珠港的舰队发动大规模空袭时,罗斯福、史汀生还是和所有在夏威夷基地的人一样大吃一惊(修正主义者试图证明罗斯福总统或许已经知道这件事会发生,但他们并不能提供这方面的证据)。当然,东亚其他任何地方遭遇袭击都不会那么令人意外,因为当时所有英国和美国的情报都表明,日本计划在 12 月的第一周结束前采取重大军事行动。事实上,日本在 12 月 7 日和 8 日对香港、菲律宾和珍珠港这三个地方同时发动了袭击,当然,所有这些行动都是为了确保顺利实现其主要目标,即征服海战史专家克雷格·L. 西蒙兹(Craig L. Symonds)所说的"南方资源产区"。[52] 盟军的推断确实是对的,因为就在这两三天里，入侵的日军不断向南推进，向吕宋岛、泰国和马来亚北部挺进（日军在这些地方登陆与日本轰炸机在珍珠港投下第一批炸弹是同时发生的，这说明日本进军的时机安排无可挑剔）。这是一场大规模的、极其激进的冒险行动，范围横跨数千英里。然而，在所有这些军事行动中，最重要的是偷袭珍珠港。

人们对这一事件并不陌生。那是一个周日的早晨，与夏威夷大部分地区一样，珍珠港大部分地区的人们都在酣睡之中。雷达监测到了正在靠近的大量飞机，却错误地以为这些是来自美国本土的 B-17 轰炸机，而没有识别出它们是由 183 架高空轰炸机、俯冲轰炸机和鱼雷轰炸机组成的轰炸机群。在港口入口处，珍珠港的军舰曾击沉一艘日军的微型潜艇，但是这并没有引起美军的警觉。大多数美军飞机列队停在停机坪，毫无作战准备，机组成员要么在睡梦中，要么在城里。美军的战列舰也排成一排，两两停泊在一起，大部分船员和当地人一样，都在睡梦之中。早上 7 点 40 分过后不久，随着轰炸机的炸弹不断击中目标，这种宁静被打破了。"亚利桑那号"战列舰的伤亡最为惨重，它的弹药库被一枚从一万英尺落下的巨大炸弹（实际上是一枚 16 英寸的穿甲弹）引爆。舰体马上四分五裂，在几分钟内就沉入水底，舰上 1177 名士兵一起葬身大海。多枚炸弹炸毁了"田纳西号"和"马里兰号"，而鱼雷摧毁了"西弗吉尼亚号"和"俄克拉何马号"，也给"加利福尼亚号"和"内华达号"造成了严重的破坏。日军第一轮攻击结束后，第二轮攻击又开始了，170 架轰炸机试图终结部分已经受损的战列舰，并击沉附近其他战列舰。[53]

许多小型军舰被击沉或受损，190 架美国飞机被毁。但最重要的是，在很短的时间内，太平洋舰队几乎全军覆没。到了上午

10点，一切都尘埃落定，日军进攻部队没有采取进一步行动，而是选择迅速返航。日本海军的计划制订者预计他们会在这次行动中损失6艘航母中的2艘，但实际上他们只损失了29架飞机和64名士兵。这是整场战争中双方伤亡悬殊最大的一次交战。四艘美国战列舰被击沉（其中两艘永久沉没），三艘严重受损，另有2403名美国军人丧生。作为一种战术打击，日本对珍珠港的偷袭是十分出色的。从作战部署的角度来看，这次行动几乎无懈可击。然而从政治角度来看，这次行动的后果是很可怕的，因为它激怒了每一个美国人，促使他们团结起来投入战争。

日本的攻击主要集中在巨大而明显的目标，也就是美国战列舰上。然而，许多历史学家认为，那些没有在这次空袭中被击中的东西至少同样重要。美国的潜艇基地及其总部都安然无恙。关键的石油储存设施和航空燃油储备也都完好无损，而如果储存石油的大油罐在大火中被烧毁，很难想象珍珠港作为一个舰队基地将如何发挥作用。海军修理厂、起重机、焊接车间以及电线和输水管都没有遭到破坏。当然，这里的设施不像布雷默顿或波士顿的海军造船厂那样综合和全面，但由于这些设施完好无损，它们几乎可以立即对战斗中受损的美国军舰进行维修。例如在珊瑚海海战中受损的"约克城号"航母在珍珠港的干船坞里得到快速维修后，马上被派往中途岛作战。在这次历史性的突袭中，太平洋舰队的三艘重要航母均幸免于难，因为当日本发动袭击时，它们都在其他地方。因此，新年一到，它们马上被派去袭击日本位于太平洋中部的岛屿，所有这些都预示了战争未来的走向。即使美国的战列舰完好无损，这场横跨太平洋的大规模战争依然会不断表明，快速航母部队是最重要的。美国海军将领之间长期存在的战列舰与航母之争，至少在一段时间内有了定论。[54]美国的战列舰队几乎已经被消灭，而航母却完好无损，这一事实使得新上任的太平洋舰队总司令、海军上将切斯特·尼米兹（具有讽刺意味的是，他本人是从战列舰起家的）依靠航母发起海上反攻。这一转变让威廉·哈尔西和弗兰克·弗莱彻（Frank Fletcher）这样的航母将军几乎立即成了美国的英雄人物，谁还记得这场战争中美国战列舰将军的名字呢？

从地缘政治的角度来看，美国的情况也没有想象的那么糟糕。随着菲律宾和关岛的沦陷，美国完全被赶出了西太平洋，而日本人则通过这些胜利巩固了他们在马绍尔群岛、马里亚纳群岛和加罗林群岛的领地。对美国而言，经历过这些早期损失后，任何复苏都将是一段异常漫长的过程。然而，在战略上最重要的是日本人并没有占领珍珠港。如果他们真的这样做了，[55]他们将把美国军队再往后推3000英里，并使任何跨太平洋的复苏计划难上加难。这不仅会改变整个太平洋战争的进程，也许还会改变这场战争的结构，毕竟，如果日本人把夏威夷打造成一个坚不可摧的军事基地，如果美国增援澳大利亚的唯一途径是通过好望角，还会有中太平洋司令部吗？保住夏威夷意味着有这样一个本质上由海军主导的司令部，另一个是麦克阿瑟所指挥的独立的西南太平洋司令部。通过保留珍珠港这个庞大的基地（后来没有再遭受敌人的空袭），美国保持了自己作为中太平洋大国的地位。此外，在偷袭珍珠港之后，日本的攻势转向了南方。所有这些因素都给美国提供了宝贵的时间和空间，以便它为其复苏战略调动国内资源。

日本发动的战争给英国造成的打击更严重，因为日本的第一阶段进攻持续了六个月，在此次进攻结束后，英国损失了其在整

第五章 欧洲战场的海战（1940年7月—1941年12月）

个远东地区的利益，其中包括大片领土。几乎没有人认为香港可以抵挡日军数日或数周，那些倒霉的英国守军不过是象征性的，他们的战斗在圣诞节这天就结束了。日本在12月初轻松地在泰国南部和马来半岛登陆，这确实是一个意外，也是其在1942年进一步迅速推进和取得成功的预兆。这些是陆地上的损失。对于海权的研究者来说，1941年12月10日的事件令人十分震惊：在仅仅几个小时的空袭之后，"威尔士亲王号"战列舰和"反击号"战列巡洋舰就在公海上沉没了。

作为皇家海军历史上的一个重大事件，Z舰队被摧毁的故事已经被反复叙述和分析，[56]这里只需要指出比较突出的几点。毫无疑问，在伦敦，没有人会想到日本人能够如此大胆、迅速、高效地席卷东南亚，也没有人会想到一系列小事故的组合将使英国的主力舰失去空中保护。公平地说，如果英国海军部打算用重型军舰来保护新加坡和马来亚，投入几艘速度更快的战舰（新的战列舰、航空母舰和战列巡洋舰）远比一支由速度较慢的R级战列舰组成的舰队要好得多。经过一番讨论后，海军部很明智地把后者留在了印度洋。但是，当Z舰队的航空母舰"不挠号"于12月初在8000英里外的西印度群岛搁浅并进行维修时，整个局面开始失控了。依靠设在马来亚机场的少数几个皇家空军中队的空中掩护是一个效果很差的替代方案。最重要的是，在西方，无论是在夏威夷，在新加坡，还是在整个自以为是的英美情报和解密机构，没有人知道日本海军航空兵中队（无论是来自航母的，还是来自法属印度支那的）是多么训练有素，多么致命。从12月7日到12月10日，仅用了三天时间他们就知道了。

得知珍珠港遭到袭击，又得知一支日本舰队正驶向泰国海岸

海权的胜利

的消息后，丘吉尔器重的海军将领汤姆·菲利普斯（Tom Phillips）决定率领 Z 舰队北上，进行侦察，并展开战斗。一艘巡逻的日本潜艇发现了这一举动，第 22 航空战队接连派遣中队，去追击只有一艘小型驱逐舰护航的战列舰。在大型军舰的拥护者看来，菲利普斯指挥的舰艇应该能够照顾好自己。这样的人大有人在，可以一直追溯到 1925 年对比利·米切尔的审判中那些嘲讽他的人。这些军舰速度很快，有经验丰富的船员，又是在开阔水域航行（不像克里特岛附近），而且它们具有强大的防空能力——例如，据说"威尔士亲王号"上的现代高射炮每分钟能够发射 1.7 万发炮弹。然而，即使这样也不足以击退成群的日本飞机（主要是鱼雷轰炸机），虽然第一轮攻击是由高空轰炸机实施的，是从各个高度和方向联合攻击的一部分。当多枚鱼雷正在逼近时，要想操纵战列舰避免被击中是不可能的（这预示了四年后"大和号"战列舰的沉没）。在击中"威尔士亲王号"侧舷的鱼雷中，有一枚炸毁了整个螺旋桨轴，导致舰体原地打转。值得再次指出的是，日本所有的鱼雷，无论是水面战舰上的还是飞机上携带的，都比其他国家的大得多。与德国和美国的同类鱼雷不同，日本的鱼雷确实很有效。不久之后，第二批鱼雷机赶上了快速航行的战列巡洋舰"反击号"，炸裂了它的侧面，在一小时内，该船船体倾覆。两艘大船上的两千多名船员被英国驱逐舰救起，但菲利普斯本人却没能幸免于难。[57] 日军的运兵船继续畅通无阻地驶向登陆点。

　　日本海军只损失了八架飞机就完成了对 Z 舰队的袭击，已经无须多言了。这是海战的一个新时代，表明即使是最强大的水面战舰也无法在海上面对敌人的空中部队，除非它们也拥有强大的空中防御系统。总而言之，与珍珠港或塔兰托被击沉的军舰相比，这是一个关于未来海上力量的更强有力的声明。

一切都恰如其分地相互呼应。在1940年末到1941年短短13个月的海军历史中，发生了一系列事件，其中包括塔兰托战役、克里特岛战役、"俾斯麦号"被击毁、珍珠港事件和Z舰队的覆灭。这些事件都表明，重炮装甲战舰统治海洋的时代已经结束。任何漂浮在水面上的东西都会成为目标，容易受到空中攻击。在1941年12月展开的东亚主导权争夺战中，日本的空中力量占了上风。日本航空兵能否在未来的战斗中保持其空中优势，此时还有待观察。

日本军队在那年12月和接下来的几个月里对太平洋、东亚和东南亚的西方领土发动了致命攻击，在战略角度上，对英国的全球地位，尤其是对英国皇家海军来说，没有什么比这更糟糕的了。从阿比西尼亚危机开始，英国参谋长们主要担心的是，有一天他们将不得不面对三重挑战，一个来自北欧或西欧，另一个在地中海，第三个在远东。在这些年来的许多备忘录中，海军部一直认为这是一种极端情况，但此时它已经成为现实。当然，就被日本击沉的主力舰数量而言，美国海军的损失要大得多，但美国在太平洋的整体战略地位并没有真正被摧毁，而只是受到了重挫。英国在东南亚的整体战略地位受到了更大的打击，事实上，这是一次无法挽回的打击。[58]

那么，美国和英国海军在1941年末的情况如何呢？形势不太乐观。意识到珍珠港事件、"威尔士亲王号"和"反击号"被击沉的教训很容易，但这并不意味着遭受重创的盟军可以对此进行反制。优势完全在行动迅速的日军这边，美国人和英国人除了试图限制敌人的推进范围之外，很难采取其他任何行动。同样，在地中海和大西洋战区，盟军似乎也只能想方设法地抵御轴心国的反复进攻。很显然，如果没有制空权，任何事情都不可能成功，而对于盟军来说，至少还需要一年或更长时间才能掌握制空权。如果时机成熟，英美海军要击退敌人的进攻，无疑只能通过在西南太平洋发起两栖登陆，继续对马耳他进行护航运输，以及其他行动，把部队推进到现在敌人拥有制空权的区域，这意味着首先必须做的就是反过来削弱敌人在海上的空中力量。虽然热衷于远程战略轰炸的英美两国航空兵司令对这种空袭兴趣不大，但事实上，英美在未来两年战斗中最重要的任务就是赢得南欧、西欧外围以及西太平洋和西南太平洋岛屿群的制空权。

从整体来看，从1940年6月法国沦陷到1941年12月珍珠港事件之间的18个月，可能是全部大国的历史最复杂多变的时期。仅仅9个月后，英法对抗德国的局面就变成了德意对抗英国的局面，因为法国已经不复存在。一年后，在巴巴罗萨计划开始实施之后，战争局势又变为德意轴心对抗英苏联盟。5个月后，随着日本对英美采取行动和希特勒对美国宣战，情况变成三个法西斯大国对抗丘吉尔所谓的大英帝国、苏联和美国的大联盟。从此以后，直到1943年底意大利退出战争，战争阵容没有发生进一步的变化。如果算上日本在中国发动的战争，那么从涉及的地理范围来看，世界上80%的地区都卷入了这场战争。

法国沦陷后这18个月令人眼花缭乱的变化，还能引出另外一个令人关注之处，与大国的兴衰有关。这18个月始于法国舰队在凯比尔港遭受的海上和空中袭击，以珍珠港事件中摧毁了美国战斗舰队的规模更大的海上和空中袭击结束。然而，这两次袭击带来了两种截然不同的后果。第一次袭击标志着法国作为一个独立

第五章　欧洲战场的海战（1940年7月—1941年12月）　　203

大国的结束，因为德国的行动粉碎了其陆军和空军力量，而英国采取的行动也大大削弱了其有效的海军力量。崛起中的美国在遭受日本袭击时却没有发生这样的事情。虽然美国在珍珠港事件中损失了一批老旧的战列舰，但它在战略上仍然是安全的，美国人民群情激昂，以至于在使用压倒性的武力彻底惩罚侵略者之前，它是不会停止的。难怪英国首相最初对日本的多地同步袭击感到震惊，后来却为所发生的一切感到高兴。

英国海军部和邓尼茨仍然紧盯着一个巨大的计划，这表明争夺大西洋控制权的战斗依然如火如荼。对他们来说排在第二位的是争夺地中海控制权的激烈战争，这一点也不会改变。但是在1941年12月以后，战场变得越来越大了。从阿留申群岛到东非，一个广阔的新战场现在已经打开。日本和美国这两个新的海军大国使这场战争成为一场真正意义上的全球斗争。英国和美国终于可以公开地计划对轴心国发动联合战争，丘吉尔横跨大西洋，在白宫度过了1941年的圣诞节和之后的几天。对英国来说，虽然Z舰队可能会被击沉，新加坡可能会受到威胁，但这都不是最重要的，最重要的是美国终于参战了。

第六章
全面海战（1942年）

1942年是海军历史上战斗最多的一年，比勒班陀战役、无敌舰队战役和特拉法尔加战役中的战斗加起来都要多，而且发生在更广阔的海域。在整个1942年，无情的大西洋之战仍在继续，而在其边缘的北极护航行动中，官兵们英勇无畏的表现堪称史诗。在地中海战区，皇家海军的护航战中包括最重要、战斗最激烈的一次——"基座行动"（Operation Pedestal）。随后，1942年11月，盟军对北非港口和沿海地区展开了大规模登陆行动，这似乎意味着非常显著的角色转变。到了这年年底，虽然意大利舰队规模仍然很大，虽然皇家海军仍然会频繁遭到敌人的空中和潜艇攻击，但英国还是有些勉强地夺回了地中海东西部的控制权。

1942年上半年以后，太平洋、东南亚和印度洋海域战争局势变化更加引人注目，实际上有点让人眼花缭乱。在将近半年的时间里，日本一直向外推进，击败了美国、英国、荷兰和澳大利亚的军队，侵占了香港、菲律宾、关岛、整个荷属东印度群岛、新几内亚的大部分地区和缅甸。日本的航空母舰在印度洋肆意横行，畅通无阻。直到仲夏，美国在珊瑚海和中途岛取得胜利后，日本才停止了在太平洋的扩张。随后不久，日军试图两栖登陆新几内亚和瓜达尔卡纳尔岛，但遭遇了反击。

从英美宏观的战略层面来看，可以说，到1942年年底，轴心国中的日本已经受到了遏制，而盟军也开始对德意这两个轴心国发动反攻。在斯大林格勒战役和阿拉曼战役中，德军遭遇了严重打击，盟军在北非的首次登陆取得了成功。但是除此之外，也没有什么值得一提的了。大西洋海战仍在进行中，双方都投入了更多的资源。战略轰炸几乎还没有开始，前方还会遭遇许多挫折。西方盟军解放被德国侵占的法国还需要很长时间，更不用说在战场上击败德国了。但是到了1942年底，盟军的海上力量已经可以做到不让敌人继续向前推进。战斗十分激烈，双方都损失惨重。

大西洋、北极和加勒比海域

在整个1942年，大西洋之战始终是决定性的，虽然对大多数研究第二次世界大战的历史学家来说，其他地方发生的事件——中途岛战役、斯大林格勒战役、阿拉曼战役和"火炬行动"——更激动人心，更值得关注。1942年年中之前的战斗并不那么激动人心，不像1941年横跨北大西洋的"俾斯麦号"追击战，也不像1943年年中德国潜艇部队的突然溃败。在形容大西洋之战中盟军护航行动的表现时，人们用得最多的词是"不屈不挠"（也有人用"坚定不移"）。学者们指出，这场斗争中有很多地方让人想起第一次世界大战期间西线发生的陆地战争。作战双方陷入一种僵持状态，谁也无法取得任何进展。虽然双方都向前线投入了越来越多的人力和物力，但双方都哀叹自己没有足够的力量来打败对方。双方的损失都在增加。关于这场残酷斗争的统计数据曾被反复考察。[1]

在大西洋之战中，统计数据一直是这场猜拳游戏中的一部分。能否有足够的船队到达目的地，以支援不列颠群岛，并推进盟军收复欧洲的战略呢？U艇能否击沉足够多的商船，从而实现希特勒的战略呢？盟军的护航舰和轰炸机能否摧毁足够多的潜艇，让卡尔·邓尼茨不得不认输呢？当然，正如我们在前几章所看到的那样，双方在更早的时候就以这种方式权衡得失了，所以现在唯一的问题是，在1941年损失320万吨商船的基础之上，盟军的损失是否会进一步升级。由于德国在1942年装备了航程更长的新型潜艇，战场也随之扩大。从最宏观的意义上看，朱利安·科贝特爵士的洞见似乎是如此一针见血：既然控制海上交通线是海权的本质，那么真正重要的事情就是将物资顺利运往目的地。根据这一理论，击沉U艇这一行动本身是次要的。当然，对于英国、加拿大和美国的护卫舰舰长来说，尤其是对英国皇家海军上校约翰尼·沃克（Johnny Walker）和美国海军上将欧内斯特·金（Ernest King）来说，这似乎是一种战略上的胡说八道。他们都渴望看到德国潜艇带来的威胁被粉碎，认为摧毁U艇才能保证航道的安全。此外，这样一来，以后在其他地方，U艇也不会再成为威胁。对统计学家来说，最重要的是每月的航运损失，有多少货物被成功运到英国，以及盟军可以投入大西洋航线的船只的数量。毋庸置疑的是，如果北大西洋的航运需求没那么大的话，盟国就更容易向中东、印度洋和太平洋等区域提供运力。

比较一下1942年初和1942年底护航运输队的航线和整个大

西洋之战的地理范围，还是很有启发意义的。当然，除了从哈利法克斯到利物浦的这条航线之外，海军部也一直都认可其他重要航线，比如起点为拉普拉塔河的谷物与牛肉航线、起点为特立尼达的石油航线、直布罗陀航线、起点为澳大利亚和新西兰的食品供应航线和弗里敦这个重要集散点。然而，1942年除了那些老航线上船只数量增加，还有大量的货物流向前几年并不存在或者很少使用的目的地。例如，从美国东海岸和海湾港口到北非的直接航线在1942年初还是不存在的，但是到了当年12月已经非常繁忙，这表明有大批美军和大量物资涌入地中海西部。也有大批商船载着英军的士兵、坦克、大炮，也许还有战斗机，从英国本土绕过好望角到达马达加斯加、埃及和印度。这条线路并不是全新的，但也很繁忙。在海军部位于伦敦的地下战况室里，作战规划图上显示每天都有几十个护航运输队穿越北大西洋、中大西洋和南大西洋。[2] 返回的船队也很关键，它们把商船和宝贵的船员带回来，这样就可以在巴尔的摩或萨凡纳重新装上新鲜、充足的补给，然后再次出海。[3] 因此，护航舰和疲惫不堪的船员所承受的压力是很大的。通常情况下，船员只能在返航的船队集结过程中才能在利物浦休息几天。

1942年的大西洋之战确实有多种形式，所有这些都在海军部官员的伦敦地下战况室里有迹可循。他们最担心的是德国的重型军舰会进一步入侵大西洋，但事实上，这种可能在1942年3月就结束了，因为在海峡冲刺行动后，德国海军元帅埃里希·雷德尔的水面舰队被困在了本国和挪威水域——虽然一直焦虑不安的英国海军部过了一些时间才意识到这一点。他们的第二个担忧是1942年前往苏联北部的盟军护航运输队，因为其命运不可预测。

其中一个是损失惨重的 PQ-17 船队，大部分商船毁于德军的攻击。另一方面，有两点让英国海军部松了一口气，一个是德国在巴伦支海海战中未能摧毁 JW-51B 船队，另一个是情报显示希特勒和德国海军领导层之间存在抵牾。英国海军部第三个担忧是，1942年年初美国参战意味着，在美国东海岸和加勒比海地区，美国和（主要是）英国船只将遭受几乎不受限制的潜艇攻击，这种情况将一直延续到适当的防御措施安排到位。然而，随着洪水般的损失被遏制住，10 月后又出现了新的压力，那就是要护送英美两国的士兵和装备到北非战区。长期以来，海军部一直有一个核心任务，即确保进出不列颠群岛的物资源源不断。这一过程所需要的组织工作是十分惊人的。

在 1942 年 1 月之后，德国水面海军对盟军海上交通线构成的威胁迅速消失，这让英国松了一口气。毕竟，此前这似乎是一个很大的威胁，原因很简单，因为布雷斯特的德国重型军舰距离英国沿海水域和北大西洋贸易都太近了，无论是在地中海还是在太平洋的战役中英国受到的威胁都无法与其相提并论。德国的攻势迫使已扩充的英国海军保留更多的军舰保护大西洋航线，并常常迫使船队改道或停止前进。在理想的情况下，至少对雷德尔海军元帅（以及他的元首）来说，德国会将全国所有令人生畏的水面战舰开进大西洋，包括"希佩尔海军上将号"和"欧根亲王号"这样的重型巡洋舰，"吕佐夫号"这样的袖珍战列舰，"沙恩霍斯特号"和"格奈森瑙号"这样的快速战列巡洋舰，还有"俾斯麦号"和"提尔皮茨号"这样的巨型战列舰，侧翼有潜艇部队护航，上方有庞大的空军机队。在随后的战斗中，英国海军的统治地位将最终被打破。然而，正如我们所看到的，雷德尔的理想情况并

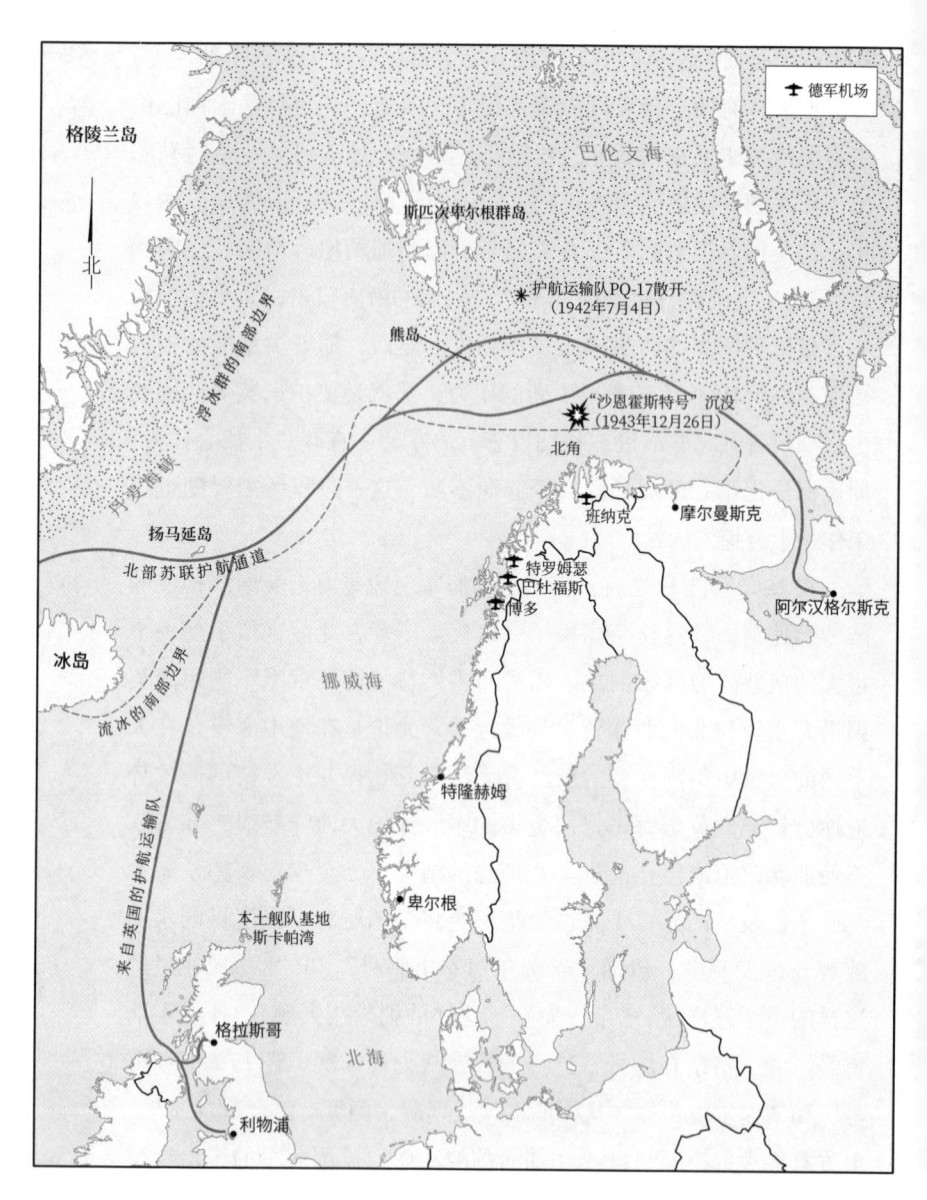

地图6　盟军护航运输队的北方航线

没有成真，因为在任何一个时候，德国适合出海的战舰都只有两三艘。还有一个零敲碎打的策略：要么是战列巡洋舰实施打了就跑的袭击，要么是"俾斯麦号"进行危险的（而且是灾难性的）巡航。

尽管如此，对于只掌握了部分德国军舰状况情报的英国海军部来说，另一次大规模水面袭击仍然是一场噩梦。因此，英国海军部十分焦虑，希望斯卡帕湾的本土舰队强大到可以抵抗德国大型水面军舰的任何组合，因此对于派遣战列舰到地中海战场或是加入东方舰队作战一直心存顾虑。总而言之，德国海军的重炮迫使伦敦将大量重型巡洋舰、战列巡洋舰和战列舰，特别是新的、快速的"乔治五世"级战列舰，部署于本土水域。每从造船厂开来一艘新军舰，比如说"约克公爵号"战列舰或"安森号"战列舰，斯卡帕湾的本土舰队基地都会感到开心喜悦，宽慰万分。后来，由于担心重型军舰不够用，丘吉尔和海军部请求罗斯福和海军上将欧内斯特·金在大西洋部署一些美国战列舰，有时它们甚至与本土舰队一起行动。

然而实际上，当驻扎在法国港口的德国军舰返回挪威和波罗的海水域时，德国的舰队进击战略就戏剧性地结束了。正如前文提到的那样，此时的搅局者是英国皇家空军的轰炸机。即使在挪威和母港，德国的重型军舰也很容易受到来自苏格兰的空袭。在法国西部，它们更容易成为英国皇家空军海岸司令部鱼雷机的攻击目标，甚至是轰炸机中队（现在有了"兰开斯特"重型轰炸机）的攻击目标。德国的军舰一次又一次地维修，又遭到一次又一次的轰炸。在参加"俾斯麦号"的突袭并逃到布雷斯特后仅一个月，"欧根亲王号"就被英军轰炸机司令部的突袭严重破坏，这艘巡洋

第六章 全面海战（1942年）

舰的许多舱室被摧毁，其中包括重要的火力发射台。由于英国皇家空军的整体打击能力明显越来越强，德国不得不将大型军舰转移。无论如何，希特勒此时确信挪威可能很快就会被攻入。因此，撤离布雷斯特只是一个时间问题。1942年2月，经过缜密的秘密筹备，尚未完全修好的"希佩尔海军上将号"、"沙恩霍斯特号"和"格奈森瑙号"一起完成了著名的海峡冲刺行动，它们毫发无损地经过多佛尔和福克斯通，驶入母港，导致英国皇家海军颜面尽失。[4]英国非常难堪，但现实是，此时德国海军的光荣史就此结束了，从那之后德国所有重型军舰都被困在了北欧的一小块区域，正如强大的意大利军舰被困在了南欧的几个意大利港口一样。德国海军仍然可以攻击北极船队，但其水面舰艇再也无法参与北大西洋广阔水域的竞争了。颇有讽刺意味的是，1940年，德国海军至上主义者进入公海的梦想才终于实现，但当时水面舰队规模太小，无法发挥多大作用，而且很容易受到敌人空军的打击。

然而，德国在北部海域的前景却截然不同。随着希特勒对苏联发起进攻，北极护航运输队显然具有至关重要的战略意义，然而，对于英国舰队来说，要想确保安全是非常困难和危险的。由于非常担心苏联可能会在纳粹的反复攻击下崩溃，罗斯福和丘吉尔认为，如果可能的话，这些船队必须行动，并且斯大林也要求如此；尽管很明显，负担将压倒性地落在已经不堪重负的英国商船队、空军海岸司令部和皇家海军身上。1941年末，在德军被动员起来对付它们之前，早期的北极船队取得了成功，但是到了1942年，这种成功就没那么容易重现了。此时，航线周围有了更多的敌方空军基地和U艇港口。当然，德国海军剩余的重型军舰也越来越多地驻扎在这些北部港口，虽然它们会受到英国皇家空军轰炸机的袭击。至少在这场阵地斗争中，德国占据了优势。无论英国海军部如何努力，损失是不可避免的，唯一的问题是这些损失是否足以让船队完全停止运行。[5]

考虑到这些严峻的困难，人们不禁要对1942年盟军前往苏联北部船队的相对成功（只有一个例外）感到震惊。起初，正如前文已经指出的那样，这仅仅是由于德国最高统帅部对这些航行不太关注。毕竟，如果德军在巴巴罗萨行动中迅速击溃苏联，同时占领摩尔曼斯克，又何必在乎这些船队呢？因此，记录显示，在1942年春天之前开往苏联的103艘盟军商船中，只损失了1艘。到了夏天，德国国防军确实认识到阻止苏联红军获得新的补给是非常重要的，但那时英国海军部也明白了这一点，开始投入强有力的护航资源，以配合运送更多的战时物资。因此，5月21日从冰岛出发的PQ-16船队规模异常庞大，由35艘商船组成，近距离护航由驱逐舰、护卫舰和拖船提供，中距离护航由经验丰富的巡洋舰中队负责，此外还有"华盛顿号"战列舰和"约克公爵号"战列舰，以及精心安排的潜艇护航和空中保护。但是德国的重型战列舰并没有上钩，如果它们上钩了，战斗可能会非常激烈。船队大部分成员都安全到达目的地。有趣的是，最后两天苏军出动了三艘驱逐舰和六架飓风式战斗机加入护航，而后者是由早期的船队送到苏联装备其空军的。[6]

然而，下一轮护航变成了一场灾难——事实上，是整个战争中护航运输队最大的灾难。1942年7月，由34艘商船组成的PQ-17船队从冰岛驶往阿尔汉格尔斯克，这支船队和上一支船队一样得到了强有力的支持：由多艘护航舰提供近距离护航，由第一巡洋舰中队提供中距离护航，由本土舰队的战列舰（英国皇家海军的"约克公爵号"和美国海军的"南达科他号")提供远距离掩护。海军部认为不能冒险让昂贵的主力舰受到空中和潜艇的攻击，必须让它们远离船队本身，这与马耳他船队的远距离护航措施是一样的。出于对"提尔皮茨号"的畏惧，伦敦向护航指挥官发出了各种相互矛盾的命令，精疲力竭且忧虑不安的第一海务大臣、海军元帅达德利·庞德（Dudley Pound）亲自下达了一条致命的、有争议的指令，要求商船分散行进，自行前往苏联港口。虽然"提尔皮茨号"战列舰在海上短暂游弋后掉头返回，没有参加战斗，但是船队由于没有了掩护，被德国的U艇和空军各个击破。仅在7月5日，就有12艘船被击沉，6日有2艘被击沉，7日有4艘，10日有1艘。在34艘商船（主要是美国商船）中，只有11艘成功到达苏联的港口——这是一个不可持续的比例，当然，这也完全打破了护航的原则。共有153名来自不同国家的商船船员丧生。[7]

还可以用另一种方式来计算这场大灾难。记录显示，在这些沉没的商船上，有本来要送给苏联盟友的大约3350辆军车、430辆坦克、210架轰炸机和近10万吨一般物资。对红军空军来说，在1942年夏天，200多架现代化的飞机是多么重要呀！所有这些设备都是在美国组装的，这表明了这个国家日益增长的生产力。但是，如果像这一年早些时候在佛罗里达海岸被潜艇击沉的油轮那样，战争物资不能投入使用，这对盟军又有什么帮助呢？这里要重申一下，如何保护补给航线，将所需武器、人员和军火安全送达战场，这是1942年英美海军面临的最大战略挑战。所以很多时候，当重要的补给品在经过三千多英里的海上运输后，在距离目的地仅一百英里的地方被敌机或潜艇击沉，这样的事情确实非常令人懊恼。

正如德国人所希望的那样,PQ-17船队的灾难导致苏联有一段时间没能收到任何海运物资,这种情况一直延续到9月中旬,商船再次集结,支援地中海战区的英国皇家海军部队也已经返回。[8]前事不忘,后事之师,7月的损失使海军部下定决心,一定要保护好下一支船队。海军部为PQ-18船队提供了巨大的驱逐舰屏障和强大的防空保护,包括搭载飓风式战斗机的"复仇者号"护航航母。由于德国重型军舰没有出现,而U艇的作用也相对较小,因此对船队的攻击主要是由德国空军来完成的。德国空军击沉了40艘商船中的13艘,但自身也损失了41架飞机,其中包括33架鱼雷轰炸机(这是德军航空大队主要装备的飞机)。对于盟军来说,这是一个巨大的转机,但是在关于PQ-17命运的持续争论中,几乎没有人注意到这一点。也许此后盟军可以派出更多的船队,但事实上,在这一年剩下的时间里,这条航线上几乎一片寂静。德国空军中队必须去往地中海前线,邓尼茨需要在大西洋部署他所有的U艇,而本土舰队的战列舰和航母也必须南下参加"火炬行动"。[9]

到了新年,德国海军的情况更糟了。在隆冬时节,一支由14艘船组成的小型船队JW-51B在护航舰的保护下前往苏联,希望能够借助很低的能见度顺利抵达,事实也确实如其所愿。这一因素加上错误的信息、混杂的信号和目的不明确,导致包括袖珍战列舰"吕佐夫号"和重型巡洋舰"希佩尔海军上将号"在内的强大拦截部队在执行任务时犹豫不决,而没有果断对护航的英军驱逐舰和轻型巡洋舰发动进攻。德国舰队空手而归,没有击沉一艘商船,皇家海军将这次脱逃称为巴伦支海海战。这一消息让希

第六章 全面海战(1942年) 215

特勒暴跳如雷，他强烈谴责了海军，并要求将所有的大型军舰拆毁。雷德尔海军元帅因这场危机而辞职，在此后的一段时间里，事情处于一种悬而未决的状态。后来，新晋升的海军司令邓尼茨亲自说服希特勒取消了这一命令，但事实是，德国的主要军舰此后通常会留在港内，在那里它们面临着遭受英军轰炸机袭击的风险。[10]总之，在1942年，德国水面战舰对北极水域盟军护航运输队的攻击实际上只持续了六到九个月就被遏制住了。一年后，"沙恩霍斯特号"一次迟来的进攻将导致一场真正的灾难。

正如皇家海军的护航中队在这场漫长而艰苦的战争中从一个海洋转移到另一个海洋一样，德国海军的U艇部队也是如此——当然后者经常在前者之前行动。有时，由于希特勒战略上的突发奇想，而不是邓尼茨的指挥，大批德国潜艇被命令撤离或驶往不同的水域。因此，1942年德国U艇活动的地理范围极其广泛。由于希特勒担心英国来袭，许多潜艇被留在挪威水域，有些被派往地中海战区支援意大利，还有一些被派往弗里敦或拉普拉塔河附近。然而，在1942年的前六个月左右，U艇最大规模的行动是对美国东海岸和墨西哥湾附近脆弱的新航线发动了一次十分成功的攻击。

邓尼茨对这个新目标区域的意图非常明确，背后的逻辑和实际的执行方式都冷酷无情，令人印象深刻。[11]到了1942年初，对于他的潜艇来说，在风高浪急的北大西洋与训练有素的英国护航编队作战成了一件难事。例如，盟军的护卫舰和护航驱逐舰有了更好的武器，海岸司令部的飞机越来越多，商船本身的武器装备也越来越好。那么，在美国参战后，为什么不把矛头转向那些更加脆弱的、从美国南部港口驶出的船只呢？还有更好的选择——为什么不把矛头转向那些从委内瑞拉和加勒比海沿着佛罗里达和佐治亚州海岸线航行的油轮和运粮船呢？这样做轻而易举，因为那些海岸线仍然灯火通明，就好像这个国家没有处于战争状态一样。此外，以海军上将金为首的美国海军领导层拒绝让商船（主要是英国船只和船员）接受护航系统的保护，就好像这场战争前三年的护航经历和1917—1918年那两年的遭遇都不算什么似的。当然，在1942年初的关键几个月里，美国人还需要将军舰调往太平洋，而且他们的护航驱逐舰建造计划意外地大幅推迟；尽管如此，数量相对较少的U艇在美国水域对盟军造成的巨大损失本可以大大减少。

在所谓的"快乐时光"期间，沉船吨位达到上百万吨，而且更严重的是，正如马歇尔上将所指出的那样，其中有很多是油轮，其最终目的地很可能是位于英格兰东部的盟军轰炸机机场，直布罗陀重要港口深处的燃料库，或者伯纳德·蒙哥马利第八集团军的坦克柴油仓库，甚至可能是格奥尔基·朱可夫（Georgy Zhukov）的近卫军师的坦克和卡车的柴油仓库。尽管1942年头几个月的形势如此危急，但这还算不上是灾难性的。虽然进展缓慢，但是一步一个脚印地，沿美国海岸行驶的船队得到了妥善安排。商船接到指令，分批从一个保护区域转移到下一个保护区域，直到它们可以得到纽约—哈利法克斯航线护航舰队的保护。到了仲夏时节，有更多的小型巡逻艇可以让U艇不敢露面。更多的美国巡逻机也出动了。分区指挥系统的结构做出了调整，美国海军接管了这些地区的安全责任，并为此组建了大量的护航舰队。不久之后，美国在西印度群岛、巴西北部和利比里亚建立了大型军事基地。这主要是为了给即将在地中海开展的大规模美军行动提供支持，但最终结果是，加勒比海、巴西海岸、亚速尔群岛和通往西非的海上交通线上空出现了更多空中活动。[12] U艇的行动没有那么容易了。

更重要的是，就像上文提到的那样，希特勒坚持认为起决定性作用的作战区应该在挪威海岸附近，因此他向邓尼茨施压，要求将所有的新型潜艇集中于此，以对抗永远不会到来的盟军进攻。早在1942年1月，八艘全新的（且改良过的）潜艇被派往北方，以保护通往挪威的通道，而它们本来可以在灯火通明的迈阿密港口附近执行任务。尽管如此，当时被派往美国海岸的U艇还是造成了相当大的破坏，到1942年4月，盟军每月沉没的商船总吨位从约20万吨增加到30多万吨。到了6月，沉没总吨位达到了可怕的60万吨，已经非常接近当时的临界点。然而，就是在这一个月，邓尼茨结束了这场遥远的战役。这个千回百转的故事又有了新的转折，因为邓尼茨觉得自己现在有了足够多的潜艇资源，可以集中精力打击位于中心位置的北大西洋护航系统，于是他设法返回主战场。次要战区的活动将被削减，在夏季的几个月里，北极水域的巡逻可以暂停，一切都可以回到核心战区。

邓尼茨显然是盟军所要面对的最聪明、最有组织能力的德国高级领导人之一。他几乎每天都在参谋部的作战日志中对潜艇战进行评估，而且经常对战争本身进行评估；这些作战日志写得非常坦率和冷静，读起来趣味横生。在将U艇对盟军的攻击转移到海洋贸易方面，他曾经表现出了高度的灵活性和智慧，现在他将再次把注意力转向北大西洋。对他来说，最重要的是各个战区实际摧毁的船只数量，以及还要多久才能击败整个护航系统。而海军部的规划者和统计学家则普遍悲观地认为，每一艘盟军商船被击沉都削弱了整体。到了1942年下半年，所有的逻辑都指向了再次派潜艇攻击集中在北大西洋的关键航线。第一，在冰岛南部仍然存在着一片盟军空军无法覆盖的区域——人们不禁猜测，邓尼茨是否曾想到，在美英空军真正拥有配备了所有必要探测设备和改进的深水炸弹的远程轰炸机之前，他的机会是多么稍纵即逝。第二，也是邓尼茨很清楚的一点，那就是与在墨西哥湾执行任务的U艇相比，在这一地区执行任务的潜艇只需行进一半的距离，与派往开普敦附近巡逻的潜艇相比，只要行进三分之一的距离。第三，德国实际上正在大量生产U艇，可供邓尼茨使用的潜艇数量每月都在增加。新艇员可能还不够熟练，但潜艇并不缺乏，英国皇家空军轰炸机司令部对U艇生产只造成了短暂的破坏。潜艇的装备也越来越好，例如，每艘艇上都有一个无线电探测器，可以识别何时被盟军雷达探测到。最戏剧性的变化是，就在德国几乎可以瞬间破译英国海军部所有的指令时，布莱切利园却失去了破解敌人情报的能力。由于这两个因素的影响，1942年下半年盟军航运的整体形势再次恶化。

然而，这并没有导致跨大西洋交通的完全阻断，而这也是由于若干因素。确实有许多单独航行的商船和较小的船队都顺利到达目的地，毕竟，每个月往返英国的船只太多了，有低速船队，有快速船队，有直布罗陀船队，有快速油轮和远洋班轮，虽然邓尼茨有了更多的潜艇，但它们不可能切断所有的贸易。大西洋的浓雾和风暴模糊了潜艇的视线，对于船队来说，这也是一个十分有利的因素。如果天气确实太糟糕，船队不得不返航，那也可以改天再出发，而U艇也要无功而返。无论是从商船上起飞的飓风式战斗机，还是"卡特琳娜"（Catalina）或"桑德兰"

（Sunderland）水上飞机，常常都可以将U艇赶入水下，几小时后船队已不见踪影。每一次双方相遇都会发生不同的故事，进而影响到每月的战果记录和战场的总体格局。

虽然由于U艇的实力增强，1942年底的形势对盟军很不利，但一旦美国造船业真正步入正轨，新船数量大增，那么形势就有望大幅缓和。在斗争的这个阶段，总体的情况很不明朗。关于1942年底大西洋之战的情况，不同历史书的记载大相径庭，这给后来的作者造成了很大的困难。[13] 基本的统计数据是无可争辩的：整个1942年，盟军商船在敌人行动中损失的总量达到惊人的779万吨，其中626.6万吨是潜艇造成的。德国的重型战列舰已被逐出北大西洋，现在已成为一种回忆。1942年，87艘德国潜艇和22艘意大利潜艇被击沉，但到了这年年底，邓尼茨可用的潜艇依然有212艘，还有更多的潜艇正在建造、下水或试航。1942年，仅美国造船厂就制造了520万吨船舶，并预备在来年翻番。但金上将会给处境艰难的西南太平洋送去多少呢？不同的统计方式会呈现出不同的情况。如果1942年11月击沉总计76.87万吨的可怕状况延续到1943年，邓尼茨将接近他梦寐以求的每月击沉90万吨或每年击沉1000万吨的目标。但是，如果此后的平均值处在12月31.65万吨的水平上，北大西洋的航路就可以得救了。[14]

就在这个时候，一个新的因素影响了1942年盟军船队与德国U艇之间的故事走向，那就是在盟军成功登陆摩洛哥和阿尔及利亚之后北非战线的开辟。起初，皇家海军主要为经大西洋到英国的船队提供护航，后来也要为从本土向外运送士兵、坦克和弹药的船队护航，包括直布罗陀航线、弗里敦航线、中东航线和苏联北部航线。英国就像一个巨大的风箱，不断吸进，又不断送出，而海军部相应地为其安排护航系统。因此，即使在1942年初，大西洋海战仍主要是英国、加拿大和较小的盟国海军的事情（而美国对冰岛和西印度群岛的援助越来越多）。到了1942年12月，情况显然不再是这样了，因为"火炬行动"意味着，现在必须有大量的、不间断的美国军需品和人员从美国南部港口穿过大西洋，直接抵达北非和地中海。这与穿越北大西洋的主要运输任务是同时进行的，后者将维系不列颠群岛的生存，使未来的大规模英美战略轰炸成为可能，并确保计划中的向法国进军的行动有机会实施。海军规划者们的挂图必须再次扩大了，大西洋之战的规模变得比以往任何时候都要大。

马耳他及其内海

在这一年里，大西洋之战并不是唯一需要英国海军部持续关注的大战役。争夺东地中海和西地中海控制权的海战和空战也异常激烈，双方的飞机和潜艇损失都很严重，而每次英国试图解救被围困并遭到严重轰炸的马耳他时，其军舰和商船的损失都极其惨重。其中许多损失发生在这一年的三次海军大战役中，即3月的第二次苏尔特海战（3月），6月分别以"鱼叉"（Harpoon）和"雄壮"（Vigorous）命名的两次护航行动（6月），以及8月的"基座行动"。但在意大利频繁向其北非基地提供补给期间，双方的潜艇和空袭也对彼此造成了很大的损失。意大利大量的海空力量也得到了德国空军的增援，事实证明，德国空军的Ju-87（"斯图卡"）和Ju-88轰炸机就像日本海军航空兵的轰炸机一样，在海上攻击船只时十分致命。在这一年的前8个月里，英军处于严重的守势。战局的变化来得相当突然，而这主要是由于阿拉曼战役和"火炬行动"胜利后盟军大规模部署了陆地和空中力量，而不是任何海战或进一步的马耳他护航行动。

正如我们所见，马耳他占据着独特的战略位置，到了1942年，战事对双方来说都十分吃紧。要么是轴心国能发动最后一轮进攻，[15]埃尔温·隆美尔和他的德意联军向开罗推进，打破英国在中东的中心地位；要么是英美海上和空中力量在这个战区大展身手，将北非变成反攻意大利的跳板。不管怎样，占据这一岛屿基地都至关重要。如果英国继续利用其潜艇和空军基地攻击意大利的船队，就会加剧轴心国军队在燃料和弹药方面的短缺，而此时蒙哥马利的军需储备正在不断扩充。双方都知道今年战役的结果将是决定性的，例如，英国的内阁不止一次焦虑地考虑马耳他是否只能投降，何时投降，这就是为什么他们几乎把所拥有的一切都投入了战斗。在1942年的战役中，意大利空军中队、规模较小的海军中队和鱼雷快艇所表现出的坚韧和侵略性是值得注意的，因为仅仅一年后，意大利就迅速投降了。

意大利和德国对护航运输队和马耳他岛发动了无情的猛烈攻击，为了保证马耳他的物资供应和作战能力，英国皇家海军付出了惨重的代价，这样的坚决让今天的读者也不能不为之动容。[16]马耳他船队蒙受了巨大损失，英国海军部只能不情愿地接受这样一个事实：通常只有四分之一或三分之一的货物能够送达。1942年3月第二次苏尔特海战中舰队的行动证明了这一点。虽然地中海舰队的重型舰艇受损严重，导致没有战列舰和航母能参与护航，一支由四艘商船组成的船队（MG-1）还是在大量巡洋舰和驱逐舰的护送下从亚历山大港出发。面对更加强大的意大利军舰，这些护航舰透过烟幕发射了多枚鱼雷，并竞相向大得多的意大利军舰开炮，表现出大卫挑战巨人歌利亚的勇气，成功地击退了一艘强大的新型战列舰和两艘重型巡洋舰。但令人失望的是，那些没有在途中被击沉的商船很快在马耳他港遭到空袭，在26 000吨补给物资中，只有5000吨成功送达，皇家海军在这次行动中有9艘军舰沉没或严重受损。马耳他的皇家空军几乎全军覆没。由于在印度洋、大西洋和北角的损失，在1942年4月和5月，英国的地中海海军战略完全处于被动状态，虽然双方的潜艇都在不停地寻找目标。

英国皇家海军在6月发起了"鱼叉行动"和"雄壮行动"，双管齐下，试图扭转这一局面，但结果是可怕的。"鱼叉行动"为期十天，由一支从直布罗陀前往马耳他的护航运输队执行，遭受了200多架飞机和意大利巡洋舰、驱逐舰的多次攻击。六艘商船中仅有两艘到达马耳他，另外四艘被击沉；护航舰中有两艘驱逐舰被击沉，另外四艘军舰严重受损。但是总的来说，英国人认为这是一场胜利。"雄壮行动"从亚历山大出发，规模更大，但失败了。几乎从一开始，这支船队及其护航舰就遭到了敌人鱼雷快艇、潜艇以及轰炸机的无情攻击，而意大利的战列舰也在这批海域的消息又使这一炼狱雪上加霜。由于担心商船会被15英寸和8英寸的炮弹摧毁，英国海军领导人四次命令护航运输队转向，最后才下令返回亚历山大港。结果，6艘商船被击沉，英国皇家海军也损失了"贝都因人号"（Bedouin）驱逐舰。在陆地上，隆美尔的非洲军团已经深入埃及，这让新任地中海舰队总司令亨利·哈伍德上将惊慌失措，命令他的军舰放弃亚历山大港，前往巴勒斯坦港口海法和阿卡。放弃马耳他的方案再次被提上议程。

但是英国人不能接受整个地中海战略失败，尤其是丘吉尔，他迫切希望能在这一战区取得决定性胜利，因此他坚持要再次行动，甚至付出更大的努力，即使这意味着将大大削弱印度洋和本土舰队的力量。因此，更多部队加入了8月10日至15日的"基座行动"，这将是第二次世界大战中规模最大、最残酷、最血腥的护航行动。对于历史学家来说，要想找到与之旗鼓相当的行动，还要回到三个世纪之前英荷战争期间在英吉利海峡孤注一掷的护航战斗。英国皇家海军的"罗德尼号"和"纳尔逊号"战列舰、三艘航空母舰、三艘巡洋舰为巡洋舰和驱逐舰群提供远距离护航，而这巡洋舰和驱逐舰群又为14艘商船（包括4艘重要的油轮）提供了更近距离的护航。这些军舰大多从克莱德海军基地出发，在海上航行六天后，驶过直布罗陀，进入地中海。[17]

突尼斯和的黎波里、撒丁岛南部和西西里岛西部之间是一片三角形的水域，从直布罗陀驶往马耳他的船只必须得在这片水域航行数小时，而轴心国在这附近新建了许多机场，并且亚平宁半岛和西西里岛设有大量的潜艇基地。意大利的重型战列舰可以利用塔兰托、那不勒斯、热那亚和其他港口。根据英国海军部悲观的估计，英国战列舰和航空母舰也不可能进入马耳他海域——这是两次世界大战之间逐渐消失的记忆。当截获的情报说这次意大利的主力舰队不会出动时，主要的护航舰在比塞大北部的一个位置折返，让商船由距离更近的巡洋舰和驱逐舰护送。大约一天后，它们也驶往直布罗陀，留下小得多的护航舰（轻型巡洋舰和驱逐舰）继续最后150多英里的航程，前往马耳他。因此，早期轴心国潜艇和空袭的主要目标锁定为英国大型战舰，这一点都不奇怪，而且它们在早期也取得了巨大成功：击沉了"鹰号"航母，重创了"不挠号"航母。然后巡洋舰成了下一个攻击目标，有两艘受损，两艘被击沉，其中英国皇家海军"曼彻斯特号"因为在夜间遭到德意鱼雷快艇的集中攻击而沉没。白天，轰炸机俯冲而下，晚上，鱼雷快艇悄然靠近，敌方潜艇则不分昼夜，时刻准备发动攻击。

在这样的三重攻击之下，许多商船在驶向马耳他的最后这段航程沉没。在8月12日和13日晚上，有6艘船沉没，其他商船也遭到了重创。其中美国的"俄亥俄号"快速油轮后来成为一个传奇。它先是被大胆的意大利潜艇"阿克苏姆号"（Axum）发射的第一枚鱼雷击中（该潜艇在同一次齐射中也击毁了两艘皇家海军巡洋舰），然后被一架坠毁的敌机击中。在烟雾和巨大的水柱（来自多次险些击中的炸弹）之中，它停在那里，似乎行将沉没，部分船员被转移。但是它并没有沉没。它的货物如此重要，英国海军部决定把它拖走，在它的底部放上一根钢索，让两艘驱逐舰拖着，慢慢地又行驶了100英里。钢索曾一度被德国的炸弹炸断，但又被重新接上。8月15日早晨，"俄亥俄号"拖着伤残之躯跌跌撞撞地驶入马耳他大港的入口，正逢神圣的圣母升天节。当时大多数虔诚的马耳他人正在做弥撒，但随着这一"奇迹"的消息传开，他们中的许多人从教堂里溜出来，跑到城垛上观看。人群不停地欢呼，一支铜管乐队为它演奏。"俄亥俄号"小心翼翼地靠泊，并在沉没之前卸载了宝贵的1万吨货物。这支船队共有五艘商船幸存。捉襟见肘的皇家海军损失了一艘航母、一艘重型巡洋舰、一艘防空巡洋舰和一艘驱逐舰，另有一艘航母和两艘巡洋舰受损。这一切换来的，是马耳他岛上的人有饭可以吃，喷火式战斗机有油可以加。

马耳他值得这一切的付出吗？在他精彩而独特的介绍二战期间皇家海军的历史著作中，著名英国军事历史学家柯瑞里·巴尼特反复抨击这种战略的愚蠢，将国家有限的资源如此之多地投入保卫这个岛屿的战斗中。事实上，他还反对丘吉尔将人员、武器和资金大量投入整个地中海和中东地区。巴尼特认为这是一种浪漫的帝国幻觉使然，是对资源的浪费，而这些资源本可以用于与纳粹德国展开更直接的战争。[18]笔者并不认同这样的观点。正如下面将要描述的那样，在1944年之前，登陆西欧是不可能的——也就是说，在大西洋海战和（特别是）对德国的空战取得胜利之前是不可能的。此外，如果1942年马耳他失守，盟军的北非计划会遭受巨大的打击——埃及很可能会失守，"火炬行动"几乎不可能发生，意大利也不会受到如此大的威胁。

事实上，正是由于"基座行动"保住了马耳他，为其提供了补给，到了1942年8月，盟军才获得了一个喘息空间。然而，人们也可能注意到，在这几个月里，马耳他驻军以较不引人注目的方式进行了较为有限的重新武装。为了应对岛上的紧急情况，英国皇家海军潜艇多次被用来运送重要的飞机发动机和其他部件。超高速轻型巡洋舰（布雷舰）承担了较多的运输任务，如"曼克斯人号"（Manxman）、"威尔士人号"（Welshman）和"阿布迪尔号"（Abdiel），这些巡洋舰执行了从直布罗陀到马耳他的全程快速往返。旧式的小型航空母舰"暴怒号"、"鹰号"和"百眼巨人号"也多次执行运输任务，它们被护送到离马耳他500英里远的一个起飞点，飓风式和喷火式战斗机可以从这里飞行至岛上的空军基地。在这些增援行动中，美国的快速航母"黄蜂号"最引人注目，它是丘吉尔向罗斯福极力请求后才借来的。1942年4月，

"黄蜂号"从克莱德港装上了47架喷火式战斗机，几天后，在严密护航之下，将其运往马耳他——这是这场战争中美国海军对地中海战场的"第一次"援助行动。[19]

纳粹德国空军几乎在陆地上摧毁了所有这些飞机，但是一个月后，"黄蜂号"再次进入地中海，又运输了47架喷火式战斗机。"鹰号"航空母舰（在"基座行动"中沉没之前）在5月和6月进行了三次不为人知的航行，总共运送了72架喷火式战斗机。"百眼巨人号"航母也承担了多次运送任务。此外，从东部来看，在阿拉曼战役之前和期间，英国资源大规模增加，这意味着马耳他和埃及的空军基地正在获得越来越多的"英俊战士"、"哈得孙"和"惠灵顿"轰炸机。空中力量的平衡正在迅速转变，而这也产生了一些后果。意大利前往突尼斯的运输队陷入瘫痪，U艇不敢浮出水面，轴心国的鱼雷快艇受到无情攻击，本来就不完善的港口设施遭到了进一步的破坏。当然，如果马耳他在这年早些时候投降，并成为一个重要的德国空军基地，这一切都不可能发生。

在1940—1942年，足足有35支船队被派往马耳他。事件的结局有点出人意料。在1942年11月的"石器时代行动"（Operation Stoneage）中，四艘商船成功地从亚历山大港抵达马耳他，只有英国皇家海军的巡洋舰"林仙号"（Arethusa）受损。在12月同样是从亚历山大港出发的"吊闸行动"（Operation Portcullis）中，又有五艘商船携带补给成功抵达马耳他，这是唯一一次毫发无损的护航运输行动。值得注意的是，盟军——实际上就是英军——从东面向马耳他提供补给，这意味着这些商船一开始必须沿着非洲大陆绕行。当然，到了11月，直布罗陀海峡附近已经到处是军舰，前往马耳他的船只根本无法通过。

这些军舰的目的地是法属北非。展开行动的决定是在罗斯福总统答应派遣美国军队参加这次行动之后才做出的,在此前的一年里,英美两国一直在争执应该从哪里对轴心国发动进攻。实际军事行动始于11月8日,对于迄今为止的海战来说,这是一个很大的进步,因为大批军队被派往维希政府控制的卡萨布兰卡、奥兰和阿尔及尔等港口。舰队的庞大规模直截了当地表明,这是一场不会也不能失败的冒险。正如一些策划者承认的那样,1915—1916年加里波利战役的记忆从未完全离开他们的脑海。每一个环节都排练了一遍又一遍。两支队伍中较大的一支(由五万名英美士兵分成四支舰队,两快两慢)和庞大的护航舰队一起,从克莱德港向南驶出。从地图7可以看出这次行动有多么复杂。

英国在战争的第四年还能做到这一点,这表明它依然是一个不可小觑的大国。对历史学家来说,同样重要的是这样一个事实:美国同时派出了一支由3.5万人组成的舰队(穿越了整个大西洋,从弗吉尼亚州的诺福克到卡萨布兰卡),并为登陆阿尔及尔提供了大部分兵力。这一切都表明美国的历史性承诺将是重大和决定性的。它现在已经致力于南欧回归战略,至少在接下来的一年里都是如此,直到整个北非落入盟军手中。在登陆阿尔及利亚之后,美军向突尼斯和的黎波里进军,与蒙哥马利从东部来的军队会合,然后也许会对西西里岛发动进攻。所有这一切都意味着,在最初的"火炬行动"之后,还会有第二支庞大的舰队穿越大西洋,从美国南部各州前往地中海战区。[20]但首先必须攻占北非。

在一个非常重要的方面,盟军"火炬行动"的策划者,当然还有参与的部队,都很幸运。两栖作战一直被认为是最复杂、最危险的军事行动,作为动用庞大两栖部队的最早尝试,这些行

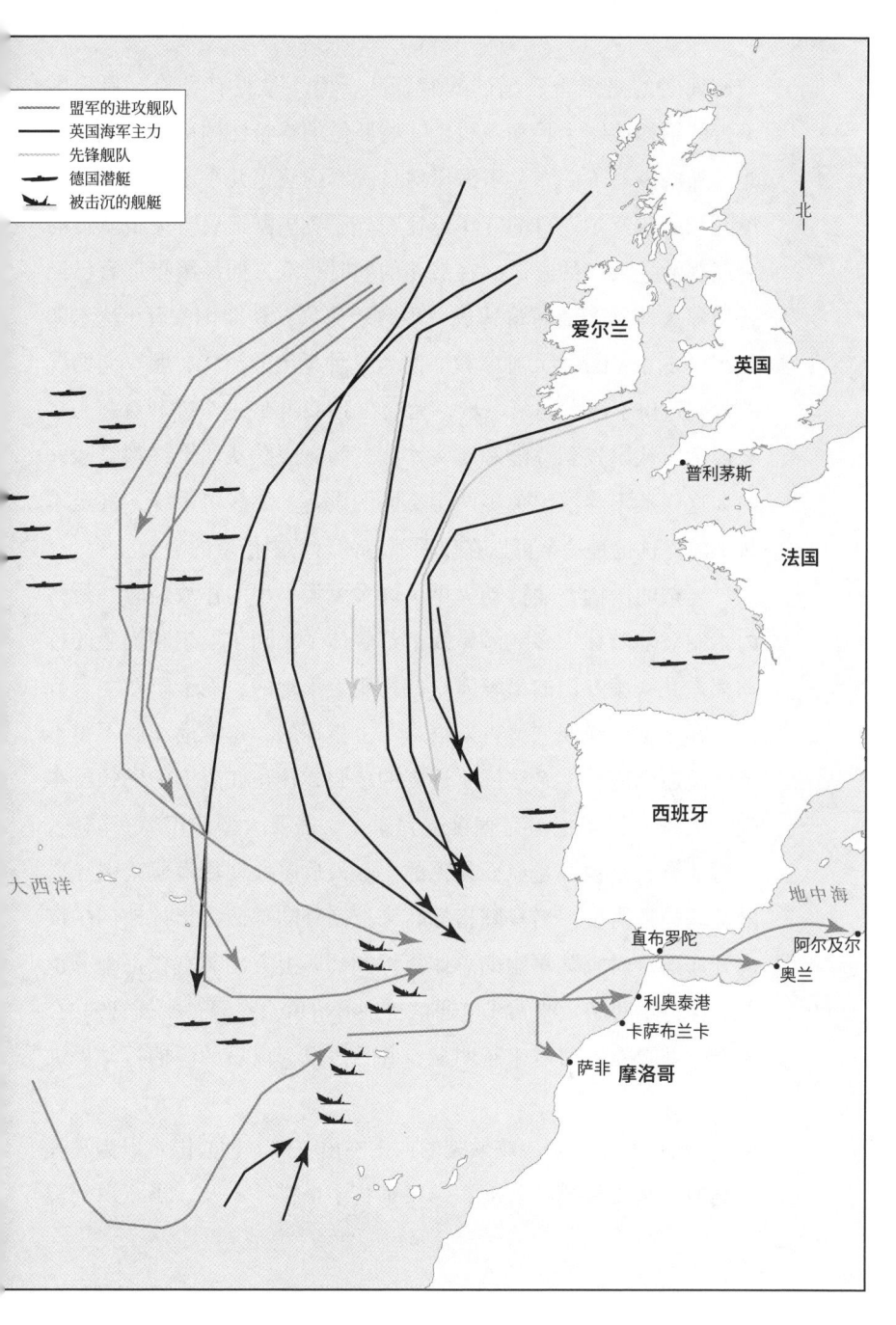

地图7　1942年的10—11月，参与"火炬行动"的舰队

动所面对的是维希法国的武装部队,而不是更有经验、更残酷无情的纳粹德国士兵和飞机。一些骄傲的维希法国部队勇敢地战斗,那些沿着卡萨布兰卡海岸对抗美军的法军几乎没有胜算,但奥兰和阿尔及尔港口的守军迅速粉碎了英国派遣载有突击队员的驱逐舰冲进港口的尝试。在战斗的同时,双方的高级指挥官已经开始停火谈判,随后将达成一项政治协议,让弗朗索瓦·达尔朗(François Darlan)元帅掌权。随着这种抵抗的消失,盟军向西线的胜利迈出了巨大的第一步,无论在1942年底这个胜利看起来多么遥远。从出发到登陆和滩头作战,两支舰队从始至终都是独立的,这样就不会混淆英美两国不同的设备、无线电系统,甚至军事术语,这也是一条可以在以后所有的行动中借鉴的经验。

  复杂的两栖登陆行动提供了许多大大小小的作战经验。最初的木制登陆艇在大多数海岸线上都解体了。阿尔及尔和奥兰的行动都是在一艘专门的皇家海军指挥舰上策划的,而卡萨布兰卡行动是在重型巡洋舰"奥古斯塔号"上指挥的,这艘巡洋舰不得不掉转航向以应对维希法国驱逐舰的威胁,让正在舰上的巴顿将军颇为失望。为了把坦克直接运到岸上,需要大型的坦克登陆艇,这对所有人来说都是显而易见的。在最后阶段使用潜艇来引导登陆部队,还需要一名登陆指挥官来控制登陆部队,指挥他们尽快离开海滩。对登陆军舰的总体指挥和部队上方的制空权都十分重要。保持不间断短波无线电通信特别有价值。对盟军指挥官来说,所有这些要点变得越来越明显,并且可以为以后的两栖行动提供借鉴。

  "火炬行动"是战略欺骗的一个杰出范例。轴心国本以为马耳他会有一场大规模的行动,结果被打了个措手不及。当意识到盟军的真实意图时，轴心国军队除了对一些登陆艇和护航舰进行几次大胆的U艇袭击外，别的什么也做不了。西北非洲不在希特勒的势力范围内，维希法国是不可靠的盟友，时刻都会叛变，意大利舰队对英国海军的庞大舰队（又是H舰队）[21]没有采取任何行动，后者对阿尔及利亚的两次登陆行动进行了掩护。仅有的短暂抵抗来自维希法国的一些海军和空军部队以及几艘U艇。盟军在这里投入了10.7万人的庞大部队，最终死亡人数约为480人。盟军在"火炬行动"中损失了护航航母"复仇者号"、四艘驱逐舰和几艘商船，比许多马耳他护航运输队的损失还要少。在整个二战中，没有任何一次行动能够像这次行动一样，以如此小的代价取得如此大的战略成就。面对德军的抵抗，英美的陆地进攻在1943年初很快停止了，但是"火炬行动"的胜利意味着，针对轴心国控制的欧洲的南方战线已经形成，这是德国最高统帅部必须面对的一个令人不快但又不容否认的事实。

"火炬行动"还带来了另外一个结果，即仍然停泊在土伦基地的庞大的维希法国舰队的剩余部分被凿沉。这消除了一个潜在的威胁，并给海上力量的平衡带来了巨大的改变。然而，在大多数历史叙述中，包括第二次世界大战的官方海军历史中，这一点都是一笔带过。根据1940年维希法国与德国签订的停战协定，这些军舰享有准独立的地位，加上在奥兰和凯比尔港逃过英国炮击的军舰，这支舰队的存在经常让皇家海军的规划者感到担忧，毕竟在大多数时候，这支舰队的规模比H舰队大得多。当英美对北非的进攻促使希特勒下令占领法国的其余地区，然后下令抢夺土伦港的舰队时，法国海军毅然决然地选择了凿沉自己的军舰，尤其是最现代化的军舰。这一行动的结果实际上是史诗级的：3艘战列舰、7艘巡洋舰、18艘舰队驱逐舰、12艘鱼雷艇和15艘潜艇被凿沉——总共55艘战舰，再加上几十艘较小的舰艇，其规模比剩余的德国海军水面舰队还要大。[22]德国人只获得了几艘军舰，但从未真正使用过它们。希特勒对此很满意，至少自由法国不会得到这支舰队，而戴高乐则大发雷霆。

虽然地中海舰队中的一些英国军官可能会对法国海军这一结局感到难过，但这却是战略上的意外收获。土伦沉船没有1919年6月斯卡帕湾公海舰队沉没规模大，但是结果大同小异，那就是对英美制海权的威胁被消除。不到一年的时间里，规模更大的意大利海军也将面临同样的结局，而到那时，德国海军只剩下一支驻扎在挪威的残余部队。就这样，参加第二次世界大战的六大海军，在战争进行到一半时，只剩下了三个。从此，海上战争的胜负已经成为这几个大国之间的博弈。

日本的猛攻、决战中途岛和海战的转型

在争夺海上支配权的第三个战场上，也就是在太平洋战争中，舰队航母战争的时代开始了。我们可以感觉到，在另外两个战场，海军构成的这种变化几乎没有被其指挥者（比如邓尼茨，甚至是丘吉尔）注意到，这也许是可以理解的。在大西洋海战中，护航运输队与U艇的斗争必须长期持续下去，而且其战斗之间有着残酷的相似之处。在地中海海战中，皇家海军的力量被一次又一次地投入对马耳他的增援，希望改变北非的战略平衡。但在第三个战场上，情况又明显不同了。首先，在1942年，英国和美国并不是这里占主导地位的海军大国。在太平洋地区，它们面对的是一

绘画1

1938年，停泊在马耳他大港的"胡德号"战列巡洋舰和"巴勒姆号"战列舰

它们象征着英国在地中海的海上力量。在1941年的激烈战斗中，两者都被击沉，但马耳他岛守住了。

绘画2
1938年，停泊在那不勒斯附近的意大利重型巡洋舰"扎拉号"及其姊妹舰"阜姆号"和"波拉号"

意大利建造的战舰是所有战舰中最优雅的,如图所示的"扎拉"级 8 英寸炮重型巡洋舰。在马塔潘角海战的夜间战斗中,这三艘战舰都被英国战舰击沉。另见绘画 25。

绘画 3
停靠在吴港海军基地的日本航母"加贺号"

日本航母"加贺号"和"赤城号"是在大型战列舰的船体基础上建造的,因此速度可以达到30节。"加贺号"参加了偷袭珍珠港的行动,但是在中途岛战役中,它和其他三艘航母被摧毁(见第六章),日本海军力量的核心就此瓦解。

绘画4
1938年,美国"得克萨斯号"军舰访问英国朴次茅斯港

  战争爆发前的那个夏天,这艘现代化的美国战列舰正在访问欧洲。这艘军舰参加了北非("火炬行动")、诺曼底、硫黄岛和冲绳的战斗,现在已经被改造成了一艘博物馆船,停泊在得克萨斯州圣哈辛托。背景是英国轻型巡洋舰"翡翠号"。

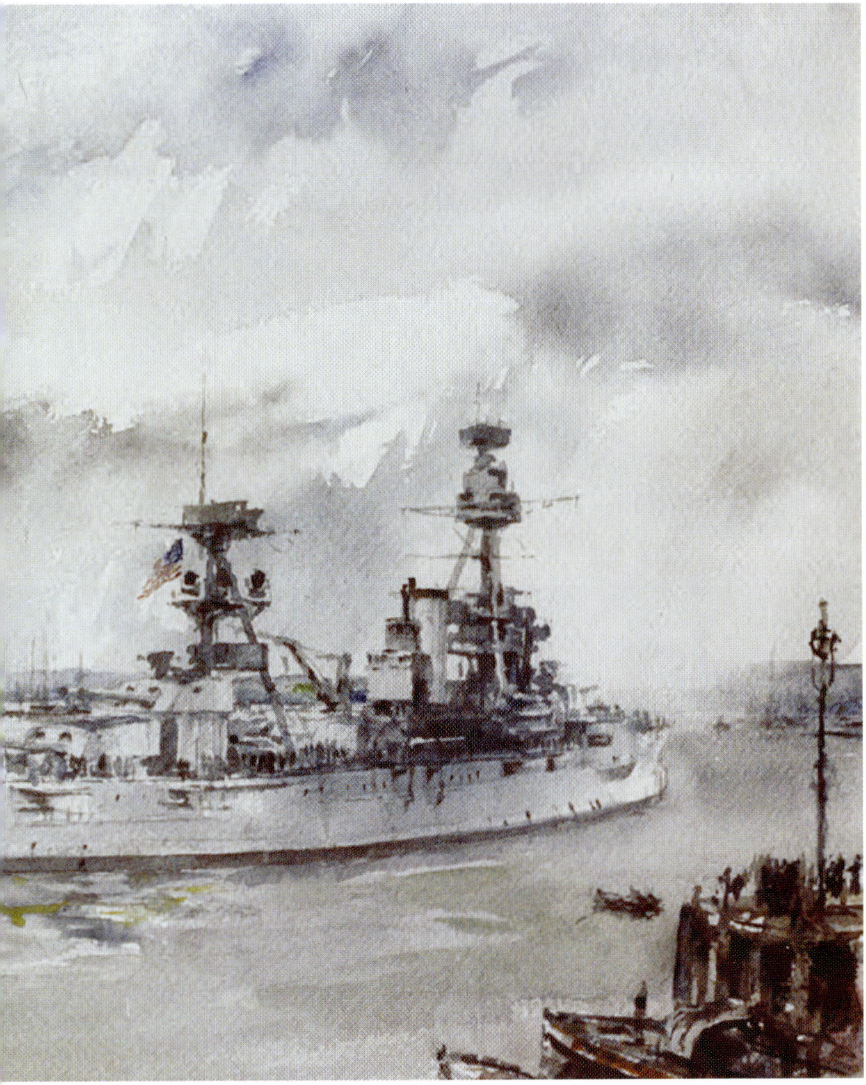

绘画 5

1942 年，英国皇家海军"罗德尼号"战列舰从福思湾桥下驶过

"罗德尼号"和"纳尔逊号"是皇家海军仅有的两艘 16 英寸炮战列舰，它们的炮塔都

位于前方,以符合《华盛顿海军条约》的吨位限制。它令人难以置信的战斗生涯始于挪威附近的行动,后来还击沉"俾斯麦号",参加马耳他护航运输队,以及支援西西里岛和诺曼底的登陆行动。

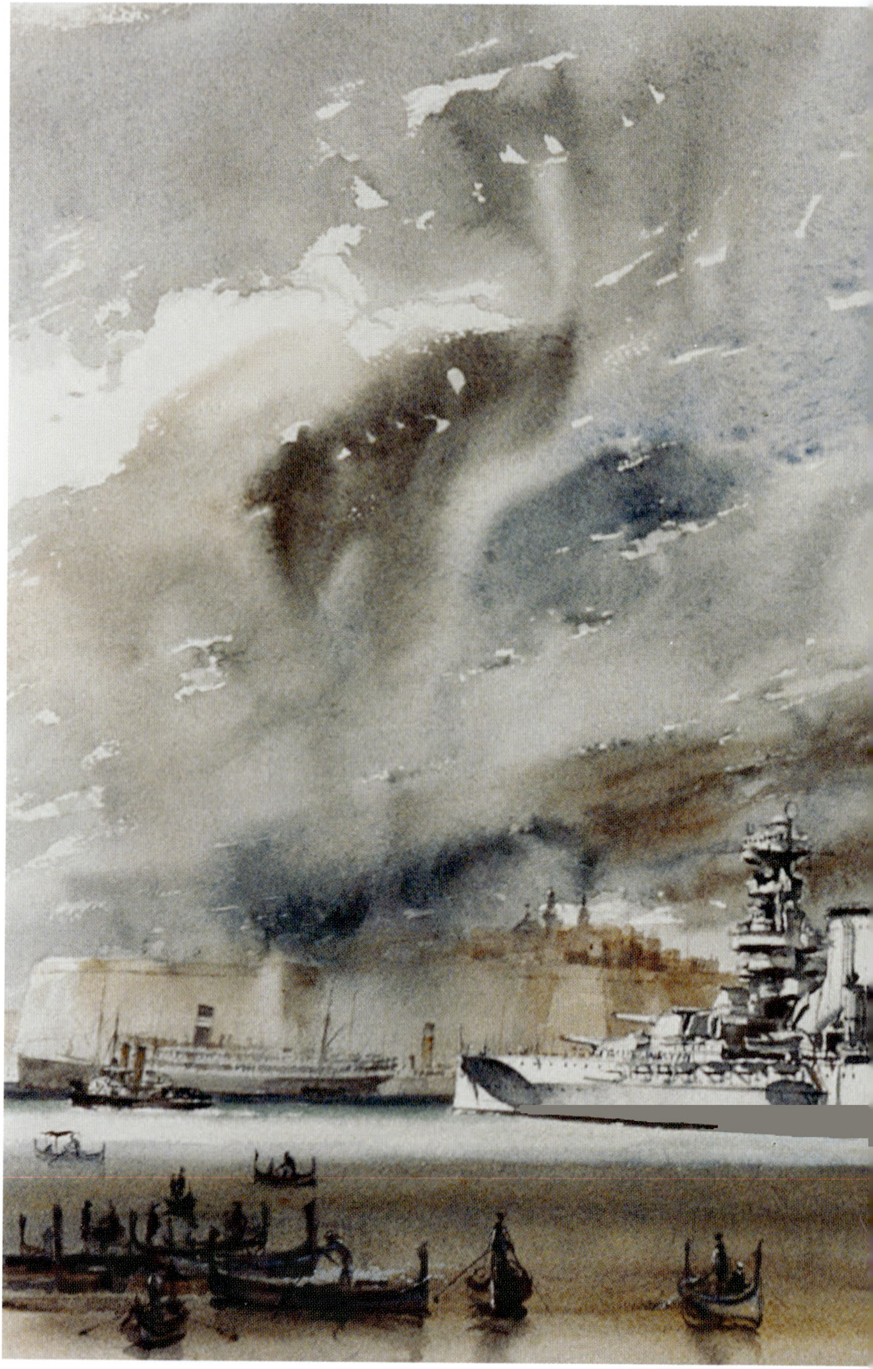

绘画 6

1936 年，停泊在马耳他大港的英国"伊丽莎白女王号"战列舰

和英国、法国、意大利、日本及美国的许多战列舰一样，这艘战列舰在两次世界大战之间接受了大规模的现代化改造。它曾经参与地中海的多次行动，在亚历山大港被击沉，又被打捞起来，并在二战后期参与了对日本在东南亚的阵地的轰炸。

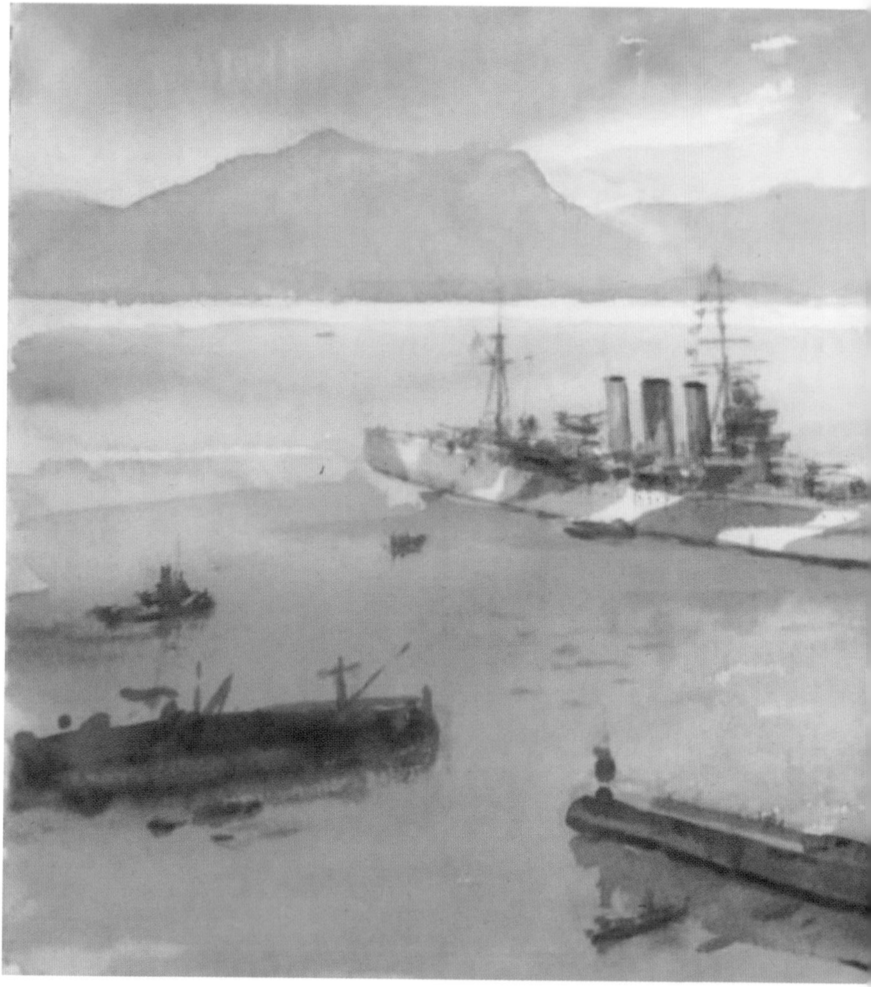

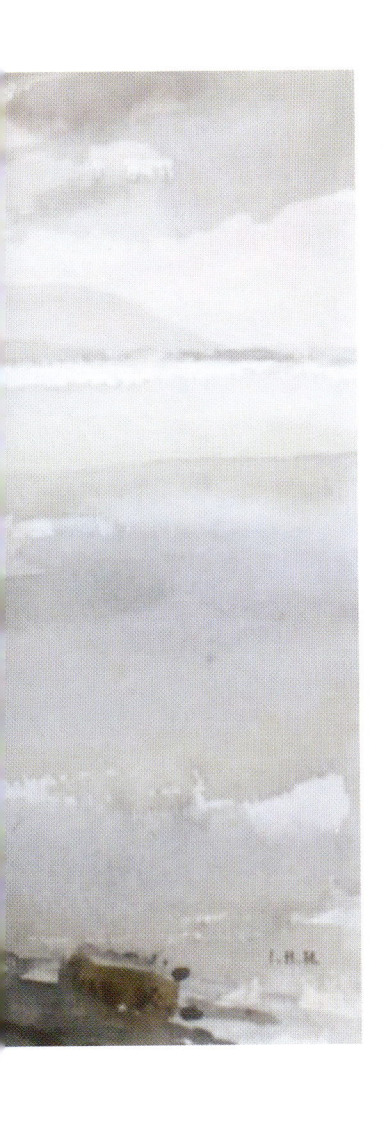

绘画 7
"多塞特郡号"巡洋舰，南非西蒙斯敦港

这里可以看到经典的 8 英寸炮"郡"级巡洋舰的轮廓。这艘巡洋舰曾参与大西洋上的许多行动，包括用鱼雷击沉受损的"俾斯麦号"，但一年后的 1942 年 4 月，它被日本航母的大规模空袭击沉。西蒙斯敦是英国皇家海军在南部海域的主要基地，也是非常安全的基地。

绘画 8

1943年,"花"级轻型护卫舰"石竹号"在波涛汹涌的海面上

战争爆发时，英国海军部紧急订购了数百艘这种轻型护卫舰。在更大的护卫舰（见绘画47）出现之前，它们一直履行着重要的职责。1943年5月，英国皇家海军"石竹号"在ONS-5护航行动中发挥了英勇的作用。

绘画 9
1924 年，汉普顿锚地的美国"兰利号"航母

像"兰利号"这样的早期小型航母培养了一代又一代的美国海军航空兵——比二战时期的大型舰队航母早了近20年。

绘画 10

1936 年，停泊在皮吉特湾的美国"萨拉托加号"和"列克星敦号"航母

它们是当时世界上最大的航空母舰（由战列巡洋舰改装而成），速度非常快，最多可以搭载90架飞机。"列克星敦号"在珊瑚海海战中被击沉，而"萨拉托加号"在整个二战期间一直在服役。

绘画 11
1938年，停泊在马耳他大港的英国"皇家方舟号"航母

"皇家方舟号"航母是皇家海军最著名的航母,在战争爆发前不久,它被拖出了历史悠久的马耳他大港,这幅画描绘的就是这一场景。在1941年11月被U-81潜艇击沉之前,这艘航母在大西洋之战、击毁"俾斯麦号"和马耳他护航的过程中都发挥了巨大的作用。

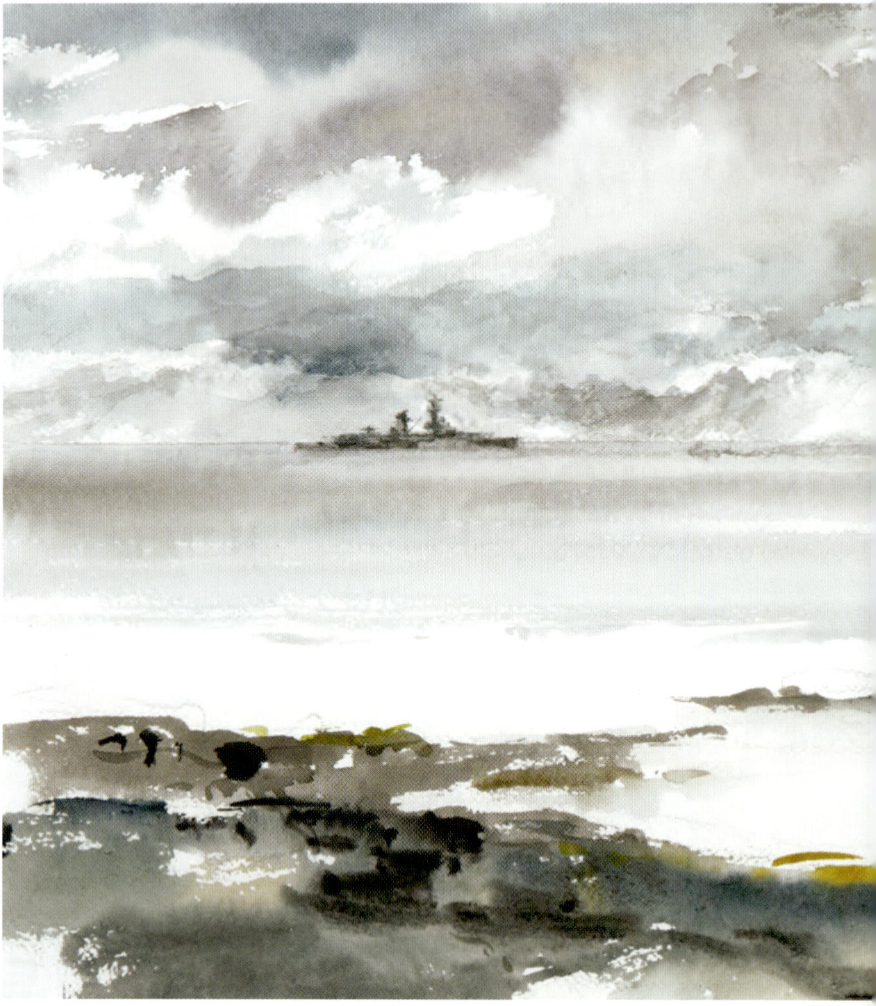

绘画 12

1943 年，纳尔维克峡湾的"吕佐夫号"和"沙恩霍斯特号"

1940 年德国占领挪威，打破了早先的地理限制，使其大型战舰——这里分别是一艘袖珍战列舰和一艘战列巡洋舰——能够进入北冰洋或大西洋。"沙恩霍斯特号"在北角海战中被击沉，"吕佐夫号"在 1945 年被英国皇家空军的轰炸机击毁。

绘画 13

1935年，查尔斯顿海军造船厂的"俄克拉何马号"战列舰和"内华达号"战列舰

这两艘装有14英寸炮的姊妹舰有着完全不同的战斗经历:"俄克拉何马号"在珍珠港事件中遭到了不可挽回的破坏,而"内华达号"幸存了下来,并且参加了许多战斗(包括诺曼底登陆和冲绳战役)。

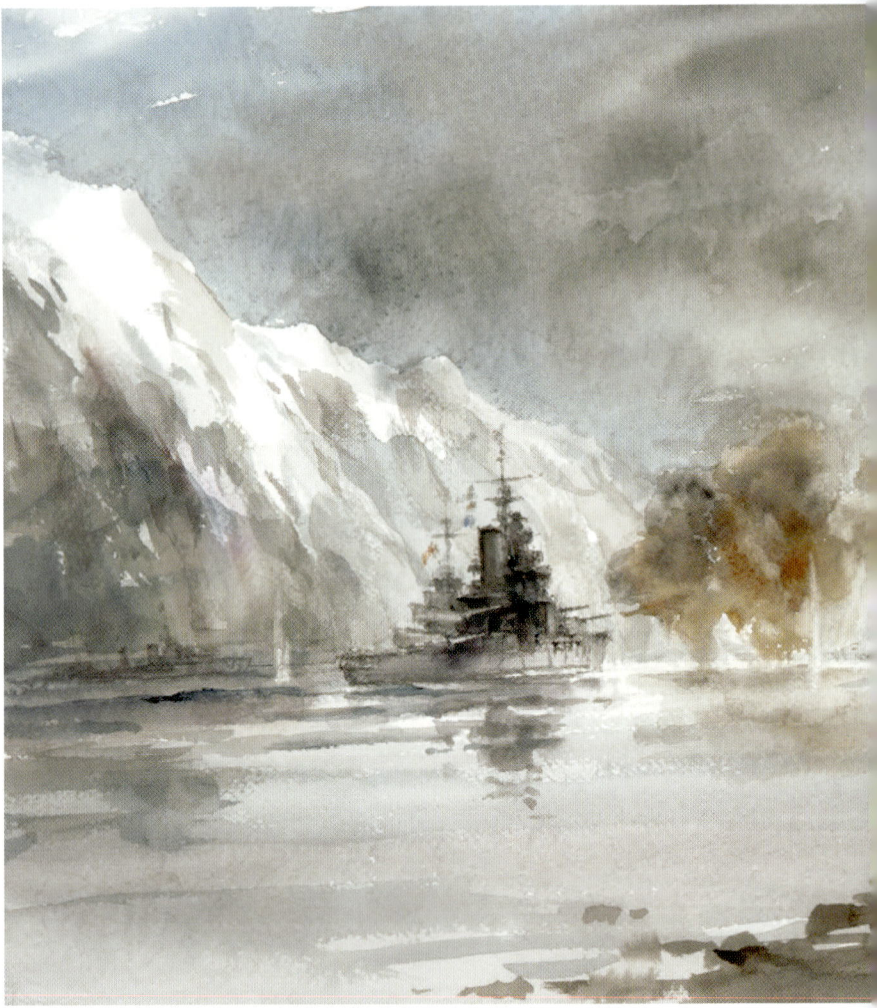

绘画 14
1940 年 4 月在纳尔维克峡湾作战的英国皇家海军战列舰"厌战号"

在一次惊人的行动中,这艘作战经验丰富的战列舰被派往峡湾,消灭了整个德国驱逐舰舰队;但皇家海军还是无法阻止希特勒占领挪威。

绘画 15

1939 年，停泊在蒙得维的亚港附近、已经受损的"施佩伯爵号"

在拉普拉塔河口海战中,这艘著名的德国袖珍战列舰受到了英国巡洋舰的重创,最终在港口附近自沉。

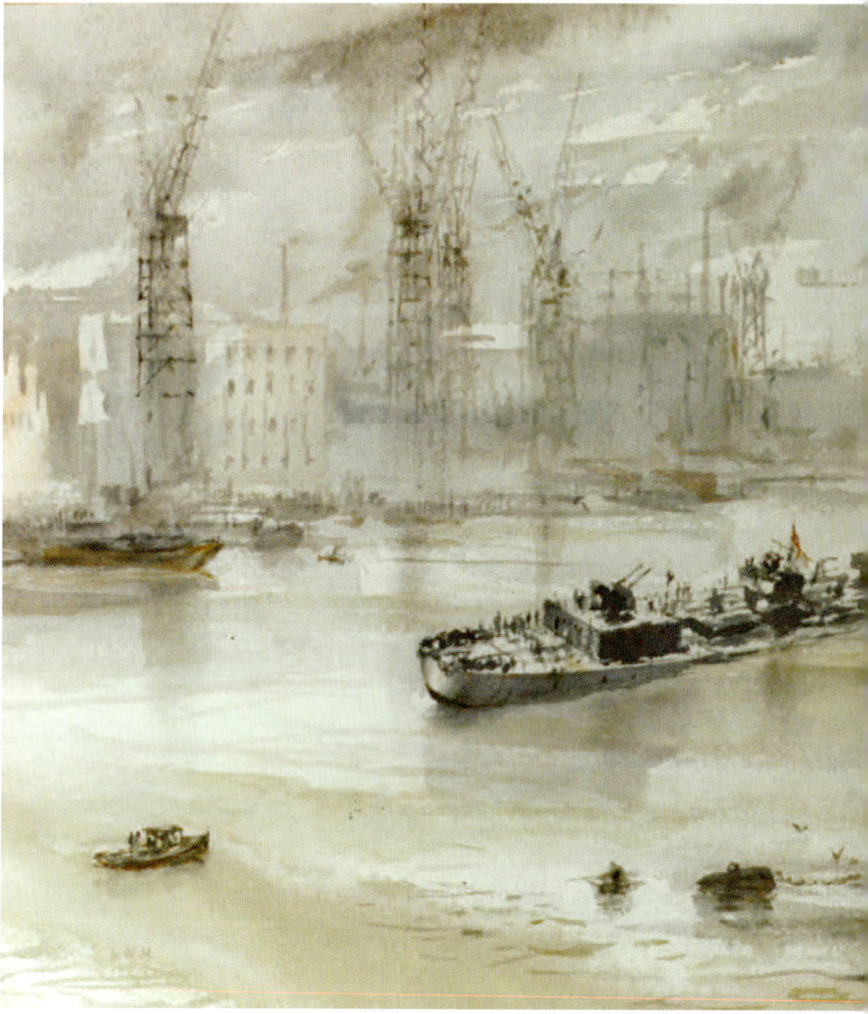

绘画16

1940年，受伤的"凯利号"艰难驶入泰恩河

在北海一场激烈的战斗中，路易斯·蒙巴顿勋爵指挥的战舰被德国鱼雷快艇重创，差点沉没，被拖回最初的造船厂进行维修（保罗·肯尼迪的父亲目睹了这一幕）。1941年，"凯利号"在德国空军在克里特岛附近发动大规模袭击的过程中被击沉。

绘画 17
敦刻尔克撤退之后,英国驱逐舰在多佛尔卸下部队

这艘身份不明的皇家海军驱逐舰是多次将疲惫不堪的英法军队从敦刻尔克海滩运送回来的众多驱逐舰之一——通常一天两次。

绘画 18
1941年，法国战列舰"黎塞留号"在达喀尔遭到轰炸

皇家海军曾多次尝试通过炮击和空袭来摧毁维希政权的海军船只。虽然"黎塞留号"多次受损,但它在1943年加入盟军后,仍然创造了辉煌的战绩。

绘画 19

1941 年，停泊在直布罗陀的"谢菲尔德号"巡洋舰

在这幅出色且具有象征意义的绘画中，这艘英国巡洋舰停泊在直布罗陀，在很长的时间里，这里一直是 H 舰队的基地。在整个二战期间，这些配备 6 英寸火炮的经典"城"级巡洋舰曾经在每一个大洋中作战。

绘画 20

1941 年，"俾斯麦号"遭到费尔雷"剑鱼"鱼雷轰炸机的攻击

1941 年 5 月 24 日在丹麦海峡击沉"胡德号"战列舰仅仅三天后，这艘巨大的德国战列舰的方向舵就被鱼雷击毁了。与这艘战列舰相比，"剑鱼"鱼雷轰炸机显得微不足道。

绘画 21
1941年，停泊在哈利法克斯的美国四烟囱护航驱逐舰

美国政府最引人注目的非中立行动是1940年9月签订了"驱逐舰换基地"协议。虽然这50艘较旧的军舰大多数需要改装,但其中一些(很容易通过其四个高高的烟囱识别)在1941年已经加入了加拿大和英国舰队,执行护航任务。

绘画 22

1941 年,"厌战号"战列舰正在布雷默顿的海军造船厂进行维修

这艘久经沙场的英国战列舰在克里特岛战役中受损后,航行到世界另一端,在美国西海岸接受维修。此时美国尚未参战。同一个布雷默顿造船厂后来还修复了珍珠港事件中受损的战舰。

绘画 23

1940年，意大利战列舰"利托里奥号"和"朱利奥·恺撒号"

　　这艘高颜值的新战列舰"利托里奥号"参加了许多与英国皇家海军的战斗，被击沉于塔兰托。后来它被打捞起来，并再次参加了战斗，最后于1943年9月在马耳他投降。而较老、较小的"朱利奥·恺撒号"参加了早期的战斗，也幸存到了战争结束后。

绘画 24

英国皇家海军"光辉号"及其"剑鱼"鱼雷轰炸机的钢笔素描

  "光辉号"是这场战争中第一艘高级且高效的舰队航空母舰,它搭载的"剑鱼"鱼雷轰炸机昵称"网兜",在 1940 年 11 月的塔兰托战役中袭击了意大利的舰队。"光辉号"在整个战争期间都参与了战斗,包括在太平洋战区,它在皇家海军一直服役到 20 世纪 50 年代中期。

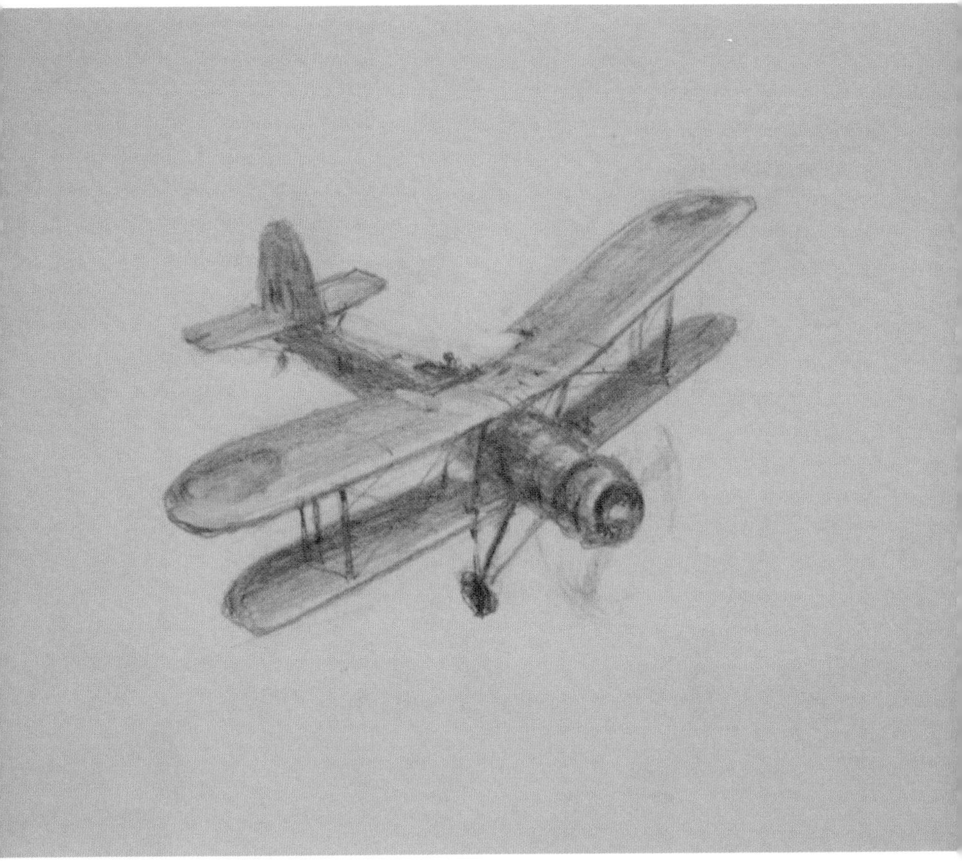

绘画 25
1941年，马塔潘角海战中的"扎拉号"及其姊妹舰

在早些时候对抗英国皇家海军的行动之后，意大利重型巡洋舰在希腊马塔潘角的一场夜战中被英军的主力战列舰包围。"扎拉号"、"阜姆号"和"波拉号"（见绘画2）全部被击沉，这是意大利海军在海战中的最大败绩。

绘画 26

1941年，停泊在新加坡的"威尔士亲王号"和"反击号"

崭新的战列舰"威尔士亲王号"和老牌战列巡洋舰"反击号"即将在1941年12月踏上命运多舛的航程。尽管采取了规避机动,这两艘军舰仍在12月10日于马来海岸附近被日本陆基飞机在短短几小时内击沉。

绘画 27

1942 年 8 月，美国"俄亥俄号"油轮在"基座行动"后艰难驶入马耳他港

　　这一历史性的场景展示了这艘受损严重的美国油轮在二战中最大规模的护航战斗后，被两艘英国皇家海军驱逐舰拖入马耳他港，各种重要的油料在它断为两截前的数小时内被卸下。

绘画28
泰恩河上的"安森号"战列舰

到了1942年,英国皇家海军开始接收新战列舰和航空母舰,战争的局势开始扭转。背景中是泰恩河畔的大型造船厂。这艘装备14英寸火炮的主力舰将驶向斯卡帕湾,加入本土舰队,为许多北极护航运输队提供掩护。"安森号"战列舰也出现在东京湾的日本投降仪式上(见绘画49)。

绘画 29
1942 年，美国驱逐舰"汉布尔顿号"在苏格兰彭特兰海峡

"汉布尔顿号"是20世纪30年代末美国舰队扩建期间建造的许多"格里维斯"级驱逐舰之一,它曾在英国本土舰队服役了一段时间,在这幅绘画中,它正在担任"约克公爵号"战列舰的雷达警戒舰。

绘画 30

1941年，英国皇家海军"支持者号"（Upholder）潜艇起航驶入地中海

作为驻扎在马耳他的著名的第十舰队的一员,皇家海军潜艇"支持者号"是二战期间最成功的英国潜艇,击沉船只的排水量总计 9.3 万吨。在 1942 年 4 月的最后一次巡逻中,"支持者号"被敌方击沉。

绘画 31

1942 年 4 月,搭载喷火式战斗机的美国海军"黄蜂号"航母停靠在格里诺克

在两次重要任务中，这艘美国航母在克莱德河装载了喷火式战斗机，然后将它们运送到地中海，以支援马耳他。在1942年9月的瓜达尔卡纳尔岛战役期间，"黄蜂号"航母被日本潜艇I-19击沉。

绘画 32

1942年，珊瑚海海战中的日本航母"翔鹤号"

在这场历史上第一次航母战斗中,"翔鹤号"本身受到了损伤,但是其舰载飞机摧毁了美国航母"列克星敦号"。在参与多场战役之后,"翔鹤号"最终在1944年6月的菲律宾海海战中被击沉。

绘画 33
旧金山湾的美国航母"大黄蜂号"

　　这艘著名的美国航母在 1942 年 4 月执行杜立特空袭东京任务后,胜利返回旧金山。不久之后,它在中途岛战役中发挥了关键作用,但在 1942 年 10 月的圣克鲁斯群岛战役中,遭到敌机多次攻击而沉没。

绘画 34
1943 年，一艘德国潜艇遭到英国皇家空军"桑德兰"水上飞机的攻击

这是伊恩·马歇尔绘制的一幅罕见的空海对战场景绘画，展示了一架英国皇家空军海岸司令部的"桑德兰"水上飞机（可能配备了雷达）俯冲攻击一艘毫无防备的 U 艇。在此之后，更多的德国潜艇是被盟军飞机击沉的，而不是被军舰击沉的。

绘画 35
1943 年，停泊在拉斯佩齐亚港的意大利战列舰"维托里奥威尼托号"

这艘快速、雄伟、火力强大（配备九门 15 英寸火炮）的意大利战列舰参加了许多战斗，但是都没有取得决定性结果。在马塔潘角海战中，它遭到盟军潜艇和轰炸机的多次攻击。然而，它最终幸存下来，并在 1943 年 9 月在马耳他投降。

绘画 36

1943 年，航行在海上的自由轮

大西洋战役是整个二战期间持续时间最长的战役，其核心是盟军商船队与德国潜艇之间的无情战斗。在战争期间，大约有 32 000 名英国海员和 8000 多名美国海员丧生。

绘画 37
1944 年，英国皇家海军的"坎帕尼亚号"在北冰洋护送船队

从1942年开始，像英国建造的"坎帕尼亚号"这样的护航航空母舰即使在恶劣天气中也可以为北冰洋船队提供保护。当船队得到空中支援时，德国潜艇的成功机会几乎为零。

绘画 38
1943 年，科曼多尔群岛海战中的"盐湖城号"巡洋舰

  这里展示的是美国这艘快速重型巡洋舰在北太平洋唯一的海战中与谨慎的日本舰队对抗的情景。虽然遭受重创，但它幸存下来。在太平洋战争中，它比其他任何一艘美国军舰所参加的海战都要多。

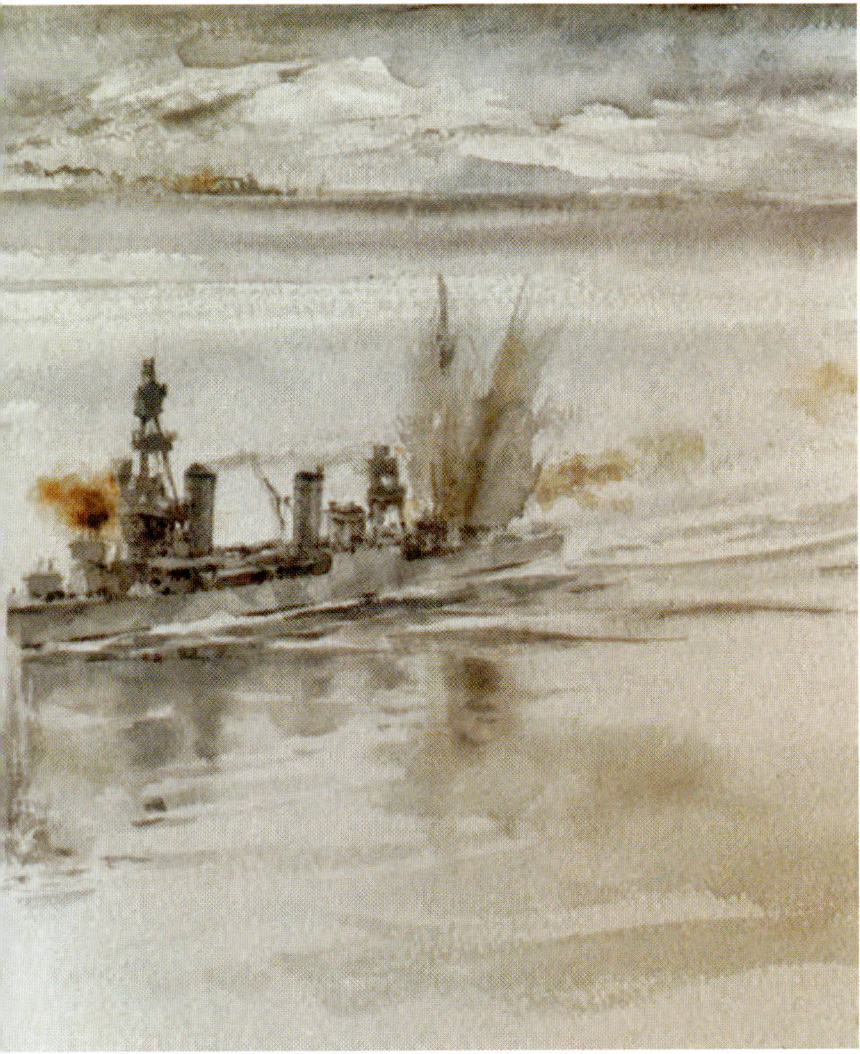

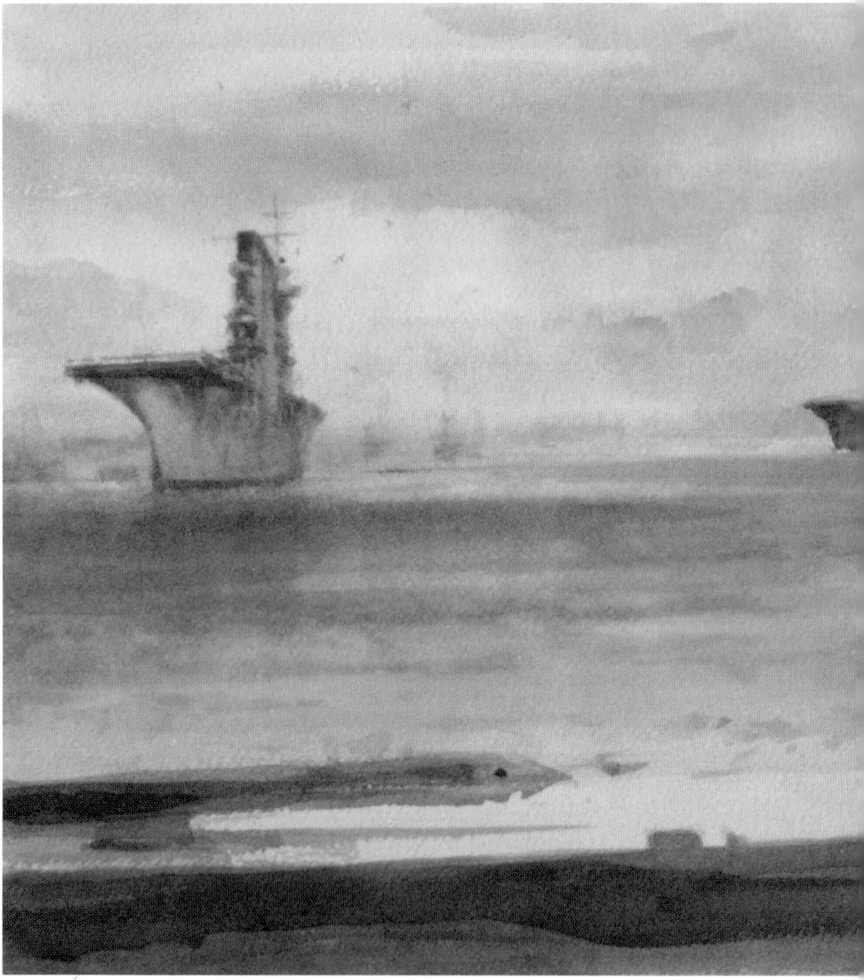

绘画39

1943年5月，停泊在努美阿港的美军航母"萨拉托加号"和英国航母"胜利号"

1943年中期，在一次令人惊讶且鲜为人知的联合行动中，新的英国航母"胜利号"（无线电呼号是美国"罗宾号"）前往西南太平洋增援海军上将威廉·哈尔西的旗舰。"胜利号"搭载战斗机中队，"萨拉托加号"搭载重型轰炸机。

绘画 40
美军"埃塞克斯"级航空母舰"无畏号"

  作为拥有最长服役历史的美国现代航母,"无畏号"在珍珠港事件发生六天前下水。它参加了整个太平洋战争,并在神风特攻队的多次袭击中幸存下来。在莱特湾战役中,"无畏号"上的飞机帮助击毁了日本巨型战列舰"武藏号"。后来,这艘航母还参与了越战,现在是纽约港的一艘博物馆船。

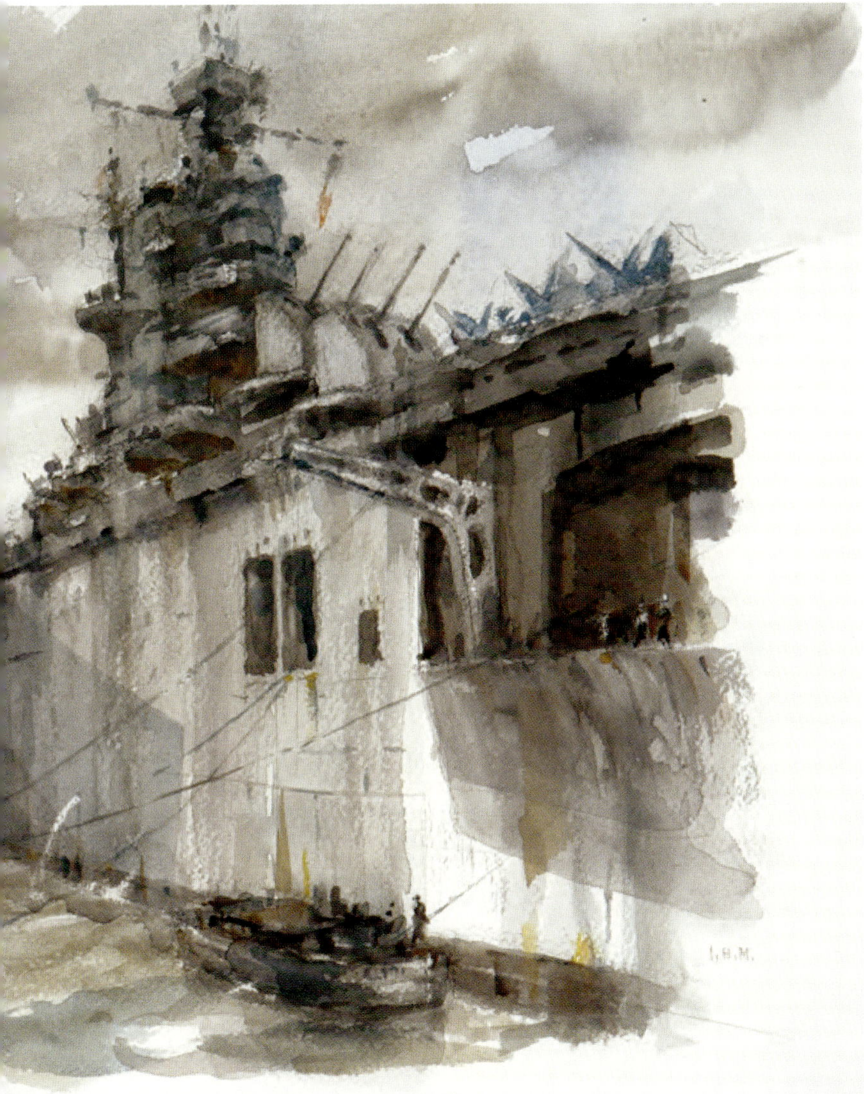

绘画 41
1945 年，停泊在乌利西环礁的三艘航空母舰

在太平洋战争的后期,庞大的美国航母舰队(第 58 特遣舰队)拥有超过 12 艘舰队航母和许多较小的航母,并且可以在作战间隙派遣分舰队到乌利西环礁停泊休整。

绘画 42
"企业号"航母飞行甲板上的道格拉斯"蹂躏者"鱼雷轰炸机

伊恩·马歇尔的这幅现代主义绘画展示了美国航母舰队哪怕遭到了神风特攻队的袭击后仍然拥有的强大火力。

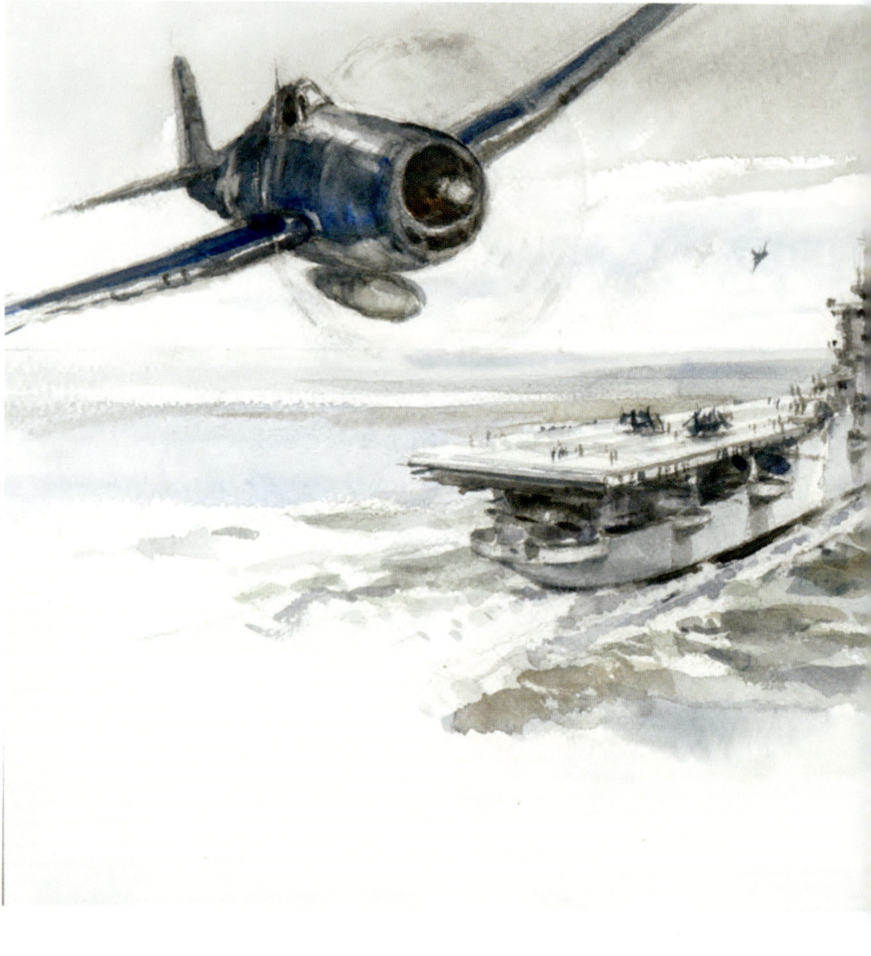

绘画 43

1945 年，格鲁曼 F6F "地狱猫"战斗机和"好人理查德号"航空母舰

这是一支"无敌组合"——"好人理查德号"是"埃塞克斯"级航空母舰中的第十四艘，而 F6F "地狱猫"是太平洋战争中占主导地位的战斗机（75% 的敌机是被这种飞机击落的）。

绘画 44

1944 年，潜伏在文莱湾的日本超级战列舰"大和号"和"武藏号"

伊恩·马歇尔的绘画中的讽刺意味非常深刻：世界上最大的两艘战列舰，看起来像巨大的强盗。但它们经常因燃料供应不足而无法运作。"武藏号"在莱特湾被美国舰载机击毁，"大和号"则在1945年4月向冲绳发动自杀式突袭时被击沉。

绘画 45

1944 年，美国海军"射水鱼号"潜艇在本州附近跟踪日本的超级航母"信浓号"。

这是美国海军史上的经典场景。几乎不会被发现的"白鱼"级潜艇正在跟踪这艘巨大的、重达72 000吨的航母,并准备发射六枚鱼雷。"信浓号"在数小时内倾覆,成为有史以来被潜艇击沉的最大战舰。

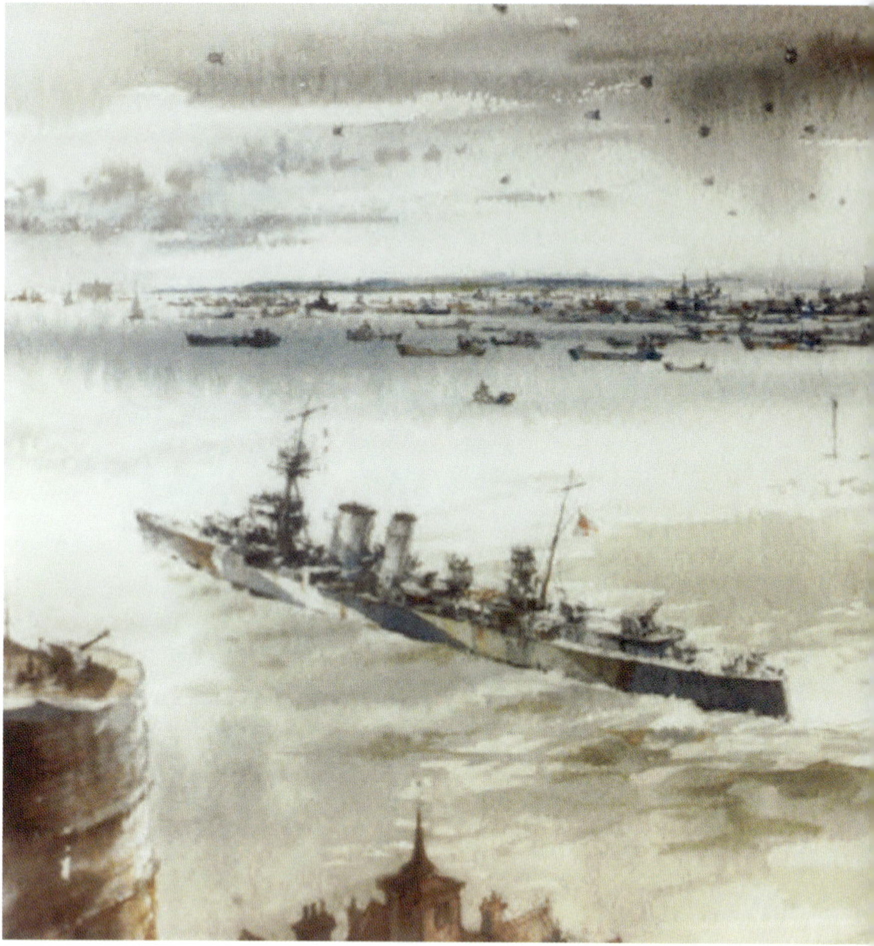

绘画 46
1944年6月,登陆舰队在斯皮特黑德海峡集结

正如在英格兰南部和南威尔士的其他港口所发生的那样,到1944年6月6日,一支由登陆舰、补给舰和海军护航舰组成的庞大舰队正在穿越英吉利海峡。前景中的是英国皇家海军的轻巡洋舰"达那厄号",它特别配备了防空武器。

绘画 47

1943 年，英国皇家海军"椋鸟号"（Starling）小型护卫舰，利物浦港

"椋鸟号"小型护卫舰是著名的皇家海军约翰尼·沃克上校的旗舰,是战争中击沉U艇最多的战舰(共击沉14艘)。与"石竹号"轻型护卫舰(参见绘画8)相比,"椋鸟号"在战斗力和速度上的优势非常明显。1943年后,由四到六艘小型护卫舰组成的猎杀小组保护了大多数主要船队,使U艇无法发动攻击。

绘画 48

1944 年，英国皇家海军"罗伯茨号"战舰炮击诺曼底海岸

皇家海军的浅水重炮舰可追溯到19世纪的监视舰。"罗伯茨号"配备了巨大的15英寸火炮和稳定的平台,在"火炬行动"、西西里岛登陆战、萨莱诺登陆战,以及登陆剑滩的行动中多次被部署轰击敌军阵地。

绘画 49
1945 年，东京湾内以"密苏里号"战列舰为首的盟军舰队

　　这是一幅展现英美海军力量的经典且具有象征性的图景，背景是富士山，前景是"密苏里号"战列舰，右侧是英国战列舰"约克公爵号"。

I. H. M.

绘画 50
1945 年，U 艇在北爱尔兰的利萨哈利（Lisahally）投降

在德国投降后，这一壮观的场景必定在其他许多英国港口也出现过，但这只是短暂的景象。不久之后，英国海军部就下令将这些 U 艇全部在海上凿沉。

绘画 51
1944 年，停泊在乌利西环礁的"弗莱彻"级驱逐舰"本尼恩号"

　　这艘"弗莱彻"级驱逐舰曾参加太平洋战争中的多次战役（马里亚纳、莱特湾、硫黄岛和冲绳），此时正在美国海军位于乌利西环礁的海军基地稍作休整。在战争期间，美国以庞大的造船能力生产了 175 艘"弗莱彻"级驱逐舰。

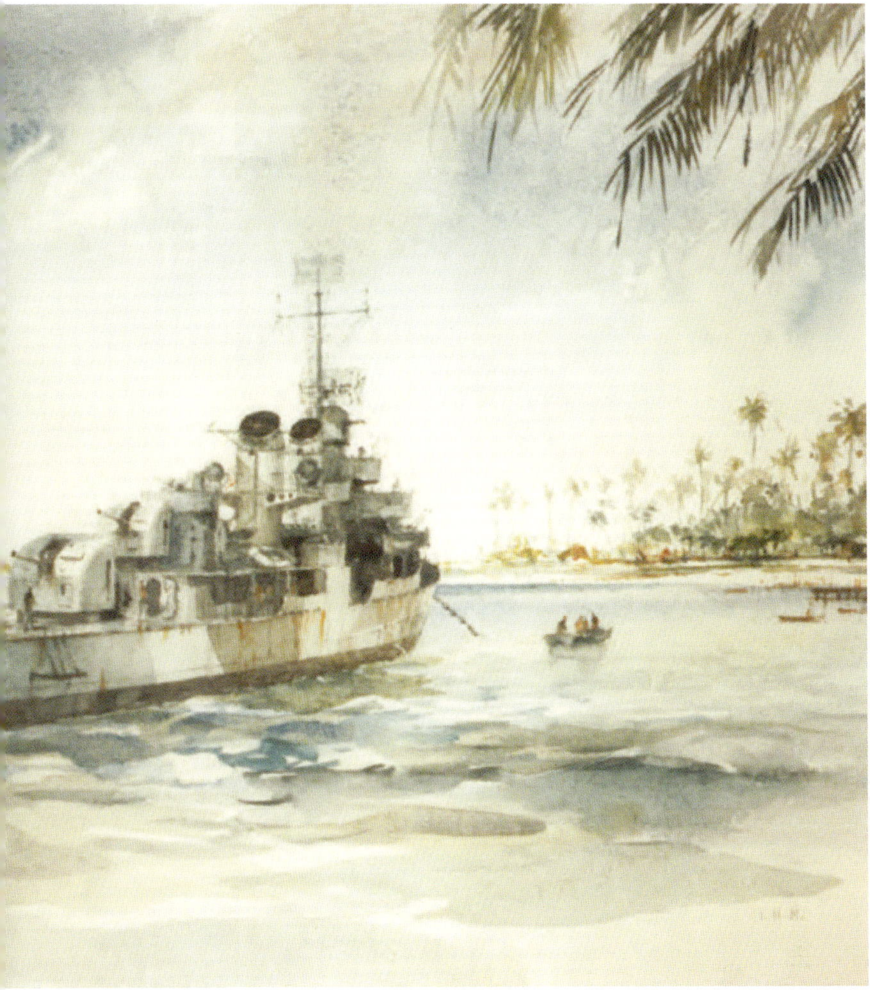

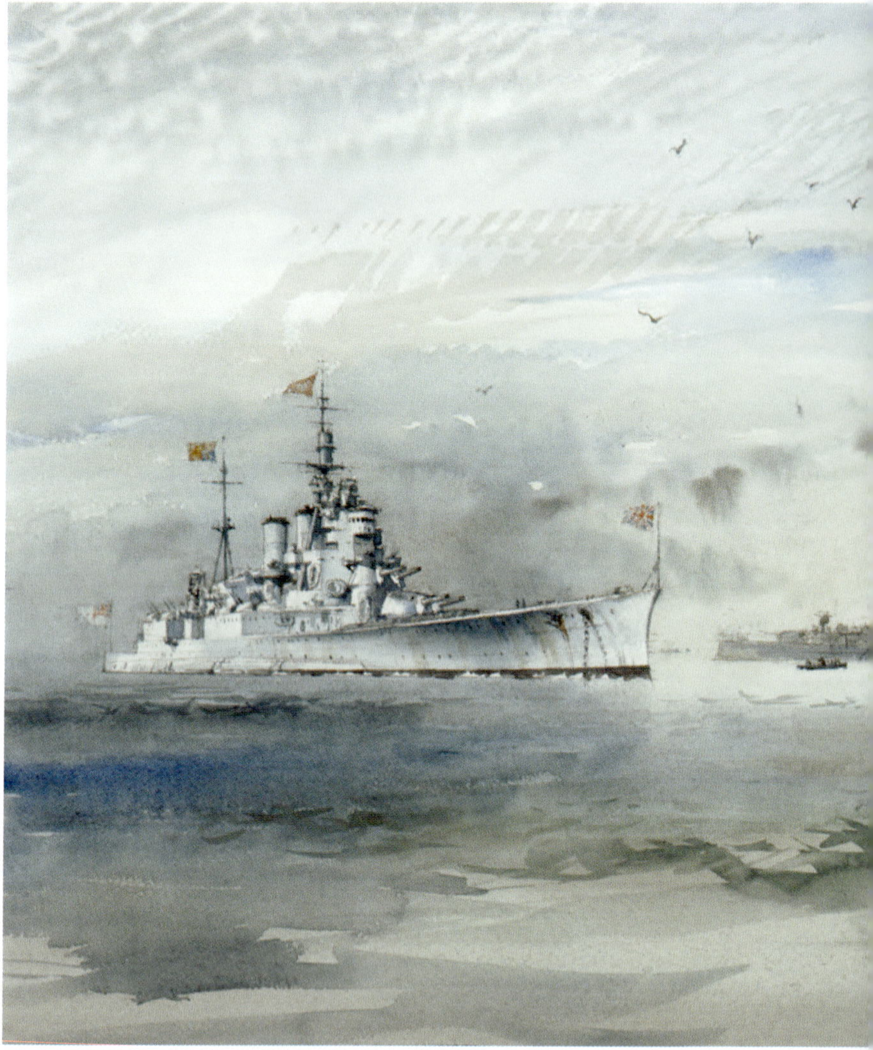

绘画 52

1945 年，"声望号"和"奥古斯塔号"在普利茅斯

这两艘伟大的战舰会合，表明哈里·杜鲁门总统即将从欧洲返回美国。这幅画很好地描绘了这艘历史悠久的英国战列巡洋舰的优美线条，以及这艘美国重型巡洋舰的整洁和适航性。这是"声望号"最后一次执行海上任务。

绘画 53
新时代的美国核动力航空母舰

尽管它体形庞大、外观未来感十足,采用核动力推进,并且有巨大的战斗机在甲板上轰鸣起降,但它的前身显然是二战时期的"埃塞克斯"级航母。没有其他国家能负担得起这样的巨型舰船。

支更强大、装备更精良的海军力量，因为珍珠港事件后，盟军的舰队显然更弱。此外，这次海战有了一些新的内容：航母独立远程作战，跨越遥远的距离打击敌人的资源、港口、商船，当然还有海军力量。这是航母之间试图互相摧毁的战争，是海空混合力量之间的较量。

1941年12月日本海军航空兵对英美阵地的连续打击证明了这一切。这些打击包括对珍珠港的突袭，对香港的攻击，对马尼拉的空袭和对美国在菲律宾的空中力量的破坏，以及英国皇家海军"威尔士亲王号"和"反击号"的沉没。1942年1月至5月的菲律宾战役和马来亚-新加坡-印度尼西亚战役是一种两栖作战，日本陆军连续登陆，没有遇到多少抵抗，把美菲联军、英澳马来亚联军和荷兰驻军打得节节败退，直至最终投降。在没有制空权的情况下，菲律宾在面对更现代化、更灵活的日本侵略军时不堪一击，日本侵略军拥有相当多的两栖登陆装备，比西方任何国家都要好得多。菲律宾军队装备简陋，缺乏训练，分散在海岸线上，无论日军选择在哪里入侵，它都毫无招架之力。道格拉斯·麦克阿瑟上将自己的大部分军队驻扎在马尼拉周围，这是一个开放的城市，人口众多，无法真正进行防御。疾病使任何名义上的人数都变得毫无意义，到3月，只有大约五分之一的美国军队可以战斗，麦克阿瑟已经去了澳大利亚，更多的日本士兵、大炮和坦克正在赶来扫平盟军的驻军。虽然麦克阿瑟将总部撤退到了科雷希多岛（Corregidor），但这里不会发生像在列宁格勒或高加索那样的战斗。到麦克阿瑟"回到"菲律宾时，已经是两年多以后了，情况已经完全不同，当时日本的实力已经在太平洋战争中消耗殆尽。[23]

在美国战前的战略规划中，无论如何都没有想要守住菲律宾。菲律宾太远了，又被中国东南沿海、台湾岛、琉球群岛、印度支那和国联托管岛屿上强大的日本武装力量所包围。相比之下，英国的策划者（尤其是丘吉尔本人）认为要守住新加坡和马来亚的帝国领地，因此派遣了陆海空三军来守住防线。不幸的是，新加坡之所以会沦陷，原因在于兵力部署与实际情况不相符。巴兹尔·利德尔·哈特爵士一针见血地指出，大英帝国的地面部队（到1941年共有8.8万人）被派去"守卫没有足够空军的机场，而这些机场的建造是为了掩护一个没有舰队的海军基地"。[24]这样的作战布局在20世纪20年代很有意义，但到了40年代初就不然了。海军上将约翰·杰利科在1919年的一份著名报告中断言，必须在新加坡建立一个主要的战舰基地，以确保未来大英帝国在远东的防御。因此，在经历了一些波折后，这个基地被建成了。但在接下来的二十年里，陆基空中力量发展得如此之快，以至于到第二次世界大战前夕，很明显，这个大港口只能由一支强大的空军来保护，因此，又在马来半岛上建造了一些机场。遗憾的是，到1941年末，全球战争的需求意味着皇家空军的轰炸机尤其是战斗机要么被派往其他地方，即中东和苏联北部，要么留在英国本土。当日军进攻马来亚时，其飞机数量是英国的四倍，其中大多数质量都很好。日本步兵的素质也比英国-澳大利亚-印度-马来亚混合部队强，他们拥有轻型坦克、后勤装备和源源不断的补给。从数量上看，双方势均力敌，但实际上差距很大。

　　菲律宾即将沦陷。马来亚已经沦陷。2月15日，新加坡沦陷，这对丘吉尔是一个可怕的打击。荷属东印度群岛是下一个目标，那里的资源是日本帝国野心的主要目标。在这里，日本的两栖部队可以得到其海军的许多重型巡洋舰、轻型巡洋舰和舰队驱逐舰的充分支援，而它们通常又有很好的空中支援。因此，1942年2月和3月，当英国人和美国人分别在马来亚-新加坡和菲律宾的陆地防御战中迅速败给日本陆军远征军时，他们匆忙集结的当地海军舰队也在敌人的攻击下崩溃了。这并不令人惊讶，因为在海上遭遇时（包括在夜间发生的一些战斗），日本水面舰队的火力、速度和协调能力都更好。在1942年2月27日的爪哇海战役中，在荷兰海军少将卡雷尔·多尔曼（Karel Doorman）的指挥下，美英荷澳联军的巡洋舰和驱逐舰遭到了日本8英寸巡洋舰炮弹和致命的"长枪"鱼雷的反复袭击。3月1日，美英荷澳联军的另一支舰队被强大的日本海空军全部击沉，这支舰队包括澳大利亚巡洋舰"珀斯号"、美国巡洋舰"休斯敦号"、曾经参加过拉普拉塔河口海战的英国巡洋舰"埃克塞特号"，还有一艘美国驱逐舰和一艘英国驱逐舰。[25]几天后，爪哇投降，荷属东印度群岛及其所有资源落入日本手中。盟军彻底溃败，日本准备乘胜追击。

即使与之前发生的一切相比，1942年4月日本帝国海军向印度洋推进时展现的胆魄、打击范围和力量仍然令人震惊，其舰载机在陆地和海上摧毁了大量的目标。毋庸置疑，其原因是航母聚集在一起，它们能够形成一支庞大的攻击力量。日本军舰的航速非常快，比任何战列舰都快。它们有一两艘油轮随行，这增加了它们的航程。其舰载机都是最现代化的，而这得益于这样一个事实，即在两次世界大战之间，日本海军从未从属于任何陆基航空兵。日军飞行员训练有素，在军官队伍中享有很高的声望，在珍珠港胜利后更是如此。虽然单艘航空母舰可以被派去执行特定任务，但如果行动需要，也可以将航空中队集中起来：一艘航母上有25架俯冲轰炸机，三艘航母集中起来就有75架轰炸机，从而形成一支几乎无法抵御的力量。这就是德国空军闪电战的翻版，区别在于它打击的是海上非常脆弱的目标——缓慢移动的商船，或航母的平甲板，或停泊在港口的战列舰。这是一支训练有素的航空兵精锐部队，当俯冲轰炸机、高空轰炸机和鱼雷轰炸机一起攻击一个目标时，有很好的机会摧毁甚至快速移动、装备精良的军舰。在这方面，"威尔士亲王号"和"反击号"的沉没就是无可辩驳的证据。

1942年4月初进军印度洋的强大日本舰队也有许多传统类型的水面战舰作为辅助，包括三艘战列舰、六艘巡洋舰和二十多艘驱逐舰提供护航。在印度洋的另一边，丘吉尔和海军部调遣了大量英国军舰进入这个战区，但遗憾的是，它们大多数是第一次世界大战时期老旧而缓慢的战列舰，可以说是日德兰时代的海军。实际上，在南云忠一海军中将再次担任总指挥，咄咄逼人的渊田美津雄领导着其超级高效的海军航空兵中队的情况下，它们根本不是那五艘曾经参与偷袭珍珠港的航母的对手。由于无法确定美国航母在太平洋中部的位置，日本航空母舰被指示穿过马来屏障向西进发。具有象征意义的是，这是自15世纪初中国航海家郑和下西洋以来，"东方"的第一次大规模跨洋航海行动。这是一段伟大的历史，虽然日本航母不会在印度洋停留太久，但英国在1944—1945年返回之后，也不会主导这片水域太久。

因此，从英国皇家海军自己的角度来看，1942年4月日本的"突袭"是十分可怕的。它在印度洋上的R级战列舰太分散，太缓慢，往往发挥不了什么作用，两艘现代化航母上的海军航空兵飞机陈旧得令人尴尬，巡洋舰和驱逐舰的数量也太少。此时海军高层的指挥也比较拙劣，似乎缺乏曾在地中海战场所表现出的那种战斗勇气。单独行动的英国军舰几乎没有任何机会。1942年4月5日上午，在不到一个小时的时间里，著名的"多塞特郡号"重型巡洋舰和它的姊妹舰"康沃尔号"就被日本航母突然发动的空袭摧毁。具有讽刺意味的是，就在10个月前，"多塞特郡号"的鱼雷在北大西洋击沉了一个传统的敌人——饱受打击的"俾斯麦号"。现在，这艘巡洋舰似乎陷入了一种全新的、令人眼花缭乱的海上战争，就像之前的"威尔士亲王号"和"反击号"一样，重型军舰好似被一群大黄蜂团团包围并被"叮死"。这两艘巡洋舰遭到了53架九九式舰载轰炸机的攻击，每艘都被击中8次以上，毫无还击的机会，最终导致400多名海员丧生。[26]

两天后，老旧的英国航母"竞技神号"遭遇了同样的命运。与此同时，日本军舰在印度洋上横冲直撞，击沉了31艘英国商船，总吨位达15.4万吨。一支由180架日本舰载机组成的空中编队蹂躏了锡兰的首府科伦坡，后来又袭击了亭可马里的大型海军基地，不过在那里几乎找不到攻击目标，因为海军部将一些军舰藏在了马尔代夫群岛，并将其缓慢的战列舰部队留在了更远的东非。对英国人来说，这里的象征意义是可怕的：香港、新加坡、槟城、亭可马里和仰光就像一排巨大的帝国岗亭，这些岗亭是为了保护帝国而建造的，但现在它们都失去了哨兵。正如纳尔逊所说，没有海军的海军港口不过是摆设。

如果日本毫发无损的强大舰队向东非和苏伊士运河进一步推进，二战的走向可能会是怎样的呢？这是关于这场战争的最大假设之一。当然这并没有发生，但现在回想起来，不难想象如果日军占领了亚丁或蒙巴萨，即使只有几个营，会是什么情况。除非英军能迅速反击，否则他们只能让所有进入印度洋的船队停下来。由于没有船只能够到达苏伊士运河，英国对整个中东地区的控制将遭受巨大打击。如果是这样的话，阿拉曼战役甚至是"火炬行动"还能发生吗？马耳他还怎么得到来自东方的船队的增援呢？事实上，由于被这些可能性吓坏了，英国集结了足够的部队，实施了一场相当令人印象深刻的两栖作战。1942年5月，英军（从克莱德港出发）进行了一次远程打击，夺取了维希法国控制的马达加斯加。[27] 虽然这十分鼓舞人心，但实际上印度洋危机已经结束了，因为对锡兰的进攻是日本海上力量所能延伸到的最西端。在展示了其凶猛的打击力量之后，南云的舰队转向东方加油，要与美国海军的航母决一死战，而这不久就发生了。

　　日本海军的这些胜利远远超出了陆军参谋本部的设想，甚至可能超出其所盼望的成果，因为每一个被征服的遥远地区都需要部队进行占领，而这意味着要从关键的中国战场抽调兵力。此外，距离又是如此遥远，这难免令人提出疑问，例如，需要多少个师才能征服澳大利亚呢？战略意义又是什么呢？虽然如此，帝国大本营还是同意，在取得了惊人的征服成果之后，需要更多的部队来守住外围。大本营还认为，必须采取措施切断美国和西南太平洋之间的海上交通线。因此，日本要派遣部队占领中太平洋的中途岛、所罗门群岛和新几内亚的莫尔兹比港。接下来，这些远征军会发现自己要面对的是经过改造的美国指挥结构，即新成立的中太平洋司令部（尼米兹海军上将担任司令）和西南太平洋司令部（麦克阿瑟上将离开菲律宾之后亲自建立的）。因此，在华盛顿的美国陆军和美国海军领导人（马歇尔上将和金上将）都希望向这些战区提供最大的支持。就像在北非和斯大林格勒周围的土地一样，防线在这里被划定，盟军准备守住自己的阵地，并向这些前线派遣更多的援军。

当敌对的美国和日本航母舰队都加入珊瑚海海战（5月6日至8日）时，它们完全势均力敌：双方各有两艘航母和120架飞机，还有大约12艘巡洋舰和驱逐舰护航。[28]在航母独立作战的历史上——事实上，在整个海军史上——这场相对较小的交战有着重要的意义。双方的军舰始终没有看到对方的舰队，虽然在某个阶段，彼此的距离只有70英里。5月7日，美军在10分钟内击沉了"祥凤号"轻型航空母舰，第二天又重创"翔鹤号"舰队航母。美军没能找到"瑞鹤号"航母，而后者的飞机却炸毁了强大的"列克星敦号"航母，击伤了"约克城号"航母。因此，在珊瑚海海战中，美国海军在航母数量上损失最大，但美军一直被视为获胜方，因为日本推迟了对莫尔兹比港的攻击，而在此期间，"约克城号"被很快修复并参加了中途岛作战，"翔鹤号"则没有。

此后不到一个月，一场规模大得多的航母空战在夏威夷以西和中途岛附近展开。也许日本海军本应该在此时暂停向太平洋中部进军，但是，说真的，它为什么要这样做呢？与尼米兹被缩减后的舰队相比，它各个类别的军舰都要优越得多。用一支小型远征军占领中途岛，并刺激美国人再次战斗，这是摧毁剩余的美国航母并独霸太平洋的最佳机会。也许在那之后，甚至夏威夷也会唾手可得，整个战略边界就会建立起来。

在1942年6月的第一周，南云的航母部队开始向中途岛推进，一支庞大的战斗舰队尾随其后，而这一举动被美国海军情报部门发现了。在太平洋战争中，这并不是日本的策划者第一次为他们的美国敌人设置复杂的陷阱，在这种情况下，高超的探测和

第六章 全面海战（1942年）

密码破译技术帮助尼米兹的中太平洋司令部做好了准备，适当地部署航母以进行谨慎的作战防御。由于该地区到处都有美国的侦察飞机和潜艇，实力较弱的一方可以在自己的航母舰队被发现之前发现日本的舰队。有趣的是，当时日德兰海战刚刚过去26年，在那次战役中英国和德国的舰队一直在努力寻找对方战列舰的位置。相比之下，现在的问题是，敌人的航母在哪里？多云的天气和无线电静默意味着双方都不能完全确定对方的位置。

就像珊瑚海海战一样，随后两支舰队之间的战斗是一场远距离战斗，决定性的武器是航空炸弹和鱼雷，而不是战列舰的炮弹。在一天的混战中，双方进行了疯狂的空中攻击，但这次交锋的结果与萨拉米斯海战、无敌舰队的覆灭和特拉法尔加海战一样，被认为是历史上最伟大的海军胜利之一。[29]在之前那些充满戏剧性的大战中，战争的命运从来没有像中途岛战役那样瞬息万变。因此，毫不奇怪，研究战术的海军历史学家讲述中途岛战役时，几乎就像南北战争史爱好者详细描述双方军队在葛底斯堡战役中的表现一样，每一分每一秒都不轻易放过。这场战役的高光时刻发生在1942年6月4日上午10点26分，"赤城号"、"苍龙号"和"加贺号"三艘航空母舰被美国的俯冲轰炸机炸成一片火海。美国俯冲轰炸机透过云层中的一个洞发现了这三艘航空母舰，并俯冲下来发动了攻击。由于日本的战斗机防御系统被早些时候的战斗分散了注意力，这些航母受到了一颗又一颗炸弹的轮番攻击，几分钟内就燃烧起来，每艘航母的船员都伤亡惨重。

就这样，仅仅几十架俯冲轰炸机造成的战术打击就彻底改变了整个战略开局，尽管事实上，如果双方的航母和攻击机的位置略有不同，云层覆盖也有所不同，这场战斗可能就会朝着截然相

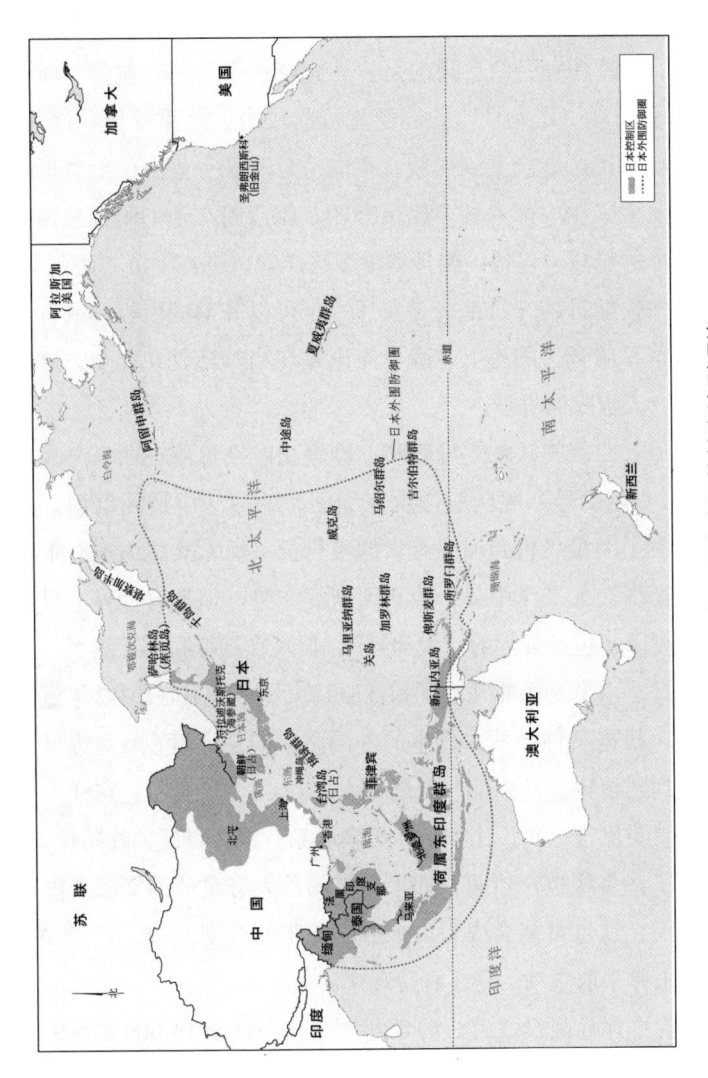

地图 8　1942 年，日本帝国的扩张达到顶峰

反的方向发展。当三艘日本航空母舰被击中时，美国舰载机中队仍在寻找更多的目标，并转而摧毁了第四艘日本航空母舰"飞龙号"。但是具有讽刺意味的是，在此过程中"约克城号"航母也遭到了来自"飞龙号"的巡逻飞机的攻击，严重受损。这一天，一只海鸥很可能会看到四艘日本航空母舰和一艘美国航空母舰缓慢沉入太平洋中部水域，船员弃船，驱逐舰在他们附近救援，一些较小的船只（包括一艘日本重型巡洋舰）也在下沉，而在空中，双方失去航母的飞机都在寻找另一个可以降落的甲板，或者只是在友军军舰旁边的海上迫降。无论是在当时还是在如今，这都是一个令人惊叹的故事。

随着四艘舰队航空母舰和一艘轻型航空母舰在两场海战中被击毁，"翔鹤号"舰队航母也在珊瑚海的战斗中遭到重创，日军还失去了大量飞机和训练有素的飞行员，海军大将山本五十六决定，至少在太平洋中部，他必须恢复守势。他拥有世界上最大的战列舰队，包括强大的"大和号"，但现在却变得小心翼翼。就这样，日军六个月的非凡胜利和征服结束了，正好在1942年过半的时候。根据某种评估，日本的外围防御圈从印度-缅甸边界一直延伸到阿留申群岛中部，长度惊人，达14 200英里。这样，日本如果想要更进一步，比如切断美澳联系，或者继续前往阿拉斯加，就有了许多跳板。然而，如果日本的敌人有足够的资源来攻入这个范围，这也可能会成为一个过度扩张的典型案例。哪一方先喘过气来并采取主动，这还有待观察。

在中途岛战役之后，1942年下半年在这条14 000多英里的战线上唯一一场真正的战役发生在西南太平洋。在北部的阿留申群岛，日本占领了几个岛屿，但那里的战斗很快平息下来，直到第二年美国恢复攻势。在另一端，沿着印度阿萨姆和缅甸的边境，威廉·斯利姆（William Slim）将军疲惫不堪的部队已经无力前行。如前所述，在珍珠港，尼米兹正在谨慎地等待着他的新舰队。然而，在西南太平洋，冲突正在加剧，双方在所罗门群岛的瓜达尔卡纳尔岛及其周围和新几内亚不断发生冲突。正是在新几内亚，麦克阿瑟指挥的澳美联军首次向日军发起了进攻。

当然，新几内亚战役虽然包括了大规模两栖攻势，但主要是一场跨越山脉和热带丛林的战役。因此，它可以从1943—1944年（第七章）开始讲起，这是麦克阿瑟的部队越来越多地转向"跳岛"战术和两栖登陆作战的时候。但瓜达尔卡纳尔岛和所罗门群岛的激烈争夺确实涉及海上的多次战斗，在8月至11月的每个月都在发生，有时在夜间，有时在白天。在这些冲突中，两国海军损失了数艘航空母舰、重型巡洋舰、战列舰和许多驱逐舰。这里发生的事情可以与1940年和1941年的地中海战役相提并论，是一场激烈的海上角力，与中途岛近乎超现实的胜利相比似乎更传统、更容易理解。[30]

瓜达尔卡纳尔岛战役早在1942年8月就开始了，其后战斗升级的速度令人震惊。该岛比较隐蔽，面积较大，岛上覆盖着丛林，位于所罗门群岛岛链的三分之二处，正好在尼米兹的太平洋司令部管辖范围内。日军捷足先登，派部队登陆该岛并修建机场，准备将其作为前哨基地。美军发现此地的日军可能威胁到本方的交通线和后续的作战行动，因而精心规划并执行了攻占该岛的行动。双方都派出了增援部队，要将对方逼进大海，但双方都不清楚敌方的登陆人数。激烈的地面战斗就这样爆发了，甚至在跑道和航空基地的边缘也发生了战斗。尽管如此，凭借能够破译日本电报

第六章 全面海战（1942年）

的优势，美国海军的将领清楚他们有机会挫败敌人控制所罗门群岛的反复尝试，而日本却没有完全领会这场作战的重要意义。回顾起来，可以发现日军本应该更早从其拉包尔基地投入更多的航空兵、海军和陆军，或者继续加强其他岛屿的防御，不要去管瓜达尔卡纳尔岛。

从1942年8月7日（美国海军陆战队第一师在日军眼皮底下登陆的日期）到1943年2月4日（帝国大本营决定撤离），日本军队英勇而坚决地为夺取瓜达尔卡纳尔岛而战斗，伴随着这六个月的陆上战斗，海上激战也在进行。美军刚在瓜达尔卡纳尔岛登陆，日本海军就发动了强大的反击。在8月7日夜间的萨沃岛海战中，日军击溃了为两栖部队护航的美国军舰，四艘重型巡洋舰被击沉，另一艘严重受损——事实上，这是整个战争期间海军在水面交火中损失最惨重的一次。然而，日本人并没有攻击运输船，美军两栖部队毫发无损，瓜达尔卡纳尔岛守军因此能够坚持下去。就在海军陆战队击退日本在陆地上的另外两次进攻时，8月24日发生了另一场海战——东所罗门海战，但这主要是一场航母之间的较量，日本损失了轻型航母"龙骧号"，还有70多架飞机和飞行员。人员的损失意义尤其重大：和在珊瑚海海战以及中途岛海战中一样，日本海军航空兵正在逐渐失去八个月前拥有的大部分训练有素的人员。然而，对尼米兹来说，形势似乎仍然很危急，因为"黄蜂号"航空母舰在9月中旬被日本潜艇击沉，"萨拉托加号"和"企业号"航母现在也急需维修。此外，日本人重组了他们的部队，调动山本领导下的联合舰队，其中一支庞大的舰队（四艘航空母舰和四艘战列舰）被派往所罗门群岛北部巡航，等待亨德森机场的陆战结果。在10月26日的另一次海战——圣克鲁斯群岛海战中，美国的"大黄蜂号"沉没，"企业号"受损，日本的"翔鹤号"和"瑞凤号"也受损。11月初，在后来被称为瓜达尔卡纳尔岛海战的两次水面交锋中，日军更是奋力一搏。在第一次交锋中，日本损失了"比睿号"战列舰，而美国损失了两艘巡洋舰。在11月14—15日的第二次交锋中，"华盛顿号"战列舰上装备火控雷达的舰炮在夜间摧毁了日本的另一艘战列舰"雾岛号"。[31]就这样，一个小岛突然成为关键的战略要地，每一方都投入越来越多的兵力，直到最后有一方认识到自己无法再承受更多损失。

做出撤军决定的是日军。对瓜达尔卡纳尔岛及其周围空域和水域控制权的争夺已经成为日本帝国大本营的一个痛处。无论日本为这场战斗投入了多少援军，似乎永远是不够的。在东京的大本营看来，这些岛屿似乎离得很远，而且毕竟不那么重要。日军损失了战列舰、航空母舰、巡洋舰、数以百计的飞机和上万名士兵，但依然看不到胜利的希望。因此，2月4日至7日，日军在瓜达尔卡纳尔岛的守军秘密撤退，美国人不知道发生了什么，直到他们发现空无一人的战壕和海滩。这标志着日本人在西南太平洋扩张浪潮的极限。事实上，除了在中国之外，他们不会在任何地方继续推进了。然而，经过长时间的重建、训练、增援和规划，美国是要向前推进的。

双方都发现，当95%的战场都不是陆地时，在广袤的太平洋战场上作战是多么不同。这里不同于二战中的其他战区，机场都建在珊瑚礁上，距离大陆很遥远，因此登陆作战的能力就是一切，当然，前提是这样的登陆不会受到空袭。这是一场规模巨大的战役，登陆艇、工程营、油轮和护航航母等较新的战争装备和兵种变得至关重要，对于双方来说，这些都是多多益善。由于双方都希望通过海上长途调动自己的部队，然后给对方来一个措手不及，因此良好的海军情报也非常重要。在所有这些方面，还有在战舰数量上，日本海军正在逐渐失去它在珍珠港事件后所拥有的巨大优势。即便如此，除了在瓜达尔卡纳尔岛周围发生的激烈冲突外，美军还没有做好向前推进的准备，这种情况一直持续到1943年下半年，此时美军的实力大大加强，而这也将改变这场战争的走向。

具有讽刺意味的是，以军事征服的任何标准来衡量，无论是恺撒的、腓特烈的，还是拿破仑的，日本人都做得惊人地出色，而且在范围上远远超过了以往任何一位征服者。但在他们最成功的指挥官山本看来，他们并没有实现自己的战略目标。在前六个月，他们在太平洋上横冲直撞，就像他承诺的那样。但后来他们停滞不前，再也无法前进了。在政治上，他们并没有迫使他们的敌人寻求通过谈判达成和平——事实上，远非如此。和仅仅12个月前的1941年相比，罗斯福和丘吉尔现在其实可以更加轻松地享受圣诞节了，而在东京、柏林或罗马，情况肯定不是这样。

第三部分

关键之年，1943年

第七章

盟国控制海洋（1943年）

　　和1942年一样，1943年实际上发生了三场海战，这三场形式各不相同的战争分别在不同的战场上演。在北大西洋，U艇为扼死往返英国的运输线而进行的大规模战斗达到了高潮，卡尔·邓尼茨的"狼群"在6月后被迫撤退，到年底则永久性地撤出战争。在地中海，英美舰队控制了大部分内海，将庞大的两栖部队通过西西里岛转移到亚平宁半岛，并在此过程中摧毁了墨索里尼的法西斯政权。在太平洋上，中太平洋司令部地区相对平静（与1942年发生的舰队战和1944年将再次发生的舰队战相比），直到这年年底，尼米兹的部队冲破了日本的外围防御圈，占领了吉尔伯特群岛。再往南，道格拉斯·麦克阿瑟上将在西南太平洋司令部地区、新几内亚北部和南太平洋地区，通过"跳岛"战术和一些速战速决的驱逐舰行动，整整一年都在向前推进。关于这场战争的地图集显示，在1939—1942年，从德国、意大利和日本出发的箭头几乎指向四面八方，但到了后面，箭头都指向了相反的方向，即从外围指向几个轴心国的首都。

总的来说，到1943年年底，盟军比12个月前更加牢固地掌握了海上的局势，但胜利是非常分散的，由不同类型的舰队所取得，每场胜利都有不同的模式和速度。将这一切结合在一起的是英美共同指挥战争的独特结构，无论是在政治方面，还是在战略战术方面。英国在华盛顿设有军事联络办公室，但未来战争的总体方向由首相和总统之间的重要首脑会议和联合参谋长委员会来决定，特别是在卡萨布兰卡（1943年1月）、魁北克（1943年8月，代号为"四分仪"）和开罗（1943年11月，代号为"六分仪"）开的首脑会议。正是在这些最高级别的会议上，罗斯福、丘吉尔和参谋长们授权对德国进行进一步的战略轰炸。同样是在这些会议上，他们还在收到海军部关于大西洋战事的报告后，就海军的分配和物资运输做出进一步的决定。参谋长们时常会发生争吵，特别是对削弱并打败德国的最佳方法争论不休，这一点不足为奇。但是，如果只关注英美在地中海投入规模等问题上的分歧，就会忽略更重要的一点：同盟国政治和军事领导权的合并确实是为了构建一个真正的大战略。这些重大会议做出了关于战争规模、方向和速度的总体决策。经过这一不同寻常的过程，摧毁轴心国的力量成为当务之急。[1]

因此，在1943年于卡萨布兰卡召开的第一次会议上，联合参谋长委员会就欣然将打赢对U艇的战斗确定为首要任务，同意加快战略轰炸行动的步伐，听取了关于太平洋局势的报告，并规划了在突尼斯和地中海的下一步行动。

地中海战场的胜利

1942年11月至12月盟军占领摩洛哥和阿尔及利亚，这在很大程度上预示着为控制地中海而进行的三年血腥战斗（1940年6月至1943年7月）即将落下帷幕。[2]伯纳德·蒙哥马利的大军从东边推进，艾森豪威尔日益壮大的联军部队从西边推进，除非北非地区的德国陆军和空军部队能够对两支部队做出决定性的反击，否则他们将发现，随着军事天平朝着盟军倾斜，局势会对他们越来越不利。在过去，德军的作战效能经常助其战胜重重困难，此次德军又以一些出人意料的行动战胜了盟军经验不足的部队，例如1943年2月的卡塞林山口（Kasserine Pass）战役，但是总的来说，在战争的这个阶段，它的闪电战不再那么有效了。在从斯大林格勒到阿拉曼的每一个地方，德国国防军的对手都有太多的纵深力量，盟军的航空部队在不断逼近且力量也在日益壮大，而纳粹德国内部的交通线路却已不堪重负。德军仍然擅长长途调遣训练有素的部队，以稳定受到威胁的前线。在11月至次年1月之间，他们急速调遣了八个师进入突尼斯，这一点就是很好的佐证。虽然这对埃尔温·隆美尔的非洲军团来说似乎是巨大的增援，事实却是，希特勒有点不自量力了，因为他派遣的部队往往缺乏燃料和装备，更重要的是，缺乏制空权和制海权。具有讽刺意味的是，德军目前的行动与1941年丘吉尔冒险突袭希腊－克里特岛时的做法恰好相反，德军同样是在冒险，但有可能留下后患，而实际上确实如此。[3]

到了5月底，北非已经完全在盟军的控制之下，英美海军和两栖部队得以抽身而出，发起一次又一次的打击。1943年7月，曾经指挥"火炬行动"的指挥官们又负责指挥大规模登陆西西里岛的行动。9月，同样的指挥机构和大部分相同的人还指挥了对意大利的登陆行动。敦刻尔克撤退三年多后，希腊战役结束两年多后，盟军开始从南方朝欧洲大陆进军。盟军并没有遇到前期战役中那种强有力的抵抗。虽然他们的商船会遭到德国空军的猛烈攻击，但从此时起，盟军已经掌握了制空权，越来越多的战斗机和轰炸机中队来到这个战区，就像太平洋战区所发生的那样。在西西里登陆之初，盟军有3500架飞机可投入战斗，而德国空军约有900架（实际上可能只有一半能够参战）。有了这层掩护，地中海战场的盟军海军（主要是英国皇家海军）开始采取行动确保其制海权。就在不久前，马耳他还前途未卜，现在却迎来了新的陆军部队、飞机（仅战斗机就有600架）以及海军舰队，成了盟军下一步行动的跳板，无论新的行动指向西西里岛、意大利本土，还是希腊南部。直布罗陀和亚历山大这两个大英帝国主要港口停满了战列舰、航空母舰、巡洋舰和驱逐舰。

相对而言，1943年7月盟军登陆西西里岛的"哈士奇行动"比较容易，沿着南部和东南部海滩登陆的部队大部分没有遇到什么抵抗，阻力与其说是来自守军，不如说来自汹涌的海浪和大风。[4]然而，从象征意义上来说，这是从非洲进入欧洲的一大步。所以讽刺的是，德国国防军并没有进行多少抵抗，就像在东边的佐泽卡尼索斯群岛和罗得岛以及亚平宁半岛一样。德国最高统帅部曾经派遣一整个集团军为突尼斯而战，现在却对西西里岛的前线防御持谨慎态度，最初只在那里驻扎了两个师的残部。到了这一时期，意大利军队已经日薄西山，罗马的意军领导人在策划如何除掉墨索里尼，然后转换阵营。他们也敏锐地意识到，他们已经失去了地中海大部分战区的制空权，西西里岛和意大利南部的德国和意大利军队都不再具备打一场大规模战役的条件。

但是盟军有这样的条件。由于许多实际障碍和丘吉尔的反对，罗斯福和美国的参谋长们放弃了在1943年登陆法国的计划，但他们现在一致认为可以登陆西西里岛，因为有大量的英美联军驻扎在北非海岸，还有许多新的舰队从本土的母港蜂拥而至。在此次行动中，盟军指挥官宁愿谨慎行事也不打算冒险。柯瑞里·巴尼特将其比作用牛刀来杀鸡。[5]一些英国军人自1940—1941年的昔兰尼加战役以来就一直在战场上，他们早已厌倦了战争。当他们看到许多新的陆军师和空军中队进入这个战区时，他们可能会感到惊讶，或许也有一种冷酷的满足，因为从此刻开始，在每一场战斗中他们都会拥有极大的优势。艾森豪威尔将军再次被任命为指挥官来负责这次英美联合行动，可以指挥空前数量的飞机、军舰和士兵投入战斗，甚至比在"火炬行动"中还要多。

在伯特伦·拉姆齐将军和亨利·肯特·休伊特（Henry Kent Hewett）将军的共同指挥之下，大约有800艘大型军舰（如果算上登陆艇、拖船和驳船，总共有2500艘舰船）从西、南、东三方向西西里岛集结。7月10日清晨，盟军整整七个师的步兵开始在开阔的海滩上登陆。其中有三个师的美国士兵，算上支援部队共6.6万人，他们从南海岸中部登陆；另外四个师是英国士兵，共11.5万人，他们从西西里岛的东南角登陆。这是截至当时历史上规模最大的两栖作战，实际上至少在最初阶段，其规模比第二年的"霸王行动"还要大。在两栖登陆行动前，还有大规模的夜间空降行动，这是盟军的首次尝试。作为诺曼底登陆的一个预兆，当晚的阵风导致许多英美空降兵在远离目标的地方降落，有些甚至掉到了海里。具有讽刺意味的是，这一切在毫无准备的守军中引起了混乱。汹涌的波涛拍打着美军登陆的海滩，数百艘小船被破坏，但即便如此，大多数晕船的美国大兵还是满怀感激地下了船，向岛内推进。盟军遇到的唯一真正的抵抗是在杰拉附近匆忙集结的"赫尔曼·戈林师"。美军的巡洋舰和驱逐舰不断接到命令，被要求以火力来压制敌军的行动。美军在岛上站稳脚跟之后，雷厉风行的巴顿将军就敦促他们轻装朝着岛西边的巴勒莫前进，留下蒙哥马利的部队缓慢地穿过东部的山区，包括埃特纳火山周围山石嶙峋的斜坡。然而，到7月下旬，增援的德国部队和崎岖的地形减缓了英美联军向墨西拿进军的速度。

盟军海军的任务则更加轻松。即使没有与意大利的舰队交锋，海上力量依然可以在登陆敌军海岸的两栖作战行动中发挥辅助作用，为滩头阵地的盟军部队提供火力支援。此外，在接下来的几周内，海军一直承担着保护增援部队和补给物资不受潜艇和飞机攻击的辅助任务，直到敌人最终从西西里岛撤离。除此以外，海军并没有扮演更重要的角色，甚至没有发生11月美国战舰和离开北非返程的维希法国舰队之间的那种交锋，因为原地待命的意大利舰队一直没有接到出战的命令，压根就没有离开它们的港口。值得注意的是，即使到了战争的这个阶段，意大利海军仍然是世界上第四大海上力量，理论上仍有6艘战列舰、7艘巡洋舰、48艘驱逐舰和鱼雷艇、50艘潜艇（加上令人生畏的20艘德国U艇），还有近150艘意大利和德国鱼雷快艇。[6]的确，这支舰队的大部分都缺乏燃料，而且很长一段时间没有出海，也没有开过一枪一炮；许多舰长肯定在猜测，双方很可能正在进行政治谈判，以达成某种停战协议。然而，即使全面交锋的可能性很小，总会

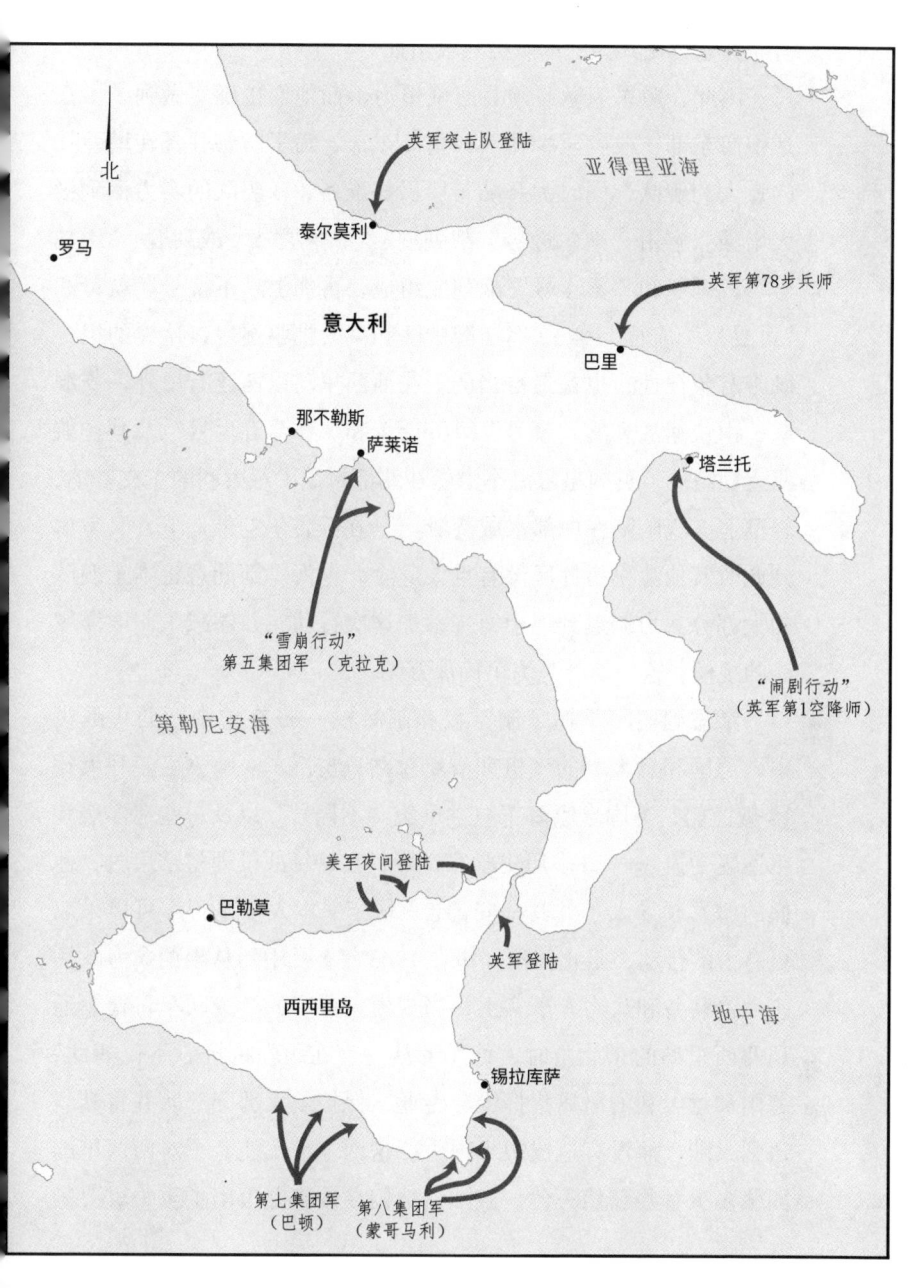

地图9　1943年7月至9月，盟军进攻西西里岛和意大利

有一些意军比其他的部队更具攻击性。

因此,盟军舰队必须具有威慑力,而他们也确实做到了。在地中海东部,或者至少在西西里岛东部,为了防备驻扎在塔兰托的意大利舰队,同时为登陆希腊做好准备,H舰队的实力得到极大增强。它由"纳尔逊号"战列舰、"罗德尼号"战列舰、"厌战号"战列舰和"勇士号"战列舰组成,再加上"不挠号"航母和"可畏号"航母、第12巡洋舰中队和一大批驱逐舰,这样的组合既带有象征性,也是最恰当的。在西西里岛以西还有另外一支舰队,由快速战列舰"豪号"(Howe)和"乔治五世号"及其护航驱逐舰组成。英国皇家海军潜艇在北部封锁了意大利的主要基地,轻型巡洋舰队则在中部水域待命。[7] 在丘吉尔的催促下,又考虑到此时其他海军指挥区没有重大危险,[8] 海军部同意将本土舰队的大部分兵力调遣到地中海来参加这次行动,并缩减了印度洋舰队的规模。这一切都是为了确保万无一失。

考虑到盟军掌握了制空权和制海权——在整个西西里战役中,德国和意大利的飞机和潜艇总共只击沉了3艘驱逐舰和大约12艘商船,英国皇家海军航空母舰"不挠号"以及一些巡洋舰和驱逐舰受损——许多历史学家怀疑,在这场战役即将结束时,他们的海军领导人(尤其是安德鲁·坎宁安本人)是否本可以采取更有力的行动,阻止德国守军在1943年8月中旬从墨西拿海峡撤离大量装备和兵力。事实上,当规模大得多的英美联军将德军逼到西西里岛的东北角时,德军部队一直在顽强抵抗。不仅如此,德国和意大利的撤离指挥十分专业,保护了大部分部队并将其运送到大陆,而没有造成很大损失。这两个事实使盟军对西西里的征服多少有些黯然失色。诚然,他们在战略上迈出了至关重要的一步，但他们并没有真正在战场上击败德军（相比之下，史诗般的库尔斯克战役此时刚刚结束）。大约4万名德国老兵和大量的装备（包括1万辆载具！）已经被转移到了意大利本土，以后当然还会再次参与战斗。

登陆西西里岛之后，接着就该登陆意大利本土了。8月中旬，在魁北克召开的四分仪会议上，围绕在地中海展开更多战役是否会进一步推迟登陆法国的问题，英美两国展开了预料之中的政治争论和战略争论。来自丘吉尔的压力难以抗拒，而无论在什么情况下，持续的军事和后勤不足（大西洋之战的不确定性和欧洲制空权的缺乏）都使得盟军不可能在1943年发动诺曼底登陆。因此，为什么不动用已经部署在地中海的兵力和登陆装备，把意大利淘汰出局呢？这种考量的结果是，在马克·克拉克（Mark Clark）将军的指挥下，英美联军在萨莱诺对那不勒斯以南的意大利海岸发起了一次大规模的进攻。此外，在蒙哥马利的指挥下，英军沿着意大利南段进行了两次小规模的登陆。[9]

除了这些两栖行动之外，另一个重要海军行动造成了1943年9月9日至12日整个意大利战斗舰队的投降。正如我们所看到的，在意大利参战之后的三年里，地中海并没有发生真正大规模的舰队战，虽然来自意大利皇家海军的威胁迫使英国海军部一直在直布罗陀和亚历山大部署大量兵力。1943年9月2日，这个威胁消失了。墨索里尼被迫交出权力，新的意大利政府（巴多里奥政府）暗地里十分希望转换阵营。唯一真正的问题是，在愤怒的希特勒意识到发生了什么并下令扣押或击沉意大利的军舰之前，它们能否逃到盟军的港口。

意大利海军的逃离是成功的，虽然并不是完全成功。至少对锚地位于塔兰托的舰队来说，最初的旅程是不同寻常的。"安德烈亚·多里亚号"和"卡约·杜伊利奥号"（Caio Duilio）战列舰、三艘巡洋舰和一艘驱逐舰从这个在战争中经历了许多起伏的港口驶出，但是这次它们不是去攻击前往马耳他的船队，而是去马耳他让盟军扣留。但就在意大利军舰出现的同时，以"豪号"和"乔治五世号"战列舰为中心的一支皇家海军舰队载着第一批登陆部队朝意大利本土迎面驶来。对于高空飞行的侦察飞机来说，这一定是非常奇特的景象。就像美国官方历史学家塞缪尔·莫里森（Samuel Morison）后来所指出的那样，一点点意外或者是好战之举都有可能导致一场小规模的"日德兰海战"，但幸好一切顺利，意大利舰队继续朝着被扣留地驶去。对于误判战争形势的法西斯意大利来说，这只是最离奇、最荒诞的时刻之一。

与此同时，意大利的主力舰队也已经从拉斯佩齐亚（La Spezia）驶出，其中包括旗舰、装备15英寸火炮的战列舰"罗马号"，还有"维托里奥威尼托号"和"意大利号"（原来的"利托里奥号"）战列舰、三艘轻型巡洋舰和一个驱逐舰中队，此后不久又有三艘来自热那亚的巡洋舰加入。在这个阶段，他们要去与盟军作战的借口已经站不住脚了。9月9日下午，德国空军发起了报复性的攻击，其中一个轰炸机中队首次使用了威力惊人的FX-1400制导炸弹（弗里茨）——从某种意义上说，这是世界上第一种空对地导弹。一枚这样的炸弹击中了"罗马号"的中部，引爆了它的弹药库，摧毁了这艘大型战舰，1300多名船员丧生，其中包括总司令卡洛·贝尔加米尼（Carlo Bergamini）上将。尽管损失惨重，"意大利号"也被两次击中，但舰队中的大部分舰船仍然来到了西西里岛西端附近，在那里与英国军舰相遇，并被护送到比塞大港。在接下来的几天里，一些较小的意大利舰艇（包括许多潜艇）驶向了盟军的其他一些港口。老牌战列舰"勇士号"和"厌战号"上可能有一些长期服役的船员，他们曾于1919年6月见证了德国公海舰队在斯卡帕湾的自沉之举。当来自塔兰托的意大利舰队最终停泊在瓦莱塔时，坎宁安向海军部发出了他的著名电报："我很高兴地通知各位阁下，意大利舰队现在已处于马耳他要塞的炮火保护之下。"[10]人们不禁想知道，是否即使连这位不感情用事的坚强斗士，对事态的转变也感到惊讶和感动。毕竟，就在不到两年前，意大利蛙人还严重破坏了他的战列舰，使地中海舰队连一艘主力舰都没有。现在这一切都结束了。

登陆意大利之后的陆地战役远没有这么容易，这使得这一行动的代号"雪崩"显得名不副实。9月3日至9日，盟军在三个不同的地方登陆。一支庞大的大英帝国军队（第八集团军）越过了无人防守的墨西拿海峡，沿着意大利的"脚趾"缓慢前进，与此同时，英军第二次登陆塔兰托，占领了"脚跟"。这里的进展是缓慢的，而且是可以预见的。德军只策划了一个拖延战略，而且实施得很好。他们偶尔会顽强抵抗，迫使大英帝国的部队停下来，以典型的蒙哥马利方式集结兵力。然后，守军会在一夜之间悄悄溜走，给英军留下陷阱、毁坏的桥梁和阻塞的公路。布林迪西在9月11日被攻克，巴里也在此后不久被攻克，但拥有航空基地的福贾直到27日才被攻克。此外，直到9月17日这支部队才与在萨莱诺受挫的部队实现了期望中的会师，而此时滩头阵地危机已经基本结束。此外，盟军也没有考虑更积极地利用海上力量，例如让一支庞大的两栖部队在意大利的亚得里亚海沿岸登陆，这让丘吉尔非常愤怒。

第七章 盟国控制海洋（1943年）

如果说蒙哥马利的第八集团军在东海岸的缓慢推进令人失望的话，那么克拉克的第五集团军在萨莱诺的登陆可以说根本没有取得任何进展。相反，这支庞大的部队（最初有5.5万人上岸，随后又有11.5万人上岸）很快就受到了德国坦克和步兵强有力的反攻。到了13日，德军几乎在盟军阵地打开了一个直通海边的楔形缺口。为了避免被规模小得多的敌人羞辱，盟军的将帅们（艾森豪威尔、亚历山大和坎宁安）同意动用一切手段来阻止敌人反攻，包括猛烈的空袭、战列舰炮击、派出伞兵、更多的步兵师和坦克部队，甚至还有一支本来要前往印度的两栖舰队。面对盟军的强大火力，到了16日，德国部队开始一步一步地向半岛更深处撤退，到了他们在那不勒斯北部的新的防御阵地。这个海港被撤退的军队严重破坏，直到10月1日才被盟军解放。当大量沉没的起重机、机车、船只、卡车和其他障碍物被从港口清理出来后，这里成了盟军的主要通道，萨莱诺也恢复了以前的宁静，虽然到处都是战争残骸。哪一方的军队表现得更好，这个问题已经显而易见。实际上，希特勒对这次陆地战争也大加赞赏，他现在已经完全接受了阿尔伯特·凯塞林（Albert Kesselring）的战略，即尽可能长时间地控制意大利尽可能多的领土。到冬天来临的时候，这支庞大的美英联军距离罗马仍然有一段漫长而艰难的路途。用巴兹尔·利德尔·哈特爵士平淡却有力的话来说："登陆意大利的后续战争令人大失所望。"[11]

值得注意的是，在这几个月里，武器方面出现了两个重大发展，一个有利于处于守势的德国，一个有利于处于攻势的盟军。第一个发展更引人注目，即德军道尼尔轰炸机中队所部署的弗里茨-X制导炸弹。9月9日"罗马号"的沉没和"意大利号"战列舰的巨大损失并不是这种新武器所造成的唯一破坏。16日，在萨莱诺附近执行炮击任务的"厌战号"战舰又遭到了一次这样的袭击，一个后炮塔被毁，迫使它被拖回马耳他。当然，盟军的军械库中没有任何防御这种炸弹的武器，因为德国的轰炸机可以在盟军的防空火力范围之外发射这种武器。[12]这些打击，连同这些制导炸弹在后来的几次袭击中对盟军商船造成的破坏，以及同时对直布罗陀本土舰队使用的一种稍微不同类型的无线电制导炸弹（Hs 293），都表明如果纳粹德国投入更多的资源来研发和大规模生产这种武器，盟军很可能会无法登陆德国控制的海岸，至少是不那么容易。当然，同样的话也适用于稍晚一些德国在超快潜艇和不需要浮出水面的U艇方面的技术发展，在雷达方面的赶超，以及它的V-1和V-2导弹计划。所有这些都来得太少了，也太迟了，它们主要是为了满足东线战争的巨大需求而牺牲的。

第二个发展很少有学者注意，甚至一些海军作家也忽略了，那就是陆上火炮对近海战舰长久以来的优势逆转了。纳尔逊有一句名言："用船只对抗堡垒是十分愚蠢的。"到了1943年，至少就欧洲战场而言，情况不再是这样了。扭转形势的因素包括以更好的火控仪器来控制舰船的横摇，雷达制导炮弹的到来，更精确的目标区域网格图，经过特殊训练的侦察飞机，还有战列舰或重型巡洋舰，甚至舰队驱逐舰的速射火炮齐射的威力。盟军在杰拉击退了"赫尔曼·戈林师"的进攻就是一个先兆，此后在萨莱诺海滩重创德军坦克也很好地证实了这一点。有些人曾提到，一辆重型坦克被一枚15英寸的炮弹击中后飞向空中，还有一个炮兵阵地被炸得粉碎。海因里希·冯·菲廷霍夫（Heinrich von Vietinghoff）将军报告说他被迫取消对盟军海滩的进攻时，特别提到了盟军海军火力的威力。更大的影响还在后面：当英美联军最终被派去攻打法国西部所谓的大西洋壁垒（Atlantic Wall）时，他们将有能力突破哪怕是最坚固的海岸防御，而这在以前是不可能的。[13]

1943年，英美在西西里岛和意大利附近海域反复展示了海军的力量，在此过程中海上力量已经显示了它的"影响力"。但在这场战争的后期，地中海的战事似乎远没有发生在大西洋和太平洋的制海权之争那么引人注目和重要。显然，可以与之作战的海上敌人越来越少了，而驻扎在岸上的盟军则很难迅速行动，也很难取得看起来像是真正突破的胜利。因此，乔治·马歇尔上将有充分的理由担心，虽然在意大利的战役中，盟军也在与越来越多的德军作战，但地中海的行动可能会占用太多的关注和资源，而这些本来可以用于登陆法国的行动。然而，由于诺曼底登陆在任何情况下都不可能在1944年初夏之前发生，从某种意义上说，这一时期的西西里-意大利行动是决定性的，不仅把墨索里尼的法西斯政权赶出了战争，还迫使意大利舰队投降。在那之后，是时候向前看了。1943年10月下旬，著名的H舰队被解散，坎宁安前往伦敦担任第一海务大臣。一个月前意大利海军混乱的投降为其在第二次世界大战中的努力画上了悲伤的句号。这场战争是大多数意大利海军将领都不愿参与的，而且在许多情况下，他们只是半心半意地战斗。虽然意大利海军拥有许多设计优良的战舰，但它从未摆脱某些关键弱点，这在它与皇家海军的争斗中一次又一次地表现出来。这些弱点包括缺乏雷达和常规的空中支援，缺乏夜战训练，在密码情报方面存在巨大缺陷，当然，还有就是它总是被迫在狭窄的地理环境中行动。在保卫开往北非的船队方面，它的战斗表现比人们有时认为的要好得多，而且它的小型潜艇和破坏性武器总是令人生畏。总的来说，意大利皇家海军带来的威胁早在战前就让英国人感到担忧，显然，也让坎宁安一直担心到最后。就像德国的重型军舰一样，意大利的舰队在这场战役中发挥了关键的消极作用，两者都迫使伦敦在太平洋战争开始后的两年里，将其大部分主要军舰留在欧洲水域，这降低了印度洋司令部的地位，使对日海战更像是美国的单独行动。

1943年底意大利皇家海军退出战场，是重大得多的事情即将发生的预兆。维希法国的剩余舰队被凿沉，德国海军只剩下挪威北部的几艘重型舰艇。紧接着，意大利海军退场，这标志着战争开始时六国海军并立的格局已经土崩瓦解。[14]当然，意大利、法国和德国的海军从未达到华盛顿和伦敦的海军条约所规定的三巨头的规模。但是，在这场战争的头四年里，他们起了分散注意力的作用。现在，战场上还剩下三支海军：一是实力强劲并且还在不断增强的英国皇家海军，尽管损失惨重，但依旧在全球范围内具有影响力；二是日本帝国海军，仍然拥有强大的火力，但是其组织结构并没有为正在演变的太平洋战争做好准备；第三就是规模越来越庞大且令人生畏的美国海军。美国海军的实力迟迟未能充分展现出来，但到了1943年，历史终于让其一展身手。

北大西洋战场的胜利

历史学家们认为二战期间出现了许多决定性的转折点，其中1943年大西洋战场形势的转变无疑是其中十分突出的一个。[15]毕竟，这场残酷的战争已经持续了将近三年半，随着德国海军将越来越多的U艇投入战斗，盟军商船的损失也在稳步上升，但是优势一直在双方之间摇摆。也许有人会以为1943年的情况大同小异，只是投入更多了：参战U艇数量增多，船舰损失上升，更多的替补船舰登场，更多的护航运输队伍采取更强硬的防御措施。换句话说，战争投入增加了，但战况没有大的变化。但是，在大约三个月的时间里，形势就开始迅速朝有利于盟军的方向倾斜。在这场争夺霸权的短暂斗争开始时，在3月份商船沉没的统计报告公布后，英国海军部确实担心U艇会在战术上占据上风，担心至关重要的北大西洋交通线会被切断。正如后来的一份官方评估直截了当地指出的那样，如果这些损失继续恶化，"我们就不能将护航视为一种有效的防御系统"。[16]然而仅仅三个月后，也就是1943年6月，邓尼茨在海军参谋部的作战日志中坦率地承认，德国海军遭遇了惨败，因此他必须将潜艇撤出北大西洋。对于研究日常战斗与深层战争机制之间因果关系的学者来说，这个故事更吸引人的地方在于，盟军在对抗德国潜艇的战斗中的命运变化也许是个最好的例子——甚至比同一年抵达珍珠港的美国新军舰的增援还要好——表明战争一方物质技术力量的巨大进步确实可以转化为战场前线的持续变化。因为后方本身发生了变化，参战国各自的地位和命运也发生了变化。马克思和布罗代尔肯定很乐意看到这一点。

1943年初，并没有迹象表明盟军会取得胜利。事实上，在那个冬天，北大西洋的海水波涛汹涌，巨浪甚至把一艘老旧的矿石运输船撞成了两半，因而几乎无法进行任何海上活动。盟军1月份的总损失21.5万吨（45艘船）虽然较低，但并不能代表战争的全貌。暴风雨迫使许多船队返回港口，50英尺高的海浪使船队不可能看见德国潜艇。

当然，这种相对的平静对德国更加有利，因为在这段时间里，邓尼茨可以获得更多的新潜艇，每个月大约有20艘，他的参谋也可以训练更多的船员。在前一年里，他损失了87艘潜艇，这个数字令人难以接受，但还是可以承受的，现在他的U艇舰队的规模几乎翻了一番。到了3月，他在北大西洋的不同地方至少有四个"狼群"在活动，每个"狼群"通常有十七八艘潜艇，所有的潜艇都通过无线电声气相通，所有的潜艇都在等待进攻指令。

对于1943年3月至6月的关键护航斗争，海军历史专家十分熟悉，实际上有些作品整本书都在讲述某一场护航行动，但即使是对二战了解颇多的普通人也可能对这方面不太了解。这里没有爆发史诗般的、单独的、激烈的战斗，不是中途岛战役或莱特湾战役，也不是"俾斯麦号"追逐战，只有两个意志极其坚定、组织极为严密的对手在海面、海底和海洋上空进行的无情战斗，全年不休。对于1943年这三个月的20多次大西洋护航行动，展示命运转变的最佳方式可能不是逐个详细讲述，而是提炼总结三场主要的交锋：第一场是3月中旬U艇成功破坏HX-229和SC-122两支船队的行动，正是这种破坏引起了英国海军部的极大担忧；第二场是ONS-5船队的传奇经历，在4月底5月初，该护航运输队遭遇了三个"狼群"的围追堵截，虽然商船损失巨大，但德军潜艇也付出了比以往更为惨重的代价；第三场发生在5月稍晚的时候，前往英国的SC-130和从英国出发的ON-184两支护航运输队轻而易举地击退了德军的进攻，德军U艇没有得手，反而损失了5艘，而两支商船队则毫发无损，平安抵达各自的目的地。护航运输队的防御措施已趋于成熟，形势变化之快令人震惊。

HX-229护航运输队最初有50艘商船（有些后来撤退了）和5

艘护航舰艇，SC-122 护卫队有 60 艘商船和 8 艘护航舰艇。两支船队分别于 1943 年 3 月 5 日和 8 日离开纽约，最后于 3 月 23 日跌跌撞撞地到达利物浦。这 100 多艘商船组成了二战中截至当时规模最大的商船队。在战斗的结果被公布后，德国公共广播电台宣布这次事件是"有史以来最伟大的护航战"。[17]这一次，纳粹的宣传机构有资格欢呼雀跃。德国海军情报部门轻而易举地破解了盟军的密码，得到消息的邓尼茨派出大约 41 艘 U 艇组成的三个"狼群"进行截击。HX-229 船队最初躲过了第一道拦截线，这个代号为"强盗伯爵"（Raubgraf）的"狼群"在水面上迅速航行，在 3 月 16 日赶上了船队，然后发动了一系列毁灭性的攻击。在不到八个小时的屠杀中，至少有八艘商船被击沉，大多数护航舰艇转而营救幸存者。在 SC-122 船队第一次遭遇敌人（第二个"狼群"）时，U-338 潜艇一次发射的鱼雷就击沉了四艘商船，这是十分惊人的。对两支船队的攻击一直持续到 3 月 19 日，此时，各种新的护航舰艇和空中掩护已经抵达，将筋疲力尽的船队护送到了利物浦，而志得意满的邓尼茨命令他的 U 艇撤退。

在整场战斗中，德军只因空袭损失了一艘潜艇。值得一提的是，实力较弱且缺乏作战经验的护航运输队没有击沉一艘 U 艇。不幸的 HX-229 船队损失了 13 艘商船，共计 93 500 吨。SC-122 船队损失了 9 艘商船，约 53 700 吨。换句话说，盟军损失了近 15 万吨珍贵的战争物资（钢板、矿石、石油和粮食）。[18]大约三百名商船船员在这场灾难中丧生。在大西洋中部至关重要的"空防缺口"上，只有短暂的空中掩护，而较新的护航航母还没有准备就绪。因此，这两支船队只得到了微弱的保护，损失惨重。仅仅派出更多商船并不能解决这个问题。

当然，仍然有很多物资被成功运往英国。从积极的方面来看，也可以这样说："SC-122 的 60 艘商船中有 42 艘到达了目的地，HX-229 的 40 艘商船中有 27 艘到达了目的地。"[19]然而，对于盟军来说，一百多艘船中有三十多艘的损耗，这是很可怕的损失，无论是从人员的角度，还是从物资的角度，毕竟，有那么多战时补给和宝贵的船只都被摧毁了。从统计数据上看，这些数字是骇人的。后来的分析人士可能会指出，在同样的两周内，有三四支船队（例如，从弗里敦到直布罗陀的船队，或北大西洋的船队）在没有任何损失或损失很小的情况下顺利通过。但在白厅的部分部门，人们得出了最糟糕的结论：如果邓尼茨发现海上有另一支大型商船队，并决心发动攻击，如果"狼群"被预先部署好并发动攻击，那么德军似乎有能力造成比以前更严重的损失，可能会让这条路线难以为继。躲避潜艇的可能性似乎越来越小，后面的日子将阳光灿烂，风平浪静。英国工业情报数据显示，更多的 U 艇正在为它们的首次任务"热身"。1943 年 3 月 18 日，丘吉尔沮丧地告诉他的战时内阁，英国的海军资源"已经被消耗殆尽"，"不足以应付敌人集中的 U 艇"。在与罗斯福通话并恳求美国支援更多的远程飞机时，他也说了同样的话。上文提到的战后海军部的评估说不能"将护航视为一种有效的防御系统"，指的也许就是这种情况。这意味着商船有可能会回到战前单独航行的状态。海军部的气氛是严峻的，但不是失败主义的。对第一海务大臣达德利·庞德来说，德国在大西洋中部的大规模潜艇群只意味着一件事："我们不能再躲避潜艇群了，而是必须闯出一条路来。"[20]与前一年 8 月至关重要的马耳他船队一样，现在一切都必须投入战斗。

1943年4月，由于许多U艇返回港口重新休整，战斗有所缓和，但在5月又以更大的强度卷土重来。在5月发生的所有激烈的护航战斗中，没有比ONS-5的护航战更具有史诗感的了。在从4月21日到5月12日的三周时间里，这支缓慢的船队从英国港口驶向纽约。具有讽刺意味的是，这些商船几乎都是空的，并没有英国运送的宝贵物资，而是要返回美国装载更多的物资。邓尼茨刚刚错过了一支向东行驶的船队（幸运的SC-127），他决定让这支船队承受他重新集结的"狼群"的痛击，所以战斗会异常激烈。

事实也的确如此，这是一场激烈的、无情的、几乎持续不断的战斗，吸引了历史学家的大量关注，不仅因为它标志着大西洋之战的真正转折点，还因为它令人惊叹的史诗般的过程。有一本关于它的书名为《最激烈的战斗》(*The Fiercest Battle*)，还有许多其他的作品以小时为单位十分详细地讲述这段故事。[21]这一次，双方势均力敌，虽然邓尼茨的胜算似乎仍然更大。德国海军在北大西洋集结了不少于58艘全副武装的U艇，组成三个"狼群"，其中两个（42艘潜艇）正好在ONS-5船队的航道上。但是在盟军这边，有多达十几艘身经百战的战舰，包括驱逐舰、小型护卫舰、轻型护卫舰和一艘美国海岸警卫队快艇，这些舰船由令人敬畏的彼得·格雷顿（Peter Gretton）上校指挥。

5月初，虽然天气状况非常恶劣，但当船队慢慢靠近纽芬兰海岸时，整整30艘U艇设法靠近，向这支船队发动鱼雷攻击。这场战役似乎具备了海战的一切困难：浓雾，U艇与驱逐舰相撞，吹散许多舰船的10级大风，几乎耗尽燃料和深水炸弹的护航舰艇，忧心忡忡的海军部调遣新的军舰前往战场。最后，是关于五艘商船的故事，它们在大雾中意外地脱离了船队，并由一艘轻型护卫舰——它就是绘画 8 所描绘的"石竹号",由刚刚晋升、容易晕船的指挥官罗伯特·阿特金森(Robert Atkinson)中尉指挥——英勇地保卫了几天,直到它安全到港,而此时这艘小型战舰的油箱里几乎没有剩下任何燃料。[22]

因此,深入分析这场战斗,可以得出关于潜艇与护航舰队攻防战的重要整体性结论。邓尼茨的舰队遭到了可怕的打击——七艘潜艇被击沉,另外七艘严重受损,还有许多潜艇部分受损。此外,在这次特殊的遭遇战中,几乎所有的 U 艇损失(七分之六)都是由盟军水面护航舰队造成的。恶劣的天气再次将海岸司令部和德国空军出动的飞机减少到最低程度。海军部的护航航母和更多"解放者"远程轰炸机组成的空中反攻部队才刚刚开始集结。有十几个 U 艇艇长非常英勇,坚定地反复攻击,确实突破了护航屏障并击沉了商船,但是也付出了巨大的代价,因为现在盟军终于可以发现他们了。厘米波雷达这一新装置在 5 月 5 日至 6 日的浓雾和黑暗中发挥了巨大的作用,甚至一些轻型护卫舰上也安装了它。例如,"'维德特号'(Vidette,驱逐舰)的雷达在 5100 码[①]处探测到敌情……(U-531 被击沉),'千屈菜号'(Loosestrife,轻型护卫舰)的雷达在 5200 码处探测到敌情……(U-196 被击沉),'鹈鹕号'(Pelican,小型护卫舰)的雷达在 5300 码处探测到敌情……(U-438 被击沉),等等"。上面提到的大多数 U 艇都是被深水炸弹击沉的,但有一艘是被从舰首发射的刺猬弹击毁的。[23]对于海军历史学家来说,这些简短的战斗总结值得细细品味,因为它们显示了那天晚上每艘 U 艇被击沉的确切时间和确切距离,

---

① 1 码约合 0.9 米。——编者注

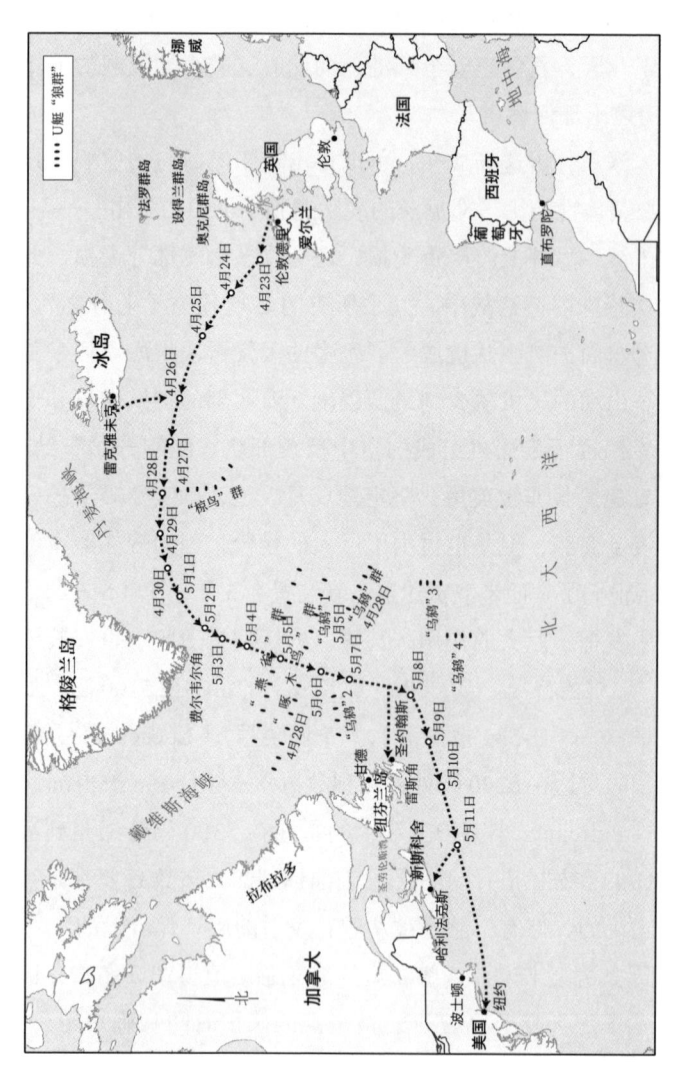

地图 10　1943 年 4 月至 5 月，最伟大的护航战役：大西洋护航中 ONS-5 护航运输队的航行路线

以及是被哪艘皇家海军军舰击沉的。(更完整的摘录见文后的附录一。)听到这些惨重损失的消息后,邓尼茨终于命令他的"狼群"撤离,以免遭受更大损失。在整个海战中,很难找到比这更好的例子来表明新技术如何对战斗产生立竿见影的效果了。

  我们还可以得出其他结论。布莱切利园在此时恢复了破译德国海军密码的能力,这显然对英国海军很有帮助,因为它可以得知 U 艇在何时集结(就像德国情报部门知道船队在何时集结一样),后来它还截获了邓尼茨发出的撤退命令。但是,即使盟军的海军情报没有发挥作用,这场战斗也会打响,而且很可能还会是同样的结局。虽然宝贵的 HF/DF 在远处定位了许多 U 艇,但在实际战斗中,它显然不如新的微型雷达系统重要。除了 ONS-5 船队之外,当时北大西洋上有不少于 8 支盟军护航运输队(约 350 艘商船),其中有 4 支刚刚抵达或离开美国东海岸的港口,2 支刚刚离开英国港口。因此,如果大西洋变得更加危险,它们都可以被召回。另外两支船队在南部的航线上。但正如我们所看到的那样,邓尼茨选择以 ONS-5 来杀一儆百,具有讽刺意味的是,最后确实产生了这个效果。13 艘宝贵的商船被击沉(9 艘英国的,3 艘美国的,1 艘挪威的),总计 6.3 万吨,但这是最后一次有如此多的商船被击沉了。令人惊讶的是,此后的故事常常是这样的:无论是在每次交锋中,还是每个月总计起来,被击沉的潜艇都比商船还要多。对于这场伟大的战斗,也许可以用斯蒂芬·罗斯基尔在其所著官方史书里的描述来下结论:"这场与 30 艘 U 艇作战的 7 天的战斗只有纬度和经度,没有名字可供人纪念,但它以自己的方式,像基伯龙湾战役和尼罗河战役一样具有决定性意义。"[24]

第七章 盟国控制海洋(1943 年)

仅仅两周之后，就发生了第三场护航运输队的遭遇战，船队的编号是 SC-130，也是从北美到英国的一次行动。值得注意的是，许多学者认为这次护航是成功的，虽然船队受到大量 U 艇的威胁，但是保护非常到位，使其毫发无损地通过了。"超级机密"的情报让盟军一方在"狼群"之间找到了一个空隙，商船可以利用这个空隙通过。但就像经常发生的那样，德国潜艇司令部发现了这一动向，并指挥潜艇对护航运输队发动攻击。然而，在英国海军部的警告下，护航运输队已经做了充分的准备。在这一阶段，它的多层防御已经很严密，包括一个近距离护航中队，一个外围的潜艇猎杀编队，上空还有"解放者"和"哈得孙"轰炸机持续日间巡逻。因此，38 艘商船没有一艘被击沉，却有 4 艘 U 艇在格陵兰岛以南海域被击沉。5 月 19 日，U-954 被英国皇家空军"解放者"轰炸机击沉。此后不久，U-209 被第一护航编队的护卫舰"杰德号"（Jed）和"塞南号"（Sennen）击沉。随后，U-381 被 B1 护航编队的"邓肯号"（Duncan）驱逐舰和"雪花号"（Snowflake）轻型护卫舰击沉，U-258 被另一架英国皇家空军超远航程"解放者"轰炸机击沉（同样来自非常成功的英国皇家空军海岸司令部 120 中队）。[25] 大约在同一时间，由 42 艘商船组成的另一支盟军护航运输队 ON-184 正在朝着相反的方向航行，与其同行的还有护航航母"博格号"（Bogue）。5 月 22 日，"博格号"航母的"复仇者"鱼雷轰炸机击沉了 U-569。[26] 因此，潜艇在白天会被飞机发现和攻击，而当它们试图接近船队时，近距离的护航舰艇会迅速攻击，它们会被支援护航舰队追击数小时甚至数天，还会被护航航母的轰炸机骚扰。因此，即使是最坚定的潜艇指挥官也开始动摇。有一些新手被这种防御闪电战吓倒了，在体验了深水炸弹的威力并遭受轻微的伤害之后就返航了。此时的统计数据和战术形势都极大地朝有利于盟军的方向倾斜：两个商船队总共80艘商船出航，没有一艘沉没，但有5艘U艇被击沉，其中大多数是新艇，尽管艇员经验丰富。其中一艘U-954的艇员中有邓尼茨的儿子彼得，但他并没有表露出丧子之痛。在吩咐艇长们再坚持几天之后，这位将军不情愿地命令所有的潜艇离开这片水域，要么向南航行，要么返航。在后来的回忆录中，他直截了当地说："我们已经输掉了大西洋海战。"[27]

邓尼茨（或他的助手）甚至在当时就以惊人的冷静在海军参谋部的作战日志中写下了他的结论，解释盟军为什么可以扭转战局。下面是一些摘录。"敌军飞机和水面舰艇上的雷达装置极大地阻碍了单个U艇的行动。"很明显，邓尼茨已经得出结论，认为盟军拥有了新的微型雷达。"敌人的航空部队现在可以为整个北大西洋地区提供空中掩护。"这迫使潜艇下潜，因此潜艇"远远地落在护航运输队的后面"。此外，还有针对下潜U艇的"新型定位方法"、"更强大的深水炸弹"和"越来越多可供敌人使用的护航舰艇"。然而，最重要的是，"敌人的航空部队"起了决定性作用。对于SC-130商船队来说，持续的空中掩护使U艇无法聚集，对于ONS-184商船队而言，U艇"根本无法靠近"。[28]

对读者来说，关键是要理解上述邓尼茨对这次护航战中盟军胜利和德国失败的因果关系的坦率解释。没有人比他更了解这场宏大战役的真相。作为一名潜艇指挥官，早在战争爆发之前，邓尼茨就已经考虑并制订了使用U艇对英国发动进攻的计划。他督促由那些王牌潜艇指挥官组成的"兄弟连"达到这个目的，指导他们，跟踪每一个人的成功和失败。尽管经常徒劳无功，但他曾多次向希特勒和海军最高司令部施压，要求他们为潜艇部队分配比以往多得多的资源。毕竟，假如1942年邓尼茨拥有三倍的U艇（如果从德国坦克生产中转移出所需的钢铁和电力，或者两百个师的德国陆军减少一两个的话，U艇数量倍增并非不可能），结果又会怎样呢？正如我们在这里看到的，邓尼茨有一种气质，能够冷静地分析商船队、U艇和护航舰队损益的统计数据，并对情况客观描述。事实上，在这方面，他比战争中任何其他军事指挥官在其各自参加的战役中所做的都要好。[29]

在邓尼茨看来，在1943年4月至6月的大西洋海战中，发挥决定性作用的显然是盟军方面的新式军事装备和加强的护航部队的结合，而不是他的"狼群"在面对护航运输队时运气不好，也不是因为有更多的商船在美国船厂下水。海上发生了一些事情，而且发生得非常迅速，大大扭转了局势，他把这些变化罗列出来，因为他认为这样做很重要。其中包括：更多的水面护航舰艇可供敌方指挥官使用；海战战术有所改进，并且雷达和其他探测技术也得到了极大的改进；最重要的是，"盟军的空中力量要强大得多"。这些都是决定性的因素，邓尼茨认识到这些因素对潜艇舰队造成了极大的压力。到了1943年6月初，他已经失去了太多优秀的潜艇指挥官，也失去了太多宝贵的训练有素的船员（见表格8）。他不得不把剩下的潜艇从北大西洋的护航路线上撤下来，把它们派遣到不那么危险的水域，或者把它们召回进行改装；而与此同时，他也在考虑是否有什么办法可以重新获得他曾经认为已经掌握了的优势。

表格8　1943年，德国潜艇损失的上升

1月	2月	3月	4月	5月	6月	7月	8月
7	18	15	17	44	16	38	25

数据来自Helgason，"1943年U艇的损失"，访问日期为2020年2月6日，https://uboat.net/fates/Losses/1943.htm。

在邓尼茨考虑问题时，最重要的正是这些冷冰冰的统计数据。在1943年的5月至8月，德国潜艇的损失是前面四个月的两倍。因此，他如果读到后来西方历史学家以下的陈述，一定会目瞪口呆：美国造船业产量激增，生产了大量的自由轮和其他船只，这意味着盟军在大西洋之战中的胜利是必然的，而他和他的潜艇部队不可能切断英国的物资供应。那么多商船队安然抵达英国，没有受到任何攻击，这一事实意味着他的潜艇部队根本无法真正威胁到英国的作战能力和制海权。今天，这样的言论比比皆是。一位杰出的学者总结道："大西洋航线从来没有像有些人所说的那样受到德国潜艇群的严重威胁。……从1942年春天开始，已经很难想象英国会被迫投降。"[30]约翰·埃利斯出色地利用了盟军和德军的战损统计数据以及邓尼茨海军参谋部的作战日志，并且煞费苦心地强调大西洋上的战斗有多么艰苦，但是就连他也对美国大量生产的商船评价过高，并一度断言："一旦美国加入战争，他（邓尼茨）无法阻止潜艇部队在战略上被边缘化的命运。"[31]

这样的说法似乎是不正确的，至少如此斩钉截铁地说出来是不对的，因为这样就好像光是造船总量就足以让盟军取胜而且确实是其赢得大西洋之战的主因一样。可以肯定的是，1943年美国造船量的爆炸式增长看起来是非常惊人的，因为最新的月度总数比以前大得多，实际上大大超过了邓尼茨每月击沉90万吨盟军船只的目标。那么，为什么不能认为是美国造船业的繁荣让盟军赢得了这场斗争，使U艇在战略上处于边缘地位呢？这是统计学家的说法，而不是海军历史学家的说法。这没有考虑到两个至关重要的事实。首先，无论是在已有的船队中，还是在新的船队中，盟军的商船都经常要经受敌人攻击的考验，而且在北大西洋中部，U艇必须被击沉或驱逐，否则其力量会进一步加强。最重要的是，它没有考虑到，如果邓尼茨能够在1943年秋天之前将他的潜艇编队增加到6支甚至是8支，那么即使有很多额外的商船（如果能找到船员的话，应当考虑到人员的严重损失）也解决不了问题，因为盟军的海空军实际上并没有粉碎早期的潜艇编队。正是因为护航军舰和海岸司令部的轰炸机恰好在这几个月里能够击沉足够数量的敌方潜艇，盟军才赢得了大西洋海战的胜利。到1943年底，新的自由轮、油轮、运粮船和冷藏肉船如潮水般涌入英国，没有受到U艇的侵扰，这意味着英国在关键领域（例如船用燃料）的供应危机得到解决，英国的工业战争机器可以继续运转下去甚至有所增强，更意味着登陆法国和在意大利继续推进所需的大量补给可以进一步增加。[32]

但是，仅仅靠舰船数量的激增是不可能取得大西洋之战的胜利的，就像如果德国空军能够在美国第八航空队的轰炸机每次飞行时都将其歼灭，[33]那么B-17轰炸机数量的激增也不可能让盟军赢得对德国的空战一样。在1943年5月和6月的关键护航战中，如果邓尼茨的U艇没有在大西洋中部水域被彻底击败，故事可能会有所不同。图表3证实了这一点，这也许就是爱德华·塔夫特（Edward Tufte）所说的"量化信息的可视化展示"的最典型例子之一。[34]这份后来绘制的曲线图显示了不同时期邓尼茨可以投入战斗的U艇的数量。

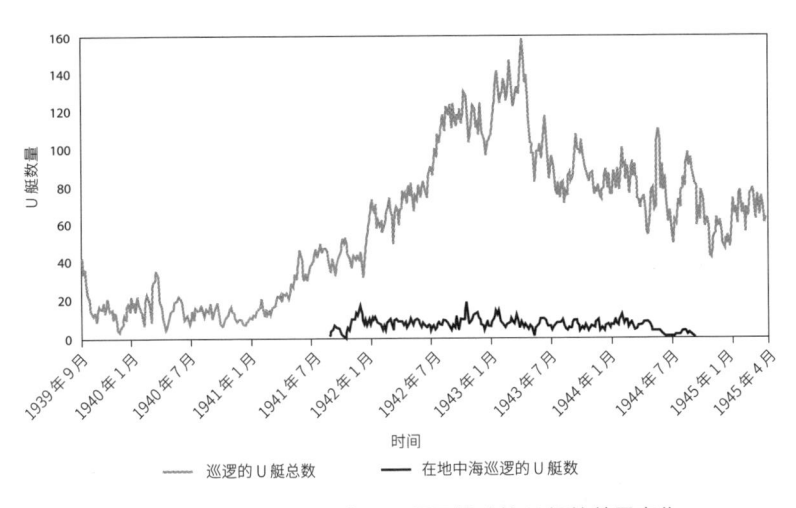

图表3 1939—1945年，可用于战斗的U艇的数量变化

这些重要的数据来源于Helgason的"U艇部队的战斗力"，于2020年2月4日访问，网址为https://uboat.net/ops/combat_strength.html。同时，请注意罗斯基尔在《海上战争》第2卷第374页中的一幅非常精美的地图，显示了1943年5月1日所有在途U艇的位置、四个U艇"狼群"的位置，以及被击沉的单艘U艇的位置。

虽然他们当时并没有这份折线图，但是海军部和邓尼茨的潜艇指挥部都对这种关键的形势非常了解。不言自明的是，以护航运输队为目标的现役潜艇越多，德国获胜的可能性就越大。在这个阶段，邓尼茨有差不多300艘必要的U艇，从统计数据上推断的话，其中100艘可以投入战斗。根据他的计算，他一共需要大约300艘潜艇，而考虑到在这样艰巨的海战中会有损耗，他只能指望其中的三分之一（也许略多一点）在公海上，随时准备接收他的无线电指令并投入行动。还有大约100艘即将投入使用，在波罗的海与新船员一起接受训练和热身，或者正在接受维修，因为在一场激烈的护航战斗之后，可能会有十几艘潜艇严重受损，需要数周的时间才能修复。此外，还有大约100艘潜艇往返于北大西洋水域、加勒比海、危险的地中海以及印度洋和南大西洋。因此，这是一场规模巨大的、无情的、几乎是全球性的行动，在某种程度上是整个战争中规模最大的行动之一。

因此，考虑到英国、加拿大和美国海军为应对潜艇威胁而动员的巨大力量，在1942年和1943年，德国可以参战的潜艇的数量仍然不断增加，这实在是一个巨大的组织上的成就。如图表3所示，到了1943年4月29日，邓尼茨终于取得了虽然短暂却是有史以来最高的惊人成就——总共有159艘潜艇出海执行任务。可以肯定的是，这个数字包括了航行中的潜艇，所以界限是模糊的（毕竟，如果有机会的话，一艘驶往遥远水域的U艇会攻击近距离的商船队，但作战后返航的潜艇上就没有鱼雷了）；然而，那天很可能有八九十艘潜艇在大洋上的某个地方准备战斗，主要是在北大西洋。因此，这个日期的讽刺意味一定会给读者留下深刻的印象，因为这一天正好位于3月U艇对护航运输队发动猛烈攻击，和5月盟军的护航飞机与军舰对U艇发动猛烈攻击这两个时间之间。4月29日，就在海上U艇最多的这一天，护航运输队ONS-5正在驶入第一条"狼群"拦截线（地图10）。从图表3中还可以明显看出，在那之后可用U艇的数量下降了，一个月内就失去了35艘，还有至少同样多的潜艇受损，需要离开战斗。

总而言之，在大西洋海战的这一时刻，如果不是盟军许多新的反潜作战装备发挥作用，在每个月都有20艘新潜艇下水的情况下，邓尼茨当然有可能在爱尔兰西部、冰岛和格陵兰岛以南的关键水域增加他的大型"狼群"活动，随时摧毁盟军夏季的商船队。邓尼茨的死敌英国海军部当然对此非常担心，起初，他们不能相信邓尼茨在其5月的进攻失败时对他的潜艇指挥官的激动催促。当他停止催促，命令潜艇离开北大西洋水域时，可以想象英国的密码破译人员发出了仿佛滑铁卢战役胜利时的欢呼——海战最困难的阶段已经过去，再也不会出现春天那样的危机了。虽然需要巨大的努力和大量的资源，但盟军确实有可能在德国组织最好的战斗部队所发起的激烈程度数一数二的战役中击退对手。

尽管如此，潜艇的威胁并没有完全消失。虽然邓尼茨在1943年6月明显很失望，但作为一名斗士，他是不会完全放弃在北大西洋的战斗的，而且纳粹战争机器的技术资源仍然非常可观。到了天气更加晴好的7月，盟军损失的商船数量又上升了。到了10月，这位足智多谋的海军统帅把他的U艇派回北大西洋水域，这一次艇上装备了全新的声自导鱼雷，将海军护航舰艇作为首要攻击目标。具有讽刺意味的是，当时商船本身的损失并没有那么大。短时间内，这一策略似乎奏效了，在激烈的护航战中，五艘驱逐舰被击沉；但盟军的决策者推出了一种新型的电子诱饵装置，消除了这种鱼雷的威胁。在那之后，护航编队的空中和海上力量以及它们新增的侦察能力远远压倒了潜艇的打击能力。例如，10月中旬的商船队ONS-206和ONS-20有至少三支"解放者"轰炸机中队提供护航。[35] 1943年下半年，潜艇的损失再次上升，10月损失了26艘，11月损失了19艘，基本上让邓尼茨对这场新战役的希望在战略上彻底破灭了。事实上，在1943年下半年的四个月中，潜艇损失的数量经常高于被击沉的商船的数量，如上文所述，这彻底反转了局面。这年年底之后，北大西洋护航运输队中被U

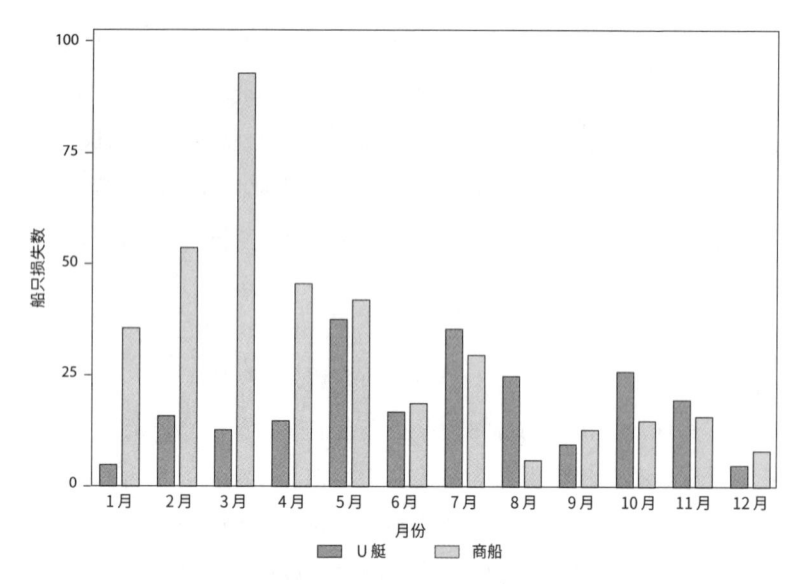

图表4　1943年，北大西洋战场U艇和商船的损失

数据来自保罗·肯尼迪《二战解密》第43页。

艇击沉的盟军商船已经很少了。在本土水域和加拿大海岸附近，潜艇可能仍然是危险的，在更远的海域，或许还能有所斩获，但它们再也没有大量地回到主战场。如图表4所示，1943年的数据本身就证明了这一点。

再往南，1943年也发生了一场独立的、规模较小的战役，重组后的U艇群与一股较新的力量——美国护航航母和驱逐舰群——作战，后者正在保护横跨大西洋中部的北非航线上的商船队。[36]自从前一年11月的"火炬行动"以来，随着数十万美军被派往地中海战区，美国需要维持一条庞大的、新的海上供应链，美国海军及其强势的总司令欧内斯特·金将军在大西洋海战和摧毁德国潜艇方面投入了更多的精力。1943年3月，美国、英国和加拿大在华盛顿召开会议，同意划分两个独立的海军控制区，由美国海军新设的大西洋司令部（第十舰队）接管南部航线。这可能是件好事情，因为两个主要国家的海军奉行截然不同的战略。在伦敦，科贝特的观点继续占上风，认为首要目标是让商船毫发无损地通过，这本身就是战略上的成功；本岛将是安全的，要为未来的D日行动和最终击败纳粹德国准备大量的物质资源。因此，只要避开或击退U艇就足够了；当然，如果能够在此过程中将潜艇击沉，那也很好。而对于华盛顿那些崇尚进攻、缺乏耐心的海军指挥官来说，这是不够的。美国海军及其新的护航航母特遣舰队得到的指示是展开积极的搜索和摧毁行动，包括利用"超级机密"的情报来突袭在遥远的大西洋会合点从"奶牛"潜艇加油的U艇。[37]英国担心这种极具侵略性的行为最终会使邓尼茨意识到，他以为无法破译的加密信息正在被人读取，但事实证明，这种情况并没有发生。直到最后，邓尼茨都一直认为，盟军之所以会有如此惊人的探测结果，是因为他们的飞机巡逻范围越来越广，还有了一些新型的远程雷达。盟军的运气还在。

然而，最终的结果是一样的：被部署到南方的U艇也遭受了不可挽救的重大损失。具有讽刺意味的是，当第一批大约17艘潜艇从北大西洋航线上撤离并重新组成"狼群"时，其代号为"特鲁茨"（Trutz，意为"桀骜不驯"）。但仅仅是更加桀骜不驯是无济于事的。无论是在美国到直布罗陀的商船队附近进行积极防御，还是在U艇加油会合点发动危险的水面突袭，第十舰队的新护航航母群在1943年下半年对U艇及其补给船都造成了沉重的打击。这个舰队的核心是"博格号"、"桑提号"（Santee）、"卡德号"（Card）、"布洛克艾兰号"（Block Island，唯一被潜艇击沉的美国航母）、"瓜岛号"和"科尔号"（Core）。这一年是伟大的分水岭，读者会一次又一次地被盟军舰队的新武器技术和额外的战斗力所震惊。美国不仅有许多护航航母和为其护航的速度更快的驱逐舰（不是轻型护卫舰或小型护卫舰），而且这些装备精良得多的航母现在可以出动快速的F4F"野猫"战斗机对U艇发动猛烈的扫射，而"复仇者"鱼雷轰炸机则会低空使用深水炸弹和"菲多"（Fido）机载声自导鱼雷。即使是装备了重型多管高射炮的潜艇也发现自己不是对手。因此，到了这年年底，又有24艘U艇（包括至少5艘加油艇）被护航航母部队击沉。虽然这些数字从来比不上陆基（海岸司令部）飞机击沉的总数，但是所传达的信息是一样的——战略平衡确实发生了变化。到了10月，失望的邓尼茨从这条航线上撤回了他的大部分潜艇，并把注意力集中在为他的舰队提供更好的探测和进攻系统上，不过即使这样也无济于事。[38]正如研究1943年U艇失败的历史学家大卫·西雷特（David Syrett）指出的那样，邓尼茨把攻击的重点从北大西洋改为北非或直布罗陀的航线，或者改为巴西近海和印度洋等遥远水域，然后再回到不列颠群岛，这并非表明他大局在握，就像腓特烈大帝探察敌人防线的弱点一样，而主要是从更艰难的主战场上一再撤退，这本身就是失败的标志。[39]

换句话说，U艇在新的攻击区并不一定更容易得手，正如1943年下半年在第三大西洋战场围绕英国—直布罗陀护航运输队进行的激烈海战和空战所证明的那样。1940年法国沦陷后，这对盟军来说一直是一条非常危险的航线，因为它不仅容易受到基地位于附近大西洋港口的U艇的攻击，而且处于比斯开湾沿岸的众多德国空军道尼尔、亨克尔和福克－沃尔夫轰炸机中队的攻击范围之内。德国占有地理优势，无论是空中袭击还是潜艇攻击都可以更加有力，有时甚至会有三道潜艇拦截线。一支庞大的直布罗陀商船队不仅受到了U艇（远远超过20艘）的攻击，还受到了25架亨克尔177型飞机投下的新型无线电制导滑翔炸弹的日间突袭。然而，这些新的攻击来得太晚了，所有的攻击都被坚决击退了。不仅直布罗陀的护航运输队现在受到许多更强大的水面战舰和护航航母的保护，海岸司令部也终于有了更多的空中资源，只要接到U艇编队正在集结的警报，马上就可以投入战斗。配备先进声学系统的"桑德兰"和"惠灵顿"轰炸机夜间在比斯开湾上空巡逻，朝着水面上的U艇俯冲，并用强大的新型利式探照灯（Leigh Light）影响其视线。德国潜艇装备了更大的高射炮，试图向大西洋突围，结果发现自己陷入了激烈的战斗，而且总是面临盟军飞机迅速招来水面战舰的危险。5艘U艇和4架波兰飞行员驾驶的"蚊"式战斗轰炸机之间爆发了激烈的战斗。有时交战双方的距离很近，一些U艇被驱逐舰和小型护卫舰撞沉。德国空军巡逻队发现自己遭到了伏击，成为被追杀的对象。有时，载着沉没商船、护航舰艇和潜艇的幸存者的救生艇与载着迫降飞机幸存者的救生艇一起在水中。在1943年的比斯开湾和直布罗陀护航战役中，德国潜艇的损失稳步上升，仅在11月的战斗中就损失了10艘。亨克尔177型飞机中队的攻击并没有持续多久，在意大利投降后，这些中队被派去地中海，稳定德国在那里日益恶化的局势。[40]

具有讽刺意味的是，当年德国和盟国海军在这一地区的最后一场战斗——一场被恰如其分地命名为比斯开湾海战的战

第七章 盟国控制海洋（1943年）

斗[41]——是一场猛烈风暴中的水面战斗。一方是皇家海军巡洋舰"格拉斯哥号"和"企业号",另一方是一支由四艘德国驱逐舰和六艘大型鱼雷艇组成的部队,它们从法国港口出发,护送带着重要的钨和橡胶突破封锁从远东回来的"阿尔斯特鲁弗尔号"(Alsterufer)。在这场海战中,盟军的火力让邓尼茨这边毫无招架之力。B-24"解放者"远程轰炸机击沉了这艘封锁突破船,"超级机密"使海军部得以部署多艘巡洋舰,布下罗网。在大西洋的狂风巨浪中,猝不及防的德国驱逐舰和鱼雷艇展开了激烈的搏斗,但是巡洋舰上雷达控制的6英寸炮实在太厉害了。包括驱逐舰Z-27在内的三艘德国军舰被击沉,从此以后,再也没有水面船只可以成功突破封锁。

1943年,从美国南部港口到地中海的商船和运兵船运输量激增,而前往苏联北部的运输量却少了许多。[42]通过伊朗铁路系统新开辟的补给线,虽然极其漫长和复杂,但减少了通过传统的大西洋航线向斯大林的军队运送西方物资的紧迫性。这些年里,日本和苏联仍未交战,因此,通过悬挂苏联国旗的商船悄悄进行的通往西伯利亚的贸易发挥了至关重要的作用,将美国的飞机、卡车、坦克、枪支和弹药运往苏联。[43]但北极船队减少的主要原因是,1942年的糟糕经历(PQ-17护航运输队被摧毁,德国空军和德国潜艇反复造成意外严重破坏,"沙恩霍斯特号"和"提尔皮茨号"的威胁仍然隐约存在)使丘吉尔坚持认为,至少在夏季的几个月里,这种运输应该暂停。因此,在1943年3月至11月间,北极船队确实没有前往苏联,而这让斯大林非常愤怒,他多次发出抗议,说苏联为战争做出了很多牺牲,这样做不公平。当这一年最后几支商船队驶向阿尔汉格尔斯克的时候,战争的总体战略前景（尤其是东线的战略前景）已经发生了很大的变化。

然而，这一年的最后一个月给北极水域的皇家海军带来了期待已久的收获，也给德国有限的重型军舰舰队带来了又一次打击。1943年12月26日，经过两天的激烈追击，战列巡洋舰"沙恩霍斯特号"被皇家海军的新战列舰"约克公爵号"和一支由巡洋舰及驱逐舰组成的舰队击沉。[44]从邓尼茨（作为德国海军的总司令）的角度来看，在这次行动中，一切都出了问题。英国的护航运输队自始至终毫发无损。大型的德国驱逐舰上层结构太重，无法承受北极的巨浪，只好返航，而德国空军也受到了恶劣天气的影响。就像在几乎同时发生的比斯开湾海战中一样，"超级机密"有助于英国海军部了解德军的意图，而英国先进的雷达（尤其是巡洋舰上的雷达）有助于跟踪"沙恩霍斯特号"，虽然它经常改变航向。炮弹的破坏使"沙恩霍斯特号"的速度慢了下来，它被团团包围了。虽然勇敢地进行了反击，但它还是在北角沉没了，这是德国水面舰队对盟军制海权的最后一次挑战，实际上也是二战期间在西方水域进行的最后一次战列舰行动。风光不再，如之奈何？

美军在太平洋缓慢推进

总的来说，1943年太平洋战争中的事件没有地中海战争或大西洋海战那么具有戏剧性和决定性，主要是因为尼米兹还在等待美国造船厂大量生产新航母、战列舰和其他舰艇。太平洋中部这种缓慢的节奏，与1942年日美航母舰队在珊瑚海和中途岛的行动，以及1944年在菲律宾海和莱特湾的行动形成鲜明对比。1943

年，在西南太平洋司令部负责的区域确实发生了战斗，虽然有时持久而激烈，但更多是局部战斗，参战的主要是巡洋舰和驱逐舰，加上双方的陆基空军，战斗围绕登陆行动、岛屿驻军和海上补给任务而展开。最终的结果是，随着时间的推移，日军在整个所罗门群岛以及拉包尔和俾斯麦群岛周围的外围防线稳步收缩。与此同时，在遥远的北太平洋，收复日本新近占领的阿留申群岛要容易得多。直到第一批新舰队和轻型航空母舰抵达珍珠港，尼米兹才授权从1943年8月开始对日军驻守的环礁进行小规模袭击，然后，当规模大得多的美军准备就绪时，他于11月下令夺取吉尔伯特群岛。[45]

在太平洋中部这种相对缺乏行动的情况下，日本如果愿意的话，应该有足够的时间休养生息，调整兵力分配，但这就是问题所在。以海洋为中心的海军和以大陆为中心的陆军之间的传统分歧，使日本领导层在1943年初越来越进退两难。陆军将领一心想要推进大规模侵华的战役，但海军将领敦促说，更大的威胁可能来自海洋，虽然敌人似乎距离东京还很远。但距离确实太远了，所以帝国总参谋部没有给予应有的重视。事实上，日本帝国在年初的时候仍处于鼎盛时期。实际上，在大比例尺的日本征服地图（地图8）上，很难看到它在失去所罗门群岛后外围防线上凹进去的地方在哪里。

从地理和实际操作层面看，日本似乎仍然拥有能够沿着内线调动军队的优势，如果敌人试图突入其新帝国，日本可以从中国向新几内亚或从冲绳向吉尔伯特群岛派遣军队。当然，这取决于大本营是愿意分配大量的陆军师作为机动的中央预备队，还是仅仅零星地向太平洋派遣小规模的兵力。撇开军队数量不提，还有一个关键因素是空中力量,因为双方都认识到了空中力量的重要性,都在努力将更多的战斗机和轰炸机中队派往太平洋。如果日本所谓的绝对国防圈边缘的日军指挥官失去制空权,那么他们所有的地面部队和海军舰队很快就会丧失战斗力。

此外,如果日本的敌人沿着不止一个轴心进攻,情况只会更糟,因为这可能会使个别驻军孤军奋战,被规模更大的进攻部队所压倒,或者迫使日军冒险从一个受威胁的地点向另一个受威胁的地点运送增援部队,结果两头都没守住。相比之下,如果能够获得额外的力量,那么在未来的反击中,美国及其盟友(南部的澳大利亚和西部的英属印度帝国)将处于更有利的地位。具有讽刺意味的是,这正是得益于日本广阔的征服范围。在地图上看,日本新领土的面积看起来令人望而生畏,毕竟,攻占这么大、这么完整的区域是让人难以想象的。但是在1943年初,纳粹帝国看起来也很庞大,直到盟军从乌克兰和阿尔及利亚等地的推进暴露了它的许多弱点。日本的情况也是如此。通过向四面八方扩张,日本人进入了中国、缅甸、荷属东印度群岛、西南太平洋、中太平洋和阿拉斯加,在那广阔的外围区域驻守的军队却相对实力薄弱,留下了后患。

事实上,如地图11所示,在理论上盟军可以从至少四个不同的地点发动反攻。但正如利德尔·哈特和其他战略评论家很久以前指出的那样,这四条备选路线的前景并不完全相同。[46]虽然中国(国民党控制的)的基地和日本之间的距离理论上是最短的,但从美国到这些地方的补给线却过于漫长,因为必须穿越太平洋,进入英国在印度的空军基地,然后越过喜马拉雅山。如果英国军队从印度和缅甸方向发动进攻,这虽然可能与丘吉尔在击败日本

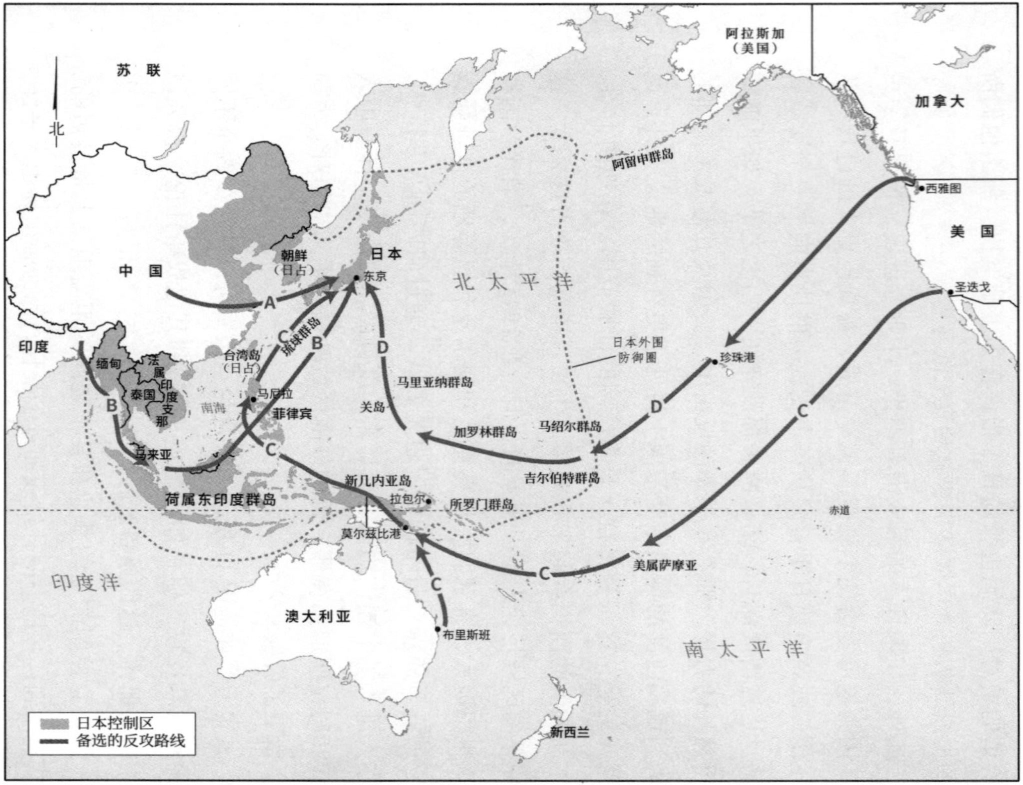

地图 11　1943 年后盟军反攻日本的四种方案

的途中重新征服马来亚和帝国其他地区的希望相吻合，却是最遥远的，会暴露英国资源缺乏的事实。总的来说，跨太平洋路线更合理，也是势在必行的，这不仅仅是因为它们更短，也是因为日本对珍珠港的侵略令美国深感震惊和羞辱，美国必须报仇，将日本征服——这意味着要制定宏大的重新征服战略，从美国的生产基地、军事工业中心地带和巨大的造船厂，以及西海岸的海军和航空基地，将大量人员、船只和飞机投入太平洋战场。此外，虽然所罗门群岛和埃利斯群岛看起来离美国十分遥远，但它们离日本本身也很远，因此，这场战役的关键是哪一方更能克服距离的问题。由于日军在1942年下半年已经被遏制，争夺太平洋控制权的斗争将是一场持久战，最终的胜利将属于后勤、供应链和生产力方面更占优势的一方。

美国的"回归东京之路"——一些战时评论员喜欢这样说——并非像地图12所显示的那样，径直向西穿过太平洋中部。与欧洲和地中海战区不同，太平洋战场没有像英格兰东部和北非这样的大片土地可以作为大规模反击的基地。这可能就是为什么一些美国军事领导人，如艾森豪威尔（预计将指挥60个陆军师）或卡尔·安德鲁·斯帕茨（Carl Andrew Spaatz，梦想指挥4000架重型轰炸机），总是对与德国作战更感兴趣。毕竟，在珊瑚岛上，似乎没有多少地方可以大规模使用谢尔曼坦克。因此，麦克阿瑟的规划者们也有理由强调他们在澳大利亚的庞大供应基地的优势，警告称不要采取未经验证的危险选择，尝试在一个只有相隔极远的小据点的地区发动大规模进攻，而是主张盟军将进攻的主轴定为通过新几内亚的北部海岸线到达菲律宾，然后（可能通过台湾岛）到达日本。当然，有一点没有逃过任何人的注意，那就是这样的行动将在美国陆军指挥区内进行，由专横的麦克阿瑟亲自负责，这是金将军和海军领导层坚决要避免的。他们更倾向于横跨太平洋中部向前推进，这样做虽然并无把握，但肯定对尼米兹在夏威夷的海军司令部有利。美国参谋长和罗斯福支持两线并进，这样不仅可以避免不同军种间的冲突，还可以让日本守军顾此失彼。

从理论上讲，盟军还有第五条"回归"东京的路线，那就是穿越北太平洋。唯一的问题是，持续不断的凶猛风暴使得拥有岛屿基地对任何一方都没有什么战略意义。1942年6月，一支日本远征军占领了阿留申群岛的阿图岛和基斯卡岛，这里成为美国唯一落入敌手的地区。但是这次占领并没有什么意义，因为日本并没有进一步向东推进，美国也没有急于把侵略者赶出去。孤立在那里的日本驻军成为其海军必须跨越广阔的太平洋进行补给的众多驻军之一。到了次年3月，美国舰队力量的增长使得巡洋舰和驱逐舰的拦截成为可能，而这又引发了整个战争中在这片水域唯一的一次海军行动。最初，一支更强大的日本舰队（两艘重型巡洋舰和两艘轻型巡洋舰）的炮火让美国"盐湖城号"巡洋舰被迫停下，但是驱逐舰的有力防御，加上鱼雷和烟幕，使得异常胆小的日本海军将领细萱戊子郎下令撤退，补给行动也被放弃了。

除了这次被称为"科曼多尔群岛海战"[47]的单独行动之外，其他什么也没有发生，直到两个月后，一支1.2万人的两栖部队在一支海军部队的掩护下登陆阿图岛，这支海军部队包括三艘战列舰"宾夕法尼亚号"、"爱达荷号"和"内华达号"，以及6艘巡洋舰和19艘驱逐舰。陆地上的战斗非常激烈，几个星期后，守军才被消灭。随着太平洋战争的展开，这样的故事将反复上演。故事情节通常包括：孤立的日本陆军守军，近海舰队的猛烈炮击，大规模的两栖攻击，以及经常以自杀式冲锋告终的疯狂抵抗。到了5月底，阿图岛被彻底夺回。不久之后，帝国大本营谨慎地决定撤出基斯卡岛的驻军，但风暴和雾霭掩盖了这一行动，以至于后来的美国登陆部队毫不知情。在7月下旬和8月初，美军的战列舰、巡洋舰和驱逐舰炮击了海滩的设施，第十一陆军航空队对岛上每一个角落进行了狂轰滥炸。8月15日，一支庞大的部队（最初有3.5万人）在没有受到任何抵抗的情况下登陆，然后开始寻找敌人。就连爱国的美国官方历史学家莫里森也承认，整个事件"有点荒诞"。至少事后看来，很明显，美国在阿留申战役中的全部投入——大约10万人——本可以用于协助麦克阿瑟的西南太平洋司令部发动更为艰难的进攻。[48]

不管荒诞与否，双方在阿留申战役中部署的不成比例的部队预示着后面即将发生的事情。1943年，美国的军队、飞机和军舰开始涌入太平洋战区，以后不会再像中途岛和瓜达尔卡纳尔岛那样只能获得微弱的军事优势了。然而，并不是所有这些增援部队都以同样的速度到达，因此直到下半年，尼米兹才感到他拥有的新航母足以在吉尔伯特群岛和更远的地方采取重大行动。在没有陆基飞机支援的情况下，对一个在岛屿基地网络中拥有强大空军中队的敌人进行大规模两栖作战，这在历史上还是第一次。从特鲁克群岛或拉包尔起飞的日本飞机投放的炸弹可以轻易对美国军舰造成巨大损害，一旦有几艘航母被击毁，尼米兹的特遣舰队就可能会失败，独立穿越太平洋的战略也可能会失败。值得注意的是，并不是所有的美国海军将领都乐于见到航母日益受到重视。舰队在多大程度上应该以航母为中心，让高级航空兵军官负责主要的舰队和行动,让战列舰(即使是最现代的战列舰)沦为以炮击为主的辅助性角色,在整个1943年,各个小团体都在围绕这个问题而争论不休。[49]

虽然这场辩论的结果直到1944年的"马里亚纳猎火鸡"事件之后才明朗,但支持航母的团体有两大有利因素:第一个是当时美国舰队中出现了许多新的武器系统,第二个是在那几个月里,日本人在太平洋战场上继续保持谨慎。如果说美国有哪个作战领域受益于其工业生产率的爆炸式增长(见第八章),那就是这个领域。1943年中期,新型武器系统和远程航母作战技术的结合构成了海军历史上的一个分水岭,其划时代意义也许比英国海军无畏舰的到来还要大。讲述快速航母故事的编年史家克拉克·雷诺兹(Clark Reynolds)满怀热情地总结道:"快速航母特遣舰队将在战斗中启用几种新装备:'埃塞克斯'级重型航母,'独立'级轻型航母,F6F'地狱猫'战斗机,多信道甚高频无线电,以及配备PPI和DRT的雷达①。支持这些舰艇的将是近炸引信的5英寸/38厘米炮弹,40毫米和20毫米高射炮,以及大量新的和现代化的战列舰、巡洋舰和驱逐舰。"[50]除了这些之外,只需有辅助船队的新型快速油轮和补给船,整个美国航母舰队的打击范围就几乎不受任何地理限制。至少,这是海军航空兵将领的愿景,因为他们站在战略的最前沿,但不少更传统的同僚仍对此充满疑虑。

然而,也多亏了敌人的谨慎,他们才能够突然自由地在太平洋中部进行远距离的大范围攻击。从理论上讲,虽然东京的总体决定是在1943年进行战略防御,但日本海军没有理由不进行一

---

① PPI为平面位置指示器,DRT为航位推算跟踪器。——编者注

系列带有侵略性的"搅局"式打击。当然，它有足够的航母力量（大型航母"翔鹤号"、"瑞鹤号"和"瑞凤号"）从特鲁克群岛发起进攻，并且这些行动可以得到拉包尔基地的轰炸机中队和岛上简易机场网络的支持。但是随着时间的推移，日本海军的谨慎倾向似乎在增强，而有几个因素显然加强了这种倾向，其中包括海军大将山本五十六4月的阵亡所带来的挫折感，西南太平洋的战役中海军航空兵的损失，还有就是他们倾向于强调防御拉包尔是他们战略的关键，尤其是当威廉·哈尔西上将的部队从南方逼近拉包尔时。东京偶尔会命令其联合舰队的战列舰和航空母舰驶向太平洋中部，希望截击美军，但所有这些行动都空手而归。

当日军几乎裹足不前的时候，尼米兹的航母变得更加大胆，一直在积累集体作战的经验。8月下旬，马库斯岛（离日本比离夏威夷近得多）的航空基地和气象站遭到了"约克城号"、"埃塞克斯号"和"独立号"航母中队的猛烈攻击，日军毫无招架之力。9月初，美国两栖部队在两艘航空母舰的掩护下占领了贝克岛上的小型简易机场。同月晚些时候，"列克星敦号"、"普林斯顿号"和"贝劳森林号"航母对塔拉瓦环礁发动了猛烈的空袭。虽然规模不大，但每一次行动都增加了有助于取得更大成功的新的战术特征：每次行动都配备一艘潜艇到战斗前沿（解救被击落的美国飞行员）；每次行动前后都演练和完善了舰队海上加油的操作；如此多的飞机在天空飞行，雷达控制和无线电通信变得十分复杂，这个问题被努力克服；这些特遣舰队确实是作为一支单一的部队进行机动的，航母位于中间，周围有战列舰和巡洋舰护航，外围是驱逐舰提供保护。[51]

当美国人最终在11月2日到5日之间对吉尔伯特群岛发起进

攻时，对于攻击者来说，这应该是虽然重大但相对容易的一步，因为日本帝国大本营已经决定让4800人的守军奋战到底，而尼米兹集结的掩护部队在这个阶段具有压倒性的优势。可是，这场"电流行动"（Operation Galvanic）最后是因为两个截然不同的特点而格外引人注目的。首先是规模巨大的第58特遣舰队在海上和空中的绝对优势。它围绕岛屿航行，阻止了日本人从西方干扰的可能性，并掩护了实际负责炮击和两栖登陆行动的部队。第二个特点是攻击的难度令人震惊。当美国海军陆战队试图跨过珊瑚礁，在塔拉瓦环礁的比蒂奥岛（Betio）登陆时，损失惨重。后一种挫折并没有影响进攻的最终结果，而且作为一次作战行动，美国占领吉尔伯特群岛证明了直接从太平洋中部进攻日本的战略是正确的。然而，伤亡人数使美国最高指挥部以及国内民众深感不安。美国海军陆战队第二师在塔拉瓦环礁遭受重大损失的主要原因是战术上的。登陆前的情报没有考虑到日本陆地防御工事的建设（具有讽刺意味的是，这发生在9月的空袭之后），而事实证明，日本的壕沟阵地几乎不受轰炸的影响，在登陆前的几天里，海军发起的猛烈炮击也对它无能为力。袭击发生在低潮时，这意味着珊瑚礁上方的海水比平时更浅，只有三四英尺深，因此希金斯登陆艇无法将人员和设备运过去，而可以部署的极少数两栖运兵车很快就被日本的防御火力击中并瘫痪了。海军陆战队被困在离海岸一千码远的地方，被迫匍匐前进，因此出现了其漫长历史上最高的伤亡比例（就其短暂的时间和战斗区域而言）。在美国国内，当民众从新闻短片里看到数十具尸体散落在珊瑚礁上时，他们深感震惊。麦克阿瑟在其总部宣称这是"一场悲剧性的、不必要的屠杀"，并明确表示，他认为这次行动背后的战略是一种浪费。

当然，事实并非如此。海军陆战队的伤亡情况为 1000 人死亡，2000 多人受伤（相比之下，在安齐奥战役中的损失为 43 000 人）。比蒂奥在三天之内就被拿下了。日军指挥官命令他的剩余部队顶着美军的强大火力发起自杀式冲锋，这对美军起到了很大的帮助。最终，4800 人的守军中只有 17 人投降。几天后，经验不足的美国陆军师（11 000 人）在征服附近较小的马金岛时表现不佳，这也引起了太平洋司令部和华盛顿的担忧。然而，人们很快就明白了为什么夺取这些岛屿比预期要困难，并意识到可以从中为下一次两栖登陆行动汲取重要的经验。可以肯定的是，以后的行动会有更好的准备，更好的情报，登陆之前会有更多的轰炸，会部署更多的登陆部队，等等。"电流行动"是一个有益的教训，在某些方面与迪耶普战役（Dieppe Raid）没什么不同。[52]

夺取吉尔伯特群岛的战役是中途岛海战以来太平洋舰队第一次大规模的海军行动，掩护部队的庞大规模表明，谨慎的尼米兹和他的幕僚们决心不给日军任何机会。因此，登陆塔拉瓦的舰队有 3 艘战列舰、3 艘重型巡洋舰、5 艘护航航母（用于近距离空中攻击）和 21 艘驱逐舰，而登陆马金岛的舰队有 4 艘战列舰、4 艘重型巡洋舰、4 艘护航航母和 13 艘驱逐舰。但最令人印象深刻的武力展示是特遣舰队本身，不下 13 艘舰队航母被分为四个实际上互相独立的舰队。[53] 这在战术上是一个明智之举，因为这意味着可以将其中一支舰队向西派遣，以阻止来自特鲁克群岛的任何行动，另一支舰队向拉包尔方向部署。然而，如果与日本联合舰队发生全面交锋，这四支舰队都可以被召回，置于雷蒙德·斯普鲁恩斯（Raymond Spruance）将军的严格指挥之下。

当然，如果日本的战列舰向前推进，与美军争夺吉尔伯特群岛，那么在莱特湾海战爆发的 11 个月前，两国之间的大规模海战可能就已经爆发了。然而并没有发生这样的事情。日本海军拒绝在此开战的主要原因是，11 月 5 日，暂时隶属于哈尔西的南太平洋司令部的一支小规模美国航母群刚刚在拉包尔攻击了日本的海空部队。日本重型巡洋舰和其他战舰所遭受的破坏已经够糟糕的了，但更糟糕的是，许多经验丰富、无可替代的舰载机机组人员被新的"地狱猫"中队大量歼灭。没有了航空母舰的空中掩护，日本那令人印象深刻的战斗舰队便畏葸不前。可见，在一个美军指挥区内发生的胜利对在另一个指挥区内作战的登陆部队是有利的。美军沿着两条战线前进，不断迷惑敌人。最后，吉尔伯特群岛战役是在不需要陆基空中支援的情况下进行的，这一事实意味着海军穿过太平洋中部环礁的行动已被证明是可行的，并将继续下去。马绍尔群岛、加罗林群岛，甚至马里亚纳群岛都在招手，如果麦克阿瑟的西南太平洋司令部无法跟进，那么它显然将失去其战略地位。

在吉尔伯特群岛周围的行动中，美国海军并非毫发无损。11 月 23 日，日本潜艇 I-175 悄悄靠近了马金岛附近的军舰，用鱼雷击中了护航航母"利斯康湾号"（Liscome Bay），这艘护航航母当场爆炸。就在三天前，一群日本鱼雷轰炸机对塔拉瓦附近的"独立号"轻型航空母舰造成了严重破坏，它虽然幸存了下来，但有 7 个多月无法参战。这激起了航空母舰极端支持者的抗议，他们反对将航母束缚在防御行动中。随着尼米兹麾下的多位海军将领被提拔，其他人也在此过程中被调动，围绕这些新特遣舰队的指挥和控制权的内部争论一直持续到年底。[54] 日本帝国大本营当然不知道这样的内部纷争，它所看到或预见到的是 1944 年美国可能会向加罗林群岛或马绍尔群岛挺进。

再往南,情况就完全不同了。1943年,美军在西南太平洋(麦克阿瑟指挥下)和南太平洋(哈尔西指挥下)推进缓慢,原因有很多:地理环境始终很复杂,最初海军和两栖部队的武器供应不足,而且远近都有日本驻军和基地。麦克阿瑟的美澳联军仍然要沿着新几内亚的东岸和山区长途跋涉,并且只能沿着海岸缓慢前进,就像英国军队必须沿着亚平宁半岛前进一样。在瓜达尔卡纳尔岛战役后,南太平洋司令部以岛屿为基地向北推进,在海上,他们遇到了一个又一个被日本占领的岛屿,在圣伊莎贝尔岛(Santa Isabel)、韦拉拉韦拉岛(Vella Lavella)、科隆邦阿拉岛(Kolombangara)、新不列颠岛和许多小岛上都有顽强的日本驻军。整个行动被称为"马车轮行动"(Operation Cartwheel),暗示对拉包尔的日本主要基地进行了快速的车轮式攻击,美国海军的官方历史则列出了数十次登陆、海战和空袭,这些都是这次进攻的一部分。[55]这么多快速而激烈的战斗,有时甚至会让人忘记,这场双线作战的目的仅仅是突破俾斯麦群岛的屏障,以便进入开阔的太平洋,到达菲律宾。

1943年初,西南太平洋地区的美国海军实力增长缓慢,但美国的空中力量却并非如此,因为华盛顿的美国陆军航空队司令"福将"阿诺德(Hap Arnold)表示,他愿意将数量不断增加的战斗机、中型轰炸机(B-25)甚至重型轰炸机(B-17)中队输送给第五陆军航空队(麦克阿瑟的航空部队分支,由乔治·C.肯尼中将领导)。当然,在这一时期,太平洋战争中并没有真正的战略轰炸行动,直到1944年底,美军才开始从新建立的马里亚纳基地对日本城市发动空袭。但是在来自本土的新中队的支持下,双

第七章 盟国控制海洋(1943年) 297

方的空中力量都被积极用于攻击敌方军舰，破坏海上护航，突袭陆地设施和两栖登陆点，并与对方的战斗机争夺制空权。在战争的第一年，日本显然占据了优势，但是到了1943年，至少在美国军械库中多了远程的"闪电"、"霹雳"和"地狱猫"战斗机之后，空战中的优势平衡迅速改变。不仅如此，美国方面对敌人的意图也越来越了解，部分原因是他们掌握了日本军事密码，部分原因是他们对远程空中侦察的巨大投入（从珍珠港灾难中吸取的教训），还因为部署了更多的雷达来预测和反击空中和海上的直接攻击。太平洋战争力量平衡的变化并不仅仅体现在航母上。

在那几个月里，美国航空队利用其卓越情报能力的一个显著例子是1943年3月初的俾斯麦海战役，在这场战役中，美国航空队摧毁了日本一支重要的船队。空袭的结果是，在白日之下，从拉包尔出发增援新几内亚的日本阵地的舰队几乎全军覆没，损失了8艘运兵船和一半（4艘）护航驱逐舰。"掠夺者"轰炸机的低空机枪扫射和跳弹轰炸，B-17轰炸机的高空轰炸，澳大利亚重型战斗机"英俊战士"的火箭袭击，以及驱散了护航零式战斗机的P-38"闪电"战斗机，都给日本的运输船队造成了极大的破坏，当天晚上的鱼雷艇和第二天的轰炸完成了剩下的毁灭工作。335架盟军飞机投入了这场战斗，只有5架被击落，而日本损失了8艘军舰、3000多人和大约30架飞机。从此，日本再也不敢尝试通过海路大规模增援新几内亚了。此时距离日本海军航空队像德国空军的第十航空军一样控制空中还不到一年的时间。

对日本来说，更糟糕的还在后面。3月下旬，大本营派出山本大将本人，连同大量的海军轰炸机和战斗机，要重新夺回在俾斯麦海和所罗门群岛的主动权。在反复的战斗中，双方都损失了舰艇和飞机，但4月18日，美国远程战斗机P-38取得了最大的胜利。借助密码破译人员提供的情报，[56]这些战斗机在山本五十六乘坐的飞机即将降落在新乔治亚的布因岛时发动伏击，机上无人生还。在头脑和洞察力方面，日本其他的海军将领没有一个能够与他匹敌，所以这对日本来说是一个巨大的打击。[57]在这几场交锋之后，西南太平洋战区相对平静了几个月，这并不令人意外。在此期间，美澳地面部队呈指数级增长，到7月，麦克阿瑟的航空队拥有大约1000架飞机，哈尔西的航空队拥有规模相当可观的1800架飞机。

如果说西南太平洋司令部在这段时间里习惯于展示其日益增长的陆基空中力量，那是因为它只有这一种空中力量。实际上，1943年上半年，除了哈尔西的老牌航母"萨拉托加号"和"企业号"之外，太平洋上不见美国航母的踪迹。尼米兹在珍珠港仍然没有航母。值得注意的是，当时驻扎在直布罗陀的英国皇家海军航空母舰比美国驻扎在整个太平洋的还要多。这就解释了为什么有几个月（1943年5月至7月），新的英国快速航空母舰"胜利号"与美国航母一同在哈尔西的指挥下行动，作为"马车轮行动"的一部分，整个7月都在新乔治亚岛附近巡逻，早些时候还在新几内亚海岸外为麦克阿瑟部队的"跳岛"行动提供掩护，以防止剩余的四艘日本航空母舰前来干扰。这段插曲是一次短暂而复杂的行动：英国海军航空兵的飞行员把自己的飞机留在西海岸，驾驶美国的飞机；在针对日本的联合行动中，"胜利号"只进行战斗机巡逻。但是这次试验在短期内弥补了美国航母的缺口，没有遭遇挫折，两栖登陆得到了应有的保护。到了8月，美国海军航母短缺的问题已经解决，珍珠港到处都是新航母，于是"胜利号"启程回国。这是这艘远程航母无处不在的又一个证明,因为它之前参与了"火炬行动",接下来的行动将是打击"提尔皮茨号"。[58]

到了1943年9月30日,日军大本营重新确定了其在太平洋的外围防御范围"绝对国防圈"。由于东京仍然没有正确认识到美国军队的庞大规模,而且它的军事领导人仍然把注意力集中在亚洲大陆,所以此时日本陆军在中国除了东北的几个师团之外,还有整整34个师团,而在整个西南太平洋和南太平洋只有5个师团(还有一个正在路上)。此外,即使是那些在防线外侧,即所罗门群岛和拉包尔地区的部队,也至少还要再战斗六个月。为此,1943年10月,日本人再次试图稳定战线,派出另一支由重型巡洋舰和驱逐舰组成的庞大舰队和数百架海军战机前往拉包尔进行反击。然而,此举非但没有实现其目的,反而引发了戏剧性的双重反击。先是哈尔西在11月5日用他所有的舰载机对拉包尔进行了一次极具破坏力的行动,同时让美国陆基战斗机为他的舰队提供掩护。11日,尼米兹的中太平洋司令部的三艘航母向南短暂出击,再次造成打击。

哈尔西的航母对拉包尔的攻击表明,大规模远程海上空袭的威力确实有了显著提高。虽然它没有像在珍珠港和塔兰托那样击沉任何敌人的主力舰,但它几乎摧毁了日本在这里的海军和飞机,这个主要基地有相当一部分被毁。蒙哥马利海军少将指挥的"埃塞克斯号"航母编队被调离太平洋中部,去发动造成严重破坏的11月11日的袭击,几天后又赶回来参加吉尔伯特群岛的行动,这多少预示了未来的局面。11月5日清晨,大量俯冲轰炸机和鱼雷轰炸机从地平线上蜂拥而来,而"地狱猫"战斗机击落了那么多的零式战斗机，这也很有戏剧性。在战争中的其他任何地方都没有出现与此类似的力量投射。这些攻击不仅打垮了日本的一个主要基地，还直接伤害了日本海军的主体，摧毁了其许多著名的重型巡洋舰舰队，消灭了很多舰载机机组人员，导致"翔鹤号"、"瑞鹤号"和"瑞凤号"在这关键的转折点上丧失了战斗力。正如历史学家克拉克·雷诺兹所指出的那样，这支据称不祥的联合舰队因此变成了一支没有随行巡洋舰的战列舰队和没有飞机的航母舰队。[59]

美国在这片水域稳步掌握军事优势的另一个迹象是越来越多地利用舰载雷达，这是盟军雷达系统小型化的结果，这种雷达系统可以安装在更小的战斗舰艇和飞机上。由于在大型英美军舰上安装了雷达，坎宁安的战列舰得以在马塔潘角击毁毫无防备的意大利巡洋舰，"诺福克号"和"萨福克号"得以追击"俾斯麦号"，"华盛顿号"战列舰得以在第二次瓜达尔卡纳尔岛海战中悄悄逼近并击毁"雾岛号"战列舰。然而，到了战争的这个阶段，盟军的优势已经变得无处不在，不但让皇家海军护航舰艇在北大西洋护送 ONS-5 护航运输队时，拥有了帮助它们在一夜之间发现并击沉四艘 U 艇的仪器，仅在三个月后，又让穆斯布鲁格（Moosbrugger）上校指挥的舰队在 8000 英里外的太平洋上击毁了日本驱逐舰。由于盟军特有的这种技术，海军夜间作战变成了一边倒的态势。

1943 年 11 月 2 日，一支日军试图破坏奥古斯塔皇后湾的两栖登陆行动，美国的巡洋舰和驱逐舰将其拦截下来，并在此过程中击沉了一艘巡洋舰和驱逐舰，再次证明了这一点。在 11 月 23 日午夜的圣乔治角海战中，阿利·伯克（Arleigh Burke）上校指挥的舰队在这次战役中终结了日本海军的"东京特快"[1]，用鱼雷和炮火击沉了另外三艘日本驱逐舰。日军在这些夜间行动的第二天发动报复性空袭时，也被盟军的雷达（和侦听设备）发现，并遭受了严重的损失——11月3日，17架日本飞机在前去轰炸即将退役的美国驱逐舰时被击落，而美国的驱逐舰却没有严重受损。[60] 1943年，东京在西南太平洋和南太平洋战区的漫长战役中可能没有再损失主力舰，但其巡洋舰、驱逐舰和飞机的数量却大幅减少。美国一次次提前发现日本的行动方案，而日本却对美国的行动方案一无所知。1943年，海上优势向盟国大规模倾斜，而这种情况并没有发生在美国潜艇部队身上。这当然让美国潜艇兵和他们的将军大失所望，因为人们对他们寄予了很高的期望。作为一个岛国，日本的经济和英国一样依赖进口原材料和食品（它的护航体系远不如英国那么组织有序），而日本海外的主要海军港口之间的漫长航线，从马尼拉到新加坡再到特鲁克，也为任何勇于进取的美国潜艇提供了绝佳的机会。然而，在太平洋上移动距离太远，关于日本航运活动的早期情报很少，敌人快速移动的战斗舰队很难对付且得到良好保护，1941年的美国潜艇大多数还相当陈旧，最重要的是，美国潜艇装备了一种有严重缺陷的武器——磁性鱼雷。这种鱼雷的探测器过于灵敏，会使其过早爆炸，这当然让艇员十分恼火。虽然这一问题可以通过采用老式的触发引信鱼雷得到解决，但是老式鱼雷也有很多成为哑雷，因为其接触部脆弱易碎。在整个1942年和1943年的大部分时间里，鱼雷击中日本军舰或

---

[1] 瓜达尔卡纳尔岛战役期间日军在夜幕的掩护下利用驱逐舰向岛上输送部队和给养的行动，日军称之为"鼠输送"，美军则称之为"东京特快"。——编者注

商船的侧面却没有爆炸的情况一直很常见。

这种状况很可悲，而美国潜艇部队领导层未能纠正错误，使情况变得更糟。经验丰富的资深艇员对哑雷的问题提出了最激烈的抗议，促使珍珠港的海军当局进行适当的测试，并最终纠正了这个问题，但此时战争已经爆发近两年。在这个阶段，美国潜艇要大得多，射程也远得多。它们的速度更快，内部空间更大，并且携带了更大的武器（甚至还有雷达）。然而，如果没有有效的鱼雷，潜艇的"重击"就无法发挥作用。显然，在太平洋海域，装备更好、指挥更好的美国潜艇部队本来可以更早地产生更大的影响，打击日本起自特鲁克群岛和拉包尔的海军运输线，或者破坏巨港的石油运输。即使在1944年1月，日本的油轮吨位仍比战争开始时多出30多万吨。[61]

讽刺的是，日本的情况要糟糕得多，因为在整个战争中，其规模可观的现代潜艇部队的部署大错特错，违背了所有的战略常识。毕竟，如果日本想要在早期成功后保持优势，就必须击退和阻止美国从太平洋彼岸卷土重来的行动。这意味着要切断美国通往澳大利亚甚至夏威夷的交通线。换句话说，日本海军的潜艇部队必须在太平洋做邓尼茨的"狼群"在大西洋之战中冒着巨大危险所做的事情。然而，正如前文提到的那样，破交战从来不是日本潜艇理论的一部分，这支潜艇部队主要针对的是公海上的美国军舰，后者行动迅速，不易找到，更难对付。虽然日军潜艇偶尔也能取得巨大的成功，例如在1942年9月击沉"黄蜂号"航母，后来在攻击马金岛的两栖登陆部队时击沉了"利斯康湾号"航母，但是这掩盖了东京普遍浪费其潜艇部队的严酷事实，将大型潜艇变成孤立的日本驻军的补给船使这种浪费变得更加严重。当然，

第七章 盟国控制海洋（1943年） 303

即使精心策划日本的潜艇行动，可能也无法最终阻止美国在太平洋上的军事力量在1943年之后迅猛增长，但它本可以做出比实际情况多得多的贡献。[62]

随着1944年的到来，太平洋战场上的两项主要进展都在继续。随着吉尔伯特群岛行动的完成，斯普鲁恩斯的第38特遣舰队中的许多舰船正在短暂休整，而其他部队仍在密克罗尼西亚对较小的日本目标进行瞄准和打击。再往南，拉包尔已经被团团包围，几乎每天都受到美国陆基航空中队的轰炸。到了1944年2月，日本认识到了这一现实，将剩余的飞机和舰船撤回特鲁克群岛，准备向帝国外围发起下一轮攻势。作为一种象征性的措施，当时哈尔西的南太平洋司令部被解散了，他本人也被调回夏威夷，为下一次向西进攻做准备。不久之后，美拉尼西亚的瓜达尔卡纳尔岛、图拉吉岛和奥古斯塔皇后湾将再次平静下来，就像阿拉曼的沙滩和卡塞林山口的岩石一样平静。所有的士兵、军舰和飞机都随战斗转移到了北方。

到了1943年12月，这场海上大战的形势已经与年初大不相同。到此时为止，这场在大西洋（外加北极和地中海）和太平洋展开的漫长斗争，呈现出巨大的人潮起落的形式：第一波浪潮是德国、意大利和日本军队向外涌入，挑战盟军的制海权，在西线作战四年、对日作战近两年后才被有效遏制。后来，潮流的走向确实发生了变化。到了1943年底，法西斯意大利已经不复存在，地中海的几乎所有水域都在盟军航空兵和英国皇家海军的控制之下。在大西洋之战中，德军的潜艇部队被击垮。印度洋上连日本的小型军舰也看不到。而在太平洋，在美国双管齐下的大规模反攻之下，日本的战略外围防线正在崩溃，而美国反攻的速度正在加快，范围正在扩大。然而，战争的潮流并非只在表面上发生了变化，比如纽芬兰附近的U艇与驱逐舰之间的激烈战斗，西西里海岸的两栖登陆，以及拉包尔上空的激烈空战。随着全球力量平衡发生巨大的变化，战争的潮流也在大规模战争动员的层面上发生了变化，这具有更加深刻的历史意义。在本章所述的盟军在所有主要战区取得的进展的背后，武器生产领域也在同时进展，更新、更强大的战争工具被发明出来，这反过来又导致盟军的舰艇、飞机、枪支和坦克大量增加，并让盟军有了数量比以前多得多的海陆空作战人员，这些武器和人员现在都被投入了战斗。正如下一章试图展示的那样，这些生产力的转变不仅改变了第二次世界大战的面貌，而且足以改变20世纪的战略格局本身。

第八章

全球力量平衡的转移（1943—1944年）

1943年6月1日清晨，在码头观察员的欢呼声中，新的美国舰队航母"埃塞克斯号"缓缓驶入珍珠港的海军基地。这艘战舰是根据1812年战争中一艘历史悠久、伤痕累累的巡航舰命名的，是一种全新级别的快速航母的首舰（因此这批航母被称为"埃塞克斯"级，它们是1939—1943年的国会航母扩建计划授权建造的）。这艘现代舰船也将拥有丰富的战斗经验，并在美国海军史上占据同样重要的地位。值得重申一下，当"埃塞克斯号"加入切斯特·尼米兹的中太平洋司令部时，在美国海军开战时拥有的六艘大型航母之中，整个大洋上只有"萨拉托加号"和"企业号"在执行任务。其他几艘航母的情况是："列克星敦号"在珊瑚海海战中被击毁，"约克城号"在中途岛战役中被击毁，"大黄蜂号"在圣克鲁斯群岛战役中被击毁，"黄蜂号"被日本潜艇击毁。[1] 1943年初，"萨拉托加号"在威廉·哈尔西将军的西南太平洋舰队指挥下执行了许多行动，这些行动从历史上看更引人注目，因为是与英国新的快速航母"胜利号"一起执行的，它是英国海军部借给美国的,以帮助缓解美国航母极度短缺的问题。讽刺的是,尽管日本没有频频使用航母,但在1943年上半年,日本在太平洋上实际上拥有更多的航母,即使在中途岛战役失败之后依然如此。然而,到1943年底"胜利号"返回英国本土舰队时,美国海军在太平洋战区的航母短缺问题已经解决。"埃塞克斯号"抵达珍珠港只是一个预兆,预示着历史上规模最大的航空母舰部队即将诞生,一种新的海上力量秩序也将诞生,它会使四百年来的炮舰时代黯然失色。

"埃塞克斯"级军舰确实很有气势,足以表明美国的高超设计和先进生产力。[2]它们是第一批在设计时不受海军条约的吨位限制,也不受严格的财政限制的航母,美国的规划者充分利用了这种自由。它们有两个特点特别突出。首先,这是一种速度极快的船,速度高达33节左右,装有强大的涡轮机,能够以这种速度进行长距离航行。因此,它们可以在24小时内靠近或远离敌人。此外,这种能力暗示着如此快速的航母部队真的不应该被较慢的战舰掣肘。与以前的航母(如"约克城"级)相比,这种新型航母要长得多、宽得多,因此它还拥有第二个也是最令人生畏的特点,即每艘航母上都能搭载大量的飞机:36架格鲁曼"地狱猫"战斗机,36架柯蒂斯"地狱俯冲者"俯冲轰炸机,以及18架格鲁曼"复仇者"鱼雷轰炸机。每艘航母上90架飞机的致命组合被戏称为"重拳出击"(Sunday Punch),比任何日本航母上搭载的飞机都要多,也比钢制甲板保护的英国舰队航母上搭载的飞机多得多。由于太平洋舰队正在将这些航母编为一个由四艘到六艘航母组成的特遣战斗群,这意味着每个这样的战斗群可以在一次打击中放出数百架飞机。

美国新海军

因此，一旦国内造船厂建造了足够的航母，美国的新海军将能够部署多个快速航母特遣舰队。在珍珠港袭击前后，国会总共授权订购了 32 艘大型航空母舰，后来在战争结果变得十分明朗后，其中 8 艘的订单被取消。同样值得注意的是，美国海军也投资建造了大量的轻型舰队航母（其中 11 艘是从"克利夫兰"级巡洋舰快速改装而成的），每艘上面有 45 架飞机，然后将它们也派往太平洋战场，与更大的航母一起作战。例如，早在 1943 年 8 月，就有两艘轻型舰队航母与"埃塞克斯号"一起对日本控制的环礁执行任务。[3] 在尼米兹的舰队稳定地向一个接一个日军阵地挺进时，一个由两艘大型舰队航母和一艘轻型舰队航母组成、总共拥有约 230 架飞机的舰队将非常灵活和强大。当这些军舰在 1944 年初涌入太平洋时，它们一定实现了 20 世纪 20 年代冉冉升起的航母将军们最大的梦想，这些将军包括马克·米彻尔、里士满·特纳（Richmond Turner）、威廉·哈尔西和欧内斯特·金本人。

似乎这还不够，中太平洋司令部和西南太平洋司令部都要求获得更多的护航航母来满足各种不同的作战需求。这些更小、更原始的改装航母非常适合护送运兵船和其他船队前往各个战场。当大型航空母舰被召去对日本舰队作战时，它们在为登陆海滩提供连续掩护方面特别有用。在本来是商船的船体上面放一个平坦的甲板，就可以使其成为一艘护航航母，皇家海军在 1940 年就开始这么做了，美国造船厂当然也可以这样快速而廉价地批量生产护航航母。在 1942 年初两洋之战的绝望形势下，这是很理想的做法。但是，很快就因为自由轮而闻名的创造天才亨利·凯泽

（Henry Kaiser）已经从他的朋友罗斯福那里获得了许可，要从头开始建造全新的"卡萨布兰卡"级护航航母。它们的排水量为1.1万吨，航速为20节，可以搭载28架飞机，一门口径为5英寸的火炮，以及更小的武器装备。它们作为多面手，可以执行所有新的两栖作战行动以及上述的护航任务。凯泽的计划是整个美国战时航母扩张的一个缩影。华盛顿州温哥华市的一个造船厂很快就将建造自由轮的12个船台用来建造"卡萨布兰卡"级护航航母。在不到两年（1942年11月至1943年7月）的惊人时间里，通过招募3.6万人的劳动力，这个计划完成了，50艘"卡萨布兰卡"级护航航母从这个船厂下水了。美国在战争期间总共下水了不少于122艘护航航母。[4]像数百艘为战时需要而建造的小型护航舰艇一样，大多数早期的、速度较慢的护航航母在战争结束后不久就报废或被出售了。同样值得一提的是，许多战时造船厂在1945年后迅速关闭。美国式的战时大规模生产也给它带来了未来的许多大规模淘汰。这一切都有一种冷酷无情的感觉。

如果说珍珠港事件后，航空母舰被认为是新的主力舰，而美国已经计划拥有一支比其他任何国家规模都大的航母舰队，那么它总是有一个强大的竞争对手——日本。正如第二章所述，在战前的几年里，三个国家的海军——日本、英国和美国——正在争先恐后建立最强大的航母舰队。到了1940年，很明显，拥有10艘航母的日本帝国海军占据了优势。正是日本海军发明了大范围行动的快速航母战斗群的战术，其编队的舰载机中队甚至可以对最大的敌舰造成毁灭性打击，正如1941年12月英国皇家海军"威尔士亲王号"和"反击号"的沉没所证明的那样。在战争的头七个月里，日本海军的舰载机中队从珍珠港到印度洋都横行无阻。

第八章 全球力量平衡的转移（1943—1944年）

但是在中途岛战役中失去了6艘大型航母中的4艘之后，日本不堪重负的造船厂再也无法给海军提供这样的航母了。虽然又有一艘舰队航母在1943年下水，但日本海军现在不得不匆忙改造已有的商船、巡洋舰、战列巡洋舰，甚至计划中的超级战列舰"信浓号"。但航母的数量是永远不够的，这些改装的航母也没有一艘比得上"埃塞克斯"级航母，而且无论如何，它们都再也无法拥有过去那种训练有素的机组人员，而这就是它们在1943年一直处于守势的主要原因。航空母舰产量的差距如此悬殊，以至于一位学者估计，即使中途岛战役是日本获胜，到次年年底，美国仍然能够向太平洋投入更多的航空母舰。[5]无论如何，日本的航母太少了，建造得也太迟了[6]，在接下来的两年里，几乎所有的日本航母都将葬身大海。到了1945年7月，由于美国的战略轰炸行动，其余的几艘航母也在母港被摧毁。

作为第三大航空母舰舰队，英国皇家海军的遭遇没有这么悲惨，虽然在挪威战役和马耳他护航的艰苦战斗中，英国皇家海军几乎失去了所有早期的航母，其中包括"光荣号"、"勇敢号"、"暴怒号"、"鹰号"和"皇家方舟号"。但是当其中的最后两艘在地中海被击沉时，几艘更新、更快的"光辉"级航母已经投入使用，其余的航母也紧随其后，总共6艘（包括两艘"怨仇"级航母）。新军舰激增，加上拥有众多其他类型的大型军舰（战列舰和巡洋舰），以及由基地、海底电缆、造船厂、驻军和海岸司令部机场组成的庞大后勤阵列，因此皇家海军在这场大战中依然处于强势地位。事实上，根据一些评估，在1943年底之前，它可能拥有世界上最多的战斗舰艇，而且自从没有航母随行的"威尔士亲王号"和"反击号"惨遭厄运之后，它从未真正缺少过航母。不过，毫无疑问，考虑到美国军舰造船厂的非凡产量，到1944年，美国海军将很快在所有类别的舰艇（尤其是航母）上超过它的老对手，并在战争结束时远远超过它，当时皇家海军的开支削减已经反映出英国严重的经济问题。然而，在与地球两端两个致命大国进行的海战中，皇家海军的航空母舰发挥了巨大的作用，确保了对大西洋航道的控制，保障了对马耳他的支援，为地中海登陆提供了大部分掩护力量，还在1945年组成了一支规模庞大的英国太平洋舰队参加冲绳战役，并为盟军登陆日本本土做准备。[7]实际上，到战争结束时，只有两个国家的海军拥有真正意义上的航母舰队，但其中一个航母多得惊人。

当然，还有一种重要的军舰部队准备加入尼米兹的中太平洋舰队和大西洋舰队，那就是装备了16英寸火炮的新型战列舰中队。"橙色战争计划"最初的战斗舰队方案是在西太平洋的某个地方，让日本和美国的重型军舰群之间发生一场激烈的水面交锋，但是由于珍珠港事件所造成的破坏，这一计划自然就无法执行了。然而，在海上武装最全面的军舰之间进行一场类似日德兰海战的现代交锋，可能直到战争的最后一年都是美国和日本的大多数海军将领信奉的作战理念。当然，在一些美国海军领导人那里，这种想法也很强烈，同时似乎有很好的理由继续拥有战列舰，而且是多多益善，包括在大西洋水域。德国的两艘"俾斯麦"级战列舰很有震慑力。1941年5月，"俾斯麦号"对大西洋中部的突袭在当时引起了相当大的恐慌。直到1944年，美国海军都像英国海军部一样担心"提尔皮茨号"会破坏前往苏联的船队，因此不时派遣"华盛顿号"和"南达科他号"等新型战列舰与英国本土舰队一起部署。在"火炬行动"之初，"马萨诸塞号"战列舰与停泊在奥兰港的维希法国战列舰"让·巴尔号"（Jean Bart）也发生了一场令人难忘的交锋。[8]

至于在太平洋水域拥有一支非常庞大的美国战斗舰队来对抗日本强大的舰队，这在整个20世纪30年代对规划者们来说都毫无疑问是正确的海军战略，而在珍珠港遭受严重损失后，实现这种想法实际上变得更加迫切。在他们看来，像哈尔西在太平洋战争初期喜欢做的那样，让一两艘航母向前积极推进，是很危险的做法，因为日本人显然可以保持无线电静默，并突然发动袭击。一旦在公海遭遇战中被日本的重型舰队困住，美国的航母和巡洋舰中队就会被摧毁。如果东京下令用一个战列舰中队扰乱美军的两栖作战，例如在所罗门群岛，那么美军的登陆行动将非常脆弱。最后，美国海军情报部门收集到的关于日本"大和"级超级战列舰的信息越多，华盛顿就越迫切地想要扩大自己的新型战列舰的规模。虽然美国海军确实建造了10艘新型战列舰，即后《华盛顿海军条约》时代的战列舰，但它们早期建造的曲折经历与舰队航母更为果断的规划形成鲜明的对比，防御装甲、主要武器、速度和排水量方面都有很多轮的修改。这些战列舰中的前两艘——"北卡罗来纳号"和"华盛顿号"——受到了和英国"乔治五世"级战列舰同样的一些限制，在1935—1938年，它们的主要武器在14英寸火炮和16英寸火炮之间摇摆不定，最后的决定是采用更大口径的火炮（如第二章所述）。但它们和随后的四艘"南达科他"级战列舰都不是真正的"快速"战列舰，四艘稍晚出现的"艾奥瓦"级战列舰（同样有9门16英寸舰炮，但满载排水量约为5.2万吨）才算是"快速"战列舰，其更强大的涡轮机使它们的最高速度接近33节，因而能够跟上航母。建造这些新型战列舰后，美国显然在造舰方面超过了日本。然而，随着太平洋战争的爆发，一想到这些战舰的装甲有可能会被"大和号"18英寸的炮弹击穿，美国的规划者们就变得极其紧张，国会被迫批准建造5艘6.5万吨的"蒙大拿"级战列舰。[9]具有讽刺意味的是，就在下订单的一个月后，中途岛战役（1942年6月）发生了，建造这些战列舰的工作立即被推迟。这个项目最终在接下来的夏天被取消了，就在"埃塞克斯号"抵达珍珠港之后。[10]造船厂还有更紧迫的工作要做。

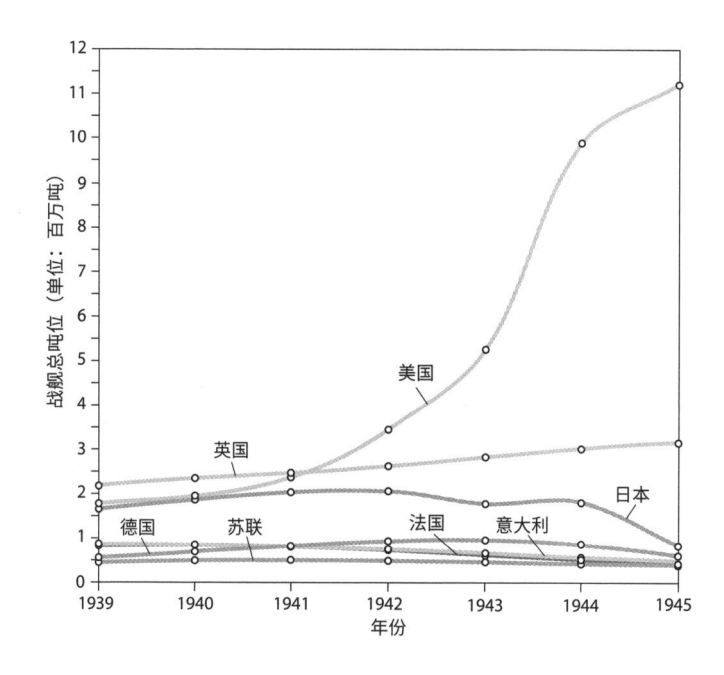

图表5　1939—1945年各大海军强国的战舰总吨位

因为《华盛顿海军条约》，1930年至1943年期间，法国和意大利的总吨位几乎完全相等。数据来自 Crisher and Souva, *Power at Sea*。

虽然强大的美国不再需要更多的超无畏舰，但是既有的造舰计划已经证明了美国六大造船厂无与伦比的生产能力，其中包括政府拥有的纽约海军造船厂和费城海军造船厂，以及伯利恒造船公司和纽波特纽斯工厂等私营企业。美国海军将领们在1919年的梦想——拥有一支比其他任何国家都强大得多的战斗舰队——即将实现，尽管事实证明，当这支舰队到达时，已经没有真正的对手了，因为在中途岛战役之后，日本海军正匆忙将许多战列舰和巡洋舰改装成航空母舰，英国皇家海军在"乔治五世"级之后只建造了一艘战列舰"前卫号"，意大利舰队在1943年已经投降，德国海军只剩下"提尔皮茨号"这一艘重型战列舰。

当然，在漫长的太平洋战争中，美国战列舰确实参加了一些行动。前文已经提到过，在1942年11月的所罗门群岛战役中，"华盛顿号"战列舰的雷达火控舰炮在夜间摧毁了日本战列舰"雾岛号"。海军将领杰西·奥尔登多夫（Jesse Oldendorf）的战斗中队在莱特湾战役中完美运用了T字战术①，粉碎了倒霉的日军纵队（见第九章）。但是，美国战列舰上的大炮基本都是朝陆上开火的，轰击一个又一个太平洋岛屿群的掩体和散兵坑里的日本驻军，作为两栖登陆前的准备和热身。这本身就是一项重要的任务，然而，记录一再表明，在执行这项任务时，经过修复的老式珍珠港战列舰表现得更好。[11]美国战列舰在二战中最后的开火任务是1945年7月至8月对日本沿海钢铁厂和沿海城市进行的一系列炮

---

① T字战术（Crossing the T）是一种经典海战战法，通过抢占"T"字横头阵位，同时迫使对手形成与本方队形垂直的纵队，舰队可以集中全部侧舷火力轰击敌人的先导舰，而对方只能通过舰首的少量主炮还击。这种阵形的优势在于能够充分发挥自身的攻击力，同时限制敌方的火力输出。——编者注

击，这是当时美国海军优势的一个很好的例证，但并不是阿尔弗雷德·塞耶·马汉所设想的大型水面舰队在公海上进行的史诗般海战。[12]

通过取消最后两艘"艾奥瓦"级和五艘"蒙大拿"级超级战列舰的订单，美国海军已经证明了自己的观点：现在，它的建设能力可以超过任何对手，甚至到了几乎被自己的生产力所窒息的地步。雄心勃勃的重型巡洋舰计划可能也是同样的情况：欧洲战争爆发后，海军立即订购了14艘设计精良的"巴尔的摩"级重型巡洋舰，排水量为14 500吨，配备的是9门8英寸火炮；后来海军甚至试图建造排水量为27 500吨的"超重型"巡洋舰，但只有一半的海军重型巡洋舰在太平洋和诺曼底附近服役，用防空火力掩护航母，并在炮击敌方海滩时发挥了很大的作用。在广岛原子弹爆炸的时候，至少有50艘各种大小的美国巡洋舰正在建造之中，或者至少在订购中：所有这些都被取消了。[13]

无论考察哪种类型的军舰的建造工程，读者都会对美国压倒性的工业力量产生深刻的印象，但也许没有哪一种军舰的建造计划像美国海军劳苦功高的舰队驱逐舰和威力稍弱的护航驱逐舰那样令人印象深刻。二战期间美国海军总共有554艘驱逐舰列入名册，其中包括不少于175艘标准而可靠的"弗莱彻"级。光是为较小级别的水面战舰和潜艇想出合适的名字就成了一项挑战。[14]从1940年起，国会大量拨款以扩建已有造船厂，或沿着东部、西部和墨西哥湾的海岸线新建造船厂。例如，西雅图-塔科马造船公司建立了一个全新的造船厂（最初的政府拨款为900万美元），专门生产驱逐舰，很快就雇用了1.7万名工人，并向舰队交付了40艘船，从而成为第三大驱逐舰来源地。位于缅因州的巴斯钢铁

第八章 全球力量平衡的转移（1943—1944年）　　315

造船厂以惊人的速度建造了83艘驱逐舰，每艘驱逐舰的建造时间从300多天减少到大约190天。一张战时的照片显示，这家造船厂在高峰时期同时建造着至少14艘"加里"级驱逐舰。这家巨大的造船厂可以如此高效地建造这些和其他各种级别的战舰，根据后来的一位历史学家的统计，它"每17天半就能建造出一支新的舰队"。[15]这简直是一种不可抵挡的力量。

在关于1942—1944年美国工业产出激增的这一章中，很难给美国潜艇找到合适的位置，因为它们对日本造成的打击有着相当不同的时间线，如第九章和第十章所述。美国潜艇是从战争相对靠后的阶段开始摧毁日本商船队和击沉许多日本军舰的，原因很简单：海军必须首先解决马克14型鱼雷令人沮丧的弱点，而这个问题直到1943年9月才得到解决。然而，潜艇的整体生产情况与水面战舰大致相同。战争开始时，美国海军有111艘潜艇，其中许多已经过时，主要部署在太平洋。海军预算已经拨款建造几百艘越来越大的潜艇——1500多吨的"小鲨鱼"级（Gato）和"白鱼"级（Balao）潜艇（著名的、灵活得多的德国Ⅶ型潜艇只有750吨）。当然，在珍珠港事件之后，新潜艇的订单量飙升，其产量也在飙升，唯一的限制是造船厂的初始能力无法满足这种需求。在这方面，位于康涅狄格州格罗顿的著名电船公司发挥了重要作用。在从海军获得最初的1300万美元拨款后，它稳步扩大了下水泊位，建造了74艘潜艇，到1944年初，产量从每月一艘提高到每月两艘。到了当年晚些时候，在向太平洋战区交付了260艘潜艇后，美国海军开始取消所有其他潜艇的合同。舰艇生产大战就此告终。[16]无论这些舰队是多么新和强大，如果无法经常加油、补给，并在必要时进行修理，那么它们在跨越太平洋的极端距离时的效率将受到严重限制。英国皇家海军在大西洋海域拥有百慕大、普利茅斯、直布罗陀、弗里敦等一连串主要舰队基地，而美国在太平洋上显然就不具备这种条件。因此，美国海军的后勤规划者认为有必要为机动部队建造一支非凡的机动后勤船队，以维持舰队的运作并满足其所有需求，当然除了重大损坏的维修之外。快速航母特遣舰队本身有一个专属的后勤船队（第10后勤服务中队），这是美国人组织天赋的另一个证明。在吉尔伯特群岛战役之后的行动中，第58特遣舰队的每艘快速油轮都装有超过8万桶燃油、1.8万桶航空汽油和6800吨柴油，从而使海军克服了太平洋上著名的距离障碍。美国太平洋舰队还包括补给船、拖船、扫雷舰、驳船、军火船和医务船。后来，这个庞大的组合中又增加了浮式干船坞、浮筒装配船、浮式起重机，甚至还有兵营船。在占领马绍尔群岛之后，特遣编队都集结于马朱罗环礁周围。[17]

在太平洋战争中，美国陆军和航空队所需要的东西与此不同。陆军需要的是在特定的岛屿上建立一系列非常大的军事基地，在下一次进攻之前，可以在那里安置和训练军队。航空队需要的是战斗机、反潜巡逻机和远程轰炸机等各种飞机中队的航空基地，尤其是日后用于对日本的工业和城市发动战略性空袭的远程轰炸机的基地。在这方面，美国的民间组织能力和工业实力再次通过一个卓越的兵种转化为军事能力，这就是工程兵，它组成的美国海军工程营被称为"海蜂"部队（Seabees，简称CBs）。这是天才工程师、海军将领本·莫里尔（Ben Moreell）的创意。1941年12月，莫里尔得到了罗斯福的支持，以极快的速度建立了这支"海蜂"部队。到了第二年，数以万计的熟练工程人员（具备60多种技能）被招募为海军人员，得到了武器和工具，并被派往战场。实际上,第一批海军工程营的成员和他们的推土机就是在争夺瓜达尔卡纳尔岛的血腥战斗中登陆的。从塔拉瓦战役到冲绳战役(以及安齐奥战役和诺曼底登陆战),都可以看到海军工程营成员手握卡宾枪和扳手的身影。从组织上讲,这个兵种是一流的。到战争结束时,已有32.5万人应征,建造了价值超过100亿美元的基础设施,包括111个简易机场。[18]

此外,盟国海军还迫切需要登陆艇把部队送到岸上,也迫切需要更大的专业商船以运载较小的船只、卡车、坦克和其他物资装备穿越大洋。在英美击败三个法西斯大国的宏观战略中,盟军工具箱中几乎没有什么东西比这更重要了。德国、意大利和日本在早期取得了胜利,成功地向外推进到大西洋和北非、印度边境,一直到所罗门群岛和新几内亚。但是,当形势发生变化时[19],西方盟国的战略是让其规模庞大的新军队越过大西洋,进入地中海,登陆法国海岸和太平洋岛屿链,与敌人的军队交战并将其击败。由于进攻防守严密的港口(迪耶普、阿尔及尔和拉包尔)代价太高,盟军的规划者不得不假设他们将把大量军队部署在开阔的海岸线、布满岩石的海滩、沼泽地和珊瑚礁上。为此,需要数千艘甚至数万艘平底登陆艇,以及数百艘较大的运输船。事实上,到了1943年,从缅甸到西西里岛的每一个战场的指挥官都在要求得到更多的登陆艇,登陆艇的供应情况开始决定盟军在各种前进路线上的作战重点。[20]

幸运的是,这个问题的解决方法近在咫尺,这又要归功于美国的工业能够迅速地将和平时期的交通方式转变为最简单但最重要的获胜工具之一,即平底的希金斯登陆艇。这种登陆艇最初由安德鲁·杰克逊·希金斯(Andrew Jackson Higgins)的小公司建造，目的是为路易斯安那州多杂草多沼泽的海湾的石油业提供一种补给船。[21]这种36英尺长的补给船改装后有一个前坡道，海军陆战队的登陆部队可以通过它一拥而出。后来美国人又设计出各种各样的变体，比如运送军用吉普车或卡车的登陆艇，或者装备了可以用于近距离攻击的火箭筒或火焰喷射器的登陆艇。就这样，盟军有了一种简陋的车辆人员登陆艇（Landing Craft, Vehicle, Personnel，简称LCVP），用来将军队送到岸上，而不需要像以往那样占领港口。艾森豪威尔和丘吉尔都对希金斯登陆艇在赢得战争的过程中所发挥的作用大加赞扬，而且在海军陆战队向希金斯表达了需求后[22]，其生产量是十分惊人的。希金斯登陆艇的另一个巨大优势是，它几乎可以在任何地方大规模建造，但事实上，位于新奥尔良的最初的造船厂建造的这种登陆艇的数量比所有其他特许经营公司的总和还要多。希金斯造船厂的员工人数从1938年的75名激增到1943年的3万多人，大量失业的白人男性、妇女、退休人员和黑人被招募。战争期间，大约有2万辆希金斯登陆艇被投入使用。这里不妨长篇引用一份对其大加赞誉的文献，因为它完美地表明了我们探讨的主旨，即前方的战争和后方的军工生产之间有密不可分的联系："到了1943年7月，希金斯已经打破了迄今为止的所有船只生产纪录：他生产的登陆艇比美国所有其他造船厂生产的登陆艇的总和还要多。1943年9月，当美国陆军在萨莱诺登陆、道格拉斯·麦克阿瑟上将的部队在新几内亚登陆时，海军拥有14 072艘登陆艇，其中有12 964艘是由希金斯设计的，占总数的92%，而近9000艘是在新奥尔良的希金斯造船厂建造的。一年后，当历史上规模最大的舰队在诺曼底登陆时，把士兵、坦克和装备送到欧洲的滩头阵地的正是希金斯的登陆艇。"[23]

最后，与上述过程同时发生的是海军人员数量的大幅增加。这是必须的，毕竟，即使仅考虑550艘驱逐舰的人员配备需求，每艘配备约300名船员，就需要约16.5万人。一艘"埃塞克斯"级航母要搭载超过3000人（包括870名机组人员），而像"普林斯顿号"这样的轻型舰队航母要搭载1570人。为了给所有的舰艇和岸上设施提供人员（最终，约有5万名女性也被征召入伍），美国海军先是依靠志愿入伍，然后越来越依靠征兵。1941年12月，美国海军有35 700名军官和301 000名士兵，到战争即将结束时，美国海军将有大约39万名军官和380万名士兵，其中包括海军陆战队员。[24]舰队人员增加了11倍，这是其他海军无法比拟的。而且，如表格9所示，数字又是从1942年后飙升。

表格9　1939—1945年美国海军人员（不包括海军陆战队）的变化（精确到百位）

1939	1940	1941	1942	1943	1944	1945
125 200	161 000	284 400	640 600	1 741 800	2 981 400	3 380 800

数据来自新奥尔良国家二战博物馆，"Research Starters: US Military by the Numbers"，2020年2月18日访问，https://www.nationalww2museum.org/students-teachers/student-resources/research-starters/research-starters-u-military-numbers。

如果将太平洋和其他战场上所发生的一切与美国大后方的人力和工业的动员联系起来，就可以清晰地看到在短短一年的时间里所发生的根本性变化。正如第七章所述，1943年6月初，在太平洋中部地区，海军行动很少——"埃塞克斯号"甚至还没有到达珍珠港。整整一年后，1944年6月9日，一支全新的美国舰队开始征服至关重要的马绍尔群岛。3个海军陆战师和1个陆军师

（13万人）的后面是由12艘护航航母、5艘战列舰和11艘巡洋舰组成的舰队。更重要的是提供远程支持的舰队，即巴兹尔·利德尔·哈特爵士在他对这场战役的简洁叙述中所说的"世界上最强大的舰队"，包括"7艘战列舰，21艘巡洋舰和69艘驱逐舰，以及马克·米彻尔将军的4个航母战斗群（15艘航母和956架飞机）"。[25] 根据另一个消息来源（约翰·埃利斯）："一旦美国的造船厂火力全开，力量的对比就变得完全失衡，美国人建造的战列舰是对手的五倍，航空母舰是对手的十倍，巡洋舰是对手的六倍，驱逐舰是对手的六倍。"因此，上述的总数有何令人惊讶的呢？考虑到这些差距，作者指出，"即使美国人在太平洋战场上的领导能力比实际情况要差很多，依然很难想象美国人会在那个战场上输掉"[26]——这真的是一种决定论的观点吗？

虽然所有这些强大的武器系统——舰队航母和轻型航母、快速战列舰、重型和轻型巡洋舰、舰队驱逐舰以及快速舰队后勤船只——汇集在一起，使美国海军在大范围的太平洋战争中占据了海上优势，但美国造船业在大西洋海战中还有一项额外的任务。在这项任务中，它被要求批量生产两种截然不同的舰艇，以帮助击败卡尔·邓尼茨的U艇：一种是护航航母，以弥补英国在护航航母方面的短缺；另一种是更多的商船，主要是标准化的自由轮，来弥补商船的损失。如前文所述，大量的美国护航航母被派往太平洋，在那里执行许多任务，特别是在登陆行动中提供空中掩护。在大西洋海战中，这些小型航母的舰载机的任务纯粹而简单：防止U艇摧毁商船队，最好是尽可能多地击沉它们，以及击落或至少驱赶尾随船队的福克-沃尔夫"秃鹰"轰炸机。这方面的第一个成功案例是英国建造的"大胆号"航母在1941年末与敌方潜艇和飞机的激烈战斗（见第五章）。从1943年中期开始，这样的交锋成为盟军护航过程的常见特征。由于舰载机的反击，U艇只能沉入水下，福克-沃尔夫"秃鹰"轰炸机只好逃之夭夭。到了第二年，有20多艘英国和加拿大的护航航母在大西洋水域活动，美国的护航航母在其自己通往地中海的补给线上巡逻，并成功地将邓尼茨的U艇赶进了南部水域。事实上，到了1944年，英国皇家海军的护航航母已经在印度洋上和美国的航母共同追击德国潜艇，还有些护航航母在法国南部为登陆行动提供掩护。在距离本土更近的地方，1944年4月，4艘美国建造的"攻击者"级（Attacker）护航航母参与了对"提尔皮茨号"的成功空袭。[27]因此，无论是在这里还是在其他地方，美国造船厂的产量都在遥远的战场上产生了巨大的影响。到了1944年，利用《租借法案》资金在密西西比河岸边的英格尔斯造船厂或西雅图-塔科马造船公司建造的护航航母，支撑着英国海军航空兵在北极、地中海和印度洋的行动。最后，在应对U艇对大西洋商船队的威胁引起的盟军航运危机方面，美国的工业生产力表现得非常出色。正如丘吉尔不断提醒的那样，这是一场必须获胜的战役，否则，英国既不能成为登陆欧洲大陆的跳板，也不能继续当作对德国进行战略轰炸的巨型航空母舰。如果输掉了这场战役，英国的进口将遭受毁灭性扼杀，正如邓尼茨所计划的那样。与其他艰苦的战役（东线战役或战略轰炸）一样，护航路线的守卫之战本身是一场数量之战，显然涉及两个方面。一方面，有一个关键的战术问题，那就是应该如何阻止U艇。另一方面，盟军的造船业是否能够生产出足够多的新型舰船，不仅弥补航运损失，而且为跨越两大洋的不断增加的庞大军队提供补给，这是一个至关重要的问题。

大英帝国在这场数量之战中的贡献是巨大的,因为它在1939年就已经拥有了各种类型的大量商船(油轮、可转换为军舰的班轮、普通货船和不定期货船),而那些被德国征服的盟国(例如挪威)的大型现代商船队很快就会加入其中。但是,由于英国自己的造船业产能十分紧张,迫切需要建造护航舰艇、航空母舰,维修军舰,因此,唯一能满足盟军对商船日益增长的需求的国家就是美国。早在1940年,英国采购代表团就已经订购了60艘相当普通的燃煤远洋船,但当1941年初美国海事委员会(Maritime Commission)将其纳入260艘船的更大订单时,其设计师提出了一种大为改进的造船方案,蒸汽动力,使用燃油,排水量为14 200吨,可以载货10 000吨,只需要40名船员。为了宣传效果,这种船被命名为"自由轮",罗斯福称赞这是一个可以帮助拯救民主的项目。当珍珠港遭到袭击时,该项目已经在增加生产,这时商人亨利·凯泽向政府提出了他的方案,目的是以更快的速度建造更多的船。凯泽是一个富有进取心和雄心勃勃的人,他的建筑公司早些时候曾帮助建造了海湾大桥和胡佛水坝。他设想将预制的船舶部件批量生产,然后运到他的七个新船厂(都在西海岸)焊接在一起。生产的船舶越多,交货的速度就越快。总的来说,他的船厂比其他任何一家造船厂都更省钱且造船速度更快。在一次令人瞠目的"特技表演"中,"罗伯特·E. 皮里号"(Robert E. Peary)只用了4天15个小时就组装好了。更宏观的统计数据甚至更为重要。在二战期间美国建造的2751艘自由轮中,有1552艘是由凯泽造船公司建造的。聚集在加州里士满的四个凯泽造船厂生产了惊人的747艘自由轮。由于设计和生产方法比较简单,自由轮的建造速度显然可以比战列舰更快。到了1943年,每天就有三艘自由轮完工。[28]值得补充的是，这些简单而宽敞的船只每艘都可以运输多达2800辆吉普车，或440辆谢尔曼坦克。

从1943年到1944年，美国商船产量的惊人增长使得一些学者认为，实际上仅仅这样的产量就可以确保盟军在大西洋之战中的优势；一旦美国生产力拿出其全部实力，邓尼茨想要打破盟军海上交通线的计划真的毫无胜算。[29]这显然不是当时英国海军部的观点，也不是本书作者的观点。像前面讨论过的那样（见第七章），事情远没有那么简单。然而，非常清楚的是，1942年后美国造船业产量的惊人增长来得正是时候，就在这几个月里，德国

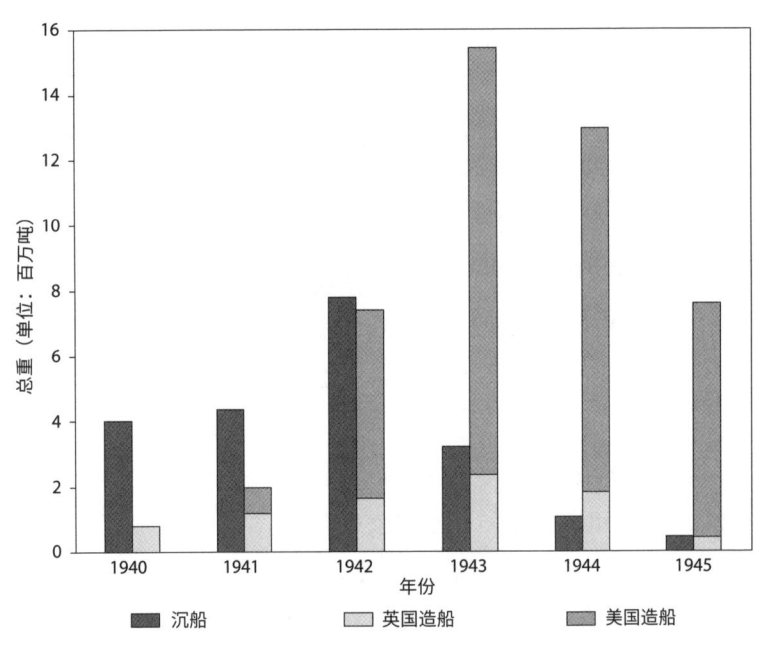

图表6 1940—1945年美英商船的建造和沉没总吨位

数据来自 Ellis, *Brute Force*, 157。

U艇的攻击被稳步击退,盟军的航运损失也因此从早些时候的危险高点回落。虽然战争中占据数量优势的一方更容易获胜,但是战争的胜利最终在于一方的战斗人员战胜另一方的战斗人员。监督造船项目的联邦机构美国海事委员会总共订购了大约7000艘自由轮,其中约5500艘是在胜利到来之前交付的,后来的订单被取消。最终数据超出了所有人最乐观的预期。1942—1945年,美国商船的下水总量达到了惊人的5400万吨,而相比之下,日本商船的下水总量仅为330万吨,比例超过了16∶1。[30]

美国空中力量的爆炸式增长

在这场战争中,最重要的战斗力量是空中力量,它在陆地和海上的战斗中都占了上风。[31]正如我们已经指出的那样,在这方面,美国显然从一开始就享有许多优势,虽然其陆军航空队在和平年代规模很小。尽管那一时期经济紧缩,但美国一直是远程导航和飞行的先驱,更重要的是,它拥有洛克希德、波音和格鲁曼等一批公司。一旦美国开始认真重整军备,这些公司就会迅速扩张。也许罗斯福比其他任何国家的领导人都更清楚空中力量的重要性。他曾呼吁国会授权建造数量多到似乎不可能的飞机,以保障国家的安全。1938年,他要求每年建造2万架飞机,后来要求总共造9万架飞机。[32]然而,由于美国拥有建造飞机所需要的一切元素,其中包括飞机制造公司和机床,铝、铜和橡胶的安全供应,电和熟练工人,以及大萧条时期大量过剩的失业工人,于是看似不可能的目标变得可能,虽然依然是在必要的几年积累之后。从表格10中可以看出一个令人震惊的事实:1942—1943年,也即关键的转型时期，随着既有工厂的大幅扩张，以及新工厂在从威奇托到得克萨斯州的美国各地如雨后春笋般涌现，美国飞机年产量从原本就令人印象深刻的约4.8万架跃升至真正无与伦比的8.6万多架。在整个工业化历史上，从早期的蒸汽机时代到今天，无论是从速度、规模还是生产率的大幅提高来看，很难想象有什么能与之相提并论。如果用图表7所示的柱状图来呈现，这种产量的激增看起来更加引人注目。

表格10　1939—1945年的美国飞机产量（精确到百位）

1939	1940	1941	1942	1943	1944	1945
5900	12 800	26 300	47 800	85 900	96 300	49 800

这些数据显示的是美国这一个国家的飞机产量，摘自肯尼迪《大国的兴衰》第354页的综合产量表。1945年的产量下降非常明显。

虽然绝对产量的增加非常惊人，但是只有在将其与其他战时大国的飞机生产数量相比时，我们才能更好地理解它对战争的真正意义，因为每个战时大国都意识到需要一支尽可能庞大的航空部队。法西斯国家和苏联比民主国家更早认识到这一点。特别是到了战争的后半段，随着法国和意大利被淘汰出局，剩下的五个主要参战国各自生产的飞机的数量都超过了其他武器系统。考虑到德国原材料短缺和盟军轰炸的影响，在阿尔伯特·施佩尔的重组下，德国在这方面的成就是相当了不起的。即便如此，美国相对于其敌人的生产优势依然是巨大的。在关键的1943年，美国制造的飞机数量是德国的3.5倍，是日本的5倍多（包括越来越多的重型四引擎轰炸机，而它的敌人从未试图大规模制造过这种飞机）。不出所料，到了1943年（而不是更早），美国产出的绝对分量开始显现出来（见表格11）。难怪埃利斯将随后一年太平洋战争中的空中战斗描述为完全一边倒，较为清醒的日本指挥官则意识到他们几乎连赢得一场战斗的机会也没有。[33]

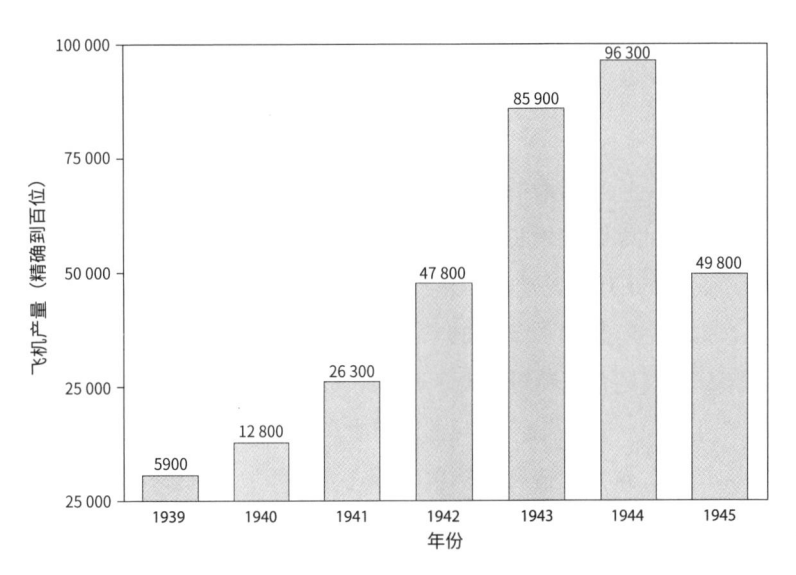

需要重申的是，所有这些美国飞机并没有立即转化为在前线基地和军舰上执行任务的训练有素的高效中队，而那些广为流传的照片——一排排闪闪发光的飞机停在柳树溪（波音）和长岛贝斯佩奇（格鲁曼）的大型工厂外——本身并不意味着空中的迅速胜利。直到1943年头几个月，在西南太平洋司令部，特别是在大西洋之战中，盟军仍然迫切需要远程轰炸机和反潜作战飞机。然而，到了那年下半年，一直到1944年，战斗机、轰炸机和运输机源源不断地从美国的心脏地带飞往太平洋、地中海和西北欧战区

年份	飞机产量
1939	5900
1940	12 800
1941	26 300
1942	47 800
1943	85 900
1944	96 300
1945	49 800

图表7 1939—1945年的美国飞机产量

数据来自肯尼迪，《大国的兴衰》，第354页。

的前线基地，以及印度和缅甸等较小的战区。每当战争的趋势开始变得对盟军有利时，这种转变总是首先发生在空中。

表格11　1939—1945年各大国的飞机产量（精确到百位）

国家	1939	1940	1941	1942	1943	1944	1945
美国	5900	12 800	26 300	47 800	85 900	96 300	49 800
苏联	10 400	10 600	15 700	25 400	34 900	40 300	20 900
英国	7900	15 000	20 100	23 700	26 300	26 500	12 100
英联邦其他各国	300	1100	2600	4600	4700	4600	2100
同盟国总数	约24 200	39 500	64 700	101 500	151 800	167 700	约84 800
德国	8300	10 200	11 800	15 400	24 800	39 800	7500
日本	4500	4800	5100	8900	16 700	28 200	11 100
意大利	1800	1800	2400	2400	1600	—	—
轴心国总数	14 600	16 800	19 300	26 700	43 100	68 000	18 600

数据来自肯尼迪，《大国的兴衰》，第354页。由于四舍五入的关系，总数可能会有偏差。

当然，这种激增的根本原因是同期美国航空发动机产业规模和生产率的爆炸式增长，到战争结束时，美国航空发动机产业生产了超过70万台发动机，供应的既包括单引擎的"野马"战斗机，也包括新型四引擎B-29"超级堡垒"重型轰炸机。大型发动机工厂在美国各地纷纷涌现，通常出现在1940年以前根本没有飞机产业的州，这些工厂通常由以前生产拖拉机、卡车和汽车的制造商运营，这些制造商以转包的形式为老牌发动机公司生产。例如，像普惠这样的老牌发动机公司不可能满足美国政府对航空发动机的巨大新需求，只能求助于福特、别克和雪佛兰等商用汽车公司，并向它们颁发生产许可证。另一方面，由于战时禁止购买私家车，这些公司现在正急需订单。就这样，在伊利诺伊州梅尔罗斯帕克小镇上建立的一个大型（国有）工厂，别克汽车公司生产了普惠公司著名的1200马力R-1830星型航空发动机——实际上，生产了7.4万多台，包括安装在四引擎B-24"解放者"轰炸机上的大部分发动机。1943年在与U艇的战斗中填补了大西洋中部空防缺口的那些"解放者"远程海上巡逻机，很可能就是由这家前不久才在芝加哥郊区西部边缘的空地上建立起来的别克工厂制造的。[34]而那些在商船队上空飞行的"解放者"轰炸机中队的费用不是由驾驶这些飞机的英国或加拿大航空部队支付的，而是被计入《租借法案》，即由美国纳税人承担。这种反馈环的机制令人瞠目结舌。

然而，普惠公司最著名的战时发明可能是另一种航空发动机，即R-2800发动机，这款发动机动力强大，功率高达2000马力，性能可靠，在战时大放异彩，为"海盗"（Corsair）俯冲轰炸机、美国陆军航空队的"霹雳"战斗机，尤其是海军新航母的格鲁曼F6F"地狱猫"战斗机所使用。作为F4F战斗机"野猫"的后继型号，F6F"地狱猫"战斗机得益于美国对于其捕获的一些三菱零式战斗机的认真研究。这种战斗机不仅配备了R-2800航空发动机，在油箱和驾驶舱周围安装了装甲保护，还配备了六挺口径50毫米的机炮。在整个1942年，格鲁曼公司的设计师和工程师一直在稳步改进发动机和战斗机本身。1943年2月，第一批"地狱猫"战斗机抵达"埃塞克斯号"航空母舰。后来发生的事情就众所周知了。在同年11月的吉尔伯特群岛战役中，它们在塔拉瓦上空与日本零式战斗机发生了第一次激烈交锋，"地狱猫"战斗机击落了30架敌机，己方只损失了一架。"地狱猫"战斗机装备精良，难以摧毁，最终击落了 5200 多架敌机，远远超过盟军其他任何一种战斗机。事实上，美国海军在太平洋战争中取得的所有空战胜利中，有 75% 要归功于这种战斗机。著名的一边倒的"马里亚纳猎火鸡"（第九章）在很大程度上是"地狱猫"战斗机在狩猎。其他原因也导致了这一严重的不平衡结果，比如日本的作战领导能力低下，以及到了战争的这个阶段，日本机组人员的素质严重不足，但主要原因是美国人现在拥有的飞机要先进得多，而且数量要多得多。[35]

资源和军工实力的比较

以上所有的武器统计数据，无论是巡洋舰、战斗轰炸机还是快速战列舰的产量，都反复证明了美国在二战七大强国中的强大军事工业实力。在军事武器生产的每一个阶段，无论是从重要原材料的投入，还是从下水舰艇的数量来看，美国的优势都是毋庸置疑的。特别是在原材料的储量和取用方面，这场全球冲突中双方的悬殊令人震惊，如果再加上整个大英帝国（特别是矿产丰富的加拿大和南非）的资源，情况更是如此。这场战争被描述为一场资源丰富的国家与资源匮乏的国家之间的生死存亡之战，这并非没有原因，而在这场战争中几乎一切都有利于同盟国。利德尔·哈特在他的经典著作《第二次世界大战战史》中写道："大约有二十种战争必需品。用于一般性生产的煤，用作动力来源的石油，用来生产炸药的棉花，羊毛，铁，运输方面所需要的橡胶，一般武器和一切电力装备所必需的铜，用于炼钢和弹药的镍，用于生产弹药的铅……。"他接着说："在所有这些强国中，地理位置最佳的是美国，它生产了世界石油总供应量的三分之二，大约一半的棉花和近一半的铜。"他补充说，相比之下，"意大利需要的每一种产品都大部分靠进口，甚至连煤也不例外。日本几乎同样依赖国外资源。德国国内不生产棉花、橡胶、锡、铂、铝土、水银和云母"。[36]考虑到这些差距，回想起来，纳粹德国能够做到那种程度确实令人惊讶，然而，归根结底，其著名的战场效率永远无法弥补物质资源上的鸿沟。

当然，只有当这些物质资源转化为战场上可以使用的力量时，美国的资源优势才得以彰显。到了战争的后半段，人们很容易理解这种转化的过程是在何处和以何种方式发生的。以铝为例，它提供了一个从原材料提取到工厂设计和生产，再到盟军在战斗中取得成功的精彩故事。到1944年，威力巨大的F6F"地狱猫"战斗机击落了许多日本飞机，而这款战斗机使用的就是铝制螺旋桨、轻型铝制发动机部件，以及由分包商提供给格鲁曼装配厂的许多其他关键部件，而这些分包商是从美国铝业一家大型冶炼厂获得的铝片和铝板，这家冶炼厂则是从拉美（苏里南、英属圭亚那和特立尼达）源源不断地获得铝土矿，而这些铝土矿又是通过盟军海军护航队安全运输的。[37]这其实产生了一种良性循环：到了1942年，对这一至关重要的矿物的控制，为美国军工业提供了必要的资源，处于行业领先地位的美国铝业公司建立了更大的冶炼工厂，提升了工厂的生产能力，而这使得航空发动机和飞机产量大幅增长，从而为盟军空战的胜利提供了助力。很多美国大量拥有的东西，对方却很匮乏。从1942年到1943年，美国的铝产量从75万吨猛增到125.1万吨，同时期日本铝的生产增长幅度和总产量仅为美国的十分之一。[38]

第八章 全球力量平衡的转移（1943—1944年） 331

从橡胶到铁矿石，从铜到棉花，这个一边倒的故事一遍又一遍地重复着。美国在战场上所取得的每一场胜利都彰显了巨大的资源优势。因此，没有必要在提及每一种原材料时都详细说明这一点。可能唯一值得一提的是，在石油这一最重要的精炼产品方面，这种资源上的差异体现得淋漓尽致。1943年，德国原油产量（包括进口）勉强增至约900万吨，而美国原油总产量约为2亿吨。即使德国工业转向合成燃料也无法弥补这一差距，甚至在盟军针对性的轰炸大大减少了后者的来源之前就是如此。[39]从北非沙漠到阿登森林，德国的装甲纵队经常因缺油而无法前进。早在美国潜艇摧毁日本油轮船队之前，日本的石油资源就已经严重短缺了，其海军和航空队的燃料供应完全不够用。整个二战期间，那些资源匮乏的参战国从来没有摆脱这样的困局。由于缺乏战争所需的充足的原材料，1942年以后，它们越来越陷入武器和燃料不足的困境中。

最后，关于二战期间相关武器生产的基本统计数据也许最能引起读者的注意：如表格12所示，美国的武器产量从1940年的区区15亿美元跃升到次年（1941年）的45亿美元，然后到了1943年这一关键年份，飙升至令人难以置信的375亿美元，这是惊人的飞跃。换句话说，这意味着虽然1940年美国的武器产量仅为纳粹德国的四分之一，但是到了1943年，也就是仅仅三年后，美国的武器产量正朝着纳粹德国的三倍迈进。当然，通过再一次把美国的巨大产出与它的两大盟友英国和苏联加在一起，利德尔·哈特抓住了问题的核心：到了战争中期，在同盟国的雄厚经济实力面前，轴心国黯然失色。

表格12　1940—1943年各大国的武器产量
（以1944年的美元价值计，单位为美元）

国家	1940	1941	1943
英国	35亿	65亿	111亿
苏联	（50亿）	85亿	139亿
美国	（15亿）	45亿	375亿
同盟国总数	35亿	195亿	625亿
德国	60亿	60亿	138亿
日本	（10亿）	20亿	45亿
意大利	7.5亿	10亿	
轴心国总数	67.5亿	90亿	183亿

括号中的数字表示当时尚未参战的国家。数据来自肯尼迪《大国的兴衰》第355页。

资助战争

然而，如果没有足够的资金作为支撑，美国工业产出的惊人增长是不可能实现的。罗斯福曾经称美国为世界反法西斯联盟的"民主兵工厂"（Arsenal of Democracy），但与此同时，美国也需要成为民主的出资人，通过税收和信贷筹集巨额资金，输送给像格鲁曼、波音、纽波特纽斯和凯泽这样强大而高产的公司（它们生产的大量飞机和船只将扭转这场全球冲突的局势），并支付根据《租借法案》向美国的许多盟国提供的大量军火和原材料的费用。和历史上的每一场战争一样，无论如何都需要有人为第二次世界大战买单。

在此之前，关于成功的筹款和在战争中取胜之间的联系，最经典的例子是一个半世纪以前英国与大革命时期和拿破仑统治时期的法国长达23年的斗争。在那场战争期间，英国不断获得巨额收入，既用于支付其庞大的舰队和军队的费用，也用于向其盟国提供军事物资和财政支持。当时，英国从三个渠道筹集了这些资金：一是对本国征收重税，同时加征关税，税收之高史无前例；二是基于政府良好的信誉，国内购买者不断认购战争贷款；三是向外国投资者出售国债。[40]这次唯一不同的是，几乎所有的收入都来自美国，也就是说，来自大幅增加的税收和出售战争债券。

支出部分相对比较容易，因为在法国沦陷后，美国政府开始在几乎每个方面花钱：1940年，用于军备的总支出仅为21亿美元，其中仅4亿美元用于飞机，4亿美元用于舰船，2亿美元用于战斗车辆和各种机动车辆。到了1943年，军费开支高达524亿美元，其中飞机和舰船各125亿美元，车辆59亿美元。[41]在1942年，每艘"埃塞克斯"级航母的造价为6800万至7800万美元（大致相当于2020年的12亿美元）之间。一艘"艾奥瓦"级战列舰的造价约为1亿美元（相当于今天的16亿美元）。一架波音B-17轰炸机的造价仅为24万美元，一艘自由轮的造价在150万到200万美元之间。[42]乍一看，美国政府的军备武器开支总额之大似乎让人难以置信，但是如果把每种武器的建造成本和各自的建造数量（包括24艘航母、10艘战列舰、12 000架B-17轰炸机和2700艘自由轮）相乘，就会发现这些数字十分可信，实际上是必须花这么多。比如，若是美国工厂生产的飞机数量从1939年的6000架增加到1943年惊人的85 900架，那么毫不奇怪，军费开支也会大幅增加，增加10倍或12倍——毕竟，在1939年，只有1.4%的国民生产总值用于军费开支，但是到了1943年，超过43%的国民生产总值被用于军费开支。虽然这些军费开支在可衡量的国民生产总值中所占的份额越来越大，但是由于所有这些钱都被投入商品和服务中，然后又投入实际工资中，国民生产总值本身也在显著增加。马克·哈里森（Mark Harrison）对1938—1948年军费开支、国民生产总值和军费占国民生产总值的百分比进行了巧妙的计算，很好地捕捉到了这种动态的相互联系（见表格13）。

表格13 1938—1948年美国的国民生产总值（GNP）和军事支出（以时价计）

年份	名义GNP	名义军事支出	占GNP的比例
1938	847亿美元	10亿美元	1.2%
1939	905亿美元	12亿美元	1.3%
1940	997亿美元	22亿美元	2.2%
1941	1245亿美元	138亿美元	11.1%
1942	1579亿美元	494亿美元	31.3%
1943	1916亿美元	797亿美元	41.6%
1944	2101亿美元	874亿美元	41.6%
1945	2119亿美元	735亿美元	34.7%
1946	2085亿美元	147亿美元	7.1%
1947	2313亿美元	91亿美元	3.9%
1948	2571亿美元	107亿美元	4.2%

数据来自Harrison, *Economics of World War II*, 83。这本书特别是其第三章H. Rockoff的《美国：从犁头到刀剑》（"The United States: From Ploughshares to Swords"），包括大量的统计数据。

在历史上，军事装备上的巨额开支经常使参战国一蹶不振，但美国是幸运的，战争结束时的国民生产总值几乎比战争开始时高出四分之三。这样的幸运会让多少早期大型帝国的政治家感喟不已呀！对于这场战争中的其他大国来说，无论是同盟国还是轴心国，这样的结果都是不可能的。[43]

美国在战争中的开支一方面避免了恶性通货膨胀，另一方面又避免了违约和经济崩溃，这到底是如何做到的呢？从一开始，政府的经济规划者就意识到了这种危险，虽然总统和国会已经明确表示，不论付出什么代价，都要保证战争的胜利，并且人民将要做出真正的牺牲。当然，无论如何增加税收的名目，都不可能立即满足战争中日益攀升的即时性开支。无论1940年的美国多么富有，它都不得不背负巨额债务。或许我们可以换一种理解方式：正是因为美国如此富有，它才可以在不向第三方借款、不依赖第三方的情况下承担巨额国内债务。相对于其他经济指标，联邦政府的债务数额起初增长缓慢，从1940年6月的430亿美元增长到1941年6月的490亿美元，再到1942年6月的720亿美元。但是在接下来的12个月里，政府债务几乎翻了一番，到1943年6月达到1370亿美元，并在第二年增加了几乎同样的数额，达到2010亿美元，因为政府在军用物资上的支出激增。在战争结束时，美国政府所持有的国债大约是四年前的五倍。[44]美国人购买国债的数量达到了前所未有的水平，人们确实买入了战争债券。

另一种筹措军费的方式[45]是通过一系列直接和间接的税收，同时提高税率，这意味着最重的税收负担将由富人承担，但每个人都多少要为国家的战事贡献一份力量。珍珠港事件让美国人深感震惊的同时，也让他们感受到了巨大的威胁。这种感觉促使人们相信战争期间的经济牺牲是绝对必要的。在1941年，最高的税率等级（81%）只适用于极其富有的阶层，即年收入超过500万美元的人。到了1942年，该税率适用于所有年收入超过20万美元的人，因此涵盖了更多的美国人。到了1944年，最高税率等级提高到了94%，而联邦个人所得税的最低税率为23%，远高于1940年的4.4%。[46] 与此同时，各种各样的商品和服务以及像汽油这样的关键货品的间接税都被提高了。政府这样做既是为了增加财政收入，也是为了防止通货膨胀，即太多的消费资金去买太少的商品。在单靠税收可能无法限制消费的情况下，政府监管就发挥了作用。这样的例子不胜枚举。例如，1942年，停止私家车的生产；为了增加橡胶库存，政府不鼓励长途驾车出行；限制锦纶长筒袜的生产，因为制造降落伞需要锦纶；限制冰箱的生产，因为制造飞机需要铝。

使美国摆脱失业率的是战争本身，而并非之前的罗斯福新政。1938年，美国失业率仍然高达19%，但到了1943年，失业率降至1%的历史最低点。[47] 仅仅是增加了1000万挣工资的人，就给美国人民的口袋带来了更多的钱，但具有讽刺意味的是，他们可以购买的商品却少了。因此，巧妙策划的宣传活动（从太平洋战争中归来的士兵会敦促仰慕的公众"立即购买战争债券！"）正好符合财政上的考量。通过购买战争债券，公众引发了另一种良性循环，从而增强了国家的实力，使得国家有能力承担全面战争所带来的巨大负担。这种涓滴效应①与财政控制的完美结合达到了教科书级别。政府的计划分为两个部分，一部分是巨额的军事开支，由此产生了一支新招募的、收入相对较高的劳动力队伍，另一部分是鼓励购买债券的宣传运动，从而吸收这些劳动力工资中

---

① 经济增长的益处直接或间接地自动渗透至低收入群体中，惠及各个社会阶层。——编者注

激增的部分。例如，政府反复鼓励格鲁曼公司贝斯佩奇工厂雇用的三万名男女工人（通常是夫妻）将尽可能多的收入投入低息债券；而且，由于个人所得税很高且许多消费品无从购买，工人们有充分的动机投资债券，至少在战争结束之前是如此。总之，一方面，战争就像一个巨大的风箱，催生了巨大的工业产出，另一方面，政府巧妙地将税收、价格控制和借贷政策结合在一起，抑制了超级通货膨胀，毕竟，随着美国工人收入激增，超级通货膨胀是完全有可能发生的。随着飞机工程师和焊工变得越来越富有，这个国家也变得越来越富裕，但并没有出现像哈布斯堡王朝那样疯狂的、无法控制的价格飙升，也没有出现第一次世界大战期间发生的阶级冲突或有关发战争财的争议。[48]

只要看一眼其他大国的表现就可以再次证实，美国的情况是特殊的。很明显，美国在战争上的花费比其他任何一个作战国家都要多，而且它的巨大开支不仅体现为生产的武器数量之多（每年生产9.6万架飞机等等），更体现为各个作战单位的设施之完备，包括潜艇空间宽敞，大型轰炸机上安装了空调，航母上配备了制冰机，等等。一个简单的事实是，虽然美国在战争上的花费绝对更多，但对它来说这样做相对容易，因为它拥有丰富的原材料，强大的工业实力，稳固的高科技基础，雄厚的资金和易于培训的工人。如果说美国的负担最重，那么它的实力也是最强的。对于其他国家来说，战争的负担更加难以承受，因此需要做出更多的牺牲。一个用于比较和衡量大国军事负担的有效指标显示，到了1943年，英国将其国民收入的55%用于军费开支，苏联的军费开支在国民收入中的占比超过60%，而纳粹德国即使对东部和西部的邻国进行了大规模掠夺，其军费开支在国民收入中的占比也高达70%。虽然美国的军费开支明显高于所有这些国家,但其军费开支仅占国民收入的42%。[49]无论在哪里搜索有关战争的经济代价和社会代价的数据,例如营养水平,都会有证据表明,相比其他国家,美国在战时的生活"滋润"得多。当其他国家饱受战争之苦时,美国却没有;在德国口粮减少、人民食不果腹时,美国人却在尽情地享受美食。因此,相比1938年,在1943年至1944年间,美国人每天热量、维生素C、蛋白质以及肉类的摄入量都更高。[50]正如艺术家诺曼·洛克威尔(Norman Rockwell)在其标志性的画作中展现的,铆钉女工萝西(Rosie the Riveter)的营养十分充足。

最后,根据1941年3月11日通过的《租借法案》,美国向同盟国提供了大量的军事物资,这对苏联和英国在战争中取胜具有重大的总体战略意义。总的来说,从1941年到1945年9月该法案结束之时,美国战争总开支(当时价值500亿美元,相当于今天的7840亿美元)的17%是对同盟国的军事援助。[51]由于苏联拥有丰富的煤炭和矿石等原材料,它所需要和得到的货物都是最迫切的军用物资:42.7万辆卡车,其中有大量十分宝贵的道奇(Dodge)和斯蒂庞克(Studebaker)牌子的;1.2万辆装甲车,其中有4000辆谢尔曼坦克;1.1万架飞机;2000辆机车;由美国提炼的高辛烷航空燃料以及400多万吨食品。[52]当然,拥有制海权也大有裨益。如果说最终造成德国国防军最大损失的是大量的红军,那么同盟国的海军队伍能够护送运输队前往摩尔曼斯克和波斯走廊同样至关重要,因为这些船队往苏德前线运送了大量美国战争物资,以及包括3000多架飓风式战斗机在内的英国战争物资。事实上,也许没有什么比这样的场面更能代表丘吉尔

第八章 全球力量平衡的转移(1943—1944年) 339

所倡导的伟大联盟了：在数千辆 2.5 吨重的斯蒂庞克卡车的帮助下，苏联的格奥尔基·朱可夫将军的队伍向柏林发起进攻，而这些卡车是由皇家海军护送的船只运来的。根据《租借法案》，美国于 1941—1945 年提供给英国的物资种类更多，规模更大，价值更高。物资的总价值达到 314 亿美元（大约相当于今天的 4920 亿美元），相当于美国当时全部军事产出的 10% 以上。正是在这些物资的支持下，在几乎整场战争中，英国一直作为一个不折不扣的大国在作战。因此，这种支援所带来的"附加值"具有极其重要的战略意义。在战争初期，英国人已经购买并获得了大量的战争物资，特别是飞机（"卡特琳娜"水上飞机和"哈得孙"轰炸机），但是到《租借法案》生效时，实际上他们已经耗尽了美元资产和黄金储备。因此，在 1941 年 3 月之后，从一个所谓的中立国大量"租借"的军火和其他物资简直是天赐之物。运输机（尤其是那些提供给伞兵部队和威廉·斯利姆在缅甸的军队的）、远程巡逻机、战斗机、护航航母、商船、钢板、铝板、主食（小麦和面粉）以及各种至关重要的燃料，通过空运或海运源源不断地从美国港口输送到英国。毕竟，这就是大西洋之战的全部意义所在。[53] 喷火式战斗机需要美国制造的铝，希金斯登陆艇将英国的两栖部队运送到海滩，劳斯莱斯梅林发动机（由美国帕卡德公司量产）为许多皇家空军中队提供动力，等等。在罗斯福政府所有不太中立的措施中，最不中立的可能是允许严重受损的英国重型军舰（战列舰、巡洋舰和航母）在美国造船厂进行维修和改进，并将费用纳入《租借法案》——这对遭受重创的皇家海军来说是巨大的好处，尤其是在 1941 年和 1942 年。[54]

支持一个有价值的盟友所带来的战略回报（人们也许会想到

更早的时候，在共同对抗拿破仑的战斗中，英国为普鲁士和奥地利提供补给的价值），是在战争的大部分时间里，美国有了一个几乎同等规模的战斗伙伴来对抗轴心国。美国和英国的联合军队并肩作战，从轴心国手中夺取了北非和西西里岛的控制权，然后一起向亚平宁半岛进发。美国、英国和加拿大的军队共同登陆诺曼底，然后一路打到纳粹德国。在夜间，1000架英国重型轰炸机攻击德国，到了白天，1500架美国轰炸机也对德进行攻击。历史学家塞缪尔·莫里森认为，对于美国海军来说，二战是一场"两洋之战"（Two-Ocean War），但事实上，大西洋和太平洋这两个战区的权重大相径庭。在1945年之前，太平洋战区的对日战争几乎全部由美国主导，而在大西洋战区的海空战争中，英加两国军队是对抗纳粹德国海军和空军的主力。

当然，到了1944年，美国在战争中巨大的经济影响力已经让其他大国相形见绌，这也是本章阐述的重点。英国在经济上对美国日益依赖，这当然也给其自身作为大国的长期地位带来了相当大的代价，虽然很难看出在这个问题上英国还有什么其他选择。[55]但这里论述的关键点是，通过《租借法案》，美国将大量的物资运往苏联和英国（其次是中国和法国），从而创造了一种"力量倍增效应"，使同盟国的总体战争实力大大增强，最终彻底扑灭了轴心国的希望（见图表8）。

总而言之，可以认为美国在军备和战略物资（如钢铁和橡胶）上对盟国的支援是另一种形式的"军事凯恩斯主义"，因为无论是为苏联生产斯蒂庞克卡车，还是为英国皇家海军的战列舰进行大规模维修，都意味着对美国公司的进一步投资，美国工人的工资增加，每件武器的单位成本降低，而所有这些都反过来提高了生

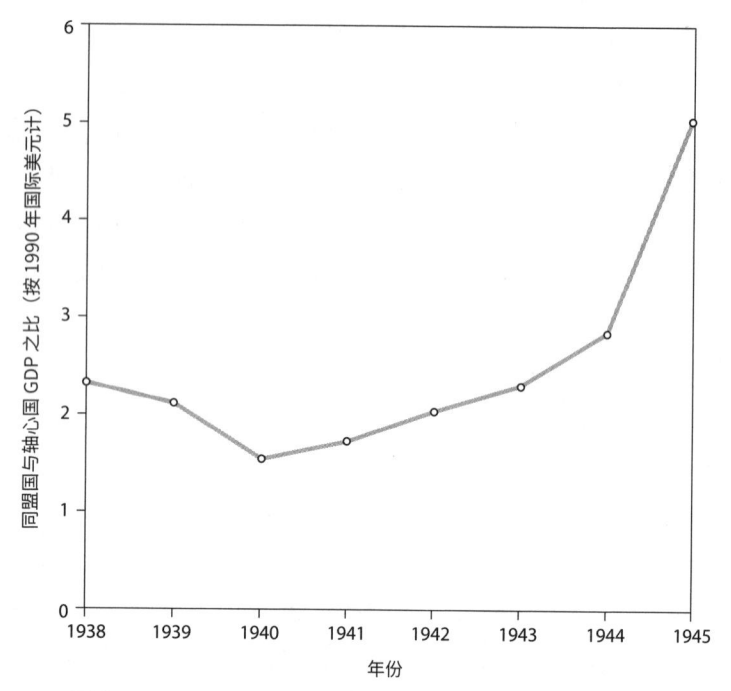

图表 8　1938—1945 年同盟国与轴心国国内生产总值之比

这张重要的图表来自维基百科,"二战期间的军事生产",最后一次修改是在 2020 年 4 月 7 日,https://en.wikipedia.org/wiki/Military_production_during_World_War_II#/media/File:WorldWarII-GDP-Relations-Allies-Axis-simple.svg。

产率,使美国变得更加富裕。一方面是推动和塑造历史进程的深刻变化,另一方面是每天甚至每年发生的事件,其中一些引人注目,气势恢宏,进程紧凑。有时学者们很难说明两者之间的联系。但是研究第二次世界大战的历史学家,特别是研究太平洋和大西洋海战和空战的历史学家应该不会有这样的问题,尤其是在涉及 1943 年这个关键年份的时候。因为正是在那一年,或者至少是在那一年的下半年,美国以一种前所未有的方式展现了自己无与伦比的工业实力。随着北大西洋的航线越来越受到保护，越来越不受U艇的攻击，美国新的航母和其他舰艇终于涌入太平洋，英美重型轰炸机开始摧毁纳粹德国的军工，战争的进程确实发生了变化。而就在6个月前，英帝国总参谋长艾伦·弗朗西斯·布鲁克（Alan Francis Brooke）称同盟国已经度过了"开端的结束"，这似乎颇有道理。

这一切也证明丘吉尔在1941年12月8日晚上听到日本袭击美英太平洋基地的消息时情绪激动是有眼光和有道理的。当时，激活了这位首相丰富的想象力的并不是一连串的坏消息，如马尼拉被轰炸和珍珠港被袭击等，而是这样一个至关重要的事实：美国终于要参战了。"我们终究会赢的"，他高兴地说，"希特勒的命运已定"而日本人"将被碾成齑粉"。经过漫长而艰苦的斗争，胜利终于有了保障，因为丘吉尔坚定地认为，美国无与伦比、不可抵挡力量注定会占据上风。美国经济的"巨型锅炉"（丘吉尔创造的另一个形象比喻）现在已经被点燃，其产能几乎是无限的。丘吉尔深知，前面肯定还有很多艰苦的战斗，但盟军肯定会获得最终的胜利。他写道："剩下的就是以正确的方式运用这种压倒性的力量了。"[56]因此，在全球力量新秩序的保证下，胜利在向同盟国招手，而这个新秩序是以美国为主导的。

长期历史趋势的自然结果？

随着美国军械产量大幅增长，美国的经济规模从1941年到1945年几乎翻了一番，钢铁产量增加至五倍，生活水平提高了60%。那么，凡此种种，是否可以简单地理解为是美国进入全面战争后所自然发生的呢？在工业化经济体中，存在大量未被充分利用的资源，大规模财政投入可以激发这些资源的活力。毫无疑问，美国人是幸运的，因为他们拥有丰富的自然资源，尤其是石油和矿石。这些自然资源就像这个国家庞大但未得到充分利用的人力资源一样，一旦政府投入了必要的资金，就可以大大提高生产力。在所有这些方面，美国显然比像意大利和法国这样的国家幸运得多。因此，当联邦政府购买商品和服务的总金额从360亿美元（1940年）猛增到1640亿美元（1944年）时[57]，总军备生产当然也在增加，从40亿美元增加到420亿美元，飞机的数量从每年6000架增加到每年96 000架，35艘新舰队航母和122艘护航航母被派往前线。万事俱备，只欠东风了。当然，同盟国最终胜利了。当然，如果不是日本偷袭珍珠港，美国的政治体系一分钟也不会容忍如此庞大的政府支出、前所未有的个人税率以及令人难以置信的赤字和债务。珍珠港事件给美国带来了巨大的冲击，倘若没有这次冲击，美国在1945年以及20世纪中叶的世界地位肯定与实际情况大相径庭。即使罗斯福政府实施了新一轮的新政主义财政政策，这个国家在经济上可能仍然会处于停滞不前的状态（同时在政治上也会相当孤立）。如果没有这场战争，它不可能在1945年成为世界上的超级大国。

这一切都是事实。当然，战争改变了一切。当然，第二次世界大战本身不仅挫败而且彻底粉碎了法西斯国家的侵略，不可挽回地削弱了欧洲殖民帝国（甚至包括英国），并使美国和苏联成为1945年之后仅有的两个超级大国。

然而，事情远不止于此。对于二战期间美国实力的爆发，有一种截然不同但并不矛盾的看法，把它看作美洲大陆工业化后世界格局发生巨大变化的自然结果,尽管推迟了近半个世纪。托克维尔早在1835年就发出这样的预言,称这个国家注定有一天会左右半个地球的命运,美国在二战期间实力的变化或多或少代表了这一预言的实现。[58]

要正确看待这一论点,我们必须关注美国长期的经济和人口统计数据,这些数据会帮助我们把眼界放开,而非仅仅聚焦于美国在战时五年间所取得的引人注目的经济产出。事实上,美国崛起的故事可以追溯到19世纪的最后20年,当时铁路、电报和大规模的国内移民真正打开了中西部和西部工商业腾飞的大门。要对这一切追根究底,我们最好从美国人口剧增开始讲起。不同于以往悲观的马尔萨斯人口增长模型,美国的人口激增与经济的显著增长相互作用,引发了一场巨大的经济爆炸,创造了巨大的财富。越来越多的人成为生产力越来越高的美国劳动力。俄国庞大的农民群体、印度和中国的城市贫困人口都拉低了国家的实际人均国内生产总值,而美国却不存在这样的问题。人口的增长反过来对其世界强国地位产生了两个主要影响。第一个相当简单。在19世纪70年代,美国的人口与欧洲大国不相上下,但在一代人一生的时间里,它的人口将远远超过欧洲任何一个国家,甚至是德国(见表格14)。

表格14　1870—1930年的美国人口（精确到百万）

1870	1890	1910	1930
3900万	6300万	9200万	1.23亿

数据来自美国人口普查局的"不同时期的人口分布",访问时间为2020年2月20日：https://www2.census.gov/library/publications/decennial/1930/population-volume-1/03815512v1ch02.pdf。

第八章　全球力量平衡的转移（1943—1944年）　　　　　345

第二，虽然1929年的华尔街崩盘以及许多美国人突然经历的贫困和失业是巨大的挫折，但事实是，在此事件前后的几十年里总人口的大规模自然增长构成了不断增强的国家力量，而不是弱点。[59]在20世纪的第一个十年，美国人口增加了1600万，第二个十年增加了1300万，第三个十年增加了1700万，第四个十年增加了1800万。当这些劳动力被美国工业雇用时，甚至在第一次世界大战之前，美国就已经变成了一个与其他国家相比的经济巨人。这一点很关键。无论选择哪一组数据进行比较，是能源消耗，还是总工业潜力，都可以得出同样的结论：美国是一个不同类型的大国，一个经济上的巨人，但仍然是一个军事上的侏儒。例如，1913年美国的钢铁产量（3180万吨）超过了德国（1760万吨）、英国（770万吨）和法国（460万吨）的总和。从更宏观的角度说，在同一年，美国的制造业产出占世界的32%，而德国为14.8%，英国为13.6%，俄国为8.2%。[60]第一次世界大战摧毁了俄国的经济，严重削弱了德国、法国和英国的经济实力，美国制造业产出在世界上所占的比例提高到了40%左右。在世界历史上，一个国家占有这样高的比例是闻所未闻的，然而，无论你往哪里看，都能看到其生产力和财富的证据。"例如，1929年，美国生产了450万辆汽车，而法国为21.1万辆，英国为18.2万辆，德国为11.7万辆。"[61]然而，更不寻常的是，这个国家的政策制定者一直坚持让军队维持较小的规模（其世界排名在战间期也许只能位列第十二），还试图远离大多数世界事务。过去的头号强国没有哪一个是这样做的。

随后发生了股市大崩盘和更具破坏性的事件：美国政客愚蠢地在本国经济最具竞争力的情况下选择了贸易保护主义。相对而言，在20世纪30年代，美国在世界贸易中所占份额的下降幅度最大；其制成品价值的跌幅最大，达75%；其失业工人总数最多，达1500万人；其国民生产总值的降幅也最大。[62] 回到我们考察的美国在第二次世界大战过程中的真正军事实力的问题上，这一切的结果似乎也很清楚：美国的相对实力虽然比其他任何国家都要强大，但很容易被低估，因为它的大部分能力都处于休眠状态。例如，虽然美国的钢铁产量肯定比德国、苏联或日本都要高，但是在1938年，这些国家的钢铁工厂都在满负荷运转，而美国三分

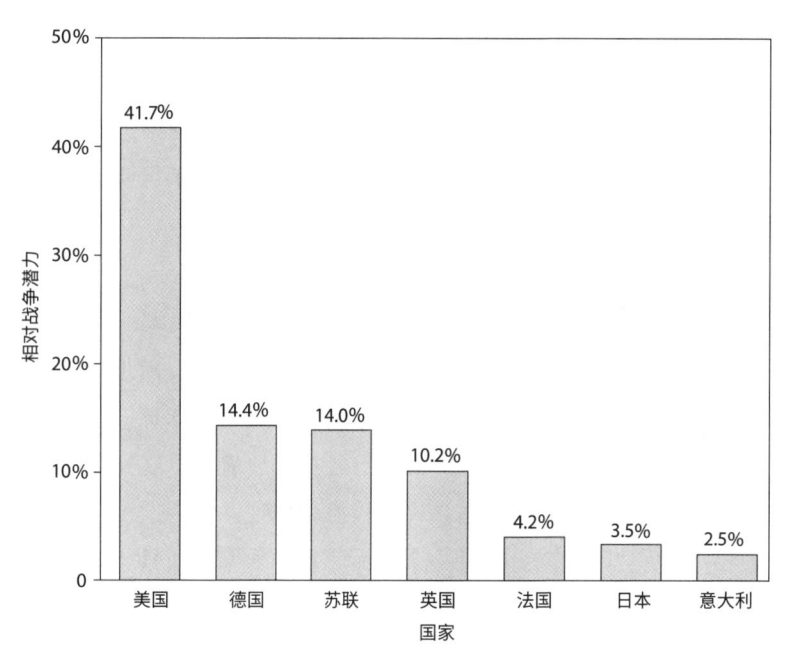

图表9 1937年，各个大国的相对战争潜力

国家	相对战争潜力
美国	41.7%
德国	14.4%
苏联	14.0%
英国	10.2%
法国	4.2%
日本	3.5%
意大利	2.5%

所有其他国家之和为9.5%。数据来自肯尼迪《大国的兴衰》第332页。最初的数据来自希尔曼（Hillman）一篇极好的文章《大国的相对实力》。

之二的炼钢厂处于闲置状态。美国确实是丘吉尔所谓的"沉睡的巨人"或"巨型锅炉",他表达自己对美国巨大战争潜力的理解时所用的其他形象比喻也都是正确的。也许他的理解比任何人都要深刻。

因此,最后这个统计数据(见图表9)是最重要的。

这里的结论是显而易见的。在任何持续时间长到足以将战争潜力转化为强大战斗力的军事斗争中,另一个国家与美国较量都将是愚蠢的,因为它们根本就不在一个量级上。1945年,当轴心国的工业能力被彻底摧毁,美国在世界生产总值中所占的份额上升到50%,甚至略高于50%,这也很容易理解。这是历史上第一次也是唯一一次,一个国家的国内生产总值达到全球的一半(至少以这种衡量产出的方式来看是如此)。即使是托克维尔也可能会对此感到惊讶。难怪美国能建立起世界上有史以来规模最大的海军。

现在我们可以回到航空母舰和1943年后海战转型的问题上了。正如本章所阐明的那样,6月1日"埃塞克斯号"航母抵达珍珠港的意义远不止部署一艘军舰那样简单。这也意味着,美国真正的大国潜力终于显露出来,面纱已经揭开。航空母舰只是这一更大变化的一个体现,但它是一个极好的体现,因为这种现代战舰几乎涉及美国生产力的每一个方面。在"埃塞克斯号"抵达珍珠港后不久,其他所有的航母也接踵而至,舰队航母、轻型舰队航母和护航航母,数量之多令人难以想象。如果在那个具有历史意义的早晨,尼米兹将军望向港口(他很有可能真的这样做了),那么他有理由感到如释重负。

在太平洋上关键的分水岭之年即将结束时，"埃塞克斯号"再次返回珍珠港，从战争中得到短暂的喘息。自从它第一次来到这个基地以来，它和其他航母几乎连续不断地对日本控制的岛屿和防空系统采取行动——1943年8月的马库斯岛战役和威克岛战役，10月的拉包尔战役，11月的吉尔伯特群岛战役，12月的夸贾林环礁战役——因此完全实现了美国海军非常重视的快速航母攻击部队的作战理念。1944年元旦，"埃塞克斯号"和其他十几艘航母一起被分配到新的巨型特遣舰队，准备进行一系列两栖行动和空中打击，时间长达一年，而这些打击将彻底改变太平洋战争的格局。

第四部分

大海战纪实，1944—1945年

第九章
盟军在海上的绝对优势（1944年）

对于军事历史学家来说，1944年的主要战役最引人注目之处是它们的规模——无论是在空中、海上还是陆地上，都比历史上发生过的任何一次战役都要大。简单地说，正如第八章的表格12所表明的那样，同盟国在1940年至1943年投入于军备生产的巨额开支已经转化为武器和人力，在所有战区、从各个方向压倒了规模小得多的德日帝国。[1]在战争中，历史确实站在规模更大的一方。在空中，数千架重型轰炸机正在轰炸纳粹德国的城市和工业。在海上战争中，1944年见证了有史以来规模最大的两次两栖登陆，更令人印象深刻的是，盟军这两次行动是相互独立的，相距一万英里，而且规模都很大。在太平洋，切斯特·尼米兹从夏威夷指挥的舰队和道格拉斯·麦克阿瑟上将从新几内亚指挥的舰队正在向菲律宾集结，将占据中间岛屿群的日本军队一扫而空。在大西洋，英美的空中、两栖和陆地部队终于为当年6月的大规模诺曼底登陆集结起来。在东线，数以百万计装备越来越精良的苏联士兵向西推进，6月至8月的"巴格拉季昂行动"（Operation

Bagration）只是众多行动中规模最大的一次。因此，1944年的整体情况是轴心国不断后退，它们的军队进行了激烈的战斗，却被步步紧逼，不得不向被围困的家园撤退。战略历史学家巴兹尔·利德尔·哈特爵士试图给他的最后一部著作《第二次世界大战战史》建立一个框架，他用海洋潮汐的涨落来描述这场长达6年的巨大冲突。起初，德国军队像一股巨大的、不可阻挡的洪水，席卷了整个西欧，涌入巴尔干半岛和地中海，然后在乌克兰和苏联南部奔袭了数千英里。如果说有什么不同的话，1941年后日本的"大洪水"更加势不可当，征服了从阿留申群岛到印度边境的盟军基地。但是，在1943年期间，轴心国征服的浪潮发生了明显的转变。因此，利德尔·哈特书中描述1944年战役的章节都显示出某种潮汐的规律性和可预测性："德军在苏联的退潮"，"日军在太平洋的退潮"[2]。轴心国的领导人似乎已经不可能阻挡盟军势不可当的洪流了。也许这样的语言给人一种决定论的感觉，直到历史学家开始详细描述1944年盟军在太平洋中部和英吉利海峡的两次行动的规模。

1944年的太平洋巨浪

虽然1943年美国在太平洋中部的战役以完全接管吉尔伯特群岛而圆满结束，但那一年总体上是平静的一年，而随后的1944年就完全不是这样了。事实上，就是在这一年，日本的海上力量遭受了三大不可逆转的打击。第一大打击是6月的菲律宾海海战，这场战役比中途岛战役和1944年2月美军对特鲁克群岛的大突袭更加决定性地摧毁了日本海军航空兵，也使美国得以登陆战略上

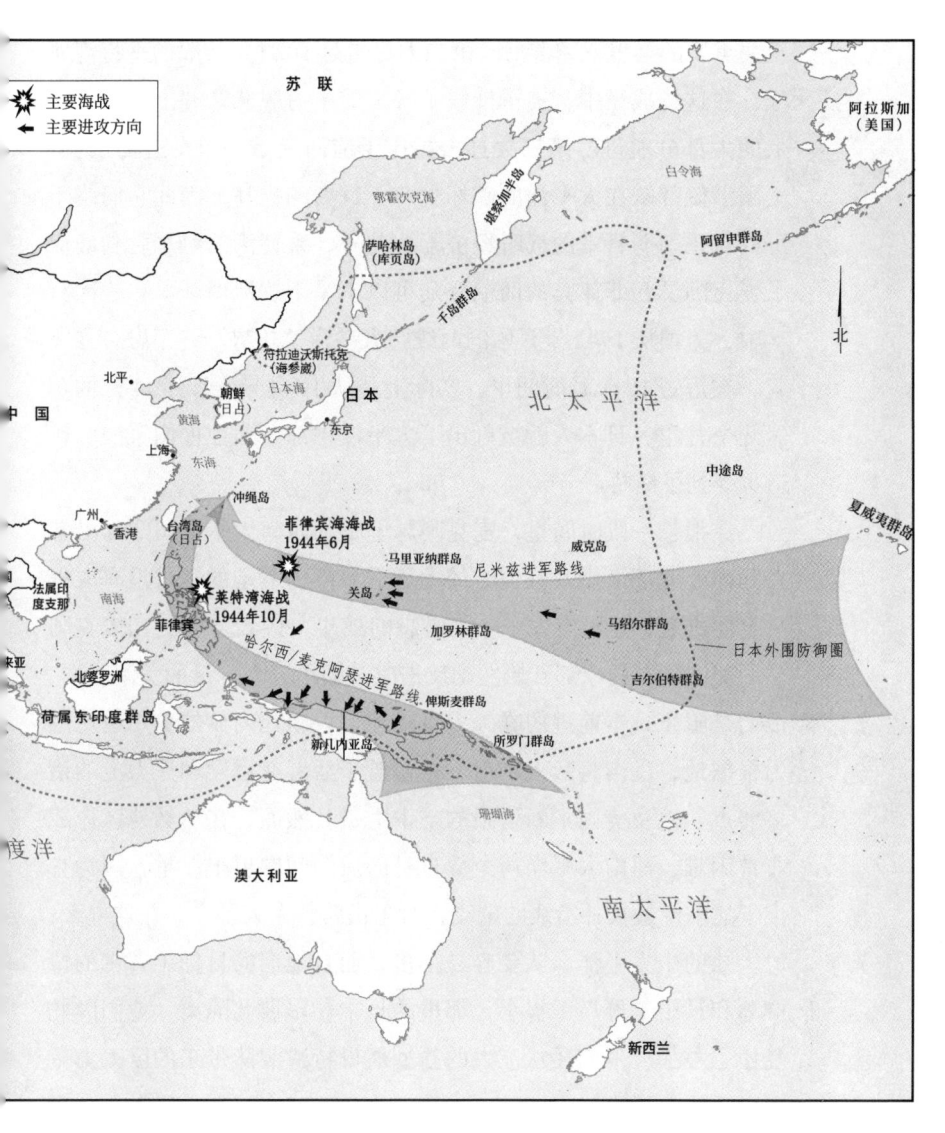

地图12　1943年至1944年间美国在太平洋地区展开的双重进攻

至关重要的马里亚纳群岛。第二大打击是10月史诗般的莱特湾海战，在这场战役中，美军摧毁了日本的主力舰队，并击沉了其剩余的大部分航母。第三大打击相比于前两个是一个渐进的过程：美国潜艇部队在太平洋的破坏力有了巨大的提高，因此它们终于可以真正削弱日本的战时经济了。此外，莱特湾的海军胜利确保了麦克阿瑟在菲律宾的两栖登陆可以不受干扰地展开。在这次行动中，美国从1942年开始的两线跨太平洋"攻势"终于融合在一起。在短短12个月时间里，实际上是从1944年6月到11月的短短几个月里，日本人就被赶出了太平洋中部，通往他们家园的航道也受到了威胁。

在很长一段时间里，麦克阿瑟上将的西南太平洋司令部沿着新几内亚北部海岸及其前方的大型近海群岛发动的进攻没有取得决定性进展，也没有发生令人难忘的战斗。1942年初，当麦克阿瑟的美国陆军司令部开始发动反击时，盟军只有少量的美澳联军，他们是阻止日本前进的唯一力量。他们以新几内亚的莫尔兹比港为根据地，逐渐将敌人击退，这得益于后者在后勤和火力上的诸多弱点，以及美国不断增强的空中力量。然而，在丛林地区作战非常困难，西南太平洋司令部自身的后勤问题也很严重，因为它位于战争中最长补给线的末端，对角横跨整个太平洋。在这方面，尼米兹的中太平洋部队要容易得多，而且他们的目标（吉尔伯特群岛和马绍尔群岛）很小，那里的日本驻军彼此隔离，他们因此轻松了不少。他们还从庞大的新型航母特遣舰队带来的巨大力量和灵活性中受益。

相比之下，麦克阿瑟的司令部没有属于自己的大型航母（这是他的痛处），虽然1943年威廉·哈尔西将军和"萨拉托加号"

在该地区驻扎了很长一段时间，并且在有大型行动时，珍珠港的航母战斗群偶尔会暂时出现。例如，1944年初，雷蒙德·斯普鲁恩斯指挥的第58特遣舰队有四分之三的新型平甲板航母推进到阿德默勒尔蒂群岛的日本基地周围的空域，以摧毁那里的防御。由于此举有望导致日本联合舰队出动，美国的这次打击动用了6艘较新的快速战列舰和9艘全新的重型巡洋舰，这是三四年前大规模海军造船计划终于带来的产物。由于联合舰队没有做出回应，美国的重型军舰最终获准炮击附近岛屿（萨塔万环礁和波纳佩岛）上的小型军事设施，以便让炮手们能够从百无聊赖中得到"一个受欢迎的改变"。[3]然后，美国海军的"大男孩们"再次向北进发，为对马里亚纳群岛的大规模攻击做准备。他们留下了较小的护航航母、轻型巡洋舰和驱逐舰，这些战舰为美澳地面部队在该地区成功的两栖作战提供了近距离空中支援。在某种程度上，这些军舰看起来有点像第58特遣舰队的穷亲戚，但它们更适合眼前的工作。

更鼓舞人心的是，到了1944年，麦克阿瑟的陆基（即陆军航空队）轰炸机和战斗机中队的规模已经扩大，只要距离不是太远，就可以打击敌人的基地和商船队。此外，尽管穿越西南太平洋的行动速度较慢，但它的存在本身就可以使日本人反复措手不及。他们不敢让联合舰队一直驻扎在南方，因为担心尼米兹的部队会向日本本土发起大胆的进攻，也不敢把海军基地设在冲绳，因为担心麦克阿瑟的部队有可能向西推进，切断从南方出发的油轮路线。因此，在一些历史学家看来，麦克阿瑟声称这些南方行动对打败日本帝国至关重要，这似乎完全是有道理的，虽然海军上将欧内斯特·金并不这么认为。[4]

在 1944 年初之前，麦克阿瑟似乎是一个过分谨慎的人，就像在北非海岸和亚平宁半岛的战役中的伯纳德·蒙哥马利一样，作为一个陆军将领，他有条不紊、谨小慎微（而且自以为是）。他们都没有意识到，一旦他们各自的敌军崩溃和撤退，就有机会利用海上力量进行更雄心勃勃的两栖"跳岛"行动。然而，在新几内亚东部进展缓慢之后，麦克阿瑟的指挥部开始采取的正是"跳岛"行动，因为他们越来越担心，中太平洋司令部更快的进攻可能会把他们所负责的区域变成战略上的死水，甚至可能使重新征服菲律宾显得无足轻重。幸运的是，1944 年 2 月渥太华的联合参谋长委员会[5]和美国参谋长都表示更倾向于向菲律宾进军，而不是在台湾岛登陆或直接转向日本，并同意让麦克阿瑟指挥这样的军事行动，而庞大的航母舰队将继续牢牢地掌握在海军手中。然而，在详细的登陆计划开始之前，还必须在向西进军的过程中再采取几个步骤，如果可能的话，应该与日本的主力相遇并将其击溃。

随后发生的战争虽然在中途岛已有苗头，但在以前的任何大战中都没有类似的情况，原因很简单，当时还没有这样的技术水平和武器。太平洋的绝对距离，加上美国的新航母特遣舰队无与伦比的快速移动火力，再加上快速舰队后勤船只的支持，给予美国的决策者前所未有的灵活性。有些岛屿群可能仅仅被视为跳板，一旦被占领就失去了其战略意义，因此，北所罗门群岛和吉尔伯特群岛在被占领后不久就被忽视了。另一些岛屿，如阿德默勒尔蒂群岛（1944 年 5 月完全占领）的马努斯岛，在占领之后成为重要的海军加油和维修基地，包括对于美国潜艇部队而言。马里亚纳群岛一直是关键目标，因为提尼安岛和塞班岛地势足够平坦，可以改造成针对日本本土的大型战略轰炸基地。这种选择的自由是一个负责征服（比如）缅甸或乌克兰的陆军将领所没有的。因此，当决策者意识到前进的速度可以快到什么地步时，美国的海空力量会孤立和绕过一些原先被视为重要目标的日占岛屿。拉包尔拥有10万强大的驻军，其设施已经被哈尔西的航母和陆基航空队摧毁，因此美国人将它抛在身后，任其自生自灭。美国两栖部队从塔拉瓦的血腥战斗中吸取了教训：1944年2月，他们决定不去理会马绍尔群岛中三个重兵把守的环礁，而是在进行了比吉尔伯特群岛战役中更彻底的海军炮击后，攻击了马朱罗、夸贾林和埃尼威托克这三个防守不那么严密的环礁。[6]

就这样，美国海军领导层开始逐渐认识到，在这场规模庞大的太平洋战争中，实际占有某些特定陆地远不如控制开阔水域和上面的空域更重要。也许这种思维转变最好的例子是在加罗林群岛中部的特鲁克环礁爆发的战斗，这是一个宽敞的锚地，经常被奇怪地称为太平洋中部的"直布罗陀"，有时被用作日本联合舰队的基地。但到了1944年2月17日至18日，当斯普鲁恩斯庞大的第58特遣舰队逼近这个环礁时，日本帝国海军已经谨慎地从这里撤回了其重型军舰。事实上，美国海军并没有打算在这里登陆，只是想给这里的驻军和港口设施一个沉重的打击，使其在战争剩余时间里无法发挥作用。这一系列空袭被恰如其分地称为"冰雹行动"，从中可见自从瓜达尔卡纳尔岛战役的最初几个月以来，情况发生了多大的变化。斯普鲁恩斯的舰队是当时世界上最大的，包括15艘航空母舰、7艘战列舰、10艘巡洋舰、28艘驱逐舰和560多架飞机，并且其装备也先进得多。在空战的第一天，新的"地狱猫"战斗机就击落了80架零式战斗机中的30架，而自己只

第九章 盟军在海上的绝对优势（1944年）

损失了4架。最终，岛上的基地被夷为平地，几艘小型军舰被击毁，20多万吨宝贵的货物沉没。特鲁克群岛已经完全失去了反抗能力，后来美国陆军航空队将其用作训练全新的B-29机组的简易靶子。[7]

到此时为止，日本海军的战列舰和剩余的航空母舰还没有出来阻止麦克阿瑟沿着新几内亚海岸向霍兰迪亚进军，也没有留下来为拉包尔和特鲁克群岛而战，当马绍尔群岛被攻占时，它们也一直躲得远远的。但到了1944年6月，随着盟军对马里亚纳群岛的登陆迫在眉睫，随后对菲律宾的威胁也越来越近，是时候让联合舰队推进了。海军中将小泽治三郎的规模仍然相当可观的舰队航母群作为先锋。但是，这场交锋是在菲律宾海展开的，这里到处都是航空基地和航空中队，足以弥补日本在海军飞机方面的不足。接下来发生的是整个战争中规模最大的航母战役，美军出动了大约15艘舰队航母和轻型舰队航母，日军出动了9艘航母，双方在太平洋上空展开了这次战争中规模最大的单次空中角力，数量惊人的900架美国舰载机对抗450架日本舰载机和300架陆基飞机。[8]

在1944年6月19日至20日的两天内，菲律宾海海战就结束了。总结其要点很容易。首先，就像中途岛战役一样，这也是一场航母对航母的长距离战斗，日军的火炮（5艘战列舰，11艘重型巡洋舰）和美军的火炮（7艘战列舰，8艘重型巡洋舰）之间没有机会决一胜负。双方各有一艘战列舰在敌方空袭中受损，但仅此而已。像"大和号"这样的超级战列舰和太平洋舰队渴望战斗的"艾奥瓦"级快速战列舰往往只是上空行动的旁观者。

作为起初看上去势均力敌的海军航空兵之间的一场较量，菲律宾海海战相当引人注目。最重要的是，即使在今天看来，双方在海军中队空战第一天所遭受的异常不平衡的损失仍然很不正常。自 1940 年 9 月不列颠战役的高潮鹰日（Eagle Day）以来，可能还没有哪一天发生过如此大规模的空战，而在这里，同样的景象又出现了，天空中到处是飞机的尾迹以及爆炸和着火的飞机。而且，就像当年的皇家空军一样，这次美军也受益于拥有先进的雷达和空中作战控制系统。小泽派出的第一批日本飞机遭遇了"地狱猫"巡逻队的攻击，25 架（随后又有 16 架）被击落，而美方只损失了一架。日本的第二轮攻势更加来势汹汹，总计 107 架飞机，却被美军战斗机彻底痛击，其中 97 架被击毁。在第三批中有 47 架飞机，但这些飞机更加谨慎，只有 7 架被击落。另一个由 49 架飞机组成的机群在飞往关岛机场时损失了 30 架。从各方面数据来看，"地狱猫"的表现是不可思议的，其速度和火力都是毁灭性的，而且自身很难被摧毁。三菱零式现在看起来像是过时的战斗机（除了在向内急转弯时），而所有速度较慢的日本鱼雷轰炸机和俯冲轰炸机当然都非常脆弱，难怪整场战斗被戏称为"马里亚纳猎火鸡"。[9] 美国在第一天只损失了 30 架飞机，而日本可能损失了多达 350 架，尽管计算这个数字有些复杂，因为日本海军航空兵遭遇了另一场灾难，即 6 艘航空母舰中的 3 艘被击沉。

战役的第二个阶段要混乱得多，不过对日军来说情况依然十分糟糕。小泽下令派出了陆基中队，同样损失惨重。但这一次轮到特遣舰队总指挥马克·米彻尔不自量力了，在当天晚些时候，他派出轰炸机（包括携带 500 磅炸弹的"地狱猫"）攻击撤退的敌军舰队，但问题是距离太远了，结果导致大约 80 架飞机在返航途中迫降。然而，日本海军一点也高兴不起来，因为其航母部队不幸撞上了十分强大的美国潜艇，失去了大型新航母"大凤号"（小泽的旗舰）和曾经参与珍珠港偷袭的著名的"翔鹤号"，后者被三枚鱼雷炸毁。不久之后，一群来自第58特遣舰队的美国飞机发现并击沉了第三艘日本航母，即轻型舰队航母"飞鹰号"，并对其余三艘造成了破坏。日本在这两天被击毁的飞机总数，根据不同的计算方式，在550架到645架之间，再加上三艘航空母舰的损失，这是一场与中途岛战役一样巨大的失败。中途岛战役粉碎了日军向东朝夏威夷的推进，而菲律宾海海战则粉碎了日军阻止美军向西挺进的企图。到战争的这个阶段，日军已损失了不少于9艘航空母舰和90%的海军航空队，而且这种损失是不可挽回的。对于日军来说，在没有空中掩护的情况下，派遣战列舰和重型巡洋舰向前没有任何意义，于是司令就下达了放弃战斗的命令。

因此，美国登陆关岛、提尼安岛和塞班岛的至关重要的计划可以不受干扰地继续下去，无论地面上的战斗多么激烈。毕竟，投入7.1万名士兵的大规模两栖作战的安全是尼米兹的主要战略考虑，因此，当舰队中的航空母舰拥护者批评斯普鲁恩斯，说他把第58特遣舰队部署得太靠后，因此未能击沉日本主力时，他为斯普鲁恩斯辩护。[10]也许，那些批评者确实是对的，航母特遣舰队的创建引入了一种全新的海战形式，而高级海军将领们过于谨慎，没有意识到这一点。但是，无论是在当时还是在将来，对日本的诡计、诱骗和陷阱保持警惕也许仍然是明智的。4个月后的莱特湾海战表明，这样的顾虑是完全有道理的。

随着收复菲律宾计划的实现，显而易见的是，美国海军实际上已经将自己细分为三支不同的部队：传统的战列舰海军，现在由于新的"南达科他"级和"艾奥瓦"级超无畏舰的到来而得到了极大的加强；不断取得胜利的航母海军，也得到了更多新航母的加强；以及两栖海军，远没有那么威风但依然相当重要。对华盛顿的决策者来说，拥有所有三种海军元素是明智的，但航母游说团体和战列舰游说团体都倾向于大肆宣扬自己的重要性。对于前者来说，尼米兹的航母海军的大规模飞机中队的绝对打击能力表明，美国现在可以实施这样的战略：在菲律宾海海战之后让其部队向北推进，然后在全面进攻日本本岛之前占领硫黄岛和冲绳岛。然而，如果说那些全力支持大胆的、独立的"海空力量"[11]（而非仅仅是"海上力量"）影响力的人是这么想的，那么他们在当时的海军中仍是少数。而且，无论如何，取消收复菲律宾的计划会引起麦克阿瑟的强烈反对，当时他仍在新几内亚北岸作战（1944年5月，霍兰迪亚的重要地点才被占领，比亚克也被占领），决心履行他对菲律宾人的承诺。此外，收复菲律宾仍将有助于保留通过中国沿海进攻日本的选项。① 登陆菲律宾的行动将会把日本的战斗舰队赶跑，日本的许多舰队此时驻扎在南部（婆罗洲），以接近其有限的燃料供应。美国的将军们与他们的日本同行一样，指望着通过进攻菲律宾最终挑起一场全面的火炮交锋。因此，出于各种各样的动机，1944年10月的登陆计划继续进行，第一次登陆是在莱特湾附近的东部海滩，之后部队再向马尼拉发动

---

① 译者曾经就此请教肯尼迪教授，他在回复译者的邮件中解释如下：早在太平洋战争初期，英美的政策决定者就开始考虑反攻日本的路线，他们中的一些人觉得直接通过小岛基地——马绍尔群岛、马里亚纳群岛、硫黄岛、冲绳——向前推进太冒险了。所以他们认为，在占领菲律宾之后，下一步应该在中国沿海登陆，把那里的日军赶走，然后他们可以建造更多的大型美国航空队基地，继续轰炸日本城市，也可以集结大型两栖部队，然后向北出发，可能会在1945年从西南方向进攻日本。——译者注

第九章 盟军在海上的绝对优势（1944年） 363

进攻。[12]另一方面，日本的规划者认为继续占领菲律宾对整个战争至关重要，他们认为美国人会朝这个方向来，这是可以理解的。

然而，这些背景都无助于解释日本计划（代号为"捷1号"）的复杂性，该计划后来演变成由多场行动组成的莱特湾战役，这是整个太平洋战争中两国海军之间规模最大的较量。莱特湾战役经常被拿来与特拉法尔加战役进行比较，当纳尔逊的庞大舰队在特拉法尔加与法西舰队作战时，他的计划是动用全部兵力对付敌人。在1905年的对马海战中，日军海军大将东乡平八郎击溃俄国海军时所用的方法也很简单，他命令日本舰队一看到敌人就立即发起进攻。但是在整个第二次世界大战期间，日本海军规划者似乎更喜欢指挥有许多参与者的复杂行动，这种策略在1941年12月取得了辉煌的成绩（几乎同时对珍珠港、香港、马尼拉和马来亚／泰国海岸采取了行动），但在中途岛战役中没有奏效，而且在菲律宾海海战中惨败。在现代作战条件下，美国人部署了巡逻潜艇、远程飞机，解密无线电信号，日本人再设计复杂的战略并以为他们不会被检测到其实是非常危险的。例如，在此次战役中，一个由轻型航空母舰和"瑞鹤号"组成的诱饵编队将从日本南下，由小泽治三郎指挥，旨在将来势汹汹的美国主要航母舰队吸引到北方，从而阻止对方在莱特湾登陆。当这一计谋有望奏效时，栗田健男将军率领的一支由战列舰和巡洋舰组成的完全不同的部队（包括"大和号"和"武藏号"这两艘巨舰）将从西南方向驶来，蜿蜒穿过锡布延海的岛屿，目的是发现并摧毁美军的登陆部队。与此同时，西村祥治将军率领由老旧战列舰组成的另一支舰队，将在穿越苏里高海峡后出现在更远的南方，从那个方向迎战美国登陆部队。此外，各支日本舰队都将严格保持无线电静默；如果日本人想对美国人发动突袭,这是可以理解的,但这样做也有风险,因为他们之间会失去联络。[13]

通过制订这个精心设计的计划,日本的规划者试图弥补他们在美国中太平洋舰队面前的各种弱点。此时,栗田和他的同僚们似乎也已经完全意识到,战局已经转向了对日本不利的方向。他们的海军航空兵现在只剩下一个空壳,小泽舰队的航母上只有很少的飞机(大约100架),训练有素的机组人员更是缺乏。不过,他们觉得,如果真的能把哈尔西强大的第58特遣舰队从莱特岛引开,那么即使小泽舰队遭受了巨大的损失,也值得冒这个险。此外,虽然在特鲁克群岛战役和菲律宾海海战中损失惨重,但日本人仍然拥有许多陆基航空中队,他们希望这些航空中队能够掩护自己的南部战斗舰队,并轰炸美国的两栖部队。如果危险的美国航空母舰从这里离开,那日军或许不仅可以粉碎登陆行动,最后还可以利用自己的巨型无畏舰与美军的新型战列舰决一胜负。也许这一切都过于乐观了,事实上,大多数日本海军将领此时都觉得,他们别无选择,只能等敌人的两栖艇一登陆就全力以赴。总而言之,考虑到美国现在拥有的航母舰队的巨大优势,像小泽治三郎这样的计谋是绝对需要的。此外,敌人可能会犯错误;即使到了这个阶段,幸运女神还是可能会垂青日本。

事实上,以冲动的哈尔西将军为代表的日本的敌人确实犯了错误,在10月23日至26日这四天激烈的战斗中,日本有几次差点对美军造成严重打击,一次是当诱饵策略至少在一段时间内非常有效时,还有一次是在莱特岛附近,当一支相对较小的美国护航航母部队进入栗田快速逼近的战列舰的重炮攻击范围之内时。此外,虽然美军看似具有决定性的数量优势,但由于日本突然发动反攻时,第58特遣舰队四个航母分队中有两个正前往乌利西进行补给,因此姗姗来迟,这一事实大大削弱了美军的优势。但意外的因素并不完全站在日本一方,美军一些小型舰艇的几次主动行动也挫败了日本的伏击计划,其中包括开战之初,栗田的三艘重型巡洋舰被美国潜艇"海鲫号"(Darter)和"鲦鱼号"(Dace)摧毁或重创;在萨马岛附近,美军的小型驱逐舰以惊人的勇气保卫了护航航母。即使是让西村的战列舰舰队秘密迂回,穿过南部岛屿从苏里高海峡出击的计划,也遭到了挫败,因为杰西·奥尔登多夫将军重建的珍珠港无畏舰舰队运用T字战术,向脆弱而混乱的日本船只猛烈开火。然而,日军精心设计的部分诱饵计划几乎奏效了,哈尔西完全被这个诡计所欺骗,他继续派遣第58特遣舰队的主力追击小泽舰队,远离关键的登陆点,直到被迫改变航向,向南折返,因此他根本没有参与战斗。难怪后来的几年里海军学院会那么频繁地模拟莱特湾战役中许多令人着迷的"假设"。[14]

但是,如果想从这场多行动的全面战斗中吸取教训,那这教训必然是美国舰载机空袭的强大打击力使敌人的每一艘军舰都变得非常脆弱,即使是最大、装备最好的军舰也是如此。1944年10月24日,巨大的、崭新的、配备18英寸口径大炮的"武藏号"战列舰的命运,只是印证了自三年前英国皇家海军"威尔士亲王号"沉没以来越来越清楚的事实:如果没有强大的空中防御能力,水面舰艇几乎没有机会抵抗来自空中的大规模攻击。正是为了保护这个排水量多达7.2万吨的海上巨兽免受飞机的攻击,设计师们为其配备了6英寸、5英寸和更小口径的辅助武器,而在1944年将其进一步完善的过程中,他们增加了不少于130门25毫米高射炮，所以这艘战列舰确实看起来像一座"钢铁堡垒"，难怪它需要2400名船员。此外，"武藏号"还拥有极厚的装甲，可以抵御16英寸的美国炮弹，人们认为它也可以不受鱼雷和炸弹的伤害。但是如果遭受大规模袭击，发生多起火灾，然后蔓延开来，这是另一回事。栗田的战斗部队在内海一现身，四艘美国航空母舰"埃塞克斯号"、"富兰克林号"、"无畏号"和"企业号"的"地狱俯冲者"俯冲轰炸机和"复仇者"鱼雷轰炸机便反复展开攻击，"武藏号"首当其冲。最终，"武藏号"被来自259架飞机的19枚鱼雷和17枚炸弹击沉。美国航拍照片显示，这艘战列舰停在锡布延海水域，被烟雾和炸弹溅起的水所包围。当天下午5点30分，这艘世界上最大的战列舰被轰炸得面目全非，滑入海浪之下，在水下爆炸。[15]与此同时，在南方更远处，较老的战列舰"扶桑号"和"山城号"正驶向敌人在苏里高海峡设置的陷阱，而它们也将被击沉。

莱特湾战役中另一艘日本军舰的损失似乎尤其值得一提，它就是舰队航母"瑞鹤号"。"瑞鹤号"是参与袭击珍珠港的六艘航母中的最后一艘，也是珊瑚海海战（1942年5月）和菲律宾海海战（1944年6月）等史诗般战斗的主要日军参战航母中唯一幸存下来的。它在战斗生涯的巅峰时期，拥有可能是世界上最训练有素的海军机组人员，可以在海上扫除一切阻力。在1942年4月的印度洋空袭中，其舰载机击沉了英国航空母舰"竞技神号"，同年晚些时候，其舰载机又对美军的"大黄蜂号"航母进行了致命打击。但是在日本保卫菲律宾的复杂总体规划中，它成为一个昂贵的诱饵。作为日本唯一的舰队航母，但没有适战的航空中队，它与较小的航母一起作为一种牺牲，要把强大的第58特遣舰队从莱特岛引开。[16]最终,"瑞鹤号"被美国航母舰载机发现并被7枚鱼雷和9枚炸弹迅速击沉。就在它倾覆之前,小泽中将离开了它,这是他四个月内第二次将旗帜转移到一艘轻型巡洋舰上,因为三艘较小的航母也都被击沉了。就这样,第二次世界大战中一艘杰出的战舰为了日本的计谋牺牲了,但就像整个失败的计划一样,这样的牺牲完全是一种浪费。

莱特湾海战对日本在太平洋的地位造成了不可逆转的打击。这不仅意味着美国对菲律宾的重新征服可以继续下去,而且也导致了日本海军的覆灭。在所有这些主要战斗和辅助作战中,日本总共损失了4艘航空母舰(包括"瑞鹤号"),3艘战列舰(包括"武藏号"),不少于8艘重型巡洋舰和4艘轻型巡洋舰,还有9艘驱逐舰。相比之下,美国的损失可以忽略不计。被击沉的最大舰艇是轻型舰队航母"普林斯顿号"。新改装的"武藏号"的损失尤其使日本的战列舰舰队感到恐慌,毕竟,如果连它用它所有的高射炮都不能应对敌人的飞机,还有哪艘大型舰艇能应对呢?日本引以为豪的世界上最大的重型巡洋舰舰队现在已经支离破碎。最糟糕的是,航母海军已经彻底没落。就像罗克鲁瓦战役之后的西班牙步兵或者色当战役之后的法国陆军那样,这支非凡的部队现在已经一蹶不振。联合舰队的残部慢慢离开,前往南部的新加坡或返回日本港口。一些受损的舰艇从未得到修复,一些完好的军舰后来在港口被美军或英军轰炸得支离破碎,还有一些因为缺乏燃料而寸步难行。莱特湾海战之后,日本海军再也没有采取任何行动,因为它已经名存实亡。

因此,在这个时候,日本派出了第一批有组织的自杀式飞机(即神风特攻队)攻击美国的军舰,这正表明了日本战争规划者对日益恶化的陆海军局势的绝望。这种激烈的战斗形式的转变，在战术上很容易解释：一架装满炸药的飞机直接撞向敌舰的甲板，摧毁目标的概率要比来自高空飞机甚至是俯冲轰炸机或鱼雷轰炸机的攻击大得多。日本仍然拥有数千架并非一流的飞机可以执行这种任务，也拥有充满理想主义色彩的年轻飞行员来执行自杀式任务。即使是被防空炮火击中的飞机，也有可能冲向目标。一架飞机就有可能引发致命的爆炸，比如10月25日在萨马岛附近撞上"圣罗号"（St. Lo）护航航母的那架零式战斗机。这是一个早期的警告信号。这架自杀式飞机来自第一支特攻队"敷岛队"，该特攻队是首次被派去执行这种任务的。就这样，一年前才在凯泽造船厂建造的"圣罗号"成为第一艘以这种方式沉没的美国大型军舰。虽然在整个莱特湾海战中美国海军有另外7艘护航航母和许多小型舰艇毁于自杀式飞机，但是在这个时候，神风特攻队的数量太少，并不能阻止美国的行动。[17] 整个现象仍然是日本绝望的标志。对一些日本海军军官来说，这样的事实一定让他们喜忧参半：第一支有组织的神风特攻队（这种战术是海军少将有马正文想出来的，他在早期的一次自杀性袭击中丧生）是在曾经毫不费力地控制太平洋上空的海军航空兵中组建起来的；使用最多的自杀式飞机是三菱零式，它现在在空战中对付拥有明显优势的"地狱猫"和"海盗"时就没那么有用了。尽管如此，随着美军越来越接近日本本土，这是即将发生的事情的一个缩影；如果不建立有效的防御，即使是强大的太平洋舰队——尤其是它的航母——也可能是脆弱的。

和中途岛海战一样，莱特湾海战也是美日海军为争夺中央海域的控制权而进行的最接近马汉式的大战。双方投入战斗的军舰的总吨位确实巨大，比迄今为止任何一场海战都要大。尽管如上文所述，由于哈尔西的误判，没有一艘较新的快速战列舰有机会在战斗中开火，但美国"战列舰派"和他们的历史学家对奥尔登多夫的重型舰艇开炮击沉了敌人的大量水面部队这一事实感到有些自豪。[18]因此，是在珍珠港事件中遭受袭击、后来经过修复和翻新的"西弗吉尼亚号"和"田纳西号"等老战列舰，有幸成为最后一批参与战列舰对战列舰行动的无畏舰。考虑到莱特湾和稍远一点的菲律宾海的整体战况，似乎很明显，大型战舰之间爆发史诗般交火的可能性越来越小。考虑到它们配备了大量发射近炸引信炮弹的高射炮，新的快速战列舰可能擅长的是，在即将到来的与神风特攻队的战斗中，为航母提供近距离护航。这当然不是战列舰舰长们乐意扮演的角色，但这样做自有其道理。

相比之下，美国海军的另一个分支潜艇部队发现，1944年，它作为一支有效打击力量的威力终于显现了出来。虽然由于鱼雷的缺陷，潜艇部队很晚才投入行动，但它现在急于发挥它的许多优势。首先，它有一批经验丰富的艇长和艇员，其中许多人从战争早期就开始在太平洋执行任务。此外，他们都很高兴有了更宽敞、更可靠的潜艇。例如，"小鲨鱼"级潜艇排水量约为1700吨（满载时更多），配备6个艇首鱼雷发射管和4个艇尾鱼雷发射管，并且射程很远。它们部分驻扎在夏威夷，部分驻扎在澳大利亚港口，如弗里曼特尔，可以被派去巡航数周，以寻找合适的目标。随着时间的推移，它们也被用于高级警戒任务，作为秘密任务的运输工具，以及作为被击落的美国飞行员的救援船。在向尼米兹总部汇报日本舰队的早期动向方面，它们有时会发挥宝贵的作用。最重要的是，它们使西太平洋和东南亚水域变得危险，不仅对敌人的军舰如此，对敌人的商船也是如此。

在整个1944年，大批美国新潜艇进入太平洋水域，这是第八章中详细介绍的1943年后造船业井喷式发展的结果。就这些潜艇而言，遍地造船厂的现象表明了该国在整个大陆范围内处于生产力的最佳状态，而且某些方面令人震惊。美国海军200多艘新潜艇中至少有28艘是在威斯康星州的马尼托瓦克造船公司（Manitowoc Shipbuilding Company）建造的。[19]在这里，我们可以从头到尾地追溯其历程。例如，"鲂鱼号"（Hardhead）是一艘体积较大的"白鱼"级潜艇（水下2400吨），于1943年12月在马尼托瓦克下水，最初在密歇根湖接受训练，借助一艘巨大的驳船通过水闸和运河抵达密西西比河，最终于1944年4月在墨西哥湾服役，同年6月被派往珍珠港。在1944年8月的第一次巡逻中，它在圣贝纳迪诺海峡击沉了日本轻型巡洋舰"名取号"（Natori），并在后来的每次巡逻中取得了进一步的成功，主要是针对商船。这种情况一直延续到战争结束，虽然在最后几个月里，它和其他潜艇发现已经找不到目标了。[20]在很多情况下，面对美军潜艇的突然袭击，几乎没有受过训练的日本驱逐舰会疯狂地发射深水炸弹，但是美国的潜艇虽然与德国和英国的潜艇相比更加笨重，却可以潜入深海，在水下的速度非常快，并且可以在水下停留很长时间。在整个战争期间，美国出于各种原因一共损失了52艘潜艇，约占部署潜艇总数的五分之一。[21]

与其他任何大型海军的潜艇相比，美国潜艇在重大舰队行动中成功地与美国主要水面部队协同工作，既充当重要的瞭望者，又充当攻击者。在菲律宾海海战中，击毁日军两艘大型舰队航母"大凤号"和"翔鹤号"的正是两艘"小鲨鱼"级潜艇（建造于经过大幅改进的格罗顿造船厂），它们分别是"竹筴鱼号"（Cavalla）和"大青花鱼号"（Albacore），而不是天空中所向披靡的美国飞机。就在下一场大规模交锋的早期，另外两艘格罗顿造船厂建造的"小鲨鱼"级潜艇——"海鲫号"和"鲦鱼号"——击沉了两艘日本重型巡洋舰，并严重破坏了第三艘日本重型巡洋舰，拉开了莱特湾海战的序幕，这为栗田将军的许多其他损失埋下了伏笔。美国的潜艇装备有雷达和其他各种探测设备，具有不错的水面速度和一次发射六枚鱼雷的打击能力，有时会以小群体的形式在敌人的主要航线上来回穿梭，希望找到像军舰这样的重要目标，但也乐于击沉一两艘油轮。1944年11月下旬，正是在一次寻找机会的巡逻的最后阶段，美国"射水鱼号"（Archerfish）潜艇在进行第五次巡逻时，发现了前方由超级战列舰改装成的"信浓号"航母的巨大身影，它仅仅由三艘驱逐舰护航，于是潜艇向其侧面发射了四枚鱼雷。这是致命一击，船很快沉没了。在战争的早期，日本最大的航空母舰的沉没对日本海军来说是一个可怕的打击。然而，由于日本引以为豪的海军航空兵现在主要是为新的神风特攻队飞行员提供培训，"信浓号"在没有参加战斗的情况下突然消失的意义就没有那么重要了。它的沉没差不多相当于给棺材钉上最后一颗钉子。[22]

然而，无论美国潜艇在太平洋战争期间击沉敌方军舰的表现多么出色，从战略角度来看，它们对日本海外商船运输的破坏才是最重要的。简单地说，美国在扼杀日本航运方面的成功，正是卡尔·邓尼茨的U艇对英国贸易和战时经济的破坏所希望取得的结果，而他为之徒劳地努力了六年。如前所述，在保护海上运输的关键问题上，日本海军出奇地落后。和战争开始时的皇家海军一样，日本人认为声呐将解决潜艇探测问题，并且从未认真研究过护航行动。然而，如果美国的鱼雷有缺陷，航行过深或者被目标弹开，那么这些弱点就无关紧要了。不过，当这些缺陷在1943年底被克服，美国潜艇开始充分发挥其优势，日本商船的损失开始飙升，尤其是来自南方的重型货船和油轮，它们成为主要的绝佳攻击目标。损失统计数字说明了一切。1942年，美国潜艇仅击沉了60万吨的日本商船，而日本的造船业可以毫不费力地弥补这一损失。但是到了1944年，日本商船的损失翻了两番，达到240万载重吨左右。随着进口锐减，日本的主要产业陷入危机。例如，在没有能源供应的情况下，战争经济如何运转呢？然而，随着美军潜艇的鱼雷击中一艘又一艘油轮，能源的进口正在迅速萎缩。根据西蒙兹的统计[23]，从1943年到1944年，日本的石油进口下降了48%，煤炭进口下降了约66%。而日本当初之所以不顾一切地发动战争，正是为了获得安全的石油来源。此外，如果说1944年上半年日本从南部（荷属东印度群岛和印度支那）进口物资的情况已经很糟糕，那么在美国开始占领菲律宾的10月之后，情况就更加糟糕了。

总而言之，日本海军在菲律宾海海战和莱特湾海战中的军舰损失是巨大的。正如前文提到的那样，日本损失了7艘航母和海军航空兵的几乎所有飞机和机组人员。与美国不同，日本没有源源不断的新军舰投入太平洋战争，以弥补这些损失。和当时的德国海军一样，每一艘失去的重型战舰都是一艘消失的战舰，无法被取代。如果把以上事实与以下几个事实联系在一起，其中包括美军进入菲律宾的关键岛屿并切断日本向南的海上交通线，占领马里亚纳群岛，开始轰炸日本的城市和造船厂，以及越来越严密的潜艇封锁，人们不得不得出这样的结论：日本的末日就在眼前。也许可以通过外交途径说服东京同意投降。然而，如果它选择继续战斗，强大的美军的下一步行动将是两栖作战——硫黄岛、冲绳岛，然后是日本本土岛屿——所有这些都会导致日本自身的崩溃，但是不会有日本海军出来迎战。因此，在1944年底，没有多少人预见到，在这场崩溃发生之前，下一阶段的太平洋战争将会多么紧张和艰难。

诺曼底登陆和盟军海上力量

对于当时的英国战略规划者来说，盟军在1944年6月6日登陆法国，一定有什么让他们十分满意的地方。这件事发生在敦刻尔克大撤退的四年之后，然而这两件事——英军的撤离和英美联军的回归——却有着内在的联系。德国国防军在1940年中期的胜利并没有使英国退出战争，三个月后，德国空军的大规模空袭也被削弱了。在当时，德国入侵英国是不可能的事。但是，除非另外三个战略先决条件得到满足，否则对德国控制的西欧发动任何反攻也是不可能的，丘吉尔对此深信不疑。第一个先决条件是确保不间断地控制为不列颠群岛输送补给的海上航道，因为不列颠群岛是未来盟军登陆部队的重要基地，但这意味着要消除U艇的威胁，而这一天直到1943年夏天才到来。第二个先决条件是要获得制空权，不仅是法国上方的制空权，还有德国上方的制空权，但引人注意的是，直到1944年初，这一先决条件才得以满足。[24]第三个也是绝对关键的先决条件当然是美国参战，以及美国政府对"德国优先"战略的支持，因为只有美国庞大的生产力才能保证同盟国拥有足够强大的力量登陆法国。然而，还有第四个重要因素在起作用，即大规模的苏德战争，虽然它发生在遥远的东方，但这场战争消耗了纳粹德国的大量资源，并且在1944年仍然牵制着德国陆军的大部分部队。当艾森豪威尔6月5日下令在第二天实施"霸王行动"时，他拥有所有的优势：制海权、制空权和庞大的登陆部队，而他的德国对手由于东线的战争而被严重分心和削弱。

盟军在"海上航道之战"中的胜利来自1943年5月关键护航战中U艇"狼群"的失败，以及随后6个月U艇在北非和直布罗陀护航战役中遭受的进一步打击。[25]从作战上来说，1944年上半年的大西洋之战并没有带来什么意外。邓尼茨为他的U艇装备了越来越多的探测设备，当然，任何电子信号都同样有可能被盟军的飞机和军舰捕捉到。无论U艇选择潜水还是在水面上，它的敌人都可以找到它。自导鱼雷会追击任何一艘U艇，虽然它拥有良好的机动性。面对一艘想在水面上与之决一死战的潜艇时，水上飞机可能会叫来发射火箭的"英俊战士"战斗机或海军护航舰艇。邓尼茨还为他的潜艇部队装备了危险的"鹪鹩"（Zaunkönig）自导鱼雷，主要是为了找到护航运输队并击沉其船只，但英国人很快就发明出一种有效的、专门针对这种鱼雷的噪声干扰装置（Foxer）。单个U艇在更为沿海的水域取得了个别的成功，但它们靠近大西洋商船队和直布罗陀商船队的机会越来越少，而在1944年，这些船队的规模变得越来越大。在1944年下半年，只有6艘商船在大西洋被击沉，而潜艇的损失现在远远高于其本来要袭击的受害者——事实上，这一年共有234艘潜艇被击沉，只比残酷的1943年少了若干。[26]从数据上看，这一切都相当奇怪：

1944年11月是整个战争中U艇产量最高的一个月（盟军的战略轰炸未能阻止这一情况发生），而邓尼茨在任何一天都有100多艘潜艇在海上，但它们很少靠近船队，从来没有进行过集体攻击，而且大多数都是在其他地方被击沉的。就在不久以前，像君特·普里恩和奥托·克雷奇默这样的德国王牌艇长还可以在防御不周的盟军船队中横冲直撞，但这对战争双方来说都已成为遥远的记忆。

1944年盟军建立了一个良好的护航运输系统，船只仅损失了1942年的10%左右，而美国造船量也进一步飙升，这不仅意味着让数以万计的商船水手更加安全，当然也意味着盟军击败纳粹德国的大战略的胜利。如果说有哪个逸事可以说明这一点，也许它就是大西洋船队HX-300的故事，它于1944年7月下旬驶往英国。这是整个战争中规模最大的船队，大约有166艘商船，由不少于32艘军舰护送，还有连续的空中巡逻。从纽约、哈利法克斯、悉尼和新斯科舍的港口出发，这支船队以19排整齐队列前行，覆盖了大约9英里宽、4英里长的广阔海域。这支船队没有遭受任何伤亡，但这当然是因为没有被进攻：所谓的"格陵兰缺口"（Greenland Gap）已经没有U艇出没了。由于有远程空中巡逻，"缺口"已经不复存在。即使是在更广阔的范围内巡逻的潜艇编队，也发现猎杀的机会越来越少。3月以后，德国空军停止了对大西洋船队的攻击。事实上，大多数商船都在英国港口卸货，但有9艘将在下一支北极船队中继续航行，前往苏联北部，此外还有46艘商船将绕过不列颠群岛前往法国和比利时的港口，为新登陆的英加联军带来至关重要的食物、燃料和弹药，更不用说"卡车、半履带车、吉普车和机车"了，以便让登陆部队继续向纳粹德国的方向前进。[27]数千辆卡车和吉普车可能是在遥远的密歇根州生产的,但在诺曼底登陆两个月后,它们已经渡过了默兹河。就像沿着一条巨大的脐带,它们从工厂流向前线,穿过广阔的、几乎没有德国潜艇骚扰的北大西洋。这确实是一股不可抵挡的力量。

HX-300,顾名思义,是自1939—1940年商船护航体系建立以来,从哈利法克斯出发横跨大西洋的第300支盟军护航运输队。同年早些时候,在诺曼底战役开始之前,已经有6支规模庞大但不如HX-300这么大的HX船队穿越了大西洋。此外,在弗里敦或拉丁美洲的船队中,还有比这多得多的商船自南方而来。这些得到精心安排和保护的货船、油轮和运矿船群的最初目的,仅仅是在欧洲其他地区都沦陷的情况下,支持处于困境的不列颠群岛与纳粹德国继续斗争。但是,早期那种充满英雄气概的"我们孤军奋战"的战争阶段早已结束,自1942年以来,同盟国的目的一直是把英国变成历史上最大的登陆前的"前沿基地",数百万美国、英联邦和相关国家的士兵等待着被运送到英吉利海峡对岸。[28]这一切都是在上千架飞机提供安全保障的情况下进行的,这些飞机停放在200个新建的机场上,使得英格兰东部和南部仿佛变成了一条巨大的飞机跑道。[29]

这一切都配合得很好,尽管也许只有英国海军部和港口与铁路管理局的规划者知道这一切是如何密切运作的。成千上万的美军可以乘坐巨大的班轮高速穿越北大西洋,然后涌向格里诺克和利物浦的码头和铁路站台。数千架崭新的飞机(B-17和B-24,"野马"和"闪电"战斗机,以及中型轰炸机)在盟军运输司令部的男女飞行员小心翼翼的操作下,每个月从纽芬兰基地上空飞过。[30]但是,驻扎在英格兰南部营地等待登陆指示的300万军队需要食物、武器、汽油、坦克和卡车,就像驻扎在英国基地的

3000架轰炸机需要源源不断的燃料才能起飞一样。如果说德国王牌潜艇在大西洋中部炸毁盟军油轮的黑暗时代已经不复存在，那么这一巨大的进步也意味着没有燃料短缺的问题来限制英国皇家空军和美国陆军航空队对德国的大规模袭击。相比之下，轴心国为了摆脱对石油的依赖而挑起了这场战争，但是到了战争的后期，其每一支武装部队的燃料短缺问题反而都日益严重。

考虑到分析和解释1944年6月初"霸王行动"如何选定时间与地点的文献已经很多，这里简单总结下即可。1941年的丘吉尔和罗斯福明白，纳粹德国的军事技术能力要先进得多，总体上是一个更危险的敌人，因此必须把打败它作为第一要务，但是在何时何地登陆欧洲的问题上，英美两国出现了长期的严重分歧。由于需要向美国人民展示一些进展，美国决定在1942年底占领北非，并进一步决定从1943年7月起使用已有的飞机、部队和登陆艇向西西里岛和意大利本土进军。然而，丘吉尔和他的将军们再也无法抵挡美国（和苏联）要求在1944年之前在法国西部开辟第二战场的压力，唯一的问题是，大规模登陆最快能在何时实施。当然，海上航道的安全必须得到保证，而直到1943年末——在9月最后一次大规模的护航战之后——盟军才清楚，U艇的威胁真的被解除了。在此之后，所需要的是如上文所述，再花六个多月时间不间断地向英国输送人员和弹药。战胜重新装备的德国空军并取得制空权需要更长的时间。直到1944年初远程P-51"野马"战斗机出现和德国王牌飞行员大量伤亡，盟军的规划者们才确信他们也完全掌握了空中优势。从这个意义上说，马歇尔上将力主在1943年实施跨海峡行动是错误的。到这个时候，必要数量的所有重要登陆艇也终于到达了登陆部队手中，尽管这是在艾森豪威

海权的胜利

尔催逼之后才实现的。情报已非常充分，欺骗策略也已经安排妥当。剩下要做的就是找一个相对平静的天气，以减轻在英吉利海峡另一边大风大浪对于登陆所构成的困难。直到前一天很晚的时候，天气预报才说，到1944年6月6日上午，天气将好转到足以发起行动的状态。于是，登陆就这样开始了！

为这个庞大的行动选择地点在某种程度上更容易，虽然同样是直到最后一刻才把细节确定下来。虽然在最窄的地方渡过英吉利海峡很有吸引力，这意味着要在加来海峡（多佛尔海峡）地区登陆，但这片区域实在太狭窄了，尤其是在海上，无法容纳准备投入战场的大量兵力。因此，登陆地点必须再向西，沿着诺曼底海岸线，这样距离那些从英格兰西部和南威尔士来的两栖部队更近，更方便直接跨大西洋补给。如果这样，美军（两支）在最西端的海滩登陆会更容易，一支全新的加拿大军队将在中部登陆，而英军（两支）在东边各自的海滩登陆。这与太平洋战争中的"跳岛"作战还是有差异的，然而，对于一些老牌英美师，当然还有伯特伦·拉姆齐将军和他的联合策划小组来说，诺曼底登陆是北非登陆、西西里岛登陆和萨莱诺登陆之后的第四次，也是最为重要的一次登陆行动。

从6月6日起，盟军在诺曼底及周边地区实施的多次登陆作战和辅助措施非常复杂，但这种复杂性从未真正给大规模的两栖部队造成太大的问题。即使在今天，当时护航军舰、登陆艇和轰炸机大队的五条进出路线的地图仍然能引发钦佩之情。

可以说，从1942年底的北非登陆开始，盟军就一直在为这次欧洲战争中终极的两栖作战计划和排练，他们为"霸王行动"投入了如此多的精力和资源，所以不可能出错。但是艾森豪威尔和

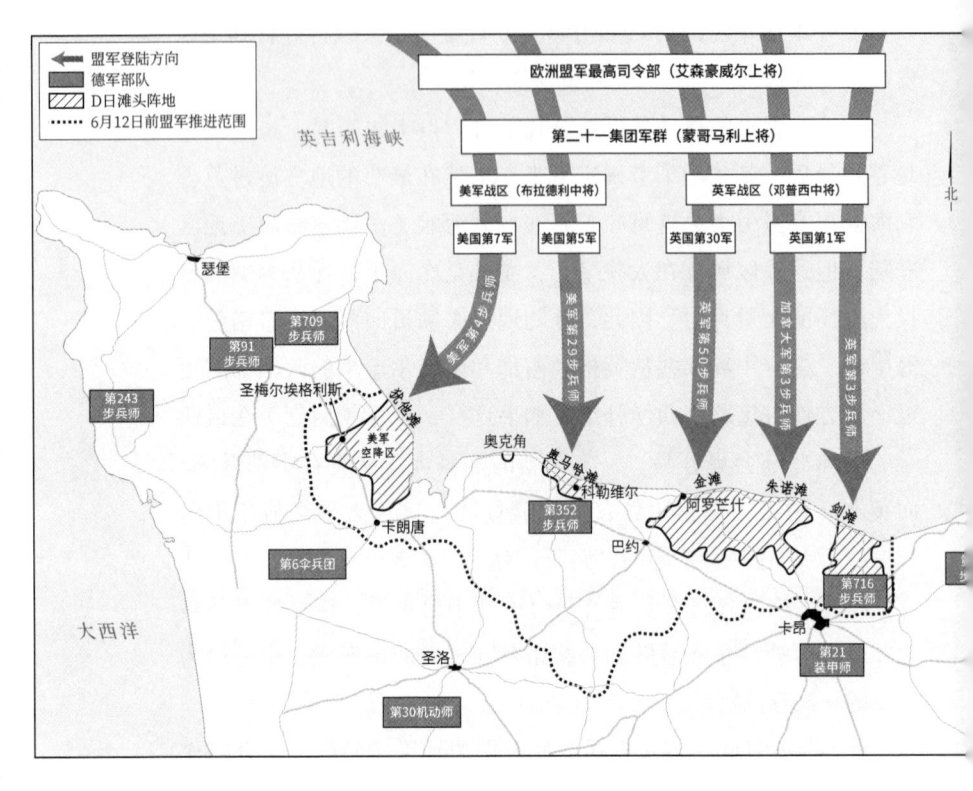

地图13 诺曼底登陆期间，盟军采用的五条平行的进攻路线

他的规划者们并不这么想，在经历了前一年9月在萨莱诺登陆的恐慌之后，也许他们保持谨慎是明智的。德国精心布置了机枪碉堡、坦克陷阱、海滩障碍物和近海雷区，由此组建成臭名昭著的大西洋壁垒。这与以前的登陆部队遇到的情况很不一样，例如，北非的海滩一片空旷，而意大利沿海村庄的居民甚至会前来帮助美国大兵卸货。此外，防御部队都是德国军队，其中许多是东线的老兵。如果放任武装党卫军的装甲师自由行动，这些部队可以在艾森豪威尔的部队站稳脚跟之前，直接从必然十分混乱和拥挤的盟军滩头阵地中杀出一条路。如果——这是另一个很大的假设——天气恶劣，狂风暴雨，那么不仅英吉利海峡的作战会变得困难，而且低云也会完全抵消盟军在空中的巨大优势。海军的战列舰和巡洋舰可以炸毁甚至最坚固的德军炮台，驱逐舰可以直接靠近岸边，支援被困在奥马哈的部队（地图13），但战役的胜负在很大程度上将取决于陆地上的战斗。如果强大的德国国防军在诺曼底建立强大的防御，那就可能会出现真正的僵局，甚至是巨大的挫折。在诺曼底登陆前夜，当艾森豪威尔坐下来给罗斯福和丘吉尔写辞职信，要为这次行动的失败承担全部责任时，他当时心里想的是不是这样一种可能性呢？[31]

1944年6月，盟军登陆者既机智又幸运。幸运的是，他们面对的是一个教条主义的希特勒和像阿尔弗雷德·约德尔（Alfred Jodl）那样对他俯首听命的助手们，他们坚信主要进攻将在加来海峡展开。由于盟军的欺骗策略，例如在加来对岸伪造了以巴顿将军为总司令的第一集团军群司令部，还有让德国雷达屏幕上一片模糊①，以使对方更加相信盟军要跨加来海峡登陆，因此当大量

---

① 具体方法主要是从空中投下大量金属箔，对雷达形成干扰。——编者注

敌军涌向诺曼底海滩时，德国国防军的主要装甲部队确实部署在了错误的地方。然而，盟军战术航空队非常详细的交通线遮断计划，摧毁了巴黎以西的所有桥梁和铁路枢纽，从而瘫痪了任何长距离的反攻，却和运气一点关系也没有。实际上，盟军在各个方面的强大火力都使德国的守军处于不利地位，无论其十几个装甲师如何部署。德军如果把坦克营沿着从布列塔尼到斯海尔德河的整条海岸线分散开来，这些部队可能会被盟军战列舰的 15 英寸炮弹炸得粉碎，空中或已经上岸的弹着观察员会仔细引导炮手打准位置；而如果把装甲师作为一支庞大的后备军，那么这些部队奉命对登陆的盟军进行打击时，可能会遭到盟军数千架飞机的猛烈攻击。事实上，海军舰炮轰击和多个盟军航空中队都被用来击退德军，破坏其把登陆者赶回海里的所有努力。奥马哈海滩是五个登陆地点中战斗最为激烈的海滩，盟军在这里遭受了巨大的损失。在第一天结束时，奥马哈海滩的危险局势稳定下来，这基本上确定了这次伟大的两栖作战的成功。虽然以后盟军还要面对许多艰苦的陆地战斗，并且在年底的突出部战役中还会遭受惨重的伤亡，但是英美海军的海上优势力量已经完成了其任务。

然而，如果说这次大规模的两栖登陆无疑显示了"海上力量对历史的影响"，那么观察一下在这种情况下需要什么样的海军也是很有趣的。可以肯定的是，需要有很多很多的登陆艇，五个登陆地点都有自己的近距离炮击支援小组，但这一切都可以由更老的战列舰来完成，它们是经历过日德兰战役和珍珠港事件的老牌战舰，而不是"乔治五世"级和被派往太平洋参加海上争锋的"艾奥瓦"级现代主力舰。"霸王行动"也不需要现代化的舰队航母——这与当时包围塞班岛的第 58 特遣舰队的航母形成鲜明对比——所以，此时英国已经有三艘"光辉"级航母被派往东方，第四艘很快也将紧随其后。因此，对于"为什么没有航空母舰参加诺曼底登陆"这个尖锐的问题，回答是英国南海岸有几十个空军基地，距离诺曼底只有20分钟的飞行时间，而且已经有了先进的空中作战控制系统，这本身就构成了一艘巨型的航空母舰。[32]

这次行动甚至不需要无处不在的小型护航航母，因为英国皇家空军和美国陆军航空队的庞大机群提供了全面的空中掩护。然而，在诺曼底登陆之前很久，海上力量的影响就已经充分显现出来了。西方海洋国家对打败希特勒统治欧洲的企图所做的最大贡献，是在1940—1941年的黑暗岁月里，维持了从外部世界到不列颠群岛的海上通道。即使是在1943年3月至6月的大西洋护航危机期间，盟军仍然握有制海权。正因为这样，到了战争后期，英国才能成为盟军轰炸机和军队向纳粹德国发动攻击的巨大跳板。在这一点上，没有必要卷入这样的争论，即在击败纳粹敌人的过程中，红军和英美海空力量谁发挥了更关键的作用。[33]事实是，在1940年法国沦陷后，德国为控制大西洋世界付出了巨大的努力，但是在接下来的一年里，德国一直受到英国这个守门人的牵制，其后，它的海陆空三军都被在技术和数量上均处于优势地位的盟军不断碾轧。1944年7月初，当英帝国总参谋长艾伦·布鲁克站在英吉利海峡法国一侧的一个斜坡上，惊奇地回顾这一切时，怀疑和经常悲观的他也许有理由对这一切摇头。"霸王行动"的宏伟计划确实奏效了。[34]

侧翼包抄：北极和地中海

"霸王行动"对纳粹德国占领的法国西部进行了大规模的直接攻击，这让美国很满意，但是1944年这一地区更大的海上事件地图显示了另外两股力量的运作，一股在欧洲大陆的北部，另一股则是在南部，后者规模大得多，而且是两栖作战。盟军在北部海域所造成的海空压力包括：北极船队持续向苏联运送重要物资（除了盛夏的几个月份），在年底前消灭了对这些航线构成威胁的最后一艘大型水面舰艇"提尔皮茨号"，在挪威海岸与德国自己的护航运输队之间发生了一些重要的近距离战斗。而南部战区则是"二战地中海战略"[35]的延续，即使在盟军解放意大利之后依然如此。这里也发生了大量的海上行动，包括最初的登陆，然后是为稳定安齐奥海滩上岌岌可危的形势而进行的人员和补给的大规模两栖流动，继续与仍然十分活跃的德国U艇发生的战斗，以及在法国南部的大规模登陆（主要是美国海军），即"铁砧行动"（Operation Anvil）。除了在安齐奥的短暂恐慌（这当然和陆地上的潜在挫折有关），从更大的意义上说，所有这些行动都是西方盟军从海上包围其德国敌人，而沿着东线，红军也在势不可当地向柏林进发。在如此严峻的情况下，德国国防军能做的最多就是减缓盟军的行进，哪怕只是短暂的一段时间。

在北方，盟军也占据了主导地位。任何关于"提尔皮茨号"战列舰仍然对苏联船队构成威胁的说法都必须置于其特定的背景之中来理解。具有讽刺意味的是，它的存在所起到的作用是反衬了盟军在这个战场上的海上力量的绝对规模，因为这里毕竟是皇家海军本土舰队的核心区域。例如，为了保护1944年3月下旬从苏格兰出发、由大约60艘船组成的重要北极船队JW-58,海军部派出了3艘驱逐舰、3艘轻型护卫舰和2艘护航航母提供近距离护航,有1艘巡洋舰旗舰和17艘舰队驱逐舰提供远洋护航,还有"约克公爵号"战列舰和"安森号"战列舰、"胜利号"航母、"贝尔法斯特号"巡洋舰和护航驱逐舰组成的本土舰队提供远距离掩护。仿佛这些还不够,皇家海军还派出了战争中最成功的反U艇部队,即约翰尼·沃克上校的第二保障群,它由5艘经过专门训练的小型护卫舰组成。事实上,"提尔皮茨号"受到小型潜艇的严重破坏,根本无法出海,而此时的德国空军已经被派往其他地方作战,而且没有战斗力,因此把所有的攻击都留给了U艇。虽然有18艘潜艇排成三列,但它们已经不可能像在北大西洋时那样穿透护航运输队的大规模空中和海上防御采取行动。在尝试这样做的过程中,德军损失了3艘U艇,还有6架飞机。[36]此时距离PQ-17船队在同一水域发生悲剧还不到两年。

当然,海军部对于要用那么多的舰队来防范"提尔皮茨号"的攻击非常沮丧,因此尝试用各种方法一劳永逸地摧毁这艘战列舰。值得再次指出的是,在这场战争中,空中力量的到来给英德海战带来了显著变化,当然,这与一战中的僵局形成了鲜明的对比。1941年后西欧空中平衡的重大变化不仅仅使不列颠群岛免受两栖攻击,还使德国海军变得不堪一击。1942年初将"沙恩霍斯特号"和"格奈森瑙号"赶出布雷斯特仅仅是个开始,就像后者由于英国皇家空军的进一步轰炸而永久报废所表明的那样。到了1944年,"提尔皮茨号"是德国仅存的主力舰,随着英国空中力量得到极大的加强,它的终结几乎是注定的。根据一份精心汇编的"盟军攻击德国'提尔皮茨号'战列舰的清单"[37],盟军在三年内多达26次试图破坏这艘战舰,其中包括小型潜艇巧妙的(且部分取得成功的)破坏行动,以及舰队航母的两次主要空中行动(一次很有希望,一次没有希望)。顺便说一句,后者显示了整体平衡是如何发生变化的——皇家海军航母特遣舰队可以沿着挪威海岸巡航,而在1940年4月,这里连一支航母特遣舰队也没有。1944年11月12日,英国皇家空军轰炸机司令部的"兰开斯特"轰炸机先是对这艘战列舰进行了严重破坏,然后用6吨重的炸弹将其彻底摧毁。[38]

那时,海军部已经在紧急安排将所有的航空母舰和"乔治五世号"战列舰派往英国太平洋舰队。因此,盟军不会登陆挪威,虽然希特勒一直怀疑这种可能性。最终,白厅战前的主力舰队开往新加坡的战略成为现实,相比之下,北欧水域又恢复了平静,盟军只有偶尔会和德国沿海的船队发生小规模冲突。盟军剩下的前往苏联的船队可以放心大胆地执行任务,不再需要任何重型舰艇的掩护就可以免遭U艇攻击和空袭。轴心国的三艘"巨型"战列舰在这一时期被击沉,这绝非巧合:1944年10月24日,"武藏号"被舰载机击沉;11月12日,"提尔皮茨号"被重型轰炸机击沉;11月29日,"信浓号"被潜艇击沉。到了战争的这个阶段,它们已经无处可藏了。现在只剩下"大和号"。

在往南整整1500英里的地方,在更为宜人的地中海水域,盟军军舰在1944年的两场战役中也展示了自己的强大力量。两场战役都涉及为了获得战略优势而进行的两栖攻击。第一场战役是在意大利西海岸的安齐奥海滩登陆,安齐奥位于罗马以南一点,在德国国防军顽强捍卫的古斯塔夫防线(Gustav Line)后面。这一登陆备受争议,事实证明难度很大。1944年1月至3月的这次行动被称为"鹅卵石行动"（Operation Shingle）。关于这次行动的文献已经有很多，几乎没有什么可说的了。[39] 从哈罗德·亚历山大（Harold Alexander）上将和马克·克拉克中将，到极其谨慎的滩头部队指挥官约翰·卢卡斯（John Lucas）少将，军方领导层自始至终都表现平平。这样一来，他们就把优势让给了阿尔伯特·凯塞林及其好战的下属，让德国人在发现登陆行动之后发起了很好的反击。在盟军方面，这场战役的英雄无疑是登陆舰艇上的那些高度紧张、几近精疲力竭的船员，他们往返于那不勒斯和战场之间，一个方向运输的是战斗伤亡人员，另一个方向运输的是增援和补给。英美的海军力量本来可以强大得多，但实际只使用了轻型巡洋舰和驱逐舰对海岸进行炮击（包括为了分散敌人注意力而在其他地方进行的炮击），以及由此时已无处不在的护航航空母舰提供空中掩护。德国空军频繁发动袭击，其中许多使用无线电制导炸弹，击沉和损坏了许多军舰。在对德国地面部队作战的过程中，盟军并没有像在萨莱诺战役中那样，要求战列舰提供火力支援。当天气终于放晴时，盟军利用其在空中的巨大优势，来配合那些涌入安齐奥滩头阵地的新部队，压制并击退了凯塞林的大胆进攻。对于海军力量来说，这并不算特别受挫，但它已经证实，没有哪种简单的方法，没有哪种巧妙的侧翼两栖作战，可以轻易地把德军赶出意大利。几个月后，1944年6月5日，盟军攻克罗马，克拉克将军毫无风度地竭力确保美军在英军之前入城，这让罗马的解放变得相当荒唐。而一天后，罗马解放就被"霸王行动"的消息盖过了风头，而且顽强的德军也几乎没有受到影响，在接下来的一年里仍然坚守意大利北部其他地区。[40]

  第二场主要的两栖作战是1944年7月由美法联军在法国

南部实施的，代号为"铁砧行动"，后来改称"龙骑兵行动"（Operation Dragoon）。由于后勤方面的原因——和往常一样，可用登陆艇的问题——它发生在"霸王行动"一个多月之后，但在战略上仍然被认为发挥了作用，因为随后军队向罗讷河谷推进将减轻向德国整体推进的压力，转移德国国防军的注意力，当然还能解放更多的法国领土。因此，盟军投入"铁砧行动"的总兵力是庞大的，美国和法国军队总共有17.1万人，还有大约7万名法国抵抗战士，最终参与的人数增加到惊人的57.3万人，远远超过德国守军。盟军航空部队的规模也很庞大，大约有3500架飞机。相比之下，德国空军此时撤回了它的飞行中队来保卫帝国本土，因此在该地区只有200架飞机。它们在扔下了几枚滑翔炸弹后，几乎没有再进行任何战斗。海军炮击群包括4艘美国战列舰和1艘英国战列舰，都是老旧的战列舰，其中英国的"拉米利斯号"是1913年开工建造的。然而，它们日复一日地对土伦附近沿海的德国防御工事发动攻击，直到德国国防军选择不再抵抗，而是撤退到罗讷河谷。所以，这场行动总体上是一次巨大的成功，虽然动用了过多的兵力，但它为从陆上攻入德国开辟了一条更广阔的补给线。[41]

此外，虽然到了这个阶段，但解放法国南部依然是一个小小的成就，它标志着希特勒在地中海战役中投入的一支规模相当大的潜艇部队的终结（见第五章）。可以肯定的是，到了1943年，德国潜艇的作战条件变得更加困难了。意大利投降后，德国潜艇基地从拉斯佩齐亚迁至土伦，甚至使用了法国沉没舰队残骸旁边的港口设施。直到1944年，仍有几艘德国潜艇绕过直布罗陀巡逻队的严密监视，进入了这片拥挤的水域。它们击中的盟军商船数量并不多，而盟军海空反潜部队分布广泛，毫不留情，所以正如最近一部很优秀的作品所描述的那样，任何德国潜艇只要露面，就一定会被"穷追不舍"[42]。德国潜艇成功的年份是1941—1942年，当时它们击沉了"巴勒姆号"和"皇家方舟号"，并成功摧毁了马耳他商船队。到了1944年9月，这里最后一批U艇被凿沉，艇员们从陆路返回德国。

总而言之，我们在这里看到的是，在战争的这个阶段，盟军对空中和海上的全面控制及其无处不在的海上优势反复得到证实。盟军已经足够强大，可以在1944年3月登陆意大利海岸，6月在诺曼底海岸进行一次更大规模的登陆，并在同月对地球另一端的塞班岛发动大规模进攻，7月在法国南部实施进一步的大规模登陆。这听起来确实像利德尔·哈特所说的"退潮"。同盟国的浪潮席卷了轴心国控制的每一个海岸，包围了所有的岛屿。

这一切真的都很吻合。1942年，盟军除了在北非、斯大林格勒、瓜达尔卡纳尔岛和新几内亚牵制敌人的行动外，几乎无能为力。1943年，在有了足够资源的情况下，盟军开始小心翼翼地推进。1944年，盟军的物质优势变得显而易见，胜利也接踵而至。在诺曼底登陆日，11 000多架盟军飞机飞过诺曼底海滩和英吉利海峡，这一切彰显了此前难以想象的生产力和组织能力。艾森豪威尔和麦克阿瑟的军队将成千上万的希金斯登陆艇投放到敌人的海岸上，这是一个惊人的证据，表明一个大国终于有能力打一场两洋之战了。数十艘战列舰和重型巡洋舰以强大的火力支援两栖部队，这显示了海军的优势所在。在盟军部署的每一种武器的背后，都隐藏着一个更大的故事。那些铝制航空部件，比如螺旋桨和普惠R-2800发动机的部件，代表着五年前还没有出现的航空技术新进步，而正是这些发动机驱动着"地狱猫"和"霹雳"战斗机搏击长空。就像大批量生产的自由轮一样，大批量生产的护航航母数量很多，到了1944年它们的建造速度放慢了。那些四引擎的B-24"解放者"远程重型轰炸机补上了大西洋中部的空防缺口，它们之所以能够存在，可观的技术基础是一个先决条件。总之，在诺曼底登陆、马里亚纳群岛战役和莱特湾战役的故事背后，有一股无论轴心国如何努力都无法战胜的庞大力量。

第十章

盟军在海上的胜利（1945年）

在1943年和1944年盟军海上力量的伟大战役和战略胜利之后，海军发生的事情既不可避免又波澜不惊，在欧洲海域当然如此，甚至在太平洋海域也是如此。在一场旷日持久的战争行将告终时，也许这是必然的。英美舰队按部就班地扫清了海上的敌人，并按照英美大战略的一贯意图，将自己的军队推进到敌人的家门口。然而，第三帝国和日本帝国都没有自愿放弃战斗，也没有寻求与盟军和谈，虽然到1945年初后者在海陆空都拥有压倒性的优势。在战争的这个阶段，日本的计划实际上取决于美军的后续推进，而这种推进代价很高。因此，如下文所述，美军在硫黄岛、冲绳和菲律宾行动中的累计损失使这一年成为其在太平洋战区损失最大的一年，当时距离攻入日本本土还早得很。

虽然英国和加拿大的军队正在向德国西北部的港口挺进，虽然波罗的海的港口因盟军的轰炸或红军的推进而关闭，但是在欧洲和大西洋战场上，卡尔·邓尼茨的德国海军依旧在负隅顽抗。在这一阶段，德国几乎所有的重型水面战舰都已被击沉或毁坏，但德国工厂仍在生产U艇，其中许多U艇仍将加入战斗。如果它们不再威胁到大西洋的海上交通，那对盟军来说就再好不过了，因为德国的一些新式潜艇显然是这场战争中生产的最先进、最危险的潜艇。

U艇回光返照的有限威胁

在战争的这个阶段，德国潜艇对同盟国海上运输的打击，以及同盟国海空部队对潜艇的反击，都表现出一些奇怪而又非常矛盾的特点。新型潜艇的数量似乎多得吓人，而且最新型的潜艇比两年前要更为先进，也更难被发现。然而，由于北大西洋上几乎没有德国潜艇，商船的损失很低，而对盟军船只来说，最危险的区域是英国沿海水域，就像1939年9月那样。这一切似乎都很奇怪。[1]

虽然有盟军的轰炸，但德国U艇的生产一直没有中断。到了1945年4月底，邓尼茨仍然拥有166艘可用的U艇（此时德军舰队的总规模为434艘），就像乔纳森·丁布尔比（Jonathan Dimbleby）所指出的那样，"只比诺曼底登陆后少了22艘"[2]。此外，较新的潜艇不仅包括令人望而生畏的XXI型潜艇（排水量为1600吨），还有一些（虽然非常少）革命性的新潜艇，它们很难被探测到，因为它们使用的是一种通气管装置。更危险的是XXI型柴电动力潜艇（一种真正意义上的"潜"艇，而且速度超快），对于皇家海军的传统护航军舰来说，这种潜艇很难对付。早在1945年初，一些较新的U艇就已经在英国本土水域进出自如，而英国却浑然不知。惊慌失措的（有人可能会说是危言耸听的）

第一海务大臣安德鲁·坎宁安向参谋长委员会提交了一份备忘录，描述了德军潜艇对盟军制海权的威胁。他认为这种威胁十分严重，到了这年春天，商船的损失可能会比 1943 年更加严重。参谋长们虽然并不认为情况会如此糟糕，但还是采取了一些对策，比如将大量本来要部署到远东战场的驱逐舰与护卫舰暂时留在本土基地一段时间。希特勒经常宣称的一些"神奇武器"似乎在这里终于出现了，与 V-1 和 V-2 火箭一起，这些武器旨在改变战争的进程。[3]

当然，由于地理或是军事上的诸多原因，新型潜艇的出现并没有严重威胁到盟军的制海权。也许最重要的事件是诺曼底登陆后德国海军失去了法国在大西洋的基地，这一事件也使得形势再次回到了 1939 年的状态。由于无法从吉伦特、洛里昂或是布雷斯特的港口出击，德国潜艇不得不再次经由苏格兰与法罗群岛的航道前往更广阔的大洋。与此同时，邓尼茨的总部、无线电站与电子侦听部都不得不向后方转移。法国西部的福克-沃尔夫轰炸机要么报废，要么飞回德国。这一切都使威廉港和基尔再次变得更加重要，因此它们受到了英国皇家空军轰炸机更猛烈的攻击。这也使得挪威的潜艇基地变得更加重要，这就是为什么皇家海军和海岸司令部在这些水域增加了兵力。敌对双方的战斗一如既往地激烈，但作战的空间更加有限，方式也与以前不同。在纽芬兰海域，再也没有潜艇指挥官利用无线电指挥的大型"狼群"了。就像整个 1944 年所发生的情况一样，面对被护航舰艇和飞机层层掩护着的大西洋船队，单个的 U 艇根本无可奈何。到了此时，战争前半部分那些厉害的 U 艇王牌艇长不是战死就是被俘，而初出茅庐的艇长与艇员明显经验不足。盟军在波罗的海密集的空中布雷

第十章 盟军在海上的胜利（1945 年） 393

中断了德国艇员的训练，并击沉了许多新的潜艇。

总之，这已经变成了一场一边倒的、有限的战争。大量的德国潜艇并没有转化为盟军商船的大量损失。从诺曼底登陆日到战争结束的11个月里，在北大西洋航线上只有13艘商船被击沉。在这段时间里，在印度洋、南大西洋甚至圣劳伦斯河等水域，潜艇攻击造成的损失更大，但是，很明显，这样的损失零星而分散，而此时盟军的商船已经遍布全球，这样的潜艇行动不可能产生决定性的战略影响。

由于德国的飞机和潜艇都不再对北大西洋中部的商船航线构成威胁，英国海军部认为，它终于可以放松对船队的要求了。1945年1月，最后一支由一百多艘船组成的大船队从纽约驶往利物浦。在这个阶段，航线本身已经发生了变化，因此自1939年以来，从纽约出发的船只第一次被允许从爱尔兰南部航行，直接前往南安普敦等英国南部港口。大量美国军人和军需跨越大西洋，来到布雷斯特和瑟堡，为美军在欧洲的行动提供补给和支援。这样的行动先是需要更少的护航，后来则根本不需要护航了。对于许多久经沙场的盟军舰队司令和英国、挪威、波兰、希腊及其他国家商船上身心疲惫的老船员来说，他们早已习惯了船只在眼前轰然爆炸，炸弹从天边呼啸而来，枪炮在耳畔嗒嗒作响，可现在的海洋失去了往日的喧嚣，只剩下一片宁静，这一切看起来一定很不可思议，甚至有点不自然。而在格拉斯哥这样的港口城市中，街灯重新亮起，遮光帘被撤下，沙袋也被取走了，目睹这一切的市民们肯定也会产生类似的感想。尽管战争尚未彻底结束，但在他们的世界中，战争已经过去了。

对他们强大的战时对手U艇来说，这场战争结束得要晚一些，虽然只晚了几个月。由于上述种种原因,这场战争变成了一场发生在熟悉的水域——英国东海岸、挪威港口和波罗的海入口附近——的局部战争,然后一切戛然而止。令人惊讶的是,到欧洲海战结束时,曾经不可一世的德国海军只剩下"欧根亲王号"重型巡洋舰和庞大的潜艇部队。也许正是因为希特勒指定邓尼茨海军元帅为他的继任者,绝大多数德国潜艇部队和其他附属部队才遵守了投降条款。此前德国人曾经计划摧毁所有舰艇("彩虹命令"),后来该计划被取消。此时,德国海军仍有470艘潜艇,其中170艘停泊在挪威港口的"前线"。虽说有大量潜艇在港口被炸毁,有些艇员为了避免移交而将潜艇凿沉,其余的潜艇似乎愿意服从邓尼茨的命令,驶往亨伯等英国港口并停靠,然后被扣留。其他一些艇员确实把他们的潜艇完好无损地留在基尔、威廉港或挪威的基地,然后试图回家,还有一些比较幸运的在远至南美洲的中立港口自首。总共大约有156艘U艇向盟军投降,随后被拖到岸边摧毁。在英国或是挪威的港口,数十艘投降的U艇被链子绑到一起,这样的场面一度颇为壮观(见绘画50)。

和日本的航空母舰一样,德国的U艇确实是轴心国所有海上武器系统中最强大的。虽然盟军商船队(尤其是英国商船队)的庞大规模加上盟军造船厂(尤其是美国造船厂)的绝对生产力跟上了商船被轴心国击沉的速度,后来甚至超过了这一速度,但是商船的损失实在太可怕了。德国、意大利和日本的潜艇总共击沉了1500万吨盟军船只,其中大部分是U艇造成的。此外,U艇还击沉了175艘盟军(主要是英国的)战列舰、航空母舰、巡洋舰、驱逐舰等。在五年半的战争期间,德国一共建造了1157艘潜艇,这证明了其非凡的工业实力。其中超过700艘被击沉,主要是被英国的军舰和飞机击沉,因此,虽然后来加拿大和美国的海军加入了这场战斗并取得了不俗的战果,但海战的对战双方依旧主要是英德两国。[4]在战争后期,潜艇的损失十分惊人,仅1943年一年就损失了1万名艇员(占全部U艇艇员的75%)。德国国防军没有其他兵种遭受如此惊人的高伤亡率。真正令人啧啧称奇的是,在第二次世界大战中持续时间最长的这场海战里,德国潜艇部队打得如此之好,坚持了如此之久。作为记录,邓尼茨的潜艇部队每年的损失情况见图表10。

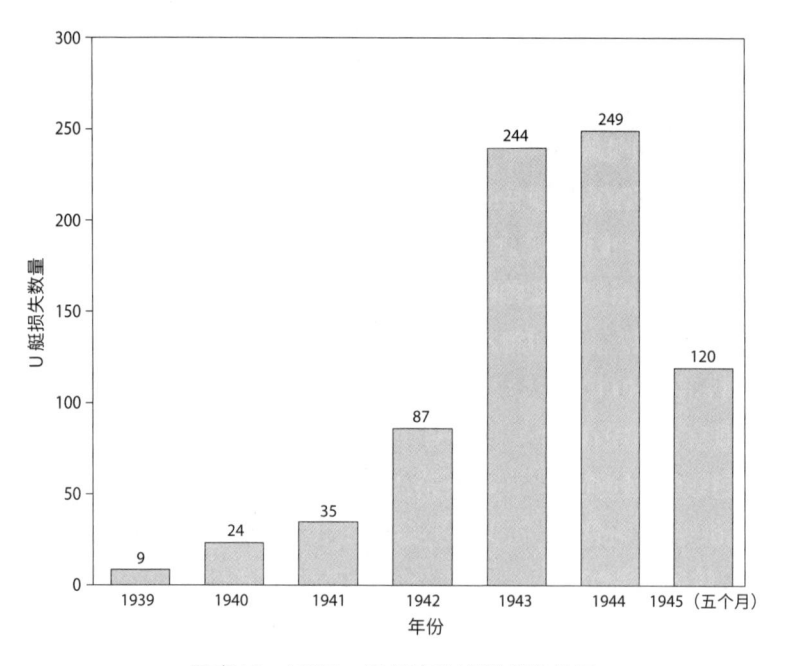

图表10　1939—1945年U艇的损失数量

数据来自Helgason,"Losses by Cause",访问时间为2020年2月6日,网址:https://uboat.net/fates/losses/。

甚至在欧洲战争结束之前，英国皇家海军的情况就已经发生了迅速的变化。虽然一支庞大的新舰队正在被派往太平洋，但海军本身却在萎缩，尤其是在反潜的大西洋格局中。当然，总的来说，皇家海军看起来仍然庞大，因为其人员规模自1939年以来已经扩大了四倍多，军官和普通士兵加起来多达94万人，并且舰船建造速度也大体上与损失持平。准确来说，它拥有12艘战列舰（只有5艘现代化的），52艘航空母舰（其中许多是护航航母），62艘巡洋舰和257艘驱逐舰。海军航空兵和皇家空军海岸司令部的规模也大幅增长。[5]但是，与1941年甚至1944年初相比，它的实际规模和境况已经发生了很大的变化。虽然大家都在担心德国潜艇在英国本土水域的持续威胁，但马克斯·霍顿①在大西洋海战中所需要的大批护卫舰、小型护卫舰和轻型护卫舰的数量正在迅速萎缩。许多老旧的、速度较慢的舰艇现在停泊在北爱尔兰的斯威利湖或默西河，它们的船员被派到即将前往远东的新型舰队驱逐舰和轻型巡洋舰上。同样，那些老旧的慢速R级战列舰也已经被淘汰。到了1944年，"复仇号"和"决心号"战列舰仅仅用作训练舰，到了1945年春天，这个级别的战列舰中只有"伊丽莎白女王号"在前线服役。在20世纪30年代，"郡"级重型巡洋舰还是皇家海军中国舰队的主力，但是在此后不到十年的时间里，许多"郡"级巡洋舰都退役和报废了，海军部全然不顾它们曾经辉煌的历史。[6]无论是在太平洋战争中，还是在已经感受到新的

---

① 马克斯·霍顿（Max Horton）在战争初期为英国本土基地潜艇部队司令，1942年起任西部海区总司令，主要负责保护大西洋航线上的运输船队。——编者注

财政紧缩的海军中，都已经没有它们的位置。英国皇家海军的数十艘小型护航航母，在两年前的夏天还被十分看重，但很快就要么根据《租借法案》交给美国海军，要么被交给其他国家的海军。许多新的轻型舰队航母的订单被取消。

英国太平洋舰队此时成了皇家海军的中流砥柱，在海军上将布鲁斯·弗雷泽（Bruce Fraser）的指挥下被派遣到远东战区，这是皇家海军唯一的实质军力，也是1945年春季之前世界上除美国海军外最强的海上力量。在决定参加最终打败日本的主要战役之后，丘吉尔和海军部现在在兵力部署上不遗余力。实际上，英国在战时建造的所有大型军舰都稳步向东转移，其中包括4艘"乔治五世"级战列舰，5艘"光辉"级航母，新型巡洋舰，以及数十艘快速驱逐舰和护卫舰。所有这些都在考验海军仍然有限的供应系统，而对于一个在六年全面战争即将结束时竭尽全力的国家来说，这也是一次非凡的海上力量展示。[7]

然而，在进入太平洋之前，弗雷泽舰队的一支规模相当大的先遣部队——海军少将菲利普·维安（Philip Vian）旗下由舰队航母"胜利号"、"不挠号"、"光辉号"和"不倦号"组成的舰队——对日本占领的位于苏门答腊岛巨港的大型炼油厂发动了两轮攻击（"子午线行动"）。[8]这次袭击是在切斯特·尼米兹的要求下发动的，几个月前，驻扎在锡兰的B-29轰炸机对这里进行了一次袭击，但是彻底失败了。这个攻击目标十分关键，至少75%的日本航空燃料都是在这里提炼的。因此，皇家海军有充分的理由抓住这个机会，以证明英国已经成为继美国之后第二个拥有现代长程航母打击能力的国家。1945年1月24日和1月29日的这两次打击取得了很好的效果。在第一次行动中，尽管当日天公不作美，而且日本的空中防御非常强劲，43架"复仇者"轰炸机还是在海军航空兵80架战斗机的护航下，飞了100多英里，轰炸了两处炼油设施，在近距离交锋中击落了大量敌机，最后使得普拉约（Pladjoe）炼油厂的产量减半。在第二轮袭击中，46架"复仇者"轰炸机轰炸了附近的双溪格龙（Sungai Gerong）精炼厂，使其停产了六个月。在这些长时间的航母袭击中，也暴露出了一些严重的战术缺陷——飞行途中协调不畅，而且英国制造的飞机起落架脆弱，导致许多飞机无法行动，这让维安将军非常愤怒——但是总的来说，"子午线行动"取得了巨大的成功。能提前在这次行动中暴露出问题并加以解决，可比在与经验丰富的美军舰队在冲绳共同行动时出岔子要好得多。

当然，石油和天然气供应不足从一开始就是日本战争机器的一个关键弱点，也是东京决定开战的主要原因。然而，日本在1942年获得的巨大领土从未给它带来它所寻求的经济安全。到了1944年底，它的燃料越发短缺，严重限制了主力舰队剩余舰艇的行动。皇家海军对巨港的炼油厂的袭击成为卡住日本石油供应脖子的三只手之一，另外两只手分别是美国潜艇对日本油轮运输的袭击（到此时为止最具破坏性）和利用B-29轰炸机和航母舰载机袭击日本本土的行动。这里有一个极大的讽刺。早在1941年，日本军方就曾表示，如果它不能控制东印度群岛的安全能源供应，它将永远无法摆脱对西方的依赖，从而使国家受制于人。但是，由于日本在太平洋战争中节节败退，无论如何，它都被日益严重的供应不足压得喘不过气来。在这样的困局之中，日本当局依然选择负隅顽抗。

在巨港行动结束后，英国太平洋舰队前往悉尼进一步重新装备，然后通过马努斯岛和加罗林群岛的乌利西环礁进行长途移动。直到3月23日上午，弗雷泽将军才正式将英国太平洋舰队移交给尼米兹指挥，然后率领这支舰队作为第五舰队一支新的特遣舰队向北进发。[9] 到那时，硫黄岛的战斗正在逐渐减弱，这次轮到英国皇家海军发现没有真正的日本水面舰队可以与之作战了。"威尔士亲王号"的四艘姊妹舰（"乔治五世号"、"约克公爵号"、"安森号"和"豪号"）都聚集在一起，要报1941年Z舰队被毁之仇，但具有嘲讽意味的是，此时这场战争中的战舰竞赛已经彻底结束了。然而，弗雷泽的部队还有很多事情要做，因为针对盟军舰船的自杀式袭击越发猛烈，而进攻冲绳也在最终准备阶段。皇家海军不仅对这些收尾战役做出了巨大贡献，也近距离观看了美军将日军歼灭殆尽的大战。

日本被击溃（1945年1月至7月）

太平洋战争的最后一年实际上包括三个层面，每一个层面都有其独特的节奏。第一个层面包括三场主要的海战，即硫黄岛战役、冲绳岛战役和全面进攻日本本土前的准备工作。第二个层面是利用美军潜艇袭击日本贸易航路，来成功扼杀日本的经济，同时还有另一种以摧毁敌人经济为目标的行动，也就是美军第二十航空队从马里亚纳群岛出击的轰炸行动。第三个层面是相当反常的，即日本神风特攻队对美国的两栖登陆区和警戒舰艇的攻击，这是一场持续时间长、规模大、双方都付出高昂代价的攻击，它本身就构成了一场与众不同的战役。

当然，神风特攻队的个别打击无论多么惊人，都无法阻挡美

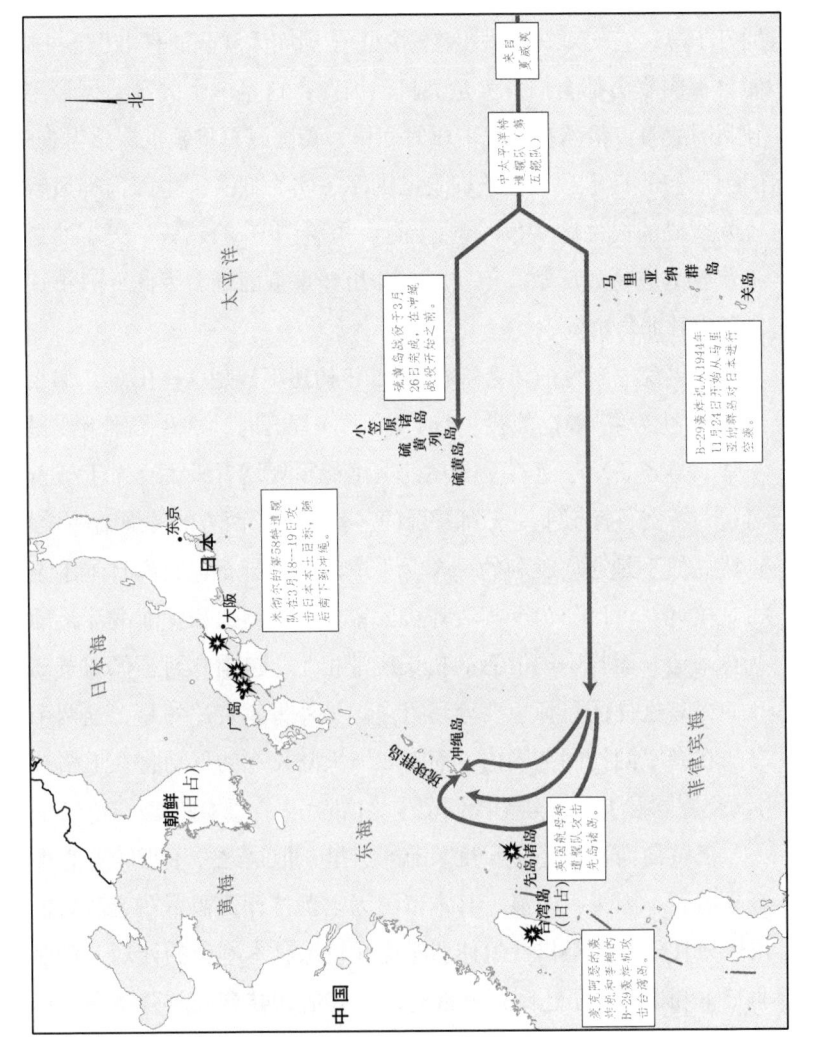

地图14 1945年美军在太平洋的行动

第十章 盟军在海上的胜利（1945年） 401

军前进的脚步，正如德军一些短暂的卓越反攻无法阻止红军在东线的前进一样。即使在日本自杀式飞机似乎成群结队地发动攻击的日子里，它们对在西太平洋巡航的美国庞大舰队的打击也很小，而且每次攻击都会损失大量飞机。因此，这是一个关于美国最终胜利的故事，虽然在很长一段时间里，美国海军将领也深感沮丧，因为他们的日本敌人拒绝向自己的军事实力低头，也因为神风特攻队造成的损失确实很严重，而且一直有上升的趋势。美军的最终获胜本应易如反掌，但实际上却历经重重困难，因此要解析这段历史并非易事。[10]

如果说尼米兹的司令部在1945年初还不清楚这些困难，那么当不久之后的硫黄岛战役（2月至4月）展开时，这些困难就变得非常明显了。对于远在夏威夷的美国海军规划者来说，拿下硫黄岛这一特定目标似乎是无可置疑的。就像在它西方的冲绳岛一样，硫黄岛似乎是通往胜利的一个合乎逻辑的垫脚石，它离日本本土相对较近，可以作为受损轰炸机的紧急降落跑道和护航战斗机的航空基地。而与中国沿海的狭长地带相比，包围和封锁像硫黄岛和冲绳岛这样的目标也要容易得多。另外毋庸赘述的是，这两个岛屿在海军的控制范围内，而对亚洲大陆发起的行动将在道格拉斯·麦克阿瑟上将的陆军控制范围之内。

硫黄岛面积很小，长度只有4英里，但是这并不意味着它很容易占领，因为很明显，日本帝国大本营打算让盟军在硫黄岛付出惨重代价，甚至借此迫使盟军终止攻入日本本土的计划，转而与日本和谈。为了达到这一目的，日本在1945年初加强防御，把守军的规模扩大到了2.5万人，并命令栗林忠道将军作为指挥官，率领士兵们为帝国拼死一战，但首先要让进攻者付出巨大的代价。

此外，盟军刚到位时只有三个美国海军陆战师，并没有压倒性的优势，更何况日军计划寸土不让地顽抗，利用好每一个掩体和地堡。

因此，硫黄岛并非几天或是一周就能拿下的。第一批海军陆战队员于2月19日清晨登陆。4天后，也就是2月23日，美国国旗已经插到了折钵山的山顶，但直到3月底，行动才正式宣告结束。为了夺取这个弹丸之地，美国海军陆战队牺牲了6800人，受伤了19 200人，而日本守军则全军覆没。如此惨重的代价不仅令人扼腕，也引发了巨大争议。总体来看，海军陆战队的伤亡率为30%，而那些顶在最前面的营的伤亡率超过了60%。最初的24名海军陆战队营长中有19人阵亡或受伤。如果把美军在硫黄岛的伤亡总数加在一起，这是太平洋战争中首次出现进攻一方伤亡人数超过防守一方的情况。硫黄岛战役的重大损失使得美军对将来更大规模的冲绳战役或是攻入日本本土心生忌惮。[11]

美军之所以会遭受如此惨重的损失，除了守军决一死战的决心外，最明显的另一个原因是极其复杂的地形。这场斗争不仅发生在地面的沟壑里和山崖上，也发生在地下纵横交错的掩体里。近距离肉搏剥夺了美军的许多火力优势，使双方的损失基本持平，除非那些日本士兵决定发起自杀式冲锋，给了攻击者消灭他们的机会。从这个角度来看，不难理解美军为什么会蒙受如此重大的损失，以及战斗的进展为什么会如此缓慢。然而，美军在登陆的最初几天里的伤亡总数是否应该如此之高，完全是另一个问题。无论是在登陆行动的第一天，还是在随后的许多著述中，海军陆战队员都抱怨了海军的炮火支援不足，因此他们遭遇了（似乎未受损伤的）坚固日军阵地的毁灭性防御火力。后来人们才渐渐意识到，无论是美军战舰的炮击，还是陆基飞机和舰载机的轰炸，都没有对日军复杂的地下掩体网络造成太大的破坏。这种情况与盟军海军在欧洲战场上的近岸炮击所取得的成功完全不同。正如官方海军历史学家塞缪尔·莫里森教授所言，考虑到这种地形上的困难，那么，即使是三倍的炮击也不会对栗林将军的地道和地堡战术产生太大影响。[12]然而，事实是，通过海军炮击和空袭来"弱化"守军的时间太短了，如果对日军直接俯瞰登陆海滩的阵地再进行两三天的近海猛烈炮击，第一批两栖部队登陆时的直接伤亡也许会减少。这当然会让海军陆战队少遭受一些损失。[13]

硫黄岛附近的炮火和空中支援时间较少的一个原因是，第58特遣舰队的指挥官、雄心勃勃的雷蒙德·斯普鲁恩斯将军此时一心要用他的航母部队对东京及其周边工业区发动大规模空袭。他的想法是，当日本的飞机奋起保卫东京及其航空基地时，它们将被击落，也就无法支援硫黄岛了。此外，斯普鲁恩斯显然还想表明，来自新航母海军的轰炸机可以在较低的高度攻击目标，对日本工厂造成的破坏比美国陆军航空队在3万英尺高空飞行的B-29要大得多。[14]遗憾的是，2月23日至26日，当斯普鲁恩斯派出马克·米彻尔的航母战斗群和随行的快速战列舰对东京发起进攻时，汹涌的海浪阻碍了所有的飞行行动，并且大部分的预定目标地区都被云层覆盖，而这在一年中的这个时候是正常情况。[15]总而言之，从舰载机上投下的250磅炸弹是否能对日本的重工业工厂造成持久的破坏，这是值得怀疑的。当然，它们对日本机场跑道的作用就更小了，因为后者通常可以快速得到修复（不列颠战役、马耳他战役以及对德国空军基地的轰炸都表明了这一点）。在这次突袭中，一些日本沿海船只被击沉，一些港口遭到破坏，而且第58特遣舰队在这两周的行动中击落了84架敌机，但如果它选择在硫黄岛附近行动的话，击落的敌机可能并不会比这少。如果它在登陆点附近巡逻，其战列舰肯定能为登陆部队提供更持久的炮火支援。

斯普鲁恩斯的此次东京空袭并未充分展示出美国海军的实力，展示的更多是一些美国海军将领的挫败感和野心。正如英国皇家海军的本土舰队在这场战争的早些时候（比如，在"沙恩霍斯特号"沉没之后）已经发现的那样，在莱特湾海战之后，美国太平洋舰队现在找不到真正的水面对手。美国的快速战列舰原本是为与日本的同类战舰进行大规模的海上交锋而设计的，可现在没有了对手，只能帮助航母防御神风特攻队或者是炮轰沿海目标。与此同时，海军将领们原本打算让"埃塞克斯"级航母在广阔大洋上施展身手，就像在中途岛战役和加罗林群岛战役中那样，现在却要为范围窄得多的两栖作战提供保护性支持。因此，难怪威廉·哈尔西将军在接到进攻中国海岸或日本的命令时，会急切地率领他的舰队迅速撤离，也难怪在接下来的一个月里斯普鲁恩斯想要派同一批舰艇向北进攻东京。

因此，海上力量正在以许多奇妙的形式展示出来，虽然它并不完全以经典文本所描述的方式起作用。自开战以来，日本海军在海上遭受了三次惨败，分别是中途岛海战、"马里亚纳猎火鸡"和莱特湾海战，但即使在莱特湾海战中，也从未发生过双方战列舰指挥官所期待的那种大规模舰队遭遇战。日本商船队最终要么被美国潜艇摧毁，要么被美国航空队在日本港口布下的成千上万枚水雷击沉，但即使食物和燃油的供给枯竭，日本守军与国民显然也宁愿吃草都不愿投降。跨越太平洋的海上推进为B-29轰炸机

第十章 盟军在海上的胜利（1945年）

赢得了岛屿基地，但事实上，高空轰炸在军事上并不是很奏效。硫黄岛的地面炮位遭遇了成千上万大口径炮弹的轰击，但这些轰炸炮击对躲在地下50英尺处的日军没有什么作用。海军可以轻易包围不降之敌，可要彻底击败他们却十分困难。

尽管如此，考虑到这是美国对日战争的最后一年，占领硫黄岛是朝着正确方向（即向东京）迈出的重要一步。正如历史学家指出的那样，即使在这个时候，麦克阿瑟上将麾下的大部分部队仍在菲律宾中部和南部进行着规模大得多的战斗。这与战略关系不大，倒是与麦克阿瑟对菲律宾人民的"我会回来的"承诺有很大关系，也像后来的批评者所怀疑的那样，与他希望尽可能直接控制美国部队，而不是让他们被重新部署到冲绳有关。例如，在1945年初的吕宋岛战役中，麦克阿瑟投入了10个步兵师和5个独立团，这使这场战役不仅成为美国在太平洋战争中规模最大的战役，而且比在北非、意大利和法国南部的战役规模还要大。[16] 在这一阶段，仍有如此之多的陆军师、陆基飞机和托马斯·金凯德（Thomas C. Kinkaid）将军久经考验的第七舰队可以被分配到菲律宾战区，参与这场过程极其漫长的战役（据统计，共涉及23次单独的两栖作战），这充分说明了美国在整个太平洋地区的部署规模。事实上，马尼拉直到1945年3月4日才被完全占领，而在更为遥远的菲律宾群岛南部，战火一直燃烧到战争结束。在1944—1945年的菲律宾战役中，美军共有16 300人战死，55 500人负伤。这些都是战略上的死胡同，就像英军想要扫清地中海东部负隅顽抗的德军据点一样。美国海军肯定松了一口气，因为它在这里几乎没有参与。

这段时间里最切实的攻击应该是对包括台湾岛在内的中国日

占区频繁的轰炸行动（由从马里亚纳群岛出发的 B-29 或是舰载机执行），所有这些都是为了应对神风特攻队以及日本人从这些地方对硫黄岛和冲绳岛的两栖部队发动的更常规的空中反击。同样，美国潜艇继续在台湾海峡打击规模较小的敌方沿海交通和渔船。偶尔，美国潜艇会击沉一艘驶向日本港口的宝贵油轮或运矿船，对于日本来说，这总是会构成更大的打击。大本营命令从中国大陆撤退的日军前去增援吕宋岛、冲绳岛和日本本土的驻军，美军试图予以阻止。这也许是美军这一阶段最重要的行动，但是并没有完全成功。

在 1945 年初的几个月里，随着美国整体战略控制的收紧，在对冲绳岛发起大规模行动之前占领硫黄岛确实很有意义。这不仅完成了美国在太平洋的主要攻势，在尼米兹的部队向北进攻日本本土之前，这也标志着一个明显的西部界限。从 4 月初开始，远程 P-51 "野马" 战斗机就可以从新开的硫黄岛机场起飞，以支援袭击日本的轰炸机，尽管事实上 B-29 此时遇到的抵抗很少。其他从硫黄岛起飞的飞机此时则可以在整个东海和南海的范围内执行侦察和拦截任务。最后，相当多的 B-29 可以在同一机场紧急降落，有些是因为受损，但大多数只是为了补充燃料。据说在这几个月里，有 2.4 万名美国机组人员因在此紧急迫降而获救，就算这样的说法有点夸大了，这些基地不断被使用的事实似乎也证实，占领该岛确实是宏大的前进计划中合乎逻辑的一步。[17]

然而，不可避免的是，驻扎于此的美军使得硫黄岛成为日本神风特攻队展示其反击策略的天然舞台。特别是美国军舰遭遇的海上空袭，成为这场斗争中另一个残酷无情的特征。在有些日子里，美军在周边舰艇和护航舰艇上的伤亡可能与在陆地战斗中遭受的伤亡一样严重。起初，自杀式袭击的规模和不同寻常的性质让斯普鲁恩斯第五舰队的指挥官们大吃一惊，因为美国的战争计划根本没有预料到敌人会采取大规模空中自杀式袭击来尝试改变战争的结果。可以说，第一批"特攻"飞机在莱特湾和随后的几个月里对美国的护航航母和哨兵驱逐舰造成巨大的破坏时，就已经发出了某种警告（见第九章）。但在此之前，美国海军显然没有深入考虑过如何采取措施打击这种阴险的攻击。

那么，究竟怎样才能防御这些自杀式战斗机的袭击或夜间的偷袭呢？答案是由护航航空母舰派出越来越多的空中战斗巡逻队，而这些航母反过来又会成为神风特攻队的主要目标。与此同时，美国海军把越来越多的舰队驱逐舰和护航驱逐舰从近海轰击和巡逻扫雷任务中抽调出来，派它们到50英里或75英里外的海上执行最危险的警戒任务：它们可以最早发现并击落来袭的神风特攻队，因此也经常最早遭到打击，当然，除非自杀式飞行员被命令只去打击更大的目标。

因此，如果说当时的美国海军将领们对军队花了这么长时间才征服硫黄岛和冲绳岛感到沮丧（不过话又说回来，怎样才能把25 000名藏身在火山岩隧道中的敌人赶出来呢？），那么这种沮丧的背后还有一种愤怒，因为不知怎的，他们引以为傲的美国军舰竟然沦为脆弱的攻击目标。正如前文所指出的那样，航空母舰是最受关注的攻击对象，任何对航母的打击都会被日本人当作伟大的胜利来庆祝。2月22日，一架神风特攻队飞机在夜间撞向美国护航航母"俾斯麦海号"并将其击沉，造成重大生命损失（218人死亡）。前一天的袭击几乎同样糟糕，当时六架飞机从低空云层中出现，先是投下炸弹，然后直接撞向"萨拉托加号"航母的甲板，引发了熊熊大火。虽然遭受重创（123名水兵死亡，192人受伤），但这艘身经百战的航母还是跌跌撞撞地驶回位于布雷默顿的造船厂，太平洋战争中许多其他受损船只也是在这里维修的。时间一周周过去，美国海军伤亡名单越来越长，即使在3月16日硫黄岛被正式宣布"停止"战斗之后，这种情况仍然在持续，因为神风特攻队仍旧会在晚上和白天对停泊或行驶中的登陆艇和商船发起突然袭击。[18]

到了战争的这个阶段，双方似乎都想找到一种新的方法来惩罚敌人。3月8日，马里亚纳群岛的第二十航空队新任指挥官柯蒂斯·李梅（Curtis LeMay）对高空轰炸的无效感到沮丧，命令他的B-29中队在夜间从低得多的高度（约5000英尺）轰炸东京，并向其脆弱的基础设施投掷凝固汽油弹。由此产生的大火以及随后对名古屋和神户等城市的火攻所造成的平民死亡人数超过了历史上任何轰炸。在3月9日至10日的空袭中，东京总共有10万人死亡，比广岛或长崎的原子弹爆炸造成的死亡人数还要多。也许是对这种不受限制的战争感到不安，美国陆军航空队开始辩称，自己摧毁的是日本军工工人的住房，但事实是，美国潜艇已经切断了这些工厂的大部分供应，此时里面已经空空如也。[19]遭到大规模的空中轰炸、潜艇封锁和偶尔的航母攻击后，日本已经濒临崩溃，而在这种战争中，传统的大型战斗舰队似乎又没有什么用武之地。然而，在这个关于空袭、潜艇和两栖作战的故事中几乎没有记录的是，一场巨大的海上后勤行动也在实施，如果没有它，美军所有的军事行动都是不可能的。例如，以充足的补给保持对日战略轰炸就是一项艰巨的任务。在前往日本或台湾岛的每次远程飞行中，每架B-29轰炸机都携带了多达6900加仑（约18吨）

的燃料。即使是一艘从墨西哥湾经巴拿马运河驶往塞班岛的万吨级油轮，也没有那么多的补给来维持250架或350架轰炸机的空袭。太平洋中部的广阔海域有史以来第一次变得繁忙起来，因为每周都有一批新的美国商船、弹药船（装有备用炮弹、鱼雷和炸弹）、油轮，以及载有榴弹炮、坦克和卡车的自由轮，载有海军陆战队和陆军部队的军舰，驶往同一个方向，而在另一个方向，美军受损的军舰跌跌撞撞地返回美国接受维修，空空如也的商船返航加油。这是美国实力的投射，无论是在数量上还是在质量上都是相当惊人的。

冲绳岛战役

虽然占领硫黄岛发挥了一定的效用，但占领冲绳一直被认为对登陆日本本土更为重要。冲绳岛位于九州西南方向仅350英里处，拥有平坦的中央平原，因此在美国发动最终战役前是登陆舰、空中控制设施、维修设施甚至训练设施的天然跳板和改装点。对双方来说，冲绳岛战役将是一系列重大岛屿争夺战的最后一场，几乎就像在过去两年中一幕一幕地展开的戏剧的最后一幕：塔拉瓦战役是第一幕，贝里琉岛战役和塞班岛战役分别是第二幕和第三幕，然后是硫黄岛战役。所有这些战役的防御者都是注定难逃一死的。而从一场战役中幸存下来的美国海军陆战队和陆军老兵要做好奔赴下一场战斗的准备。不同于东线战场的纳粹德军和中国战场的日军，岛上的日本驻军永远不会离开，也永远不会得到增援，只能战斗到死，因为他们无路可退。从本质上说，他们也是不怕死的神风特攻队。

同样，包围冲绳岛的美国海军舰队的庞大规模在太平洋战争中也不是头一次出现了。[20] 4月1日复活节这天，在200艘驱逐舰、18艘战列舰和40多艘航母的掩护下，1200艘登陆舰艇开始对冲绳岛的中部海滩发起进攻。在没有敌方舰队的情况下，18艘战列舰和40多艘航母又有什么用武之地呢？[21] 这确实是罗斯福所说的"首屈一指的海军"，但是到了这个阶段，最强大的马汉式战斗舰队却无法找到一个真正的敌人。美国舰队现在必须面对的是神风特攻队，其飞机能够从日本本土单程飞行短得多的距离，执行不对称作战的终极行动。此外，日本的自杀式战争是通过大大小小的每一种运载工具来进行的，无论是飞机还是快艇，甚至是潜艇[22]，而其中最大、最引人注目的是"大和号"战列舰。

巨型战舰"大和号"（以日本主体民族的称谓命名）是四艘同样强大的超级战列舰中的领头羊。这种战列舰是约40年前的1906年海军元帅约翰·费舍尔所建的无畏舰的直接继承者和典范。但是这四艘超级战列舰没有一艘取得辉煌的荣耀。如前文所述，"大和号"的姊妹舰"武藏号"在莱特湾战役中被美军战机击毁。随后，"信浓号"被"射水鱼号"潜艇击沉。第四艘111号早在1942年就报废了，其金属被挪作他用。"大和号"也注定是一艘命运多舛的军舰，虽然它令人生畏的外形并没有预示这一点。"大和号"装备了9门18英寸口径的巨炮，排水量超过7万吨，体形远超"乔治五世"级、"黎塞留"级和"俾斯麦"级战列舰，甚至超过了美国最新、最大的"艾奥瓦"级战列舰。海军历史爱好者对"大和号"和美国快速战列舰之间可能发生的交锋非常期待，但事实上，日本这艘庞然大物从未遇到过敌人的主力舰，这使它根本不可能充分发挥自己的优势。然而，在1945年4月7日下午，这艘日本超级战列舰以其被摧毁的方式在海军历史上留下了浓墨重彩的一笔。

4月6日夜间，在一艘巡洋舰和八艘驱逐舰的护送下，"大和号"驶往冲绳岛，被"马鲅号"（Threadfin）潜艇的水面雷达探测到。日本舰队很清楚，这是一项有去无回的任务。战列舰的任务是对美军的两栖部队发起猛烈攻击，当燃料耗尽或受损太严重而无法机动时，就在岛上靠岸，并用舰炮协助守军，这与人们心目中的经典海战概念相去甚远。但是无论如何，"大和号"并没有走到那一步，而这仅仅是因为从7日中午到下午3点，一批又一批美国海军俯冲轰炸机和鱼雷轰炸机早已将其摧毁。马克·米彻尔行事谨慎，又迫切想要证明新型航母海军可以比受挫的美国战列舰和陆军航空兵做得更好，所以他派出了9艘舰队航母的280架战机发动攻击。这些战机每隔15分钟投掷一批炸弹和鱼雷。等到战机发起第六轮攻击时，"大和号"几乎已经翻倒了，它长长的船底露在外面，依旧在遭受攻击，直到两点半，巨大的爆炸将它撕裂。此外，日本舰队还失去了一艘巡洋舰和四艘驱逐舰，而米彻尔的舰队只损失了10架飞机。[23]战损率差异如此之大，再次令人震惊不已。从伊丽莎白女王时期约翰·霍金斯的"复仇号"开始算起，战列舰长近四百年的历史到此落下帷幕。事实证明比利·米切尔是正确的，而在20多年前，他因为坚持单靠飞机就能击沉海上最大的军舰而被解雇，并因此饱受争议。

总体来说，冲绳岛附近的神风特攻队袭击更为成功，而且其数量往往令人生畏。例如，4月12日，日本航空队出动了不少于185架神风特攻队飞机袭击盟军船只，并派出150架战斗机提供掩护，以防止它们被美国战斗机巡逻队击落。此外，它还投入了

45架鱼雷轰炸机和8架携带某种新型空对舰导弹的轰炸机。[24]这样的规模几乎相当于不列颠战役,而且持续的时间也几乎一样长。就像在硫黄岛战役中一样,神风特攻队的攻击有时在白天,有时在晚上,不过频率要高得多,因为如上所述,冲绳岛离日本本土更近。虽然没有美国战列舰、舰队航母或重型巡洋舰在这种作战中被击沉,但那些执行警戒任务的小型军舰确实遭受了重大损失——这并不奇怪。总的来说,在神风特攻队的整个行动中,至少有3艘美国护航航母和14艘驱逐舰被击沉,还有更多的遭到破坏。那些将这一连串行动视为一个整体的历史学家认为,4900人阵亡和4800人受伤的结果是美国海军在单场战役中遭受的最大损失,远远超过中途岛战役和莱特湾战役,甚至超过了珍珠港战役。[25]

美国驱逐舰承受了大部分的打击,其中一些被炸成两半,但也有一些驱逐舰在令人难以置信的破坏中幸存下来,其中最著名的是传说中的不死战舰"拉菲号"(Laffey)。在参加了前一年的诺曼底战役后,"拉菲号"进入了太平洋战区。4月16日,当一架日本九九式俯冲轰炸机呼叫其他战机加入联合攻击时,"拉菲号"正在执行外围巡逻任务。虽然附近护航航母上的美国飞机努力提供一些保护,但这艘驱逐舰仍然遭到了一轮又一轮扫射、轰炸和撞击。"拉菲号"被不少于6枚炸弹击中,受到了4次自杀式撞击,但它仍然没有沉没。这有力证实了二战时期美国舰队驱逐舰的结构之坚固,虽然它们都是高速批量生产出来的。同样值得称道的是,"拉菲号"经过修缮之后还能服役。这艘战舰在朝鲜战争期间仍在服役,甚至在20世纪60年代冷战期间加入了地中海舰队![26]

第十章 盟军在海上的胜利(1945年)

然而，有些军舰的作战生涯虽然同样惊心动魄，却又十分短暂。例如，"格里维斯"级舰队驱逐舰"哈定号"（Harding）是1943年5月由西雅图-塔科马造船公司生产的，在1943年年末首次前往北非执行护航任务，此时盟军对抗德国U艇的战局正在扭转。在半年后的诺曼底登陆日，它在奥克角（Pointe de Hoc）参与了支援美国突击队的历史性行动。仅仅两个月后，它又参与了"铁砧行动"，在法国南部和德国鱼雷艇进行了激烈的夜间战斗，击沉三艘鱼雷艇。甚至在服役的第二年结束之前，"哈定号"就被送回国内，改造成了扫雷驱逐舰，并于1945年3月24日开始在冲绳海域执行扫雷任务。但是还不到一周，它就接受紧急部署，为驱逐舰提供外围掩护，拦截神风特攻队的自杀式攻击。4月16日，"哈定号"遭到四架日本自杀式飞机的袭击，其中一架撞向舰桥，造成22名船员死亡。在冲绳岛的停泊处进行了部分维修后，这艘驱逐舰缓慢地返回珍珠港、圣迭戈和弗吉尼亚州的诺福克。与"拉菲号"不同的是，"哈定号"在11月悄无声息地退役，然后被拆解出售。[27]它在海上经历了不到两年的激烈战斗，却从冲绳海域蹒跚而归，这在大局中几乎无关紧要，因为更多的现代驱逐舰正在向西穿越太平洋取而代之。到了1945年，美国造船厂已经建造了175艘"弗莱彻"级和96艘"基林"级（Gearing）舰队驱逐舰，以取代早期的"格里维斯"级驱逐舰（见第八章）。

到冲绳岛战役时，英国太平洋舰队的4艘快速航母以及弗雷泽将军的其余2艘战列舰、6艘巡洋舰和护航驱逐舰都已经和第58特遣舰队集合。英国皇家海军的航母经常被拿来与美国的航母相比，每艘英国航母搭载的舰载机更少，航程更短，速度也更慢，但面对神风特攻队的攻击，它们凭借其厚厚的钢质甲板大显身手。

由于前面提到的所有原因,特别是缺乏足够的舰队补给,弗雷泽的船队花了一些时间才以完全准备就绪的状态到达驻地。[28]到了3月下旬,这支规模可观的英国部队被置于斯普鲁恩斯的总指挥之下,被赋予了自己的舰队名称——第57特遣舰队,并被部署到西南方向,在那里拦截来自中国大陆和台湾岛的日本基地的空袭。经过短暂改装和加油,这支英国舰队于5月再次返回,后来又有许多其他舰艇加入其中,为攻入日本做准备。英国航母就是为了扛住与欧洲海岸敌人的激烈战斗而设计的,凭借自身的重型钢甲板,它们可以承受住日本的自杀式攻击。例如,5月4日,神风特攻队的一架飞机撞上了"不挠号"航空母舰,但是被甲板弹开了,这令当时正好在这艘航母上的美国海军联络官瞠目结舌。就在同一天,还有一架自杀式飞机在"不挠号"上爆炸,引起熊熊烈火和滚滚浓烟,造成了一些破坏,但是当天晚些时候,这艘战舰就被修好了并再次投入使用。[29]许多人注意到,当一架神风特攻队的飞机撞向"萨拉托加号"等美国航空母舰的木制甲板时,所发生的情况与此形成了鲜明对比。美国官方海军历史学家莫里森见证了这场战役,他对英国航母充满敬佩,写道:"神风特攻队的飞机撞上钢制飞行甲板,马上起火爆炸,黄色的烈焰如同新炒出来的鸡蛋花。"[30]

6月22日,美国陆军和海军陆战队最终消灭了冲绳的日本守军。由于守军几乎全部死战到底,双方的损失都很惨重。在正式战斗的三个月里,整整7.7万名日本士兵(如果算上冲绳的应征士兵,则为11万人)阵亡,在随后的扫荡行动中,可能又有1万多人死亡。大约14.9万不幸的冲绳岛居民在这场战火中丧生。但对麦克阿瑟和尼米兹等战争规划者来说,更可怕的数字是美军的

第十章 盟军在海上的胜利(1945年)

伤亡人数：1.2万多名军人阵亡，3.8万人在战斗中受伤，还有3.2万人因精神疾病、事故和疲劳而遭受重创。引人注目的是，由于神风特攻队的海上袭击，海军的总死亡人数（4900人）比陆军（4675人）和海军陆战队（2938人）还要多。美国陆军中将西蒙·巴克纳（Simon Buckner）在战斗即将结束时中弹身亡，而与此同时，日本高级指挥官牛岛满中将选择了自杀。这是一场残酷的战斗，是到此时为止太平洋战争中最惨烈的一场战斗，如果不把南方的菲律宾的战斗算在内的话。[31]

毫不奇怪，到了1945年5月，包括马歇尔上将本人在内的美国军事领导层非常担心军队的损失和整体士气，即使是在胜利的顶峰。在遥远的欧洲战场上，随着德国最终战败，美国陆军和航空队的规划者们最希望的是让疲惫的士兵和飞行员回家与家人团聚，而不是把他们重新送到太平洋战场，虽然这样的情况确实在发生。在战场上击溃日军和德军的时间比之前预期的时间长得多。由于在太平洋地区，美国在海空方面都享有巨大的优势，因此尽可能充分地利用这些优势至关重要，其中包括战列舰和巡洋舰对海岸的炮击，大型航母袭击，潜艇袭击，以及B-29的轰炸。第58特遣舰队拥有可靠而坚固的"埃塞克斯"级航母和护航舰艇，一刻不停地航行数千英里，而在海上维修耗油的驱逐舰似乎是一项几乎每天都要完成的任务。像斯普鲁恩斯和哈尔西这样的海军将领可以每隔一段时间进行轮换（哈尔西在6月再次接管了第58特遣舰队），但疲惫的巡洋舰和驱逐舰舰长却不能这样，更不用说船员了。新型军舰总是很受欢迎，很快就会被投入前线，但只有作战时受损或遭到风暴重创的军舰才得以缓慢地返回夏威夷，然后再前往西海岸港口。

在冲绳岛战役后的几周内，盟军加强了对日本的空中和海上控制。面对日益弱化的日本防御，带着高爆弹和烈性燃烧弹的B-29轰炸机也飞得更低了。到了这个阶段，美国陆军航空队已经没有什么重要的军事目标了。在海上，美国潜艇部队也在逼近，而其目标同样锐减。日本的远程航线已经崩溃，尤其是那些运输石油和其他战略工业物资的航线。进入日本海和日本内陆水域后，美国潜艇破坏了沿海贸易，并对渔船发动攻击。1944年，日本仍有大约300万吨的现役船舶，但这一年和1945年的损失非常严重，到了1945年7月，日本适航船舶的总数几乎为零。李梅将军派出的B-29轰炸机编队进行了一次空中布雷行动，几乎使日本的港口瘫痪。为数不多的几艘船只也被潜艇击沉了。没有粮食进口，日本国民开始挨饿。[32]

战后，一些美国战略轰炸的倡导者以及美国潜艇部队声称，他们本来不需要投下原子弹或攻入本土就能迫使日本投降，但是考虑到1945年8月日本帝国大本营的顽固态度，这似乎不太可能。无论如何，一种情况意味着可能会有数百万平民因燃烧弹而丧生，而另一种情况意味着会有数百万人死于饥饿。那些认为没必要向广岛和长崎投掷原子弹的人应该想一想，1945年中期，盟军的其他施压手段实际上是多么可怕、痛苦和缓慢。[33]事实上，美国陆军对潜艇封锁甚至自己航空部队的轰炸行动都不太感兴趣，而是计划在地面上粉碎日本的抵抗，就此而言，原子弹可能挽救了数百万平民的生命，使他们免于被卷入盟军登陆后的战斗旋涡中。

到了这一年的6月，美国和英国海军在近海以重型军舰炮击沿海港口、钢铁厂、其他工厂和城市，进一步惩罚了萎靡不振的敌人。在空中巡逻队的掩护和海上舰队驱逐舰的保卫下，美国的"威斯康星号"和"艾奥瓦号"战列舰（16英寸主炮）和英国的"乔治五世号"（14英寸主炮）战列舰向日本不幸沿海的目标开火，有时护卫舰和驱逐舰也获准加入炮击。例如，7月14日，日本在釜石的钢铁厂成为炮击目标，7月19日，日立沿岸的工厂遭到炮击，当然，其中许多工厂已经没有用于战时生产的物资了。这些行动实际上一直持续到第二颗原子弹被投下、正式的"停止敌对行动"命令传到各舰队之后。意大利和德国在最后几周没有遭受这样的命运和羞辱，并且在第一次世界大战中也没有发生过任何这样的事情。胜利者用尽手段不遗余力地羞辱战败者。正如海军将领们承认的那样，这给了他们的战舰一个难得的最后机会，可以尽情向敌人目标开炮。[34]

当然，海军沿海炮击，毁灭性的B-29轰炸机从空中投掷燃烧弹，以及加强潜艇封锁，所有这些行动都是为真正攻入日本本土做准备，而那也将成为历史上最大规模的两栖登陆战。美国的策划者们给这场大规模登陆日本本土的行动起了一个相当夸张的名字——"没落行动"（Operation Downfall）。这一行动将由两个阶段组成，第一个阶段规模较小，是原计划在1945年11月初登陆九州岛南部的行动，名曰"奥林匹克行动"（Operation Olympic）。即使是这场规模较小的行动，其规模也超过了以往任何一次海上进攻，部署的兵力之多让人目瞪口呆，有67万美军（11个陆军师和3个海军陆战师）、数千艘登陆艇、成千上万架飞机等等。然而，对于海军历史学家来说，真正激发想象力的是计划中的水面舰队，其中包括24艘盟军战列舰（新的和旧的），由400多艘驱逐舰护航，还有大约42艘航空母舰。它们将执行近距离炮击海滩

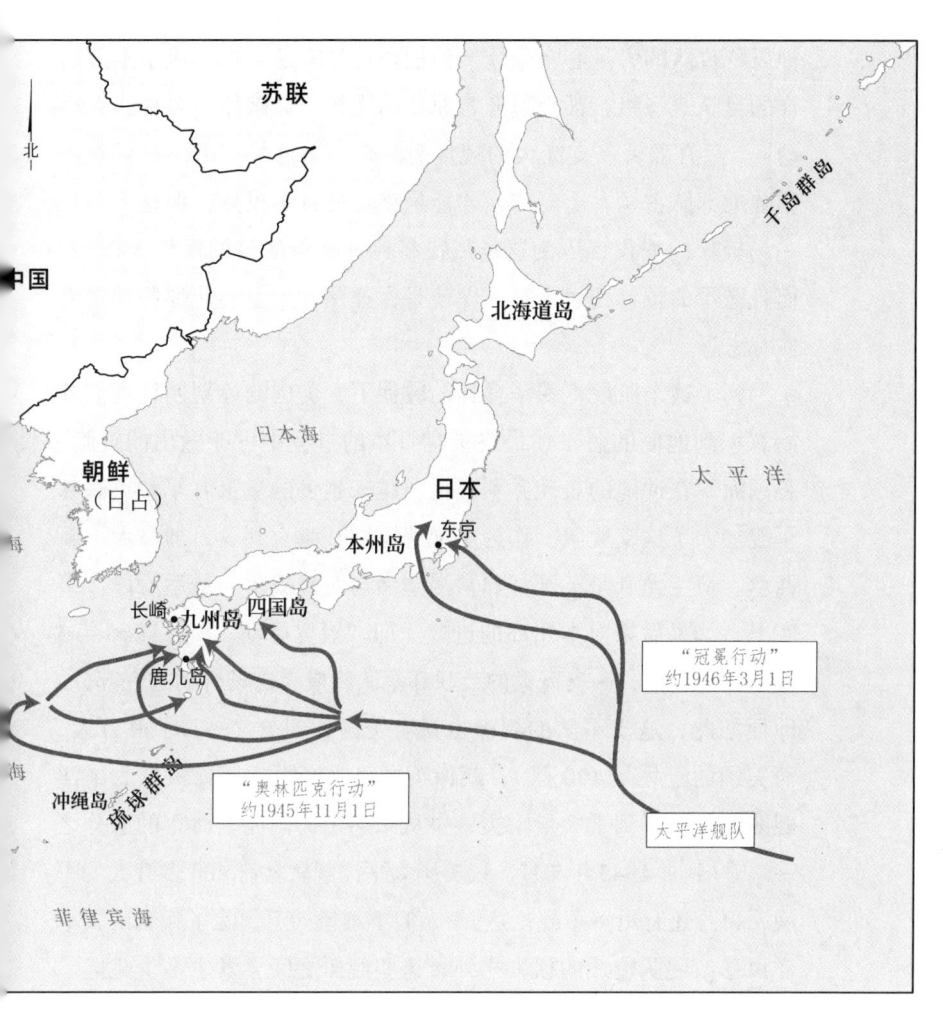

地图15 "没落行动": 1945年至1946年进攻日本本土的计划

和拦截来自大陆的神风特攻队等任务。事后看来，如此兴师动众似乎是小题大做了，但当时美国的规划者们仍然对冲绳岛战役中神风特攻队的力量心有余悸，他们预计日本还会出动成千上万这样的自杀式飞机，甚至是非常原始的飞机，以破坏"奥林匹克行动"。只有部署一支庞大的现代舰队来击退这些攻击，然后真正用陆地部队占领本土岛屿，才能最终迫使日本投降。但这不会是一场轻松的战役，因为这场战役将比冲绳岛战役的规模大得多，而且盟军的预计伤亡人数（即使是保守估计）也会让那些知情者非常忐忑。[35]

到了这个阶段，在华盛顿的敦促下，美国的计划制订者们开始意识到他们的盟友在最终推翻日本的过程中可能做出的贡献。英国海军在冲绳的表现并不逊色，越来越多的皇家海军和英联邦军舰加入了这支舰队。作为美国的盟友，澳大利亚、加拿大、新西兰、荷兰尤其是英国都非常渴望参与对日战争的最后阶段。事实上，如果后来对本州岛的进攻（即"冠冕行动"）在1946年3月按计划进行，一支庞大的英联邦军队将成为这场行动的一部分。即便如此，这支军队的规模也只有美国的四分之一（100万人，而美国的士兵是400万），就像英国皇家海军规模庞大的太平洋舰队，虽然得到了大量增援，也从未超过美国庞大海军的五分之一。[36]到了1945年7月，仅美国太平洋舰队就有400多艘大型军舰，每月还有更多军舰抵达。（人们不禁想知道，除了频繁的太平洋风暴给舰队造成的损失之外，这些舰艇之间会发生多少碰撞。）而这一切距离新的"埃塞克斯号"航母首次抵达珍珠港仅仅两年。在战争的这个阶段，"萨拉托加号"已经被修复，但沦落为一艘飞行员训练船。如果这艘航母上的老船员得知了太平洋海军规模的急剧扩张，并回忆起不久之前"萨拉托加号"作为美国在太平洋上为数不多的航母之一的时光，他们一定会不胜唏嘘。

8月6日，美国在广岛投下第一颗原子弹，三天后在长崎又投下一颗原子弹，苏联仓促参战，随后日本迅速投降，一切都变了，导致"没落行动"的计划成了历史档案。在接下来的几天里，美国水面战舰和潜艇在日本海岸附近巡逻，美军飞机与任何出现的日本飞机（包括神风特攻队）缠斗在一起。如前文所述，对沿海设施的炮击还在继续，直到双方的部队逐渐开始收到停火指令并停止军事活动。美国联络小组开始进入日本港口，安排移交控制设施。盟军总部做出决定，让有些中队前往悉尼和珍珠港休息，另一些中队留在东京湾参加盛大的投降仪式。

当然，制造和投掷原子弹与海上力量关系不大，而是和美国技术与经济实力的新阶段有关。一架飞机投下一颗炸弹就能一举摧毁一座城市，少量这样的炸弹就能摧毁一个国家，这种想法与海战、护航、残酷封锁或快速驱逐舰行动的传统世界格格不入。核战争存在于另一个领域，具有非常不同的破坏性和非常不同的资源投入。据估计，整个曼哈顿计划花费了到此时为止难以想象的20亿美元（一艘"埃塞克斯"级航母的成本约为7500万美元），这是其他任何一个参战国也负担不起的。然而，它并不是第二次世界大战中最昂贵的武器项目，这个或许有点可疑的荣誉属于庞大的"超级堡垒"B-29项目，据估计，该项目耗资高达30亿美元。[37]但在这里，单纯的经济成本显得无关紧要。1945年8月初一个晴朗的早晨，原子弹把世界带入了一个新的军事时代。对于在太平洋战场上作战的每一个美国人来说，一种全新的武器终结了敌对状态的消息让人松了一口气。但我们将看到，这却引起了海军将领们的困惑和担忧。

太平洋战争的结束具有深刻的象征意义,突出了盟军海上实力的胜利,特别是美国海上实力的胜利。虽然有过一些先例,但也不尽相同。1914年至1918年的海上冲突以停战协议结束,直到八个月后,德皇公海舰队的残部才在斯卡帕湾投降。正如我们所看到的那样,1943年9月,意大利战斗舰队驶入马耳他时,在一定程度上重演了这一幕。到1945年初,德国的水面海军基本上消失了,所以只有U艇留下来投降或被扣留在国外。可以这么说,盟军与第三帝国长达六年的海上战争以一种虎头蛇尾的方式结束了。

相比之下,1945年9月2日上午,盟军战胜国在东京湾举行了隆重的仪式,麦克阿瑟接受了日本帝国大本营的正式无条件投降,这标志着日本的战败。这一事件发生在巨大的新战列舰"密苏里号"的甲板上,这无疑是美国海军规划者精心设计的,因为这艘战列舰是以杜鲁门总统家乡所在州的名字命名的。400多架飞机列队掠过"密苏里号"的上空,更加凸显了胜利者的实力。不过,这一事件并没有被打造成一个粗鲁的凯旋式,麦克阿瑟和尼米兹在仪式上的发言都强调了和解,还强调要建立一个和平与正义的世界新秩序,毕竟战争已经结束。胜利者的态度坚决而庄重。日本代表团默默地签署了投降书,然后就离开了。随后,各式军舰上举行了各种较小的仪式。人们的宽慰和自豪之感溢于言表。在这个具有历史意义的日子结束时,在伟大的海军将领威廉·哈尔西的见证下,"乔治五世号"战列舰上的一支英国海军乐队演奏了美妙的圣公会赞美诗《晚间颂声歌》。这确实非常应景。[38]

在接下来的几个星期里,美国的航母、战列舰和巡洋舰,还有附近的一些英国太平洋舰队的军舰，都停泊在东京湾。太平洋上炙热的太阳每天都掠过停泊的舰队，然后落到西边的山上，最后从富士山上落下。还有什么比这更能象征日本帝国的终结呢？

第五部分

影响与反思

第十一章
二战中的海军和海权：一次盘点

1945年8月初，就在"胡德号"和"巴勒姆号"一起停泊在马耳他大港仅仅7年后，另外两艘大型军舰在另一著名水域——英格兰西南部普利茅斯的哈莫兹河口（Hamoaze estuary）停泊。对面是历史悠久的德文波特皇家海军基地，但普利茅斯港在很久以前就在航海史上占据了一席之地，可以追溯到弗朗西斯·德雷克和约翰·霍金斯的时代，追溯到英国海权的发端。因此，绘画52中的一艘巨大灰色船只是久负盛名的"声望号"战列巡洋舰，这是皇家海军中第七艘以这个名字命名的战舰，也是一艘在二战期间真正表现出伊丽莎白时代作战风格的战舰。眼尖的观察者可能已经注意到，虽然它的上层建筑上飘扬着庆祝的旗帜，但"声望号"的几个炮塔有点不对劲。不过，第二艘军舰没有什么不对劲的地方，它就是美国总统专用的重型巡洋舰"奥古斯塔号"。

这一事件发生在杜鲁门总统开完历史性的波茨坦会议（7月17日至8月2日）后返回时，他从柏林飞往英国，然后乘火车前往普利茅斯港，总统的指挥舰就停泊在这里。在驱逐舰的护送下，

"奥古斯塔号"将迅速返回华盛顿。值得注意的是，这次短暂的总统访问不仅具有许多历史象征意义，而且这两艘船本身也承载了大量的历史。当然，军舰的选择绝非巧合，因为这两艘军舰不仅参加了战争中一些伟大的海战，而且还多次被选中载着本国领导人出席重大活动。也许"奥古斯塔号"巡洋舰上的一些船员还记得1941年他们把总统送到纽芬兰的阿真舍港（在那里，他和英国首相丘吉尔一起签署了《大西洋宪章》），记得它在北非和诺曼底登陆中作为指挥舰所做的努力，记得它在1945年初把参加完雅尔塔会议的罗斯福和他的幕僚接回来时所发挥的作用。而"声望号"战列巡洋舰是约翰·费舍尔海军元帅的最后一艘战列巡洋舰，从战争开始到结束，一直在欧洲海域的海战中发挥着重要作用：它是从直布罗陀出发的H舰队的领头战舰，是马耳他护航的中坚力量，也曾参与对"俾斯麦号"的追击，还曾把丘吉尔送去参加魁北克会议和开罗会议。[1]它们身上承载了太多的历史。

现在，在普利茅斯港，作为总统访问的第一部分，杜鲁门先生登上了这艘英国战列巡洋舰，向乔治六世国王正式致敬，后者作为海军元帅，身着制服，光彩照人。一天后，即1945年8月4日，国王应邀到"奥古斯塔号"上视察。与他同行的还有克莱门特·艾德礼（Clement Attlee），他在1945年7月英国大选后接替丘吉尔成为首相。这本身也颇具象征意义，意味着伟大同盟的领袖已不复存在，因为此时罗斯福已经去世，丘吉尔也隐退乡村。

当天晚些时候，"奥古斯塔号"起锚，驶过康沃尔郡的最南端，载着自由世界的领导人驶入大西洋。下船后，杜鲁门计划继续在美国国会两院会议上发表讲话，并向他们简要介绍他们要承担的新的重任。从盘旋在高空的海鸥或鱼鹰的角度来看，"奥古斯塔号"看起来就像其他舰艇一样，一艘貌不惊人的灰色小型战舰，在大西洋的波涛中穿行。然而，它从旧世界驶向新世界时，无疑代表了全球历史上的一个分水岭，就像四个世纪前的大帆船离开来航（里窝那）、热那亚和其他地中海港口前往西方目的地一样。

但其意义不止于此，甚至比美国如此决定性地成为世界上有史以来最强大的国家这一事实更重要。因为在乘坐"奥古斯塔号"航行的第二天，显然是在他到达港口之前，杜鲁门最终授权向日本广岛投下原子弹。不到两天后，在地球的另一边，一架名为"伊诺拉·盖伊号"（Enola Gay）的B-29轰炸机投下了原子弹，从此，国际事务——以及其中的海军——发生了翻天覆地的变化。整整75年后，人们仍然很难理解到底发生了什么，更不用说理解自战争开始以来出现的技术创新了。人们很难理解这样一个事实：一个人在爱尔兰西部某个海域的船上做了一个决定；这个命令经过华盛顿、圣迭戈和珍珠港无线传输到最近在地球另一端马里亚纳群岛的提尼安岛建造的美国轰炸机基地；一架巨大的B-29轰炸机随后起飞，向北飞行了六个小时，投下了一颗炸弹，摧毁了整个城市。当消息传开，这一项目的负责人罗伯特·奥本海默（Robert Oppenheimer）援引印度教经典《薄伽梵歌》中的一句话，喃喃地说："现在我成了死神，世界的毁灭者。"[2] 一个既有的、可理解的世界秩序——虽然是一个饱受战争摧残的世界秩序——现在似乎发生了变化。在这个世界中，巡洋舰和战列舰曾经发挥重要作用。

凄惨的命运正等待着老旧的"声望号"战列巡洋舰。早在1945年5月，海军部就已经把它从现役中除名了，不久之后，它的副炮上的炮塔被拆除。但该舰上的拆解工作突然被叫停，以便

第十一章 二战中的海军和海权：一次盘点 429

它在杜鲁门访问时代表英国皇家海军,因为当时所有现代"乔治五世"级战列舰都在太平洋舰队服役。不久之后,由于这艘著名的战列巡洋舰已经失去了其用处,它奉命驶往克莱德造船厂,而这里正是它40年前下水的地方。部分被拆除后,它在那里又待了一段时间,最终于1948年夏天报废。由于当时有许多其他老旧的英国军舰正在报废,它的消失几乎没有引起人们的注意。这让人不得不感叹荣华易逝。

"奥古斯塔号"和"声望号"曾经极为出色地参与的那场战争是一场漫长而艰苦的战争,海上的战争尤其如此。但是,当辽阔的洋面上和狭窄水域的战斗都结束了,可以进行回顾性分析之时,历史学家可能会提出这样的问题:1939年至1945年这场海上冲突是如何与海军战略的宏大理论相吻合的,吻合的程度如何?也许最好换个角度来思考这个问题,思考一下在第二次世界大战的海上战争中,关于海军战略的各种思想流派(见第三章)在多大程度上得到了验证。从1939年9月"勇敢号"航空母舰在爱尔兰海域被鱼雷击沉到1945年6月盟军炮击日本沿海,在长近六年的战争中,海军交战的数量和种类如此之多,真的有可能回答这个问题吗?

其实这个问题的措辞已经隐含了这个问题的答案:二战期间全球范围内的海战种类繁多,没有任何一种海战理论可以适用于所有的战役。正如我们在前几章中所试图做的那样,我们最好把第二次海上大战理解为由三场持续多年的、独立的、只是有时相互关联的斗争组成:第一场是从1941年年末到1945年年中为争夺太平洋的控制权而展开的战斗,第二场是从1940年6月到1944年7月登陆法国南部的短暂而激烈的地中海战役,第三场是持续时间最长的、贯穿整个欧洲战争的大西洋航道之战。可以肯定，在这场战争中，只有很少的军舰有机会在所有三个战区作战。[3]也许只有它们的船员能因此而看到这场巨大的海上冲突的多面性。而只有在这三个地区都经历了战斗，他们才会体会到地理环境如何一次又一次地发挥如此重要的作用。从狭小的地中海水域到辽阔的太平洋，再回到格陵兰岛和冰岛以南的重要护航路线，距离和物理环境决定了海战的方式。

在评判这三个战场的海战在多大程度上与不同战略思想流派相吻合时，也许发生在太平洋战场的海战是最容易总结的。太平洋海战从意图上讲在很大程度上是一场马汉式的较量，这场海战始于日本对珍珠港的美国战斗舰队的偷袭，在很多方面类似于日本在1904年对旅顺港俄国舰队的先发制人的打击。当时日本帝国海军的问题是，它击沉或击伤了太多的美国战列舰，以至于没有了可以与其进行水面交锋的战列舰对手。在上一场战争中，即1905年5月的对马海战中也发生过这样的情况。这使得1942年的日本海军将领们转而寻找方法来牵制行踪不定的美国航空母舰，试图让他们自己的航空母舰设下陷阱。他们精心策划的进攻中途岛的行动导致灾难性地损失了如此多的舰队航母后，从1942年中期到1943年底，日美力量平衡变得其实有点奇怪。日本海军拥有许多大型战列舰，但缺乏舰载航空中队，因此不敢向前推进，而与此同时，美国太平洋舰队没有战列舰，只有几艘珍贵的航母。随着1944年初一支庞大的美国海军到来，这一切都发生了变化，但直到当年10月，日本海军才得以尝试另一个精心设计的陷阱，这次是在莱特湾，利用各种战列舰群，结果遭到了一次又一次打击。美国的舰载机摧毁了日本的部分战斗舰队，美国的潜艇击沉了其他大型军舰，另一支舰队在苏里高海峡遭到老式的炮火攻击。因此，整个莱特湾海战虽然是一场马汉式的胜利，但不像特拉法尔加海战或日德兰海战那样是一场战列舰大战。此后，日本主力舰队不复存在，局势完全逆转。当美国海军计划真正攻入日本时，它可以部署20多艘战列舰，但那时它们已经找不到对手。它们的火炮只能瞄准日本海岸的目标或神风特攻队。到了战争的这个阶段，日本的商船交通也因为美国的潜艇打击而瘫痪，所以日本的全面失败有一定的科贝特理论的影子。最终这几乎无关紧要，因为其中一方的实力是另一方的六倍到八倍，战争的胜负是毫无疑问的。

相比之下，历史学家一致认为，大西洋海战最像是一场根据科贝特的理论进行的海上交锋。从二战一开始，或者最迟在法国沦陷后，双方的战略考验就都很清楚：轴心国能否扼杀至关重要的通往不列颠群岛的海上贸易路线？如果它们成功做到了这一点，英国自己的未来将是严峻的。因此，这从来就不是一场战斗舰队之间的战争。即使是像"施佩伯爵号"、"沙恩霍斯特号"、"格奈森瑙号"和"俾斯麦号"这样的大型德国水面舰艇进行的几次攻击，实际上也是为了破坏盟军的护航运输队而进行的商业袭击，而不是为了挑战制海权。即使是通往摩尔曼斯克的北方交通线上发生的那些激动人心的海战（巴伦支海海战和北角海战），也只是实力较弱一方的破交船与盟军护航运输队之间的进一步战斗。事实上，德国海军的水面舰队规模太小，不得不（当然是不情愿地）采取"破交战"的战略。相比之下，卡尔·邓尼茨的潜艇部队却乐于攻击盟军的贸易，并且在六年的艰苦岁月里干得非常出色。也许只有一次，在1943年3月左右，正如海军部的记录所述，它几乎要"把旧世界和新世界分隔开来"，而仅仅三个月后，这一危险就被盟军非凡的海空部队击退了。正如官方历史学家斯蒂芬·罗斯基尔所指出的那样[4]，大西洋之战的总体性质意味着它永远不可能像尼罗河战役那样具有大规模舰队战的特点。相反，这里的胜利或失败只能通过稳定的统计数据来衡量，包括损失商船的吨位、沉没潜艇的吨位，以及到达英国的货物的总吨位，这些货物不仅给岛上的居民提供了食物，也为登陆欧洲本土的行动储备了补给。

在地中海较窄的水域进行的三年昼间（往往还有夜间）激烈战斗，产生了无数的战例，有争夺制海权的重要水面行动，也有为了维护商船的海上交通线而展开的持续斗争。毕竟，这片海域的战争是随着英国皇家海军对凯比尔港的法国舰队的无情轰击开始的，这一行动完全可以与1801年哥本哈根海战中纳尔逊对中立的丹麦海军先发制人的攻击相提并论。不久之后的卡拉布里亚海战并没有分出胜负，这很好地预示了此后意大利和英国战斗舰队之间的水面战争将会如何展开。意大利舰队会出动，但总是希望获得有利的条件，在安德鲁·坎宁安将军的地中海舰队出现之前对英国的商船队发起攻击，或者只遇到皇家海军的少量军舰。由于对皇家海军的火力和航空母舰心存忌惮，意大利海军将领经常在英国舰队靠近之前取消出击。在马塔潘角海战中，意大利舰队在夜间被装备雷达的英国战列舰击败，这里有出其不意的因素。也许意大利海军在地中海占据水面优势的最佳时机是在1941年底，当时英国皇家海军的许多重型军舰被击沉或损坏。但当时轴心国并没有采取包括夺取马耳他在内的进攻型战略，而到了1942年，当丘吉尔和庞德都愿意将极多的海军资源投入这个战场（尤其是"基座行动")时,再这样做就为时已晚了。随着英美占领北非和轰炸机部队集结,以及剩余的意大利水面舰队燃料耗尽,盟军战列舰在地中海的作用越来越小,只能作为进一步登陆的两栖支援舰。1943年9月,德国空军对投降的意大利舰队的临别打击,与其说是为了影响海军力量的平衡,不如说是一种恶意行为。而法国水面舰艇的剩余部分已经在十个月前在土伦沉没。无论如何,在这片水域没有留下大型舰队来证明马汉的理论是对是错。

相比之下,在整个地中海的战争中,轴心国一直努力让隆美尔和格拉齐亚尼在北非的军队的重要补给线保持畅通,而皇家海军则努力从两个方向派出护航运输队增援马耳他,在战争的关键时刻,甚至让护航运输队直接穿过去,为在埃及的英国第八集团军提供补给。根据伍德曼(Woodman)的统计,1940—1942年,皇家海军对马耳他进行了不少于35次的大规模补给行动(航母派出救援飞机的行动、潜艇行动和快速布雷艇的行动都没有算在其中),这些行动中的大部分都付出了惨重的代价,还有几次船队不得不折返。[5]科贝特在其海军著作中经常说,如果护航运输队能不受干扰地到达目的地,海军战略就会成功实现。在激烈角逐的地中海战场,这样的情况从未出现过。与北大西洋之战(大多数商船确实毫发无损地到达目的地)不同,在1940—1942年,大多数护航运输队在通过地中海水域时多多少少都有一些损失。

在1939年至1945年的冲突中,除了水面舰队在全球范围内的行动和对海上交通线的争夺之外,还有另一种非常不同的海战形式,那就是两栖战。在盟军走向胜利的过程中,这种作战形式发挥了越来越重要的作用。毫无疑问,这是英美海上力量的一种展现。这种形式的战役在大西洋、太平洋和地中海各战区都出现了，这些战役当然也是盟军最终胜利的关键。同盟国公开要求对手无条件投降，这意味着如果不投降，总有一天会大军压境，向敌人的首都进军，而这也将意味着大规模的两栖作战，以夺取对手的家园和通往那里必经的所有地点。盟军的两栖登陆行动有很多，从早期在挪威战役和克里特岛战役的失败到瓜达尔卡纳尔岛战役和北非战役的首次推进，然后是在太平洋中南部和地中海中部的推进，接着是诺曼底战役、"铁砧行动"、硫黄岛战役和冲绳岛战役。随着原子弹被投下，原计划对日本本土进行的最大规模的两栖作战行动被取消了。在此意义上，这确实是一场"没落行动"。费舍尔元帅的梦想得以实现：随着成功的海上力量转变为胜利的陆上力量，陆军将被视为海军向敌人海岸发射的巨大炮弹。虽然许多小型两栖作战工具在1945年后被废弃，但作战技术和指挥结构被保留下来，并在仁川和苏伊士运河战争中重新发挥了作用。

那么，此时可能要问，海上战争到底是什么时候"打赢"的呢？当然，从正式意义上上讲，直到1945年5月初德国潜艇大规模投降，三个月后日本投降，这种情况才出现。但是在此前的战斗的某个阶段，形势已经很明显，一方面临失败，而另一方胜利在望。从本书叙事性的章节可以看出，海上战争的这一阶段比其他一些历史作品所表明的要晚得多：在太平洋战争中，将1942年6月的中途岛战役称为这场斗争的决定性转折点还为时过早，真正的分水岭是1943年底切斯特·尼米兹的新舰队大举进攻吉尔伯特群岛；在大西洋，英国海军部在了解1943年5—6月德国潜艇损失的程度和邓尼茨的召回命令之前，几乎不敢相信战争的结束近在咫尺；在地中海和北非，可能是因为战斗发生在更狭小的范围内，到了1943年初，人们已经可以看到"开端的结束"。当然，从更大的物质层面上讲，也许早在1941年12月，胜利就已经向一方倾斜了，当时美国加入欧洲战争，苏联幸存下来，这意味着世界上大约四分之三的军事和经济力量正在与四分之一的力量作战。然而，正如我们在第八章中所论证的那样，即使在这个更深层次上，也是直到1943年，军事生产平衡的巨大转变才发生。

虽然它们总是相互关联的（仅仅因为海空资源可以从一个战区转移到另一个战区），但历史学家通常把二战中的三大海军战场作为独立存在的来处理，它们分别是包括东亚在内的太平洋战场，地中海和近东战场，以及包括西欧在内的大西洋战场。以1943年为例，这三个地区都发生了大规模的海上战争，但是海军历史学家需要记住，这场斗争是全球性的，同时也发生了另外三场大规模的战役，分别是东线的战役，盟军的战略轰炸行动，以及中国人民的抗日战争。在第二次世界大战中，以上六个因素是互相关联的（相对来说，中国的抗日战争与其他几个因素之间的关联性比较小）。因此，和苏联之间的斗争迫使纳粹德国把大量本来可以用于海军的人力和工业资源投入东方战场，而通过海路运输到苏联的大量武器装备（飞机和卡车）极大地提高了苏联的战斗力。苏联击溃德国国防军帮助英美赢得了海上的胜利，同样，英美在海上的胜利也帮助苏联赢得了东线的战争。纠结于哪一方发挥了更大的作用并没有多大意义。[6]然而，有一点是明确的，那就是在这场全球斗争的大多数领域，轴心国的地位在1943年底之前已经严重受损。在此过程中，海上力量功不可没，因此，海权对历史的影响是不容置疑的。

历史学家柯瑞里·巴尼特令人信服地指出，重大的军事冲突是所有事情的"盘点员",因为只有当社会动员起来进行大规模战争时,整体的每一部分才会受到考验:国家方向、战略决策、生产资源、科学技术能力、武装部队及其武器系统。[7]从这个角度来看,很明显,第二次世界大战不仅考验了第二章中描述的所有六个国家的海军,而且还"盘查"了其主要军舰类型,因为面对1939年9月以后出现的新的战斗环境,不同的舰艇系统显示出不同的应对能力。在英国海军部为另一场大规模的海上斗争做好充分准备之前,德国潜艇击沉了一艘英国航空母舰和一艘英国战列舰,从而拉开了欧洲海上战争的序幕,而太平洋战场的海上战争则是以空中突然袭击开始的,这也许并非仅仅是象征性的。现代不对称武器的时代已经到来。

在所有的战舰类型中,曾经作为战前海军主力的战列舰最难适应新的大规模海上战争,但是对于不同国家的海军来说,其原因是不同的。1939年,即使是最敏锐的海军军官也无法预见到,他们的战舰竟然会在仅仅五六年后就过时了。在战争开始时,六国海军都在努力尽快将最新的战列舰投入使用,其中包括意大利的"利托里奥"级、英国的"乔治五世"级、法国的"黎塞留"级、美国的"北卡罗来纳"级、德国的"俾斯麦"级和日本的"武藏"级。其他国家正在建造这类战列舰的事实意味着每个海军都必须建造更多的此类战舰。法国舰队的沉没意味着少了一个竞争者。随着德国海军为数不多的几艘大型战舰——"俾斯麦号"、"沙恩霍斯特号"和"提尔皮茨号"——先后沉没,另一支水面海军被摧毁。意大利战列舰遭到空中袭击,被包围,然后在1943年被要求投降。英国皇家海军数量不足的无畏舰舰队在不同战区之间穿梭,损失惨重,伤痕累累,但总体表现良好。但是,当1944

年四艘现代化的"乔治五世"级战列舰被派往太平洋时,大舰巨炮的时代即将结束。也许日本人应该为此负主要责任,因为他们在珍珠港彻底消灭了美国的战斗舰队。当新的战列舰到了尼米兹手中时,他的航母特遣舰队已经接管了太平洋的海上战争,在摧毁日本海军的大部分力量。因此,在整个1945年,英国和美国的战列舰只有两个任务:作为防空平台,抵御神风特攻队对己方航母的攻击,以及炮击敌方的海岸设施。在公海上进行大规模舰队交火的时代已经过去了。事实上,第二次世界大战对这种作战方式从来都不友好。

相比之下,在这场海上战争中,每一支海军的巡洋舰作为力量投射平台都自始至终发挥着不可或缺的作用,为战斗舰队提供侦察,在危险水域提供护航,为两栖作战提供炮击支援,或与敌方的巡洋舰展开交锋(例如,在马塔潘角海战、第二次苏尔特海战和发生在西南太平洋的几场战役中)。"谢菲尔德号"巡洋舰曾经参与挪威战役、H舰队巡航、追杀"俾斯麦号"、马耳他护航等等,像它这样的情况实际上并不罕见,但巡洋舰为如此频繁的部署付出了沉重的代价。因此,在第二次世界大战期间,大多数海军损失的巡洋舰的百分比可能高于所有其他类型的舰艇。意大利的巡洋舰有大约一半被击沉。德国的"希佩尔海军上将"级重型巡洋舰和"纽伦堡"级轻型巡洋舰遭到了系统性的破坏和轰炸。日本庞大的重型巡洋舰舰队在莱特湾战役结束时已被摧毁。皇家海军在战争中损失了至少28艘巡洋舰,约占其总数的36%。到战争结束时,几乎所有国家的海军(澳大利亚、荷兰、英国和法国海军)都不再使用8英寸主炮的重型巡洋舰了——只有美国海军还能继续使用——然而,在未来的几年里,这些国家仍然需要某种规模可观的水面战舰，因此，全新级别的轻型巡洋舰和防空巡洋舰（后来装有反导"宙斯盾"系统）进入了舰队。[8]

然而，在这场战争中，舰队驱逐舰及其稍小一些的型号——护航驱逐舰——比其他任何类型的军舰都更加突出。在整个战争期间，驱逐舰确实当得起"舰队老黄牛"的称号。快速舰队驱逐舰被一次又一次地投入战斗，并因此而遭受相应的损失。德国海军在纳尔维克峡湾损失了全部10艘驱逐舰就是这方面的一个极端例子，而在不久之后的敦刻尔克战役中，皇家海军有20多艘驱逐舰沉没或严重受损。在地中海战役中，英国和意德（U艇）舰队之间反复的舰队交战或护航战导致了大量军舰的损失，特别是在马耳他海峡和克里特岛附近。地中海的海底有些地方看起来一定像阴森森的海军墓地。在历时六年的大西洋海战中，尽管主要是由护卫舰、轻型护卫舰、小型护卫舰和（美国海军）护航驱逐舰作战，但英国皇家海军和盟军的舰队驱逐舰仍然付出了相当大的代价。由于在所罗门群岛和俾斯麦群岛爆发的战斗，神风特攻队对执行巡逻任务的驱逐舰所造成的损失，以及美国对日本驱逐舰和其他战舰的轰炸和潜艇攻击，日本和美国的驱逐舰损失也非常大。记录显示，美国海军在第二次世界大战中损失了70多艘驱逐舰，当然，它建造的驱逐舰的数量是这个数字的六倍多。到战争结束时，日本海军损失了135艘驱逐舰，几乎是其所有的驱逐舰。德国海军损失了27艘驱逐舰，也几乎是其所有的驱逐舰，而意大利在投降前损失了43艘驱逐舰。皇家海军的驱逐舰舰队在整个战争期间一直处于服役状态，损失了153艘驱逐舰，占其驱逐舰总数的三分之一以上（和巡洋舰一样）。

在所有的海军战场上，舰队驱逐舰和护航驱逐舰，连同与之配套的飞机，都花费了大量的精力消灭敌人的潜艇，而且取得了很好的战绩，因此，如果说潜艇部队在第二次世界大战中的表现也很出色，这可能有点令人惊讶。毕竟，到战争结束时，三个轴心国的潜艇舰队要么被彻底摧毁，要么被遗弃。在短短三年的冲突中，意大利海军损失了85艘潜艇，几乎是其全部，而日本海军损失了约127艘潜艇（仅1944年就损失了约53艘）。与此同时，正如我们所看到的那样，德国海军的潜艇部队在整个战争中损失了惊人的780艘U艇，其中大部分是在大西洋海战中损失的。然而，正是通过这场争夺商业航线控制权的斗争，以及通过被德国潜艇击沉的大量盟军舰船，这种武器的威力得到了证明。只有U艇有机会挫败英美的胜利计划，虽然这个机会只在1942—1943年闪现。在战争的最后几个月里，德国海军推出了革命性的U艇，配备了通气管和海下充电设施，拥有惊人的水下速度，这一事实意味着西方国家的海军只是勉强躲过了一场本来可能会发生的激烈海战。难怪就像纳粹的其他神奇武器一样，美国和英国在战后争相获取这些新技术。

对于被称为"沉默的兵种"（Silent Service）的皇家海军潜艇部队来说，自己在这场战争中的表现还是令人满意的，虽然很少有人知道这一点。在整个战争中，英国皇家海军损失了76艘潜艇，占其潜艇总量的32%。在狭小的地中海海域发生的战斗中，其潜艇损失的数量最多，而这就是为什么意大利军队击沉的英国潜艇（37艘）比德军要多（24艘）。较小的英国潜艇最适合在北海和波罗的海入口处与德国海军作战，而1942年后被派往东方打击日本商船和重型军舰的是较大的潜艇。到战争结束时，潜艇部队的规模注定要再次萎缩，因为似乎已经没有什么潜在的敌人。

相比之下，美国海军的潜艇部队得到了更多的关注。美国潜艇起步较晚，但是后来居上，成功摧毁了日本的商船，给日本的战列舰、航空母舰、重型巡洋舰和更多的军舰造成了巨大的损失。在战争盘点中，美国潜艇确实表现很突出。到了1945年及之后，潜艇倡导者认为，仅仅凭借潜艇的力量就可以击败日本，这种观点即便到了美国在日本投掷原子弹以后仍未彻底消失。美国潜艇部队的战后故事变得更加引人注目：在新的冷战背景下，海军将领海曼·里科弗（Hyman Rickover）首先引入核动力潜艇，然后赋予它们发射弹道导弹的能力，使其技术更先进，更具战略意义。

在1945年之后的年月里，虽然诸如巡洋舰、驱逐舰和（美国）潜艇等强大而昂贵的海军武器系统似乎未来有了保障，但其他水面舰艇很快就失去了用武之地，从而也失去了在盟军舰队中的地位。几乎所有的小型护航航母，不管它们在大西洋海战中扮演了什么角色，也不管它们在太平洋战争的两栖作战过程中发挥了多大的作用，都要么迅速报废，要么被改装成商船，要么被送给或出售给较小的海军。成千上万的登陆艇报废或被出售并用于商业方面，毕竟，在日本投降后，还需要一支庞大的登陆艇舰队或海军工程兵来干什么呢？在著名的盟军战舰的"庭院拍卖"中，最糟糕的是数百艘较小的轻型巡洋舰、轻型护卫舰和护航驱逐舰的命运。毕竟，在整个战争期间，它们在保护大西洋商船队方面发挥了至关重要的作用。事实上，到了1953年，皇家海军所有著名的"花"级轻型护卫舰都已经报废或被出售了——其中294艘是匆忙建造的，并在战争期间执行特殊任务。在那一年拍摄著名电影《沧海无情》（The Cruel Sea）的过程中，制片方竟然找不到一艘同类型的舰艇来充当英国皇家海军"罗经花号"（Compass

Rose)。最后他们在希腊海军那里发现了一艘同类舰艇，于是就借了过来，但是几年后这艘舰也报废了。[9]这个国家就是这样来对待这些功臣的。事实是，所有这种军舰都是以最急功近利的方式建造和投入战争的，就像为了运送盟军急需的物资而建造的几千艘自由轮一样。随着胜利的到来，它们也就失去了用场。战争确实就是盘点和算账。

二战中，航母崭露头角，并且大放异彩，给美国海军带来了极大的优势，英国皇家海军虽然在后期迎来较大发展，在航母的规模和能力方面都有巨大提升，但和美国海军相比仍然相形见绌。当然，对于三个从一开始就没有航母的国家的小海军来说，远程海军航空兵是不可能拥有的。即使是德国空军专门针对军舰的第十航空军也无法与埃里希·雷德尔或卡尔·邓尼茨的航母舰队相提并论。日本海军航空兵在这场战争中表现出了一种最极端的对比。在太平洋战争的最初六个月里，日本拥有世界上最有效、最令人印象深刻的航母舰队。在珊瑚海海战中，日本海军遭受重创。在后来的中途岛海战中，日军又损失了四艘航空母舰及其机组人员。对于日本海军来说，在那之后，一切都结束了。1942年6月之后，日本航母一事无成，表现平平。日本海军并不缺少航母，因为它还有两艘舰队航母和四艘不错的轻型舰队航母，而当时威廉·哈尔西将军只拥有"萨拉托加号"和"企业号"航母。但日本缺乏优秀的航母将领，最重要的是，和美国相比，日本缺乏训练有素的飞行员。正如"马里亚纳猎火鸡"所表明的那样，P-38"闪电"战斗机和（尤其是）"地狱猫"战斗机的出现进一步扩大了差距。事实上，在莱特湾战役中，日本计划的一部分是将其剩余的五艘航母（几乎都没有舰载机）作为诱饵和牺牲品，引诱美国主力舰队北上，而日本帝国海军的另一部分则在南部发动突袭。不管是当时还是现在，这一事实都令人难以置信。从此以后，日本海军已经名存实亡。当日本最后一艘航母、从大型战列舰改装而成的巨型航母"信浓号"于1944年11月被美国"射水鱼号"潜艇击沉时，它还没有做好战争准备，几乎没有搭载任何飞机。

相比之下，在这一阶段，皇家海军终于组建了自己的现代化航母特遣舰队，它袭击了东印度群岛的敌方目标，然后成为英国太平洋舰队的核心。在此之前，英国皇家海军并不是没有部署过现代化的航母，但是一次顶多只能部署两三艘航母，无论是"基座行动"和"火炬行动"，还是对"提尔皮茨号"的攻击，都是如此，因此，它从来没能拥有马克·米彻尔的十几艘航母所展示出来的独立远程空中力量。1945年中期，英国海军部将其较新的轻型航空母舰送往远东，但为时已晚。此时的日本行将崩溃，原子弹即将落下。而随着战争走向结束，面临着巨大的财政危机的新工党政府开始削减大部分军舰建造计划，包括大型航母的建造计划。一个二等经济体永远不可能真正拥有一支一流的航母海军。

因此，当海军历史著作说这场战争是一场海上空中力量占据主导地位的战争，或者说是一场航空母舰取代战列舰成为舰队中心的战争时，这实际上说的是美国航母特遣舰队在太平洋上的故事。正如本书第九章和第十章所讲述的那样，从1943年末开始，快速航母战斗群取得了一连串的胜利，它们猛击敌人的海岸基地，摧毁敌人的战列舰。面对300架舰载机的攻击，像"武藏号"和"大和号"这样排水量超过7万吨的庞然大物毫无招架之力。有很多方法可以证实美国实力在二战结束时的崛起，而日本海岸附近航母编队的绝对数量是最好的证据之一。1945年9月2日，当日本人在"密苏里号"上签署投降书时,大约450架海军飞机从美国和英国的战列舰上空飞过,也许就是为了表明这一点。几分钟后,又有一大批巨大的B-29"超级堡垒"轰炸机飞过东京湾,因为美国陆军航空队想要宣示自己确实赢得了这场战争。当然,到了这个阶段,美国所有的武装部队都在竞相展示其在世界上无与伦比的军事力量。

到了这一阶段,1939年前由六个海军强国组成的世界也早已成为过去。在史诗般的几年里,几代人所熟悉的多极海洋世界消失了。这里没有必要详细分析为什么海军实力较弱的国家在这场战争中失败。就法国而言,几乎不能将国家的衰落归咎于它的海军。1940年5月,第三共和国在短短几周内就被德国猛烈的空中和陆上攻击所摧毁,其独立的海军力量也随之衰落。如果它的海军将领们接受了丘吉尔的邀请,与英国共同作战,战争的前半段就会大不相同,随后法国战斗舰队的命运也将会大不相同。法国军舰本身的设计没有问题,两次世界大战之间法国海军当局对舰艇类型的选择也没有问题,但是法国海军内部根本没有任何办法可以抵挡法国面对第三帝国时的脆弱性。在这一时期,法国海军的地位一落千丈,因为这个国家经历了20世纪最戏剧性的崩溃之一。然而,即使是那些选择听命于维希政权且忧心忡忡的法国海军将领,也根本无法预料到后来所遭受的毁灭性打击,包括在凯比尔港战役中英国海军的打击和土伦港的自沉。

因此,当法国被迫退出战争,当西北欧所有小国都被德国吞并,当苏德签署条约并即将完成对波兰的瓜分时,意大利竟然选择参战,这简直是滑天下之大稽。就像西班牙、土耳其和瑞典的经历所表明的那样,在残酷的大国霸权之争中,中等国家的最佳策略是尽量保持中立,如果能办到的话。墨索里尼领导意大利在那样的时间以那样的方式参战,导致自己处于与丘吉尔领导下的英国对抗的前线,而此时的英国不顾一切地要展示自己在整个地中海作战的实力,并用战列舰、航母、潜艇和飞机强硬地战斗。关于二战意大利海军的著作,就像关于北非的意大利陆军的著作一样,以英语作品为主,绝大多数的看法是负面的,带着轻视的态度。从在塔兰托战役和马塔潘角海战中落败,到占领马耳他的企图受挫,再到未能确保意大利运输船队的安全,这一连串的糟糕表现确实堪称灾难。没能占领马耳他是关键的一环,虽然从英国的记录中可以清楚地看出,这场战斗本来可能会十分激烈,意大利的侵占企图很可能会失败。但是,意大利的战略领导本身毫无希望的事实并不意味着其海军的表现在盘点时一无是处。正如我们所看到的那样,意大利的军舰本身往往强大而快速,只是在1940—1942年狭窄的作战环境中,它们很少能充分施展身手。它们的反潜巡逻对皇家海军的舰队造成了相当大的破坏。在亚历山大港,意大利小型潜艇对坎宁安的战斗舰队进行了非常出色的打击。这种打击让我们看到了意大利在这场全球冲突中的消极战略作用,也就是说,虽然它本身无法赢得一场海战,但它对英国在地中海的利益构成了威胁,迫使英国皇家海军从更大的大西洋战区撤出一部分兵力,并使其失去了在苏伊士运河以东发挥重要作用的机会。因此,当意大利海军于1943年9月投降时,这与其说是增加了同盟国的力量,不如说是消除了一个很大的干扰,并最终缓解了英国政府的压力。不过,总的来说,一个在列强中只有2.5%"相对战争潜力"的国家,也就是一个比日本、法国和其他真正的大国实力要弱得多的国家,在这场战争中能否取得比这更

第十一章 二战中的海军和海权:一次盘点　　445

好的战绩,这是值得怀疑的。

盘点二战期间德国海军的表现必然比这复杂得多。与意大利相比,德国的战略角色要重要得多,尽管具有讽刺意味的是,它的舰队远不及意大利。几乎在军事效能的各个层面上(除了最高层的缺陷,即希特勒妄想症般的全球统治欲),第三帝国都构成了一支无情的、组织良好的战争力量。德国的战舰都很坚固,火炮也很精良,虽然在北极的冰天雪地和大西洋的风暴中,德国的大型驱逐舰和重型巡洋舰不太适合航行。德国海军情报一向很好。和意大利海军一样,德国海军也缺乏航母,这使其海军将领在出海时会感到紧张。希特勒的偏执和干涉在许多场合限制了海军的行动自由,而英国皇家空军轰炸机司令部则屡屡损毁一艘又一艘重型舰艇。由于1939年9月过早开战,德国海军一直受制于人数严重不足的问题,在鲁莽的挪威战役中遭受重大损失使这种情况变得更加糟糕。它在大西洋的所有袭击舰("施佩伯爵号"、"沙恩霍斯特号"、"舍尔海军上将号"和"俾斯麦号")都有单打独斗的特点,有些行动甚至是灾难性的。1942年初以后,所有德国重型水面舰艇的行动都被限制在波罗的海或挪威北部。雷德尔一定渴望拥有一支和日本一样庞大的战斗舰队,而日本的国民生产总值只有德国的四分之一。对于英国和美国的海军来说,一支由大约10艘战列舰和40艘巡洋舰组成的德国舰队是一场多么可怕的噩梦啊,但这是1940年,而不是1914年。

对于德国的潜艇部队需要进行不同的盘点,尤其是在大西洋海战方面。从战争开始到结束,德国的潜艇总是令人恐惧,它们给盟军造成了巨大的损失:从3500艘商船(1450万载重吨)到皇家海军大量的战列舰、航空母舰、巡洋舰和几十艘驱逐舰。邓尼茨的潜艇战最令人印象深刻的是其组织性，特别是"狼群"战术和它的不依不饶。在争夺大西洋制海权的反复较量中，潜艇部队一直不肯罢休。值得一提的是，即使在1943年5月至6月盟军护航胜利之后，邓尼茨也立即想出了反击的办法，即使用自导鱼雷、更好的雷达探测和更新的潜艇。1945年的XXI型潜艇确实很可怕，毁掉它们的不是盟军的海军，而是盟军对其生产地的毁灭性轰炸。U艇对大西洋航道的挑战是德国唯一真正危险的威胁。有人认为盟军要想赢得胜利，只需要生产更多的军舰，或派出越来越多的船队，而不需要在1943年春天摧毁"狼群"，这样的说法并不能令人信服。如果说大西洋之战是盟军凭借"蛮力"取得胜利的关键战役之一[10]，那么这并不仅仅意味着成就这场胜利的是美国自由轮产量的飙升。盟军大规模动员了英美工业和技术力量，然后将其转化为一系列令人惊叹的新武器系统和平台，以此消灭了大量"狼群"。德国的潜艇部队最终规模萎缩并失败了，但丘吉尔说U艇是唯一真正让他感到恐惧的因素，这毫不奇怪。

因此，考虑到整体实力的悬殊，德国海军的战绩是持久而精彩的。相比之下，日本海军在太平洋战争中几乎一败涂地的表现十分离奇。虽然在75年后，探讨这场战争的书籍和文章成千上万，但这仍然是一个谜。在前五个月里，日本海军的表现几乎是完美的：在短短一个早上就摧毁了美国的战斗舰队，在仅仅几个小时内就摧毁了在海上快速机动的两艘英国主力舰，还摧毁了盟军的大批驱逐舰和巡洋舰（爪哇海战役），日本远程航母战斗群则在印度洋上横冲直撞。日军的大胆打击和胜利很有威胁性，英国海军部担心会失去苏伊士运河，而美国政府则为加利福尼亚而担心。在这短短的几个月里，日本所征服的面积可以与亚历山大相提并论。它的航母特遣舰队表现出色，它的重型巡洋舰和庞大的舰队驱逐舰无与伦比，它的俯冲轰炸机非常可怕，它的零式战斗机无可匹敌，它的机载和舰载鱼雷也是无与伦比的。如果对1942年4月底之前的日本海军进行盘点，那么它的记录肯定是无懈可击的，因为它的每一个战斗单位几乎都是不可战胜的。

但是从此之后，它就开始在下坡路上越走越远。在珊瑚海海战中，日本海军第一次受挫。在中途岛战役中，它的航母和飞行员都损失惨重，以至于被过分夸赞的海军航空兵再也没有完全恢复其能力。它一直低估了美军在瓜达尔卡纳尔岛的力量，因此它从未在那里获得主动权。入侵阿留申群岛的行动既不明智又毫无意义。它的潜艇部队被滥用。在一次又一次的夜间交锋中，它缺乏雷达的问题变得越来越突出。极少数情况下，日本的水面舰艇还是很有杀伤力的，例如在萨沃岛海战中，仅在一夜之间就击溃了四艘盟军的重型巡洋舰，不过总体而言，在战争超过四分之三的时间里，它们的表现很糟糕。直到1944年，日本陆军仍然在中国大陆稳步推进，而且咄咄逼人，甚至在那个春天，它的第十五方面军还在向缅甸和阿萨姆的边界推进，但是其海军却步履维艰，很快将在菲律宾海海战和莱特湾海战中再次被击溃。在这两场海战中，日本海军明明知道美军拥有大量的潜艇和空中巡逻队，甚至还能破译自己的密码，对自己下一步的行动心知肚明，却仍然派出一批又一批的军舰进行所谓的钳形攻击和诱饵作战，真不知道这些海军参谋人员脑子里是怎么想的。日本海军将领给人一种胡乱指挥的感觉。的确，在海军大将山本五十六死后，日本似乎没有一个具有洞察力、魄力和谋略的海军领袖。

难道不是吗？每支成功的海军都需要像罗伯特·布莱克、乔治·安森、霍拉肖·纳尔逊、莱茵哈特·舍尔、切斯特·尼米兹、威廉·哈尔西、安德鲁·坎宁安这样的将领。如果海上没有伟大的将领，陆上没有杰出的管理者，任何一支海军的胜利机会都很渺茫。这样的说法还是很有道理的。毕竟，第二次世界大战和这场横跨太平洋的战争并非只由不可阻挡的力量推动，个人的误判和不断犯错也很重要。如果南云忠一的航空母舰在1941年12月8日至9日重新集结，对珍珠港再来一次袭击，摧毁其燃料库、修理厂和潜艇基地，会发生什么呢？事实上，如果日本人稍后带着一支小型两栖部队（他们在南方部署的师团的一部分）回来占领夏威夷，又会发生什么呢？如果日本庞大的潜艇部队被用来专门系统地攻击盟军的主要海上交通线呢？如果日本海军像皇家海军那样认真保护自己的商船呢？到底为什么它在保护来自东印度群岛的宝贵油轮方面如此迟缓，以至于它的战列舰在战争后半段几乎无法行动？为什么在1943年1月日本军队撤出瓜达尔卡纳尔岛后，联合舰队没有趁着哈尔西在太平洋战区只剩下一艘航母的几个月时间发起攻击呢？日本海军培训的新机组人员相对较少，而美国培训的人数是其十倍，这是为什么呢？

当然，对于最后一个问题，最直接的回答是美国的总人口远远多于日本。到了1943年，整个大陆的航空基地和飞行员训练项目的规模就远非日本所能达到的程度了。更进一步地说，不仅是在机组人员的数量上，而且在其他所有衡量军事能力的指标上，被动员起来的美国都遥遥领先。不管日本海军和其他武装部队如何巧妙地作战，日本真的有机会对抗一个愤怒的大国吗？毕竟，从1942年到1943年，美国的飞机产量能够在一年内从4.8万架近乎翻倍到8.6万架。山本五十六本人曾经说过，日本可以在战争的头六个月里占据上风,然后,除非美国愿意和谈,否则形势就会逆转。以上所有这些都是事实。马克思所说的"生产力"这个潜在的优势总是严重地向美国倾斜。虽然如此,我们还是很难不得出这样的结论:日本海军和航空兵本可以在太平洋上打一场更好的防御战。

当把目光从日本转向英国皇家海军在二战期间的表现时,我们就会发现一种深刻而尖锐的讽刺。在整个二战期间,无论是英国作为一个整体还是英国皇家海军都有很出色的表现,英国却依然无法避免相对衰落的命运,这个国家可以尽情享受欧洲和太平洋战争的胜利,其现代舰队的规模也扩大了,它却再也无法回到1939年9月它在世界上所占据的地位。

没有一个适当的词语可以用来总结英国海军在1939年至1945年的战绩,原因很简单:它的海上战争形式多样,并且发生在很多地方。因此,任何对皇家海军成败的盘点都必须考虑到这样一个事实,即在第二次世界大战期间,它在不同的时期与不同的敌人以及不同的敌人组合作战。因此,要正确理解这一点,最好把英国的表现想象成一出由六幕组成的长篇戏剧。

第一幕是英法对德国,德国海军和德国空军一再显示出强大战斗力,先后击沉了皇家海军的"勇敢号"和"皇家橡树号"航母,接下来是挪威海域的激烈战斗和英法联军的敦刻尔克大撤退。从好的方面来看,在此期间,"施佩伯爵号"的威胁被消除了,德国的驱逐舰舰队大大减少,其余的德国水面舰队也遭到严重破坏。如果仅仅发生这些,那么英国皇家海军的支配地位几乎不会受到威胁。

第二幕是从1940年6月到1941年12月,对于英国来说,这是真正艰难的时期，因为皇家海军失去了它的法国盟友，在意大利和德国联合的情况下，从二对一的优势变成一对二的劣势。在1940年6月英国战略形势遭到的双重打击中，失去法国这个盟友无疑是更大的。如果法国没有陷落，意大利肯定会被困在地中海，而U艇进入大西洋中部和北部的机会也会少得多。正如第五章所详述的那样，这场一对二的战争是皇家海军最辉煌的时刻，但是相应地其损失也急剧增加。到了1941年底，随着克里特岛失守，"胡德号"、"皇家方舟号"和"巴勒姆号"沉没，坎宁安的舰队处于停航状态，甚至在远东灾难的消息传出之前，皇家海军就已经岌岌可危了。只有大西洋战区提供了相对较好的消息："俾斯麦号"沉没，德国其他大多数大型军舰受损，大西洋航线抵挡住了U艇的进攻，美国海军正在提供越来越多的援助。对于可能的德国入侵的恐惧烟消云散，因为希特勒犯了一个军事错误，在东部开辟了一个巨大的第二战场。现在，德国国防军不得不与多个敌人同时作战。

  第三幕大约始于1941年12月，持续到1942年11月，在这一阶段，英国经历了一场战略上的低谷，然后开始缓慢复苏。在这场战争的六个阶段中，这是唯一一个皇家海军真正不得不以一敌三的阶段，正如1937年前后其规划者所担心的那样，这是皇家海军所无法胜任的。就连它的新盟友美国也受到了打击，被赶出了远东，英国在那里的防御则不堪一击。新加坡、婆罗洲甚至缅甸都沦陷了。敌人已经兵临印度和澳大利亚的边界，而这两处的驻军都兵力薄弱，海军力量尤其薄弱。随后出现转机，以三个独立的事件为标志，分别是中途岛战役（6月）、"基座行动"（8月）和"火炬行动"（11月）。到了11月，同盟国似乎轻松多了。阿拉曼战役之后，马耳他危机不复存在。德国剩余的水面海军驻扎在挪威，让德国的U艇独自在大西洋作战。而《租借法案》提供的大量物资使英国战时生产不断增加。

第四幕从"火炬行动"到意大利投降（1942年11月至1943年9月），从西西里岛到萨莱诺，盟军进行了大规模的两栖登陆作战。到激烈的地中海战役快要结束时，最重要的盟军指挥官回国，为诺曼底登陆做准备。在大西洋上，关键的护航战（1943年3月至6月）真正遏制了U艇。对于皇家海军来说，这依然是一场针对意大利和德国的一对二的战争，因为它仍然无法派出一支庞大的舰队来对抗日本。在大规模的两栖作战（"火炬行动"、西西里岛战役和萨莱诺战役）中，美国海军提供了强有力的重要援助。

第五幕从1943年10月持续到1944年11月，对于皇家海军来说，这是一场相当奇怪的战争，因为它几乎再次一对一地与德国国防军的各个军种作战，其中包括大西洋海战的延续，安齐奥的登陆作战，在挪威击毁了"沙恩霍斯特号"和"提尔皮茨号"，但主要是在欧洲西北海岸从诺曼底到斯海尔德河的作战。在这一阶段，英国规模更大的海军舰队仍未做好与日本作战的准备。在诺曼底登陆日，英国的海军规模比美国大得多，但这是因为美国在太平洋中部集结了规模巨大的舰队。

第六幕是皇家海军终于把矛头指向东方，从巨港空袭到冲绳战役，再到最后的沿海炮击，皇家海军对日军的攻击越来越多。它是在与单一的轴心国敌人作战，当然，鉴于美国在粉碎日本方面所发挥的主要作用，这很难说是一场一对一的战争。虽然有一支庞大的英国太平洋舰队参与其中，但它显然是第二大海军力量。对于德国先进的U艇在本土水域的行动，皇家海军有过最后一丝忧虑，但也仅此而已。

那么，应该如何对英国战时海军的表现进行全面的盘点呢？首先，这是一份非凡的战斗记录，其作战时长是其他五个大国中任何一个国家都无法相比的。如果说第一个阶段和最后一个阶段是皇家海军最轻松的时期，那么很明显，第二和第三阶段是其最紧张的时期，在此期间，皇家海军表现出了最好的战斗力。直到1943年底，第四阶段结束，意大利退出战争，U艇最终被击败，皇家海军才真正松了一口气。在第二幕、第三幕和第四幕中，英国不断与意大利作战，而在第三幕到第六幕中，日本一直是英国的敌人，虽然英国只有在1942年和最后阶段（1945年）才与日本真正交锋。但是，皇家海军与强大的德国战争机器的战斗持续了至少五个阶段，虽然德国海军是三个敌对海军中规模最小的。大多数英国人认为第二次世界大战是"对德战争"，这并非没有道理。同样值得注意的是，只有在第三和第四幕（1941年12月至1943年9月），英国才同时与三个轴心国对手交战。显而易见的事实是，在这场漫长的冲突中，即使在皇家海军处于比较有利的少见情况下——比如，在塔兰托战役中削弱意大利舰队之后——它也只能是一支"两强海军"①。虽然它的战舰总是顽强地战斗，有时的表现非常出色，但毕竟它是三个轴心国中两个的主要海上对手，这场全面战争的考验暴露了英国的局限性。[11]这一点也不奇怪，因为半个世纪之前，维多利亚时代晚期所维持的真正意义上的两强海军的标准已经难以为继。

因此，当历史学家思考1945年中期战争结束时皇家海军的地

---

① 海军力量相当于世界上第二和第三海军强国力量的总和。——译者注

位时,他们的心情总是会很复杂。在长达六年的战斗中,它损失了大量的舰船(5艘战列舰和战列巡洋舰、8艘航母、28艘巡洋舰和132艘驱逐舰),但从数量上看,它的规模仍然是巨大的。它拥有大约12艘战列舰,虽然除了4艘"乔治五世"级战列舰(和1艘全新的"前卫号"战列舰),其余的战列舰都报废了。英国还将保留其"无敌"级舰队航母很长一段时间,而"巨人"级轻型舰队航母也即将加入,但护航航母将被成批处理,其中许多回到了当年的造船厂。由于财政紧缩,海军部对皇家海军历史悠久的巡洋舰舰队也进行了类似的处理,这是可以预见的。随着现代轻型巡洋舰的加入,老旧的巡洋舰(正如前文提到的那样)被迅速地送到了报废厂,而配备6英寸炮的舰艇则保留了下来。同样,虽然新型驱逐舰和护卫舰被保留下来,部署在从西印度群岛到香港的和平时期的驻地,但皇家海军的大量较小和较老的舰艇报废或被出售,也有可能绑在一起,形成长长的后备舰队阵列,直到几年后才被处理掉。当然,在1815年之后和1919—1921年之后,海军部曾两次削减庞大的舰队规模,但这一次有所不同,因为其舰队的规模不会再次扩大了。

当然,这是一种巨大的历史讽刺。假如美国海军不存在的话,拥有强大的海军航空兵的英国海军将是世界上最强大的海军力量。然而,这种假设状态在1945年并不存在,美国的强大是有目共睹的。英国皇家海军的规模远远超过世界上除美国之外的任何海军,遭受重创的法国海军排在第三位,澳大利亚或加拿大可能排在第四位。[12]但英国这个第二名与第一名之间的差距很大。

虽然新工党政府(1945—1951年)废弃了如此多的船只,并一再采取节约措施,但皇家海军的规模并没有以惊人的速度萎缩。

冷战初期即将与苏联竞争所引发的不安，朝鲜危机的需求，以及英国在印度洋持续存在的势力，所有这些因素使皇家海军在近20年的时间里保持了相当大的规模。因此，在1950年，它仍然有12艘航母和29艘巡洋舰，而1952年的《简氏战舰年鉴》表明皇家海军的力量依然不可小觑。直到1956年的苏伊士运河之争和1957年的国防政策革命之后，皇家海军的力量才开始严重削弱。到了1970年，皇家海军的水面舰队已经萎缩到只有3艘航母和3艘巡洋舰。[13]在苏美热核危机的年代，二流海军并没有什么存在感。由于海军力量更新，规模比以前小得多，再加上一贯的报废政策，此后不久，英国皇家海军中几乎连一艘参加过大西洋海战的军舰都没有了。历史的车轮滚滚向前，第二次世界大战的辉煌已经成为遥远的记忆。

美国海军在第二次世界大战中的表现也是一个分阶段展开的故事。这部不到四年的史诗大部分发生在一个非常大但统一的战区，即太平洋中部和西南部。绝大部分的海军资产——航母和舰载机、战列舰、大量的巡洋舰和驱逐舰、所有的潜艇，以及几乎所有的美国海军陆战队——都投入了对日作战。因此，我们的评判将主要针对参与太平洋战争的这些部队及其行动，而这也正是充满威权主义色彩的欧内斯特·金领导下的海军所希望的，因为这毕竟是一场在他完全认同的两大不言而喻的共识基础上进行的战争：首先，美国陆军及其航空兵（想要招募和部署庞大的部队来击败纳粹德国）将注意力集中于欧洲，而美国海军则将大部分精力投入太平洋；其次，美国负责摧毁日本的舰队，而英国负责击败意大利和德国的海军。因此，要盘点美国海军在第二次世界大战中的表现，主要是评估其对日作战的战绩。

第十一章 二战中的海军和海权：一次盘点

美国参战的头六个月（1941年12月至1942年5月）简直糟透了：先是美国主力舰队被摧毁，然后是菲律宾的沦陷，从头到尾都是一场崩溃。对许多人来说，道格拉斯·麦克阿瑟上将的咆哮使情况变得更糟。大量盟军商船在美国东海岸被击沉，这暴露出美国海军未能认真对待反潜战。然后是六个月的恢复期（珊瑚海海战、中途岛战役、更好地遏制U艇、坚守瓜达尔卡纳尔岛和"火炬行动"）。1943年是美国海军大举进军欧洲海域的一年，它发动了几场大规模的两栖作战行动（西西里岛战役、萨莱诺战役和安齐奥战役，在《第二次世界大战美国海军行动史》的第九卷，塞缪尔·莫里森专门讲述了这几场战役），其护航航母群的保护大西洋与北非之间航线的工作完成得很出色。在这段时间里，西南太平洋司令部的区域也发生了一些激烈的海战，美国海军逐步推进，但直到年底的吉尔伯特群岛战役，美国新舰队和航空兵中队才到来，数量众多，势不可当。1944年是伟大的一年：在欧洲，诺曼底登陆取得了惊人的成功，U艇几乎被消灭，盟军开始策划向柏林推进。在太平洋上，美国海军取得了一场又一场巨大的胜利，而日本海军只有失败和灾难。到了1944年年底，日本人的主力舰队被击溃，贸易路线被切断，但他们仍然负隅顽抗，拒不投降。如果第二次世界大战以日本政府在1944年12月求和而结束，美国在太平洋的武装力量将会有一种大获全胜之感。然而，1945年的战争更加残酷和艰难：神风特攻队的自杀性袭击，硫黄岛战役，冲绳岛战役，更多的神风特攻队自杀性袭击，最后的轰炸，飞机在日本投下两颗原子弹。难怪在麦克阿瑟精心策划的盛大投降仪式上，美国海军派出了450架舰载机从东京湾上空飞过。对于当时在场的美国媒体和美国国内的国会来说，这一举动背后的信息一目了然:"这是一场你们的海军赢得的战争。"

美国海军在第二次世界大战期间的损失是很大的,但从总体上看,损失并不算巨大。在珍珠港事件中,美国海军只有两艘战列舰被彻底毁坏,分别是"亚利桑那号"和"俄克拉何马号",其余的大部分战列舰都被打捞出来并修复,在后来的太平洋战争和诺曼底炮击中发挥了作用,由此可见它们是多么坚固。美国战前的航母舰队损失最为惨重,"列克星敦号""约克城号""大黄蜂号""黄蜂号"无一幸存,再加上6艘护航航母和"普林斯顿号",总共有11艘航母沉没。但是除此之外,美国只损失了7艘重型巡洋舰、3艘轻型巡洋舰、96艘舰队驱逐舰和护航驱逐舰,以及53艘潜艇。相比之下,到战争结束时,美国海军的舰队规模是1941年12月1日的五六倍。这是一支由22艘战列舰、28艘舰队航母和71艘护航航母,外加数百艘巡洋舰、舰队驱逐舰和护航驱逐舰以及95艘潜艇组成的舰队,总共有1200艘主要作战舰艇、4万架飞机和大约350万现役人员。[14] 在已经开始长期占领日本和德国,又缺少海上对手的情况下,应该如何处理这支庞大的舰队呢?

巴兹尔·利德尔·哈特爵士曾经把真正的胜利定义为一个国家在一场大冲突的"战后比战前"处于更加有利的地位。[15] 1945年后的美国无疑就是这样一个国家,因为它是主要参战国中唯一一个本土没有遭到轰炸,也没有遭受平民伤亡的国家。苏联虽然也是战胜国,但是自身受到了严重的打击。从经济上讲,由于其庞大的基础生产设施没有受到战争的干扰,到了1945年,美国的国内生产总值一度占到了全世界的50%,这是一个令人震惊的数字,它应该对这样的地位感到非常满意。美国海军也是如此,在战后

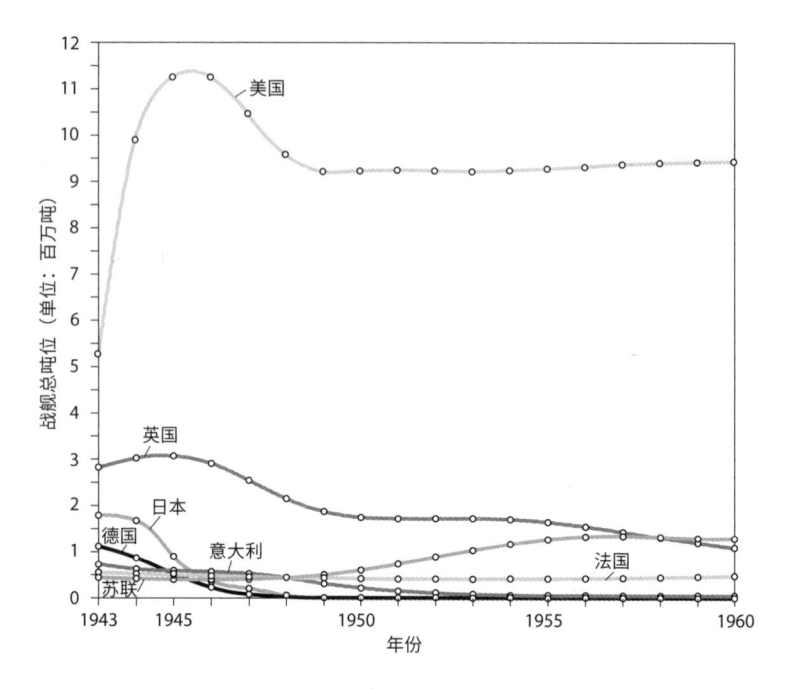

图表11　1943—1960年各大国战舰总吨位

根据来自 Crisher and Souva, *Power at Sea* 的数据制作。

的几年里，在所有类别的军舰和军舰总吨位上，美国海军都遥遥领先于其他所有国家。事实上，如图表11所示，战后美国海军的规模不仅超过了第二大海军——英国海军，而且超过了其他所有国家的总和。这样的情况是史无前例的。

可以想象，这正是阿尔弗雷德·塞耶·马汉、亨利·卡伯特·洛奇、西奥多·罗斯福和1898年的海军扩张主义者乐意看到的。1945年后的美国海军其实应该心满意足，但事实却并非如此，这其实是一种讽刺。事实上，二战后关于美国海军的几乎每一部历史著作都不是强调其胜利，而是强调它或多或少立即面临的一系列问题，甚至是生存的问题。例如，在一本著名的关于美国海军的文集中，著名学者迪恩·C.阿拉德（Dean C. Allard）用这句话开启了他关于这个时代的章节："在第二次世界大战结束时，美国海军经历了其历史上最困难的时期之一。"[16]当然，舰艇和人员的规模都要大幅缩减。考虑到从战时到和平时期重新平衡国家预算的迫切需要，以及没有明显敌人的事实，减少战斗人员和旧军舰的需求是很自然的。但阿拉德和这个时代的其他学者也提到了一些完全不同的、几乎威胁到海军存续的挑战。1945年7月下旬，一艘海军军舰将两枚原子弹从圣迭戈秘密运送到提尼安岛，随后一架轰炸机将其投下来，以粉碎敌人的决心，这不仅结束了太平洋战争，也让美国不得不面对战后大战略的根本问题。它的国防政策应该是怎样的？在新的原子时代，应该如何对待各种武装部队？

在一些忧心忡忡的海军将领看来，美国海军在短时间内面临着四大挑战：不合理地过度削减其主要水面舰队的威胁（这距离《华盛顿海军条约》削减海军规模仅过去了23年）；原子弹这一全新因素及其独特的破坏力；美国政府正在采取步骤建立一个综合性的国防部，由一位国防部长统一领导，各军种参谋长集中在五角大楼工作；新独立的美国空军不仅在争夺国防预算的更大份额，而且试图控制所有的"航空资产"。

为了应对这些挑战，美国海军做出了很大的努力，也取得了一定的成功，有关内容不在本书的探讨范围之内。一方面，它要努力挫败空军控制所有空中和太空力量的愿望，另一方面，它要思考两栖作战的未来以及海军陆战队在其中的特殊地位。在20世纪40年代末举行的国会听证会上，为了争取武器采购权，为了表明自己可以胜任海上战争，海军与来自空军和陆军的批评者唇枪舌剑。围绕美国海军战后第一艘航母"美国号"的建造方案而展开的激烈争论被认为关系到了海军的存亡。如果像一位对海军心怀敌意的国防部长所希望的那样，建造计划被取消，那么海军还能有什么样的未来呢？虽然它的水面舰队已经大幅缩减规模（到了1950年6月，已经减少到237艘主要战舰），但是如果下一次大战的结果是由一场短暂而全面的核战争来决定的，那么这些军舰又有什么用呢？人们不禁要问，如果没有后来发生的一连串引人注目的外部事件，海军的情况会变得多么糟糕。这些事件包括：1949年中华人民共和国成立，带来了政治冲击；斯大林对东欧和南欧国家施加的压力，柏林封锁，以及成立北约的决定，都表明所谓的冷战确实在进行；朝鲜战争似乎证实了这是一场全球性的斗争，在很多方面让人想起十年前的战争。最后，到了1950年，苏联建造了一支不少于350艘潜艇的舰队，意在何为呢？现在不是削减国防开支的时候，也不是不同军种围绕谁能拥有新飞机或原子武器甚至是舰艇和两栖部队而争论不休的时候。随着朝鲜战争的扩大和北约指挥部（包括在地中海的指挥部）的建立，美国的所有武装部队都再次增长。[17]

因此，美国海军非但没有受到原子时代的生存挑战，反而成了一支核海军，而且在很多方面都是如此。新的核动力快速航母越来越大，载有越来越强大的喷气式飞机，并且这些飞机也配备了核推进系统，而这赋予了它们非凡的海上续航能力。有一个级别的大型新潜艇（攻击型核潜艇）同样采用核动力推进，配备了终极威慑武器，即潜射核弹道导弹。就这样，海军拥有了一切：世界上最大的由巡洋舰、驱逐舰和护卫舰组成的常规水面舰队，非常庞大的两栖部队（美国海军陆战队），快速攻击潜艇部队（攻击型核潜艇），"战略"潜艇核导弹部队（弹道导弹战略核潜艇），以及庞大的航母舰队。在同意与其他两个军种分享国防部巨额预算（每个军种每年获得约32%～约34%的预算）后，海军短短几年的危机结束了。

因此，1960年之后，美国海军取得了很大的发展，拥有了世界上最大、最强的航母舰队，由世界上到当时为止最高的国防预算提供资金。此时距离珍珠港事件还不到20年。事实上，在仅仅22年前的积极实行绥靖政策的时期（见第二章的开头），美国大西洋舰队的骄傲"得克萨斯号"对朴次茅斯进行礼节性访问时，战列舰仍然是海军的主导者。然而，此时，锈迹斑斑的"得克萨斯号"已经被改装成博物馆，停泊在得克萨斯州休斯敦附近，上面的火炮已经被拆除。至少它避免了皇家海军战列舰的命运。

当然，随着时间的推移，任何一支海军都无法逃脱命运的摆布。就像马汉所宣扬的那样，海军的武器、战术、工具和组织会在不同时代发生改变，甚至被完全重塑，但海军力量的要素和战略基础将保持不变。[18]仅仅四分之一个世纪后，从很多方面来看，第二次世界大战似乎就已经和1898年的美西战争一样遥远了。美国海军已经成为一种新的力量，拥有核导弹潜艇、巨型航空母舰和先进的电子设备。虽然如此，它的目标仍然是维护对海洋的控制。从此，世界进入了美国所主导的和平时代。

结　语
历史的洪流

　　1936年，以欧洲为中心的战前国际秩序中有六支强大的海军，但这个国际秩序此时摇摇欲坠。仅仅十年后，美国海军便完全占据了主导地位。这种变化的规模和速度都是十分惊人的。在二战之前的世界，英国皇家海军领先于其他国家，飞机的航程和运载能力仍然不足，日本的威胁不断上升，美国置身事外（见第二章），人们认为这样的世界会长期持续下去，但事实并非如此。一场争霸战争之后，一个巨大的头号海上强国出现了。本书讲述了这一转变的经过，并试图解释其中的原因。最终的问题是：这样的结局是必然的吗？

　　对此，一个简单的回答是，如果希特勒没有在1939年把欧洲国家拖入战争，如果日本没有在两年后袭击珍珠港的美国舰队，这一变化肯定不会发生。然而，事实是，希特勒的确在1939年发起了第二次世界大战，随后又入侵了苏联，并在1941年对美国开战；日本也确实袭击了珍珠港。最终的结果是修正主义国家和守成国家之间海陆空的全面战争，而本书关注的是海上战争。这场名副其实的"海上大战"有大西洋、地中海和太平洋三个海上战场，且作战双方都动用了其所有的资源。

由于法国迅速沦陷，苏联海军只在欧洲最北部作战，这场海上大战基本上是英美海军与意德日海军之间的较量。正如第二章所详述的那样，只要比较一下战争前夕双方军舰的数量，就可以看出轴心国在海军力量对比上处于明显劣势。这与纳尔逊时代不同，当时法国-西班牙舰队的舰船数量经常超过纳尔逊的舰队。然而，同盟国在军舰数量上的优势并没有立即转化为海上战争的胜利。战争初期，英国皇家海军难以在大西洋和地中海战场取胜。当美国海军在1941年12月加入战斗时，其海军已经遭受了严重的损失，恢复兵力并非易事。直到1942年4月，也就是战争开始30个月后，同盟国在海上战场的形势仍然十分严峻。盟军在海战的哪个战区表现良好？显然不是美国东海岸，因为此时U艇正在享受其第二次快乐时光。也肯定不是印度洋，因为在这里，日本航母舰队给盟军的海军造成了严重的打击。在荷属东印度群岛，日本人一直往南打到了新几内亚。而在马耳他及其周边地区，人们开始挨饿。从整体上看，对同盟国而言，这段时间也许是整个二战中的低谷时期。

此时距离珊瑚海海战只有一个月，U艇对美国沿海地区的攻击很快就会停止，"基座行动"的护航战很快就要发生。虽然同盟国在水面舰艇方面占明显的优势，可是要在这种大规模的海上作战中取胜，并非易事。每个战场的战争都很激烈，英美两国海军在每个战场都遭受了严重的损失。如果说战争形势在1942年底发生了转变，就像阴郁的艾伦·布鲁克所认为的那样，那么盟军付出的代价也是巨大的：战前美国庞大的太平洋战斗舰队早已不复

结　语　历史的洪流

存在，美国大多数航母和皇家海军的大量主力舰、巡洋舰和驱逐舰也不复存在。在北大西洋对U艇的关键战役也还没有取得胜利。

直到1943年，英美舰队才最终在三大海洋战场上都占据上风。历史记录显示，盛夏之后，在西西里岛和萨莱诺登陆时，英美海军正在向地中海投入巨大的兵力，更大的美国航母和战列舰舰队被派去包围吉尔伯特群岛。到了1943年底，大西洋和比斯开湾的众多护航运输队也都得到了各种航母、近距离护航舰艇、猎潜队、超远程和中程战机的保护。这是传统的关于第二次世界大战海上战争的精彩叙述。轴心国海军一开始占据了上风（挪威战役、敦刻尔克战役、克里特岛战役、珍珠港战役和新加坡战役），因为它们为战斗做了更好的准备。之后，英美海军恢复了实力，吸取了教训，弥补了损失，开始发动进攻。经过一番艰苦的战斗（包括所罗门群岛战役、马耳他护航战役、中大西洋空防缺口战役、北非战役）后，战局开始逆转。接着发生的是又一段勒班陀海战和无敌舰队的覆灭那样的"事件的历史"（l'histoire d'événements）。

然而，这段历史远不止如此。到了1943年中期，一股强大的新生产力正在对战局产生影响，军备和武器被源源不断地运输到战场之上，其规模前所未有。而这一切都来自这样一个国家，事实证明，它有能力在一年内将飞机产量翻一番，几乎每个月都能派遣新航母赶赴太平洋战场。这不仅仅是战役的历史，还是一段具有更广阔背景的历史，是全球军事力量平衡发生转变的历史，也许和过去其他大转变一样，例如1600年前后商品交易市场中心从威尼斯转移到安特卫普，或者1815年后蒸汽制造业的迅速增长，但这场转变速度更快，规模更大。因此，丘吉尔的直觉是正确的，只要同盟国能够经受住轴心国早期的猛烈攻击，那么美国（"巨型锅炉"）参战将对整场战争的走向起到决定性的作用。当然，1942年初之后还有很多仗要打，因为美国仅仅处于半备战状态。但是结果已经毫无悬念：希特勒、墨索里尼和日本人的命运已经注定，他们终将被碾为齑粉。丘吉尔坚持认为，接下来只要以正确的方式使用这种压倒性武力就行了。国际秩序正在发生变化。

那么，想想费尔南·布罗代尔就很有趣了。1942年后，他坐在吕贝克外的德国战俘营里，苦思冥想着菲利普二世时代地中海世界的结构，而此时，在巨大的冲突和大规模的生产活动的作用之下，他自己所处的以欧洲为中心的秩序的深层结构正在转变为以大西洋彼岸为中心。这位伟大的法国学者努力描述遥远时代的历史延续性和变化，虽然当时外部国际体系正在向新的方向发展。而这一切，用作家们的另一种表达方式，不就是历史上的"时代潮流"吗？无论20世纪的海面上有怎样的旋涡，更广阔的洋流都在朝着一个特定的方向运动。

不过，如果认为大国竞赛仅仅是通过强大的军事力量、国际趋势或复杂的因果链条来赢得的，那就大错特错了。可以确定的是，如果经济基础结构和生产力发生了巨大变化（如整个北美大陆都被动员起来参与战争），源源不断地向战场输送舰船、战机以及枪支，那么敌方阵营很有可能会被击溃。事实上，如果没有取得胜利，历史学家反倒很难解释这一点。下层结构改变了，上层结构也就改变了，这样的决定论解释的缺陷在于，它忽略了人的主观能动性。胜利者的船只、飞机和枪支需要勇敢的人来使用，需要有洞察力的人来组织，需要聪明的人来让它们在战场上发挥

结　语　历史的洪流

作用。当大西洋海战的形势对德国U艇不利时，那是因为数以百计的大小护卫舰、运矿船、油轮和货轮，由成千上万英勇非凡的船员（美国人、英国人、挪威人和希腊人）驾驶着，穿梭往返于纽约和利物浦之间。战略要地马耳他之所以能够守住，是因为最终的胜利者同盟国愿意反复承受商船队、护航编队和驻军的重大损失。同盟国之所以能够赢得由四个部分组成的莱特湾海战，或者用斯大林的话来说，胜利之所以会属于兵力更强的一方，是因为美国的潜艇指挥官能够指挥自如，美国的舰载机非常专业，美国的炮手训练有素，还因为日本人犯了一个又一个错误。同样，1944年6月那个清晨，同时登陆诺曼底的五个海滩的军队，并非只是"庞大的非人力量"，而是20世纪以来训练最好、组织最好、指挥最好的优秀军队。可见，人为的因素十分明显。

斯蒂芬·罗斯基尔和塞缪尔·莫里森分别是英美两国海军的官方历史学家，在他们创作的多卷本海军史的最后，他们更加注重人的因素，而不是广泛的潜在力量，这不足为奇。因此，《第二次世界大战美国海军行动史》第十四卷的最后内容，是和日本在东京湾投降有关的一些短小片段和私人信件。罗斯基尔一直希望向小型舰船及其船员致敬，因此他讲述了皇家海军水手复员和舰船退役的故事。如果没有从海军将领到普通海员的这些个人，或许同盟国就不会赢得海战的胜利。不过，在1943年初之后，大量新的军舰、飞机、武器系统和技术大幅提升了英美海军的战斗力，如果没有它们，海军官兵要想取得两年后的胜利将会艰难得多。

历史向来是多层次的，种类繁多而丰富，形式多样而复杂，1936年至1946年这段历史也不例外。修正主义大国和守成大国之间你死我活的斗争升级为跨越许多海域的大型战争，大量人员、军舰和飞机卷入其中,并引发了一场又一场的战斗。难怪成千上万的书籍和文章都努力涵盖这场史诗般海上大战的各个方面。随着这场战争的展开,两项更广泛的发展开始产生影响。首先是科技的影响,盟军拿出了敌人无法比拟的新武器、火力平台和探测设备。而这一切的发生要归功于第二个更加广泛的变化,即美国本土巨大的潜在资源正在转变为一个巨大的战争工厂。对于那些在北大西洋护航的英国水兵来说,当又一批商船被德国U艇击沉时,他们会非常紧张。对于冲绳岛附近危险海域那些美国驱逐舰上的官兵来说,如果告诉他们历史的大势正朝着他们的方向发展,这或许并不能使他们感到多少安慰。但事实就是如此。

附 录
从三个角度看二战中关键的1943年

附录一　1943年5月6日，在黑暗中击沉U艇

在漫长的大西洋海战中，是否有一个转折点？如果有，它是什么时候出现的？只有在这一刻之后，德国潜艇对盟军船队的威胁不会像以前那么大了，每月沉没的商船吨位总数也不会像以前那么大了，它才能称为转折点。人们必须证明，从那时起，卡尔·邓尼茨的潜艇所受到的伤害越来越多地超过了"狼群"对商船运输所造成的伤害。无论是英国的海军部还是德国的潜艇指挥部都会认识到，这是一个真正重要的时刻。

因此，这是一个非常大胆的问题，特别是考虑到这样的事实，即大西洋之战持续了整整六年，而且它在本质上与传统的水面海军之间的交锋大相径庭。英国官方历史学家斯蒂芬·罗斯基尔是一位非常谨慎和冷静的学者，然而他是这样评论这个转折点的："这场与30艘U艇作战的7天的战斗只有纬度和经度，没有名字

可供人纪念，但它以自己的方式，像基伯龙湾战役和尼罗河战役一样具有决定性意义。"当然，不仅仅是罗斯基尔，正如之前在讲述ONS-5船队的故事（见第七章）时所提到的那样，很多其他海军历史学家也提醒人们关注"黑色五月"，因为对于邓尼茨的U艇部队来说，这是一个糟糕的月份。而这次护航战是双方命运发生最大逆转的一次战斗。

因此，本附录并不会妄称做出了惊人的发现，它想要做的是为本书的读者还原1943年5月6日凌晨的几个小时里，发生在拉布拉多海岸外令人惊叹的事件（有些人可能会说令人瞠目的事件），当时护送缓慢返航的ONS-5船队的驱逐舰和轻型护卫舰探测到大量U艇正在黑暗中悄然靠近。维基百科在总结这场战斗时，以摆事实的简洁方式列举了护航舰艇和潜艇之间各种遭遇的具体时间和结果：

> 5月5日夜幕降临时，英国皇家海军"泰河号"（Tay，护卫舰）发现了大约有7艘德国U艇出现在船队的前进路线上，但是ONS-5船队正在进入墨西哥湾暖流与拉布拉多寒流相遇时形成的浓雾中……22：02时，能见度降至1英里；1：00时降至100码。英国的厘米波雷达使其护卫舰能够看到德国U艇，而德国的U艇却看不到护卫舰……许多U艇再也没能返回基地汇报情况。因此，历史学家们仍在努力对照整理5月5日至6日晚数十艘军舰关于至少24次袭击尝试的个别报告，以还原其全貌。
>
> 23：09时，英国皇家海军"维德特号"（驱逐舰）的雷达在5100码处探测到敌情……向前方700码正在下潜的潜

艇投下10枚深水炸弹。历史学家认为这次攻击摧毁了U-531潜艇。

0：30时，英国皇家海军"千屈菜号"（轻型护卫舰）的雷达在5200码处探测到敌情，向正在下潜的U艇投下了10枚深水炸弹。据说U-192潜艇被摧毁后产生了浮油和碎片。

4：06时，英国皇家海军"维德特号"的声呐系统在800码处探测到敌情，并用刺猬弹发动攻击，造成了两次爆炸。历史学家认为这次袭击摧毁了U-630潜艇。

5：52时，英国皇家海军"鹈鹕号"（小型护卫舰）的雷达在5300码处探测到敌情……投下了10枚深水炸弹。（然后）投下第二组9枚深水炸弹……历史学家认为这些攻击摧毁了U-438潜艇。

……邓尼茨意识到自己的错误，在5月6日取消了攻击，并命令（"狼群"）芬克（Finke）撤退。[1]

英国皇家海军驱逐舰"维德特号"歼灭了两艘敌方潜艇（U-531和U-630），它并不属于与本土舰队的战列舰同行的强大"部族"级舰队驱逐舰，甚至也不是较小但依然英姿飒爽的K级驱逐舰，后者包括路易斯·蒙巴顿勋爵指挥的"凯利号"。相反，它属于更老的V级和W级驱逐舰，是在第一次世界大战接近结束时建造的。但由于它的速度足够快，结构牢固，在两次世界大战之间的那些年里，它被多次改装，用于反潜作战，成为最早一批配备潜艇探测器的护航舰艇之一。1941年，"维德特号"在直布罗陀接受了改装，安装了标准的286M雷达装置。在1942年底至1943年初，经过了长时间的改装，它成为一艘远程护航驱逐舰，可能还安装了更先进的雷达,虽然完整的记录尚不清楚。可以肯定的是,在加入 ONS-5 护航运输队时,它的雷达操作员的技术已经相当熟练了。事实上,在这一个月前,在 HX-231 护航运输队的航行过程中,它的雷达发现了 6000 码外一艘 U 艇,并用深水炸弹将其击沉。在为 ONS-5 船队提供护航时,"维德特号"的专业性再次得到回报。读者可以注意到,那天夜里,它击沉的第一艘潜艇(U-531)在相当远的地方被雷达探测到,并且是在拉布拉多寒流造成的浓雾之中,但第二次攻击(U-630)是在这艘驱逐舰更传统的水下探测装置在仅 800 码处发现敌情后完成的。虽然第二艘潜艇可能认为,如果从水下接近护航运输队,可以达到出其不意的效果,但所有其他潜艇都遵循了当时在水面上攻击的标准做法,认为黑暗和浓雾会为它们提供掩护。毕竟,在 1943 年 4 月至 5 月之前,这是一种非常有效的战术。然而,从上面讲述的细节中可以清楚地看出,在这段时间之后,舰载厘米波雷达使得攻击护航运输队的 U 艇面临很大的危险,因此不太可能成功。

　　正如这份记录所显示的那样,正是从这天夜晚开始,局势发生了逆转,一方终于可以看到另一方了。这早于超远程巡逻飞机的到来,特别是 B-24 "解放者"的到来,这些飞机在 5 月下旬抵达,为大西洋船队提供护航。盟军这种非常不同的猛烈反击加剧了邓尼茨所面临的问题,因为这些飞机可以在白天发现并攻击 U 艇。这对于盟军护航战而言具有十分重大的意义。现在,德国潜艇如果白天出现在海面上是非常危险的,特别是因为越来越多的盟军巡逻机配备了雷达。同样,如果英国皇家海军的驱逐舰、护卫舰、轻型护卫舰甚至是小型护卫舰都配备了厘米波雷达,那么对于 U 艇来说,在夜晚攻击盟军的护航运输队也是十分危险的。

在几个月左右的时间里，原来的猎手已经变成了猎物，这样的转变是很惊人的。

"维德特号"驱逐舰是个幸运的或者说是优秀的潜艇猎手。随后，1943年10月23日，它与"邓肯号"驱逐舰一起执行护航任务时，击沉了U-274潜艇。六天后，它又和"邓肯号"驱逐舰以及"太阳花号"（Sunflower）轻型护卫舰击沉了U-282潜艇。仅在1943年，"维德特号"驱逐舰就执行了不少于20次盟军护航任务。第二年，1944年8月20日，在诺曼底海滩巡逻时，"维德特号"驱逐舰、"福雷斯特号"（Forester）驱逐舰和"文斯利代尔号"（Wensleydale）驱逐舰联合击沉了U-413潜艇（此前极为成功、极有经验的一艘潜艇）。这艘驱逐舰继续在英吉利海峡和本土水域巡逻，直到欧洲战争结束，它才退役。在战争期间，"维德特号"驱逐舰总共获得了5项战斗荣誉（包括护卫马耳他），并被认为是上述提到的5艘U艇的歼灭者。1947年4月，它被送往拆船场，其雷达设备可能在那里被拆除或摧毁了。

附录二 假设的因果链：从苏里南的铝土矿山到 1943—1944年西太平洋的海空胜利

因果链是指一个行动或步骤导致下一个行动或步骤的过程，在历史或者经济、化学中，这是司空见惯的现象。事实上，有些令人难忘的因果链从童年起就萦绕在我们的脑海中。例如，我们都很熟悉的一首童谣是这样说的："失了一颗马蹄钉，丢了一个马蹄铁；丢了一个马蹄铁，折了一匹战马；折了一匹战马，损了一位国王；损了一位国王，输了一场战争；输了一场战争，亡了一个帝国。"但因果链也会朝着积极的方向发展,任何一个重要产品的供应经理都可以证明这一点。汽车、船舶等复杂工业产品由成千上万个部件组装而成,需要装配在一起才能形成一个功能完整的整体。在本书参考颇多的《简氏战舰年鉴》的头几页,充斥着各种制造商的广告,小到战舰的黄铜栏杆,大到巨型涡轮机。而所有这些产品又依赖于子部件、基本部件和原材料的供应,甚至这些原材料也必然有其出处。

还有另一种形式的因果链,军事史的读者应该都很熟悉,这在考察新武器系统(也可能是新的指挥结构或情报来源)对特定战役结果的影响时最为明显。比如,在1866—1870年的战争中,铁路和步枪对于老毛奇的战役有何影响?再比如,在1918年夏天协约国取得重大突破的过程中,改进型坦克发挥了什么样的作用?再比如,在太平洋战争的早期战役中,航母特遣舰队的创建是如何帮助日本海军取得巨大优势的?人们一般认为,新型改进武器可以改变战争的进程。因此,战争史作品中总是充斥着这样的句子:"随着……的到来……","随着……的出现……","在……出现之后……","有了……助力",和"由于……取代了……"。然而,在这些表述中,人们往往只关注新型武器发挥了什么样的作用,很少关心它们从何而来。因此,虽然可以说新的轻型卡伦炮(carronade)在威灵顿公爵或纳尔逊将军取得某场战役胜利的过程中发挥了关键作用,但是格拉斯哥的卡伦钢铁厂(Carron Iron Works)制造这些大炮的具体过程真的很重要吗?同样,在1943—1944年,格奥尔基·朱可夫会在意大幅改进的T-34坦克从何而来吗?也许不会。但笔者认为,这些问题是值得去关注的。

在我的早期作品《二战解密》中，我试图探究二战关键战役中的某些因果链。例如，1943年后，盟军两栖部队发展的不同阶段（见该书第四章"诺曼底登陆——攻占顽敌把守的海滩"）。在本书中，笔者有机会再次探讨这个问题，可以研究更多的例子。为了方便读者，本书附录中提供了一个重要但鲜为人知的案例。我注意到，介绍美国二战经历的书籍经常提到，铝在制造重量轻得多的飞机框架和航空发动机部件方面具有重要意义，这一事实虽然并没有引起人们的重视，但是影响了我对案例的选择。当然，从最广泛的意义上说，每一个参战国都认识到了这种相对较新的金属的重要性。但是，斯大林真的对罗斯福说过"给我3万吨铝，我就能赢得这场战争"吗？考虑到"铝"这一材料至关重要的战略意义，图表12简单地追溯了与其有关的因果链，从荷属苏里南的蒙戈铝土矿山提取基础金属，到这个故事的最后，即在"马里

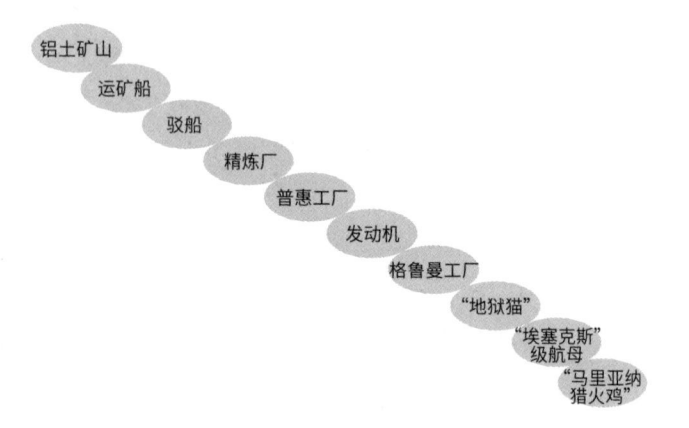

铝土矿山
运矿船
驳船
精炼厂
普惠工厂
发动机
格鲁曼工厂
"地狱猫"
"埃塞克斯"级航母
"马里亚纳猎火鸡"

图表12　一个假设的因果关系链，从苏里南的一个铝土矿山到1943—1944年西太平洋的空中和海上胜利

亚纳猎火鸡"中,美国铝制F6F"地狱猫"舰载战斗机系统性地摧毁了日本战斗机中队。当然,这是一个与缺马蹄钉相反的故事,是战争时期有利的而非灾难性的因果链。为简洁起见,作者将故事简化为10个环节,每个环节都是过程和叙述的关键部分。

当然,这个故事本身就包含在本书第八章各节中,包括大规模扩张的美国铝业公司将铝土矿精炼成铝,然后为普惠公司生产的强大R-2800双黄蜂航空发动机供应铝块和零件。第九章从军事层面描述了所谓的"猎火鸡"战役,而图表12按顺序将其简化成10个环节,让读者可以看到整个故事。作为一种概述,它以非常粗糙的方式将因果链的各个环节连接在一起,当然,每个步骤都可以写得很详细。荷兰拥有的各种铝土矿山[1],就像毗邻的英属圭亚那一样,在1941年12月后很容易大规模加强采矿(甚至在这一阶段之前,美国军队便已经在这里驻扎,就像在冰岛那样)。不久,运矿船的队伍中加入了美国更新更大的型号[2],将数百万吨铝土矿从南美运到密西西比三角洲的码头,由英国皇家海军和美国海军先后提供护航。巨大的驳船[3]将矿石运到美国铝业公司位于田纳西州的大型精炼厂[4]。铝板和铝丸随后被送往各种零部件制造厂,包括机身覆层、螺旋桨、发动机支架、发动机罩和面板等,其中许多工厂位于康涅狄格州东哈特福德附近,以更接近关键的普惠航空发动机工厂[5]。正是在那里,工程师设计出了威力惊人的RM-2200和后来的R-2800双黄蜂发动机[6],这种发动机被大量生产,然后被运往南部,穿过长岛海峡,抵达位于长岛贝斯佩奇(Bethpage)的格鲁曼公司大型战斗机工厂[7]。在战争爆发之前,这里只是一个小村庄。这个战时生产故事的最终成果是太平洋战争中无与伦比的一款战斗轰炸机,即格鲁曼公司的 F6F "地狱猫"[8]，其铝制机身比钢要轻，并且能够承受敌人机炮的强大火力。成千上万的"地狱猫"在贝斯佩奇被组装，然后横跨整个美国，被运往位于圣迭戈和长滩的海军基地，在那里，它们被装上新建造的"埃塞克斯"级航母[9]。许多艘"埃塞克斯"级航母经过珍珠港被派去参与对日空战。值得一提的是，在菲律宾海海战中，雷蒙德·斯普鲁恩斯第五舰队的 7 艘舰队航母搭载了 250 多架"地狱猫"战斗机。这些战斗机在空中一边倒地歼灭了大量日军飞机，因此这场战役被戏称为"马里亚纳猎火鸡"[10]。整个空战史上，再无比这实力更悬殊的战斗了。如图所示，这一切都始于荷属苏里南一个森林覆盖的山坡。

附录三　美国排名第一：1930—1960 年各大国战舰总吨位

本书中的三个图表显示了以战舰总吨位来衡量的各国海军的规模，这三个图表所代表的年代分别是 1930—1939 年（图表 1）、1939—1945 年（图表 5）和 1943—1960 年（图表 11）。三个图表讲述了三个不同的故事：20 世纪 30 年代的三支超大型海军和三支小型海军组成多极海军世界；然后是 1939—1945 年海战的毁灭性影响，有四支海军宣告失败，而 1943 年后美国海军的规模迅速扩大；最后，在冷战的前 15 年里，美国海军在军舰吨位方面遥遥领先，实际上构成了一个单极的海军世界。

虽然如此，将这三个短时期图表合并成一张图表还是很有意义的，它涵盖了这场海上大战前、中、后三个阶段，可以帮助读者再次看到这种显著的变化。在世界历史上，从来没有哪个时期的海军力量平衡发生过如此迅速和巨大的变化。

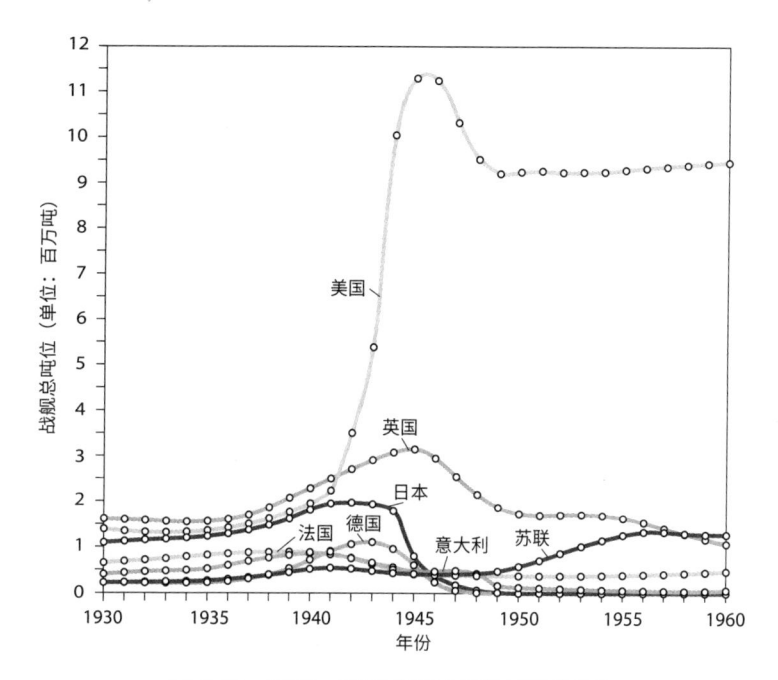

图表13　1930—1960年各大国的战舰总吨位

根据来自Crisher and Souva, *Power at Sea*的数据制作。这幅图表涵盖了20世纪30年代、战争期间和战后时期,揭示了本书的核心主题。

附　录　从三个角度看二战中关键的1943年

致　谢

本书数年的成书过程中，我受益于许多人的帮助。首先，我非常感谢耶鲁大学的几位出色的助手，他们是亚历克斯·穆图克、诺亚·达庞特-史密斯、纳特·麦克劳克林、伊丽莎白·海因斯、布丽吉特·芬克、艾玛·穆勒和欧文·奥格登，此外还有伦敦国王学院的阿伦·道森，他们为我提供了研究和其他方面的实际帮助。在最后的收尾阶段，艾玛、布丽吉特和阿伦给了我很大的帮助。阿伦制作并整理了书中许多数据表格，并反复核对内容，以解决我的疑问。艾玛协助引用、布局和安排计划，并列出所有重要的伊恩·马歇尔的画作，还负责地图的联络工作。在本书收尾的最后几个月里，布丽吉特接过了所有这些工作。我的孙女凯茜·肯尼迪对书稿、尾注和参考书目进行了最后的审读。

本书中所有的地图和图表都是由地图设计师比尔·纳尔逊重新制作或首创的，当我们提出许多调整意见时，他表现出极大的耐心。我也十分感谢伊恩的遗孀吉恩·马歇尔和他的女儿杰西·扎拉扎加，在为本书收集和整理原画期间，她们一直提供支持、建议和帮助。

在新冠疫情扰乱我研究计划之前的许多个初夏，我从剑桥大学丘吉尔学院档案馆的海军历史阅览室获益良多，我非常感谢档案管理员艾伦·帕克伍德博士和那里的工作人员的多次帮助。我还要感谢剑桥大学圣约翰学院的院长和研究员们，他们允许这位昔日的玛格丽特夫人学堂研究员（Lady Margaret Fellow）一次又一次地回到学院并利用那里的各种便利条件。我的英国研究之旅是由耶鲁大学国际安全研究中心（International Security Studies）的海事和海军研究项目资助的，我也很感谢教务长和历史系允许我两次公休。耶鲁大学国际安全研究中心的长期工作人员伊丽莎白·瓦斯塔基斯、凯瑟琳·加洛和凯特琳·韦茨勒一直给予我很大的支持，我也先后得到了瑞恩·欧文博士、阿曼达·贝姆博士、弗里茨·巴特尔博士这几位副主任的鼓舞。我还要感谢国际安全研究中心高级行政助理伊戈尔·比留科夫，没有他在各方面不断支持，我不可能完成这本书。

在写作这本书的过程中，伦敦的版权代理公司大卫·海厄姆联合公司（David Higham Associates）的安德鲁·戈登一直支持我，就如他在我写作之前的许多作品时所做的那样。每当项目进展缓慢时，他都会给我极大的鼓励。我现在最美好的回忆是在新冠疫情之前，和安德鲁一起在高霍尔本（High Holborn）一边共进午餐，一边讨论本书的最后阶段。在大西洋彼岸，我在东英吉利大学的好友兼前同事埃里克·霍姆伯格同样是多年以来一直在鼓励我，阅读我的稿子，提出批评意见和改进建议。我应该让读者知道，本书第二章（关于大国的军舰与海军）是因为有他的坚持才保留下来的。虽然如此，我要重申文责自负的原则，这当然也包括书中可能存在的任何问题。在尾注中，我尽量全面地列举了所参考的文献，如有疏漏，谨表歉意。维基百科上许多优秀的文章没有标注作者的姓名，无法一一致谢，对此我深表遗憾。

像《海权的胜利》这样的图书要将详尽的学术文本和脚注与伊恩·马歇尔的精美画作结合起来，这在制作和印刷方面是一个巨大的挑战，在当今世界上，只有少数几家出版商能够胜任，而且很少有出版商能做得像耶鲁大学出版社这样好。因此，我非常感谢这家出版社，尤其是格蕾琴·奥托，同时也感谢出版社社长约翰·多纳蒂奇的鼓励，以及匿名审稿人对书稿提出的宝贵意见。

本书极大地得益于艾莉森·雷尼对整本书和插图的认真行文编辑。我特别感谢耶鲁大学出版社的历史编辑阿迪娜·伯克，她不仅具有敏锐的洞察力，还在这本书稳步推进的过程中，对我充满了鼓励和包容。

我也要万分感谢家人一直以来的耐心、鼓励和爱。我要把本书签名版赠送给我最小的孙子查理·肯尼迪，他每次从北卡罗来纳州过来，都会兴致勃勃地询问这本书的进展情况。现在我可以告诉他，总算大功告成了。

我最感激的是我的妻子辛西娅·法勒，她一直陪伴着我，无论顺境还是逆境，总是给予我支持，为我提供良好的建议，让我总是能够心平气和。因此，我再次将本书献给她。与此同时，我冒昧地代表已故的伊恩·马歇尔将这本书献给他的妻子吉恩。在此意义上，本书是我们两人对两位伟大女性的献礼。

2021 年写于纽黑文和布兰福德

注 释

前 言

1. I. Marshall, *Armored Ships: The Ships, Their Settings, and the Ascendancy That They Sustained for 80 Years* (Charlottesville, VA: Howell Press, 1990); I. Marshall, *Flying Boats: The J-class Yachts of Aviation* (Cheltenham, UK: History Press Limited, 2002); Marshall, *Cruisers and La Guerre de Course* (Mystic, CT: Mystic Seaport Museum, 2008); and J. Maxtone-Graham, *Passage East,* illus. I. Marshall (Cheltenham, UK: History Press, 1998).
2. C. Tilly, ed., *The Formation of the National States in Western Europe* (Princeton, NJ: Princeton University Press, 1975), 42.
3. F. Braudel, *The Mediterranean and the Mediterranean World in the Age of Philip II,* 2 vols. (New York: Harper and Row, 1972).
4. 在这方面，G. Modelski, "The Long Cycle of Global Politics and the Nation-State," *Comparative Studies in Politics and Society* 20 (1978) 是一篇经典文章；关于海上力量，见 G. Modelski and W. R. Thompson, *Sea Power in Global Politics 1494–1993* (Basingstoke, UK: Macmillan, 1988)，各处。
5. P. Kennedy, *The Rise of the Anglo-German Antagonism 1860–1914* (London: Allen and Unwin, 1980), vi.
6. P. Kennedy, *The Rise and Fall of the Great Powers: Economic Change and Military Conflict from 1500 to 2000* (New York: Random House, 1987); *Preparing for the Twenty First Century* (New York: Random House, 1993); *The Parliament of Man: The Past, Present, and Future of the United Nations* (New York: Penguin Random House, 2006).
7. P. Kennedy, *Engineers of Victory: The Problem Solvers Who Turned the Tide in the Second World War* (New York: Random House, 2013)，各处。

第一章

1. Braudel, *The Mediterranean World* 和 *Capitalism and Material Life, 1400–1800* (New York: Harper Colophon, 1975)。

2. P. Padfield, *War Beneath the Sea: Submarine Conflict during World War II, 1939–1945* (London: John Murray, 1995); *Dönitz, the Last Führer: Portrait of a Nazi War Leader* (London: Gollancz, 1984); and *Maritime Dominion and the Triumph of the Free World: Naval Campaigns That Shaped the Modern World, 1851–2001* (London: John Murray, 2009).
3. P. M. Kennedy, *The Rise and Fall of British Naval Mastery* (London: Ashfield Press, 1976).
4. W. Woodruff, *Impact of Western Man: A Study of Europe's Role in the World Economy, 1750–1960* (New York: St. Martin's Press, 1967); 又见 W. H. McNeill, *The Pursuit of Power: Technology, Armed Force, and Society since A.D. 1000* (Chicago: University of Chicago Press, 1982)。
5. 见 K. Pomeranz, *The Great Divergence: China, Europe, and the Making of the Modern World Economy* (Princeton: Princeton University Press, 2000); 又见维基百科有关"大分流"的词条，最后更新于 2020 年 7 月 6 日：https://en.wikipedia.org/wiki/Great_Divergence。要了解采用更经济学的角度的方法，请参阅 I. M. Wallerstein, *The Modern World-System* (New York: Academic Press, 1974–1989)。
6. 又见 McNeill, *Pursuit of Power*; and B. Simms, *Europe: The Struggle for Supremacy, from 1453 to the Present* (New York: Basic Books, 2013); and G. Parker, *The Military Revolution: Military Innovation and the Rise of the West, 1500–1800* (New York: Cambridge University Press, 1996)。
7. McNeill, *Pursuit of Power*; and E. Hobsbawm, *The Age of Empire, 1875–1914* (New York: Pantheon, 1987)，各处。
8. 关于欧洲人口在世界总人口中所占的比例达到最高点这一事实，见 P. Kennedy, *Preparing for the Twenty-First Century;* 或 McNeill, *Population and Politics since 1750* (Charlottesville: University of Virginia Press, 1990)。
9. 详细阐述见 A. G. Hopkins, *American Empire: A Global History* (Princeton, NJ: Princeton University Press, 2018)，各处。
10. C. Baghino, *Port of Genoa: History and Informations,* trans. D. Canepa www.guidadigenova.it/en/genoa-history/history-port-genoa/, accessed June 24, 2020，这是一篇非常有趣的文章，对法西斯政权时期港口设施的大规模重建和扩建，以及贸易、建筑和移民的繁荣，提供了许多有用的细节。
11. R. Ropponen, *Die Russische Gefahr* (Helsinki: Suomen Historiallinen Seura, 1976).
12. M. Beloff, *Imperial Sunset* (London: Methuen, 1969); P. Kennedy, *The Realities Behind Diplomacy: Background Influences on British External Policy, 1865–1980* (London: Allen and Unwin, 1981).
13. 见 A. J. P. Taylor, *The Struggle for Mastery in Europe, 1848–1918* (Oxford, UK: Oxford University Press, 1971) 一书中的结论。
14. 见维基百科有关"加贺号"的词条，最后修改日期为 2020 年 7 月 1 日：https://

en.wikipedia.org/wiki/Japanese_aircraft_carrier_Kaga。

15. 读者会发现，这里有许多令人回味的讽刺元素。"加贺号"是日本进攻珍珠港的特遣舰队的六艘航空母舰之一；它的轰炸机中队实际上进行了两轮攻击，其机组人员声称击中了不下六艘美国战列舰，包括"内华达号"、"加利福尼亚号"、"俄克拉何马号"、"西弗吉尼亚号"、"亚利桑那号"和"马里兰号"。"加贺号"还在1942年初的日本南进作战中参战。然而，它在中途岛遇到了对手，与日本的其他三艘舰队航空母舰一起被美国的对手击沉，而它们从未见到敌人——新时代的海上力量已经突显出来了。

另一种讽刺与本章所描绘的战舰有关。虽然我不是故意选择的，但事实上它们都在1941—1942年海战扩大期间的很短一段时间内被击沉了。"扎拉号"和"阜姆号"在1941年3月的马塔潘角海战中被英国夜间炮火击毁，"胡德号"在1941年5月被"俾斯麦号"的炮弹击沉，"巴勒姆号"在1941年11月被U-331潜艇的四枚鱼雷摧毁，"加贺号"则在1942年6月初的中途岛战役中被击沉。

16. C. Barnett, *The Collapse of British Power* (London: Eyre Methuen, 1972).
17. Z. Steiner, *The Lights That Failed: European International History 1919–1933* (Oxford, UK: Oxford University Press, 2005).
18. 同上，又见 *The Triumph of the Dark: European International History 1933–1939* (Oxford: Oxford University Press, 2011)。

第二章

1. A. T. Mahan, *The Influence of Sea Power upon History 1660–1783* (Boston: Little, Brown, 1890; repr., London, 1965), x, 26–29.
2. P. Kennedy and E. Wilson, eds., *Navies in Multipolar Worlds: From the Age of Sail to the Present* (London: Routledge, 2020), 各处。
3. 同上。
4. 与《华盛顿海军条约》有关的外交文献非常多，但海军方面的数据请参考维基百科关于《华盛顿海军条约》的词条，最后修改日期为2020年4月1日：https://en.wikipedia.org/wiki/Washington_Naval_Treaty，附参考书目和本书图表2。
5. 在二战期间被击沉的28艘皇家海军巡洋舰中，只有一艘（"埃克塞特号"，在爪哇海战役中）是被敌方水面火力击沉的。同样，几乎所有著名的日本重型巡洋舰也都是被飞机或潜艇击沉的，而不是被敌方巡洋舰击沉的。
6. 今天的情况也是如此：昂贵的美国航母在出海时总是被一系列驱逐舰、装有"宙斯盾"系统的巡洋舰、巡逻机，通常还有一艘攻击型潜艇所护卫。
7. 见 O. Parkes, *British Battleships, "Warrior" 1860 to "Vanguard" 1950: A History of Design Construction and Armament* (Hamden, CT: Archon Books, 1972); R. Sumall, "The Battleship and Battlecruiser," in R. Gardiner, *The Eclipse of the Big*

Gun: The Warship 1906–45 (London: Conway Maritime, 1973); N. Friedman, *Naval Weapons of World War One: Guns, Torpedoes, Mines and ASW Weapons of All Nations: An Illustrated Directory* (Barnsley, UK: Seaforth, 2011)。

8. 所有（报告了的）战列舰现代化的全部细节，见《简氏战舰年鉴》中各页。在维基百科上，每艘战舰通常都有详细的词条，如英国皇家海军"罗德尼号"，最后修改日期为2019年12月29日：https://en.wikipedia.org/wiki/HMS_Rodney_(29)。（请注意，由于本章比其他任何章节更详细地讨论了舰艇类型和具体的战舰，因此会反复援引这两个来源。）

9. 又见《简氏战舰年鉴》关于各国的内容；一篇非常优秀的比较巡洋舰的文章：C. Hawks, "Battlecruisers, Large Cruisers, and Pocket Battleships of World War II," 2016, http://www.chuckhawks.com/battlecruisers.htm。

10. 又见 Parkes, *British Battleships*; and T. Gibbons, *The Complete Encyclopedia of Battleships: A Technical Directory of Capital Ships from 1860 to the Present Day* (London: Crescent Books, 1983), 各处。

11. L. Marriott, *Treaty Cruisers: The First International Warship Building Competition* (Barnsley, UK: Pen and Sword Press, 2005)；更多细节见《简氏战舰年鉴》1939年刊。

12. 《简氏战舰年鉴》1939年刊，以及伊恩·马歇尔给这本书里的画作所配的说明文字。

13. 例如菲利普·维安海军少将的部队，这支由"部落"级驱逐舰组成的舰队在"俾斯麦号"的最后一夜对其进行了攻击；还有S级驱逐舰在北角附近汹涌的海域中对"沙恩霍斯特号"进行了攻击，致其受损并削弱了其战斗力。

14. C. Bekker, *The German Navy 1939–1945* (New York: Dial Press, 1974), trans. *Grosse Bildbuch der Deutschen Kriegsmarine, 1939–1945*, 162–67；关于头重脚轻的驱逐舰荒唐设计，请看一篇有力的文章：C. Hawks, "The Best Destroyers of World War II," 2016, http://www.chuckhawks.com/great_destroyers_ww2.htm。

15. 见 J. Lambert and A. Raven, *Warship Perspectives: Flower Class Corvettes in World War Two* (Lynbrook, NY: WR Press, 1999)。

16. 关于潜艇总数，见《简氏战舰年鉴》1939年刊，viii；又见我本人对意大利潜艇的统计，以及 N. Friedman, *British Submarines in Two World Wars* (Annapolis, MD: US Naval Institute Press, 2019)。

17. 肯尼迪《英国海上霸权的兴衰》，第七章至第九章。

18. "兰利号"地位下降得如此严重，以至于到1939年它已经从《简氏战舰年鉴》中的美国航空母舰名单中消失，并被归类为杂务船。完整的故事，见维基百科有关词条，最后修改日期为2020年4月4日：https://en.wikipedia.org/wiki/USS_Langley_(CV-1)。

19. 关于战列舰派和航母派将领之间剑拔弩张的斗争，见 C. G. Reynolds, chap. 1 in *The Fast Carriers: The Forging of an Air Navy* (New York: McGraw-Hill, 1968);

关于航母的细节，见 N. Polmar, *Aircraft Carriers: A Graphic History of Carrier Aviation and Its Influence on World Events*, rev. ed., vol. 1, *1909–1945* (Washington, DC: Potomac Books, 2006)。

20. 对于美国、英国和日本的航母和飞机的比较，见 C. G. Reynolds, *Fast Carriers* 和 Polmar, *Aircraft Carriers*；又见本章注释 36。

21. 又见 Kennedy and Wilson, *Navies in Multipolar Worlds*。对于 20 世纪 30 年代末法国海军的战略困境的分析，见 R. Salerno, *Vital Crossroads: Mediterranean Origins of the Second World War, 1935–1940* (Ithaca, NY: Cornell University Press, 2002)。对于法国的经济弱点的详细描述，见 R. Frank, *Le Prixdu Réarmement Français, 1935–1939* (Paris: Publications de la Sorbonne, 1982)，各处。

22. 关于二战前和二战期间意大利海军的有用总结，见 F. de Ninno, "A Rising Power in the Age of Multipolarity: Italian Naval Policy and Strategy in the Age of Fascism," in Kennedy and Wilson, *Navies in Multipolar Worlds*, 23–32; and C. L. Symonds, chap. 5, "The Regia Marina," in *World War II at Sea: A Global History* (Oxford, UK: Oxford University Press, 2018)。无论是意大利语作家还是英语作家，大多数都是高度批判的，一个例外是 J. Sadkovich, *The Italian Navy in World War II* (Westport, CT: Greenwood Press, 1994)，各处。更有叙述性的讲述，见 J. Greene and A. Massigniani, *The Naval War in the Mediterranean, 1940–1943* (London: Chatham, 2002)。

23. 根据 E. Groener, *German Warships, 1815–1945*, vol. 2, *U-boats and Mine Warfare Vessels* (Annapolis, MD: US Naval Institute Press, 1990) 的计算，如果把更多的钱花在潜艇上而不是主力舰上，这是可以达到的。批判性的研究，见 W. Rahn, "German Navies from 1848 to 2016," *Naval War College Review* 70, no. 4 (2017): 1–47。

24. 更多细节见维基百科词条"二战期间的埃里希·雷德尔"，最后修改日期为 2020 年 3 月 27 日：https://en.wikipedia.org/wiki/Erich_Raeder_during_World_War_II。虽然雷德尔说了这句话，但他在整个战争期间都抱有不切实际的扩张主义野心。

25. 这方面最好的两部英文作品分别是 P. Dull, *A Battle History of the Imperial Japanese Navy, 1941–1945* (Annapolis, MD: US Naval Institute Press, 1978) 和 M. Stille, *The Imperial Japanese Navy in the Pacific War* (London: Osprey, 2014)。

26. 更多细节见 D. C. Evans and M. Peattie, *Kaigun: Strategy, Tactics, and Technology in the Imperial Japanese Navy 1887–1941* (Annapolis, MD: US Naval Institute Press, 1997)；要想深入了解，可以参考维基百科词条"日本帝国海军航空兵"，最后修改日期为 2020 年 1 月 19 日：https://en.wikipedia.org/wiki/Imperial_Japanese_Navy_Air_Service。

27. 日本陆军在整个战争中的支配地位，见 S. C. M. Paine, *The Japanese Empire: Grand Strategy from the Meiji Restoration to the Pacific War* (Cambridge, UK:

Cambridge University Press, 2017); 此外，还有一篇涉及面很广的文章（比它的标题所暗示的要广得多）：C. Boyd, "Japanese Military Effectiveness: The Interwar Period," in *Military Effectiveness*, ed. A. R. Millett and W. Murray, vol. 2, *The Interwar Years* (Boston: Allen and Unwin, 1987), 131–68。

28. 关于美国支持或反对干预的辩论，见 J. A. Thompson, chap. 4 in *A Sense of Power: The Roots of America's Global Role* (Ithaca, NY: Cornell University Press, 2015)。

29. 《简氏战舰年鉴》1939 年刊，476。关于 20 世纪 30 年代后期大量设计变化的细节，又见维基百科有关词条，最后修改日期为 2020 年 3 月 27 日：https://en.wikipedia.org/wiki/North_Carolina-class_battleship。

30. 《简氏战舰年鉴》1939 年刊，476。

31. 同上，487–89。有关背景和海军将领，请参阅 C. G. Reynolds, *Fast Carriers*, 前言和第一章。

32. 在珍珠港事件当天，美国海军拥有六艘舰队航母，其中三艘在弗吉尼亚州诺福克，一艘在圣迭戈，只有两艘在中太平洋执行不同的任务。

33. 关于 1919 年之后大英帝国的诸多政治困境和战略困境，见 M. Beloff, *Imperial Sunset*, vol. 1, *Britain's Liberal Empire, 1897–1921* (London: Methuen, 1969); and P. Kennedy, *Rise and Fall of the Great Powers*, 355ff。

34. 有关这些战舰的更多细节，见《简氏战舰年鉴》1939 年刊，23–39。

35. 同上，44–62。

36. 英国皇家海军航空兵和英国皇家空军海岸司令部的悲惨故事在许多作品中都有讲述，尤其是 G. Till, *Air Power and the Royal Navy 1914–1945: A Historical Survey* (Surrey, UK: Macdonald and Jane's, 1979); 技术上的细节，见 T. Hone, N. Friedman, and M. D. Mandeles, *American and British Aircraft Carrier Development, 1919–1941* (Annapolis, MD: US Naval Institute Press, 1999); 更简单的介绍，见维基百科有关词条，最后修改日期为 2020 年 5 月 11 日：https://en.wikipedia.org/wiki/Fleet_Air_Arm; A. Hendrie, *The Cinderella Service: RAF Coastland Command 1939–1945* (London: Casemate, 2006); 维基百科词条"二战期间的英国皇家空军海岸司令部"，最后修改日期为 2019 年 11 月 19 日：https://en.wikipedia.org/wiki/RAF_Coastal_Command_during_World_War_II。

37. 关于英国皇家海军潜艇的详细信息，见《简氏战舰年鉴》1939 年刊，74–78；对于 S 级、T 级和 U 级英国潜艇，维基百科都有专门的词条。

38. Kennedy, chaps. 7–8 in *British Naval Mastery*; and S. W. Roskill, *Naval Policy between the Wars*, vol. 1, *The Period of Anglo-American Antagonism, 1919–1939* (London: Trustees of the National Maritime Museum, 1978), 前面几章；最新作品，见 C. M. Bell, *The Royal Navy, Seapower and Strategy between the Wars* (Stanford, CA: Stanford University Press, 2000)。

39. 这方面的精彩分析，见 M. E. Howard, *The Continental Commitment: The*

Dilemma of British Defence Policy in the Era of the Two World Wars (London: Maurice Temple Smith, 1972)。

40. 对于海军部所面临的困境的精彩描述，见 A. J. Marder, "The Royal Navy and the Ethiopian Crisis of 1935–36," in *American Historical Review* 75, no. 5 (June 1971)。关于英国战线过长的大背景，见 Barnett, *Collapse of British Power*。

41. 关于1939年的这个决定，最佳的介绍是 L. Pratt, *East of Malta, West of Suez: Britain's Mediterranean Crisis, 1936–1939* (Cambridge, UK: Cambridge University Press, 1975)，各处。关于新加坡基地政策的文献很多，见 J. Neidpath, *The Singapore Naval Base and the Defence of Britain's Eastern Empire, 1919–1941* (New York: Clarendon Press of Oxford University Press, 1981)。

42. 见 Barnett, *Collapse of British Power*，各处；以及保罗·肯尼迪《大国的兴衰》，第六章。

43. 例如，E. Mawdsley, *The War for the Seas: A Maritime History of World War II* (London: Yale University Press, 2019), 11；以及 J. A. Maiolo, "Did the Royal Navy Decline between the Wars?," *RUSI Journal* 159 (July 2014): 18–24。

44. 见 A. Clayton, *The British Empire as a Superpower, 1919–39* (Basingstoke, UK: Macmillan, 1986)，各处。这是对所有"帝国陷入困境"说法的另一个有趣的反驳。

45. 对每个大国的"军事效能"的研究，见 Millett and Murray, *Military Effectiveness*, vol. 2, *The Interwar Years*。

第三章

1. K. Marx, *The Eighteenth Brumaire of Louis Napoleon* (London: Electric Book Co., 2001)。

2. A. T. Mahan, "Considerations Governing the Dispositions of Navies," in *National Review* 3 (July 1902): 701–19，转载于 *Retrospect and Prospect: Studies in International Relations, Naval and Political* (Boston: Little, Brown, 1902)。

3. P. Kennedy, "The War at Sea," in *Cambridge History of the First World War*, ed. J. M. Winter, vol. 1 (Cambridge, UK: Cambridge University Press, 2014); and Taylor, epilogue in *Struggle for Mastery in Europe*.

4. A. Lambert, *Seapower States: Maritime Culture, Continental Empires, and the Conflict That Made the Modern World* (New Haven, CT: Yale University Press, 2018)，各处，借用了马汉 *The Influence of Sea Power upon History* (Newport, RI: Naval War College Press, 1991) 一书前言中关于土地边界约束的论述。

5. Mahan, "Disposition of Navies," 710.

6. W. Wegener, *Naval Strategy of the World War*, trans. H. H. Herwig (Annapolis, MD: US Naval Institute Press, 1989)，各处。原书名为 *Die Seestrategie des Weltkrieges*

(Berlin: E. S. Mittler, 1929)。

7. 同上。
8. Kennedy, *British Naval Mastery*.
9. P. K. Kemp, ed., *The Papers of Admiral Sir John Fisher* (London: Navy Records Society, 1960–1964), 2:161.
10. P. Kennedy, "Imperial Cable Communications and Strategy, 1870–1914," in *The English Historical Review* 86, no. 341 (October 1971): 728–52.
11. Mahan, "Disposition of Navies."
12. "没有哨兵的哨所"这一惊人形象最初在巴尼特的修正主义作品 *Collapse of British Power* 一书的结尾处被提出，正如本书第三章所讨论的那样，这与利德尔·哈特稍早的关于"没有舰队的基地"的说法并没有什么不同。
13. 关于本土舰队的地位和作用，见三卷本 S. W. Roskill, *The War at Sea, 1939–1946* (London: HMSO, 1954–61)，又见 J. P. Levy, *The Royal Navy's Home Fleet in World War 2* (London: Macmillan, 2003)，各处。
14. 大西洋之战持续时间如此之长，以至于在接下来的每一章（第五章至第十章）中都有对重要作品和维基百科文章的引用，从第五章的注释21、22开始。
15. 参见第六章注释5中关于北极护航队的引用。
16. 关于意大利的立场，见 de Ninno, "A Rising Power in the Age of Multipolarity: Italian Naval Policy and Strategy in the Age of Fascism," in Kennedy and Wilson, *Navies in Multipolar Worlds,* 23–32。
17. 参见一部虽然很短但是很重要的作品：Pratt, *East of Malta, West of Suez*，各处。
18. 见 Neidpath, *Singapore Naval Base*，以及其他很多作品。
19. 一种不同的阐述见 P. P. O'Brien, *How the War Was Won: Air-Sea Power and Allied Victory in World War II* (Cambridge, UK: Cambridge University Press, 2015)。
20. W. Braisted, *The United States Navy in the Pacific* (Austin: University of Texas Press, 1958)；以及本书第二章和第五章的其他参考文献。
21. 关于德国的实际情况，见 H. H. Herwig, *Politics of Frustration: The United States in German Naval Planning 1889–1941* (Boston: Little, Brown, 1976)。
22. 有关结论，见 G. W. Prang, *At Dawn We Slept: The Untold Story of Pearl Harbor* (New York: McGraw-Hill, 1981)，各处。
23. E. S. Miller, *War Plan Orange: The U.S. Strategy to Defeat Japan, 1897–1945* (Annapolis, MD: US Naval Institute Press, 1991)，各处。
24. 在这一点上，所有研究太平洋战争中日本海军的专家（包括 Dull、Spector、Symonds 和 Reynolds，参见第五章）似乎都达成了共识：如果说日本航空母舰海军在这些战役中表现非常出色，那这是顶着战列舰派将领的压力完成的，而不是因为他们的大力支持。
25. D. Landes, *The Unbound Prometheus: Technological Change and Industrial Development in Western Europe from 1750 to the Present* (Cambridge, UK:

Cambridge University Press, 1969),各处。

26. 有关世界人口、产出和工业化增长的统计数据,见 P. Kennedy, *Rise and Fall of the Great Powers*, 199ff; and Woodruff, *Impact of Western Man*。
27. 关于各国的情况,见《简氏战舰年鉴》1939 年刊。关于早期的情况,见 Q. Wright, *A Study of War* (Chicago: University of Chicago Press, 1942), 670–71 的表格"各大国战舰吨位(1880—1914)"。
28. 虽然有一些关于个别造船厂和造船区域(如泰恩河)的历史研究,但目前没有关于两次世界大战之间英国造船业的最新分析研究。不过,一些相关的内容见 Roskill, *Naval Policy between the Wars*, vol. 2, *The Period of Reluctant Rearmament, 1930–1939*,以及 Mawdsley, *War for the Seas*。
29. 见《简氏战舰年鉴》1939 年刊,23–60,以及 Mawdsley, *War for the Seas*, 14–17。
30. 《简氏战舰年鉴》1939 年刊,476–90。
31. 这方面一篇有趣的文章是 J. B. Parrish, "Iron and Steel in the Balance of World Power," *Journal of Political Economy* 64, no. 4 (October 1956): 368–88;又见 P. Kennedy, *Rise and Fall of the Great Powers*, 200 的表格"各大国的钢铁产量(1890—1938)"。
32. 关于德国和美国的机床工业领先于其他所有国家,见 A. S. Milward, *War, Economy and Society, 1939–1945* (Berkeley: University of California Press, 1977), 187–90 and 333–34。又见 J. A. Maiolo, *Cry Havoc: How the Arms Race Drove the World to War, 1931–1941* (New York: Basic Books, 2010), 211ff。
33. 肯尼迪《英国海上霸权的兴衰》,第七章至第九章。
34. 这个数字出自 H. Hillman 的文章 "Comparative Strength of the Great Powers," in A. J. Toynbee and F. T. Ashton-Gwatkin, eds., *The World in March 1939* (London: Oxford University Press, 1952), 446。
35. Mahan, *Influence of Sea Power*, 88.
36. 同上;进一步的分析,见肯尼迪《英国海上霸权的兴衰》一书的前言。
37. 有关 19 世纪和 20 世纪初经济增长、产出和国防预算的统计数据,见 Taylor 为 *Struggle for Mastery in Europe* 一书所撰写的前言,以及肯尼迪《大国的兴衰》第五章。
38. 见肯尼迪《英国海上霸权的兴衰》,第 206 页。
39. 一部重新审视战间期的日德兰海战相关研究的杰出作品:G. A. H. Gordon, *The Rules of the Game: Jutland and British Naval Command* (London: John Murray, 1996)。
40. Mahan, *Influence of Sea Power*, 138.
41. 应该指出的是,马汉当然承认海上商业的重要性——这是英国成功的一个基本原因之一——尽管他倾向于认为,一旦大规模舰队战役取得胜利,敌人就会被赶出海洋。同样值得注意的是,到他在 1902 年发表《关于海军部署的考虑》这篇文章时，他更加关注决定海权的地理因素。
42. 科贝特早期最优秀的作品是 *England in the Seven Years War: A Study in Combined Strategy* (London: Longmans, Green, 1907)。不久之后，他又出版了理论经典 *Some Principles of Maritime Strategy* (London: Longmans, Green, 1918)，全书内容广泛涉及这一主题。
43. 有关科贝特思想的更多细节，以及他与海军部在撰写官方历史方面的冲突，见 G. Till, chap. 4, "Corbett and the Emergence of a British School," in *The Development of British Naval Thinking: Essays in Memory of Bryan McLaren Ranft* (London: Routledge, 2006), 81。

第四章

1. 关于1939年海军冲突的背景，见 Roskill, *War at Sea*, vol. 1, 第5章至第7章，还有很多附录，以及 Symonds, *World War II at Sea* 一书的前几章。
2. P. Auphan and J. Mordal, *The French Navy in World War II* (Annapolis, MD: US Naval Institute Press, 1959); Roskill, *War at Sea*, vol. 1.
3. 关于英国皇家海军"勇敢号"的沉没，见维基百科有关词条，最后修改日期为2019年10月23日：https://en.wikipedia.org/wiki/HMS_Courageous_(50)，以及 C. Barnett, *Engage the Enemy More Closely: The Royal Navy in the Second World War* (London: Hodder and Stoughton, 1991), 68–69 对"搜索单位"策略的尖刻评论。
4. 关于普里恩击沉"皇家橡树号"的更多细节，见 C. Blair, *Hitler's Uboat War*, vol. 1, *The Hunters, 1939–1942* (New York: Random House, 1996), 104–9。
5. Roskill, *War at Sea*, 1:115.
6. 关于"施佩伯爵号"的行动和这场战役的精美地图，见 Roskill, *War at Sea*, 1:118。
7. 见维基百科"拉普拉塔河口海战"词条，最后修改日期为2020年1月20日：https://en.wikipedia.org/wiki/Battle_of_the_River_Plate；对这场战役的生动讲述，见 Barnett, *Engage the Enemy*, 84–88。
8. 到了这个阶段，像战前那样来到集合点加油的做法已然行不通。德国补给船不能像以前那样，挂着中立国的旗帜，为像"施佩伯爵号"这样的水面袭击舰提供补给。
9. 关于U艇的数量，见 Roskill, appendix Q in *War at Sea*, vol. 1；关于鱼雷反复出现的故障，见 Blair, *Hitler's Uboat War*, vol. 1；关于每个月的商船损失，见 M. Milner, "The Battle of the Atlantic," *Journal of Strategic Studies* 13, no. 1 (1990): 45–66, https://doi.org/10.1080/01402399008437400。
10. 关于1939年冬季至1940年6月和7月期间西欧的军事和政治形势，包括双方力量对比、假战、冬季战争/芬兰局势、英德在挪威的行动，以及法国和敦刻尔克的沦陷，最佳的描述可能是 Liddell Hart, *History of the Second World War* (London: Cassell, 1970) 的第 4 章到第 7 章。Symonds, *World War II at Sea* 的第 3 章和第 4 章也提供了简洁的介绍。

11. 海军元帅雷德尔写给希特勒的备忘录，引自 Barnett, *Engage the Enemy*, 104。
12. 关于德国的整体军事效能（其在战役层面和战术层面的优势以及其在高层的弱点），见 Millett and Murray, *Military Effectiveness*，尤其是第三卷中的文章。
13. 关于舰队航空兵的弱点，特别是其飞机，见 Till, *Air Power and the Royal Navy*，以及第二章注释 36 所援引的许多来源。
14. 见 Barnett, *Engage the Enemy*, 103。
15. 巴尼特对这几周内丘吉尔在海军部糟糕表现的详细描述令人瞠目结舌，这并不让人意外，见 *Engage the Enemy* 第 4 章和第 5 章，又见 S. W. Roskill, *Churchill and the Admirals* (London: Collins, 1977)。更多的批评，见 J. Kiszely, *Anatomy of a Campaign: The British Fiasco in Norway, 1940* (Cambridge, UK: Cambridge University Press, 2017)，各处。
16. 对整个战役的冷静、客观和简洁的描述，包括盟军战舰和军事单位来回调动的细节，见 Symonds, *World War II at Sea*，第 3 章"挪威战役"。Liddell Hart, *History of the Second World War* 在军事方面写得很好，但在海军作战方面写得不够充分。劳合·乔治等人在 1940 年 5 月 7 日至 9 日重要的英国下议院辩论中发表了犀利的演讲，其中一些演讲摘录自维基百科的"挪威辩论"词条，最后修改日期是 2020 年 1 月 24 日：https://en.wikipedia.org/wiki/Norway_Debate。
17. 维基百科词条"纳尔维克战役"，最后修改日期为 2020 年 1 月 18 日：https://en.wikipedia.org/wiki/Battles_of_Narvik#First_naval_Battle_of_Narvik。
18. 维基百科词条"纳尔维克战役"由一位挪威军事历史学家撰写，他对陆地战役有很多了解；又见 Barnett, *Engage the Enemy* 第 4 章的生动讲述。
19. 蒙巴顿勋爵本人非常冷静地叙述了鱼雷快艇的行动以及"凯利号"被拖回泰恩河上造船厂的情况，见"Mountbatten Brings Home HMS *Kelly*," World War II Today, http://ww2today.com/9th-may-1940-mountbatten-brings-home-hms-kelly。Roskill, *War at Sea*, 1:145 注意到这是德国鱼雷快艇的首次亮相。
20. 整合后的 Nortraship 公司成为世界上最大的航运组织，其船队中有 42% 是现代化的油轮。见维基百科有关词条，访问日期为 2020 年 2 月 1 日：https://en.wikipedia.org/wiki/Nortraship。
21. 见 Liddell Hart, *History of the Second World War*，第 7 章。
22. 同上。拉姆齐将军面临的危机和"发电机行动"（敦刻尔克大撤退）的展开，见 Roskill, *War at Sea*, vol. 1，第 11 章至第 12 章。
23. 后来，由于担心类似事件会再次发生，许多被撤离的士兵坚持留在救援他们的小船的甲板上，即使这些小船因此变得头重脚轻。在 2017 年的电影《敦刻尔克》中，这种害怕被困在甲板下的恐惧得到了很好的呈现。
24. 关于"清醒号"，见维基百科有关词条，最后修改日期为 2019 年 10 月 3 日：

https://en.wikipedia.org/wiki/HMS_Wakeful_(H88)，关于"格拉夫顿号"，见维基百科有关词条，最后修改日期为 2019 年 11 月 23 日：https://en.wikipedia.org/wiki/HMS_Grafton_(H89)。

25. 毫不意外，有许多通俗历史作品讲述了皇家海军驱逐舰在敦刻尔克的英勇行动以及"艾文霍号"和其他舰船的命运，但也请参阅较为客观的资料来源：维基百科词条"HMS *Ivanhoe* (D16)"，访问日期为 2020 年 6 月 1 日：https://en.wikipedia.org/wiki/HMS_Ivanhoe_(D16)。（每艘参战的军舰在维基百科上都有独立条目。）

26. 维基百科词条"HMS *Havant* (H32)"，最后一次修改是在 2020 年 1 月：https://en.wikipedia.org/wiki/HMS_Havant_(H32)。

27. 时至今日，"闪电号"沉船仍是潜水爱好者的著名景点。

28. 关于"光荣号"的沉没和"阿卡斯塔号"对"沙恩霍斯特号"的伤害，简短的介绍见 Barnett, *Engage the Enemy*, 136–37。

29. 撤离士兵总数（包括每天的数字）见维基百科"敦刻尔克撤离"中的表格，访问日期为 2020 年 2 月 14 日：https://en.wikipedia.org/wiki/Dunkirk_evacuation。

30. 这方面的一个例子，见 B. Cheall, *Fighting Through from Dunkirk to Hamburg: A Green Howard's Wartime Memoir* (Barnsley, UK: Pen and Sword, 2011)；一篇包括大量参考书目的有用文章见维基百科词条"敦刻尔克战役"，最后修改于 2020 年 2 月 8 日：https://en.wikipedia.org/wiki/Battle_of_Dunkirk。

31. C. Barnett, *Britain and Her Army, 1509–1970: A Military, Political, and Social Survey* (Harmondsworth, UK: Penguin Books, 1970) 包括许多关于英国欧陆战争的论文。

32. 关于 1940 年本土舰队得到的增援，特别是海军部非常渴望的新"乔治五世"级战列舰，请参见 C. M. Bell, *Churchill and Sea Power* (Oxford, UK: Oxford University Press, 2013), 200–2，以及 Roskill, *War at Sea*, 1:262–68。

33. 截至 1940 年年中邓尼茨的 U 艇（包括新出航的潜艇）损失情况，详细描述见 Blair, *Hitler's U-Boat War*, vol. 1; D. van der Vat, *The Atlantic Campaign: World War II's Great Struggle at Sea* (New York: Harper and Row, 1988), 126，以及 Roskill, *War at Sea*, vol. 1 的附录 K。

34. 关于德国哑弹鱼雷（其中许多被皇家海军的大量重型军舰弹回来！）的很多证据，见 Blair, *Hitler's U-Boat War* 和 van der Vat, *The Atlantic Campaign*。

35. 虽然实际上是英国外交大臣格雷勋爵创造了陆军是"海军发射的炮弹"这一说法，但费舍尔很喜欢引用这句话，见他的 *Memories* (London: Hodder and Stoughton, 1919), 18。

36. 参见利德尔·哈特的各种文章，例如 *The British Way of Warfare* (London: Faber, 1932) 的第一章"英国的历史战略"，以及关于他的许多重要研究和传记；见维基百科词条"B. H. Liddell Hart"，2020 年 8 月 1 日访问：https://en.wikipedia.org/wiki/B._H._Liddell_Hart，各处。

37. 对于法国战役中德国空军和英国皇家空军损失的精彩分析，见美国空军哈蒙纪念讲座（Harmon Memorial Lecture）第32讲（1989年），R. J. Overy, "Air Power, Armies, and the War in the West, 1940"：https://www.usafa.edu/academic/history/harmon32/。

38. 关于美国对法国沦陷的不安，见 Blair, *Hitler's U-boat War*, 1:165，这本书详细描述了美国在1940年中期至1941年12月期间支持英国的许多行为，更多信息见 A. Nagorski, *1941: The Year Germany Lost the War* (New York: Simon and Schuster, 2019)。

39. 见关于《两洋海军法案》的维基百科，最后修改日期为2019年11月30日：https://en.wikipedia.org/wiki/Two-Ocean_Navy_Act，以及 S. E. Morison, *History of United States Naval Operations in World War II*, vol. 1, *The Battle of the Atlantic* (Boston: Little, Brown, 1984), 27ff。与日本海军总体规模的比较令人瞠目结舌，见 Symonds, *World War II at Sea*, 179。

40. 有关这些战列舰的更多细节，请参见第八章。

41. 有关这些航母的详细信息，请参见第二章注释19和注释20，以及《简氏战舰年鉴》1940年刊和1941年刊。

42. 德国人日益意识到美国生产力的庞大规模，见 Maiolo, *Cry Havoc*, 353–54，第16章至第17章。

43. Symonds, *World War II at Sea* 第8章"日出之国"精彩地讲述了山本五十六的方案。

44. Maiolo, *Cry Havoc*, passim; J. Lukacs, *The Last European War: September 1939/December 1941* (New Haven, CT: Yale University Press, 1976); B. C. Stoddard, *World in the Balance: The Perilous Months of June–October 1940* (Washington, DC: Potomac Books, 2011); 更多细节见 Nagorski, *1941* 一书的前面几章。

45. 1940年6月4日，丘吉尔在下议院发表的历史性演讲"我们绝不会投降"的结束语。

46. 担任首相还不到一个月，丘吉尔就不断将关于击沉法国舰队的决定交给英国内阁讨论。更多细节，见 Barnett, *Engage the Enemy*, 171–81，与他后来的著作相比，Roskill, *War at Sea*, 1:240–45 对此事的描述十分克制。现在这方面的最佳著作是 D. Brown, *The Road to Oran: Anglo-French Naval Relations, September 1939–July 1940* (London: Cass, 2004)。

47. 简要的概述，见维基百科有关词条，2019年6月23日访问：https://en.wikipedia.org/wiki/Attack-on-Mers-el-Kebir。有关扣人心弦的细节，见 A. J. Marder, chap. 5 in *From the Dardanelles to Oran: Studies of the Royal Navy in War and Peace, 1915–1940* (Oxford, UK: Oxford University Press, 1974)。

第五章

1. D. Low, "Very Well, Alone," *Evening Standard*, June 18, 1940.
2. HistoryExtra, "WW2: When Britain Stood (Not Quite) Alone," June 24, 2019, https://www.historyextra.com/period/second-world-war/britain-stood-alone-ww2-myths-brexit-debate/.
3. 关于法国沦陷后美国开始产生的担忧，及其迅速采取的一系列援助措施，请参见 Morison, *US Naval Operations*, vol. 1 的前几章。
4. Wegener, *Naval Strategy of the World War* (chap. 3, nn. 6 and 7).
5. 关于法国沦陷之后的大西洋战役，见 Roskill, "The Campaign in the North-West Approaches," in *War at Sea*, 1:343ff。Barnett, *Engage the Enemy*, 251ff 提出了重要的批判。又见 van der Vat, *The Atlantic Campaign* 的第 5 章。
6. *The Halder War Diary, 1939–1942*, trans. C. Burdick and H. A. Jacobsen (Novato, CA: Presidio Press, 1988)；关于英国的防御，见 B. Collier, *The Defense of the United Kingdom* (London: HMSO, 1957)，各处，以及 Levy, *Royal Navy's Home Fleet*，第 5 章。
7. 见维基百科有关词条中令人印象深刻的细节，2019 年 3 月 1 日访问：https://en.wikipedia.org/wiki/Fliegerführer_Atlantik。这个来源有很多进一步的参考资料，而在大多数以海军为主题的作品中，这只是一段插曲，例如 van der Vat, *The Atlantic Campaign*。
8. 关于"大胆号"护航航母的故事，见 Roskill, *War at Sea*, 1:477–79（在第 481 页有"大胆号"航母和一艘典型的战斗机弹射船的照片）。
9. 关于德国空军的疲于奔命，见 W. Murray, *The Luftwaffe, 1933–45: Strategy for Defeat* (Washington, DC: Brassey's, 1996)。
10. Roskill, *War at Sea*, vol. 1 第 18 章详细介绍了当时德国的秘密袭击者。但也请参见 Symonds, *World War II at Sea*，第 6 章，其中对所有类别的德国袭击舰（秘密袭击者、U 艇和水面战舰）进行了精彩总结。另见下文注释 24。
11. 关于"舍尔海军上将号"及之后的"沙恩霍斯特号"和"格奈森瑙号"的袭击（见下一条注释），以及一张综合地图，见 Roskill, *War at Sea*，第 28 章。这一章还详细描述了德国秘密袭击舰的行动。
12. 罗斯基尔关于这些德国重型军舰的海上袭击的评论（见前面的注释）非常发人深省；他说，这对北大西洋的船队造成了严重干扰。
13. 关于"击沉'俾斯麦号'！"（丘吉尔的指示以及同名电影）的故事，英国文学作品中有大量热情洋溢的描述。Barnett, *Engage the Enemy* 对此进行了精彩叙述，专门用了 30 页（第 284—314 页）来讲述这一故事。Roskill, *War at Sea*, vol. 1 中的地图（第 31—33 页）也非常出色。
14. 维基百科相关词条有详尽到每小时的细节，于 2019 年 3 月 23 日访问：https://en.wikipedia.org/wiki/Channel_Dash。关于这一巧妙行动的最佳地图，见

Roskill, *War at Sea*, 2:153，这部作品也对海军部的困难进行了辩护式的讲述。然而，同样令人印象深刻的是英国皇家空军的轰炸对德国军舰的持续威胁，当这些军舰到达波罗的海时，这种威胁显然没有消失。

15. 美国战列舰不时被派往斯卡帕湾与本土舰队会合，而"提尔皮茨号"则一直对北极护航队构成威胁（第六章至第七章）；但这艘最后的德国战列舰从未与美国的战列舰交战，反而被从一个港口追到另一个港口，直到1944年11月被英国皇家空军的轰炸彻底摧毁。

16. 考虑到希特勒当时对消灭欧洲犹太人和击败苏联的执着，这个问题的优先级甚至更低，引人入胜的讲述见 A. Hillgruber, *Hitler's Strategie: Politik und Kriegsführung, 1940–1941* (Frankfurt: Bernand and Graefe, 1965)。

17. J. B. Hattendorf, ed., *On His Majesty's Service: Observations of the British Home Fleet from the Diary, Reports, and Letters of Joseph H. Welling, Assistant U.S. Naval Attache, London, 1940–41* (Newport, RI: Naval War College Press, 1983)，这是一段非凡的个人经历。

18. Morison, *US Naval Operations*, 1:92–109 中的讲述依然是标准叙事。

19. 有关《租借法案》的详细信息，请参阅第八章。

20. C. Williamson, "Industrial-Grade Generosity: British Warship Repair and Lend Lease in 1941," *Diplomatic History* 39, no. 4 (September 2015): 745–72.

21. 关于大西洋战役的维基百科，最后修改日期为2020年3月9日：https://en.wikipedia.org/wiki/Battle_of_the_Atlantic。最详细的讲述可能是 Blair, *Hitler's U-boat War*, 各处。然而，Roskill, *War at Sea*, vols. 1 and 2 中的讲述、地图和数据是最好的。

22. Blair, *Hitler's U-boat War*, vol. 1 对双方各阶段得失的总结很有价值，例如 418—427页对战争头28个月（即到1941年12月）的评估。van der Vat, *The Atlantic Campaign* 在每章的末尾也有对"海上损失"的总结。利德尔·哈特也有很好的总结，见 *History of the Second World War*，第24章，"大西洋战役"。又见 https://uboat.net/allies/merchants/losses_year。

23. Blair, chap. 3, "The June Slaughter," and "The October Slaughter," in *Hitler's U-boat War*.

24. 关于海洋中的"灰狼"——德国伪装袭击舰或辅助巡洋舰（Hilfskreuzer）——有大量的通俗文学作品，而且在维基百科上也有非常详细的文章介绍了其中最成功的几艘——"鸬鹚号"、"托尔号"和"亚特兰蒂斯号"。早期的可靠介绍见 D. Woodward, *The Secret Raiders: The Story of German Armed Merchant Raiders in the Second World War* (New York: Norton, 1955)。

25. 关于普里恩、克雷奇默等德国王牌艇长的损失或被俘，以及HX-112护航船队遭遇的战斗，简单介绍见 Symonds, *World War II at Sea*, 第6章，129；详细介绍见 Blair, *Hitler's U-boat War*, 第4章，248ff。

26. 关于北极护航船队，见 B. B. Schofield, *The Russian Convoys: Heroes of the*

Murmansk Run—Allied Seamen Who Fought Stukas, Nazi Subs and Frozen Arctic Seas in WWII (London: Batsford, 1966)。(斯科菲尔德将军本人参与了护航行动)。Roskill, *War at Sea*, "本土水域和北极"这一章包含了大量细节、照片和地图。此外, Barnett, *Engage the Enemy*, 第 23 章 (关于北极护航船队) 中有一篇出色的致敬文章, 引用了海军部的原始报告。

27. 关于 "苦行僧行动", 一个基本资料来源是维基百科相关词条, 访问于 2019 年 3 月 25 日, https://en.wikipedia.org/wiki/Operation_Dervish_(1941), 其中有英文和德文的参考书目。

28. 请参阅注释 22, 了解 van der Vat 和 Blair 关于商船和 U 艇损失的各阶段统计, Roskill, *War at Sea* 和 Barnett, *Engage the Enemy* 中也有阶段性的总结。

29. M. Simpson, "Force H and British Strategy in the Western Mediterranean 1939–1942," *Mariner's Mirror* 83, no. 1 (1997): 62–75; and Q. Hughes, *Britain in the Mediterranean and the Defence of Her Naval Stations* (Liverpool: Penpaled, 1981).

30. B. R. Sullivan, *A Thirst for Glory: Mussolini, the Italian Military and the Fascist Regime, 1922–1936* (Ann Arbor: University Microfilms International, 1984); M. Knox, *Mussolini Unleashed, 1939–1941 Politics and Strategy in Fascist Italy's Last War* (Cambridge, UK: Cambridge University Press, 1982); D. Mack Smith, *Mussolini's Roman Empire* (New York: Viking Press, 1976).

31. R. Hammond, "An Enduring Influence on Imperial Defence and Grand Strategy: British Perceptions of the Italian Navy, 1935–1943," *International History Review* 39, no. 5 (2017): 810–35, https://doi.org/10.1080/07075332.2017.1280520.

32. 关于 H 舰队轰炸热那亚、来航 (里窝那) 和拉斯佩齐亚的情况, 请参阅例如 Roskill, *War at Sea*, 1:425。

33. 见维基百科关于卡拉布里亚战役的词条, 最后一次修改于 2019 年 9 月 12 日: https://en.wikipedia.org/wiki/Battle_of_Calabria, 但是 Roskill, *War at Sea*, vol. 1 几乎没有谈及这场战役。

34. 歌颂塔兰托突袭的英国文学作品很多, 这场袭击被认为是珍珠港事件的预演, 参见维基百科的有关词条, 访问时间为 2019 年 3 月 15 日: https://en.wikipedia.org/wiki/Battle_of_Taranto, 其中包括来自意大利的史料和美国档案。令人惊讶的是, Roskill, *War at Sea*, 1:300–301 只对其进行了简略的讲述。

35. Roskill, *War at Sea*, 302–4 对斯巴提文托角海战的讲述明确表明他不赞成丘吉尔对海军将领们的不停抱怨。

36. J. Holland, *Fortress Malta: An Island under Siege 1940–1943* (London: Orion, 2003).

37. 对 "超额行动" 的精彩讲述, 见 https://www.armouredcarriers.com/illustrious-malta-operation-excess-january-10-1941, 2020 年 6 月 1 日访问。坎宁安这句话出自 Barnett, *Engage the Enemy*, 321。

38. Barnett, *Engage the Enemy*, 321. Holland, *Fortress Malta* 讲述了马耳他的故事。

Barnett, *Engage the Enemy*, 322 讲述了皇家海军"光辉号"航母和地中海舰队的故事。

39. 维修后的"光辉号"后来参与了北极护航，然后将回到地中海，以支援 1943 年的西西里登陆行动，从先前的被动防御转为了主动进攻的角色。它最终将在 1945 年 6 月与英国太平洋舰队一起在日本附近执行任务。从 1940 年 7 月到战争结束，除了美国的"萨拉托加号"和"企业号"，没有其他大型航空母舰有这么长的战时战斗时间。
40. 见维基百科有关词条，最后修改日期为 2020 年 1 月 17 日：https://en.wikipedia.org/wiki/Battle_of_Cape_Matapan。
41. 在太平洋，美国海军也只进行了两次战列舰交战："华盛顿号"击沉"雾岛号"，以及莱特湾战役本身（苏里高海峡之战）。这不是一场能够让大型舰船大放异彩的战争。
42. Roskill, *War at Sea*, 1:440–49 分析了皇家海军在克里特岛的艰苦战斗，但要了解希腊-克里特岛战役的详细情况，请参阅 C. A. MacDonald, *The Lost Battle—Crete, 1941* (London: Macmillan, 1993)。关于戈林和希特勒在 1940 年至 1943 年间投入（然后撤出）地中海战斗的第十航空军及其他强大的空军部队，参见 Murray, *Luftwaffe*, 各处。
43. 关于"凯利号"和许多其他英国军舰的损失，见 Barnett, *Engage the Enemy* 第 12 章 "地中海的灾难：1941 年"中的生动讲述。
44. 见关于克里特岛战役的维基百科词条，访问于 2020 年 6 月：https://en.wikipedia.org/wiki/Battle_of_Crete。
45. Nagorski, *1941*, 各处。
46. 关于这几个月皇家海军在地中海的各种战斗和护航，见 Roskill, *War at Sea*, vol. 1 第 24 章 "非洲战役"。关于"物质行动"，见维基百科有关词条，最后修改日期为 2019 年 12 月 23 日：https://en.wikipedia.org/wiki/Operation_Substance。
47. 关于"邦角海战"，见维基百科有关词条，最后修改日期为 2019 年 9 月 28 日：https://en.wikipedia.org/wiki/Battle_of_Cape_Bon_(1941)。
48. 关于地中海舰队历史上的这一"低谷"，见 Roskill, *War at Sea*, 1:538ff.；以及 Barnett, *Engage the Enemy*, 370–77。
49. 关于 1941 年之前远东战场的情况，见 Morison, *US Naval Operations*, vol. 3, *The Rising Sun*, parts 1–2, 里面讲述了太平洋战争的情况。
50. 关于罗斯福的石油禁运和日本石油依赖的细节，见 Liddell Hart, *History of the Second World War*, 206ff.。
51. Liddell Hart, chap. 17, "Japan's Tide of Conquest," in *History of the Second World War*.
52. Ibid.; and Symonds, *World War II at Sea* 第 10 章和第 11 章进行了精彩的总结。
53. 关于珍珠港袭击的文献当然汗牛充栋，许多作品都非常详细地讲述了这场袭击，例如 Prang, *At Dawn We Slept*, 这本书长达 918 页，然而这并不是他最后一本关于这个主题的书。这方面另一部较早的作品是 J. Toland, *The Rising Sun: The Decline and Fall of the Japanese Empire, 1936–1945* (London: Cassell, 1971),第 8 章,援引了许多日文史料。还有 R. H. Spector, *Eagle against The Sun: The American War with Japan* (New York: Free Press, 1985), 1–100。Morison, *US Naval Operations*, 3:80–127 中的有关内容非常简短。

54. C. G. Reynolds, *Fast Carriers*。此外,Spector, *Eagle against the Sun* 和 Symonds, *World War II at Sea* 都在适当的时候很好地讲述了航母与战列舰之争。由于美国航母完好无损,莫里森在 *US Naval Operations*, 1:213 指出,"12 月 8 日的情况远没有当时看起来那么严重"。

55. 历史学家指出这会是一个非常庞大的军事行动,这是正确的。但如果日本帝国大本营愿意投入资源的话,它会比征服菲律宾、马来亚和新加坡以及整个荷属东印度群岛的行动更大吗?比征服缅甸更加野心勃勃吗?

56. 这方面最深入的作品是 M. Middlebrook and P. Mahoney, *Battleship: The Sinking of the* Prince of Wales *and* Repulse (Scribner's: New York, 1976);最近的精彩分析利用了很多英国海军部的原始史料,见 Barnett, chap. 13 in *Engage the Enemy*; and Roskill, chap. 26, "Disaster in the Pacific, December 1941," in *War at Sea*, vol. 1。

57. 同上,565,对面是地图;Symonds, chap. 11, "Rampage," in *World War II at Sea*; Liddell Hart, *History of the Second World War*, 226。

58. 关于英国海军部在 1941—1942 年的痛苦抉择,见 Barnett, *Engage the Enemy*,作者对此持批判态度,分析非常精彩。

第六章

1. 这部分内容继续使用了第五章中提到的关于大西洋战役的各种资料。由于其重要性,Roskill, *War at Sea*, vol. 2 中有多个章节涉及这一主题(从 1942 年开始叙述)。两卷本 Blair, *Hitler's U-boat War* 在详尽性方面令人惊叹。

2. 仍然会有大量的船独立航行,特别是在南部水域,主要是那些速度较快的单独商船,不愿因加入护航队而浪费时间。

3. 现代护航行动的历史概况,见 J. Winton, *Convoy: The Defence of Sea Trade, 1890–1990* (London: M. Joseph, 1983)。我本人对朱利安·科贝特爵士关于护航行动的简短讨论见本书第三章。Morison, *US Naval Operations*, 1:19–26 中有对护航行动的简短论述。

4. 对于海峡冲刺行动,Roskill, *War at Sea*, 2:149–61 和地图 15 以一种不情愿的赞赏口吻进行了叙述,而 Barnett, *Engage the Enemy*, 443–5 则以一种严厉的口吻进行了叙述。

5. Schofield, *Russian Convoys*,全书各处,以及 Roskill, *War at Sea*, vols.2 and 3。

6. Barnett, *Engage the Enemy*, 707–10 中的有关讲述非常简略,但是维基百科有关

词条的讲述非常精彩，访问于 2017 年 8 月 7 日：https://en.wikipedia.org/wiki/Convoy_PQ_16，各处。

7. PQ-17 船队的灾难一直备受关注和争议，最引人注目的是修正主义者 D. Irving, *The Destruction of Convoy PQ 17* (London: Cassell, 1968) 中的叙述；Roskill, *War at Sea*, 2:134–46 以相当痛苦的口吻进行了叙述；Barnett, *Engage the Enemy*, 711–22 则再次以非常批判的态度进行了叙述。关于德方的叙述，请参见 Blair, *Hitler's U-boat War*, 1:638–45。

8. 本土舰队中的驱逐舰、巡洋舰和战列舰非常勤奋，在 8 月从斯卡帕湾出发，支援"基座行动"中关键的马耳他护航队，9 月又返回为这支 PQ-18 北极护航队提供掩护，然后再度南下支援 11 月的"火炬行动"登陆。

9. 见维基百科有关词条，访问于 2017 年 8 月 11 日：https://en.wikipedia.org/wiki/Convoy_PQ_18。在"1942 年 6 月至 9 月，包括 PQ-18 护航队的防御"中有一份非常详细的护航队布局图，最后修改于 2011 年 7 月 18 日：https://naval-history.net/Cr03-54-00PQ18.htm。

10. 有多部专门探讨巴伦支海战役的著作，首先是 D. Pope, *73 North: The Battle of the Barents Sea* (London: Wyman, 1958); Roskill, *War at Sea*, 2:291–98 中的叙述较简短且更为克制；维基百科有关词条也进行了简明的叙述，访问日期为 2017 年 8 月 13 日：https://en.wikipedia.org/wiki/Battle_of_the_Barents_Sea，包含参考书目）。

11. 关于大西洋沿岸 U 艇战役发人深省的叙述，见 Morison, *US Naval Operations*, 1:114–57。所有英国的记述都对金上将提出了强烈批评，而 Blair, *Hitler's U-boat War*, vol.1 则强烈为他辩护。

12. 见 Roskill, *War at Sea*, 2:102ff，更多细节见 Morison, chaps. 6 and 9 in *US Naval Operations*, vol. 1。

13. E. Grove, "The West and the War at Sea," in *The Oxford Illustrated History of World War II*, ed. R. J. Overy (Oxford, UK: Oxford University Press, 2015), 144, 150–52 以欢快的语气结束了 1942 年的故事，而 van der Vat, *The Atlantic Campaign*, 308–9 指出了所有迫在眉睫的威胁。

14. "按月计算的船舶损失"，访问于 2020 年 3 月 24 日：https://uboat.net/allies/merchants/losses_year.html.

15. 我之所以会说这是"最后一轮"，是因为考虑到斯大林格勒的史诗般战斗以及抵挡英国皇家空军在西欧日益增强的昼夜压力（如汉堡突袭等）的需要，很难想象希特勒在 1942 年秋天之后会愿意派遣更多的德军部队来支援隆美尔向开罗进军。后来，在 1943 年初，他短暂地愿意改变方针并向突尼斯派遣增援（见第七章），但到了那个阶段，埃及和马耳他的战斗已经失败。

16. 见第五章的注释，一般来说，我遵循了关于地中海战役的各种作品中的叙述，包括 Barnett, *Engage the Enemy*; Roskill, *War at Sea*, vol. 2；以及 Liddell Hart, *History of the Second World War* 中各个章节。

17. 最新也是最彻底的讲述，见 M. Hastings, *Operation Pedestal: The Fleet That Battled to Malta, 1942* (London: Harper Collins, 2021); Barnett, *Engage The Enemy* 第 16 章中有精彩的讲述；Symonds, *World War II at Sea*, 313–20 中有精彩的总结。

18. 见 Barnett, *Engage The Enemy*，第 8 章，第 12 章，尤其是第 16 章。

19. "黄蜂号"航母没有像"萨拉托加号"和"厌战号"那样精彩的"舰船传记"，但是 Morison, *US Naval Operations*, 1:194–97 中，对该航母 1942 年在地中海的短暂角色有所涉及。此外，维基百科关于"马耳他护航队"的词条中对其有专门介绍，访问日期为 2017 年 8 月 14 日：https://en.wikipedia.org/wiki/USS_Wasp_(CV-7)。

20. 由于其重要性，对"火炬行动"的历史研究很多，先是 1947 年问世的 Morison, *US Naval Operations*, vol. 2, *Operations in North African Waters*，接着是英国军事官方史书 I. S. O. Playfair, *The Mediterranean and Middle East: The Destruction of the Axis Forces in Africa*, vol. 4 (London: HMSO, 1954)。维基百科上关于"火炬行动"的总结也非常好，访问于 2018 年 8 月 3 日：https://en.wikpedia.org/wiki/Operation_Torch，提供了精美的地图和对外交事务的讲述。

21. 包括"约克公爵号"战列舰和"罗德尼号"战列舰以及"声望号"战列巡洋舰。在摩洛哥海岸登陆时，至少有三艘美国战列舰掩护，分别是"得克萨斯号"、"纽约号"和崭新的"马萨诸塞号"，这艘战列舰与停泊的"让·巴特号"战列舰发生了激烈的交火。这是美国海军和皇家海军战列舰角色转变的一个早期例子，从在海上与敌方重型舰艇作战的战斗力量中心转变为未来所有两栖作战的强大火炮支援系统。

22. 法国舰队在土伦港自沉的事件，在一般的英美著作中被处理得非常简略，例如 Morison, *US Naval Operations*, 2:240; Roskill, *War at Sea*, 2:338 和注释；Symonds, *World War II at Sea*, 36–63。令人惊讶的是，Barnett, *Engage the Enemy* 中对其只字未提。具有讽刺意味的是，迄今为止最详细的介绍是维基百科的有关词条，虽然该词条没有列举参考文献。访问日期为 2020 年 10 月 1 日：https://en.wikipedia.org/wiki/Scuttling_of_the_French_fleet_at_Toulon。

23. Liddell Hart, *History of the Second World War*, 224 和关于日本在 1942 年征服的第 17 章反复强调了空中力量的重要性。关于新加坡沦陷的著作汗牛充栋，维基百科关于新加坡战役的词条中有详细的参考书目，访问于 2018 年 8 月 7 日：https://en.wikipedia.org/wiki/Battle_of_Singapore（有精美的地图）。

24. 与菲律宾海战、新加坡／马来亚海战、珊瑚海海战等更大的事件相比，1942 年 2 月至 5 月的爪哇海战役和日本在印度尼西亚海域击败盟军海军的其他战役相形见绌，所以莫里森和西蒙兹的标准作品对其只是一笔带过。

25. Symonds, *World War II at Sea*, 335ff 对印度洋的日本海军进行了友好而简洁的描述，而 Mawdsley, *War for the Seas*, 192–93 也强调了英国在空中力量方面的致

命弱点。

26. 最详细的描述（有三张地图）见 A. Boyd, chap. 8 in *The Royal Navy in Eastern Waters: Linchpin of Victory, 1935–1942* (Barnsley: Seaforth, 2017)。

27. 然而，英国人花了更多的时间才迫使维希法国军队在此地最终投降。关于马达加斯加战役的详细讲述，见维基百科有关词条，2020 年 11 月 5 日访问：https://en.wikipedia.org/wiki/Battle_of_Madagascar。奇怪的是，Boyd, *Royal Navy in Eastern Waters* 只用了一页来讲述这场战役。

28. Morison, *US Naval Operations*, vol. 4, *Coral Sea, Midway, and Submarine Actions, May 1942–August 1942* 对场景进行了出色的描述，并且将珊瑚海和中途岛的航母战斗紧密联系在一起，形成了一个整体的描述。

29. Liddell Hart, *History of the Second World War*, 353–62 对这一事件有一个漂亮而简洁的解释，并附有地图。Toland, *Rising Sun*, 345ff 的描述辛辣而生动，可以与其作为对比。维多利亚时代的经典作品 S. Creasy, *Fifteen Decisive Battles of the World: From Marathon to Waterloo* (New York: S. W. Green's Son, 1882) 后来的每个修订版本总是会把 1942 年的中途岛战役纳入其中。还有人经常把这场战役与同期的斯大林格勒战役相提并论，见 J. B. Mitchell, ed., *Twenty Decisive Battles of the World* (New York: Macmillan, 1964)。

30. 因此，Spector, *Eagle against the Sun*, 176 中说："美国人还有很多东西要学习。"他试图以此反驳早期美国媒体对中途岛战役过度乐观和胜利主义的描述，这些早期描述不准确地声称是美国陆军航空队的重型轰炸机击沉了日本的航母。

31. 特别是海战，见 Symonds, *World War II at Sea*, 14–16。有趣的是，在这本书中，作者试图将马耳他战役、"火炬行动"和瓜达尔卡纳尔岛战役的故事编织在一起。Spector, *Eagle against the Sun* 第 8 章至第 10 章中试图将新几内亚战役和瓜达尔卡纳尔岛战役的故事编织在一起。Morison, *US Naval Operations* 整个第五卷（370 页！）都是关于这场战役的。

第七章

1. 关于英美战略决策的结构，各种官方历史都是非常宝贵的，尤其是 M. Matloff and E. M. Snell, *Strategic Planning for Coalition Warfare, 1941–1942* (Washington, DC: Department of the Army, 1953)，后来 Matloff 又出版了 *Strategic Planning for Coalition Warfare, 1943–1944* (Washington, DC: Department of the Army, 1959); M. E. Howard, "Grand Strategy," in *History of the Second World War*, vol. 4, *August 1942–September 1943* (London: HMSO, 1970); A. Danchev, *Very Special Relationship: Field Marshall Sir John Dill and the Anglo-American Alliance, 1941–44* (London: Brassey's Defence, 1986)。

2. 关于 1943 年的地中海战场，见两种官方海军历史，分别是 Roskill, *War at Sea*, vol. 3, part 1, 第 6 章 "西西里" 和第 7 章 "意大利"; Morison, *US Naval*

Operations, vol. 9，尤其是第 3–52 页（对于一个在战后不久就完成的作品来说，这是一部极好的作战史）；Liddell Hart, *History of the Second World War*, 第 25 章至第 27 章。Barnett, *Engage the Enemy*, 第 20 章至第 22 章对整个地中海战役进行了尖锐的评论。

3. 结果，在突尼斯战役结束时，大约有 10 万德国军人和 13 万意大利军人投降。维基百科词条"突尼斯战役"给出了一个很好的总结，最后修改日期为 2020 年 1 月 26 日：https://en.wikipedia.org/wiki/Tunisia_Campaign；更详细的讲述，参见英国官方历史，Playfair, *Mediterranean and Middle East*, 各处，以及 R. Atkinson, *An Army at Dawn: The War in North Africa, 1942–1943* (New York: Henry Holt, 2002)；Liddell Hart, *History of the Second World War*, 第 25 章。关于盟军海陆空部队在这些战役中的绝对优势，见 J. Ellis, *Brute Force: Allied Strategy and Tactics in the Second World War* (New York: Viking, 1990) 第 6 章 "突尼斯和意大利"。

4. 关于盟军对西西里的进攻，见 Barnett, *Engage the Enemy* 第 21 章和 Ellis, *Brute Force*, 306–19。

5. 西西里岛登陆战役的简要介绍，见 Liddell Hart, *History of the Second World War*, 第 26 章。更详细的讲述，见 R. Atkinson, *The Day of Battle: The War in Sicily and Italy, 1943–1944*, vol. 2 (New York: Henry Holt, 2007)，以及 C. D'Este, *Bitter Victory: The Battle for Sicily, 1943* (New York: E. P. Dutton, 1988)，各处。Symonds, *World War II at Sea*, 第 19 章至第 20 章有对两栖作战的精彩讲述。

6. 对 1943 年意大利海军的估测有些不同，见 Barnett, *Engage the Enemy*, 636 和 Morison, *US Naval Operations*, 9:37–39。由于意大利舰队的主要基地多次遭到美国和英国重型轰炸机的空袭，大量战舰受损（例如，6 月 5 日和 24 日，美国和英国重型轰炸机的炸弹使"罗马号"战列舰失去了行动能力），因此莫里森的数据更符合实际情况。

7. 关于在这次行动中部署的皇家海军重型战舰，见 Barnett, *Engage the Enemy*, 638 和 Roskill, *War at Sea*, vol. 3, part 1, 165。

8. 海军部已经决定在夏季的几个月里不组织船队前往苏联（见下文）。Barnett, *Engage the Enemy*, 662 对英国海军的扩充进行了不必要的讽刺。他说："为了应对目前士气和专业水平都已衰退的意大利海军，仅英国地中海舰队就包括 6 艘主力舰、2 艘舰队航母、5 艘轻型航母、10 艘巡洋舰、6 艘防空舰、27 艘舰队驱逐舰、44 艘各类护航舰艇、24 艘潜艇、2 艘指挥舰、12 艘登陆舰（步兵），以及超过 300 艘辅助船只和舰艇，从扫雷舰和拖船到修理船和补给舰。"

9. 关于盟军进攻意大利以及随后发生的事件，除了 Atkinson, *The Day of Battle* 和 Liddell Hart, *History of the Second World War* 之外，又见维基百科有关词条，最后修改日期为 2020 年 1 月 4 日：https://en.wikipedia.org/wiki/Allied_invasion_of_Italy，词条里附有很好的参考书目。

10. 关于意大利舰队的投降，见 Barnett, *Engage the Enemy*, 66–70; Morison, *US*

Naval Operations; Roskill, *War at Sea*, vol. 3, part 1, 166–70。坎宁安给海军部的电报出自 Barnett, 670。

11. Liddell Hart, "The Invasion of Italy—Capitulation and Check," chap. 27 in *History of the Second World War*, 473 中有精彩而简洁的讲述, 448–49 页的地图非常精美。关于为了应对滩头危机而进行的两栖作战和海军轰炸, 见 Roskill, *War at Sea* 和 Morison, *US Naval Operations*。

12. 关于"厌战号"所遭受的伤害和德国空军的攻击, 见 Morison, chaps. 13–14 and p. 296 in *US Naval Operations*; Barnett, *Engage the Enemy*, 676–77。

13. 关于盟军海军火炮对陆地目标的重要性和杀伤力的改变, 请看有趣的论述 Morison, *US Naval Operations*, xi–xii。关于菲廷霍夫对盟军海军火力的评价, 见 Liddell Hart, *History of the Second World War*, 464。

14. 尽管如下文所述, 在欧洲战争结束前, 德国的 U 艇部队一直是一个威胁, 但这似乎是一个公平的评论。

15. 关于大西洋战役的总体情况, 请参阅前面第四章至第六章的参考资料。英国和美国各自的官方海军历史, 虽然写得很早(在"超级机密"解密之前), 但对 1943 年的所有反潜战役都介绍得非常全面, 包括直布罗陀、比斯开湾和北极的护航行动。见 Morison, *US Naval Operations*, vol. 10, *The Atlantic Battle Won*, passim; Roskill, *War at Sea*, vols. 2 and 3, part 1。

16. 转引自 Roskill, *War at Sea*, 2:367。

17. 维基百科有关词条有很好的总结, 最后修改日期为 2020 年 1 月 25 日: https://en.wikipedia.org/wiki/Convoys_HX_229/SC_122, 德国的宣传话语就引自这里。又见 M. Middlebrook, *Convoy: The Battle for Convoys SC.122 and HX.229* (London: Allen Lane, 1976); P. Kennedy, *Engineers of Victory*, 24–34; Winton, *Convoy*, 265–71(第 269 页有一幅地图); J. Rohwer, *The Critical Convoy Battles of March 1943: The Battle for HX.229/SC122*, trans. Derek Masters (Annapolis, MD: US Naval Institute Press, 1977)。

18. Rohwer, *Critical Convoy Battles* 有关于沉船上所载物品的详细信息。

19. P. Kennedy, *Engineers of Victory*, 34。

20. 丘吉尔的话引自 Barnett, *Engage the Enemy*, 600(关于他对"大西洋海战的大危机"的一般性讨论, 参见第 595–608 页。)达德利·庞德的话引自 P. Kennedy, *Engineers of Victory*, 34。

21. 见维基百科有关词条中几乎对每个小时的讲述, 最后修改日期为 2019 年 10 月 17 日: https://en.wikipedia.org/wiki/Convoy_ONS_5, 附有表格和参考书目。这是本书附录一的主要参考依据。在这方面, 一部比较早的经典作品是 R. Seth, *The Fiercest Battle: The Story of North Atlantic Convoy ONS 5, 22nd April–7th May 1943* (New York: Norton, 1961)。护航指挥官本人的讲述, 见 P. Gretton, *Convoy Escort Commander* (London: Cassell, 1964)。D. Syrett, *The Defeat of the German U-boats: The Battle of the Atlantic* (Columbia: University of South Carolina Press,

1994）第三章中有非常精彩的详细介绍。

22. 关于"石竹号"轻型护卫舰的传奇经历，见 P. Kennedy, *Engineers of Victory*, 46–47; Syrett, *Defeat of the German U-boats*, 82–83。

23. 战斗是在5月5日至6日的浓雾中进行的，邓尼茨很快就注意到了这一点，但在这个斗争阶段，他感到无力反击。细节来自维基百科有关词条，最后修改日期为2019年10月17日：https://en.wikipedia.org/wiki/Convoy_ONS_5。

24. Roskill, *War at Sea*, 2:375.

25. 在1943年相当长的一段时间里，驻扎在冰岛的英国皇家空军海岸司令部120中队是唯一一个以"解放者"远程轰炸机执行任务的中队，所以它是战绩最好的中队也就不足为奇了。假如海岸司令部在对第三帝国发动传说中的"千架轰炸机"袭击的时候有6个这样的中队，大西洋战役的形势可能会更早发生变化。

26. 关于 SC-130 和 ON-184 护航运输队的许多细节，见英国皇家海军博物馆（National Museum Royal Navy）的《第二次世界大战在海上：1000艘皇家海军和自治领海军军舰的服役历史》，最后修改日期为2013年5月3日：http://www.naval-history.net/xGM-aContents.htm，还有 Roskill, *War at Sea*, vol. 2, 以及 Syrett, *Defeat of the German U-boats*, 尤其是第122–133页和第141–144页。

27. 关于这个月德国潜艇的失败，见 K. Doenitz, *Memoirs: Ten Years and Twenty Days*, trans. R. H. Stevens and D. Woodward (Annapolis, MD: US Naval Institute Press, 1990), 341；又见 T. Hughes and J. Costello, *The Battle of the Atlantic* (New York: Dial Press, 1977), 281, 以及 M. Gannon, *Black May* (New York: Harper Collins, 1998)。

28. 这些作战日志和邓尼茨的引语，见 Ellis, *Brute Force*, 155–56; P. Kennedy, *Engineers of Victory*, 51, 以及 Barnett, *Engage the Enemy*, 611, 所有这些历史学家都被他们残酷的坦率所震撼。

29. 在其1941年深入剖析东线战争的《战争日记》（*Kriegstagebuch*）中，弗朗茨·哈尔德将军展现出的分析能力与邓尼茨几乎不分伯仲。艾伦·布鲁克的私人日记有时也具有同样的特征。没有任何一位苏联将军敢于在纸上写下如此坦率的评论（即承认对方的许多优点，从而反映出己方的弱点）。美国有没有哪位高级陆海军将领曾经这样做过呢？

30. E. Mawdsley, "The Sea as a Decisive Factor in the Second World War" in *The Sea in History*, ed. Christian Buchet, vol. 4, *The Modern World*, ed. N. A. M. Rodger (Woodbridge, UK: Boydell Press, 2017), 538–39。该文从其他方面看是一份颇有见地的综述。又见 A. J. Levine, "Was World War II a Near-Run Thing?," in *World War II*, ed. L. E. Lee (Westport, CT: Greenwood Press, 1999), 文中称1943年3月的危机是"暂时的惊慌"。Syrett, *Defeat of the German U-boats* 非常详细且有益，纠正了有问题之处。

31. Ellis, *Brute Force*, 161; Blair, *Hitler's U-boat War*, vol. 2.

32. Roskill, *War at Sea*, 2:379（附有商船沉没和产量图表）中以另一种方式恰当地表达了这一点："如果没有赢得这场生产上的胜利，那么护航舰艇和飞机以及商船海员的牺牲注定都是徒劳的。"

33. 关于1943年10月美国第八航空队轰炸机中队的"不可持续的损失"，见 P. Kennedy, *Engineers of Victory*, 113–18。

34. E. Tufte, *The Visual Display of Quantitative Information* (Cheshire, CT: Graphics Press, 1983), 各处。

35. 1943年下半年围绕护航运输队展开的战斗（包括U艇没有使用重型高射炮，以及"鹪鹩"自导鱼雷的失效），见 Roskill, chap. 2 in *War at Sea*; Syrett, chap. 6 in *Defeat of the German U-boats*; and Winton, chap. 19 in *Convoy*。

36. 关于这场战役，见 Morison, chaps. 8 and 10 in *US Naval Operations*, vol. 10 (pp. 114–15有UGS-10护航运输队从弗吉尼亚州诺福克到卡萨布兰卡的连续空中覆盖的精细地图); Syrett, chap. 5 in *Defeat of the German U-boats*。凯旋主义的讲述，见 J. G. Barlow, "The Navy's Escort Carrier Offensive," *Naval History Magazine*, November 2013, https://www.usni.org/magazines/naval-history-magazine/2013/november/navys-escort-carrier-offensive。

37. D. Baker, "American Escort Carrier Development: The Atlantic CVEs", 访问于2020年2月7日: http://uboat.net/allies/ships/cve_development.htm, 这篇文章中有英格索尔将军的断言："由航空母舰对跨大西洋中部船队近距离空中支援是浪费时间。"在北大西洋或直布罗陀护航路线上激烈战斗的皇家海军指挥官不会同意这种说法。Morison, *US Naval Operations*, 10:111 和 117, 讲述了英格索尔的"自由漫游"决定，但没有给出自己的判断。

38. 见维基百科有关词条，最后一次修改是2019年10月14日: https://en.wikipedia.org/wiki/UG_convoys#Slow_eastbound_convoys_designated_UGS; 根据 Syrett, *Defeat of the German U-boats*, 179, 有8艘加油艇被击沉。不用说，这极大地限制了潜艇向更远地方（即南大西洋）的行动，甚至限制了10月至11月北大西洋战役中向南寻找燃料的船只。

39. 精彩的讲述，见 Syrett's conclusion to *Defeat of the German U-boats*, 265; and in Morison, "General Conclusions about 1943," in *US Naval Operations*, 10:144–48。

40. 关于英国—直布罗陀航线上的战役，见 Roskill, chap. 2 in *War at Sea*; 更多精彩细节见 Syrett, chap. 7, "The Gibraltar Routes," in *Defeat of the German U-boats*。

41. 见维基百科有关词条，最后修改日期为2020年1月2日: https://en.wikipedia.org/wiki/Battle_of_the_Bay_of_Biscay, 各处; Roskill, *War at Sea*, 2:74–75; and V. P. O'Hara, *The German Fleet at War, 1939–1945* (Annapolis, MD: US Naval Institute Press, 2004), 277–82。

42. "Russian Convoys 1941–45,"最后修改日期为2011年9月7日: http://www.naval-history.net/WW2CampaignsRussianConvoys.htm; 更全面的介绍见 R. Woodman, *The Arctic Convoys, 1941–1945* (London: John Murray, 1994)。二者都

对 1943 年的护航行动略有介绍，大体解释了为什么前往苏联的船队如此之少且平淡无奇。Roskill, *War at Sea*, vols. 2 and 3, part 1 在相关的"本土水域和北极"章节中有很多细节。

43. 事实上，据估计，到战争结束时，西方供应给苏联的弹药中有 50% 通过西伯利亚，大约 27% 通过波斯走廊，剩下的 23% 通过北极船队。显然，所有这些贸易都有一部分是海运的，因此依赖于盟军的海上控制权。关于对俄租借法案的细节，以及通过波斯走廊和西伯利亚线进行的贸易，见维基百科有关词条，最后修改日期为 2020 年 1 月 26 日：https://en.wikipedia.org/wiki/Lend-Lease。

44. 关于北角海战，除了维基百科有关词条，最后修改日期为 2020 年 1 月 7 日：https://en.wikipedia.org/wiki/Battle_of_the_North_Cape，又见 A. Konstam, *The Battle of the North Cape: The Death Ride of the* Scharnhorst*, 1943* (London: Pen and Sword, 2011); A. J. Watts, *The Loss of the* Scharnhorst (Shepperton, UK: Allan, 1970); Roskill, *War at Sea*, vol. 3, part 1, 80–89（有一幅详细的行动地图）；等等。

45. 关于 1943 年太平洋战争的详细情况，见 Morison, *US Naval Operations*, vol. 6, *Breaking the Bismarck's Barrier*, and vol. 7, *Aleutians, Gilberts, and Marshalls*。又见 Spector, chaps. 11–12 in *Eagle against the Sun*; and in C. G. Reynolds, chaps. 5–6 in *Fast Carriers*。最近的简短讲述，见 Symonds, chaps. 21–22 in *World War II at Sea*。

46. Liddell Hart, *History of the Second World War*, 498–99，以及 P. Kennedy, *Engineers of Victory*, 292 的总结。

47. 关于科曼多尔群岛战役，见 Morison, *US Naval Operations*, 7:22–36。

48. 更多细节，见 Morison, *US Naval Operations*, vol. 7, part 1（"有点荒诞"的说法在文本有些过于详细的第 61 页）。Symonds, *World War II at Sea*, 471 只用了一页的篇幅。

49. 关于这场从 1942 年一直持续到 1944 年的争论，见 C. G. Reynolds, chaps. 4–6 in *Fast Carriers*。毫无疑问，作者在这个问题上的立场是支持航母的。关于麦克阿瑟的反对和向菲律宾进军的决心，见 Symonds, *World War II at Sea*, 472。

50. C. G. Reynolds, *Fast Carriers*, 59。

51. 关于这些小规模的行动，见 C. G. Reynolds, *Fast Carriers*, 80–86; Morison, *US Naval Operations*, 7:92–95 的讲述让人能够读到一点歉意。

52. 关于海军陆战队在塔拉瓦的痛苦遭遇，见 Morison, *US Naval Operations*, 7:146–86，有完整的统计数据和引人注目的照片；J. A. Isley and P. A. Crowl, *The U.S. Marines and Amphibious War; Its Theory, and Its Practice in the Pacific* (Princeton, NJ: Princeton University Press, 1951)。更多细节见 P. A. Crowl and E. G. Love, *Seizure of the Gilberts and Marshalls* (Washington, DC: Department of the Army, 1955)。又见 Spector, *Eagle against the Sun*。

53. 关于这支美国舰队的细节，见 P. Kennedy, *Engineers of Victory*, 318–19; and Morison, appendix 2 in *US Naval Operations*, vol. 7。在 Ellis, *Brute Force* 中，为吉尔伯特群岛战役而集结的美军的绝对规模并没有被特别提及，虽然这本书第 10 章的大部分内容都是关于美国日益增长的优势。
54. C. G. Reynolds, *Fast Carriers*, 103, 119. 有趣的是，莫里森的著作中没有关于这些内部争论的内容。
55. 见 Morison, *US Naval Operations*, vol. 6, parts 2–4；维基百科关于"马车轮行动"的词条，最后修改日期为 2019 年 12 月 16 日：https://en.wikipedia.org/wiki/Operation_Cartwheel，详细介绍了"13 场辅助行动"。美国陆军的官方记录非常全面，见 J. Miller, *Cartwheel: The Reduction of Rabaul* (Washington, DC: Department of the Army, 1959)。
56. 而且得到了哈尔西、尼米兹和罗斯福的明确同意。
57. 关于俾斯麦海海战和山本五十六最后的攻势，分别见 Morison, *US Naval Operations*, 6:54–65 和 6:117–29。关于山本五十六之死，有不少热门的文章和电影，这场行动被正式命名为"复仇行动"。
58. 英国皇家海军"胜利号"的无线电呼号是美国"罗宾号"，所以有很多关于 1943 年在太平洋上行动的神秘美国航空母舰"罗宾号"的文章。见维基百科有关词条，访问于 2017 年 8 月 21 日：www.armouredcarriers.com/uss-robin-hms-victorious，以及 Roskill, *War at Sea*, 2:415–16。
59. 关于 1943 年 11 月对拉包尔的攻击，见 C. G. Reynolds, *Fast Carriers*, 104, 以及 Morison, *US Naval Operations*, 6:323–36。
60. 关于最后的驱逐舰战斗，见 E. B. Potter, ed., *Sea Power: A Naval History*, 2nd ed. (Annapolis, MD: US Naval Institute Press, 1981), 314 以及 Morison, *US Naval Operations*, vol. 6, part 3。
61. 关于美国潜艇对日作战时未能早日发挥威力的情况，见 Potter, chap. 29, "Submarines in the Pacific War," in *Sea Power*。关于这些早期困难的更多细节，见 Morison, *US Naval Operations*, 6:66–85。关于 1944 年 1 月油轮吨位的数字，见该书第 84 页。西蒙兹对美国潜艇行动的分析是从 1944 年才开始的，见 *World War II at Sea*, 590。
62. 见英文翻译作品 M. Hashimoto, *Sunk: The Story of the Japanese Submarine Fleet, 1941–1945* (New York: Henry Holt, 1954)。关于更成功的日本潜艇攻击吉尔伯特群岛的行动，见 Morison, *US Naval Operations*, 7:138。

第八章

1. 第六艘航空母舰"企业号"在整个 1943 年期间都在美国接受大规模维修和现代化改造，而"游骑兵号"（严格来说是第七艘航空母舰）被认为体积太小，不适合在太平洋作战，因此被留作大西洋/北非作战之用。

2. 见至今仍是标准描述的 C. G. Reynolds, *Fast Carriers*。关于"埃塞克斯"级航母的有用总结，见维基百科有关词条，最后修改日期为 2020 年 1 月 16 日：https://en.wikipedia.org/wiki/Essex-class_aircraft_carrier，各处，以及 N. Friedman, *U.S. Aircraft Carriers: An Illustrated Design History* (Annapolis, MD: US Naval Institute Press, 1983)。
3. 关于"独立"级轻型航空母舰的详细情况，见《简氏战舰年鉴》和 Friedman, *U.S. Aircraft Carriers*。这里提到的许多军舰级别的统计数字，见 "US Navy in Late 1941," WW2 Weapons, December 5, 2019, https://ww2-weapons.com/us-navy-in-late-1941。
4. 关于护航航母，见维基百科有关词条，最后修改日期为 2020 年 1 月 6 日：https://en.wikipedia.org/wiki/Escort_carrier，又见 A. Adcock, *Escort Carriers in Action* (Carrollton, TX: Squadron/Signal, 1996) 中栩栩如生的记录。
5. 这方面的标准记录见 Dull, *Battle History of the Imperial Japanese Navy*; and Stille, *Imperial Japanese Navy*。在经历了中途岛战役的灾难性失败后，日本人试图建造或改装航母，但他们做得并不成功，见 Ellis, *Brute Force*, 463 和许多图表。
6. 这种莫名其妙的延误不仅仅发生在日本航空母舰身上，同样也出现在至关重要的护航驱逐舰身上——日本在战争后期才开始建造这些护航驱逐舰，但此时已经缺乏建造材料了，所以数量很少（与英国皇家海军相比）。
7. 关于皇家海军航空兵的艰辛，有一些有趣的评论，见 C. G. Reynolds, *Fast Carriers*, 2–4 and chap. 9。但是到了 1945 年，它拥有 57 艘航母（主要是护航航母），72 000 名士兵和 3400 架飞机。几乎所有的"卡萨布兰卡"级护航航母都是在华盛顿州温哥华凯泽新建的巨大造船厂建造的，见维基百科有关词条，最后修改日期为 2020 年 1 月 21 日：https://en.wikipedia.org/wiki/Casablanca-class_escort_carrier。
8. 关于美国战列舰的信息，最简单的参考是维基百科有关词条，2018 年 8 月 17 日访问：https://en.wikipedia.org/wiki/List_of_battleships_of_the_United_States。《简氏战舰年鉴》上也有很多信息。
9. 它们将配备不少于 12 门 16 英寸的火炮，并享有比现有任何舰船都更厚的装甲保护，只不过它们的速度会再次从 33 节降到约 28 节，并且它们的船体过宽，无法通过巴拿马运河。这种设计上的权衡不太明智。
10. 关于"蒙大拿"级超级战列舰，见维基百科有关词条，最后修改日期为 2020 年 1 月 15 日：https://en.wikipedia.org/wiki/Montana-class_battleship；关于航母稳步取代战列舰，成为美国新海军的核心力量，见 C. G. Reynolds, *Fast Carriers*, 39 以及全书各处。
11. 三艘一战时期的战列舰——"内华达号"、"纽约号"和"阿肯色号"——组成了西部海军特遣舰队（Western Naval Task Force）的重要部分，为诺曼底登陆行动提供了支持。

12. 关于1945年对日本的炮击，见 Morison, chap.10, "The War in the Pacific," in *US Naval Operations*, vol. 14。
13. http://ww2pacific.com/ships2.html#ca. 最后修改于2008年1月4日。"阿拉斯加"级巨型巡洋舰的排水量为27 500吨，携带9门12英寸炮。
14. 关于本章中涵盖的驱逐舰和其他许多船舰和飞机类型的资料，无论是来自众多出版商的书籍形式，还是以更新的电子数据形式，都常常充满了供爱好者使用的技术数据，但其中许多资料都是有用的，例如，关于二战中美国最为多产和成功的驱逐舰的信息，可以参考驱逐舰历史基金会（Destroyer History Foundation）的网站：https://destroyerhistory.org/fletcherclass，2020年2月7日访问。
15. 关于西雅图－塔科马造船公司，见 https://destroyerhistory.org/destroyers/seatac，访问于2020年2月7日；关于巴斯钢铁造船厂，见驱逐舰历史基金会的网站：https://destroyerhistory.org/destroyers/bath，访问于2020年2月7日。
16. 关于太平洋战争中的盟军潜艇，见维基百科有关词条：https://en.wikipedia.org/wiki/Allied_submarines_in_the_Pacific_War，最后修改于2019年11月11日。
17. C. G. Reynolds, *Fast Carriers*, 128–30.
18. 关于"海蜂"部队的缘起和表现，见 P. Kennedy, *Engineers of Victory*, 328–33。
19. 关于战争转折点的说法，见 Liddell Hart, *History of the Second World War* 的有关章节，当然还有艾伦·布鲁克《战争日记》的第一卷：*The Turn of the Tide* (London, 1957)。
20. 关于车辆人员登陆艇，见维基百科有关词条，最后修改日期为2019年12月29日：https://en.wikipedia.org/wiki/LCVP_(United_States)。
21. 关于希金斯登陆艇，见 J. E. Strahan, *Andrew Jackson Higgins and the Boats That Won World War II* (Baton Rouge: Louisiana State University Press, 1994)；又见位于新奥尔良的国家二战博物馆的网站，http://www.nationalww2museum.org/students-teachers/student-resources/research-starters/research-starters-higgins-boats，访问于2020年2月7日。
22. 具有讽刺意味的是，正是日本陆军在1937年中国河战中使用的灵活平底船为海军观察员提供了灵感，才有了建造这种两栖战斗艇的想法和基本设计。
23. 转引自 R. Coram, "The Bridge to the Beach," November–December 2010, https://www.historynet.com/the-bridge-to-the-beach.htm。
24. 关于美国海军人员在第二次世界大战中的服务和伤亡统计，见海军历史和遗产司令部（Naval History and Heritage Command）的网站：https://www.history.navy.mil/research/library/online-reading-room/title-list-alphabetically/u/us-navy-personnel-in-world-war-ii-service-and-casualty-statistics.html，最后修改于2017年2月21日。
25. 数据和引用来自 Liddell Hart, *History of the Second World War*, 618。
26. Ellis, *Brute Force*, 479ff. 在这里，埃利斯的这部杰作值得再次特别提及。他在书中有些激动地指出，在第二次世界大战中，获胜的盟军在各个方面都使用了压倒性的——实际上是荒谬的——过度杀伤的武力。他的大部分激动情绪源自他的一部早期作品，即 *Cassino, the Hollow Victory: The Battle for Rome, January–June 1944* (New York: McGraw Hill, 1984)。为了证明他的观点，在 *Brute Force* 一书中，他收集了大量的统计数据，特别是关于战时生产、原材料、部队规模和比例的表格；请特别参阅正文中的 63 个表格和统计附录，它们对本章特别有用。

27. 关于护航航母，见维基百科有关词条，最后修改日期为 2020 年 1 月 6 日：https://en.wikipedia.org/wiki/Escort_carrier，里面有美国在战争期间建造的 151 艘航母的基本细节，其中 122 艘是护航航母。

28. K. Hickman, "World War II: The Liberty Ship Program," http://www.thoughtco.com/the-liberty-ship-program-2361030，最后修改于 2019 年 7 月 21 日。又见关于凯泽造船厂的维基百科词条，https://en.wikipedia.org/wiki/Kaiser_Shipyards，最后修改日期为 2019 年 10 月 26 日。对亨利·凯泽和其他美国商人的赞扬，见 A. Herman, *Freedom's Forge: How American Business Produced the Victory in World War II* (New York: Random House, 2012)。

29. 关于 1943 年英美关于登陆艇分配的辩论（哪些战区将在接下来的一年获得优先作战权），见 Liddell Hart, *History of the Second World War*。

30. 关于美国海事委员会工作和成就的基本情况，见 F. C. Lane, *Ships for Victory: A History of Shipbuilding under the U.S. Maritime Commission in World War II* (Baltimore: Johns Hopkins University Press, 1950)；又见有关该委员会的维基百科词条，最后修改日期为 2020 年 1 月 2 日：https://en.wikipedia.org/wiki/United_States_Maritime_Commission，各处。与日本的对比，见 Ellis, *Brute Force*, 161 and 468–73。

31. 关于第二次世界大战中的空战，没有太优秀的作品，但是 R. J. Overy, *The Air War, 1939–1945* (New York: Stein and Day, 1980) 提供了珍贵的信息和统计表。

32. J. S. Underwood, *The Wings of Democracy: The Influence of Air Power on the Roosevelt Administration, 1933–1941* (College Station: Texas A&M University Press, 1991); M. Sherry, *The Rise of American Air Power: The Creation of Armageddon* (New Haven, CT: Yale University Press, 1987)。

33. Ellis, *Brute Force*, 477, 对于 1943 年以后双方力量不成比例的评论极有讽刺性。

34. N. Goyer, "Pratt & Whitney, the Engine That Won World War II," Aircraft Market Place, July 30, 2009, http://www.acmp.com/blog/pratt-whitney-the-engine-that-won-world-war-ii.html.

35. 关于地狱猫战斗机，见维基百科有关词条，最后修改日期为 2020 年 1 月 13 日：https://en.wikipedia.org/wiki/Grumman_F6F_Hellcat，这是一个很好的总结，有参考书目。Ellis, *Brute Force*, 489 讲述了战争后半段日本机组人员的不足。

36. Liddell Hart, *History of the Second World War*, 23.

37. 附录二概述了这一过程。关于美国铝业公司，见维基百科有关词条，最后修改日期为 2020 年 1 月 25 日：https://en.wikipedia.org/wiki/Alcoa_Tennessee。根据这一词条，随着战争的进行，铝产量增加了 600%。这家公司的宣传照片自豪地展示了一排闪闪发光的 B-29 轰炸机。附录二详细阐述了美国铝业公司在假想的"从铝土矿山到马里亚纳猎火鸡"的过程中所发挥的作用。
38. Ellis, *Brute Force*, table 49.
39. 同上，图表 44 和 46。
40. P. Kennedy, *Rise and Fall of the Great Powers*, 129; and, more generally, J. M. Sherwig, *Guineas and Gunpowder: British Foreign Aid in the Wars with France, 1793–1815* (Cambridge, MA: Harvard University Press, 1969).
41. A. S. Milward, "Estimated Value of United States War Programme by Major Categories, 1940–1945," in *War, Economy, and Society*, 64.
42. 每架 B-24 "解放者" 轰炸机的成本略高，为 30 万美元；在战争期间，随着更多生产地点的开放，数量更多的产品（不是战列舰！）的单位成本趋于下降。
43. 这种情况也发生在美国的邻国加拿大，只是程度较轻，原因也一样：没有受到战争的破坏，巨额政府支出的刺激，更新的军备工业，以及有利的经济反馈循环。
44. "Historical Debt Outstanding—Annual 1900–1949," Treasury Direct, last modified May 5, 2013, https://www.treasurydirect.gov/govt/reports/pd/histdebt/histdebt_histo3.htm.
45. 军费必须想办法筹得，有两个关键原因：首先，政府需要这些税款；其次，政府要避免给人留下美国仅仅通过印钞来摆脱战争的印象，因为这会让人联想到以前的奢侈挥霍的波旁王朝。
46. R. A. Wilson, "Personal Exemptions and Individual Income Tax Rates 1913–2002," Internal Revenue Service, accessed February 20, 2020, https://www.irs.gov/pub/irs-soi/02inpetr.pdf.
47. 关于美国失业率不断下降，见 P. Jenkins, *A History of the United States*, 4th ed. (New York: Palgrave Macmillan, 2012), 208。
48. 关于美国的财政政策，见 Rockoff, "From ploughshares to swords"；总体的政治情况，见 J. M. Blum, *V was for Victory: Politics and American Culture During World War II* (New York: Harcourt Brace Jovanovich, 1976)。
49. M. Harrison, *The Economics of World War II: Six Great Powers in International Comparison* (Cambridge, UK: Cambridge University Press, 1998), 21.
50. 见 Harrison, *Economics of World War II* 第 155 页和第 193 页的表格。
51. 关于《租借法案》，见维基百科有关词条，最后修改日期为 2020 年 1 月 26 日：https://en.wikipedia.org/wiki/Lend-Lease，有详细的参考书目。将《租借法案》作为整体政策来考察的文献非常少，相比之下，关于其在英国（非常多）和苏联（较多）应用的文献要多得多；见接下来的两个注释。这篇文章还涵盖了加拿大对盟军的援助，包括对美国的援助。

52. A. L. Weeks, *Russia's Life-Saver: Lend-Lease Aid to the U.S.S.R. in World War II* (Lanham, MD: Lexington Books, 2004). 其他许多著作都是关于冷战早期外交的，或者是关于红军从《租借法案》中得到的有多么少。

53. A. P. Dobson, *U.S. Wartime Aid to Britain, 1940–1946* (London: Croom Helm, 1986), 各处。这些文献大多探讨的是霸权从英国向美国的转移，而不是租借的物资本身的使用或适用性，如 R. B. Woods, *A Changing of the Guard: Anglo-American Relations, 1941–1946* (Chapel Hill: University of North Carolina Press, 1990)。

54. 读者可能会注意到，本书不时提到英国的主力舰船——"厌战号"、"胜利号"和"伊丽莎白女王号"——会前往美国船厂进行重大维修和升级。又见 Williamson, chap. 5, n. 19 in "Industrial-Grade Generosity"。

55. 像柯瑞里·巴尼特这样的反传统主义者认为，英国不再像一个真正独立的大国那样作战，因为它依赖于精明的美国盟友来"维持生命"。见 C. Barnett, *The Audit of War: The Illusion and Reality of Britain as a Great Nation* (London: Macmillan, 1986), 该书是以 *The Collapse of British Power* 的结论为基础展开论证的。本书作者对这一争论不太感兴趣，更感兴趣的是了解英国在例如 1943 年中期赢得大西洋之战时得到了多少帮助。几乎所有的海军护航舰都是英国或加拿大自己的舰船，除了从美国海军转移过来的第一次世界大战时期的旧驱逐舰；但海岸司令部的轰炸机（B-24、卡特琳娜、哈得孙和米切尔）有很大一部分是美国的，几乎所有的护航航母（除了六艘之外）也都是在美国建造的。像许多其他在对抗 U 艇的战争中出现的发明一样，所有微型雷达装置（空腔磁铁管）都是由英国的贝尔实验室发明的。所有的自由轮都是在凯泽造船公司和其他美国船厂建造的，但英国建造了许多其他商船。商船上的所有货物（如面粉、木材、石油和卡车）大概都是美国制造或生产的，其费用在 1941 年后根据《租借法案》得到支付。要想算清楚美国经济支持的程度及其影响是很困难的。

56. 丘吉尔的话出自他自己的回忆录，经常被引用。方便起见，请参考 P. Kennedy, *Rise and Fall of the Great Powers*, 347.

57. 见 Harrison, *Economics of World War II*, 88, 图表三。

58. A. de Tocqueville, *Democracy in America*, ed. J. P. Mayer, trans. G. Lawrence (Garden City, NY: Anchor Books, 1969).

59. 方便起见，请参考维基百科有关词条中的第一个表格"美国人口的历史"，最后修改日期为 2020 年 1 月 16 日：https://en.wikipedia.org/wiki/Demographic_history_of_the_United_States。

60. P. Kennedy, *Rise and Fall of the Great Powers* 第 200 页和第 202 页的表 15 和表 18。

61. W. W. Rostow, *The World Economy: History & Prospect* (Austin: University of

Texas Press, 1978), 210.
62. 我提出了这样一种观点：在 20 世纪 30 年代的大萧条中，美国自身受到的伤害最大（而且是由于它自己的糟糕政策），见 P. Kennedy, *Rise and Fall of the Great Powers*, 327–31。在我看来，这一点值得再次强调，因为在有关第二次世界大战的历史中，仍然有一种倾向，没有认识到当时规模庞大的美国经济处于相对产能不足的状态。

第九章

1. 见 P. Kennedy, *Rise and Fall of the Great Powers*, 355，图表 35，以及 Ellis, *Brute Force* 一书的总论点。
2. 见 Liddell Hart, *History of the Second World War* 中的有关章节，例如第 28 章（The German Ebb in Russia）和第 29 章（The Japanese Ebb in the Pacific）。
3. Morison, *US Naval Operations*, vol. 8, *New Guinea and the Marianas, March 1944–August 1944*, 40–41（值得注意的是，西蒙兹 *World War II at Sea* 在其他方面都很出色，但对 1944 年发生在西南太平洋的这些事件却只字未提）。
4. 关于金上将的观点，见 G. E. Baer, *One Hundred Years of Sea Power: The U.S. Navy, 1890–1990* (Stanford, CA: Stanford University Press, 1994), 243。Morison, *US Naval Operations*, vol. 8, part 3 对麦克阿瑟的观点更加赞同。
5. Morison, *Strategy and Compromise* (Boston: Little, Brown, 1958), 83 虽然简短而且有点过时，但这方面的内容仍然值得阅读。又见 Liddell Hart, *History of the Second World War*，第 29 章。
6. 关于马绍尔群岛的进攻，见 Morison, *US Naval Operations*, vol. 7, *Aleutians, Gilberts and Marshalls, June 1942–April 1944*, part 3；更简短的讲述，见 Symonds, *World War II at Sea*, 509–13。
7. 关于对特鲁克岛的猛烈攻击，见维基百科有关"冰雹行动"的词条，最后修改日期为 2020 年 1 月 27 日：https://en.wikipedia.org/wiki/Operation_Hailstone，使用了许多行动报告；又见 Morison, *US Naval Operations*, 7:315，里面综合讨论了快速航母空中力量的到来。（读者会注意到，在本章中，我经常引用莫里森的官方海军历史和维基百科中关于特定战役且经过审核确认的文章作为基本参考来源。）
8. 关于菲律宾海海战，见 Symonds, *World War II at Sea*, 543（有地图），又见 Morison, chaps. 14–16 in *US Naval Operations*, vol. 8。
9. 这方面有大量的通俗文学，见 D. H. Lippmann, "The Great Marianas Turkey Shoot," Warfare History Network, November 16, 2016, http://warfarehistorynetwork.com/2016/11/16/the-great-marianas-turkey-shoot，又见 Morison, chap. 15 in *US Naval Operations*, vol. 8，以及 Symonds, *World War II at Sea*, 543–53（有地图）。

10. 关于航母拥护者对斯普鲁恩斯的批评，见 C.G.Reynolds, *Fast Carriers*, 190。
11. C. G. Reynolds, *Fast Carriers*; Symonds, *World War II at Sea*, 552.
12. Morison's *US Naval Operations*, vol. 12, *Leyte, June 1944–January 1945*, 讲述非常详尽，但是维基百科有关莱特湾海战的词条也非常精彩，最后修改日期为 2020 年 2 月 6 日：https://en.wikipedia.org/wiki/Battle_of_Leyte_Gulf。
13. Morison, *US Naval Operations*, vol. 12; and M. N. Vego, *The Battle for Leyte, 1944: Allied and Japanese Plans, Preparations, and Execution* (Annapolis, MD: US Naval Institute Press, 2006)。
14. J. F. C. Fuller, *The Decisive Battles of the Western World and Their Influence upon History*, vol. 2 (London: Eyre and Spottiswoode, 1965) 将莱特湾海战纳入其中。
15. 关于"武藏号"，见 A. Yoshimura, *Battleship Musashi: The Making and Sinking of the World's Biggest Battleship* (Tokyo: Kodansha International, 1999)，又见维基百科有关此词条的精彩总结，最后修改日期为 2020 年 1 月 23 日：https://en.wikipedia.org/wiki/Japanese_battleship_Musashi。
16. 见维基百科关于"瑞鹤号"的词条，最后修改日期为 2020 年 1 月 22 日：https://en.wikipedia.org/wiki/Japanese_aircraft_carrier_Zuikaku（关于日本海军航空兵的详细参考书目）。
17. 关于莱特湾海战中神风特攻队的第一次攻击，见 Morison, *US Naval Operations*, 12:300。
18. 例如，Potter, *Sea Power*, 344–45 称赞了奥尔登多夫的完美陷阱。
19. 见 Potter, *Sea Power*, 335; and C. Blair, *Silent Victory: The U.S. Submarine War against Japan*, vol. 2 (Philadelphia: Lippincott, 1975)。这家位于密歇根湖上的私人造船厂（也转而建造两栖作战所用的登陆舰）一直以比约定时限短得多的时间（和低得多的成本）履行合同，这令海军感到惊讶。
20. 不断升级的"鲂鱼号"在古巴导弹危机期间仍在服役！后来它被卖给希腊海军，并被希腊海军使用，直到 1993 年才最终报废，而此时距离其下水已经过去了整整 50 年。见维基百科有关词条，最后修改日期为 2019 年 5 月 16 日：https://en.wikipedia.org/wiki/USS_Hardhead_(SS-365)。
21. 更多细节见 Blair, *Silent Victory*, 各处，又见 Spector, *Eagle against the Sun*, 485，以及维基百科有关"太平洋战争中的盟军潜艇"的词条，访问于 2018 年 8 月 22 日，里面有清晰的统计表。
22. 对"信浓号"沉没的生动描述，见 Symonds, *World War II at Sea*, 597–600，更多细节见维基百科有关词条，最后修改日期为 2019 年 12 月 23 日：https://en.wikipedia.org/wiki/Japanese_aircraft_carrier_Shinano。
23. 数据出自 Symonds, *World War II at Sea*, 594。
24. P. Kennedy, chap. 2, "How to Win Command of the Air," in *Engineers of Victory*.
25. 见图表 10。
26. 关于 U 艇的损失，见 https://uboat.net/fates/losses/cause.htm，最后修改于 2002

年2月6日。

27. 根据 Morison, *US Naval Operations*, 11:51, 1943 年 7 月, 驻扎在英国的美军有 238 000 人, 1944 年 1 月有 937 000 人, 1944 年 5 月有 1 526 000 人。

28. 见维基百科有关词条, 最后修改日期为 2019 年 2 月 25 日: https://en.wikipedia.org/wiki/Convoy_HX_300, 又见 Winton, *Convoy*, 307 (他的讲述戛然而止)。有趣的是, Roskill, *War at Sea* 对此只字未提。从这时起, 美国在欧洲的军队将直接被派遣到瑟堡和布雷斯特。

29. W. F. Craven and J. L. Cate, *The Army Air Forces in World War II*, vol. 7, *Services around the World* (Washington, DC: Office of Air Force History, 1983)。

30. 关于二战期间美国驻英国航空队（以及男女飞行员）的故事, 现在有精彩的文学讲述, 见 P. Kaplan and R. A. Smith, *One Last Look: A Sentimental Journey to the Eighth Air Force Heavy Bomber Bases of World War II in England* (New York: Abbeville Press, 1983), 又见 Craven and Cate, *Army Air Force* 的各卷。

31. 艾森豪威尔的辞职信出自 David Eisenhower, *Eisenhower at War 1943–1945* (New York: Random House, 1986), 252。

32. 后来, 关于盟军在这里没有航母也不需要航母的话题, 人们用电子邮件展开了大规模令人窒息的讨论, 简单的总结见 T. Benbow, "Absent Friends? British Naval Aviation at D-Day," *Defence-in-Depth*, September 29, 2017, http://defenceindepth.co/2017/09/29/absent-friends-british-naval-aviation-and-d-day/。

33. O'Brien, *How the War Was Won*; "Did the Soviet Union Win the War?," History Extra, last modified August 9, 2008, www.historyextra.com/second-world-war/did-the-soviet-union-win-the-war。

34. A. Bryant, *Triumph in the West: A History of the War Years Based on the Diaries of Field-Marshal Lord Alanbrooke, Chief of the Imperial General Staff* (Garden City, NY: Doubleday, 1959)。

35. M. E. Howard, *The Mediterranean Strategy in the Second World War* (New York: Praeger, 1968)。

36. 见维基百科有关词条, 最后修改于 2018 年 3 月 19 日: https://en.wikipedia.org/wiki/Convoy_JW_58, 又见 Roskill, *War at Sea*, vol. 3, part 1, 272–73 中兴高采烈的讲述。

37. 关于盟军对德国"提尔皮茨号"战列舰的攻击, 见维基百科有关词条, 最后修改日期为 2019 年 10 月 28 日: https://en.wikipedia.org/wiki/List_of_Allied_attacks_on_the_German_battleship_Tirpitz, 这种攻击始于 1940 年 "提尔皮茨号" 在威廉港被建造的时候; Roskill, *War at Sea*, 3:170–71。成功的海军航空兵攻击是 1944 年 4 月的 "钨素行动"（Operation Tungsten）, 而糟糕的攻击是 1944 年 8 月的 3 次攻击, 即 "古德伍德行动"（Operation Goodwood）, 而这导致了将击沉 "提尔皮茨号" 的任务交给英国皇家空军轰炸机司令部的决定。

38. P. Bishop, *Target Tirpitz: X-craft, Agents, Dambusters; The Epic Quest to Destroy

Hitler's Mightiest Warship (London: Harper Press, 2012); J. Sweetman, Tirpitz: Hunting the Beast; Air Attacks on the German Battleship 1940–44 (Annapolis, MD: US Naval Institute Press, 2000); L. Kennedy, *The Death of the* Tirpitz (Boston: Little, Brown, 1979); P. M. Kennedy, "Sinking of the *Tirpitz*," *Purnell's History of the Second World War* 5, no. 15.

39. L. Clark's *Anzio: Italy and the Battle for Rome, 1944* (New York: Atlantic Monthly Press, 2006); 维基百科有关词条，最后修改日期为2020年1月28日：https://en.wikipedia.org/wiki/Battle_of_Anzio，有精美的地图；Morison, *US Naval Operations*, vol. 9, *Sicily, Salerno, Anzio, January 1943–June 1944*, part 4; 更简短的讲述见 Roskill, chap. 12 in *The War at Sea*, vol. 3, part 1。Barnett, *Engage the Enemy*, 686 认为到这一阶段，已经没有时间做这种分散注意力的事情了。

40. 关于安齐奥战役和德军的反攻，见 Morison, *US Naval Operations*, 9:354; Liddell Hart, *History of the Second World War*, 523–31。关于克拉克中将、盟军和德军的指挥，见阿特金森精彩的三部曲中的第二部 *The Day of Battle*。

41. Morison, *US Naval Operations*, vol. 11, part 2, "The Invasion of France"；维基百科关于"鱼叉行动"的词条也总结了"铁砧行动"，最后修改日期为2019年11月1日：https://en.wikipedia.org/wiki/Operation_Harpoon_(1942)，有精美的地图和详细的参考书目。

42. 见维基百科有关词条，最后修改日期为2019年11月13日：https://en.wikipedia.org/wiki/Mediterranean_U-boat_Campaign_(World_War_II); Blair, *Hitler's U-boat War*, vol. 2 最后几章主要讲了德国潜艇的威胁在所有外大洋的消退。

第十章

1. 以后发生的情况，见 Roskill, *War at Sea*, vol. 3, part 2; Winton, *Convoy* 在讲述了1943—1944年的事件后，内容适当地逐渐减少。又见 Barnett, chaps. 24–27 in *Engage the Enemy* 和 Blair, *Silent Victory*。

2. J. Dimbleby, *The Battle of the Atlantic: How the Allies Won the War* (New York: Oxford University Press, 2016), 449.

3. 关于1945年1月海军部的惊慌，见 Roskill, *War at Sea*, 3:289–90。根据这部作品第290-302页的讲述，直到战争结束，在英国和加拿大水域仍有相当多的U艇活动，但这些袭击并没有像坎宁安所说的那样可怕。

4. 关于在战争结束时，U艇的数量、U艇的损失以及盟军商船和军舰的损失，各种统计数据见 Roskill, *War at Sea*, 3:304–6; and Liddell Hart, *History of the Second World War*, 394。

5. 在1945年之前，皇家海军的规模一直是一个波动的数字，因为不断有新军舰加入舰队，而旧军舰被封存和报废，但是 Roskill, *War at Sea*, appendix S（1945

年5月8日英联邦海军的实力）可能最为接近实际情况。

6. 第十一章讨论了战争结束后皇家海军规模大幅缩减的许多原因。显然，那些老式的大炮战舰损失最大。然而，使笔者感到惊奇的是，幸存下来的"郡"级巡洋舰（"诺福克号""萨福克号""坎伯兰号"等等）没有一艘被保存进博物馆。在这场伟大的海战开始时皇家海军拥有的庞大巡洋舰舰队中，只有"贝尔法斯特号"幸存下来。

7. 由于不同的人所讲述的故事截然不同，要想充分评估英国太平洋舰队的重要性和成就是很困难的，因此最好从相当克制但又充满自豪感的较早的官方历史开始，例如 Roskill, *War at Sea*, vol. 3, part 2。最为详细的讲述，见 D. Hobbs, *The British Pacific Fleet: The Royal Navy's Most Powerful Strike Force* (Annapolis, MD: US Naval Institute Press, 2011)，各处。但是，他和同为皇家海军军官的历史学家博伊德（Boyd,《东部水域的皇家海军》一书作者）都竭力对所有取得的成就做出极其积极的描述。相比之下，Barnett, *Engage the Enemy*, 878–94，在讲述英国衰落的故事时，似乎受到了愤怒和沮丧的影响，他倾向于更多地关注英国太平洋舰队的局限性和弱点（尤其是与第58特遣舰队相比），而不是它所取得的成就。

8. Hobbs, chap. 4 in *British Pacific Fleet*，有精彩的细节和精美的地图。

9. Barnett, *Engage the Enemy*, 882。弗雷泽向海军上将斯普鲁恩斯汇报，斯普鲁恩斯将皇家海军航母部队派往台湾岛应对来自西翼的攻击。Symonds, *World War II at Sea*, 630–31，作者的态度十分不屑。Morison, *US Naval Operations*, vol. 14 更加实事求是，更加友好。显然，美国太平洋舰队足够强大，可以在这里开展所有行动，不过迎来一个盟友可能也不错。

10. 因此，美国所有军种的早期官方历史基本上是不加批判的，讲述的是一个成功的故事。早期的总体叙述也是如此，如 Potter, *Sea Power* 第28章到第30章。后来专业学者的研究不仅对美军所取得的胜利持一种更加批判的态度，例如怀疑攻占硫黄岛的必要性或对东京进行各种轰炸的有效性（和道德性），而且更愿意写人物的缺点，例如哈尔西的不稳定，麦凯恩的无能，斯普鲁恩斯和米彻尔的狭隘和偏见，更不用说麦克阿瑟的许多缺点了。因此，C. G. Reynolds, *Fast Carriers* 对太平洋战争中的许多领导人的描写都很粗暴，而 Spector, *Eagle against the Sun* 也在某些方面提供了非常坦率和批判性的描述。

11. 见有关硫黄岛战役的维基百科词条，最后修改日期为2020年2月11日：https://en.wikipedia.org/wiki/Battle_of_Iwo_Jima，又见 Spector, *Eagle against the Sun*, 497–503。令笔者感兴趣的是，Symonds, *World War II at Sea*, 603–12 对当时美国战争行为的许多方面进行了非常批判性的评价，其中包括对硫黄岛不充分的（也许是徒劳的）海军火力准备，战略轰炸假设的缺陷，对东京进行恐怖的燃烧弹轰炸，以及似乎并没有削弱日本继续战斗的决心的严密商业封锁。

12. Morison, *US Naval Operations*, 14:71–72。总的来说，这位官方历史学家对整个硫黄岛战役的记述相对简略，只有75页，而且内容较为简洁。而相比之下，他对冲绳战役的记述则详细且富有感情，超过了 200 页，这可能是因为他对冲绳战役进行了近距离观察。

13. 见 Spector, *Eagle against the Sun*, 499。在开始学术生涯之前，斯佩克特教授曾作为美国海军陆战队员在越南服役。
14. Spector, *Eagle against the Sun* 对斯普鲁恩斯的总体雄心持讽刺态度；C. G. Reynolds, *Fast Carriers* 提到航母派将领们反复希望证明自己的合理性；另外见 Symonds 本人在 *World War II at Sea* 一书中对此的评论。
15. Morison, *US Naval Operations*, 14:57–59.
16. 因此，麦克阿瑟的军队在整个太平洋战争中一直是规模最大的美国部队，仅次于西北欧洲的美军，而且在菲律宾战役之后，规模变得更大。莫里森专门用一整卷来描述这一清扫行动，见 *US Naval Operations*, vol. 13, *The Liberation of the Philippines*。Spector, *Eagle against the Sun* 第 22 章以更批判的眼光看待这种战略转移。J. M. Scott, *Rampage: MacArthur, Yamamoto and the Battle of Manila* (Norton: New York, 2018) 严厉批评了重夺马尼拉之战的惨烈程度。
17. Morison, *US Naval Operations*, vol. 13, *The Liberation of the Philippines* 的讲述更加正面，Symonds, *World War II at Sea*, 610–11 和 Spector, *Eagle against the Sun* 没有这么正面。
18. 这里关于冲绳海战的大部分细节来自 Morison, *US Naval Operations*, vol. 14。
19. Symonds, *World War II at Sea*, 611.
20. 根据 Morison, *US Naval Operations*, vol. 14 的讲述，许多护航航空母舰的舰载机在海滩上空提供空中掩护，而庞大的第 58 特遣舰队被细分为 3 艘、4 艘或 5 艘舰队航母和轻型舰队航母组成的分舰队，但是当"大和号"接近时，它们又可以迅速集结。
21. Spector, *Eagle against the Sun*, 532.
22. R. L. Rielly, *Kamikaze Attacks of World War II: A Complete History of Japanese Suicide Strikes on American Ships, by Aircraft and Other Means* (Jefferson, NC: McFar land, 2010).
23. "大和号"的故事大量出现在书籍、电影、战争游戏和维基百科文章中。Morison, *US Naval Operations*, 14:199–209 尤为出色，配有地图和许多目击者的记述。
24. 同上，14:221ff.，里面有很多袭击的细节。
25. 见维基百科有关词条，访问于 2020 年 10 月 19 日：https://en.wikipedia.org/wiki/Kamikaze，这是一篇非常翔实的文章，提供了大量参考书目。
26. 它从废船场中被拯救出来。如今，"拉菲号"驱逐舰作为一艘博物馆舰，停泊在南卡罗来纳州查尔斯顿的爱国者岬，紧挨着"约克城号"航空母舰。Symonds, *World War II at Sea* 重新讲述了"拉菲号"的故事，并配有图示。
27. 见维基百科有关词条，最后修改于 2017 年 5 月 28 日：https://en.wikipedia.org/wiki/USS_Harding_(DD-625)。

28. Roskill, *War at Sea*, vol. 3, part 2, 329. Morison, *US Naval Operations*, 14:102, 147, 211 态度相当友善；Hobbs, *British Pacific Fleet* 中有很多细节，而 Barnett, *Engage the Enemy*, 891 简述了对英国来说相对顺利的这段经历。
29. Roskill, *War at Sea*, vol. 3, part 2, 352.
30. Morison, *US Naval Operations*, 14:265.
31. Symonds, *World War II at Sea*, 632，又见维基百科有关词条，访问于 2020 年 10 月 19 日：https://en.wikipedia.org/wiki/Battle_of_Okinawa，里面有很多细节。
32. Roskill, *War at Sea*, vol. 3, part 2, 367 有一份关于日本损失的详细表格。基于这一点，他说日本"被彻底打败了"。
33. Morison, *US Naval Operations*, 14:352–53 很优雅地表达了这个敏锐的观点。
34. 关于对日本沿海城市的炮击，两部官方海军历史都有简短而低调的描述：Roskill, *War at Sea*, vol. 3, part 2, 373; and Morison, *US Naval Operations*, 14:307ff.。还有很多其他讲述，如 Hobbs, *British Pacific Fleet* 介绍了这些收尾的行动，但使用官方历史是最简便的参考方式，而这也是我在本章中如此频繁地援引罗斯基尔和莫里森的原因。
35. 关于美国进攻日本本土的计划，有很多作品，例如 D. M. Giangreco, *Hell to Pay: Operation Downfall and the Invasion of Japan, 1945–1947* (Annapolis, MD: US Naval Institute Press, 2009); J. R. Skates, *The Invasion of Japan: Alternative to the Bomb* (Columbia: University of South Carolina Press, 1995); and, best, R. B. Frank, *Downfall: The End of the Imperial Japanese Empire* (New York: Random House, 1999)。
36. Barnett, *Engage The Enemy* 不出所料地在最后几页提到了这种差距。关于 1946 年春天第二次进攻日本本土的计划，参看注释 35。
37. 关于成本方面的比较，见维基百科有关词条中"设计与开发"这部分内容，访问于 2020 年 10 月 19 日：https://en.wikipedia.org/wiki/Boeing_B-29_Superfortress。
38. Morison, *US Naval Operations*, 14:361–70 最后一卷的最后几页讲述了投降仪式，语气庄重，文笔感人，值得细读。

第十一章

1. 要想了解两艘巨舰的战时经历，最简单的方法就是访问维基百科有关词条。关于"奥古斯塔号"，见 https://en.wikipedia.org/wiki/USS_Augusta_(CA-31)，最后修改日期为 2020 年 5 月 25 日。关于"声望号"，见 https://en.wikipedia.org/wiki/HMS_Renown_(1916)，最后修改日期为 2020 年 7 月 7 日。
2. R. Rhodes, *The Making of the Atomic Bomb* (New York: Simon and Schuster, 1986); K. Bird and M. Sherwin, *American Prometheus: The Triumph and Tragedy of J. Robert Oppenheimer* (New York: Alfred A. Knopf, 2005)，这本传记描述了

奥本海默日益意识到原子武器革命性影响的过程。
3. 例如,"胜利号"航空母舰先后参与了追击"俾斯麦号"、基座行动,后来又成为英国太平洋舰队的一部分。另一个例子是"哈定号"驱逐舰,从大西洋护航到诺曼底支援行动,到地中海/法国南部的战役,再到冲绳附近执行针对神风特攻队的警戒任务。
4. 罗斯基尔的这个观点在第七章中出现过。
5. R. Woodman, *Malta Convoys, 1940–1943* (London: John Murray, 2000).
6. 因此,尽管 O'Brien, *How the War Was Won* 这本纠正传统观点的书在 2014 年问世时给许多读者留下了深刻的印象,但我仍然觉得它矫枉过正了。
7. 《战争盘点》(*Audit of War*)是高产的柯瑞里·巴尼特评估英国在二战之前、期间和之后表现的众多作品之一,产生了很大的影响。
8. 如今,随着世界各国海军的驱逐舰吨位达到 1 万吨甚至更多,海军规划者们仍然感到有这种需求。
9. 见关于"花"级轻型护卫舰的维基百科,最后修改日期为 2020 年 7 月 4 日:https://en.wikipedia.org/wiki/Flower-class_corvette。
10. 见 Ellis, *Brute Force* 的有关章节。
11. 见 Barnett, *Audit of War*;可以和 Barnett, *Engage the Enemy* 的讲述进行比较。
12. 见《简氏战舰年鉴》1945 年刊和 1946 年刊。
13. 最全面的讲述,见 E. J. Grove, *From Vanguard to Trident: British Naval Policy Since World War Two* (Annapolis, MD: US Naval Institute Press, 1987),第一章中有许多统计数据。对战后海军深思熟虑的总结,见 J. R. Hill, ed., *The Oxford Illustrated History of the Royal Navy* (Oxford, UK: Oxford University Press, 1995)。
14. 1945 年美国海军军舰的庞大数量(包括那些仍在订购的),见《简氏战舰年鉴》(见注释 12);D. Allard, chap. 15, "An Era of Transition, 1945–1953," in *In Peace and War: Interpretations of American Naval History, 1776–1978*, ed. K. J. Hogan (Westport, CT: Greenwood Press, 1978), 292。
15. 这位伟大的战略家在他的经典著作中反复强调这一点,见 Liddell Hart, *Strategy* (New York: Meridian, 1991),各处。
16. Allard, "Era of Transition," 290.
17. 见 Potter, *Sea Power*, chaps. 31–33,第 402–403 页有进一步阅读书目。
18. 这是马汉的核心论点,*Influence of Sea Power*, 88。

附录一

1. https://en.wikipedia.org/wiki/Convoy_ONS_5#Night_of_5-6_May,于 2020 年 8 月 17 日访问。